规范文书　权威来源　清晰呈现　实用指引

Guidelines For Legal Instruments
Of Market Administration

市场监管
法律文书全指引

| 工商管理 | 食药监管 | 质量监督 |

◀ 377个实用规范文书 ▶

（附文书来源及关联规定）

法律文书应用研究中心◎编

中国法制出版社
CHINA LEGAL PUBLISHING HOUSE

编者说明

随着市场经济的深入发展和国家法治建设进程的推进,市场监管手段由传统向现代化转变,市场监管方式由粗放向精细转变,市场监管工作不断面临新任务、新挑战。为积极促进市场监管工作的制度化、规范化、程序化和法治化,为努力实现监管与发展、监管与服务、监管与维权、监管与执法相统一,为帮助市场监管部门和执法人员更好地学习和使用法律文书,我社法律文书应用研究中心结合法律文书的颁布情况和市场监管的工作实际,编写了本书,以供广大执法人员在执法实践中参考使用。

本书具有以下特点:

1. **文书规范,来源权威**。共收录377个实用规范文书,皆来源于法律、行政法规、部门规章的附件及部委官方网站。文书后附【文书来源】【关联规定】,对学习使用起到指导作用。

2. **分类明确,使用方便**。根据市场监管的工作实践,划分为【工商行政管理篇】【食品药品监管篇】【质量监督检验检疫篇】三大部分,每部分包括行政处罚文书、行政复议文书、行政赔偿文书、行政日常监管文书等内容,方便读者分类查找,快速锁定。

3. **实务指引,拿来即用**。权威规范文书为执法人员提供了学习使用的范本,指引执法工作合法、规范、有序开展。

此外,关于排版问题需要特别说明:由于图书纸张大小所限,本书尽量采用了清晰实用的版式。读者在具体实践中,需要对文书尺寸、字体字号等做具体调整。例如一页纸最好一个文书;表格尽量一页排完;A4幅面纸张印制;行政执法机关名称使用3号黑体或小标宋体,文书名称使用2号宋体或仿宋,文书文号和正文使用3号仿宋或宋体,表格内文字使用5号仿宋或宋体;文书页边与版心尺寸要求等。读者可以根据国家行政机关公文格式和执法部门的不同要求做出具体调整,灵活使用。

目　录

工商行政管理篇

一、工商行政处罚文书

1. 指定管辖通知书 ………………………… 3
2. 案件移送函 ……………………………… 3
3. 涉嫌犯罪案件移送书 …………………… 4
4. 行政建议书 ……………………………… 5
5. 案件来源登记表 ………………………… 5
6. 行政处罚案件有关事项审批表 ………… 6
7. 立案（不予立案）审批表 ……………… 7
8. 行政处理告知记录 ……………………… 8
9. 协助调查函 ……………………………… 9
10. 询问通知书 …………………………… 10
11. 询问（调查）笔录 …………………… 11
12. 现场笔录 ……………………………… 14
13. 抽样取证记录 ………………………… 15
14. 委托鉴定书 …………………………… 16
15. 先行登记保存证据通知书 …………… 17
16. 实施行政强制措施决定书 …………… 18
17. 解除行政强制措施决定书 …………… 19
18. 实施行政强制措施（场所、设施、财物）委托保管书 …………………… 20
19. 先行处理物品通知书 ………………… 21
20. （查封、扣押）财物移送通知书 …… 22
21. 延长（查封、扣押）期限决定书 …… 23
22. （场所、设施、财物）清单 ………… 24
23. （检测、检验、检疫、技术鉴定）期间告知书 ……………………………… 26
24. 检查建议书 …………………………… 27
25. 案件调查终结报告 …………………… 27
26. 案件核审表 …………………………… 28
27. 行政处罚告知书 ……………………… 29
28. 行政处罚听证告知书 ………………… 30
29. 行政处罚听证通知书 ………………… 31
30. 行政处罚听证授权委托书 …………… 32
31. 听证笔录 ……………………………… 33
32. 听证报告 ……………………………… 36
33. 行政处罚决定审批表 ………………… 37
34. 行政处罚决定书 ……………………… 38
35. 责令改正通知书 ……………………… 39
36. 当场处罚决定书 ……………………… 40
37. 分期（延期）缴纳罚款通知书 ……… 41
38. 物品处理记录 ………………………… 42
39. 送达回证 ……………………………… 43
40. 行政处理决定纠正决定书 …………… 44
41. 责令重新审查决定书 ………………… 45
42. 督办案件通知书 ……………………… 45
43. 行政决定履行催告书 ………………… 46
44. 强制执行申请书 ……………………… 47
45. 行政处罚案件结案报告 ……………… 48
46. 附页 …………………………………… 49
47. 行政处罚案件案卷 …………………… 50
48. 卷内文件目录 ………………………… 51

·文书来源·

国家工商行政管理总局关于印发《工商行政管理机关行政处罚文书、行政复议文书和行政赔偿文书》的通知
　（2008年10月30日） ………………… 52

国家工商行政管理总局关于修订《工商行政管理机关行政处罚文书、行政复议文书和行政赔偿文书》的通知
　（2011年11月28日） ………………… 52

·关联规定·

中华人民共和国行政处罚法 ……………… 53
　（2009年8月27日）
工商行政管理机关行政处罚程序规定 …… 57
　（2011年12月12日）

工商行政管理机关行政处罚案件听证规则 …………… 62
　　（2007 年 9 月 4 日）
工商行政管理机关行政处罚案件违法所得认定
　　办法 ………………………………………………… 64
　　（2008 年 11 月 21 日）

二、工商行政复议文书

1. 行政复议申请书 …………………………………… 66
2. 口头申请行政复议笔录 …………………………… 67
3. 行政复议材料签收单 ……………………………… 68
4. 行政复议有关事项审批表 ………………………… 69
5. 补正行政复议申请通知书 ………………………… 70
6. 行政复议申请人告知书 …………………………… 70
7. 不予受理行政复议申请决定书 …………………… 71
8. 行政复议受理案件通知书 ………………………… 72
9. 行政复议答复通知书 ……………………………… 72
10. 行政复议第三人告知书 …………………………… 73
11. 被申请人答复书 …………………………………… 74
12. 规范性文件转送函（一） ………………………… 75
13. 规范性文件转送函（二） ………………………… 75
14. 停止执行具体行政行为通知书 …………………… 76
15. 中止行政复议通知书 ……………………………… 76
16. 恢复审理通知书 …………………………………… 77
17. 延期审理通知书 …………………………………… 77
18. 行政复议听证通知书 ……………………………… 78
19. 行政复议案件审结报告 …………………………… 78
20. 行政复议终止决定书 ……………………………… 79
21. 行政复议调解书 …………………………………… 80
22. 行政复议和解书 …………………………………… 81
23. 行政复议决定书 …………………………………… 82
24. 责令履行行政复议决定通知书 …………………… 83
25. 责令受理通知书 …………………………………… 83
26. 责令恢复审理通知书 ……………………………… 84
27. 行政处分建议书 …………………………………… 84
28. 行政复议意见书 …………………………………… 85
29. 行政复议建议书 …………………………………… 85
30. 行政复议送达回证 ………………………………… 86
31. 行政复议案卷 ……………………………………… 87
32. 行政复议案卷目录 ………………………………… 88
33. 证据目录清单 ……………………………………… 89

·文书来源·
国家工商行政管理总局关于印发《工商行政管理
　　机关行政处罚文书、行政复议文书和行政赔偿
　　文书》的通知 ……………………………………… 90
　　（2008 年 10 月 30 日）

·关联规定·
中华人民共和国行政复议法 …………………………… 90
　　（2009 年 8 月 27 日）
中华人民共和国行政复议法实施条例 ………………… 94
　　（2007 年 5 月 29 日）
国家工商行政管理总局行政复议程序规则 …………… 98
　　（2010 年 3 月 1 日）

三、工商行政赔偿文书

1. 行政赔偿案件审结报告 ………………………… 102
2. 行政赔偿决定书 ………………………………… 103
3. 行政赔偿案件执行记录 ………………………… 104

·文书来源·
国家工商行政管理总局关于印发《工商行政管理
　　机关行政处罚文书、行政复议文书和行政赔偿
　　文书》的通知 …………………………………… 105
　　（2008 年 10 月 30 日）

四、工商行政日常管理文书

（一）企业、个体工商户登记

1. 企业登记 ………………………………………… 106
　　企业名称预先核准申请书 ……………………… 106
　　承诺书 …………………………………………… 109
　　全体投资人承诺书 ……………………………… 109
　　指定代表或者共同委托代理人授权委托书 …… 110
　　公司登记（备案）申请书 ……………………… 112
　　分公司登记申请书 ……………………………… 117
2. 个体工商户登记 ………………………………… 120
　　委托代理人证明 ………………………………… 120
　　个体工商户开业登记申请书 …………………… 121
　　个体工商户变更（换照）登记申请书 ………… 123
　　个体工商户注销登记申请书 …………………… 125

·关联规定·
企业登记程序规定 …………………………………… 127
　　（2004 年 6 月 10 日）
企业名称登记管理规定 ……………………………… 128
　　（2012 年 11 月 9 日）
企业名称登记管理实施办法 ………………………… 130
　　（2004 年 6 月 14 日）
企业经营范围登记管理规定 ………………………… 133
　　（2015 年 8 月 27 日）
公司注册资本登记管理规定 ………………………… 134
　　（2014 年 2 月 20 日）

个体工商户登记管理办法 …………… 136
　　（2014 年 2 月 20 日）
个体工商户名称登记管理办法 ………… 138
　　（2008 年 12 月 31 日）

（二）商　标

1. 注册申请
　　商标注册申请书 ………………… 140
　　商标注册申请书—台湾 ………… 143
　　撤回商标注册申请申请书 ……… 146
　　出具优先权证明文件申请书 …… 148
2. 异　议
　　商标异议申请书 ………………… 149
　　撤回商标异议申请书 …………… 151
3. 续展、变更、删减、转让、许可、质押、
　　注销
　　（1）续　展
　　商标续展注册申请书 …………… 152
　　撤回商标续展注册申请书 ……… 154
　　（2）变　更
　　变更商标申请人/注册人名义/地址变更集体
　　商标/证明商标管理规则/集体成员名单申
　　请书 ……………………………… 156
　　撤回变更商标申请人/注册人名义/地址变更
　　集体商标/证明商标管理规则/集体成员名
　　单申请书 ………………………… 159
　　变更商标代理人/文件接收人申请书 …… 161
　　撤回变更商标代理人/文件接收人申请书 …… 163
　　（3）删　减
　　删减商品/服务项目申请书 ……… 165
　　撤回删减商品/服务项目申请书 … 167
　　（4）转　让
　　转让/移转申请/注册商标申请书 … 169
　　撤回转让/移转申请/注册商标申请书 …… 171
　　（5）许　可
　　商标使用许可备案表 …………… 173
　　变更许可人/被许可人名称备案表 …… 175

商标使用许可提前终止备案表 …… 177
撤回商标使用许可备案表 ………… 179
（6）质　押
商标专用权质权登记申请书 ……… 181
商标专用权质权登记事项变更申请书 …… 183
商标专用权质权登记期限延期申请书 …… 186
商标专用权质权登记证补发申请书 …… 188
商标专用权质权登记注销申请书 …… 190
（7）注　销
商标注销申请书 ………………… 192
撤回商标注销申请书 …………… 194
4. 特殊标志申请
　　特殊标志登记申请书 …………… 196
5. 代理委托书
　　商标代理委托书（示范文本） …… 198

· 文书来源 ·
国家工商行政管理总局商标局关于发布商标业务
新版申请书式的公告 …………… 199
　　（2014 年 4 月 25 日）

（三）处理消费者投诉文书

1. 消费者投诉登记表 ……………… 200
2. 消费者投诉转办通知书 ………… 201
3. 消费者投诉转办通知书 ………… 201
4. 受理消费者投诉告知书 ………… 202
5. 不予受理（终止受理）消费者投诉告知书 …… 203
6. 消费者权益争议调解通知书 …… 204
7. 终止消费者权益争议调解告知书 …… 204
8. 消费者权益争议调解书 ………… 205
9. 处理消费者投诉情况报告书 …… 206

· 文书来源 ·
工商总局关于印发《工商行政管理部门处理消费
者投诉文书式样》的通知 ………… 206
　　（2014 年 3 月 12 日）

· 关联规定 ·
工商行政管理部门处理消费者投诉办法 …… 207
　　（2014 年 2 月 14 日）

食品药品监管篇

一、食品药品行政处罚文书

1. 案件来源登记表 ⋯⋯⋯⋯⋯⋯ 211
2. 立案审批表 ⋯⋯⋯⋯⋯⋯⋯⋯ 212
3. 案件移送书 ⋯⋯⋯⋯⋯⋯⋯⋯ 213
4. 涉嫌犯罪案件移送审批表 ⋯⋯ 214
5. 涉嫌犯罪案件移送书 ⋯⋯⋯⋯ 215
6. 查封（扣押）物品移交通知书 ⋯⋯ 215
7. 询问调查笔录 ⋯⋯⋯⋯⋯⋯⋯ 216
8. 现场检查笔录 ⋯⋯⋯⋯⋯⋯⋯ 217
9. 案件调查终结报告 ⋯⋯⋯⋯⋯ 218
10. 先行登记保存物品通知书 ⋯⋯ 219
11. 先行登记保存物品处理决定书 ⋯⋯ 220
12. 查封（扣押）决定书 ⋯⋯⋯⋯ 221
13. 封条 ⋯⋯⋯⋯⋯⋯⋯⋯⋯⋯⋯ 222
14. 检验（检测、检疫、鉴定）告知书 ⋯⋯ 223
15. 查封（扣押）延期通知书 ⋯⋯ 223
16. 先行处理物品通知书 ⋯⋯⋯⋯ 224
17. 解除查封（扣押）决定书 ⋯⋯ 224
18. 案件合议记录 ⋯⋯⋯⋯⋯⋯⋯ 225
19. 案件集体讨论记录 ⋯⋯⋯⋯⋯ 226
20. 责令改正通知书 ⋯⋯⋯⋯⋯⋯ 227
21. 撤案审批表 ⋯⋯⋯⋯⋯⋯⋯⋯ 228
22. 听证告知书 ⋯⋯⋯⋯⋯⋯⋯⋯ 229
23. 听证通知书 ⋯⋯⋯⋯⋯⋯⋯⋯ 229
24. 听证笔录 ⋯⋯⋯⋯⋯⋯⋯⋯⋯ 230
25. 听证意见书 ⋯⋯⋯⋯⋯⋯⋯⋯ 231
26. 行政处罚事先告知书 ⋯⋯⋯⋯ 231
27. 行政处罚决定审批表 ⋯⋯⋯⋯ 232
28. 行政处罚决定书 ⋯⋯⋯⋯⋯⋯ 233
29. 当场行政处罚决定书 ⋯⋯⋯⋯ 234
30. 没收物品凭证 ⋯⋯⋯⋯⋯⋯⋯ 235
31. 没收物品处理清单 ⋯⋯⋯⋯⋯ 236
32. 履行行政处罚决定催告书 ⋯⋯ 237
33. 行政处罚强制执行申请书 ⋯⋯ 238
34. 陈述申辩笔录 ⋯⋯⋯⋯⋯⋯⋯ 239
35. 陈述申辩复核意见书 ⋯⋯⋯⋯ 239
36. 副页 ⋯⋯⋯⋯⋯⋯⋯⋯⋯⋯⋯ 240
37. 物品清单 ⋯⋯⋯⋯⋯⋯⋯⋯⋯ 241
38. 送达回执 ⋯⋯⋯⋯⋯⋯⋯⋯⋯ 242
39. 审批表 ⋯⋯⋯⋯⋯⋯⋯⋯⋯⋯ 243
40. 行政处罚结案报告 ⋯⋯⋯⋯⋯ 244

· 文书来源 ·
国家食品药品监管总局关于印发《食品药品行政处罚文书规范》的通知 ⋯⋯⋯⋯ 245
（2014年6月3日）

· 关联规定 ·
食品药品行政处罚程序规定 ⋯⋯⋯ 248
（2014年4月28日）
食品药品行政处罚案件信息公开实施细则（试行） ⋯⋯⋯⋯⋯⋯⋯⋯⋯⋯⋯ 252
（2014年8月11日）

二、食品药品行政复议文书

1. 行政复议申请书 ⋯⋯⋯⋯⋯⋯ 254
2. 行政复议授权委托书 ⋯⋯⋯⋯ 255
3. 行政复议案件立案审查表 ⋯⋯ 256
4. 补正行政复议申请通知书 ⋯⋯ 256
5. 行政复议受理通知书 ⋯⋯⋯⋯ 257
6. 行政复议不予受理决定书 ⋯⋯ 257
7. 行政复议告知书 ⋯⋯⋯⋯⋯⋯ 258
8. 第三人参加行政复议通知书 ⋯⋯ 258
9. 行政复议答复通知书 ⋯⋯⋯⋯ 259
10. 行政复议听证通知书 ⋯⋯⋯⋯ 259
11. 行政复议听证笔录 ⋯⋯⋯⋯⋯ 260
12. 行政复议调查笔录 ⋯⋯⋯⋯⋯ 260
13. 停止执行具体行政行为通知书 ⋯⋯ 261
14. 中止行政复议通知书 ⋯⋯⋯⋯ 261
15. 恢复行政复议通知书 ⋯⋯⋯⋯ 262
16. 延期审理通知书 ⋯⋯⋯⋯⋯⋯ 262
17. 行政复议决定书 ⋯⋯⋯⋯⋯⋯ 263
18. 行政复议案件结案审批表 ⋯⋯ 264
19. 送达回执 ⋯⋯⋯⋯⋯⋯⋯⋯⋯ 264

· 文书来源 ·
国家食品药品监督管理局关于印发《国家食品药品监督管理局行政复议案件审查办理程序规定》的通知 ⋯⋯⋯⋯⋯⋯⋯⋯⋯⋯⋯⋯⋯⋯⋯⋯ 265
（2012年12月3日）

三、食品药品日常监管文书

（一）食品

1. 食品生产经营日常监督检查文书 …………… 267
   食品生产经营日常监督检查要点表 …… 267
   食品生产经营日常监督检查结果记录表 …… 278
- 文书来源 -
   国家食品药品监管总局关于印发《食品生产经营日常监督检查有关表格》的通知 …………… 280
   （2016年5月6日）
- 关联规定 -
   食品生产经营日常监督检查管理办法 …… 281
   （2016年3月4日）
2. 食品、食品添加剂生产许可现场核查文书 …………………………………………… 283
   现场核查首末次会议签到表 …………… 283
   食品、食品添加剂生产许可现场核查评分记录表 … 284
   食品、食品添加剂生产许可现场核查报告 … 290
   食品、食品添加剂生产许可核查材料清单 … 292
- 文书来源 -
   食品药品监管总局关于印发《食品生产许可审查通则》的通知 …………………… 292
   （2016年8月9日）
3. 食品安全专项自查文书 ……………………… 296
   食品生产加工企业落实质量安全主体责任监督检查通知书 ……………………… 296
   食品生产加工企业落实质量安全主体责任情况自查表 ………………………… 297
   对食品生产加工企业落实质量安全主体责任情况核查表 ……………………… 301
- 文书来源 -
   国家质量监督检验检疫总局关于《食品生产加工企业落实质量安全主体责任监督检查规定》的公告 …………………………………… 305
   （2009年12月23日）
   学校食堂食品安全专项自查表 ………… 308
   学校食堂食品安全专项监督检查表 …… 309
   学校食堂食品安全专项自查统计表 …… 311
   学校食堂食品安全专项监督检查统计表 … 311
- 文书来源 -
   国家食品药品监督管理局关于进一步加强学校食堂食品安全工作的通知 …………… 312
   （2011年8月11日）

（二）保健食品

1. 保健食品生产许可文书 ……………………… 313
   保健食品生产许可申请材料目录 ……… 313
   保健食品生产许可分类目录 …………… 317
   保健食品生产许可书面审查记录表 …… 317
   现场核查首末次会议签到表 …………… 319
   保健食品生产许可现场核查记录表 …… 320
   保健食品生产许可技术审查报告 ……… 329
- 文书来源 -
   食品药品监管总局关于印发《保健食品生产许可审查细则》的通知 ……………… 330
   （2016年11月28日）
2. 保健食品样品试制试验现场核查文书 ……… 333
   样品试制现场核查表 …………………… 333
   样品试制现场核查省局意见表 ………… 334
   样品试验现场核查表 …………………… 335
   样品试验现场核查省局意见表 ………… 336
   核查现场样品抽样单 …………………… 336
- 文书来源 -
   国家食品药品监督管理局关于印发《保健食品样品试制和试验现场核查规定（试行）》的通知 …… 337
   （2005年6月10日）
3. 保健食品广告审查文书 ……………………… 338
   保健食品广告审查表 …………………… 338
   违法保健食品广告移送通知书 ………… 342
   违法保健食品广告处理通知书 ………… 342
- 文书来源 -
   国家食品药品监督管理局关于印发《保健食品广告审查暂行规定》的通知 …………… 343
   （2005年5月24日）
4. 保健食品非法添加检查工作文书 …………… 345
   保健食品中易非法添加的物质、组分及检测依据（第一批） ……………………… 345
   化妆品中易非法添加的物质、组分及检测依据（第一批） ……………………… 345
   保健食品化妆品非法添加检查工作情况统计表 … 346
- 文书来源 -
   国家食品药品监督管理局关于严厉打击保健食品化妆品非法添加行为的通知 ………… 347
   （2011年5月25日）

(三) 药 品

1. 药品注册及申报文书 348
   - 中药、天然药物注册分类及申报资料要求 348
   - 化学药品注册分类及申报资料要求 354
   - 生物制品注册分类及申报资料要求 362
   - 药品补充申请注册事项及申报资料要求 372
   - 药品再注册申报资料项目 377
   - 新药监测期　期限表 378
   - ·文书来源·
   - 药品注册管理办法 380
     （2007年7月10日）
2. 药品不良反应报告文书 391
   - 药品不良反应/事件报告表 391
   - 药品群体不良事件基本信息表 393
   - 境外发生的药品不良反应/事件报告表 394
   - ·文书来源·
   - 药品不良反应报告和监测管理办法 394
     （2011年5月4日）
3. 药品广告审查文书 399
   - 药品广告审查表 399
   - 药品广告备案意见书 403
   - 药品广告复审通知书 404
   - 违法药品广告移送通知书 404
   - ·文书来源·
   - 药品广告审查办法 405
     （2007年3月13日）
4. 药品类易制毒化学品生产申请文书 407
   - 药品类易制毒化学品品种目录 407
   - 药品类易制毒化学品生产申请表 407
   - 药品类易制毒化学品生产许可批件 409
   - 药品类易制毒化学品原料药经营申请表 410
   - 药品类易制毒化学品购用证明 412
   - 购买药品类易制毒化学品申请表 413
   - 购买药品类易制毒化学品申报资料要求 415
   - ·文书来源·
   - 药品类易制毒化学品管理办法 416
     （2010年3月18日）

(四) 医疗器械

1. 医疗器械优先审批文书 420
   - 医疗器械优先审批申请表 420
   - 医疗器械优先审批项目异议表 421
   - ·文书来源·
   - 医疗器械优先审批程序 421
     （2016年10月25日）
2. 医疗器械分类文书 422
   - 医疗器械分类判定表 422
   - ·文书来源·
   - 医疗器械分类规则 423
     （2015年7月14日）
3. 医疗器械经营环节重点监管文书 425
   - 医疗器械经营环节重点监管目录及现场检查重点内容 425
   - ·文书来源·
   - 国家食品药品监管总局关于印发《医疗器械经营环节重点监管目录及现场检查重点内容》的通知 428
     （2015年8月17日）

(五) 化妆品

1. 化妆品生产许可文书 429
   - 化妆品生产许可证（式样） 429
   - 化妆品分类 430
   - 化妆品生产许可申请表 431
   - 化妆品生产许可检查要点 435
   - ·文书来源·
   - 国家食品药品监督管理总局关于化妆品生产许可有关事项的公告 450
     （2015年12月15日）
2. 化妆品产品技术要求文书 453
   - 国家食品药品监督管理局化妆品产品技术要求 453
   - 化妆品产品技术要求编制指南 454
   - ·文书来源·
   - 国家食品药品监督管理局关于印发《化妆品产品技术要求规范》的通知 455
     （2010年11月26日）

质量监督检验检疫篇

一、质量技术监督行政处罚文书

  1. 行政处罚案件卷宗 …………… 459
  2. 卷内文件目录 ………………… 460
案件调查取证阶段 ………………… 461
  3. 案件受理记录 ………………… 461
  4. 立案审批表 …………………… 462
  5. 现场检查笔录 ………………… 463
  6. 调查笔录 ……………………… 464
  7. 笔录页 ………………………… 464
  8. 通知书 ………………………… 465
  9. 授权委托书 …………………… 466
  10. 取证单 ………………………… 466
  11. 监督检查抽样单 ……………… 467
  12. 检验（检定）（鉴定）委托书 … 468
  13. 检验（检定）（鉴定）结果告知书 … 469
  14. 采取（解除）行政措施审批表 … 470
  15. 先行登记保存证据通知书 …… 471
  16. 查封（扣押）（封存）决定书 … 472
  17. 涉案物品清单 ………………… 473
  18. 封条 …………………………… 474
  19. 行政强制措施有关期限告知书 … 475
  20. 解除登记保存通知书 ………… 475
  21. 解除查封（扣押）（封存）决定书 … 476
  22. 责令改正通知书 ……………… 477
  23. 案件调查终结报告 …………… 478
案件审理及告知阶段 ……………… 479
  24. 案件初审意见表 ……………… 479
  25. 案件审理记录 ………………… 480
  26. 行政处罚告知书 ……………… 481
  27. 行政处罚案件听证通知书 …… 482
  28. 行政处罚案件听证笔录 ……… 483
处罚决定及执行阶段 ……………… 484
  29. 行政处理决定审批表 ………… 484
  30. 行政处罚决定书 ……………… 485
  31. 当场处罚决定书 ……………… 486
  32. 不予行政处罚决定书 ………… 487
  33. 行政执法建议书 ……………… 488
  34. 案件移送书 …………………… 489
  35. 行政处罚有关事项审批表 …… 490

  36. 涉案物品处理记录 …………… 491
  37. 催告执行通知书 ……………… 491
  38. 强制执行申请书 ……………… 492
  39. 延期（分期）缴纳罚款决定书 … 493
  40. 送达回证 ……………………… 494
  41. 结案审查表 …………………… 495
  42. 备考表 ………………………… 496
行政处罚案件其他适用文书 ……… 497
  43. 行政处罚案件报批书 ………… 497
  44. 指定管辖决定书 ……………… 498
  45. 案件协查函 …………………… 498
  46. 案件通报书 …………………… 499
  47. 重大案件督办通知书 ………… 499
  48. 回避决定书 …………………… 500
  49. 行政执法委托书 ……………… 501
  50. 变更（暂停）委托决定书 …… 502
•文书来源•
国家质量监督检验检疫总局关于印发《质量技
  术监督行政处罚文书格式文本》的通知 … 503
  （2011年8月19日）
•关联规定•
质量技术监督行政处罚程序规定 ………… 503
  （2011年3月2日）
质量技术监督行政处罚案件审理规定 …… 507
  （2011年3月2日）
出入境检验检疫行政处罚程序规定 ……… 509
  （2006年1月28日）
计量违法行为处罚细则 …………………… 513
  （2015年8月25日）

二、质量监督检验检疫日常监管文书

（一）行政执法

  1. 行政执法证 …………………… 516
    行政执法证式样 ……………… 516
    行政执法证申请表 …………… 517
    行政执法证申领表 …………… 518
    暂扣行政执法证审批表 ……… 519

吊销行政执法证审批表 ················· 520
暂扣行政执法证决定书 ················· 521
吊销行政执法证决定书 ················· 521
· 文书来源 ·
质量监督检验检疫行政执法证件管理办法 ········ 522
（2016 年 12 月 6 日）
2. 行政执法监督 ······················ 524
行政执法监督通知（决定）书 ············· 524
· 文书来源 ·
质量监督检验检疫行政执法监督与行政执法过错
责任追究办法 ····················· 524
（2004 年 1 月 18 日）

（二）工业产品

1. 工业产品生产许可证 ················· 528
行政许可申请受理决定书 ··············· 528
行政许可申请材料补正告知书 ············· 529
行政许可申请不予受理决定书 ············· 529
不予行政许可决定书 ················· 530
生产许可证式样 ··················· 531
标志式样 ······················ 533
· 文书来源 ·
中华人民共和国工业产品生产许可证管理条例实
施办法 ······················· 534
（2005 年 9 月 15 日）
2. 食品生产许可证 ···················· 541
食品生产许可证证书式样 ··············· 541
QS 标志式样 ····················· 543
· 文书来源 ·
食品生产加工企业质量安全监督管理实施细则
（试行） ······················ 544
（2005 年 9 月 1 日）
3. 三包文书 ························ 551
实施三包的移动电话机商品目录 ············ 551
移动电话机商品三包凭证 ··············· 551
移动电话机商品性能故障表 ·············· 552
· 文书来源 ·
移动电话机商品修理更换退货责任规定 ········ 552
（2001 年 9 月 17 日）
实施三包的固定电话机商品目录 ············ 555
固定电话机三包凭证 ················· 555
固定电话机性能故障表 ················ 556

· 文书来源 ·
固定电话机商品修理更换退货责任规定 ········ 557
（2001 年 9 月 17 日）

（三）卫生检疫

1. 出入境检验检疫封识文书 ··············· 559
各直属检验检疫局简称 ················ 559
施封通知书 ····················· 560
启封通知书 ····················· 561
· 文书来源 ·
出入境检验检疫封识管理办法 ············· 562
（2000 年 4 月 3 日）
2. 进出口商品复验文书 ················· 563
复验申请表（格式） ················· 563
· 文书来源 ·
进出口商品复验办法 ················· 564
（2005 年 6 月 1 日）
3. 进出口商品免验文书 ················· 565
进出口商品免验审查条件 ··············· 565
进出口商品免验申请表 ················ 570
进出口商品免验审查报告 ··············· 571
· 文书来源 ·
进出口商品免验办法 ················· 575
（2002 年 7 月 24 日）
4. 进出口商品检验鉴定文书 ··············· 577
设立进出口商品检验鉴定机构申请表 ·········· 577
进出口商品检验鉴定机构许可变更申请表 ········ 578
进出口商品检验鉴定机构资格证书有效期满
换证申请表 ····················· 579
5. 口岸卫生许可证 ···················· 580
申请口岸卫生许可应提交的材料清单 ·········· 580
国境口岸卫生许可证申请书 ·············· 581
6. 出入境特殊物品卫生检疫审批文书 ·········· 584
出入境特殊物品卫生检疫审批申请表 ·········· 585
入出境特殊物品卫生检疫审批工作基本要求 ······ 585
7. 从事出入境检疫处理业务的单位及人员
认定文书 ························ 589
出入境检疫处理单位核准申请表 ············ 589
出入境检疫处理单位变更申请表 ············ 591
出入境检疫处理人员考试报名表 ············ 593

（四）认证认可

1. 从事强制性认证以及相关活动的认证机构、检查机构及实验室指定文书 …………… 594
   - 机构人员一览表 ………………………… 594
   - 强制性产品认证指定机构审批表 ……… 594
   - 申请强制性产品认证指定机构受理表 … 595
   - 申请指定的信息调查表 ………………… 595
   - 申请成为强制性产品指定认证机构、检查机构与实验室的申请书 …………… 597
   - 相关机构信息调查表 …………………… 599
2. 产品质量检验机构资格认定文书 ………… 600
   - 计量认证/审查认可（验收）申请书 …… 600
   - 检测能力分析及分包情况一览表 ……… 603
   - 申请计量认证/审查认可（验收）项目表 … 603
   - 仪器设备（标准物质）及其检定/校准一览表 ………………………… 604
   - 质检机构人员一览表 …………………… 604
   - 组织结构框图 …………………………… 605
3. 设立认证机构审批文书 …………………… 605
   - 设立认证机构材料要求 ………………… 605
4. 认证机构确定文书 ………………………… 611
   - 认可机构申请书 ………………………… 611

（五）计 量

1. 计量监督管理文书 ………………………… 613
   - 法定计量单位的选择 …………………… 613
   - 标注字符高度 …………………………… 613
   - 允许短缺量 ……………………………… 614
   - 计量检验抽样方案 ……………………… 615
   - ·文书来源·
   - 定量包装商品计量监督管理办法 ……… 616
     （2005年5月30日）

2. 计量检定规程管理文书 …………………… 617
   - 国家计量技术法规项目计划任务书 …… 617
   - 国家计量检定规程计划项目调整申请表 … 620
   - 征求意见汇总表 ………………………… 621
   - 国家计量技术法规审定意见书 ………… 622
   - 国家计量检定规程报审稿函审单 ……… 623
   - 国家计量检定规程报审稿函审结论表 … 624
   - 报批国家计量检定规程的公文格式 …… 625
   - 国家计量技术法规报批表 ……………… 625
   - 修改国家计量技术法规申报表 ………… 627
   - 报送国家计量检定规程修改单的公文格式 …………… 628
   - ·文书来源·
   - 国家计量检定规程管理办法 …………… 629
     （2002年12月31日）
3. 计量器具型式标准物质定级鉴定文书 …… 631
   - 标准物质制造计量器具许可证复制批申请书 …… 631
   - 标准物质制造计量器具许可证申请书 … 633
4. 进口计量器具型式批准文书 ……………… 635
   - 计量器具型式批准申请书 ……………… 635
   - 计量器具临时型式批准申请表 ………… 637
5. 计量标准器具核准文书 …………………… 638
   - 计量标准考核（复查）申请书 ………… 638
   - 计量标准技术报告 ……………………… 641
   - 计量标准更换申报表 …………………… 644
   - 计量标准封存（或撤销）申报表 ……… 645
6. 制造计量器具许可证核发（标准物质）文书 …………… 646
   - 制造（修理）计量器具许可证申请书 … 646
7. 承担国家法定计量检定机构任务授权文书 …………… 648
   - 承担国家法定计量检定机构任务授权申请书 ……… 648

工商行政管理篇

上海市专科学校

一、工商行政处罚文书

1. 指定管辖通知书

_____工商行政管理局

指定管辖通知书

_____工商____字〔____〕____号

_____、_____工商行政管理局：

　　关于_____
_____一案管辖权问题，经研究，现决定指定该案由_____工商行政管理局管辖。请你们接到此通知后及时办理案件及相关材料的移交手续。

（印章）
____年____月____日

本文书一式四份，二份送达，一份归档，一份承办机构留存。

2. 案件移送函

_____工商行政管理局

案件移送函

_____工商____字〔____〕____号

_____：
　　本局于____年____月____日对_____
_____进行调查。在调查中发现_____，故此案不属于我局管辖。根据_____规定，现将该案移送你单位处理。
　　附件：(有关材料)
　　联系人：_____　联系电话：_____

（印章）
____年____月____日

送达回证

送达地点			送达方式	
收件人	（签名或者盖章） 　　年　月　日	送达人		（签名或者盖章） 　　年　月　日
备注				

本文书一式四份，二份送达，一份归档，一份承办机构留存。

3. 涉嫌犯罪案件移送书

＿＿＿＿＿＿＿工商行政管理局

涉嫌犯罪案件移送书

＿＿＿＿＿＿工商＿＿＿字〔＿＿＿＿〕＿＿＿号

＿＿＿＿＿＿＿＿＿＿：

　　本局于＿＿＿＿年＿＿＿月＿＿＿日对＿＿＿＿＿＿＿＿＿＿＿＿＿＿＿＿＿＿＿＿＿＿＿＿＿＿＿＿＿＿＿＿＿＿＿＿＿＿进行调查。在调查中发现＿＿＿＿＿＿＿＿＿＿＿＿＿＿＿＿＿＿＿＿＿＿＿。根据《中华人民共和国行政处罚法》、《行政执法机关移送涉嫌犯罪案件的规定》等相关规定，现将该案移送你单位处理。

　　附件:(有关材料)

　　联系人：＿＿＿＿＿＿＿　联系电话：＿＿＿＿＿＿＿＿

（印章）
＿＿＿＿年＿＿＿月＿＿＿日

送达回证

送达地点			送达方式	
收件人	（签名或者盖章） 　　年　月　日	送达人		（签名或者盖章） 　　年　月　日
备注				

本文书一式四份，一份送达，一份抄送人民检察院，一份归档，一份承办机构留存。

4. 行政建议书

_____工商行政管理局

行政建议书

_____工商____字〔____〕____号

_____：

　　本局在调查处理_____一案中,发现被调查人_____有_____的违法嫌疑,特建议你单位依法处理。

　　联系人：_____联系电话：_____

(印章)

_____年____月____日

本文书一式三份,一份送达,一份归档,一份承办机构留存。

5. 案件来源登记表

_____工商行政管理局

案件来源登记表

登记时间			年　月　日　时　分	
来源分类	( )监督检查 ( )其他机关移送		( )投诉、申诉、举报 ( )上级机关交办	
案源提供人	监督检查人	姓名		执法单位	
		姓名		执法单位	
	投诉、申诉、举报人	个人	姓名		身份证(其他有效证件)号码
		单位	名称		
			法定代表人(负责人)		
		联系电话		邮政编码	
		联系地址			
	移送、交办机关	名称			
		联系人		邮政编码	
		联系电话			
		联系地址			

续 表

案源登记内容	登记人： 年 月 日
案源交办意见	年 月 日
备 注	

6. 行政处罚案件有关事项审批表

_____工商行政管理局

行政处罚案件有关事项审批表

案件名称	
审批事项	
提请审批的理由及依据	办案人员：____、____ 年 月 日
办案机构负责人意见	年 月 日
机关负责人意见	年 月 日
备 注	

7. 立案(不予立案)审批表

_____工商行政管理局

立案(不予立案)审批表

当事人	个人	姓名		身份证(其他有效证件)号码	
	单位	名称			
		证照编号		法定代表人(负责人)	
	联系电话			邮政编码	
	住所(住址)				

案发地	
案件来源	
案源登记时间	
核查情况及立案(不予立案)理由	办案人员:_____、_____ 年　　月　　日
办案机构负责人意见	年　　月　　日
机关负责人意见	年　　月　　日
备注	

8. 行政处理告知记录

_____工商行政管理局
行政处理告知记录

被告知人	
告知时间	
告知方式	
告知内容	
告知(记录)人	(签名或者盖章) 年　月　日　时　分
被告知人	(签名或者盖章) 年　月　日　时　分
备注	

9. 协助调查函

_____工商行政管理局
协助调查函

_____工商____字〔____〕____号

_____：
　本局在处理_____
一案中,因_____,特请你单位协助调查以下问题：_____
_____
_____
_____
_____
_____
_____
_____
_____
_____
_____
_____

　请你单位在调查结果上加盖公章后及时函告本局。
　联系人：_____　联系电话：_____

(印章)
____年___月___日

本文书一式三份,一份送达,一份归档,一份承办机构留存。

10. 询问通知书

_____工商行政管理局
询问通知书

_____工商____字〔____〕____号

_____：
　　为调查了解_____，请你于____年___月___日___时___分到_____接受询问。根据《中华人民共和国行政处罚法》第三十七条的规定，你有如实回答询问、协助调查的义务。
　　请携带以下材料：
　　1._____
　　2._____
　　3._____
　　办案人员：_____联系电话：_____
　　　　　　　_____联系电话：_____

（印章）
____年___月___日

送达回证

送达地点		送达方式	
收件人	（签名或者盖章） 年 月 日	见证人	（签名或者盖章） 年 月 日
送达人			（签名或者盖章） 年 月 日
备注			

本文书一式三份，一份送达，一份归档，一份承办机构留存。

11. 询问(调查)笔录

_____工商行政管理局

询问(调查)笔录

时间：____年____月____日____时____分至____年____月____日____时____分 第____次
地点：_____
询问(调查)人：_____、_____
被询问(调查)人：_____ 性别：_____ 民族：_____
身份证(其他有效证件)号码：_____
联系电话：_____ 邮政编码：_____
住址：_____
工作单位：_____ 职务：_____
询问(调查)人:我们是_____工商行政管理局的行政执法人员,已向你出示了我们的执法证件。现根据《中华人民共和国行政处罚法》第三十七条第一款的规定依法向你询问(调查)了解有关情况,你应当如实回答询问、协助调查。同时,根据《工商行政管理机关行政处罚程序规定》第三条第(五)项的规定,如果你认为办案人员与本案有直接利害关系,你有申请办案人员回避的权利,请问你是否听清楚？是否申请回避？

_____
_____
_____
_____
_____
_____
_____
_____
_____
_____
_____
_____
_____
_____
_____
_____

被询问(调查)人(签名或者盖章)：_____	年 月 日
询问(调查)人(签名或者盖章)：_____	年 月 日
	年 月 日

第 页共 页

被询问(调查)人(签名或者盖章):＿＿＿＿＿＿＿＿＿＿＿＿＿＿＿＿＿　年　月　日
询问(调查)人(签名或者盖章):＿＿＿＿＿＿＿＿＿＿＿＿＿＿＿＿＿＿　年　月　日
　　　　　　　　　　　　　　　　　　　　　　　　　　　　　　　　　年　月　日

第　　页共　　页

(尾页)

被询问(调查)人:本询问(调查)笔录已经本人逐一核对(已向本人宣读),无误。
被询问(调查)人(签名或者盖章):_____ 年 月 日
询问(调查)人(签名或者盖章):_____ 年 月 日
_____ 年 月 日

第 页共 页

12. 现场笔录

_____工商行政管理局
现场笔录

时间：___年___月___日___时___分至___年___月___日___时___分
地点：_____
检查人员：_____ 执法证件号码：_____
检查人员：_____ 执法证件号码：_____
当事人：
（个人）姓名：_____
身份证（其他有效证件）号码：_____
（单位）名称：_____
住所（地址）：_____
邮政编码：_____ 联系电话：_____
见证人：_____
身份证（其他有效证件）号码：_____
单位或者住址：_____
邮政编码：_____ 联系电话：_____
通知当事人到场情况：_____
出示执法身份证件情况：_____
告知情况：_____
如实施行政强制措施，当场告知当事人采取行政强烈措施的理由、依据以及当事人依法享有的权利、救济途径情况：_____
_____
_____

当事人的陈述和申辩：_____
_____
_____
_____

检查情况：_____
_____
_____
_____
_____
_____

当事人（签名或者盖章）：_____ 年 月 日
见证人（签名或者盖章）：_____ 年 月 日
检查人员（签名或者盖章）：_____ 年 月 日
                                                年 月 日

第 页共 页

13. 抽样取证记录

_____工商行政管理局

抽样取证记录

抽样时间	年　月　日　时　分		
抽样地点			
抽 样 人			
当 事 人			
抽样物品名称		抽样物品基数	
规格(型号)		生产日期、批号	
执行标准		保质期	
标称生产者		标称商标	
抽样方式		抽取样品数量	

抽样情况：
_____
_____
_____
_____

样品加封情况：
_____
_____
_____

备 注	

当事人(签名或者盖章)：_____　　　年　月　日
抽样人(签名或者盖章)：_____　　　年　月　日
　　　　　　　　　　　　_____　　　年　月　日
办案人员(签名或者盖章)：_____　　　年　月　日
　　　　　　　　　　　　_____　　　年　月　日
见证人(签名或者盖章)：_____　　　年　月　日

14. 委托鉴定书

_____工商行政管理局
委托鉴定书
_____工商____字〔____〕____号

_____：
　　本局在调查处理有关涉嫌违法案件中，需要对下列物品进行鉴定。特委托你单位进行鉴定。
　　委托鉴定事项：_____
　　委托鉴定相关物品及材料清单：

名称	规格(型号)	单位	数量	备注

　　请你单位在出具的鉴定书中载明鉴定的内容、本局向你单位提交的相关材料、鉴定的依据和使用的科学技术手段、鉴定的过程、明确的鉴定结论、鉴定部门和鉴定人鉴定资格的说明及鉴定人和鉴定部门的签名盖章。
　　联系人：_____联系电话：_____

（印章）
____年__月__日

本文书一式三份，一份送达，一份归档，一份承办机构留存。

15. 先行登记保存证据通知书

_____工商行政管理局

先行登记保存证据通知书

_____工商____字〔____〕____号

_____：

  为调查你(单位)涉嫌_____，根据《中华人民共和国行政处罚法》第三十七条第二款的规定，本局决定对有关证据(详见《(场所、设施、财物)清单》第____号)采取先行登记保存措施。先行登记保存的证据，存放在_____，由负责保管。在此期间，不管损毁、销毁或者转移证据。

  本局将在七日内对先行登记保存的证据依法作出处理决定。逾期未作出处理决定的，先行登记保存措施自动解除。

  附件：《(场所、设施、财物)清单》第____号

  联系人：_____ 联系电话：_____

(印章)
____年___月___日

送达回证

送达地点			送达方式	
收件人		见证人		
	(签名或者盖章) 年 月 日			(签名或者盖章) 年 月 日
送达人				(签名或者盖章) 年 月 日
备注				

本文书一式三份，一份送达，一份归档，一份承办机构留存。

16. 实施行政强制措施决定书

_____工商行政管理局
实施行政强制措施决定书
_____工商____字〔____〕____号

当事人:
  (个人)姓名:_____
  身份证(其他有效证件)号码:_____
  (单位)名称:_____
  法定代表人(负责人):_____
  住所(地址):_____
  邮政编码:_____联系电话:_____

  经查,你(单位)涉嫌_____,本局根据_____的规定,决定对有关场所、设施、财物,(详见《(场所、设施、财物)清单》第_____号),实施(查封、扣押、_____)行政强制措施。实施行政强制措施的期限自_____年____月____日至_____年____月____日。情况复杂,需要延长期限的,本局将另行书面告知。
  如对本行政强制措施决定不服,可以在收到本决定之日起____日内向_____工商行政管理局或者_____人民政府申请复议;也可以在____日(月)内依法向_____人民法院提起诉讼。
  附件:《(场所、设施、财物)清单》第_____号
  联系人:_____联系电话:_____

工商行政管理局(印章)

送达回证

送达地点		送达方式	
收件人	（签名或者盖章） 年　月　日	见证人	（签名或者盖章） 年　月　日
送达人			（签名或者盖章） 年　月　日
备注			

本文书一式三份,一份送达,一份归档,一份承办机构留存。

17. 解除行政强制措施决定书

<u>　　　　</u>工商行政管理局
解除行政强制措施决定书

<u>　　　</u>工商<u>　　</u>字〔<u>　　</u>〕<u>　　</u>号

当事人：
　（个人）姓名：_____
　　身份证（其他有效证件）号码：_____
　（单位）名称：_____
　　法定代表人（负责人）：_____
　　住所（地址）：_____
　　邮政编码：_____ 联系电话：_____

　　本局于_____年___月___日根据《实施行政强制措施决定书》(_____工商____字〔____〕____号对你单位有关（场所、设施、财物）采取的行政强制措施，现决定自_____年___月___日起（全部；部分，详见《（场所、设施、财物）清单》第____号）予以解除。

　　其中需退还你（单位）的财物，请你（单位）于三个月内领取。逾期不领取的，本局将按《工商行政管理机关行政处罚程序规定》第七十六条的规定予以处理。

　　附件：《（场所、设施、财物）清单》第_____号
　　联系人：_____ 联系电话：_____

_____工商行政管理局（印章）

送达回证

送达地点		送达方式	
收件人	（签名或者盖章） 年　月　日	见证人	（签名或者盖章） 年　月　日
送达人			（签名或者盖章） 年　月　日
备注			

本文书一式三份，一份送达，一份归档，一份承办机构留存。

18. 实施行政强制措施(场所、设施、财物)委托保管书

<u>　　　　</u>工商行政管理局

实施行政强制措施(场所、设施、财物)委托保管书

<u>　　　</u>工商<u>　　</u>字〔<u>　　</u>〕<u>　　</u>号

<u>　　　　　　　　　　　　</u>：

　　现委托你(单位)代为保管本局依法实施行政强制措施的有关(场所、设施、财物),(详见《(场所、设施、财物)清单》第<u>　　　　　　　　　</u>号)。在保管期间,未经本局同意,你(单位)不得损毁或者擅自转移、处置。因你(单位)原因造成的损失,本局有权予以追偿。

　　附件:《(场所、设施、财物)清单》第<u>　　　　　　　</u>号

　　联系人:<u>　　　　　　　　　　</u>联系电话:<u>　　　　　　　　　　</u>

(印章)

<u>　　</u>年<u>　　</u>月<u>　　</u>日

送达回证

送达地点		送达方式	
收件人	(签名或者盖章) 　　　　年　月　日	见证人	(签名或者盖章) 年　月　日
送达人			(签名或者盖章) 年　月　日
备注			

本文书一式三份,一份送达,一份归档,一份承办机构留存。

19. 先行处理物品通知书

_____工商行政管理局

先行处理物品通知书

_____工商____字〔____〕____号

_____：

  本局于____年__月__日根据《实施行政强制措施决定书》(_____工商____字〔____〕____号)(查封、扣押)了你(单位)的物品。为防止造成不必要的损失，根据《工商行政管理机关行政处罚程序规定》第三十九条第二款的规定，对于其中容易腐烂、变质的物品(详见《(场所、设施、财物)清单》第_____号),(_____规定可以直接先行处理;经你(单位)同意，本局决定先行处理。处理方式:_____。

  附件:《(场所、设施、财物)清单》第_____号

  联系人:_____联系电话:_____

(印章)

____年__月__日

送达回证

送达地点		送达方式	
收件人	(签名或者盖章) 年 月 日	见证人	(签名或者盖章) 年 月 日
送达人			(签名或者盖章) 年 月 日
备注			

本文书一式三份，一份送达，一份归档，一份承办机构留存。

20.(查封、扣押)财物移送通知书

_____工商行政管理局
(查封、扣押)财物移送通知书
_____工商____字〔____〕____号

_____：

　　____年___月___日,本局根据《实施行政强制措施决定书》(_____工商____字〔____〕____号)对你(单位)实施了(查封、扣押)行政强制措施,因违法行为涉嫌犯罪,本局依法已将案件移送_____,相关涉案财物(详见《(场所、设施、财物)清单》第____号)已于____年___月___日按照有关规定一并移送。

　　附件:《(场所、设施、财物)清单》第_____号

　　联系人:_____　联系电话:_____

(印章)
____年___月___日

送达回证

送达地点			送达方式	
收件人	(签名或者盖章) 年 月 日	见证人		(签名或者盖章) 年 月 日
送达人				(签名或者盖章) 年 月 日
备注				

本文书一式三份,一份送达,一份归档,一份承办机构留存。

21. 延长(查封、扣押)期限决定书

_____工商行政管理局

延长(查封、扣押)期限决定书

_____工商____字〔____〕____号

当事人：
  (个人)姓名：_____
    身份证(其他有效证件)号码：_____
  (单位)名称：_____
    法定代表人(负责人)：_____
  住所(住址)：_____
  邮政编码：_____联系电话：_____
  本局于____年__月__日根据《实施行政强制措施决定书》(_____工商____字〔____〕____号)对你(单位)有关(场所、设施、财物)(详见《(场所、设施、财物)清单》第_____号)采取行政强制措施。因情况复杂，依据《中华人民共和国行政强制法》第二十五条的规定，经本局负责人批准，决定将行政强制措施的期限延长至_____年__月__日。
  附件：《(场所、设施、财物)清单》第_____号
  联系人：_____联系电话：_____

(印章)

____年__月__日

送达回证

送达地点		送达方式	
收件人	(签名或者盖章) 年 月 日	见证人	(签名或者盖章) 年 月 日
送达人			(签名或者盖章) 年 月 日
备注			

本文书一式三份，一份送达，一份归档，一份承办机构留存。

22.(场所、设施、财物)清单

_____工商行政管理局

(场所、设施、财物)清单

第____号

编号	名称	规格(型号)或者地址	单位	数量或者面积	备注

当事人(签名或者盖章):_____　　　年　月　日

办案人员(签名或者盖章):_____　　　年　月　日

　　　　　　　　　　　　_____　　　年　月　日

保管人(签名或者盖章):_____　　　年　月　日

见证人(签名或者盖章):_____　　　年　月　日

第　　页共　　页

本文书一式三份,一份送达,一份归档,一份承办机构留存。

(尾页)

编号	名称	规格(型号)或者地址	单位	数量或者面积	备注

当事人(签名或者盖章):_____　　　　　　年　　月　　日
办案人员(签名或者盖章):_____　　　　　　年　　月　　日
　　　　　　　　　　　　　　　　　　　　　　　　　　　　年　　月　　日
保管人(签名或者盖章):_____　　　　　　年　　月　　日
见证人(签名或者盖章):_____　　　　　　年　　月　　日

第　　页共　　页

本文书一式三份,一份送达,一份归档,一份承办机构留存。

23.(检测、检验、检疫、技术鉴定)期间告知书

_____工商行政管理局

(检测、检验、检疫、技术鉴定)期间告知书

_____工商____字〔____〕____号

_____:
  本局于____年___月___日根据《实施行政强制措施决定书》(_____工商____字〔____〕____号),对你(单位)采取行政强制措施涉及的有关物品(详见《(场所、设施、财物)清单》第_____号),现已依法委托相关机构进行(检测、检验、检疫、技术鉴定)。(检测、检验、检疫、技术鉴定)期间自_____年___月___日至_____年___月___日。
  依据《中华人民共和国行政强制法》第二十五条的规定,查封、扣押的期间不包括检测、检验、检疫或者技术鉴定的期间。
  附件:《(场所、设施、财物)清单》第_____号
  联系人:_____联系电话:_____

(印章)

_____年___月___日

送达回证

送达地点			送达方式	
收件人	(签名或者盖章) 年 月 日	见证人		(签名或者盖章) 年 月 日
送达人				(签名或者盖章) 年 月 日
备注				

本文书一式三份,一份送达,一份归档,一份承办机构留存。

24. 检查建议书

_____工商行政管理局

检查建议书

_____工商____字〔____〕____号

_____:
　　本局对_____一案,于____年____月____日立案。经初查,_____。为及时查清事实,请你单位协助对_____依法进行检查。
　　联系人:_____联系电话:_____

(印章)
_____年___月___日

本文书一式三份,一份送达,一份归档,一份承办机构留存。

25. 案件调查终结报告

_____工商行政管理局

案件调查终结报告

第　　页共　　页

26. 案件核审表

_____工商行政管理局
案件核审表

案件名称	
送审机构	
送审时间	年　月　日　　　退卷时间　　　年　月　日
核审意见和建议	承办人： 　　　　　　年　月　日
核审机构负责人意见	年　月　日
备注	

27. 行政处罚告知书

<u>　　　　　</u>工商行政管理局

行政处罚告知书

<u>　　　　</u>工商<u>　　</u>字〔<u>　　</u>〕<u>　　</u>号

<u>　　　　　　　　　　　　</u>：

　　由本局立案调查的<u>　　　　　　　　　　　　　　　　　　　</u>一案,已经本局调查终结。根据《中华人民共和国行政处罚法》第三十一条和《工商行政管理机关行政处罚程序规定》第五十二条的规定,现将本局拟作出行政处罚的事实、理由、依据及处罚内容告知如下：
<u>　　　　　　　　　　　　　　　　　　　　　　　　　　　　　　</u>
<u>　　　　　　　　　　　　　　　　　　　　　　　　　　　　　　</u>

　　根据《中华人民共和国行政处罚法》第三十二条和《工商行政管理机关行政处罚程序规定》第五十三条的规定,对上述拟作出的行政处罚,你(单位)有陈述、申辩的权利。如果有陈述、申辩意见,你(单位)应当在收到本告知书之日起三个工作日内,向本局提出。逾期未提出的,视为放弃此权利。

　　办案人员：<u>　　　　　　　　　　</u>联系电话：<u>　　　　　　　　　　</u>
　　　　　　　<u>　　　　　　　　　　</u>联系电话：<u>　　　　　　　　　　</u>

(印章)

<u>　　</u>年<u>　</u>月<u>　</u>日

送达回证

送达地点			送达方式	
收件人	(签名或者盖章) 年　月　日	见证人		(签名或者盖章) 年　月　日
送达人				(签名或者盖章) 年　月　日
备注				

本文书一式三份,一份送达,一份归档,一份承办机构留存。

28. 行政处罚听证告知书

<u>　　　　</u>工商行政管理局

行政处罚听证告知书

<u>　　　</u>工商<u>　　</u>字〔<u>　　</u>〕<u>　　</u>号

<u>　　　　　　　　　　</u>：

　　由本局立案调查的<u>　　　　　　　　　　　　　　　　</u>一案，已经本局调查终结。根据《中华人民共和国行政处罚法》第三十一条和《工商行政管理机关行政处罚程序规定》第五十二条的规定，现将本局拟作出行政处罚的事实、理由、依据及处罚内容告知如下：

<u>　　　　　　　　　　　　　　　　　　　　　　　　　　　　　　　</u>
<u>　　　　　　　　　　　　　　　　　　　　　　　　　　　　　　　</u>

　　根据《中华人民共和国行政处罚法》第三十二条、第四十二条和《工商行政管理机关行政处罚案件听证规则》第六条、第八条的规定，对上述拟作出的行政处罚，你(单位)有陈述、申辩和要求举行听证的权利。如果有陈述、申辩意见，你(单位)应当在收到本通知之日起三个工作日内，向本局提出；如果要求举行听证，可以在本告知书的送达回证上提出举行听证的要求，也可以自接到本告知书之日起三个工作日内以书面或者口头形式提出举行听证的要求。逾期未提出的，视为放弃此权利。

　　联系人：<u>　　　　　　　　　</u>联系电话：<u>　　　　　　　　　</u>

(印章)

<u>　　　</u>年<u>　　</u>月<u>　　</u>日

送达回证

送达地点		送达方式	
收件人	(签名或者盖章) 年　月　日	是否要求 举行听证	(签名或者盖章) 年　月　日
送达人			(签名或者盖章) 年　月　日
见证人	(签名或者盖章) 年　月　日	备注	

本文书一式三份，一份送达，一份归档，一份承办机构留存。

29. 行政处罚听证通知书

<u>　　　　</u>工商行政管理局

行政处罚听证通知书

<u>　　　　</u>工商<u>　　</u>字〔<u>　　</u>〕<u>　　</u>号

<u>　　　　　　　　　　　　</u>：
　　根据你(单位)的要求,本局决定于<u>　　</u>年<u>　　</u>月<u>　　</u>日<u>　　</u>时<u>　　</u>分在<u>　　　　　　　　　　　　　</u>对<u>　　　　　　　　　　　　　　　　　</u>一案举行听证,请届时出席。
　　申请延期举行的,应当在<u>　　</u>年<u>　　</u>月<u>　　</u>日前向本局提出,由本局决定是否延期。无正当理由不出席的,按放弃听证权处理。
　　如果委托他人(一至二人)代为参加听证,请提交由委托人签名或者盖章的授权委托书,委托书应当载明委托事项及权限。委托代理人代为放弃行使陈述权、申辩权和质证权的,必须有委托人的明确授权。
　　请参加人员携带身份证明文件及身份证明文件复印件。
　　附:《行政处罚听证授权委托书》
　　联系人:<u>　　　　　　　　　　</u>联系电话:<u>　　　　　　　　　　</u>

(印章)
<u>　　</u>年<u>　　</u>月<u>　　</u>日

送达回证

送达地点			送达方式	
收件人	(签名或者盖章) 年　月　日	见证人		(签名或者盖章) 年　月　日
送达人				(签名或者盖章) 年　月　日
备注				

本文书一式三份,一份送达,一份归档,一份承办机构留存。

30. 行政处罚听证授权委托书

行政处罚听证授权委托书

_____：

  我(单位)于_____年____月____日收到你局《行政处罚听证通知书》(_____工商____字〔____〕____号),现委托以下人员代理我(单位)参加听证:

委托代理人:姓名:_____联系电话:_____

工作单位:_____职务:_____

委托权限:

委托代理人:姓名:_____联系电话:_____

工作单位:_____职务:_____

委托权限:

附件:(委托代理人的身份证明文件)

委托人:_____

法定代表人(负责人):_____

_____年____月____日

31. 听证笔录

_____工商行政管理局

听证笔录

案件名称：_____
时间：_____年___月___日___时___分至___时___分
地点：_____
听证主持人：_____
(首席听证主持人：_____)
记录员：_____ 翻译人员：_____
案件调查人：_____ 所属办案机构：_____
　　　　　　_____ 所属办案机构：_____
当事人：_____
法定代表人(负责人)：_____
委托代理人：_____ 职务：_____
　　　工作单位：_____
　　　　　　　　　　　　　　　　 职务：_____
　　　工作单位：_____
其他参加人：_____
工作单位：_____
听证过程：
记录员：现在宣布听证纪律：
(一)全体参加听证会人员要服从听证主持人的指挥，未经听证主持人允许不得发言、提问；
(二)未经听证主持人允许不得录音、录像和摄影；
(三)听证参加人未经听证主持人允许不得退场；
(四)旁听人员不得大声喧哗，不得鼓掌哄闹或者进行其他妨碍听证秩序的活动。
　　　报告听证主持人，听证准备就绪。
听证主持人：当事人(委托代理人)和案件调查人员均已到场。现在宣布听证会开始进行。
我们今天组织的这次听证会是因_____申请而举行的。
本次听证主持人是_____，(首席听证主持人是_____，)(翻译人员是_____，)记录员是_____。

听证主持人(签名或者盖章)：_____ 年 月 日
案件调查人(签名或者盖章)：_____ 年 月 日
　　　　　　　　　　　　　_____ 年 月 日
当事人(签名或者盖章)：_____ 年 月 日
委托代理人(签名或者盖章)：_____ 年 月 日

第　　页共　　页

(续页)

当事人(委托代理人)请注意,当事人在听证过程中享有以下权利:
第一、有权放弃听证;
第二、有权申请听证主持人、记录员、翻译人员回避;
第三、有权当场提出证明自己主张的证据;
第四、有权进行陈述和申辩;
第五、经听证主持人允许,可以对相关证据进行质证;
第六、经听证主持人允许,可以向到场的证人、鉴定人、勘验人发问;
第七、有权对听证笔录进行审核,认为无误后签名或者盖章。
当事人在听证中的主要义务是:
第一,遵守听证纪律;
第二,如实回答听证主持人的询问;
第三,在审核无误的听证笔录上签名或者盖章。
当事人申请听证主持人、记录员、翻译人员回避的条件是:(一)本案当事人或者当事人的近亲属;(二)与本案有利害关系;(三)与本案当事人有其他关系,可能影响对本案的公正听证的。根据这些条件,请问当事人(委托代理人)申请回避吗?

当事人(委托代理人):_____

_____

听证主持人(签名或者盖章):_____ 年　月　日
案件调查人(签名或者盖章):_____ 年　月　日
　　　　　　　　　　　　　　　　　　　　　　　　　　　　　　年　月　日
当事人(签名或者盖章):_____ 年　月　日
委托代理人(签名或者盖章):_____ 年　月　日
　　　　　　　　　　　　　　　　　　　　　　　　　　　　　　年　月　日

第　页共　页

(尾页)

当事人(委托代理人):本听证笔录已经本人审核、补正,无误。
听证主持人(签名或者盖章):_____ 年 月 日
案件调查人(签名或者盖章):_____ 年 月 日
_____ 年 月 日
当事人(签名或者盖章):_____ 年 月 日
委托代理人(签名或者盖章):_____ 年 月 日

第 页共 页

32. 听证报告

_____工商行政管理局

听证报告

第　页共　页

33. 行政处罚决定审批表

_____工商行政管理局
行政处罚决定审批表

当事人				
案件性质		立案时间	年　月　日	
当事人涉嫌违法的主要事实、建议作出行政处罚决定的理由、依据及内容	办案人员：_____、_____			
当事人陈述申辩或者听证中提出的主要意见				
办案机构复核意见或者听证主持人听证意见	年　月　日			
拟作出行政处罚的内容	办案机构负责人：_____ 年　月　日			
机关负责人意见	年　月　日			
备注				

34. 行政处罚决定书

<u>　　　　</u>工商行政管理局

行政处罚决定书

<u>　　　</u>工商<u>　　</u>字〔<u>　　</u>〕<u>　　</u>号

第　　页共　　页

35. 责令改正通知书

_____工商行政管理局
责令改正通知书

_____工商____字〔____〕____号

_____：
　经查,你(单位)_____,上述行为违反了_____的规定,构成了_____行为,根据_____的规定,现责令你(单位)_____
_____。
　如果对本责令改正通知不服,可以在收到本通知之日起　日内向_____工商行政管理局或者_____
_____人民政府申请复议;也可以在　日(月)内依法向人民法院提起诉讼。

(印章)
　　　年　　月　　日

送达回证

送达地点		送达方式	
收件人	(签名或者盖章) 年　月　日	见证人	(签名或者盖章) 年　月　日
送达人			(签名或者盖章) 年　月　日
备注			

本文书一式三份,一份送达,一份归档,一份承办机构留存。

36. 当场处罚决定书

_____工商行政管理局

当场处罚决定书

编号：_____

当事人：
(个人)姓名：_____
　　　身份证(其他有效证件)号码：_____
(单位)名称：_____　证照号码：_____
　　　法定代表人(负责人)：_____
　　　住所(住址)：_____
　　　邮政编码：_____　联系电话：_____
执法人员：_____、_____
经查,你(单位)_____
_____,上述行为违反了_____的规定,构成了_____行为,根据_____的规定,现责令你(单位)改正上述违法行为,并作出如下第____项处罚：1. 警告；2. 罚款_____。
罚款按下列第____项规定方式缴纳：1. 当场缴纳；2. 自即日起15日内将罚款交至工商行政管理机关罚款代收机构。(代收机构名称：_____　地址：_____)
到期不缴纳罚款的,本局可以每日按罚款数额的百分之三加处罚款。
如你(单位)不服本处罚决定,可以在收到本决定之日起____日内向_____工商行政管理局或者_____人民政府申请行政复议；也可以在____日(月)内依法向人民法院提起诉讼。

(印章)
____年____月____日

本处罚决定作出前已依法告知你(单位)办案人员的身份,出示了执法证件,并告知你(单位)作出本处罚决定的事实、理由、依据及处罚内容,听取了你(单位)的陈述和申辩。

当事人(签名或者盖章)：_____　年　月　日
执法人员(签名或者盖章)：_____　年　月　日
　　　　　　　　　　　_____　年　月　日

本文书一式三份,一份送达,一份归档,一份承办机构留存。

37. 分期(延期)缴纳罚款通知书

<u>　　　　　</u>工商行政管理局
分期(延期)缴纳罚款通知书

<u>　　　　</u>工商<u>　　</u>字〔<u>　　</u>〕<u>　　</u>号

<u>　　　　　　　　　　</u>：
　　你(单位)于<u>　　</u>年<u>　　</u>月<u>　　</u>日向本局提出分期(延期)缴纳罚款的申请,经研究,依据《中华人民共和国行政处罚法》第五十二条的规定,本局决定批准你(单位)<u>　　　　　　　　　　</u>
<u>　　　　　　　　　　　　　　　　　　　　　　　　　　　　</u>
<u>　　　　　　　　　　　　　　　　　　　　　　　　　　　　</u>
<u>　　　　　　　　　　　　　　　　　　　　　　　　　　　　</u>

　　到期不缴纳罚款的,依据《中华人民共和国行政处罚法》第五十一条第(一)项的规定,本局可以每日按你(单位)应当缴纳罚款数额的百分之三加处罚款。

(印章)
<u>　　</u>年<u>　　</u>月<u>　　</u>日

送达回证

送达地点		送达方式	
收件人	(签名或者盖章) 年　月　日	见证人	(签名或者盖章) 年　月　日
送达人			(签名或者盖章) 年　月　日
备注			

本文书一式三份,一份送达,一份归档,一份承办机构留存。

38. 物品处理记录

_____工商行政管理局
物品处理记录

处理物品：见《(场所、设施、财物)清单》第_____号
物品来源：_____
处理依据：_____
处理时间：_____处理地点：_____
执行人：_____、_____
记录人：_____见证人：_____
处理情况：_____

_____
_____
_____
_____
_____
_____
_____
_____
_____
_____
_____
_____
_____
_____
_____
_____
_____
_____
_____
_____
_____

附件：《(场所、设施、财物)清单》第_____号
执行人(签名或者盖章)：_____ 年 月 日
_____ 年 月 日
见证人(签名或者盖章)：_____ 年 月 日

第 页共 页

39. 送达回证

<u>　　　　　</u>工商行政管理局

送达回证

送达文书名称及文号	
受送达人	
送达时间	
送达地点	
送达方式	
收件人	（签名或者盖章） 　年　　月　　日　　时　　分
见 证 人	（签名或者盖章） 　年　　月　　日　　时　　分
送达人	（签名或者盖章） 　年　　月　　日　　时　　分
备注	

40. 行政处理决定纠正决定书

_____工商行政管理局

行政处理决定纠正决定书

_____工商____字〔____〕____号

41. 责令重新审查决定书

_____工商行政管理局

责令重新审查决定书

_____工商____字〔____〕____号

_____工商行政管理局：
　　经初步审查，本局认为，你局应当对_____年____月____日作出的_____重新进行审查。根据《工商行政管理机关行政处罚程序规定》的有关规定，现请你局对该行政处理决定重新进行审查，并在接到本决定书之日起_____日内审查完毕。在你局作出审查决定后10日内，将审查决定报本局。

（印章）
_____年____月____日

42. 督办案件通知书

_____工商行政管理局

督办案件通知书

_____工商____字〔____〕____号

_____工商行政管理局：
　　本局于_____年____月____日交你局查办的_____一案，限你局在_____年____月____日之前将调查处理结果上报本局。

（印章）
_____年____月____日

43. 行政决定履行催告书

_____工商行政管理局

行政决定履行催告书

_____工商____字〔____〕____号

_____:

　　本局于____年___月___日作出_____(_____工商____字〔____〕____号),决定对你(单位)_____。你(单位)在法定期限内对该行政决定未申请行政复议或者提起行政诉讼,也未履行该行政决定。根据《中华人民共和国行政强制法》第五十四条的规定,本局现催告你(单位)自收到本催告书之日起十日内,_____。

　　收到本催告书后,你(单位)有权进行陈述、申辩。无正当理由逾期仍不履行政决定的,本局将依法申请人民法院强制执行。

　　联系人:_____联系电话:_____

(印章)
____年___月___日

送达回证

送达地点		送达方式	
收件人	（签名或者盖章） 年　月　日	见证人	（签名或者盖章） 年　月　日
送达人			（签名或者盖章） 年　月　日
备注			

本文书一式三份,一份送达,一份归档,一份承办机构留存。

44. 强制执行申请书

_____工商行政管理局

强制执行申请书

_____工商____字〔____〕____号

_____:
　　本局于_____年____月____日对被申请执行人_____作出《_____》(_____工商____字〔____〕____号),被申请执行人在法定期限内对该行政决定未申请行政复议或者提起行政诉讼,也未履行该行政决定。本局于_____年____月____日向被申请执行人送达了《行政决定履行催告书》(_____工商____字〔____〕____号),但被申请执行人在规定期限内仍未履行行政决定。依据《中华人民共和国行政强制法》第五十三条、第五十四条的规定,特依法申请你院强制执行。
　　附:

申请人:(印章)_____

负责人:_____

_____年____月____日

送达回证

送达地点			送达方式	
收件人	(签名或者盖章) 年　月　日	见证人		(签名或者盖章) 年　月　日
送达人				(签名或者盖章) 年　月　日
备注				

本文书一式三份,一份送达,一份归档,一份承办机构留存。

45. 行政处罚案件结案报告

行政处罚案件结案报告

案由		案件来源	
当事人名称/姓名		法定代表人(负责人)	
工作单位		职务或者职业	
住所或者住址			
案源发现时间	年 月 日	案发地	
立案时间	年 月 日	行政处罚决定书文号	
办案人员及执法证编号			
简要案情及查处经过			
行政处罚内容			
处罚行政方式及罚没财物的处置情况			
办案人员意见			
办案机构负责人意见			
法制机构负责人意见			
机关负责人意见			

填表人员： 年 月 日

46. 附页

附 页

第　页共　页

47. 行政处罚案件案卷

_____工商行政管理局

行政处罚案件
案　　卷

案件名称	
行政处罚决定书文号	

办案单位		立卷人	
归档时间		归档号	
保管期限			

本卷共　　件　　页

全宗号	目录号	案卷号

48. 卷内文件目录

卷内文件目录

序号	文号	题　名	文件提供人	页号	备注

文书来源

国家工商行政管理总局关于印发《工商行政管理机关行政处罚文书、行政复议文书和行政赔偿文书》的通知

（2008年10月30日　工商法字〔2008〕229号）

各省、自治区、直辖市及计划单列市工商行政管理局：

为规范工商行政管理机关行政处罚行为，保证行政执法质量，国家工商行政管理局于1998年制定了《工商行政管理机关行政处罚文书(试行)》（以下简称《试行文书》）。《行政复议法》颁布后，国家工商行政管理局对部分文书进行了修订。10年来，《试行文书》在指导、规范工商行政管理机关行政执法方面发挥了重要作用。

随着市场经济的深入发展和国家民主法制建设进程的推进，工商行政管理正在实现监管领域由低端向高端延伸，监管方式由粗放向精细转变，监管方法由突击性、专项性整治向日常规范监管转变，监管手段由传统向现代化转变，工商行政管理工作不断面临新的任务和新的挑战。《试行文书》在种类划分、栏目设置和具体适用等方面已不能适应工作的需要，应当作进一步的修改、补充和完善。为积极推进工商行政管理工作"制度化、规范化、程序化、法治化"建设，努力做到监管与发展、监管与服务、监管与维权、监管与执法"四个统一"，认真贯彻落实科学发展观，2008年3月，总局在广泛听取各级工商行政管理机关意见的基础上，组织对《试行文书》进行了全面修订，力求使《工商行政管理机关行政处罚文书、行政复议文书和行政赔偿文书》（以下简称《修订文书》）更加权威、全面、实用，方便基层执法。现将《修订文书》印发给你们，从2009年1月1日起正式使用。

《修订文书》的基本情况是：

一、文书体例方面，行政复议文书、行政赔偿文书与行政处罚文书并列，各自相对独立。

二、文书种类和数量方面，《修订文书》包含78种文书，其中行政处罚文书42种，行政复议文书33种，行政赔偿文书3种。

三、文书内容方面，《修订文书》增加了对当事人的权利保护内容、救济途径告知内容；在直接送达当事人的行政处罚文书中增加了《送达回证》的内容；增加了告知执法人员身份、当事人权利义务等内容；对文书的具体表述进行了更为规范合理的调整。另外，为方便行政复议申请人，我们依据《行政复议法实施条例》第十九条的规定，专门设计了《行政复议申请书》，作为申请人参考使用的示范文本。

各省、自治区、直辖市及计划单列市工商行政管理局可以根据各地的实际情况，组织安排文书的印制工作。在印制时，对各类文书中出现的"×××工商行政管理局"均改为具体使用单位的名称，如具体使用单位是北京市工商行政管理局西城分局，则各文书中的"×××工商行政管理局"均印制为"北京市工商行政管理局西城分局"。

国家工商行政管理总局关于修订《工商行政管理机关行政处罚文书、行政复议文书和行政赔偿文书》的通知

（2011年11月28日　工商法字〔2011〕233）

各省、自治区、直辖市及计划单列市工商行政管理局、市场监督管理局：

根据《中华人民共和国行政强制法》、《国务院关于贯彻实施〈中华人民共和国行政强制法〉的通知》（国发〔2011〕25号）和国家工商行政管理总局《关于贯彻实施〈中华人民共和国行政强制法〉加快推进法治工商建设的通知》（工商法字〔2011〕190号）的要求，国家工商行政管理总局对《工商行政管理机关行政处罚文书、行政复议文书和行政赔偿文书》（工商法字〔2008〕229号）中与行政强制法有关的行政处罚文书部分进行了修订和制定。经过修订和制定，行政处罚文书由42种增加到48种，现将新修订和新制定的行政处罚文书印发给你们，从2012年1月1日起正式使用。原行政处罚文书中的《现场笔录》、《先行登记保存证据通知书》、《实施行政强制措施通知书》、《解除行政强制措施通知书》、《实施行政强制措施物品委托保管书》、《先行处理物品通知书》、《财物清单》和《物品处理记录》等8种行政处罚文书停止使用。

本次文书修订的基本情况是：一、文书体例方面，只涉及行政处罚文书的修订，行政复议文书、行政赔偿文书没有修订。二、行政处罚文书修订方面，共修订与行政强制法相关的文书8种，即《现场笔录》、《先行登记保存证据通知书》、《实施行政强制措施决定书》、《解除行政强制措施决定书》、《实施行政强制措施(场所、设施、财物)委托保管书》、《先行处理物品通知书》、《(场所、设施、财物)清单》和《物品处理记录》。三、行政处罚文书制定方面，共制定与行政强制法有关的文书6种，其中，有涉及工商行政管理机关移送方面的文书，如《(查封、扣押)财物移送通知书》；有涉及工商行政管理机关申请强制执行方面的文书，如《强制批行申请书》等。

各省、自治区、直辖市及计划单列市工商行政管理局可以根据各地的实际情况，组织安排文书的印制工作。在印制时，对本次修订和制定文书中出现的"xxx工商行政管理局"均改为具体使用单位的名称，如具体使用单位是北京市工商行政管理局西城分局，则各文书中的"xxx工商行政管理局"均印制为"北京市工商行政管理局西城分局"。

关联规定

中华人民共和国行政处罚法

（1996年3月17日第八届全国人民代表大会第四次会议通过 根据2009年8月27日第十一届全国人民代表大会常务委员会第十次会议《关于修改部分法律的决定》修正）

第一章 总 则

第一条 【立法目的】为了规范行政处罚的设定和实施，保障和监督行政机关有效实施行政管理，维护公共利益和社会秩序，保护公民、法人或者其他组织的合法权益，根据宪法，制定本法。

第二条 【适用范围】行政处罚的设定和实施，适用本法。

第三条 【适用对象】公民、法人或者其他组织违反行政管理秩序的行为，应当给予行政处罚的，依照本法由法律、法规或者规章规定，并由行政机关依照本法规定的程序实施。

没有法定依据或者不遵守法定程序的，行政处罚无效。

第四条 【适用原则】行政处罚遵循公正、公开的原则。

设定和实施行政处罚必须以事实为依据，与违法行为的事实、性质、情节以及社会危害程度相当。

对违法行为给予行政处罚的规定必须公布；未经公布的，不得作为行政处罚的依据。

第五条 【适用目的】实施行政处罚，纠正违法行为，应当坚持处罚与教育相结合，教育公民、法人或者其他组织自觉守法。

第六条 【被处罚者权利】公民、法人或者其他组织对行政机关所给予的行政处罚，享有陈述权、申辩权；对行政处罚不服的，有权依法申请行政复议或者提起行政诉讼。

公民、法人或者其他组织因行政机关违法给予行政处罚受到损害的，有权依法提出赔偿要求。

第七条 【被处罚者承担的其他法律责任】公民、法人或者其他组织因违法受到行政处罚，其违法行为对他人造成损害的，应当依法承担民事责任。

违法行为构成犯罪，应当依法追究刑事责任，不得以行政处罚代替刑事处罚。

第二章 行政处罚的种类和设定

第八条 【处罚的种类】行政处罚的种类：

（一）警告；
（二）罚款；
（三）没收违法所得、没收非法财物；
（四）责令停产停业；
（五）暂扣或者吊销许可证、暂扣或者吊销执照；
（六）行政拘留；
（七）法律、行政法规规定的其他行政处罚。

第九条 【法律对处罚种类的设定】法律可以设定各种行政处罚。

限制人身自由的行政处罚，只能由法律设定。

第十条 【行政法规对处罚种类的设定】行政法规可以设定除限制人身自由以外的行政处罚。

法律对违法行为已经作出行政处罚规定，行政法规需要作出具体规定的，必须在法律规定的给予行政处罚的行为、种类和幅度的范围内规定。

第十一条 【地方性法规对处罚种类的设定】地方性法规可以设定除限制人身自由、吊销企业营业执照以外的行政处罚。

法律、行政法规对违法行为已经作出行政处罚规定，地方性法规需要作出具体规定的，必须在法律、行政法规规定的给予行政处罚的行为、种类和幅度的范围内规定。

第十二条 【国务院部、委的规章对处罚的设定】国务院部、委员会制定的规章可以在法律、行政法规规定的给予行政处罚的行为、种类和幅度的范围内作出具体规定。

尚未制定法律、行政法规的，前款规定的国务院部、委员会制定的规章对违反行政管理秩序的行为，可以设定警告或者一定数量罚款的行政处罚。罚款的限额由国务院规定。

国务院可以授权具有行政处罚权的直属机构依照本条第一款、第二款的规定，规定行政处罚。

第十三条 【省、自治区人民政府及有权的市的规章对罚的设定】省、自治区、直辖市人民政府和省、自治区人民政府所在地的市人民政府以及经国务院批准的较大的市人民政府制定的规章可以在法律、法规规定的给予行政处罚的行为、种类和幅度的范围内作出具体规定。

尚未制定法律、法规的，前款规定的人民政府制定的规章对违反行政管理秩序的行为，可以设定警告或者一定数量罚款的行政处罚。罚款的限额由省、自治区、直辖市人民代表大会常务委员会规定。

第十四条 【其他规范性文件不得设定行政处罚】除本法第九条、第十条、第十一条、第十二条以及第十三条的规定外，其他规范性文件不得设定行政处罚。

第三章 行政处罚的实施机关

第十五条 【处罚的实施】行政处罚由具有行政处罚权的行政机关在法定职权范围内实施。

第十六条 【处罚的权限】国务院或者经国务院授权的省、自治区、直辖市人民政府可以决定一个行政机关行使有关行政机关的行政处罚权，但限制人身自由的行政处罚权只能由公安机关行使。

第十七条 【授权实施处罚】法律、法规授权的具有管公共事务职能的组织可以在法定授权范围内实施行政处罚。

第十八条 【委托实施处罚】行政机关依照法律、法规或者规章的规定，可以在其法定权限内委托符合本法第十九条规定条件的组织实施行政处罚。行政机关不得委托其他组织或者个人实施行政处罚。

委托行政机关对受委托的组织实施行政处罚的行为应当负责监督，并对该行为的后果承担法律责任。

受委托组织在委托范围内，以委托行政机关名义实施行政处罚；不得再委托其他任何组织或者个人实施行政处罚。

第十九条 【受托组织的条件】受委托组织必须符合以下条件：

（一）依法成立的管理公共事务的事业组织；

（二）具有熟悉有关法律、法规、规章和业务的工作人员；

（三）对违法行为需要进行技术检查或者技术鉴定的，应当有条件组织进行相应的技术检查或者技术鉴定。

第四章 行政处罚的管辖和适用

第二十条 【处罚的管辖】行政处罚由违法行为发生地的县级以上地方人民政府具有行政处罚权的行政机关管辖。法律、行政法规另有规定的除外。

第二十一条 【指定管辖】对管辖发生争议的，报请共同的上一级行政机关指定管辖。

第二十二条 【构成犯罪案件的移送】违法行为构成犯罪的，行政机关必须将案件移送司法机关，依法追究刑事责任。

第二十三条 【改正违法行为】行政机关实施行政处罚时，应当责令当事人改正或者限期改正违法行为。

第二十四条 【同一行为不得重复处罚】对当事人的同一个违法行为，不得给予两次以上罚款的行政处罚。

第二十五条 【未成年人处罚的限制】不满14周岁的人有违法行为的，不予行政处罚，责令监护人加以管教；已满14周岁不满18周岁的人有违法行为的，从轻或者减轻行政处罚。

第二十六条 【精神病人处罚的限制】精神病人在不能辨认或者不能控制自己行为时有违法行为的，不予行政处罚，但应当责令其监护人严加看管和治疗。间歇性精神病人在精神正常时有违法行为的，应当给予行政处罚。

第二十七条 【从轻、减轻处罚的条件】当事人有下列情形之一的，应当依法从轻或者减轻行政处罚：

（一）主动消除或者减轻违法行为危害后果的；

（二）受他人胁迫有违法行为的；

（三）配合行政机关查处违法行为有立功表现的；

（四）其他依法从轻或者减轻行政处罚的。

违法行为轻微并及时纠正，没有造成危害后果的，不予行政处罚。

第二十八条 【刑罚的折抵】违法行为构成犯罪，人民法院判处拘役或者有期徒刑时，行政机关已经给予当事人行政拘留的，应当依法折抵相应刑期。

违法行为构成犯罪，人民法院判处罚金时，行政机关已经给予当事人罚款的，应当折抵相应罚金。

第二十九条 【处罚的时效】违法行为在2年内未被发现的，不再给予行政处罚。法律另有规定的除外。

前款规定的期限，从违法行为发生之日起计算；违法行为有连续或者继续状态的，从行为终了之日起计算。

第五章 行政处罚的决定

第三十条 【处罚的条件】公民、法人或者其他组织违反行政管理秩序的行为，依法应当给予行政处罚的，行政机关必须查明事实；违法事实不清的，不得给予行政处罚。

第三十一条 【告知义务】行政机关在作出行政处罚决定之前，应当告知当事人作出行政处罚决定的事实、理由及依据，并告知当事人依法享有的权利。

第三十二条 【当事人的申辩、陈述权】当事人有权进行陈述和申辩。行政机关必须充分听取当事人的意见，对当事人提出的事实、理由和证据，应当进行复核；当事人提出的事实、理由或者证据成立的，行政机关应当采纳。

行政机关不得因当事人申辩而加重处罚。

第一节 简易程序

第三十三条 【当场处罚】违法事实确凿并有法定依据，对公民处以50元以下、对法人或者其他组织处以1000元以下罚款或者警告的行政处罚的，可以当场作出行政处罚决定。当事人应当依照本法第四十六条、第四十七条、第四十八条的规定履行行政处罚决定。

第三十四条 【当场处罚的行政处罚决定书】执法人员当场作出行政处罚决定的，应当向当事人出示执法身份证件，填写预定格式、编有号码的行政处罚决定书。行政处罚决定书应当当场交付当事人。

前款规定的行政处罚决定书应当载明当事人的违法行为、行政处罚依据、罚款数额、时间、地点以及行政机关名称，并由执法人员签名或者盖章。

执法人员当场作出的行政处罚决定，必须报所属行政机关备案。

第三十五条 【不服处罚提起的复议或诉讼】当事人对当场作出的行政处罚决定不服的，可以依法申请行政复议或者提起行政诉讼。

第二节 一般程序

第三十六条 【取证】除本法第三十三条规定的可以当场作出的行政处罚外，行政机关发现公民、法人或者其他组织有依法应当给予行政处罚的行为的，必须全面、客观、公正地调查，收集有关证据；必要时，依照法律、法规的规定，可以进行检查。

第三十七条　【证据的收集】行政机关在调查或者进行检查时，执法人员不得少于两人，并应当向当事人或者有关人员出示证件。当事人或者有关人员应当如实回答询问，并协助调查或者检查，不得阻挠。询问或者检查应当制作笔录。

行政机关在收集证据时，可以采取抽样取证的方法；在证据可能灭失或者以后难以取得的情况下，经行政机关负责人批准，可以先行登记保存，并应当在 7 日内及时作出处理决定，在此期间，当事人或者有关人员不得销毁或者转移证据。

执法人员与当事人有直接利害关系的，应当回避。

第三十八条　【处罚决定】调查终结，行政机关负责人应当对调查结果进行审查，根据不同情况，分别作出如下决定：

（一）确有应受行政处罚的违法行为的，根据情节轻重及具体情况，作出行政处罚决定；

（二）违法行为轻微，依法可以不予行政处罚的，不予行政处罚；

（三）违法事实不能成立的，不得给予行政处罚；

（四）违法行为已构成犯罪的，移送司法机关。

对情节复杂或者重大违法行为给予较重的行政处罚，行政机关的负责人应当集体讨论决定。

第三十九条　【处罚决定书的内容】行政机关依照本法第三十八条的规定给予行政处罚，应当制作行政处罚决定书。行政处罚决定书应当载明下列事项：

（一）当事人的姓名或者名称、地址；

（二）违反法律、法规或者规章的事实和证据；

（三）行政处罚的种类和依据；

（四）行政处罚的履行方式和期限；

（五）不服行政处罚决定，申请行政复议或者提起行政诉讼的途径和期限；

（六）作出行政处罚决定的行政机关名称和作出决定的日期。

行政处罚决定书必须盖有作出行政处罚决定的行政机关的印章。

第四十条　【送达】行政处罚决定书应当在宣告后当场交付当事人；当事人不在场的，行政机关应当在 7 日内依照民事诉讼法的有关规定，将行政处罚决定书送达当事人。

第四十一条　【处罚的成立条件】行政机关及其执法人员在作出行政处罚决定之前，不依照本法第三十一条、第三十二条的规定向当事人告知给予行政处罚的事实、理由和依据，或者拒绝听取当事人的陈述、申辩，行政处罚决定不能成立；当事人放弃陈述或者申辩权利的除外。

第三节　听证程序

第四十二条　【听证范围及程序】行政机关作出责令停产停业、吊销许可证或者执照、较大数额罚款等行政处罚决定之前，应当告知当事人有要求举行听证的权利；当事人要求听证的，行政机关应当组织听证。当事人不承担行政机关组织听证的费用。听证依照以下程序组织：

（一）当事人要求听证的，应当在行政机关告知后 3 日内提出；

（二）行政机关应当在听证的 7 日前，通知当事人举行听证的时间、地点；

（三）除涉及国家秘密、商业秘密或者个人隐私外，听证公开举行；

（四）听证由行政机关指定的非本案调查人员主持；当事人认为主持人与本案有直接利害关系的，有权申请回避；

（五）当事人可以亲自参加听证，也可以委托 1 至 2 人代理；

（六）举行听证时，调查人员提出当事人违法的事实、证据和行政处罚建议；当事人进行申辩和质证；

（七）听证应当制作笔录；笔录应当交当事人审核无误后签字或者盖章。

当事人对限制人身自由的行政处罚有异议的，依照治安管理处罚法有关规定执行。

第四十三条　【听证之后的处理】听证结束后，行政机关依照本法第三十八条的规定，作出决定。

第六章　行政处罚的执行

第四十四条　【当事人有履行处罚的义务】行政处罚决定依法作出后，当事人应当在行政处罚决定的期限内，予以履行。

第四十五条　【申请复议、提起诉讼不中止处罚的执行】当事人对行政处罚决定不服申请行政复议或者提起行政诉讼的，行政处罚不停止执行，法律另有规定的除外。

第四十六条　【罚缴分离原则】作出罚款决定的行政机关应当与收缴罚款的机构分离。

除依照本法第四十七条、第四十八条的规定当场收缴的罚款外，作出行政处罚决定的行政机关及其执法人员不得自行收缴罚款。

当事人应当自收到行政处罚决定书之日起 15 日内，到指定的银行缴纳罚款。银行应当收受罚款，并将罚款直接上缴国库。

第四十七条　【当场收缴罚款范围】依照本法第三十三条的规定当场作出行政处罚决定，有下列情形之一的，执法人员可以当场收缴罚款：

（一）依法给予 20 元以下的罚款的；

（二）不当场收缴事后难以执行的。

第四十八条　【边远地区当场收缴罚款】在边远、水上、交通不便地区，行政机关及其执法人员依照本法第三十三条、第三十八条的规定作出罚款决定后，当事人向指定的银行缴纳罚款确有困难，经当事人提出，行政机关及其执法人员可以当场收缴罚款。

第四十九条　【罚款收据】行政机关及其执法人员当场收缴罚款的，必须向当事人出具省、自治区、直辖市财政部门统一制发的罚款收据；不出具财政部门统一制发的罚款收据的，当事人有权拒绝缴纳罚款。

第五十条　【罚款交纳期】执法人员当场收缴的罚款，应当自收缴罚款之日起2日内，交至行政机关；在水上当场收缴的罚款，应当自抵岸之日起2日内交至行政机关；行政机关应当在2日内将罚款缴付指定的银行。

第五十一条　【执行措施】当事人逾期不履行行政处罚决定的，作出行政处罚决定的行政机关可以采取下列措施：

（一）到期不缴纳罚款的，每日按罚款数额的3%加处罚款；

（二）根据法律规定，将查封、扣押的财物拍卖或者将冻结的存款划拨抵缴罚款；

（三）申请人民法院强制执行。

第五十二条　【分期缴纳罚款】当事人确有经济困难，需要延期或者分期缴纳罚款的，经当事人申请和行政机关批准，可以暂缓或者分期缴纳。

第五十三条　【没收的非法财物的处理】除依法应当予以销毁的物品外，依法没收的非法财物必须按照国家规定公开拍卖或者按照国家有关规定处理。

罚款、没收违法所得或者没收非法财物拍卖的款项，必须全部上缴国库，任何行政机关或者个人不得以任何形式截留、私分或者变相私分；财政部门不得以任何形式向作出行政处罚决定的行政机关返还罚款、没收的违法所得或者返还没收非法财物的拍卖款项。

第五十四条　【监督检查】行政机关应当建立健全对行政处罚的监督制度。县级以上人民政府应当加强对行政处罚的监督检查。

公民、法人或者其他组织对行政机关作出的行政处罚，有权申诉或者检举；行政机关应当认真审查，发现行政处罚有错误的，应当主动改正。

第七章　法律责任

第五十五条　【上级行政机关的监督】行政机关实施行政处罚，有下列情形之一的，由上级行政机关或者有关部门责令改正，可以对直接负责的主管人员和其他直接责任人员依法给予行政处分：

（一）没有法定的行政处罚依据的；

（二）擅自改变行政处罚种类、幅度的；

（三）违反法定的行政处罚程序的；

（四）违反本法第十八条关于委托处罚的规定的。

第五十六条　【当事人的拒绝处罚权及检举权】行政机关对当事人进行处罚不使用罚款、没收财物单据或者使用非法定部门制发的罚款、没收财物单据的，当事人有权拒绝处罚，并有权予以检举。上级行政机关或者有关部门对使用的非法单据予以收缴销毁，对直接负责的主管人员和其他直接责任人员依法给予行政处分。

第五十七条　【自行收缴罚款的处理】行政机关违反本法第四十六条的规定自行收缴罚款的，财政部门违反本法第五十三条的规定向行政机关返还罚款或者拍卖款项的，由上级行政机关或者有关部门责令改正，对直接负责的主管人员和其他直接责任人员依法给予行政处分。

第五十八条　【私分罚没财物的处理】行政机关将罚款、没收的违法所得或者财物截留、私分或者变相私分的，由财政部门或者有关部门予以追缴，对直接负责的主管人员和其他直接责任人员依法给予行政处分；情节严重构成犯罪的，依法追究刑事责任。

执法人员利用职务上的便利，索取或者收受他人财物、收缴罚款为己有，构成犯罪的，依法追究刑事责任；情节轻微不构成犯罪的，依法给予行政处分。

第五十九条　【行政机关的赔偿责任及对有关人员的处理】行政机关使用或者损毁扣押的财物，对当事人造成损失的，应当依法予以赔偿，对直接负责的主管人员和其他直接责任人员依法给予行政处分。

第六十条　【违法实行检查或执行措施的赔偿责任】行政机关违法实行检查措施或者执行措施，给公民人身或者财产造成损害、给法人或者其他组织造成损失的，应当依法予以赔偿，对直接负责的主管人员和其他直接责任人员依法给予行政处分；情节严重构成犯罪的，依法追究刑事责任。

第六十一条　【对拒不移交罪犯的有关人员的处理】行政机关为牟取本单位私利，对应当依法移交司法机关追究刑事责任的不移交，以行政处罚代替刑罚，由上级行政机关或者有关部门责令纠正；拒不纠正的，对直接负责的主管人员给予行政处分；徇私舞弊、包庇纵容违法行为的，依照刑法有关规定追究刑事责任。

第六十二条　【执法人员失职承担的责任】执法人员玩忽职守，对应当予以制止和处分的违法行为不予制止、处罚，致使公民、法人或者其他组织的合法权益、公共利益和社会秩序遭受损害的，对直接负责的主管人员和其他直接责任人员依法给予行政处分；情节严重构成犯罪的，依法追究刑事责任。

第八章　附　则

第六十三条　【国务院制定罚缴分离办法】本法第四十六条罚款决定与罚款收缴分离的规定，由国务院制定具体实施办法。

第六十四条 【生效日期】本法自 1996 年 10 月 1 日起施行。

本法公布前制定的法规和规章关于行政处罚的规定与本法不符合的，应当自本法公布之日起，依照本法规定予以修订，在 1997 年 12 月 31 日前修订完毕。

工商行政管理机关
行政处罚程序规定

(2007 年 9 月 4 日国家工商行政管理总局令第 28 号公布 2011 年 12 月 12 日国家工商行政管理总局令第 58 号修订)

第一章 总 则

第一条 为了规范和保障工商行政管理机关依法行使职权，正确实施行政处罚，维护社会经济秩序，保护公民、法人或者其他组织的合法权益，根据《行政处罚法》及其他有关法律、行政法规的规定，制定本规定。

第二条 工商行政管理机关实施行政处罚，适用本规定。法律、法规另有规定的，从其规定。

第三条 工商行政管理机关实施行政处罚应当遵循以下原则：

（一）实施行政处罚必须有法律、法规、规章依据；没有依据的，不得给予行政处罚；

（二）公正、公开、及时地行使法律、法规、规章赋予的行政职权；

（三）实施行政处罚必须以事实为依据，与违法行为的事实、性质、情节以及社会危害程度相当；

（四）坚持处罚与教育相结合，教育公民、法人或者其他组织自觉守法；

（五）办案人员与当事人有直接利害关系的，应当回避；

（六）依法独立行使职权，不受非法干预。

第四条 上级工商行政管理机关对下级工商行政管理机关、各级工商行政管理机关对本机关及其派出机构的行政处罚行为，应当加强监督，发现错误，及时纠正。

第二章 管 辖

第五条 行政处罚由违法行为发生地的县级以上（含县级，下同）工商行政管理机关管辖。法律、行政法规另有规定的除外。

第六条 县（区）、市（地、州）工商行政管理机关依职权管辖本辖区内发生的案件。

省、自治区、直辖市工商行政管理机关依职权管辖本辖区内发生的重大、复杂案件。

国家工商行政管理总局依职权管辖应当由自己实施行政处罚的案件及全国范围内发生的重大、复杂案件。

第七条 工商行政管理所依照法律、法规规定以自己的名义实施行政处罚的具体权限，由省级工商行政管理机关确定。

第八条 对利用广播、电影、电视、报纸、期刊、互联网等媒介发布违法广告的行为实施行政处罚，由广告发布者所在地工商行政管理机关管辖。广告发布者所在地工商行政管理机关管辖异地广告主、广告经营者有困难的，可以将广告主、广告经营者的违法情况移交广告主、广告经营者所在地工商行政管理机关处理。

第九条 对当事人的同一违法行为，两个以上工商行政管理机关都有管辖权的，由最先立案的工商行政管理机关管辖。

第十条 两个以上工商行政管理机关因管辖权发生争议的，应当协商解决，协商不成的，报请共同上一级工商行政管理机关指定管辖。

第十一条 工商行政管理机关发现所查处的案件不属于自己管辖时，应当将案件移送有管辖权的工商行政管理机关。受移送的工商行政管理机关对管辖权有异议的，应当报请共同上一级工商行政管理机关指定管辖，不得再自行移送。

第十二条 上级工商行政管理机关认为必要时可以直接查处下级工商行政管理机关管辖的案件，也可以将自己管辖的案件移交下级工商行政管理机关管辖。法律、行政法规明确规定案件应当由上级工商行政管理机关管辖的，上级工商行政管理机关不得将案件移交下级工商行政管理机关管辖。

下级工商行政管理机关认为应当由其管辖的案件属重大、疑难案件，或者由于特殊原因，难以办理的，可以报请上一级工商行政管理机关确定管辖。

第十三条 报请上一级工商行政管理机关确定管辖权的，上一级工商行政管理机关应当在收到报送材料之日起五个工作日内确定案件的管辖机关。

第十四条 跨行政区域的行政处罚案件，共同的上一级工商行政管理机关应当做好协调工作。相关工商行政管理机关应当积极配合异地办案的工商行政管理机关查处案件。

第十五条 工商行政管理机关发现所查处的案件属于其他行政机关管辖的，应当依法移送其他有关机关。

工商行政管理机关发现违法行为涉嫌犯罪的，应当依照有关规定将案件移送司法机关。

第三章 行政处罚的一般程序

第一节 立 案

第十六条 工商行政管理机关依据监督检查职权，或者通过投诉、申诉、举报、其他机关移送、上级机关交办等途径发现、查处违法行为。

第十七条 工商行政管理机关应当自收到投诉、申诉、举报、其他机关移送、上级机关交办的材料之日起七个工作日内予以核查，并决定是否立案；特殊情况下，可以延长至十五个工作日内决定是否立案。

第十八条 立案应当填写立案审批表，同时附上相关材料（投诉材料、申诉材料、举报材料、上级机关交办或者有关部门移送的材料、当事人提供的材料、监督检查报告、已核查获取的证据等），由县级以上工商行政管理机关负责人批准，办案机构负责人指定两名以上办案人员负责调查处理。

第十九条 对于不予立案的投诉、举报、申诉，经工商行政管理机关负责人批准后，由办案机构将结果告知具名的投诉人、申诉人、举报人。工商行政管理机关应当将不予立案的相关情况作书面记录留存。

第二节 调查取证

第二十条 立案后，办案人员应当及时进行调查，收集、调取证据，并可以依照法律、法规的规定进行检查。

首次向案件当事人收集、调取证据的，应当告知其有申请办案人员回避的权利。

向有关单位和个人收集、调取证据时，应当告知其有如实提供证据的义务。

第二十一条 办案人员调查案件，不得少于两人。办案人员调查取证时，一般应当着工商行政管理制服，并出示《中华人民共和国工商行政管理行政执法证》。

《中华人民共和国工商行政管理行政执法证》由国家工商行政管理总局统一制定、核发或者授权省级工商行政管理局核发。

第二十二条 需委托其他工商行政管理机关协助调查、取证的，应当出具书面委托调查函，受委托的工商行政管理机关应当积极予以协助。无法协助的，应当及时将无法协助的情况函告委托机关。

第二十三条 办案人员应当依法收集与案件有关的证据。证据包括以下几种：

（一）书证；

（二）物证；

（三）证人证言；

（四）视听资料、计算机数据；

（五）当事人陈述；

（六）鉴定结论；

（七）勘验笔录、现场笔录。

上述证据，应当符合法律、法规、规章等关于证据的规定，并经查证属实，才能作为认定事实的依据。

第二十四条 办案人员可以询问当事人及证明人。询问应当个别进行。询问应当制作笔录，询问笔录应当交被询问人核对；对阅读有困难的，应当向其宣读。笔录如有差错、遗漏，应当允许其更正或者补充。涂改部分应当由被询问人签名、盖章或者以其他方式确认。经核对无误后，由被询问人在笔录上逐页签名、盖章或者以其他方式确认。办案人员亦应当在笔录上签名。

第二十五条 办案人员可以要求当事人及证明人提供证明材料或者与违法行为有关的其他材料，并由材料提供人在有关材料上签名或者盖章。

第二十六条 办案人员应当收集、调取与案件有关的原始凭证作为证据；调取原始证据有困难的，可以提取复制件、影印件或者抄录本，由证据提供人标明"经核对与原件无误"、注明出证日期、证据出处，并签名或者盖章。

第二十七条 从中华人民共和国领域外取得的证据，应当说明来源，经所在国公证机关证明，并经中华人民共和国驻该国使领馆认证，或者履行中华人民共和国与证据所在国订立的有关条约中规定的证明手续。

在中华人民共和国香港特别行政区、澳门特别行政区和台湾地区取得的证据，应当具有按照有关规定办理的证明手续。

第二十八条 对于视听资料、计算机数据，办案人员应当收集有关资料的原始载体。收集原始载体有困难的，可以收集复制件，并注明制作方法、制作时间、制作人等情况。声音资料应当附有该声音内容的文字记录。

第二十九条 对有违法嫌疑的物品或者场所进行检查时，应当有当事人或者第三人在场，并制作现场笔录，载明时间、地点、事件等内容，由办案人员、当事人、第三人签名或者盖章。

必要时，可以采取拍照、录像等方式记录现场情况。

第三十条 工商行政管理机关抽样取证时，应当有当事人在场，办案人员应当制作抽样记录，对样品加贴封条，开具物品清单，由办案人员和当事人在封条和相关记录上签名或者盖章。

法律、法规、规章或者国家有关规定对抽样机构或者方式有规定的，工商行政管理机关应当委托相关机构或者按规定方式抽取样品。

第三十一条 为查明案情，需要对案件中专门事项进行鉴定的，工商行政管理机关应当出具载明委托鉴定事项及相关材料的委托鉴定书，委托具有法定鉴定资格的鉴定机构进行鉴定；没有法定鉴定机构的，可以委托其他具备鉴定条件的机构进行鉴定。鉴定结论应有鉴定人员签名或者盖章，加盖鉴定机构公章。

第三十二条 在证据可能灭失或者以后难以取得的情况下，工商行政管理机关可以对与涉嫌违法行为有关的证据采取先行登记保存措施。

采取先行登记保存措施或者解除先行登记保存措施，应当经工商行政管理机关负责人批准。

第三十三条 先行登记保存有关证据，应当当场清点，开具清单，由当事人和办案人员签名或者盖章，交当事人一份，并当场交付先行登记保存证据通知书。

先行登记保存期间，当事人或者有关人员不得损毁、销毁或者转移证据。

第三十四条　对于先行登记保存的证据，应当在七日内采取以下措施：

（一）根据情况及时采取记录、复制、拍照、录像等证据保全措施；

（二）需要鉴定的，及时送交有关部门鉴定；

（三）违法事实成立，应当予以没收的，作出行政处罚决定，没收违法物品；

（四）根据有关法律、法规规定可以查封、扣押（包括封存、扣留，下同）的，决定查封、扣押；

（五）违法事实不成立，或者违法事实成立但依法不应当予以查封、扣押或者没收的，决定解除先行登记保存措施。

逾期未作出处理决定的，先行登记保存措施自动解除。

第三十五条　法律、法规规定查封、扣押等行政强制措施的，可以根据具体情况实施。采取强制措施的，应当告知当事人有申请行政复议和提起行政诉讼的权利。

采取查封、扣押等行政强制措施，或者解除行政强制措施，应当经工商行政管理机关负责人批准。

第三十六条　查封、扣押当事人的财物，应当当场清点，开具清单，由当事人和办案人员签名或者盖章，交当事人一份，并当场交付查封、扣押财物决定书。依法先行采取查封、扣押措施的，应当在二十四小时内向工商行政管理机关负责人报告，并补办批准手续。

第三十七条　扣押当事人托运的物品，应当制作协助扣押通知书，通知有关运输部门协助办理，并书面通知当事人。

第三十八条　对当事人家存或者寄存的涉嫌违法物品，需要扣押的，责令当事人取出；当事人拒绝取出的，应当会同当地有关部门将其取出，并办理扣押手续。

第三十九条　查封、扣押的财物应当妥善保管，严禁动用、调换或者损毁。

对容易腐烂、变质的物品，法律、法规规定可以直接先行处理的，或者当事人同意先行处理的，经工商行政管理机关主要负责人批准，在采取相关措施留存证据后可以先行处理。

被查封的物品应当加贴工商行政管理机关封条，任何人不得随意动用。

第四十条　查封、扣押的财物，经查明确实与违法行为无关或者不再需要采取查封、扣押措施的，应当解除查封、扣押措施，送达解除查封、扣押决定书，将查封、扣押的财物如数返还当事人，并由办案人员和当事人在财物清单上签名或者盖章。

第四十一条　必须对自然人的人身或者住所进行检查的，应当依法提请公安机关执行，工商行政管理机关予以配合。

第四十二条　工商行政管理机关依据法律、法规规定采取责令当事人暂停销售，不得转移、隐匿、销毁有关财物等措施，应当经工商行政管理机关负责人批准，书面通知当事人，由当事人履行。

第四十三条　办案人员在调查取证过程中，要求当事人在笔录或者其他材料上签名、盖章或者以其他方式确认，当事人拒绝到场，拒绝签名、盖章或者以其他方式确认，或者无法找到当事人的，办案人员应当在笔录或其他材料上注明原因，必要时可邀请有关人员作为见证人。

第四十四条　当事人认为办案人员与当事人有直接利害关系的，有权申请办案人员回避；办案人员认为自己与当事人有直接利害关系的，应当申请回避。

办案人员的回避，由工商行政管理机关负责人决定。

第四十五条　案件调查终结，或者办案机构认为应当终止调查的，按照下列方式处理：

（一）认为违法事实成立，应当予以行政处罚的，写出调查终结报告，草拟行政处罚建议书，连同案卷交由核审机构核审。调查终结报告应当包括当事人的基本情况、违法事实、相关证据及其证明事项、案件性质、自由裁量理由、处罚依据、处罚建议等。

（二）认为违法事实不成立，应当予以销案的；或者违法行为轻微，没有造成危害后果，不予行政处罚的；或者案件不属于本机关管辖应当移交其他行政机关管辖的；或者涉嫌犯罪，应当移送司法机关的，写出调查终结报告，说明拟作处理的理由，报工商行政管理机关负责人批准后根据不同情况分别处理。

第三节　核　审

第四十六条　省级工商行政管理机关可以根据本辖区的实际情况，确定辖区内各级工商行政管理机关核审案件的类型和范围。

第四十七条　案件核审由工商行政管理机关的法制机构负责实施。工商行政管理所以自己的名义实施行政处罚的案件，由工商行政管理所的法制员负责核审。

第四十八条　核审机构接到办案机构的核审材料后，应当予以登记，并指定具体承办人员负责核审工作。

第四十九条　案件核审的主要内容包括：

（一）所办案件是否具有管辖权；

（二）当事人的基本情况是否清楚；

（三）案件事实是否清楚、证据是否充分；

（四）定性是否准确；

（五）适用依据是否正确；

（六）处罚是否适当；

（七）程序是否合法。

第五十条　核审机构经过对案件进行核审，提出以下书面意见和建议：

（一）对事实清楚、证据确凿、适用依据正确、定性准确、处罚适当、程序合法的案件，同意办案机构意见，建议报机关负责人批准后告知当事人；

（二）对定性不准、适用依据错误、处罚不当的案件，建议办案机构修改；

（三）对事实不清、证据不足的案件，建议办案机构补正；

（四）对程序不合法的案件，建议办案机构纠正；

（五）对违法事实不成立或者已超过追责期限的案件，建议销案；

（六）对违法事实轻微并及时纠正，没有造成危害后果的案件，建议不予行政处罚；

（七）对超出管辖权的案件，建议办案机构按有关规定移送；

（八）对涉嫌犯罪的案件，建议移送司法机关。

第五十一条 核审机构核审完毕，应当及时退卷。办案机构应将案卷、拟作出的行政处罚建议及核审意见报工商行政管理机关负责人审查决定。

第五十二条 工商行政管理机关负责人对行政处罚建议批准后，由办案机构以办案机关的名义，告知当事人拟作出行政处罚的事实、理由、依据、处罚内容，并告知当事人依法享有陈述、申辩权。

采取口头形式告知的，办案机构或者受委托的机关应当将告知情况记入笔录，并由当事人在笔录上签名或者盖章。

采取书面形式告知的，工商行政管理机关可以直接送达当事人，也可以委托当事人所在地的工商行政管理机关代为送达，还可以采取邮寄送达的方式送达当事人。

采用上述方式无法送达的，由工商行政管理机关以公告的方式告知。

自当事人签收之日起三个工作日内，或者办案机关挂号寄出之日起十五日内，或者自公告之日起十五日内，当事人未行使陈述、申辩权，也未作任何其他表示的，视为放弃此权利。

前款规定的邮寄送达，如因不可抗力或者其他特殊情况，当事人在规定的期间没有收到的，应当自实际收到之日起三个工作日内行使权利。

凡拟作出的行政处罚属于听证范围的，应当告知当事人有要求举行听证的权利。行政处罚案件的听证程序，按照国家工商行政管理总局专项规定执行。

第五十三条 工商行政管理机关在告知当事人拟作出的行政处罚建议后，应当充分听取当事人的意见。对当事人提出的事实、理由和证据，认真进行复核。当事人提出的事实、理由或者证据成立的，工商行政管理机关应当予以采纳。不得因当事人陈述、申辩、申请听证而加重行政处罚。

第四节 决　定

第五十四条 工商行政管理机关负责人经对案件调查终结报告、核审意见或者听证报告，当事人的陈述、申辩意见，拟作出的行政处罚决定进行审查，根据不同情况分别作出给予行政处罚、销案、不予行政处罚、移送其他机关等处理决定。

第五十五条 工商行政管理机关对重大、复杂案件，或者重大违法行为给予较重处罚的案件，应当提交工商行政管理机关有关会议集体讨论决定。

重大、复杂案件，或者重大违法行为给予较重处罚的案件范围，由省级工商行政管理机关确定。

第五十六条 工商行政管理机关作出行政处罚决定，应当制作行政处罚决定书。行政处罚决定书的内容包括：

（一）当事人的姓名或者名称、地址等基本情况；

（二）违反法律、法规或者规章的事实和证据；

（三）行政处罚的内容和依据；

（四）采纳当事人陈述、申辩的情况及理由；

（五）行政处罚的履行方式和期限；

（六）不服行政处罚决定，申请行政复议或者提起行政诉讼的途径和期限；

（七）作出行政处罚决定的工商行政管理机关的名称和作出决定的日期。

行政处罚决定书应当加盖作出行政处罚决定的工商行政管理机关的印章。

第五十七条 适用一般程序处理的案件应当自立案之日起九十日内作出处理决定；案情复杂，不能在规定期限内作出处理决定的，经工商行政管理机关负责人批准，可以延长三十日；案情特别复杂，经延期仍不能作出处理决定的，应当由工商行政管理机关有关会议集体讨论决定是否继续延期。

案件处理过程中听证、公告和鉴定等时间不计入前款所指的案件办理期限。

第五十八条 工商行政管理机关对投诉、举报、申诉所涉及的违法嫌疑人作出行政处罚、不予行政处罚、销案、移送其他机关等处理决定的，应当将处理结果告知被调查人和具名投诉人、申诉人、举报人。

以上告知，依照有关规定应予公示的，应采取适当的方式予以公示。

第五十九条 已作出行政处罚决定的案件，涉嫌犯罪的，工商行政管理机关应当依相关规定及时移送司法机关。

第四章　行政处罚的简易程序

第六十条 违法事实确凿并有法定依据，对公民处以五十元以下、对法人或者其他组织处以一千元以下罚款或者警告的行政处罚的，可以当场作出处罚决定。

第六十一条 适用简易程序当场查处违法行为，办案人员应当当场调查违法事实，制作现场检查、询问笔录，收集必要的证据，填写预定格式、编有号码的行政处罚决定书。

行政处罚决定书应当当场送达当事人，由当事人和办案人员签名或盖章。

第六十二条 前条规定的行政处罚决定书应当载明当事人的基本情况、违法行为、行政处罚依据、处罚种类、罚款数额、时间、地点、救济途径、行政机关名称，加盖行政机关印章。

第六十三条 办案人员在行政处罚决定作出前，应当告知当事人作出行政处罚决定的事实、理由及依据，并告知当事人有权进行陈述和申辩。当事人进行申辩的，办案人员应当记入笔录。

第六十四条 适用简易程序查处案件的有关材料，办案人员应当交其所在的工商行政管理机关归档保存。

第五章 期间、送达

第六十五条 期间以时、日、月计算，期间开始之时或者日不计算在内。期间不包括在途时间，期间届满的最后一日为法定节、假日的，以节、假日后的第一日为期间届满的日期。

第六十六条 工商行政管理机关送达处罚决定书，应当在宣告后当场交付当事人；当事人不在场的，应当在七日内按照下条的规定送达。

第六十七条 工商行政管理机关送达文书，除行政处罚告知书和听证告知书外，应当按下列方式送达：

（一）直接送达当事人的，由当事人在送达回证上注明收到日期，并签名或者盖章，当事人在送达回证上注明的签收日期为送达日期；

（二）无法直接送达的，可以委托当地工商行政管理机关代为送达，也可以挂号邮寄送达，邮寄送达的，以回执上注明的收件日期为送达日期；

（三）采取上述方式无法送达的，公告送达。公告送达，可以在全国性报纸或者办案机关所在地的省一级报纸上予以公告，也可以在工商行政管理机关公告栏张贴公告，并可以同时在工商行政管理机关网站上公告。自公告发布之日起经过六十日，即视为送达。公告送达，应当在案卷中记明原因和经过。

第六章 行政处罚的执行

第六十八条 处罚决定依法作出后，当事人应当在行政处罚决定的期限内予以履行。

第六十九条 工商行政管理机关对当事人作出罚款、没收违法所得处罚的，应当由当事人自收到处罚决定书之日起十五日内，到指定银行缴纳罚没款。有下列情形之一的，可以由办案人员当场收缴罚款：

（一）当场处以二十元以下罚款的；

（二）对公民处以二十元以上五十元以下、对法人或者其他组织处以一千元以下罚款，不当场收缴事后难以执行的；

（三）在边远、水上、交通不便地区以及其他原因，当事人向指定银行缴纳罚款确有困难，经当事人提出的。

办案人员当场收缴罚款的，应当出具省、自治区、直辖市财政部门统一制发的罚款收据。

第七十条 办案人员当场收缴的罚款，应当自收缴罚款之日起二日内，交至其所在工商行政管理机关，工商行政管理机关应当在二日内将罚款缴付指定银行。

第七十一条 当事人逾期不履行行政处罚决定的，作出行政处罚决定的工商行政管理机关可以采取下列措施：

（一）到期不缴纳罚款的，每日按罚款数额的百分之三加处罚款；

（二）根据法律规定，将查封、扣押的财物拍卖抵缴罚款；

（三）申请人民法院强制执行。

第七十二条 当事人确有经济困难，需要延期或者分期缴纳罚款的，应当提出书面申请。经工商行政管理机关负责人批准后，由办案机构以办案机关的名义，书面告知当事人延期或者分期的期限。

第七十三条 工商行政管理机关应当建立健全罚没物资的管理、处理制度。具体办法由省级工商行政管理机关依照国家有关规定制定。

第七十四条 除依法应当予以销毁的物品外，依法没收的非法财物，应当按照国家规定，委托具有合法资格的拍卖机构公开拍卖或者按照国家有关规定处理。

没收的票据交有关部门统一处理。

销毁物品，按照国家有关规定处理；没有规定的，经工商行政管理机关负责人批准，由两名以上工商行政管理人员监督销毁，并制作销毁记录。

物品处理，应当制作清单。

第七十五条 罚没款及没收物品的变价款，必须全部上缴财政，任何单位和个人不得截留、私分或者变相私分。

第七十六条 对依法解除强制措施，需退还当事人财物的，工商行政管理机关应当通知当事人在三个月内领取；当事人不明确的，应当采取公告方式通知当事人在六个月内认领。通知或者公告的认领期限届满后，无人认领的，工商行政管理机关可以按照有关规定采取拍卖或者变卖等方式处理物品，变价款保存在工商行政管理机关专门账户上。自处理物品之日起一年内仍无人认领的，变价款扣除为保管、处理物品所支出的必要费用后上缴财政。法律、行政法规另有规定的，从其规定。

第七章 立 卷

第七十七条 行政处罚决定执行完毕，工商行政管理机关应当按照下列要求及时将案件材料立卷归档：

（一）案卷应当一案一卷，案卷可以分正卷、副卷；

（二）各类文书齐全，手续完备；

（三）书写文书用毛笔、钢笔或者打印；

（四）案卷装订应当规范有序，符合文档要求。

第七十八条　正卷应当按下列顺序装订：

（一）立案审批表；

（二）行政处罚决定书；

（三）对当事人制发的其他法律文书；

（四）送达回证；

（五）听证笔录；

（六）证据材料；

（七）财物处理单据；

（八）其他有关材料。

副卷应当按下列顺序装订：

（一）投诉、申诉、举报等案源材料；

（二）调查终结报告及批件；

（三）核审意见；

（四）听证报告；

（五）其他有关材料。

第七十九条　案卷归档后，任何单位、个人不得修改、增加、抽取案卷材料。案卷保管及查阅，按档案管理有关规定执行。

第八章　监　督

第八十条　工商行政管理机关负责人有权决定对本机关依本规定作出的行政处罚决定重新进行审查。

上级工商行政管理机关有权决定对下级工商行政管理机关依本规定作出的行政处罚决定重新进行审查。

第八十一条　上级工商行政管理机关直接审查下级工商行政管理机关行政处罚决定时，可以直接纠正下级工商行政管理机关错误的行政处罚决定，也可以责成下级工商行政管理机关自行纠正其错误的行政处罚决定。

对于上级工商行政管理机关作出的纠正决定，下级工商行政管理机关应当予以执行。

第八十二条　上级工商行政管理机关责成下级工商行政管理机关重新审查的，下级工商行政管理机关应当在上级工商行政管理机关确定的期限内结束案件审查。

下级工商行政管理机关应当在审查决定作出后十日内，将审查决定报上级工商行政管理机关。

第八十三条　作出行政处理决定的工商行政管理机关重新审查行政处理决定的，原办理此案的办案人员应当回避。

第八十四条　对原行政处理决定重新审查的，审查结论一般应当经工商行政管理机关有关会议集体讨论决定。

第八十五条　工商行政管理机关及其办案人员违反法律、行政法规和本规定实施行政处罚的，应视情节追究行政责任；情节严重，涉嫌犯罪的，移送司法机关。

第九章　附　则

第八十六条　本规定所称的工商行政管理机关是指县级以上各级工商行政管理局。

第八十七条　依法具有独立执法权的工商行政管理分局、队、所等实施行政处罚，适用本规定。

第八十八条　本规定中的"以上"、"以下"、"以内"，均包括本数。

第八十九条　行政处罚文书，由国家工商行政管理总局统一制定。

第九十条　本规定自2007年10月1日起施行。1996年10月17日国家工商行政管理局发布的《工商行政管理机关行政处罚程序暂行规定》同时废止。

工商行政管理机关行政处罚案件听证规则

（2007年9月4日国家工商行政管理总局令第29号公布　自2007年10月1日起施行）

第一章　总　则

第一条　为了保证工商行政管理机关正确实施行政处罚，保护当事人的合法权益，根据《中华人民共和国行政处罚法》的有关规定，制定本规则。

第二条　本规则所称的听证，是指工商行政管理机关对属于听证范围的行政处罚案件在作出行政处罚决定之前，依法听取听证参加人的陈述、申辩和质证的程序。

第三条　工商行政管理机关举行听证，适用本规则。

第四条　听证由工商行政管理机关内设的法制机构具体组织。

第五条　工商行政管理机关举行听证，应当遵循以下原则：

（一）保障和便利当事人行使陈述权、申辩权和质证权；

（二）公开、公正、效率；

（三）依法实行回避制度；

（四）不得向当事人收取费用。

第二章　申请和受理

第六条　工商行政管理机关作出下列行政处罚决定之前，应当告知当事人有要求举行听证的权利：

（一）责令停业整顿、责令停止营业、责令停止广告业务等；

（二）吊销、收缴或者扣缴营业执照、吊销广告经营许可证、撤销商标注册、撤销特殊标志登记等；

（三）对公民处以三千元、对法人或者其他组织处以三万元以上罚款；

（四）对公民、法人或者其他组织作出没收违法所得和非法财物达到第（三）项所列数额的行政处罚。

各省、自治区、直辖市人大常委会或者人民政府对前款第(三)项、第(四)项所列罚没数额有具体规定的,从其规定。

第七条 向当事人告知听证权利时,应当告知当事人拟作出行政处罚的事实、理由、依据和处罚内容。

采取口头形式告知的,工商行政管理机关应当将告知情况记入笔录,并由当事人在笔录上签名或者盖章。

采取书面形式告知的,工商行政管理机关可以直接送达当事人,也可以委托当事人所在地的工商行政管理机关代为送达,还可以采取邮寄送达的方式送达当事人。

采用上述方法无法送达的,由工商行政管理机关以公告的方式告知。

第八条 当事人要求听证的,可以在听证告知书的送达回证上签署意见,也可以自接到告知听证的通知之日起三个工作日内以书面或者口头形式提出。当事人以口头形式提出的,工商行政管理机关应当将情况记入笔录,并由当事人在笔录上签名或者盖章。

自当事人签收之日起三个工作日内,或者工商行政管理机关挂号寄出听证告知书之日起十五日内,或者自公告之日起十五日内,当事人不要求举行听证的,视为放弃要求举行听证的权利。

前款规定的邮寄送达,如因不可抗力或者其他特殊情况,当事人在规定的期间没有收到的,应当自实际收到之日起三个工作日内提出听证申请。

第九条 当事人要求听证的,工商行政管理机关应当受理,并依照本规则的规定组织听证。

第三章 听证主持人和听证参加人

第十条 听证主持人由工商行政管理机关负责人指定。听证主持人可以由一至三人担任,二人以上共同主持听证的,应当由其中一人为首席听证主持人。

案件调查人员不得担任听证主持人。

第十一条 记录员由听证主持人指定,具体承担听证准备和听证记录工作。

第十二条 听证主持人、记录员、翻译人员有下列情形之一时,应当回避:
(一)是案件的当事人或者当事人的近亲属;
(二)与案件有利害关系的;
(三)与案件当事人有其他关系,可能影响对案件的公正听证的。

第十三条 当事人认为听证主持人、记录员、翻译人员有本规则第十二条所列情形之一的,有权以口头或者书面形式申请其回避。

当事人申请记录员、翻译人员回避的,由听证主持人决定是否回避;当事人申请听证主持人回避的,听证主持人应当及时报告本机关负责人,由本机关负责人决定是否回避。

第十四条 听证主持人在听证活动中行使下列职责:
(一)决定举行听证的时间、地点;
(二)审查听证参加人的资格;
(三)主持听证,并就案件的事实、证据、处罚依据等相关内容进行询问;
(四)维持听证秩序,对违反听证纪律的行为进行警告或者采取必要的措施予以制止;
(五)决定听证的延期、中止或者终止,宣布结束听证;
(六)本规则赋予的其他职责。

第十五条 听证主持人应当公开、公正地履行主持听证的职责,不得妨碍听证参加人行使陈述权、申辩权和质证权,不得徇私枉法,包庇纵容违法行为。

第十六条 听证主持人违反本规则规定,徇私枉法,包庇纵容违法行为的,给予行政处分;构成犯罪的,依法追究刑事责任。

第十七条 要求举行听证的公民、法人或者其他组织是听证的当事人。

第十八条 与听证案件有利害关系的其他公民、法人或者其他组织,可以作为第三人向听证主持人申请参加听证,或者由听证主持人通知其参加听证。

第十九条 当事人、第三人可以委托一至二人代为参加听证。

第二十条 委托他人代为参加听证的,应当向工商行政管理机关提交由委托人签名或者盖章的授权委托书以及委托代理人的身份证明文件。

授权委托书应当载明委托事项及权限。委托代理人代为放弃行使陈述权、申辩权和质证权的,必须有委托人的明确授权。

第二十一条 案件调查人员应当参加听证。

第二十二条 听证主持人有权决定与听证案件有关的证人、鉴定人、勘验人等听证参加人到场参加听证。

第四章 听证准备

第二十三条 工商行政管理机关应当自接到当事人要求举行听证的申请之日起三日内,确定听证主持人。

第二十四条 案件调查人员应当自确定听证主持人之日起三日内,将案卷移送听证主持人,由听证主持人阅卷,准备听证提纲。

第二十五条 听证主持人应当自接到案件调查人员移送的案卷之日起五日内确定听证的时间、地点,并应当于举行听证七日前通知当事人。

第二十六条 听证主持人应当于举行听证七日前将举行听证的时间、地点通知案件调查人员,并退回案卷。

第二十七条 听证应当公开举行。涉及国家秘密、商业秘密或者个人隐私的,听证不公开举行。

公开举行听证的,应当公告当事人姓名或者名称、案由以及举行听证的时间、地点。

第五章 听 证

第二十八条 听证开始前,记录员应当查明听证参加人是否到场,宣布听证纪律,并向听证主持人报告听证准备就绪。

第二十九条 记录员应当向到场人员宣布以下听证纪律:

(一)服从听证主持人的指挥,未经听证主持人允许不得发言、提问;

(二)未经听证主持人允许不得录音、录像和摄影;

(三)听证参加人未经听证主持人允许不得退场;

(四)旁听人员不得大声喧哗,不得鼓掌、哄闹或者进行其他妨碍听证秩序的活动。

第三十条 对违反听证纪律的,听证主持人有权予以制止;情节严重的,责令其退场。

第三十一条 听证主持人核对听证参加人,宣布案由,宣布听证主持人、记录员、翻译人员名单,告知听证参加人在听证中的权利义务,询问当事人是否提出回避申请。

第三十二条 听证按下列顺序进行:

(一)案件调查人员提出当事人违法的事实、证据、依据以及行政处罚建议;

(二)当事人及其委托代理人进行陈述和申辩;

(三)第三人及其委托代理人进行陈述;

(四)互相辩论;

(五)听证主持人按照第三人、案件调查人员、当事人的先后顺序征询各方最后意见。

第三十三条 当事人可以当场提出证明自己主张的证据,听证主持人应当接收。

当事人和案件调查人员经听证主持人允许,可以就有关证据进行质证,也可以向到场的证人、鉴定人、勘验人发问。

第三十四条 听证主持人可以根据情况作出延期、中止、终止听证的决定。

第三十五条 有下列情形之一的,可以延期举行听证:

(一)当事人因不可抗拒的事由无法到场的;

(二)其他应当延期的情形。

第三十六条 有下列情形之一的,可以中止听证:

(一)需要通知新的证人到场或者需要重新鉴定、勘验的;

(二)当事人因不可抗拒的事由,无法继续参加听证的;

(三)当事人死亡或者解散,需要确定相关权利义务继承人的;

(四)当事人提出回避申请的;

(五)其他应当中止听证的情形。

第三十七条 有下列情形之一的,可以终止听证:

(一)当事人撤回听证申请的;

(二)当事人无正当理由拒不到场参加听证的;

(三)当事人未经听证主持人允许中途退场的;

(四)其他应当终止听证的情形。

第三十八条 延期、中止听证的情形消失后,由听证主持人决定恢复听证的时间、地点,并通知听证参加人。

第三十九条 记录员应当将听证的全部活动记入笔录,由听证主持人和记录员签名。

已举行听证会的,听证笔录应当经听证参加人审核无误或者补正后,由听证参加人当场签名或者盖章。拒绝签名或者盖章的,由听证主持人记明情况,在听证笔录中予以载明。

第四十条 听证结束后,听证主持人应当在五个工作日内写出听证报告并签名,连同听证笔录一并上报本机关负责人。

第四十一条 听证报告应当包括以下内容:

(一)听证案由;

(二)听证主持人和听证参加人的基本情况;

(三)听证的时间、地点;

(四)听证的简单经过;

(五)案件事实;

(六)处理意见和建议。

第六章 附 则

第四十二条 工商行政管理机关应当保障听证经费,提供组织听证所必需的场地、设备以及其他便利条件。

第四十三条 本规则自2007年10月1日施行。1996年10月17日国家工商行政管理局发布的《工商行政管理机关行政处罚案件听证暂行规则》同时废止。

工商行政管理机关行政处罚案件违法所得认定办法

(2008年11月21日国家工商行政管理总局令第37号公布 自2009年1月1日起施行)

第一条 为了规范和保障工商行政管理机关依法、公正、有效行使职权,正确实施行政处罚,保障公民、法人和其他组织的合法权益,根据有关法律法规的规定,制定本办法。

第二条 工商行政管理机关认定违法所得的基本原则是:以当事人违法生产、销售商品或者提供服务所获得的全部收入扣除当事人直接用于经营活动的适当的合理支出,为违法所得。

本办法有特殊规定的除外。

第三条 违法生产商品的违法所得按违法生产商品的全部销售收入扣除生产商品的原材料购进价款计算。

第四条 违法销售商品的违法所得按违法销售商品的销售收入扣除所售商品的购进价款计算。

第五条 违法提供服务的违法所得按违法提供服务的全部收入扣除该项服务中所使用商品的购进价款计算。

第六条 违反法律、法规的规定，为违法行为提供便利条件的违法所得按当事人的全部收入计算。

第七条 违法承揽的案件，承揽人提供材料的，按照本办法第三条计算违法所得；定做人提供材料的，违法所得按本办法第五条计算。

第八条 在传销违法活动中，拉人头、骗取入门费式传销的违法所得按当事人的全部收入计算。团队计酬式传销的违法所得，销售自产商品的，按违法销售商品的收入扣除生产商品的原材料购进价款计算；销售非自产商品的，按违法销售商品的收入扣除所售商品的购进价款计算。

第九条 在违法所得认定时，对当事人在工商行政管理机关作出行政处罚前依据法律、法规和省级以上人民政府的规定已经支出的税费，应予扣除。

第十条 本办法适用于工商行政管理机关行政处罚案件"非法所得"的认定。法律、行政法规对"违法所得"、"非法所得"的认定另有规定的，从其规定。政府规章对"违法所得"、"非法所得"的认定另有规定的，可以从其规定。

第十一条 本办法自2009年1月1日起施行。

二、工商行政复议文书

1. 行政复议申请书

行政复议申请书

申请人：_____
身份证(其他有效证件)号码：_____
住所：_____ 邮政编码：_____
电话：_____
[(法人或者其他组织)：_____
住所：_____ 邮政编码：_____
电话：_____
法定代表人或者主要负责人：_____ 职务：_____]
委托代理人：_____ 电话：_____
住所：_____ 邮政编码：_____
被申请人：_____
法定代表人：_____
住所：_____ 邮政编码：_____

行政复议请求：_____
_____
_____
_____

事实和理由：_____
_____
_____
_____
_____

此致
　　_____工商行政管理局

附件：1. 申请书副本_____份
　　　2. 申请人身份证明材料复印件
　　　3. 被申请人作出具体行政行为的法律文书复印件
　　　4. 其他有关材料_____份
　　　5. 授权委托书(有委托代理人的)

申请人：(签名或者盖章)
_____年____月____日

2. 口头申请行政复议笔录

口头申请行政复议笔录

申请人：_____

身份证(其他有效证件)号码：_____

住所：_____邮政编码：_____

电话：_____

委托代理人：_____电话：_____

住所：_____邮政编码：_____

被申请人：_____

行政复议请求：_____

_____

_____

_____

_____

_____

_____

_____

事实和理由：_____

_____

_____

_____

_____

_____

_____

以上记录经本人核对，与口述一致。

申请人：(签名或者盖章)
_____年___月___日

记录人：(签名或者盖章)
_____年___月___日

3. 行政复议材料签收单

_____工商行政管理局
行政复议材料签收单

当事人：_____

序号	材料名称	页码	原件/复印件	备注
签收项	提交人：	提交日期：		
	签收人：	签收日期：		

注：本签收单仅作为行政复议机关收到行政复议材料的凭证，不表示行政复议机关已受理该行政复议申请。

4. 行政复议有关事项审批表

_____工商行政管理局
行政复议有关事项审批表

申 请 人	
被申请人	
第 三 人	
审批事项	
收到申请时间	
提请审批的理由及依据	（承办人签名） ____年___月___日
行政复议机构负责人意见	（签名） ____年___月___日
行政复议机关负责人意见	（签名） ____年___月___日

5. 补正行政复议申请通知书

<u>　　　　　</u>工商行政管理局

补正行政复议申请通知书

(　　　)工商复字〔　　　〕　　号

<u>　　　　　　　　　　　</u>:

　　你(们/单位)对<u>　　　　　　　　　　　　　</u>不服,于<u>　　</u>年<u>　　</u>月<u>　　</u>日向本局提出行政复议申请。经审查,本局认为:该行政复议申请<u>　　　　　　　　　　　</u>,需要补正以下材料:<u>　　　　　　　　</u><u>　　</u>

　　请你(们/单位)接到本通知书后,于　　日内补正申请材料。根据《中华人民共和国行政复议法实施条例》第二十九条的规定,补正申请材料所用时间不计入行政复议审理期限。无正当理由逾期不补正的,视为放弃行政复议申请。

　　特此通知。

(局章或者行政复议专用章)
<u>　　</u>年<u>　　</u>月<u>　　</u>日

6. 行政复议申请人告知书

<u>　　　　　</u>工商行政管理局

行政复议申请人告知书

(　　　)工商复字〔　　　〕　　号

<u>　　　　　　　　　　　</u>:

　　你(们/单位)于<u>　　</u>年<u>　　</u>月<u>　　</u>日不服<u>　　　　　　　　　　　　　　　　　　　　　　</u>提出的行政复议申请收悉。根据《中华人民共和国行政复议法》第<u>　　　</u>条的规定(《中华人民共和国行政复议法实施条例》第<u>　　　</u>条的规定),你(们/单位)依法应当<u>　　　　　　　　　　　　　　　　　　　　</u>。(告知复议机关的,还应当写明:自你(们/单位)向本局提出行政复议申请之日起至收到本告知书之日止的时间,不计入法定申请期限。)

　　特此告知。

(局章或者行政复议专用章)
<u>　　</u>年<u>　　</u>月<u>　　</u>日

7. 不予受理行政复议申请决定书

<u>　　　　　</u>工商行政管理局

不予受理行政复议申请决定书

（<u>　　　</u>）工商复字〔<u>　　</u>〕<u>　　</u>号

申请人：<u>　　　　　　　　　　　　　　　　　　　　　　　　　　　　</u>
住所：<u>　　　　　　　　　　　　　　　　　　　　　　　　　　　　　</u>
〔（法人或者其他组织）：<u>　　　　　　　　　　　　　　　　　　　　</u>
住所：<u>　　　　　　　　　　　　　　　　　　　　　　　　　　　　　</u>
法定代表人或者主要负责人：<u>　　　　　　　　　</u>职务：<u>　　　　　</u>〕
委托代理人：<u>　　　　　　　　　　　　</u>住所：<u>　　　　　　　　　</u>
被申请人：<u>　　　　　　　　　　　　　　　　　　　　　　　　　　　</u>
住所：<u>　　　　　　　　　　　　　　　　　　　　　　　　　　　　　</u>
法定代表人：<u>　　　　　　　　　　　　　</u>职务：<u>　　　　　　　　</u>

申请人对被申请人<u>　　　　　　　　</u>不服，于<u>　　</u>年<u>　　</u>月<u>　　</u>日向本局提出行政复议申请。经审查，本局认为：<u>　　　　　　　　　　　　　　　　　　　　　　　　　　　　　　　</u>
<u>　　　　　　　　　　　　　　　　　　　　　　　　　　　　　　　　</u>
<u>　　　　　　　　　　　　　　　　　　　　　　　　　　　　　　　　</u>
<u>　　　　　　　　　　　　　　　　　　　　　　　　　　　　　　　　</u>
<u>　　　　　　　　　　　　　　　　　　　　　　　　　　　　　　　　</u>
<u>　　　　　　　　　　　　　　　　　　　　　　　　　　　　　　　　</u>
<u>　　　　　　　　　　　　　　　　　　　　　　　　　　　　　　　　</u>
<u>　　　　　　　　　　　　　　　　　　　　　　　　　　　　　　　</u>。

根据《中华人民共和国行政复议法》第<u>　　　</u>条、第十七条的规定，本局决定不予受理。

如对本决定不服，可以自收到本决定之日起 15 日内，依法向人民法院提起诉讼。

（局章或者行政复议专用章）
<u>　　　</u>年<u>　　</u>月<u>　　</u>日

8. 行政复议受理案件通知书

<u>　　　　　</u>工商行政管理局

行政复议受理案件通知书

(<u>　　　</u>)工商复字〔<u>　　</u>〕<u>　　</u>号

<u>　　　　　　　　　　　</u>：

　　本局于<u>　　</u>年<u>　　</u>月<u>　　</u>日收到你(们/单位)<u>　　　　　　　　　　　　　　　　　　</u>,提出的行政复议申请,(并于<u>　　</u>年<u>　　</u>月<u>　　</u>日收到你(们/单位)提交的补正材料)。本局经审查认为：符合《中华人民共和国行政复议法》和《中华人民共和国行政复议法实施条例》第二十八条的规定,现决定予以受理。

　　行政复议审理期限自收到你(们/单位)提交的行政复议申请(或者补正材料)之日起计算。本局将自受理之日起60内作出行政复议决定；情况复杂,不能在60日内作出行政复议决定的,将适当延长,延长期限最多不超过30日。

　　(因本案申请人超过5人,根据《中华人民共和国行政复议法实施条例》第八条的规定,请你们推选1至5名代表参加行政复议。)

(局章或者行政复议专用章)

<u>　　</u>年<u>　　</u>月<u>　　</u>日

9. 行政复议答复通知书

<u>　　　　　</u>工商行政管理局

行政复议答复通知书

(<u>　　　</u>)工商复字〔<u>　　</u>〕<u>　　</u>号

<u>　　　　　</u>工商行政管理局：

　　<u>　　　　</u>对你局<u>　　　　　　　　　　　　　　　　　　　　　　　</u>不服提出的行政复议申请,本局已于<u>　　</u>年<u>　　</u>月<u>　　</u>日依法受理。根据《中华人民共和国行政复议法》第二十三条的规定,现将行政复议申请书副本(口头申请行政复议笔录复印件)发送你局,请你局自收到行政复议申请书副本(口头申请行政复议笔录复印件)之日起10日内,对该行政复议申请提出书面答复,并提交当初作出该具体行政行为的证据、依据和其他有关材料。逾期未提交书面答复,未提交当初作出具体行政行为的证据、依据和其他有关材料的,视为该具体行政行为没有证据、依据,本局将依法予以撤销。

　　特此通知。

　　附件：行政复议申请书副本及相关材料

(局章或者行政复议专用章)

<u>　　</u>年<u>　　</u>月<u>　　</u>日

10. 行政复议第三人告知书

_____工商行政管理局

行政复议第三人告知书

(_____)工商复字〔____〕____号

_____：
_____不服_____
_____提出的行政复议申请,本局已于____年___月___日依法受理。(____年___月___日,我局收到你(们/单位)提交的要求以第三人身份参加该复议的申请。)经审查,_____
_____
_____
_____
_____
_____。根据《中华人民共和国行政复议法》第十条第三款和《中华人民共和国行政复议法实施条例》第九条的规定,本局决定(认为)：_____。(告知参加复议的,还应当写明:如果决定参加行政复议,请在收到本告知书之日起10日内向本局提交有关材料。)

特此告知。

附件:行政复议申请书副本

(局章或者行政复议专用章)
____年___月___日

11. 被申请人答复书

_____工商行政管理局
被申请人答复书

(_____)工商复字〔____〕____号

被申请人：_____
住所：_____邮编：_____
法定代表人：_____职务：_____

_____对本局____年__月__日作出的_____不服提出行政复议申请，根据你局《行政复议答复通知书》(_____)的要求，现答复如下：_____
_____
_____
_____
_____
_____
_____
_____
_____
_____
_____

此致
　　_____工商行政管理局

附件：1. 被申请人答复书一式三份
　　　2. 证据目录清单及相关证据

(局章或者行政复议专用章)
　　____年__月__日

12. 规范性文件转送函（一）

_____工商行政管理局

规范性文件转送函（一）

（_____）工商复字〔____〕____号

_____：

_____对_____不服，提出行政复议申请时，一并提出对_____的审查申请。根据《中华人民共和国行政复议法》第二十六条和其他有关规定，现将有关材料转去，请予以审查处理，处理期间本局中止对具体行政行为的审查。

附件：1. 行政复议申请书
      2. 被申请人作出具体行政行为的法律文书
      3. 规范性文件复印件

（局章或者行政复议专用章）
_____年____月____日

13. 规范性文件转送函（二）

_____工商行政管理局

规范性文件转送函（二）

（_____）工商复字〔____〕____号

_____：

_____对_____不服提出的行政复议申请，本局依法已予受理。经审查，本局认为该具体行政行为依据的_____不合法，根据《中华人民共和国行政复议法》第二十七条和其他有关规定，现将有关材料转去，请予以审查处理，处理期间本局将中止对具体行政行为的审查。

附件：1. 行政复议申请书
      2. 被申请人作出具体行政行为的法律文书
      3. 规范性文件复印件
      4. 认为规范性文件不合法的主要理由

（局章或者行政复议专用章）
_____年____月____日

14. 停止执行具体行政行为通知书

_____工商行政管理局
停止执行具体行政行为通知书

(_____)工商复字〔____〕____号

_____工商行政管理局：
_____对你局_____不服提出的行政复议申请，本局依法已予受理。经审查，本局认为：_____。根据《中华人民共和国行政复议法》第二十一条的规定，决定自_____年____月____日起至作出行政复议决定之日，停止该具体行政行为的执行。
特此通知。

（局章或者行政复议专用章）
_____年____月____日

15. 中止行政复议通知书

_____工商行政管理局
中止行政复议通知书

(_____)工商复字〔____〕____号

_____：
你(们/单位)对_____不服提出的行政复议申请，本局依法已予受理。行政复议期间，因_____。根据《中华人民共和国行政复议法》第_____条[《中华人民共和国行政复议法实施条例》第四十一条第一款第(_____)项]的规定，现决定自_____年____月____日起中止该行政复议案件的审理。行政复议中止原因消除后，本局将恢复该行政复议案件的审理。
特此通知。

（局章或者行政复议专用章）
_____年____月____日

抄送:(其他当事人)

16. 恢复审理通知书

_____工商行政管理局

恢复审理通知书

(_____)工商复字〔____〕____号

_____：
　　你(们/单位)对_____不服提出的行政复议申请,本局依法已予受理。因_____,本局于_____年___月___日中止本案审理。现行政复议中止的原因已消除,根据《中华人民共和国行政复议法实施条例》第四十一条第二款的规定,从即日起恢复该行政复议案件的审理。
　　特此通知。

(局章或者行政复议专用章)
_____年___月___日

抄送:(其他当事人)

17. 延期审理通知书

_____工商行政管理局

延期审理通知书

(_____)工商复字〔____〕____号

_____：
　　你(们/单位)对_____不服提出的行政复议申请,本局依法已予受理。经审理,本局认为,本案情况复杂,不能在规定期限内作出行政复议决定。根据《中华人民共和国行政复议法》第三十一条第一款的规定,行政复议决定延期至_____年___月___日前作出。
　　特此通知。

(局章或者行政复议专用章)
_____年___月___日

抄送:(其他当事人)

18. 行政复议听证通知书

_____工商行政管理局

行政复议听证通知书

(_____)工商复字〔____〕____号

_____：

　　_____不服_____向本局提出的行政复议申请,本局依法已予受理。鉴于案情重大、复杂,根据《中华人民共和国行政复议法实施条例》第三十三条的规定,我局拟于_____年___月___日___时___分于_____召开听证会,请准时参加。申请延期举行的,应当在_____年___月___日前向本局提出,由本局决定是否延期。无正当理由不出席的,视为放弃听证权。

　　参加人员须携带证明本人身份的有效证件。代理人代为参加听证的,须提交委托人签字或者盖章的授权委托书,授权委托书应当载明委托事项及权限。

(局章或者行政复议专用章)

_____年___月___日

抄送:(其他当事人)

19. 行政复议案件审结报告

_____工商行政管理局

行政复议案件审结报告

申请人:_____
身份证(其他有效证件)号码:_____
住所:_____
[(法人或者其他组织):_____
住所:_____
法定代表人或者主要负责人:_____职务:_____]
委托代理人:_____住所:_____
被申请人:_____
法定代表人:_____职务:_____
(第三人:_____住所:_____
委托代理人:_____住所:_____)

　　申请人不服被申请人于_____年___月___日作出的_____,于_____年___月___日向我局申请行政复议。我局依法受理了该案,现已审理终结。下面将该案的有关情况报告如下:

一、申请人的行政复议请求、事实及理由
_____
_____
_____

二、被申请人答复的事实、理由
_____
_____
_____

三、复议机构查明的事实、处理意见及理由
_____
_____
_____
_____

特此报告。同时附上《行政复议决定书》，如无不妥，请予签发。

法制机构
____年____月____日

20. 行政复议终止决定书

_____工商行政管理局

行政复议终止决定书

(_____)工商复字〔____〕____号

申请人：_____
住所：_____
[(法人或者其他组织)：_____
住所：_____
法定代表人或者主要负责人：_____职务：_____]
委托代理人：_____住所：_____
被申请人：_____
住所：_____
法定代表人：_____职务：_____
(第三人：_____住所：_____
委托代理人：_____住所：_____)

申请人对被申请人_____不服提出的行政复议申请，本局依法已予受理。行政复议期间，_____。根据《中华人民共和国行政复议法》第____条(《中华人民共和国行政复议法实施条例》第四十二条第____款第____项)的规定，本局决定终止行政复议。

(局章或者行政复议专用章)
____年____月____日

21. 行政复议调解书

<u>　　　　　</u>工商行政管理局

行政复议调解书

（<u>　　　</u>）工商复字〔<u>　　</u>〕<u>　　</u>号

申请人：<u>　　　　　　　　　　　　　　　　　　　　　　　　　　　　　　</u>
住所：<u>　　　　　　　　　　　　　　　　　　　　　　　　　　　　　　　</u>
[(法人或者其他组织)：<u>　　　　　　　　　　　　　　　　　　　　　　　　</u>
住所：<u>　　　　　　　　　　　　　　　　　　　　　　　　　　　　　　　</u>
法定代表人或者主要负责人：<u>　　　　　　　　　</u>职务：<u>　　　　　　　　</u>]
委托代理人：<u>　　　　　　　　　　　　　</u>住所：<u>　　　　　　　　　　　</u>
被申请人：<u>　　　　　　　　　　　　　　　　　　　　　　　　　　　　　</u>
住所：<u>　　　　　　　　　　　　　　　　　　　　　　　　　　　　　　　</u>
法定代表人：<u>　　　　　　　　　　　　　</u>职务：<u>　　　　　　　　　　　</u>
(第三人：<u>　　　　　　　　　　　　　　　</u>住所：<u>　　　　　　　　　　　</u>
委托代理人：<u>　　　　　　　　　　　　　</u>住所：<u>　　　　　　　　　　</u>)

申请人对被申请人<u>　　　　　　　　　　</u>不服，于<u>　　</u>年<u>　　</u>月<u>　　</u>日向本局申请行政复议，本局依法已予受理。
申请人请求：<u>　　　　　　　　　　　　　　　　　　　　　　　　　　　　</u>

申请人称：<u>　　　　　　　　　　　　　　　　　　　　　　　　　　　　　</u>

被申请人称：<u>　　　　　　　　　　　　　　　　　　　　　　　　　　　　</u>

(第三人称：<u>　　　　　　　　　　　　　　　　　　　　　　　　　　　　</u>)

经审理查明：<u>　　　　　　　　　　　　　　　　　　　　　　　　　　　　</u>

根据《中华人民共和国行政复议法实施条例》第五十条的规定，本局按照自愿、合法的原则进行调解，当事人达成如下协议：
<u>　　　　　　　　　　　　　　　　　　　　　　　　　　　　　　　　　　</u>

上述调解结果，符合有关法律规定，本局予以确认。
本调解书经当事人签字，即具有法律效力。

（局章或者行政复议专用章）
<u>　　　</u>年<u>　　</u>月<u>　　</u>日

申请人：(签名或者盖章)　　　　　　　　　　　　　被申请人：(签名或者盖章)
<u>　　　</u>年<u>　　</u>月<u>　　</u>日　　　　　　　　　　　　<u>　　　</u>年<u>　　</u>月<u>　　</u>日

[第三人：(签名或者盖章)
<u>　　　</u>年<u>　　</u>月<u>　　</u>日]

22. 行政复议和解书

行政复议和解书

申请人：_____
住所：_____
[（法人或者其他组织）：_____
住所：_____
法定代表人或者主要负责人：_____职务：_____]
委托代理人：_____住所：_____
被申请人：_____
住所：_____
法定代表人：_____职务：_____
(第三人：_____住所：_____
委托代理人：_____住所：_____)

申请人对被申请人_____不服，于____年____月____日向_____工商行政管理局提出行政复议申请，_____工商行政管理局依法已予受理。

经申请人与被申请人协商，自愿达成如下和解协议：_____
_____
_____
_____
_____
_____
_____。申请人同时撤回行政复议申请。

本和解协议一式_____份，当事人各执一份，向_____工商行政管理局提交一份。

申请人：（签名或者盖章）　　　　　　　被申请人：（签名或者盖章）
____年____月____日　　　　　　　　　　____年____月____日

[第三人：（签名或者盖章）
____年____月____日]

23. 行政复议决定书

_____工商行政管理局

行政复议决定书

(_____)工商复字〔____〕____号

申请人：_____
住所：_____
[(法人或者其他组织)：_____
住所：_____
法定代表人或者主要负责人：_____ 职务：_____]
委托代理人：_____ 住所：_____
被申请人：_____
住所：_____
法定代表人：_____ 职务：_____
(第三人：_____ 住所：_____
委托代理人：_____ 住所：_____)

申请人对被申请人_____
_____不服，于____年__月__日向本局申请行政复议，本局依法已予受理。现已审理终结。
申请人请求：_____
_____
申请人称：_____
_____
被申请人称：_____
_____
(第三人称：_____
_____)
经审理查明：_____
_____
本局认为：_____
_____
根据_____的规定，本局决定：_____
_____

申请人如不服本复议决定，可以自收到本复议决定之日起15日内，依法向人民法院提起行政诉讼。

(局章或者行政复议专用章)

____年__月__日

24. 责令履行行政复议决定通知书

_____工商行政管理局

责令履行行政复议决定通知书

（_____）工商复字〔____〕____号

_____工商行政管理局：

_____对你局_____不服提出的行政复议申请，本局已作出《行政复议决定书》(_____)，并已送达你局，你局至今未依法履行该行政复议决定。根据《中华人民共和国行政复议法》第三十二条的规定，责令你局于_____年___月___日前履行，并将履行结果书面报告本局。

特此通知。

（局章或者行政复议专用章）

_____年___月___日

抄送：(申请人、第三人)

25. 责令受理通知书

_____工商行政管理局

责令受理通知书

（_____）工商复字〔____〕____号

_____工商行政管理局：

_____对_____不服,于_____年___月___日向你局提出行政复议申请,你局未予受理。本局认为：该行政复议申请符合《中华人民共和国行政复议法》、《中华人民共和国行政复议法实施条例》的规定，依法应当予以受理。根据《中华人民共和国行政复议法》第二十条、《中华人民共和国行政复议法实施条例》第三十一条的规定，责令你局自收到本通知之日起受理该行政复议申请。

特此通知。

（局章或者行政复议专用章）

_____年___月___日

26. 责令恢复审理通知书

_____工商行政管理局

责令恢复审理通知书

(_____)工商复字〔____〕____号

_____工商行政管理局：

_____对_____不服，于_____年___月___日向你局提出行政复议申请，你局于_____年___月___日作出驳回行政复议申请决定。经审查，本局认为：该行政复议申请不属于《中华人民共和国行政复议法实施条例》第四十八条第一款规定的情形。根据《中华人民共和国行政复议法实施条例》第四十八条第二款的规定，责令你局自收到本通知之日起恢复审理。

特此通知。

（局章或者行政复议专用章）
_____年___月___日

27. 行政处分建议书

_____工商行政管理局

行政处分建议书

(_____)工商复字〔____〕____号

_____：

_____，违反了《中华人民共和国行政复议法》第_____条的规定。根据《中华人民共和国行政复议法》第三十八条、《中华人民共和国行政复议法实施条例》第六十五条的规定，现将有关材料转去，建议你局依法对有关责任人员给予处分，并请将处理结果报告我局。

（局章或者行政复议专用章）
_____年___月___日

28. 行政复议意见书

<u>　　　　</u>工商行政管理局

行政复议意见书

(<u>　　　</u>)工商复字〔<u>　　</u>〕<u>　　</u>号

<u>　　　　　</u>工商行政管理局：
<u>　　　　　　　　　　　　　　　</u>对<u>　　　　　　　　　　　　　　　　　　　　　　</u>不服提出的行政复议申请，本局依法已予受理并已审理终结。
　　本局在行政复议期间发现，你局<u>　　　　　　　　　　　　　　　　　　　　　　　　　　　　　　　　　　</u>违反了<u>　　　　　　　　　　　　　　　　　　　　　　　　　　　　　　　　</u>的规定。
　　根据《中华人民共和国行政复议法实施条例》第五十七条第一款的规定，提出如下意见：<u>　　　　　　　　　　　　　　　　　　　　　　　　　　　　　　　　　　　　　　</u>

　　请你局自收到本行政复议意见书之日起60日内，将纠正相关行政违法行为或者做好善后工作的情况报告我局。

（局章或者行政复议专用章）
<u>　　</u>年<u>　　</u>月<u>　　</u>日

29. 行政复议建议书

<u>　　　　</u>工商行政管理局

行政复议建议书

(<u>　　　</u>)工商复字〔<u>　　</u>〕<u>　　</u>号

<u>　　　　　　　　　　　　　　　</u>：
<u>　　　　　　　　　　　　　</u>对<u>　　　　　　　　　　　　　　　　　　</u>不服提出的行政复议申请，本局依法已予受理。本局在行政复议期间发现，<u>　　　　　　　　　　　　　　　　　　　　　　　　　　　　　　　　</u>
　　根据《中华人民共和国行政复议法实施条例》第五十七条第二款的规定，建议你局：<u>　　　　　　　　　　　　　　　　　　　　　　　　　　　　　　　　　　　　　　　</u>

（局章或者行政复议专用章）
<u>　　</u>年<u>　　</u>月<u>　　</u>日

30. 行政复议送达回证

_____工商行政管理局
行政复议送达回证

送 达 文 书 名 称	
送 达 文 书 文 号	
受 送 达 人	
送 达 时 间	_____年_____月_____日
送 达 地 点	
送 达 方 式	
收 件 人 签 章	____年___月___日
见 证 人 签 章	____年___月___日
送 达 人 签 章	____年___月___日
备 注	

31. 行政复议案卷

_____工商行政管理局

行政复议
案　　卷

案件名称	
行政复议决定书文号	

审理结果		结案日期	
办案单位		立卷人	
立卷日期		保管期限	

本卷共　　册共　　页

全宗号	目录号	案卷号

32. 行政复议案卷目录

_____工商行政管理局
行政复议案卷目录

序号	文号	题名	文件提供人	页码	备注

33. 证据目录清单

证据目录清单

序号	证据材料名称	证据来源	证明对象或者内容	页码	备注

文书来源

国家工商行政管理总局关于印发《工商行政管理机关行政处罚文书、行政复议文书和行政赔偿文书》的通知

(2008年10月30日 工商法字〔2008〕229号)

各省、自治区、直辖市及计划单列市工商行政管理局：

为规范工商行政管理机关行政处罚行为，保证行政执法质量，国家工商行政管理局于1998年制定了《工商行政管理机关行政处罚文书(试行)》(以下简称《试行文书》)。《行政复议法》颁布后，国家工商行政管理局对部分文书进行了修订。10年来，《试行文书》在指导、规范工商行政管理机关行政执法方面发挥了重要作用。

随着市场经济的深入发展和国家民主法制建设进程的推进，工商行政管理正在实现监管领域由低端向高端延伸，监管方式由粗放向精细转变，监管方法由突击性、专项性整治向日常规范监管转变，监管手段由传统向现代化转变，工商行政管理工作不断面临新的任务和新的挑战，《试行文书》在种类划分、栏目设置和具体适用等方面已不能适应工作的需要，应当作进一步的修改、补充和完善。为积极推进工商行政管理工作"制度化、规范化、程序化、法治化"建设，努力做到监管与发展、监管与服务、监管与维权、监管与执法"四个统一"，认真贯彻落实科学发展观，2008年3月，总局在广泛听取各级工商行政管理机关意见的基础上，组织对《试行文书》进行了全面修订，力求使《工商行政管理机关行政处罚文书、行政复议文书和行政赔偿文书》(以下简称《修订文书》)更加权威、全面、实用，方便基层执法。现将《修订文书》印发给你们，从2009年1月1日起正式使用。

《修订文书》的基本情况是：

一、文书体例方面，行政复议文书、行政赔偿文书与行政处罚文书并列，各自相对独立。

二、文书种类和数量方面，《修订文书》包含78种文书，其中行政处罚文书42种，行政复议文书33种，行政赔偿文书3种。

三、文书内容方面，《修订文书》增加了对当事人的权利保护内容、救济途径告知内容；在直接送达当事人的行政处罚文书中增加了《送达回证》的内容；增加了告知执法人员身份、当事人权利义务等内容；对文书的具体表述进行了更为规范合理的调整。另外，为方便行政复议申请人，我们依据《行政复议法实施条例》第十九条的规定，专门设计了《行政复议申请书》，作为申请人参考使用的示范文本。

各省、自治区、直辖市及计划单列市工商行政管理局可以根据各地的实际情况，组织安排文书的印制工作。在印制时，对各类文书中出现的"×××工商行政管理局"均改为具体使用单位的名称，如具体使用单位是北京市工商行政管理局西城分局，则各文书中的"×××工商行政管理局"均印制为"北京市工商行政管理局西城分局"。

关联规定

中华人民共和国行政复议法

(1999年4月29日第九届全国人民代表大会常务委员会第九次会议通过 根据2009年8月27日第十一届全国人民代表大会常务委员会第十次会议《关于修改部分法律的决定》修正)

第一章 总 则

第一条 【立法目的】为了防止和纠正违法的或者不当的具体行政行为，保护公民、法人和其他组织的合法权益，保障和监督行政机关依法行使职权，根据宪法，制定本法。

第二条 【适用范围】公民、法人或者其他组织认为具体行政行为侵犯其合法权益，向行政机关提出行政复议申请，行政机关受理行政复议申请、作出行政复议决定，适用本法。

第三条 【复议机关及其职责】依照本法履行行政复议职责的行政机关是行政复议机关。行政复议机关负责法制工作的机构具体办理行政复议事项，履行下列职责：

(一)受理行政复议申请；

(二)向有关组织和人员调查取证，查阅文件和资料；

(三)审查申请行政复议的具体行政行为是否合法与适当，拟订行政复议决定；

(四)处理或者转送对本法第七条所列有关规定的审查申请；

(五)对行政机关违反本法规定的行为依照规定的权限和程序提出处理建议；

(六)办理因不服行政复议决定提起行政诉讼的应诉事项；

(七)法律、法规规定的其他职责。

第四条 【复议原则】行政复议机关履行行政复议职责，应当遵循合法、公正、公开、及时、便民的原则，坚持有错必纠，保障法律、法规的正确实施。

第五条 【对复议不服的诉讼】公民、法人或者其他组织对行政复议决定不服的，可以依照行政诉讼法的规定向人民法院提起行政诉讼，但是法律规定行政复议决定为最终裁决的除外。

第二章 行政复议范围

第六条 【复议范围】有下列情形之一的，公民、法人或者其他组织可以依照本法申请行政复议：

（一）对行政机关作出的警告、罚款、没收违法所得、没收非法财物、责令停产停业、暂扣或者吊销许可证、暂扣或者吊销执照、行政拘留等行政处罚决定不服的；

（二）对行政机关作出的限制人身自由或者查封、扣押、冻结财产等行政强制措施决定不服的；

（三）对行政机关作出的有关许可证、执照、资质证、资格证等证书变更、中止、撤销的决定不服的；

（四）对行政机关作出的关于确认土地、矿藏、水流、森林、山岭、草原、荒地、滩涂、海域等自然资源的所有权或者使用权的决定不服的；

（五）认为行政机关侵犯合法的经营自主权的；

（六）认为行政机关变更或者废止农业承包合同，侵犯其合法权益的；

（七）认为行政机关违法集资、征收财物、摊派费用或者违法要求履行其他义务的；

（八）认为符合法定条件，申请行政机关颁发许可证、执照、资质证、资格证等证书，或者申请行政机关审批、登记有关事项，行政机关没有依法办理的；

（九）申请行政机关履行保护人身权利、财产权利、受教育权利的法定职责，行政机关没有依法履行的；

（十）申请行政机关依法发放抚恤金、社会保险金或者最低生活保障费，行政机关没有依法发放的；

（十一）认为行政机关的其他具体行政行为侵犯其合法权益的。

第七条 【规定的审查】公民、法人或者其他组织认为行政机关的具体行政行为所依据的下列规定不合法，在对具体行政行为申请行政复议时，可以一并向行政复议机关提出对该规定的审查申请：

（一）国务院部门的规定；

（二）县级以上地方各级人民政府及其工作部门的规定；

（三）乡、镇人民政府的规定。

前款所列规定不含国务院部、委员会规章和地方人民政府规章。规章的审查依照法律、行政法规办理。

第八条 【不能提起复议的事项】不服行政机关作出的行政处分或者其他人事处理决定的，依照有关法律、行政法规的规定提出申诉。

不服行政机关对民事纠纷作出的调解或者其他处理的，依法申请仲裁或者向人民法院提起诉讼。

第三章 行政复议申请

第九条 【申请复议的期限】公民、法人或者其他组织认为具体行政行为侵犯其合法权益的，可以自知道该具体行政行为之日起60日内提出行政复议申请；但是法律规定的申请期限超过60日的除外。

因不可抗力或者其他正当理由耽误法定申请期限的，申请期限自障碍消除之日起继续计算。

第十条 【复议申请人】依照本法申请行政复议的公民、法人或者其他组织是申请人。

有权申请行政复议的公民死亡的，其近亲属可以申请行政复议。有权申请行政复议的公民为无民事行为能力人或者限制民事行为能力人的，其法定代理人可以代为申请行政复议。有权申请行政复议的法人或者其他组织终止的，承受其权利的法人或者其他组织可以申请行政复议。

同申请行政复议的具体行政行为有利害关系的其他公民、法人或者其他组织，可以作为第三人参加行政复议。

公民、法人或者其他组织对行政机关的具体行政行为不服申请行政复议的，作出具体行政行为的行政机关是被申请人。

申请人、第三人可以委托代理人代为参加行政复议。

第十一条 【复议申请】申请人申请行政复议，可以书面申请，也可以口头申请；口头申请的，行政复议机关应当当场记录申请人的基本情况、行政复议请求、申请行政复议的主要事实、理由和时间。

第十二条 【部门具体行政行为的复议机关】对县级以上地方各级人民政府工作部门的具体行政行为不服的，由申请人选择，可以向该部门的本级人民政府申请行政复议，也可以向上一级主管部门申请行政复议。

对海关、金融、国税、外汇管理等实行垂直领导的行政机关和国家安全机关的具体行政行为不服的，向上一级主管部门申请行政复议。

第十三条 【对其他行政机关具体行政行为不服的复议申请】对地方各级人民政府的具体行政行为不服的，向上一级地方人民政府申请行政复议。

对省、自治区人民政府依法设立的派出机关所属的县级地方人民政府的具体行政行为不服的，向该派出机关申请行政复议。

第十四条 【对国务院部门或省、自治区、直辖市政府具体行政行为不服的复议】对国务院部门或者省、自治区、直辖市人民政府的具体行政行为不服的，向作出该具体行政行为的国务院部门或者省、自治区、直辖市人民政府申请行政复议。对行政复议决定不服的，可以向人民法院提起行政诉讼；也可以向国务院申请裁决，国务院依照本法的规定作出最终裁决。

第十五条 【其他机关具体行政行为的复议机关】对本法第十二条、第十三条、第十四条规定以外的其他行政机关、组织的具体行政行为不服的，按照下列规定申请行政复议：

（一）对县级以上地方人民政府依法设立的派出机关的

具体行政行为不服的,向设立该派出机关的人民政府申请行政复议;

(二)对政府工作部门依法设立的派出机构依照法律、法规或者规章规定,以自己的名义作出的具体行政行为不服的,向设立该派出机构的部门或者该部门的本级地方人民政府申请行政复议;

(三)对法律、法规授权的组织的具体行政行为不服的,分别向直接管理该组织的地方人民政府、地方人民政府工作部门或者国务院部门申请行政复议;

(四)对两个或者两个以上行政机关以共同的名义作出的具体行政行为不服的,向其共同上一级行政机关申请行政复议;

(五)对被撤销的行政机关在撤销前所作出的具体行政行为不服的,向继续行使其职权的行政机关的上一级行政机关申请行政复议。

有前款所列情形之一的,申请人也可以向具体行政行为发生地的县级地方人民政府提出行政复议申请,由接受申请的县级地方人民政府依照本法第十八条的规定办理。

第十六条 【复议与诉讼的选择】公民、法人或者其他组织申请行政复议,行政复议机关已经依法受理的,或者法律、法规规定应当先向行政复议机关申请行政复议、对行政复议决定不服再向人民法院提起行政诉讼的,在法定行政复议期限内不得向人民法院提起行政诉讼。

公民、法人或者其他组织向人民法院提起行政诉讼,人民法院已经依法受理的,不得申请行政复议。

第四章 行政复议受理

第十七条 【复议的受理】行政复议机关收到行政复议申请后,应当在5日内进行审查,对不符合本法规定的行政复议申请,决定不予受理,并书面告知申请人;对符合本法规定,但是不属于本机关受理的行政复议申请,应当告知申请人向有关行政复议机关提出。

除前款规定外,行政复议申请自行政复议机关负责法制工作的机构收到之日起即为受理。

第十八条 【复议申请的转送】依照本法第十五条第二款的规定接受行政复议申请的县级地方人民政府,对依照本法第十五条第一款的规定属于其他行政复议机关受理的行政复议申请,应当自接到该行政复议申请之日起7日内,转送有关行政复议机关,并告知申请人。接受转送的行政复议机关应当依照本法第十七条的规定办理。

第十九条 【复议前置的规定】法律、法规规定应当先向行政复议机关申请行政复议、对行政复议决定不服再向人民法院提起行政诉讼的,行政复议机关决定不予受理或者受理后超过行政复议期限不作答复的,公民、法人或者其他组织可以自收到不予受理决定书之日起或者行政复议期满之日起15日内,依法向人民法院提起行政诉讼。

第二十条 【上级机关责令受理及直接受理】公民、法人或者其他组织依法提出行政复议申请,行政复议机关无正当理由不予受理的,上级行政机关应当责令其受理;必要时,上级行政机关也可以直接受理。

第二十一条 【复议停止执行的情形】行政复议期间具体行政行为不停止执行;但是,有下列情形之一的,可以停止执行:

(一)被申请人认为需要停止执行的;

(二)行政复议机关认为需要停止执行的;

(三)申请人申请停止执行,行政复议机关认为其要求合理,决定停止执行的;

(四)法律规定停止执行的。

第五章 行政复议决定

第二十二条 【书面审查原则及例外】行政复议原则上采取书面审查的办法,但是申请人提出要求或者行政复议机关负责法制工作的机构认为有必要时,可以向有关组织和人员调查情况,听取申请人、被申请人和第三人的意见。

第二十三条 【复议程序事项】行政复议机关负责法制工作的机构应当自行政复议申请受理之日起7日内,将行政复议申请书副本或者行政复议申请笔录复印件发送被申请人。被申请人应当自收到申请书副本或者申请笔录复印件之日起10日内,提出书面答复,并提交当初作出具体行政行为的证据、依据和其他有关材料。

申请人、第三人可以查阅被申请人提出的书面答复、作出具体行政行为的证据、依据和其他有关材料,除涉及国家秘密、商业秘密或者个人隐私外,行政复议机关不得拒绝。

第二十四条 【被申请人不得自行取证】在行政复议过程中,被申请人不得自行向申请人和其他有关组织或者个人收集证据。

第二十五条 【申请的撤回】行政复议决定作出前,申请人要求撤回行政复议申请的,经说明理由,可以撤回;撤回行政复议申请的,行政复议终止。

第二十六条 【复议机关对规定的处理】申请人在申请行政复议时,一并提出对本法第七条所列有关规定的审查申请的,行政复议机关对该规定有权处理的,应当在30日内依法处理;无权处理的,应当在7日内按照法定程序转送有权处理的行政机关依法处理,有权处理的行政机关应当在60日内依法处理。处理期间,中止对具体行政行为的审查。

第二十七条 【对具体行政行为依据的审查】行政复议机关在对被申请人作出的具体行政行为进行审查时,认为其依据不合法,本机关有权处理的,应当在30日内依法处理;无权处理的,应当在7日内按照法定程序转送有权处理的国家机关依法处理。处理期间,中止对具体行政行为的审查。

第二十八条 【复议决定的作出】行政复议机关负责法制工作的机构应当对被申请人作出的具体行政行为进行审查,提出意见,经行政复议机关的负责人同意或者集体讨论通过后,按照下列规定作出行政复议决定:

(一)具体行政行为认定事实清楚,证据确凿,适用依据正确,程序合法,内容适当的,决定维持;

(二)被申请人不履行法定职责的,决定其在一定期限内履行;

(三)具体行政行为有下列情形之一的,决定撤销、变更或者确认该具体行政行为违法;决定撤销或者确认该具体行政行为违法的,可以责令被申请人在一定期限内重新作出具体行政行为:

1. 主要事实不清、证据不足的;
2. 适用依据错误的;
3. 违反法定程序的;
4. 超越或者滥用职权的;
5. 具体行政行为明显不当的。

(四)被申请人不按照本法第二十三条的规定提出书面答复、提交当初作出具体行政行为的证据、依据和其他有关材料的,视为该具体行政行为没有证据、依据,决定撤销该具体行政行为。

行政复议机关责令被申请人重新作出具体行政行为的,被申请人不得以同一的事实和理由作出与原具体行政行为相同或者基本相同的具体行政行为。

第二十九条 【行政赔偿】申请人在申请行政复议时可以一并提出行政赔偿请求,行政复议机关对符合国家赔偿法的有关规定应当给予赔偿的,在决定撤销、变更具体行政行为或者确认具体行政行为违法时,应当同时决定被申请人依法给予赔偿。

申请人在申请行政复议时没有提出行政赔偿请求的,行政复议机关在依法决定撤销或者变更罚款,撤销违法集资、没收财物、征收财物、摊派费用以及对财产的查封、扣押、冻结等具体行政行为时,应当同时责令被申请人返还财产,解除对财产的查封、扣押、冻结措施,或者赔偿相应的价款。

第三十条 【对侵犯自然资源所有权或使用权行为的先行复议原则】公民、法人或者其他组织认为行政机关的具体行政行为侵犯其已经依法取得的土地、矿藏、水流、森林、山岭、草原、荒地、滩涂、海域等自然资源的所有权或者使用权的,应当先申请行政复议;对行政复议决定不服的,可以依法向人民法院提起行政诉讼。

根据国务院或者省、自治区、直辖市人民政府对行政区划的勘定、调整或者征收土地的决定,省、自治区、直辖市人民政府确认土地、矿藏、水流、森林、山岭、草原、荒地、滩涂、海域等自然资源的所有权或者使用权的行政复议决定为最终裁决。

第三十一条 【复议决定期限】行政复议机关应当自受理申请之日起60日内作出行政复议决定;但是法律规定的行政复议期限少于60日的除外。情况复杂,不能在规定期限内作出行政复议决定的,经行政复议机关的负责人批准,可以适当延长,并告知申请人和被申请人;但是延长期限最多不超过30日。

行政复议机关作出行政复议决定,应当制作行政复议决定书,并加盖印章。

行政复议决定书一经送达,即发生法律效力。

第三十二条 【复议决定的履行】被申请人应当履行行政复议决定。

被申请人不履行或者无正当理由拖延履行行政复议决定的,行政复议机关或者有关上级行政机关应当责令其限期履行。

第三十三条 【不履行复议决定的处理】申请人逾期不起诉又不履行行政复议决定的,或者不履行最终裁决的行政复议决定的,按照下列规定分别处理:

(一)维持具体行政行为的行政复议决定,由作出具体行政行为的行政机关依法强制执行,或者申请人民法院强制执行;

(二)变更具体行政行为的行政复议决定,由行政复议机关依法强制执行,或者申请人民法院强制执行。

第六章 法律责任

第三十四条 【复议机关不依法履行职责的处罚】行政复议机关违反本法规定,无正当理由不予受理依法提出的行政复议申请或者不按照规定转送行政复议申请的,或者在法定期限内不作出行政复议决定的,对直接负责的主管人员和其他直接责任人员依法给予警告、记过、记大过的行政处分;经责令受理仍不受理或者不按照规定转送行政复议申请,造成严重后果的,依法给予降级、撤职、开除的行政处分。

第三十五条 【渎职处罚】行政复议机关工作人员在行政复议活动中,徇私舞弊或者有其他渎职、失职行为的,依法给予警告、记过、记大过的行政处分;情节严重的,依法给予降级、撤职、开除的行政处分;构成犯罪的,依法追究刑事责任。

第三十六条 【被申请人不提交答复、资料和阻碍他人复议申请的处罚】被申请人违反本法规定,不提出书面答复或者不提交作出具体行政行为的证据、依据和其他有关材料的,或者阻挠、变相阻挠公民、法人或者其他组织依法申请行政复议的,对直接负责的主管人员和其他直接责任人员依法给予警告、记过、记大过的行政处分;进行报复陷害的,依法给予降级、撤职、开除的行政处分;构成犯罪的,依法追究刑事责任。

第三十七条 【不履行、迟延履行复议决定的处罚】被申请人不履行或者无正当理由拖延履行行政复议决定的,对直接负责的主管人员和其他直接责任人员依法给予警告、记过、记大过的行政处分;经责令履行仍拒不履行的,依法给予降级、撤职、开除的行政处分。

第三十八条 【复议机关的建议权】行政复议机关负责法制工作的机构发现有无正当理由不予受理行政复议申请、不按照规定期限作出行政复议决定、徇私舞弊、对申请人打击报复或者不履行行政复议决定等情形的，应当向有关行政机关提出建议，有关行政机关应当依照本法和有关法律、行政法规的规定作出处理。

第七章 附 则

第三十九条 【复议费用】行政复议机关受理行政复议申请，不得向申请人收取任何费用。行政复议活动所需经费，应当列入本机关的行政经费，由本级财政予以保障。

第四十条 【期间计算和文书送达】行政复议期间的计算和行政复议文书的送达，依照民事诉讼法关于期间、送达的规定执行。

本法关于行政复议期间有关"5日"、"7日"的规定是指工作日，不含节假日。

第四十一条 【适用范围补充规定】外国人、无国籍人、外国组织在中华人民共和国境内申请行政复议，适用本法。

第四十二条 【法律冲突的解决】本法施行前公布的法律有关行政复议的规定与本法的规定不一致的，以本法的规定为准。

第四十三条 【生效日期】本法自1999年10月1日起施行。1990年12月24日国务院发布、1994年10月9日国务院修订发布的《行政复议条例》同时废止。

中华人民共和国行政复议法实施条例

（2007年5月23日国务院第177次常务会议通过 2007年5月29日中华人民共和国国务院令第499号公布 自2007年8月1日起施行）

第一章 总 则

第一条 为了进一步发挥行政复议制度在解决行政争议、建设法治政府、构建社会主义和谐社会中的作用，根据《中华人民共和国行政复议法》（以下简称行政复议法），制定本条例。

第二条 各级行政复议机关应当认真履行行政复议职责，领导并支持本机关负责法制工作的机构（以下简称行政复议机构）依法办理行政复议事项，并依照有关规定配备、充实、调剂专职行政复议人员，保证行政复议机构的办案能力与工作任务相适应。

第三条 行政复议机构除应当依照行政复议法第三条的规定履行职责外，还应当履行下列职责：

（一）依照行政复议法第十八条的规定转送有关行政复议申请；

（二）办理行政复议法第二十九条规定的行政赔偿等事项；

（三）按照职责权限，督促行政复议申请的受理和行政复议决定的履行；

（四）办理行政复议、行政应诉案件统计和重大行政复议决定备案事项；

（五）办理或者组织办理未经行政复议直接提起行政诉讼的行政应诉事项；

（六）研究行政复议工作中发现的问题，及时向有关机关提出改进建议，重大问题及时向行政复议机关报告。

第四条 专职行政复议人员应当具备与履行行政复议职责相适应的品行、专业知识和业务能力，并取得相应资格。具体办法由国务院法制机构会同国务院有关部门规定。

第二章 行政复议申请

第一节 申 请 人

第五条 依照行政复议法和本条例的规定申请行政复议的公民、法人或者其他组织为申请人。

第六条 合伙企业申请行政复议的，应当以核准登记的企业为申请人，由执行合伙事务的合伙人代表该企业参加行政复议；其他合伙组织申请行政复议的，由合伙人共同申请行政复议。

前款规定以外的不具备法人资格的其他组织申请行政复议的，由该组织的主要负责人代表该组织参加行政复议；没有主要负责人的，由共同推选的其他成员代表该组织参加行政复议。

第七条 股份制企业的股东大会、股东代表大会、董事会认为行政机关作出的具体行政行为侵犯企业合法权益的，可以以企业的名义申请行政复议。

第八条 同一行政复议案件申请人超过5人的，推选1至5名代表参加行政复议。

第九条 行政复议期间，行政复议机构认为申请人以外的公民、法人或者其他组织与被审查的具体行政行为有利害关系的，可以通知其作为第三人参加行政复议。

行政复议期间，申请人以外的公民、法人或者其他组织与被审查的具体行政行为有利害关系的，可以向行政复议机构申请作为第三人参加行政复议。

第三人不参加行政复议，不影响行政复议案件的审理。

第十条 申请人、第三人可以委托1至2名代理人参加行政复议。申请人、第三人委托代理人的，应当向行政复议机构提交授权委托书。授权委托书应当载明委托事项、权限和期限。公民在特殊情况下无法书面委托的，可以口头委托。口头委托的，行政复议机构应当核实并记录在卷。申请人、第三人解除或者变更委托的，应当书面报告行政复议机构。

第二节 被申请人

第十一条 公民、法人或者其他组织对行政机关的具体行政行为不服,依照行政复议法和本条例的规定申请行政复议的,作出该具体行政行为的行政机关为被申请人。

第十二条 行政机关与法律、法规授权的组织以共同的名义作出具体行政行为的,行政机关和法律、法规授权的组织为共同被申请人。

行政机关与其他组织以共同名义作出具体行政行为的,行政机关为被申请人。

第十三条 下级行政机关依照法律、法规、规章规定,经上级行政机关批准作出具体行政行为的,批准机关为被申请人。

第十四条 行政机关设立的派出机构、内设机构或者其他组织,未经法律、法规授权,对外以自己名义作出具体行政行为的,该行政机关为被申请人。

第三节 行政复议申请期限

第十五条 行政复议法第九条第一款规定的行政复议申请期限的计算,依照下列规定办理:

(一)当场作出具体行政行为的,自具体行政行为作出之日起计算;

(二)载明具体行政行为的法律文书直接送达的,自受送达人签收之日起计算;

(三)载明具体行政行为的法律文书邮寄送达的,自受送达人在邮件签收单上签收之日起计算;没有邮件签收单的,自受送达人在送达回执上签名之日起计算;

(四)具体行政行为依法通过公告形式告知受送达人的,自公告规定的期限届满之日起计算;

(五)行政机关作出具体行政行为时未告知公民、法人或者其他组织,事后补充告知的,自该公民、法人或者其他组织收到行政机关补充告知的通知之日起计算;

(六)被申请人能够证明公民、法人或者其他组织知道具体行政行为的,自证据材料证明其知道具体行政行为之日起计算。

行政机关作出具体行政行为,依法应当向有关公民、法人或者其他组织送达法律文书而未送达的,视为该公民、法人或者其他组织不知道该具体行政行为。

第十六条 公民、法人或者其他组织依照行政复议法第六条第(八)项、第(九)项、第(十)项的规定申请行政机关履行法定职责,行政机关未履行的,行政复议申请期限依照下列规定计算:

(一)有履行期限规定的,自履行期限届满之日起计算;

(二)没有履行期限规定的,自行政机关收到申请满60日起计算。

公民、法人或者其他组织在紧急情况下请求行政机关履行保护人身权、财产权的法定职责,行政机关不履行的,行政复议申请期限不受前款规定的限制。

第十七条 行政机关作出的具体行政行为对公民、法人或者其他组织的权利、义务可能产生不利影响的,应当告知其申请行政复议的权利、行政复议机关和行政复议申请期限。

第四节 行政复议申请的提出

第十八条 申请人书面申请行政复议的,可以采取当面递交、邮寄或者传真等方式提出行政复议申请。

有条件的行政复议机构可以接受以电子邮件形式提出的行政复议申请。

第十九条 申请人书面申请行政复议的,应当在行政复议申请书中载明下列事项:

(一)申请人的基本情况,包括:公民的姓名、性别、年龄、身份证号码、工作单位、住所、邮政编码;法人或者其他组织的名称、住所、邮政编码和法定代表人或者主要负责人的姓名、职务;

(二)被申请人的名称;

(三)行政复议请求、申请行政复议的主要事实和理由;

(四)申请人的签名或者盖章;

(五)申请行政复议的日期。

第二十条 申请人口头申请行政复议的,行政复议机构应当依照本条例第十九条规定的事项,当场制作行政复议申请笔录交申请人核对或者向申请人宣读,并由申请人签字确认。

第二十一条 有下列情形之一的,申请人应当提供证明材料:

(一)认为被申请人不履行法定职责的,提供曾经要求被申请人履行法定职责而被申请人未履行的证明材料;

(二)申请行政复议时一并提出行政赔偿请求的,提供受具体行政行为侵害而造成损害的证明材料;

(三)法律、法规规定需要申请人提供证据材料的其他情形。

第二十二条 申请人提出行政复议申请时错列被申请人的,行政复议机构应当告知申请人变更被申请人。

第二十三条 申请人对两个以上国务院部门共同作出的具体行政行为不服的,依照行政复议法第十四条的规定,可以向其中任何一个国务院部门提出行政复议申请,由作出具体行政行为的国务院部门共同作出行政复议决定。

第二十四条 申请人对经国务院批准实行省以下垂直领导的部门作出的具体行政行为不服的,可以选择向该部门的本级人民政府或者上一级主管部门申请行政复议;省、自治区、直辖市另有规定的,依照省、自治区、直辖市的规定办理。

第二十五条 申请人依照行政复议法第三十条第二款的

规定申请行政复议的,应当向省、自治区、直辖市人民政府提出行政复议申请。

第二十六条 依照行政复议法第七条的规定,申请人认为具体行政行为所依据的规定不合法的,可以在对**具体行政行为申请行政复议的同时一并提出对该规定的审查申请**;申请人在对具体行政行为提出行政复议申请时尚不知道该具体行政行为所依据的规定的,可以在行政复议机关作出行政复议决定前向行政复议机关提出对该规定的审查申请。

第三章 行政复议受理

第二十七条 公民、法人或者其他组织认为行政机关的具体行政行为侵犯其合法权益提出行政复议申请,除不符合行政复议法和本条例规定的申请条件的,行政复议机关必须受理。

第二十八条 行政复议申请符合下列规定的,应当予以受理:

(一)有明确的申请人和符合规定的被申请人;
(二)申请人与具体行政行为有利害关系;
(三)有具体的行政复议请求和理由;
(四)在法定申请期限内提出;
(五)属于行政复议法规定的行政复议范围;
(六)属于收到行政复议申请的行政复议机构的职责范围;
(七)其他行政复议机关尚未受理同一行政复议申请,人民法院尚未受理同一主体就同一事实提起的行政诉讼。

第二十九条 行政复议申请材料不齐全或者表述不清楚的,行政复议机构可以自收到该行政复议申请之日起5日内书面通知申请人补正。补正通知应当载明需要补正的事项和合理的补正期限。无正当理由逾期不补正的,视为申请人放弃行政复议申请。补正申请材料所用时间不计入行政复议审理期限。

第三十条 申请人就同一事项向两个或者两个以上有权受理的行政机关申请行政复议的,由最先收到行政复议申请的行政机关受理;同时收到行政复议申请的,由收到行政复议申请的行政机关在10日内协商确定;协商不成的,由其共同上一级行政机关在10日内指定受理机关。协商确定或者指定受理机关所用时间不计入行政复议审理期限。

第三十一条 依照行政复议法第二十条的规定,上级行政机关认为行政复议机关不予受理行政复议申请的理由不成立的,可以先行督促其受理;经督促仍不受理的,应当责令其限期受理,必要时也可以直接受理;认为行政复议申请不符合法定受理条件的,应当告知申请人。

第四章 行政复议决定

第三十二条 行政复议机构审理行政复议案件,应当由2名以上行政复议人员参加。

第三十三条 行政复议机构认为必要时,可以实地调查核实证据;对重大、复杂的案件,申请人提出要求或者行政复议机构认为必要时,可以采取听证的方式审理。

第三十四条 行政复议人员向有关组织和人员调查取证时,可以查阅、复制、调取有关文件和资料,向有关人员进行询问。

调查取证时,行政复议人员不得少于2人,并应当向当事人或者有关人员出示证件。被调查单位和人员应当配合行政复议人员的工作,不得拒绝或者阻挠。

需要现场勘验的,现场勘验所用时间不计入行政复议审理期限。

第三十五条 行政复议机关应当为申请人、第三人查阅有关材料提供必要条件。

第三十六条 依照行政复议法第十四条的规定申请原级行政复议的案件,由原承办具体行政行为有关事项的部门或者机构提出书面答复,并提交作出具体行政行为的证据、依据和其他有关材料。

第三十七条 行政复议期间涉及专门事项需要鉴定的,当事人可以自行委托鉴定机构进行鉴定,也可以申请行政复议机构委托鉴定机构进行鉴定。鉴定费用由当事人承担。鉴定所用时间不计入行政复议审理期限。

第三十八条 申请人在行政复议决定作出前自愿撤回行政复议申请的,经行政复议机构同意,可以撤回。

申请人撤回行政复议申请的,不得再以同一事实和理由提出行政复议申请。但是,申请人能够证明撤回行政复议申请违背其真实意思表示的除外。

第三十九条 行政复议期间被申请人改变原具体行政行为的,不影响行政复议案件的审理。但是,申请人依法撤回行政复议申请的除外。

第四十条 公民、法人或者其他组织对行政机关行使法律、法规规定的自由裁量权作出的具体行政行为不服申请行政复议,申请人与被申请人在行政复议决定作出前自愿达成和解的,应当向行政复议机构提交书面和解协议;和解内容不损害社会公共利益和他人合法权益的,行政复议机构应当准许。

第四十一条 行政复议期间有下列情形之一,影响行政复议案件审理的,行政复议中止:

(一)作为申请人的自然人死亡,其近亲属尚未确定是否参加行政复议的;
(二)作为申请人的自然人丧失参加行政复议的能力,尚未确定法定代理人参加行政复议的;
(三)作为申请人的法人或者其他组织终止,尚未确定权利义务承受人的;
(四)作为申请人的自然人下落不明或者被宣告失踪的;

（五）申请人、被申请人因不可抗力，不能参加行政复议的；

（六）案件涉及法律适用问题，需要有权机关作出解释或者确认的；

（七）案件审理需要以其他案件的审理结果为依据，而其他案件尚未审结的；

（八）其他需要中止行政复议的情形。

行政复议中止的原因消除后，应当及时恢复行政复议案件的审理。

行政复议机构中止、恢复行政复议案件的审理，应当告知有关当事人。

第四十二条　行政复议期间有下列情形之一的，行政复议终止：

（一）申请人要求撤回行政复议申请，行政复议机构准予撤回的；

（二）作为申请人的自然人死亡，没有近亲属或者其近亲属放弃行政复议权利的；

（三）作为申请人的法人或者其他组织终止，其权利义务的承受人放弃行政复议权利的；

（四）申请人与被申请人依照本条例第四十条的规定，经行政复议机构准许达成和解的；

（五）申请人对行政拘留或者限制人身自由的行政强制措施不服申请行政复议后，因申请人同一违法行为涉嫌犯罪，该行政拘留或者限制人身自由的行政强制措施变更为刑事拘留的。

依照本条例第四十一条第一款第（一）项、（二）项、（三）项规定中止行政复议，满60日行政复议中止的原因仍未消除的，行政复议终止。

第四十三条　依照行政复议法第二十八条第一款第（一）项规定，具体行政行为认定事实清楚，证据确凿，适用依据正确，程序合法，内容适当的，行政复议机关应当决定维持。

第四十四条　依照行政复议法第二十八条第一款第（二）项规定，被申请人不履行法定职责的，行政复议机关应当决定其在一定期限内履行法定职责。

第四十五条　具体行政行为有行政复议法第二十八条第一款第（三）项规定情形之一的，行政复议机关应当决定撤销、变更该具体行政行为或者确认该具体行政行为违法；决定撤销该具体行政行为或者确认该具体行政行为违法的，可以责令被申请人在一定期限内重新作出具体行政行为。

第四十六条　被申请人未依照行政复议法第二十三条的规定提出书面答复、提交当初作出具体行政行为的证据、依据和其他有关材料的，视为该具体行政行为没有证据、依据，行政复议机关应当决定撤销该具体行政行为。

第四十七条　具体行政行为有下列情形之一的，行政复议机关可以决定变更：

（一）认定事实清楚，证据确凿，程序合法，但是明显不当或者适用依据错误的；

（二）认定事实不清，证据不足，但是经行政复议机关审理查明事实清楚，证据确凿的。

第四十八条　有下列情形之一的，行政复议机关应当决定驳回行政复议申请：

（一）申请人认为行政机关不履行法定职责申请行政复议，行政复议机关受理后发现该行政机关没有相应法定职责或者在受理前已经履行法定职责的；

（二）受理行政复议申请后，发现该行政复议申请不符合行政复议法和本条例规定的受理条件的。

上级行政机关认为行政复议机关驳回行政复议申请的理由不成立的，应当责令其恢复审理。

第四十九条　行政复议机关依照行政复议法第二十八条的规定责令被申请人重新作出具体行政行为的，被申请人应当在法律、法规、规章规定的期限内重新作出具体行政行为；法律、法规、规章未规定期限的，重新作出具体行政行为的期限为60日。

公民、法人或者其他组织对被申请人重新作出的具体行政行为不服，可以依法申请行政复议或者提起行政诉讼。

第五十条　有下列情形之一的，行政复议机关可以按照自愿、合法的原则进行调解：

（一）公民、法人或者其他组织对行政机关行使法律、法规规定的自由裁量权作出的具体行政行为不服申请行政复议的；

（二）当事人之间的行政赔偿或者行政补偿纠纷。

当事人经调解达成协议的，行政复议机关应当制作行政复议调解书。调解书应当载明行政复议请求、事实、理由和调解结果，并加盖行政复议机关印章。行政复议调解书经双方当事人签字，即具有法律效力。

调解未达成协议或者调解书生效前一方反悔的，行政复议机关应当及时作出行政复议决定。

第五十一条　行政复议机关在申请人的行政复议请求范围内，不得作出对申请人更为不利的行政复议决定。

第五十二条　第三人逾期不起诉又不履行行政复议决定的，依照行政复议法第三十三条的规定处理。

第五章　行政复议指导和监督

第五十三条　行政复议机关应当加强对行政复议工作的领导。

行政复议机构在本级行政复议机关的领导下，按照职责权限对行政复议工作进行督促、指导。

第五十四条　县级以上各级人民政府应当加强对所属工作部门和下级人民政府履行行政复议职责的监督。

行政复议机关应当加强对其行政复议机构履行行政复议

职责的监督。

第五十五条 县级以上地方各级人民政府应当建立健全行政复议工作责任制,将行政复议工作纳入本级政府目标责任制。

第五十六条 县级以上地方各级人民政府应当按照职责权限,通过定期组织检查、抽查等方式,对所属工作部门和下级人民政府行政复议工作进行检查,并及时向有关方面反馈检查结果。

第五十七条 行政复议期间行政复议机关发现被申请人或者其他下级行政机关的相关行政行为违法或者需要做好善后工作的,可以制作行政复议意见书。有关机关应当自收到行政复议意见书之日起60日内将纠正相关行政违法行为或者做好善后工作的情况通报行政复议机构。

行政复议期间行政复议机构发现法律、法规、规章实施中带有普遍性的问题,可以制作行政复议建议书,向有关机关提出完善制度和改进行政执法的建议。

第五十八条 县级以上各级人民政府行政复议机构应当定期向本级人民政府提交行政复议工作状况分析报告。

第五十九条 下级行政复议机关应当及时将重大行政复议决定报上级行政复议机关备案。

第六十条 各级行政复议机构应当定期组织对行政复议人员进行业务培训,提高行政复议人员的专业素质。

第六十一条 各级行政复议机关应当定期总结行政复议工作,对在行政复议工作中做出显著成绩的单位和个人,依照有关规定给予表彰和奖励。

第六章 法律责任

第六十二条 被申请人在规定期限内未按照行政复议决定的要求重新作出具体行政行为,或者违反规定重新作出具体行政行为的,依照行政复议法第三十七条的规定追究法律责任。

第六十三条 拒绝或者阻挠行政复议人员调查取证、查阅、复制、调取有关文件和资料的,对有关责任人员依法给予处分或者治安处罚;构成犯罪的,依法追究刑事责任。

第六十四条 行政复议机关或者行政复议机构不履行行政复议法和本条例规定的行政复议职责,经有权监督的行政机关督促仍不改正的,对直接负责的主管人员和其他直接责任人员依法给予警告、记过、记大过的处分;造成严重后果的,依法给予降级、撤职、开除的处分。

第六十五条 行政机关及其工作人员违反行政复议法和本条例规定的,行政复议机构可以向人事、监察部门提出对有关责任人员的处分建议,也可以将有关人员违法的事实材料直接转送人事、监察部门处理;接受转送的人事、监察部门应当依法处理,并将处理结果通报转送的行政复议机构。

第七章 附 则

第六十六条 本条例自2007年8月1日起施行。

国家工商行政管理总局
行政复议程序规则

(2010年3月1日 工商法字〔2010〕38号)

第一章 总 则

第一条 为了规范国家工商行政管理总局(以下称工商总局)行政复议案件办理程序,提高办案质量和办案效率,切实维护公民、法人和其他组织的合法权益,依据《中华人民共和国行政复议法》(以下简称《行政复议法》)和《中华人民共和国行政复议法实施条例》(以下简称《行政复议法实施条例》),结合工商总局行政复议工作实际,制定本规则。

第二条 公民、法人或者其他组织向工商总局提出行政复议申请,工商总局受理、审查行政复议申请和作出行政复议决定,适用本规则。

第三条 有下列情形之一的,公民、法人或者其他组织可以依照《行政复议法》和《行政复议法实施条例》的规定,向工商总局提出行政复议申请:

(一)对以工商总局名义作出的具体行政行为不服的;

(二)对工商总局商标局以自己名义作出的,依法不属于商标评审委员会评审范围的具体行政行为不服的;

(三)对省、自治区、直辖市工商局(以下称省级工商局)作出的具体行政行为不服的;

(四)认为工商总局和工商总局商标局、省级工商局不履行法定职责的。

对前款第(三)项所列具体行政行为不服的,申请人可以依法向工商总局申请行政复议,也可以向该省级工商局所属省、自治区、直辖市人民政府申请行政复议。

第四条 工商总局法规司为工商总局行政复议机构(以下简称行政复议机构)。法规司内设复议应诉处,具体负责行政复议案件的办理。

商标注册程序性争议案件的行政复议工作相关程序规则另行制定。

工商总局相关司局应当在各自职责范围内积极协助行政复议机构办理行政复议案件。

第二章 行政复议申请和受理

第五条 申请人可以采取当面递交、邮寄或者法律、行政法规规定的其他方式书面提出行政复议申请。

当面递交行政复议申请并要求提供签收单据的,行政复议机构应当出具行政复议材料签收单。行政复议材料签收单应当载明申请人的姓名或者名称、材料的名称和页码、提交人、提交日期、签收人、签收日期以及需要说明的其他内容。行政复议材料签收单一式两份，一份交提交人，一份由行政复议机构留存。

邮寄递交行政复议申请的，工商总局相关部门应当及时将邮件交行政复议机构。行政复议机构应当将信封留存。

第六条 申请人可以采取口头方式提出行政复议申请。

申请人口头提出行政复议申请的，行政复议机构应当当场制作行政申请笔录，交申请人核对或者向申请人宣读后，由申请人签字确认。

第七条 申请人申请行政复议，应当提交以下材料：

（一）书面申请行政复议的，应当提交行政复议申请书正本一份，并按照被申请人的数量提交行政复议申请书副本。行政复议申请书应当经申请人签名或者盖章。

（二）申请人身份证明文件。申请人为公民的，应当提交身份证复印件或者其他有效证件复印件；申请人为法人或者其他组织的，应当提交营业执照复印件或者其他有效证件复印件。申请人为港、澳、台自然人、法人或者其他组织的，其身份证明文件应当经所在地公证机关证明。申请人为外国自然人、法人、其他组织的，其身份证明文件应当经所在国公证机关证明，并经中华人民共和国驻该国使领馆认证，或者履行中华人民共和国与该所在国订立的有关条约中规定的证明手续后，才具有效力。

（三）被申请人作出具体行政行为的证明材料。认为被申请人不履行法定职责的，应当提供曾经要求申请人履行法定职责而被申请人未履行的证明材料。

（四）委托代理人参加行政复议的，应当提交授权委托书。授权委托书应当载明委托人、受托人、委托事项、委托权限、委托期限，由委托人签名或者盖章。公民在特殊情况下无法书面委托的，可以口头委托。口头委托的，行政复议机构应当核实并记录在卷。解除或者变更委托的，应当书面报告行政复议机构。

（五）法律、行政法规和工商总局要求提供的其他材料。

申请人提交行政复议申请材料的日期，直接递交的，以递交日为准；邮寄的，以寄出的邮戳日为准；邮戳日不清晰或者没有邮戳日的，以行政复议机构实际收到日为准，但是申请人能够提供实际邮戳日证据的除外。

第八条 行政复议机构设置《行政复议案件登记簿》，根据行政复议案件办理进程记载下列事项：

（一）申请人的姓名或者名称；
（二）被申请人的名称；
（三）申请事由；
（四）行政复议机构收到行政复议申请的时间；
（五）案件进展情况，包括与当事人或者有关人员电话联系或者当面沟通的情况；
（六）案件处理结果；
（七）结案时间；
（八）行政复议决定的送达方式和时间；
（九）其他需要记载的事项。

第九条 审查受理阶段，行政复议机构应当从以下几个方面对行政复议申请进行审查：

（一）行政复议申请材料是否齐全，表述是否清楚；
（二）是否有明确的申请人和符合规定的被申请人；
（三）申请人与具体行政行为是否有利害关系；
（四）是否有具体的行政复议请求和理由；
（五）是否在法定申请期限内提出行政复议申请；
（六）是否属于《行政复议法》规定的行政复议范围；
（七）是否属于工商总局的职责范围；
（八）其他行政复议机关是否已经受理同一行政复议申请，人民法院是否已经受理同一主体就同一事实提起的行政诉讼。

行政复议机构可以向工商总局相关司局或者相关省级工商局了解与行政复议申请有关的情况。

第十条 行政复议机构应当在收到行政复议申请或者行政复议申请补正材料之日起5日内针对不同情况分别作出处理：

（一）对于符合《行政复议法》和《行政复议法实施条例》规定的行政复议申请，自行政复议机构收到行政复议申请或者行政复议申请补正材料之日起即为受理。

（二）对于不符合《行政复议法》和《行政复议法实施条例》规定的行政复议申请，依法不予受理并书面告知申请人。

（三）申请人提出行政复议申请时错列被申请人的，告知申请人变更被申请人。申请人拒不变更的，依法不予受理并书面告知申请人。

（四）对于符合《行政复议法》和《行政复议法实施条例》规定，但是不属于工商总局受理的行政复议申请，告知申请人向有关行政复议机关提出。

（五）申请人在案件受理前自愿撤回行政复议申请的，将申请人撤回行政复议申请的情况进行登记并将行政复议申请材料留存。

第十一条 行政复议期间，行政复议机构认为申请人以外的公民、法人或者其他组织与被审查的具体行政行为有利害关系的，可以通知其作为第三人参加行政复议。

行政复议期间，申请人以外的公民、法人或者其他组织与被审查的具体行政行为有利害关系的，可以向行政复议机构书面申请作为第三人参加行政复议，是否准许由行政复议机构审查决定。

第三人不参加行政复议，不影响行政复议案件的审理。

第十二条 行政复议期间具体行政行为不停止执行；但是，出现《行政复议法》第二十一条规定的需要停止执行具体行政行为的情形的，可以停止执行。

第三章 行政复议审理和决定

第十三条 被申请人为工商总局的，行政复议机构应当自行政复议申请受理之日起7日内将行政复议申请书副本或者行政复议申请笔录复印件送原承办具体行政行为有关事项的相关司局，相关司局应当自收到申请书副本或者申请笔录复印件之日起10日内，提出书面答复，并提交作出具体行政行为的证据、依据和其他有关材料。

被申请人为省级工商局的，行政复议机构应当制作答复通知书，自行政复议申请受理之日起7日内连同行政复议申请书副本或者行政复议申请笔录复印件发送被申请人。被申请人应当自收到申请书副本或者申请笔录复印件之日起10日内，提出书面答复，并提交作出具体行政行为的证据、依据和其他有关材料。

第十四条 行政复议原则上采取书面方式审查。行政复议机构认为必要时，可以向有关组织和人员调查取证。调查取证时，行政复议人员不得少于2人，并应当向当事人或者有关人员出示证件。调查取证应当制作调查笔录，经被调查人和到场的有关人员确认后签名或者盖章。

需要现场勘验的，现场勘验所用时间不计入行政复议审理期限。

第十五条 行政复议期间涉及专门事项需要鉴定的，当事人可以自行委托鉴定机构进行鉴定，也可以申请行政复议机构委托鉴定机构进行鉴定。鉴定费用由当事人承担。鉴定所用时间不计入行政复议审理期限。

第十六条 行政复议事项涉及工商总局相关司局业务范围，需要征求相关司局意见的，行政复议机构应当填写征求意见单，连同行政复议申请材料和行政复议答复材料送相关司局征求意见。征求意见单应当载明要求相关司局返回意见的时间。

行政复议案件中的有关问题涉及其他行政机关业务范围的，可以口头向其他行政机关了解相关情况并作书面记录；必要时，可以书面征求其他行政机关意见。

第十七条 行政复议案件有下列情形之一的，行政复议机构可以采取听证的方式审理：

（一）案件事实复杂或者当事人对案件事实争议较大的；

（二）当事人对案件的适用依据争议较大的；

（三）具有较大社会影响的；

（四）行政复议机构认为需要举行听证的其他情形。

行政复议机构应当于举行听证5日前将举行听证的时间、地点通知有关当事人。

第十八条 对于重大、复杂、疑难案件，行政复议机构应当进行集体讨论；必要时，可以邀请有关专家、学者进行论证。

前款所称重大、复杂、疑难案件是指：

（一）涉及国家利益、公共利益以及社会影响重大的案件；

（二）重大涉外或者涉及港、澳、台的案件；

（三）案情复杂，对事实认定有较大争议的案件；

（四）对法律的理解或者适用有较大争议的案件；

（五）行政复议机构认为重大、复杂、疑难的其他案件。

第十九条 申请人、第三人可以查阅被申请人提出的书面答复，作出具体行政行为的证据、依据和其他有关材料，除涉及国家秘密、商业秘密或者个人隐私外，行政复议机构不得拒绝。申请人、第三人要求查阅相关材料的，行政复议机构应当查验其身份证明文件。查阅过程中，应当有行政复议人员在场。

第二十条 申请人在行政复议决定作出前自愿撤回行政复议申请的，经行政复议机构同意，可以撤回。

申请人可以采取书面或者口头方式撤回行政复议申请。书面撤回行政复议申请的，应当提交撤回行政复议申请书；口头撤回行政复议申请的，行政复议机构应当当场制作撤回行政复议申请笔录，交申请人核对或者向申请人宣读后，由申请人签字确认。

申请人撤回行政复议申请的，不得再以同一事实和理由提出行政复议申请。但是，申请人能够证明撤回行政复议申请违背其真实意思表示的除外。

第二十一条 行政复议期间被申请人改变原具体行政行为的，不影响行政复议案件的审理。但是，申请人依法撤回行政复议申请的除外。

第二十二条 行政复议期间出现《行政复议法实施条例》第四十一条规定的情形之一，影响行政复议案件审理的，行政复议中止。行政复议中止的原因消除后，应当及时恢复行政复议案件的审理。行政复议机构中止、恢复行政复议案件的审理，应当书面告知有关当事人。

第二十三条 行政复议期间出现《行政复议法实施条例》第四十二条规定情形之一的，行政复议终止。行政复议机构应当书面告知有关当事人。

第二十四条 申请人根据《行政复议法》第七条和《行政复议法实施条例》第二十六条对具体行政行为所依据的规定提出审查申请，工商总局对该规定有权处理的，应当在30日内依法处理，对该规定是否合法作出审查结论；无权处理的，应当在7日内按照法定程序转送有权处理的行政机关依法处理。

第二十五条 行政复议机构在对被申请人作出的具体行政行为进行审查时，认为其依据不合法，工商总局有权处理的，应当在30日内依法处理，对该项依据是否合法作出审查结论；无权处理的，应当在7日内按照法定程序转送有权处理的国家机关依法处理。

第二十六条 申请人与被申请人按照《行政复议法实施条例》第四十条的规定达成和解的，应当向行政复议机构提交书面和解协议；和解内容不损害社会公共利益和他人合法权益的,行政复议机构应当准许。

第二十七条 有《行政复议法实施条例》第五十条规定情形之一的,工商总局可以按照自愿、合法的原则进行调解。

当事人经调解达成协议的,行政复议人员应当制作行政复议调解书,经行政复议机构负责人审核后,报工商总局负责人批准。

行政复议调解书经双方当事人签字,即具有法律效力。

调解未达成协议或者调解书生效前一方反悔的,应当及时作出行政复议决定。

第二十八条 行政复议人员对案件进行全面了解、审查后,一般应当在行政复议期限届满15日前拟定行政复议案件审结报告、行政复议决定书或者其他案件处理决定书,经行政复议机构负责人审核后,报工商总局负责人批准。行政复议决定书经工商总局负责人批准并加盖工商总局印章后送达有关当事人。行政复议决定书一经送达,即发生法律效力。

工商总局负责人批准行政复议决定前,行政复议人员不得将拟作出的行政复议决定告知有关当事人。

第二十九条 工商总局应当自受理申请之日起60日内作出行政复议决定;但是法律规定的行政复议期限少于60日的除外。

情况复杂,不能在规定期限内作出行政复议决定的,可以适当延长,并书面告知有关当事人;但是延长期限最多不超过30日。

第三十条 被申请人不履行或者无正当理由拖延履行行政复议决定的,工商总局应当责令其限期履行。

第三十一条 对工商总局作出的变更具体行政行为的行政复议决定,申请人或者第三人逾期不起诉又不履行的,由工商总局依法强制执行,或者申请人民法院强制执行。

第四章 行政复议监督

第三十二条 行政复议期间工商总局发现被申请人的相关行政行为违法或者需要做好善后工作的,可以制作行政复议意见书。被申请人应当自收到行政复议意见书之日起60日内将纠正相关行政违法行为或者做好善后工作的情况报告工商总局。

行政复议期间行政复议机构发现法律、法规、规章实施中带有普遍性的问题,可以制作行政复议建议书,向有关机关提出完善制度和改进行政执法的建议。

第三十三条 工商总局应当及时将重大行政复议决定报国务院法制办公室备案。

第五章 附 则

第三十四条 行政复议文书可以采取直接送达、邮寄送达、公告送达或者民事诉讼法规定的其他方式送达案件当事人。

直接送达的,受送达人应当在送达回证上签名或者盖章,并注明受送达的日期。

邮寄送达的,应当采取挂号信的方式。

第三十五条 "国家工商行政管理总局行政复议专用章"(以下简称行政复议专用章)由行政复议机构保管并使用。行政复议专用章用于各类程序性行政复议文书以及行政复议建议书、行政处分建议书等行政复议文书。行政复议人员拟定相关行政复议文书并填写《国家工商行政管理总局行政复议案件发文稿纸》,经行政复议机构负责人签发后,方可申请使用行政复议专用章。

其他行政复议文书加盖工商总局印章。行政复议人员拟定相关行政复议文书并填写《国家工商行政管理总局发文稿纸》,经行政复议机构负责人审核并报工商总局负责人签发后,方可申请使用工商总局印章。

第三十六条 案件办结后,行政复议机构应当按照《工商行政管理机关行政复议案件立卷归档办法》的要求及时进行立卷。

第三十七条 行政复议机构应当按照国务院法制办公室的要求,对工商总局办理的行政复议案件进行统计汇总,并将本年度上半年和全年统计报表以及全年统计分析报告报送国务院法制办公室。

三、工商行政赔偿文书

1. 行政赔偿案件审结报告

_____工商行政管理局

行政赔偿案件审结报告

赔偿申请人：_____
身份证(其他有效证件)号码：_____
住所：_____
[(法人或者其他组织)：_____
住所：_____
法定代表人或者主要负责人：_____ 职务：_____]

赔偿申请人因认为_____，于____年___月___日向我局提出行政赔偿申请，现已审理终结，报告如下：

一、赔偿申请人的赔偿请求、事实、理由
_____

二、法制机构查明的事实
_____

三、处理意见、理由、依据
_____

特此报告。同时附上《行政赔偿决定书》，如无不妥，请予签发。

法制机构
____年___月___日

2. 行政赔偿决定书

_____工商行政管理局

行政赔偿决定书

(_____)工商行赔字〔____〕____号

赔偿申请人：_____
住所：_____
[(法人或者其他组织)：_____
住所：_____
法定代表人或者主要负责人：_____职务：_____]

赔偿申请人因认为_____，于____年___月___日向我局提出行政赔偿申请，现已审理终结。

行政赔偿请求：_____
_____
_____
_____

赔偿申请人称：_____
_____
_____
_____

经审理查明：_____
_____
_____
_____

本局认为：_____
_____
_____
_____

如不服本赔偿决定，可以自收到赔偿决定书之日起 60 日内，向_____工商行政管理局(或者_____人民政府)申请行政复议，也可以自收到赔偿决定书之日起 3 个月内依法向人民法院提起诉讼。

_____工商行政管理局(印章)
____年___月___日

3. 行政赔偿案件执行记录

<u>　　　　　</u>工商行政管理局

行政赔偿案件执行记录

赔偿申请人：_____
委托代理人：_____
行政赔偿决定书文号：_____
执行人：_____
执行时间：_____
执行地点：_____
执行情况：_____
_____
_____
_____
_____
_____
_____
_____
_____
_____
_____
_____
_____
_____
_____
_____
_____
_____
_____
_____

执行人：（签名或者盖章）　　　　　　　　　　____年___月___日
赔偿申请人：（签名或者盖章）　　　　　　　　____年___月___日
委托代理人：（签名或者盖章）　　　　　　　　____年___月___日
见证人：（签名或者盖章）　　　　　　　　　　____年___月___日

文书来源

国家工商行政管理总局关于印发《工商行政管理机关行政处罚文书、行政复议文书和行政赔偿文书》的通知

(2008年10月30日 工商法字〔2008〕229号)

各省、自治区、直辖市及计划单列市工商行政管理局：

为规范工商行政管理机关行政处罚行为，保证行政执法质量，国家工商行政管理局于1998年制定了《工商行政管理机关行政处罚文书(试行)》(以下简称《试行文书》)。《行政复议法》颁布后，国家工商行政管理局对部分文书进行了修订。10年来，《试行文书》在指导、规范工商行政管理机关行政执法方面发挥了重要作用。

随着市场经济的深入发展和国家民主法制建设进程的推进，工商行政管理正在实现监管领域由低端向高端延伸，监管方式由粗放向精细转变，监管方法由突击性、专项性整治向日常规范监管转变，监管手段由传统向现代化转变，工商行政管理工作不断面临新的任务和新的挑战。《试行文书》在种类划分、栏目设置和具体适用等方面已不能适应工作的需要，应当作进一步的修改、补充和完善。为积极推进工商行政管理工作"制度化、规范化、程序化、法治化"建设，努力做到监管与发展、监管与服务、监管与维权、监管与执法"四个统一"，认真贯彻落实科学发展观，2008年3月，总局在广泛听取各级工商行政管理机关意见的基础上，组织对《试行文书》进行了全面修订，力求使《工商行政管理机关行政处罚文书、行政复议文书和行政赔偿文书》(以下简称《修订文书》)更加权威、全面、实用，方便基层执法。现将《修订文书》印发给你们，从2009年1月1日起正式使用。

《修订文书》的基本情况是：

一、文书体例方面，行政复议文书、行政赔偿文书与行政处罚文书并列，各自相对独立。

二、文书种类和数量方面，《修订文书》包含78种文书，其中行政处罚文书42种，行政复议文书33种，行政赔偿文书3种。

三、文书内容方面，《修订文书》增加了对当事人的权利保护内容、救济途径告知内容；在直接送达当事人的行政处罚文书中增加了《送达回证》的内容；增加了告知执法人员身份、当事人权利义务等内容；对文书的具体表述进行了更为规范合理的调整。另外，为方便行政复议申请人，我们依据《行政复议法实施条例》第十九条的规定，专门设计了《行政复议申请书》，作为申请人参考使用的示范文本。

各省、自治区、直辖市及计划单列市工商行政管理局可以根据各地的实际情况，组织安排文书的印制工作。在印制时，对各类文书中出现的"×××工商行政管理局"均改为具体使用单位的名称，如具体使用单位是北京市工商行政管理局西城分局，则各文书中的"×××工商行政管理局"均印制为"北京市工商行政管理局西城分局"。

四、工商行政日常管理文书

（一）企业、个体工商户登记

1. 企业登记

企业名称预先核准申请书

注：请仔细阅读本申请书《填写说明》，按要求填写。

□企业设立名称预先核准		
申请企业名称		
备选企业字号	1.	
	2.	
	3.	
企业住所地	_____省(市/自治区) _____市(地区/盟/自治州) _____县(自治县/旗/自治旗/市/区)	
注册资本(金)	_____万元	企业类型
经营范围		
投资人	名称或姓名	证照号码

续 表

	□已核准名称项目调整（投资人除外）
已核准名称			通知书文号	
拟调整项目		原申请内容		拟调整内容
	□已核准名称延期
已核准名称			通知书文号	
原有效期			有效期延至	＿＿＿＿年＿＿月＿＿日
	指定代表或者共同委托代理人
具体经办人姓名		身份证件号码		联系电话
授权期限		自　　年　　月　　日至　　年　　月　　日

授权权限 1. 同意□不同意□核对登记材料中的复印件并签署核对意见；
　　　　 2. 同意□不同意□修改有关表格的填写错误；
　　　　 3. 同意□不同意□领取《企业名称预先核准通知书》。

（指定代表或委托代理人、具体经办人身份证件复印件粘贴处）

申请人签字或盖章	年　　月　　日

企业名称预先核准申请书填写说明

注：以下"说明"供填写申请书参照使用，不需向登记机关提供。

1. 本申请书适用于所有内资企业的名称预先核准申请、名称项目调整（投资人除外）、名称延期申请等。
2. 向登记机关提交的申请书只填写与本次申请有关的栏目。
3. 申请人应根据《企业名称登记管理规定》和《企业名称登记管理实施办法》有关规定申请企业名称预先核准，所提供信息应真实、合法、有效。
4. "企业类型"栏应根据以下具体类型选择填写：有限责任公司、股份有限公司、分公司、非公司企业法人、营业单位、企业非法人分支机构、个人独资企业、合伙企业。
5. "经营范围"栏只需填写与企业名称行业表述相一致的主要业务项目，应参照《国民经济行业分类》国家标准及有关规定填写。
6. 申请企业设立名称预先核准、对已核准企业名称项目进行调整或延长有效期限的，申请人为全体投资人。其中，自然人投资的由本人签字，非自然人投资的加盖公章。
7. 在原核准名称不变的情况下，可以对已核准名称项目进行调整，如住所、注册资本（金）等，变更投资人项目的除外。
8. 《企业名称预先核准通知书》的延期应当在有效期期满前一个月内申请办理，申请延期时应缴回《企业名称预先核准通知书》原件。投资人有正当理由，可以申请《企业名称预先核准通知书》有效期延期六个月，经延期的《企业名称预先核准通知书》不得再次申请延期。
9. 指定代表或委托代理人、具体经办人应在粘贴的身份证件复印件上用黑色钢笔或签字笔签字确认"与原件一致"。
10. "投资人"项及"已核准名称项目调整（投资人除外）"项可加行续写或附页续写。
11. 申请人提交的申请书应当使用 A4 型纸。依本表打印生成的，使用黑色钢笔或签字笔签署；手工填写的，使用黑色钢笔或签字笔工整填写、签署。

承 诺 书

国家工商行政管理总局：
　　_____郑重承诺：工商总局已告知相关审批事项和审批部门。在领取营业执照后，我单位将及时到审批部门办理审批手续，在取得行政审批前不从事相关经营活动。如有超出登记经营范围从事后置审批事项经营的需要，也将先行办理经营范围变更登记和相应审批手续，未取得相关审批前不从事相关经营活动。

签名：
年　月　日

备注：签名人员应为法定代表人(拟任法定代表人、负责人、经营者)或者其委托代理人。

全体投资人承诺书

　　现向登记机关申请_____(企业名称)的简易注销登记,并郑重承诺：
　　本企业申请注销登记前未发生债权债务/已将债权债务清算完结,不存在未结清清算费用、职工工资、社会保险费用、法定补偿金和未交清的应缴纳税款及其他未了结事务,清算工作已全面完结。
　　本企业承诺申请注销登记时不存在以下情形：涉及国家规定实施准入特别管理措施的外商投资企业；被列入企业经营异常名录或严重违法失信企业名单的；存在股权(投资权益)被冻结、出质或动产抵押等情形；有正在被立案调查或采取行政强制、司法协助、被予以行政处罚等情形的；企业所属的非法人分支机构未办理注销登记的；曾被终止简易注销程序的；法律、行政法规或者国务院决定规定在注销登记前需经批准的；不适用企业简易注销登记的其他情形。
　　本企业全体投资人对以上承诺的真实性负责,如果违法失信,则由全体投资人承担相应的法律后果和责任,并自愿接受相关行政执法部门的约束和惩戒。

全体投资人签字(盖章)：

年　月　日

指定代表或者共同委托代理人授权委托书

申请人：_____

指定代表或者委托代理人：_____

委托事项及权限：

1. 办理_____（企业名称）的
□名称预先核准 □设立 □变更 □注销 □备案 □撤销变更登记
□股权出质(□设立 □变更 □注销 □撤销) □其他_____手续。
2. 同意□不同意□核对登记材料中的复印件并签署核对意见；
3. 同意□不同意□修改企业自备文件的错误；
4. 同意□不同意□修改有关表格的填写错误；
5. 同意□不同意□领取营业执照和有关文书。
指定或者委托的有效期限：自　　年　　月　　日至　　年　　月　　日

指定代表或委托代理人或者经办人信息	签　字：
	固定电话：
	移动电话：
（指定代表或委托代理人、具体经办人身份证明复印件粘贴处）	

（申请人签字或盖章）

　　　　　　　　　　　　　　　　　　　　　　　　　　　年　　月　　日

填写说明

注:以下"说明"供填写申请书参照使用,不需向登记机关提供。

1. 本委托书适用于办理企业名称预先核准、公司及其分公司、非公司企业法人及其分支机构、营业单位、非公司企业等办理登记(备案)、股权出质等业务。

2. 名称预先核准,新申请名称申请人为全体投资人或隶属企业,已设立企业变更名称申请人为本企业,由企业法定代表人签署。

3. 设立登记,有限责任公司申请人为全体股东,国有独资公司申请人为国务院或地方人民政府国有资产监督管理机构,股份有限公司申请人为董事会,非公司企业法人申请人为主管部门(出资人),分公司申请人为公司,营业单位、非法人分支机构申请人为隶属单位(企业)。自然人申请人由本人签字,非自然人申请人加盖公章。

4. 公司、非公司企业法人变更、注销、备案,申请人为本企业,加盖本企业公章(其中公司清算组备案的,同时由清算组负责人签字;公司破产程序终结后办理注销登记的,同时由破产管理人签字);分公司变更、注销、备案,申请人为公司,加盖公司公章;营业单位、非法人分支机构申请人为隶属单位(企业),加盖隶属单位(企业)公章。

5. 股权出质设立、变更、注销登记申请人为出质人和质权人,股权出质撤销登记申请人为出质人或者质权人。

6. 委托事项及权限:第1项应当选择相应的项目并在□中打√,或者注明其它具体内容;第2、3、4、5项选择"同意"或"不同意"并在□中打√。

7. 指定代表或者委托代理人可以是自然人,也可以是其他组织;指定代表或者委托代理人是其他组织的,应当另行提交其他组织证照复印件及其指派具体经办人的文件、具体经办人的身份证件。

8. 申请人提交的申请书应当使用 A4 型纸。依本表打印生成的,使用黑色钢笔或签字笔签署;手工填写的,使用黑色钢笔或签字笔工整填写、签署。

公司登记(备案)申请书

注:请仔细阅读本申请书《填写说明》,按要求填写。

	□基本信息	
名　　称		
名称预先核准文号/注册号/统一社会信用代码		
住　　所		＿＿＿＿省(市/自治区)＿＿＿＿市(地区/盟/自治州)＿＿＿＿县(自治县/旗/自治旗/市/区)＿＿＿＿乡(民族乡/镇/街道)＿＿＿＿村(路/社区)＿＿＿＿号
生产经营地		＿＿＿＿省(市/自治区)＿＿＿＿市(地区/盟/自治州)＿＿＿＿县(自治县/旗/自治旗/市/区)＿＿＿＿乡(民族乡/镇/街道)＿＿＿＿村(路/社区)＿＿＿＿号
联系电话		邮政编码
	□设立	
法定代表人姓　　名		职　　务	□董事长 □执行董事 □经理
注册资本	＿＿＿＿万元	公司类型	
设立方式(股份公司填写)		□发起设立　　　　□募集设立
经营范围		
经营期限	□＿＿＿年　　□长期	申请执照副本数量	＿＿个

续 表

<table>
<tr><td colspan="3">□变更</td></tr>
<tr><td>变更项目</td><td>原登记内容</td><td>申请变更登记内容</td></tr>
<tr><td></td><td></td><td></td></tr>
<tr><td></td><td></td><td></td></tr>
<tr><td></td><td></td><td></td></tr>
<tr><td></td><td></td><td></td></tr>
<tr><td></td><td></td><td></td></tr>
<tr><td></td><td></td><td></td></tr>
<tr><td></td><td></td><td></td></tr>
<tr><td></td><td></td><td></td></tr>
<tr><td></td><td></td><td></td></tr>
<tr><td></td><td></td><td></td></tr>
<tr><td></td><td></td><td></td></tr>
<tr><td></td><td></td><td></td></tr>
</table>

<table>
<tr><td colspan="5">□备案</td></tr>
<tr><td rowspan="2">分公司
□增设 □注销</td><td>名　　称</td><td></td><td>注册号/统一
社会信用代码</td><td></td></tr>
<tr><td>登记机关</td><td></td><td>登记日期</td><td></td></tr>
<tr><td rowspan="2">清算组</td><td>成　　员</td><td colspan="3"></td></tr>
<tr><td>负 责 人</td><td></td><td>联系电话</td><td></td></tr>
<tr><td>其　他</td><td colspan="4">□董事　□监事　□经理　□章程　□章程修正案　□财务负责人　□联络员</td></tr>
</table>

□申请人声明

本公司依照《公司法》、《公司登记管理条例》相关规定申请登记、备案，提交材料真实有效。通过联络员登录企业信用信息公示系统向登记机关报送、向社会公示的企业信息为本企业提供、发布的信息，信息真实、有效。

法定代表人签字：　　　　　　　　　　　　公司盖章

(清算组负责人)签字：　　　　　　　　　　年　月　日

附表1

法定代表人信息

姓　　名		固定电话	
移动电话		电子邮箱	
身份证件类型		身份证件号码	

（身份证件复印件粘贴处）

法定代表人签字：　　　　　　　　　　　　　　　年　月　日

附表2

董事、监事、经理信息

姓名_____ 职务_____ 身份证件类型_____ 身份证件号码_____

（身份证件复印件粘贴处）

姓名_____ 职务_____ 身份证件类型_____ 身份证件号码_____

（身份证件复印件粘贴处）

姓名_____ 职务_____ 身份证件类型_____ 身份证件号码_____

（身份证件复印件粘贴处）

附表3

股东(发起人)出资情况

股东(发起人)名称或姓名	证件类型	证件号码	出资时间	出资方式	认缴出资额（万元）	出资比例

附表4

财务负责人信息

姓　　名		固定电话	
移动电话		电子邮箱	
身份证件类型		身份证件号码	
（身份证件复印件粘贴处）			

附表 5

联络员信息

姓　　名		固定电话	
移动电话		电子邮箱	
身份证件类型		身份证件号码	

（身份证件复印件粘贴处）

注：联络员主要负责本企业与企业登记机关的联系沟通，以本人个人信息登录企业信用信息公示系统依法向社会公示本企业有关信息等。联络员应了解企业登记相关法规和企业信息公示有关规定，熟悉操作企业信用信息公示系统。

公司登记（备案）申请书填写说明

注：以下"说明"供填写申请书参照使用，不需向登记机关提供。

1. 本申请书适用于有限责任公司、股份有限公司向公司登记机关申请设立、变更登记及有关事项备案。

2. 向登记机关提交的申请书只填写与本次申请有关的栏目。

3. 申请公司设立登记，填写"基本信息"栏、"设立"栏和"备案"栏有关内容及附表1"法定代表人信息"、附表2"董事、监事、经理信息"、附表3"股东（发起人）出资情况"、附表4"财务负责人信息"、附表5"联络员信息"。"申请人声明"由公司拟任法定代表人签署。

4. 公司申请变更登记，填写"基本信息"栏及"变更"栏有关内容。"申请人声明"由公司原法定代表人或者拟任法定代表人签署并加盖公司公章。申请变更同时需要备案的，同时填写"备案"栏有关内容。申请公司名称变更，在名称中增加"集团或（集团）"字样的，应当填写集团名称、集团简称（无集团简称的可不填）；申请公司法定代表人变更的，应填写、提交拟任法定代表人信息（附表1"法定代表人信息"）；申请股东变更的，应填写、提交附表3"股东（发起人）出资情况"。变更项目可加行续写或附页续写。

5. 公司增设分公司应向原登记机关备案，注销分公司可向原登记机关备案。填写"基本信息"栏及"备案"栏有关内容，"申请人声明"由法定代表人签署并加盖公司公章。"分公司增设/注销"项可加行续写或附页续写。

6. 公司申请章程修订或其他事项备案，填写"基本信息"栏、"备案"栏及相关附表所需填写的有关内容。申请联络员备案的，应填写附表5"联络员信息"。"申请人声明"由公司法定代表人签署并加盖公司公章；申请清算组备案的，"申请人声明"由公司清算组负责人签署。

7. 办理公司设立登记填写名称预先核准通知书文号，不填写注册号或统一社会信用代码。办理变更登记、备案填写公司注册号或统一社会信用代码，不填写名称预先核准通知书文号。

8. 公司类型应当填写"有限责任公司"或"股份有限公司"。其中，国有独资公司应当填写"有限责任公司（国有独资）"；一人有限责任公司应当注明"一人有限责任公司（自然人独资）"或"一人有限责任公司（法人独资）"。

9. 股份有限公司应在"设立方式"栏选择填写"发起设立"或者"募集设立"。有限责任公司无需填写此项。

10. "经营范围"栏应根据公司章程、参照《国民经济行业分类》国家标准及有关规定填写。

11. 申请人提交的申请书应当使用A4型纸。依本表打印生成的，使用黑色钢笔或签字笔签署；手工填写的，使用黑色钢笔或签字笔工整填写、签署。

分公司登记申请书

注：请仔细阅读本申请书《填写说明》，按要求填写。

<table>
<tr><td colspan="4" align="center">□基本信息</td></tr>
<tr><td>公司名称</td><td></td><td>公司注册号/统一
社会信用代码</td><td></td></tr>
<tr><td>分公司名称</td><td colspan="3"></td></tr>
<tr><td>分公司名称预先核准文号/
注册号/统一社会信用代码</td><td colspan="3"></td></tr>
<tr><td>营业场所</td><td colspan="3">＿＿＿省(市/自治区)＿＿＿市(地区/盟/自治州)＿＿＿县(自治县/旗/自治旗/市/区)
＿＿＿乡(民族乡/镇/街道)＿＿＿村(路/社区)＿＿＿＿＿＿＿号</td></tr>
<tr><td>生产经营地</td><td colspan="3">＿＿＿省(市/自治区)＿＿＿市(地区/盟/自治州)＿＿＿县(自治县/旗/自治旗/市/区)
＿＿＿乡(民族乡/镇/街道)＿＿＿村(路/社区)＿＿＿＿＿＿＿号</td></tr>
<tr><td>联系电话</td><td></td><td>邮政编码</td><td></td></tr>
<tr><td colspan="4" align="center">□设立</td></tr>
<tr><td>负责人</td><td></td><td>申请执照副本数量</td><td>＿＿＿个</td></tr>
<tr><td>分公司经营范围</td><td colspan="3"></td></tr>
<tr><td>核算方式</td><td colspan="3">□独立核算　　　　　　　　　□非独立核算</td></tr>
<tr><td colspan="4" align="center">□变更/备案</td></tr>
<tr><td>变更/备案项目</td><td colspan="2">原登记/备案内容</td><td>申请变更登记/备案内容</td></tr>
<tr><td></td><td colspan="2"></td><td></td></tr>
<tr><td></td><td colspan="2"></td><td></td></tr>
<tr><td></td><td colspan="2"></td><td></td></tr>
<tr><td colspan="4" align="center">□注销</td></tr>
<tr><td>注销原因</td><td colspan="3">□1. 分公司被公司撤销。　　　□2. 分公司被依法责令关闭。
□3. 分公司被吊销营业执照。　□4. 其它原因：</td></tr>
<tr><td>清税情况</td><td colspan="3">□已清理完毕　　　　　　　　□未涉及纳税义务</td></tr>
<tr><td colspan="4" align="center">□申请人声明</td></tr>
<tr><td colspan="4">本公司依照《公司法》、《公司登记管理条例》及相关规定申请分公司登记，提交材料真实有效。通过联络员登录企业信用信息公示系统向登记机关报送、向社会公示的企业信息为本企业提供、发布的信息，信息真实、有效。

　　法定代表人签字：　　　　　　　　　　　　公司盖章
　　　　　　　　　　　　　　　　　　　　　年　　月　　日</td></tr>
</table>

附表1

负责人信息

姓　名		固定电话	
移动电话		电子邮箱	
身份证件类型			
身份证件号码			

（身份证件复印件粘贴处）

负责人签字：

年　月　日

附表2

财务负责人信息

姓　名		固定电话	
移动电话		电子邮箱	
身份证件类型		身份证件号码	

（身份证件复印件粘贴处）

附表3

联络员信息

姓　　名		固定电话	
移动电话		电子邮箱	
身份证件类型		身份证件号码	
（身份证件复印件粘贴处）			

注：联络员主要负责本企业与企业登记机关的联系沟通，以本人个人信息登录企业信用信息公示系统依法向社会公示本企业有关信息等。联络员应了解企业登记相关法规和企业信息公示有关规定，熟悉操作企业信用信息公示系统。

分公司登记申请书填写说明

注：以下"说明"供填写申请书参照使用，不需向登记或核准机关提供。

1. 本申请书适用于有限责任公司、股份有限公司的分公司向登记机关申请设立、变更、注销登记及相关事项的备案。
2. 向登记机关提交的申请书只填写与本次申请有关的栏目。
3. 申请分公司设立登记，填写"基本信息"栏、"设立"栏及附表1"负责人信息"、附表2"财务负责人信息"、附表3"联络员信息"。其中，"申请人声明"由公司法定代表人签署，加盖公司公章。设立登记填写拟设立分公司名称及名称预先核准文号，不填写注册号或统一社会信用代码，办理其他登记填写分公司名称和注册号或统一社会信用代码。
4. 分公司申请变更/备案登记，填写"基本信息"栏及"变更/备案"栏有关内容。"申请人声明"由公司法定代表人签署，加盖公司公章。变更负责人的，应填写、提交拟任负责人信息（附表1"负责人信息"）。备案联络员的，应填写附表3"联络员信息"。"变更/备案"项目可加行续写或附页续写。
5. 分公司申请注销登记，填写"基本信息"栏及"注销"栏。"申请人声明"由公司法定代表人签署，加盖公司公章。
6. "经营范围"栏应根据公司章程、参照《国民经济行业分类》国家标准及有关规定填写。
7. 申请人提交的申请书应当使用A4型纸。依本表打印生成的，使用黑色钢笔或签字笔签署；手工填写的，使用黑色钢笔或签字笔工整填写、签署。

2. 个体工商户登记

委托代理人证明

委托人姓名：_____
委托代理人姓名：_____
委托代理权限：
1. 同意 □ 不同意 □ 核对登记材料中的复印件并签署核对意见；
2. 同意 □ 不同意 □ 修改有关表格的填写错误；
3. 同意 □ 不同意 □ 领取各类通知书；
4. 同意 □ 不同意 □ 领取个体工商户营业执照。
委托有效期限：自　　年　　月　　日至自　　年　　月　　日

委托代理人住所			
邮政编码		联系电话	
（委托代理人身份证复印件粘贴处）			

委托人签名：

年　　月　　日

须知：1. 委托代理人的委托事项主要包括：办理名称预先核准、开业登记、变更登记和注销登记等。
　　　2. 委托人应当指定委托代理人更正有关材料的权限，在选择"同意"或"不同意"后的 □ 中打√。

个体工商户开业登记申请书

经营者	姓名		性别		照片粘贴处
	身份证号码				
	住所				
	邮政编码		移动电话		
	固定电话		电子邮箱		
	政治面貌		民族		
	文化程度		职业状况		
名称					
备选字号（请选用不同字号）	1. 2.				
组成形式	个人经营 □　　　　家庭经营 □				
	参加经营的家庭成员姓名		参加经营的家庭成员身份证号码		
经营范围					
经营场所	地址	_____省(市/自治区)_____市(地区/盟/自治州)_____县(自治县/旗/自治旗/市/区)_____乡(民族乡/镇/街道)_____村(路/社区)_____号			
	邮政编码		联系电话		
从业人数	（人）		资金数额	（万元）	

本人依照《个体工商户条例》申请登记为个体工商户，提交文件材料真实有效。谨对真实性承担责任。

经营者签名：

年　月　日

填写个体工商户开业登记申请书须知

1. 申请登记为个体工商户的，应当依照《个体工商户条例》、国家工商总局《个体工商户登记管理办法》以及税收法律法规的有关规定，向其经营场所所在地登记机关提交：①经营者签署的《个体工商户开业登记申请书》；②经营者的身份证复印件；③经营场所使用证明。

申请登记的经营范围中有法律、行政法规和国务院决定规定必须在登记前报经批准的项目，应当提交有关许可证书或者批准文件复印件。

委托代理人办理的，还应当提交经营者签署的《委托代理人证明》及委托代理人身份证复印件。

2. 经营者住所，以经营者身份证载明住址为准。

3. 港、澳居民个体工商户和台湾农民个体工商户不填写本申请书"经营者"一栏内容，但应当分别填写"个体工商户经营者（港澳居民）登记表"和"个体工商户经营者（台湾居民）、（台湾农民）登记表"作为替代。港、澳居民个体工商户和台湾农民个体工商户应当注明经营场所的面积和从业人数。港、澳居民个体工商户和台湾居民、台湾农民个体工商户登记管理事项应当符合国家有关规定。

4. 经营者移动电话和固定电话，二者至少填写其中一个。

5. 申请登记为家庭经营的，以主持经营者作为经营者登记，由全体参加经营家庭成员在《个体工商户开业登记申请书》经营者签名栏中签字予以确认。提交居民户口簿或者结婚证复印件作为家庭成员亲属关系证明；同时提交其他参加经营家庭成员的身份证复印件，对其姓名及身份证号码予以备案。

6. 个体工商户的经营范围表述参照《国民经济行业分类》的中类、小类行业类别名称或具体经营项目。

7. 经营场所使用证明：个体工商户以自有场所作为经营场所的，应当提交自有场所的产权证明复印件；租用他人场所的，应当提交租赁协议和场所的产权证明复印件；无法提交经营场所产权证明的，可以提交市场主办方、政府批准设立的各类开发区管委会、村居委会出具的同意在该场所从事经营活动的相关证明。

8. 应当使用钢笔、毛笔或签字笔工整地填写表格或签名，请勿使用圆珠笔。

9. 在选择的类型 □ 中打√。

10. 提交的申请书与其它申请材料应当使用 A4 型纸。

以上各项未注明提交复印件的，应当提交原件；提交复印件的，应当注明"与原件一致"并由个体工商户经营者或者由其委托的代理人签字。

个体工商户变更(换照)登记申请书

统一社会信用代码				
注册号				
项目	原登记事项		申请变更登记事项	
经营者	姓　名	照片粘贴处	姓　名	照片粘贴处
	性别		性别	
	民族		民族	
	政治面貌		政治面貌	
	文化程度		文化程度	
	职业状况		职业状况	
	身份证号码		身份证号码	
	住　所		住　所	
	邮政编码		邮政编码	
	移动电话		移动电话	
	固定电话		固定电话	
	电子邮箱		电子邮箱	
名称				
组成形式	个人经营□　家庭经营□		个人经营□　家庭经营□	
	家庭成员姓名	家庭成员身份证号码	家庭成员姓名	家庭成员身份证号码
经营范围				
经营场所	地址	＿＿＿＿省(市/自治区)＿＿＿＿市(地区/盟/自治州)＿＿＿＿县(自治县/旗/自治旗/市/区)＿＿＿＿乡(民族乡/镇/街道)＿＿＿＿村(路/社区)＿＿＿＿号	地址	＿＿＿＿省(市/自治区)＿＿＿＿市(地区/盟/自治州)＿＿＿＿县(自治县/旗/自治旗/市/区)＿＿＿＿乡(民族乡/镇/街道)＿＿＿＿村(路/社区)＿＿＿＿号
	邮政编码		邮政编码	
	联系电话		联系电话	
从业人数	(人)		(人)	
资金数额	(万元)		(万元)	
本人依照《个体工商户条例》申请变更登记,提交文件材料真实有效。谨对真实性承担责任。 经营者签名: 　　　　　　　　　　　　　　　　　　　　　　年　月　日				

填写个体工商户变更(换照)登记申请书须知

1. 个体工商户变更登记事项的，应当依照《个体工商户条例》和国家工商总局《个体工商户登记管理办法》以及税收法律法规的有关规定，向其经营场所所在地登记机关提交：①经营者签署的《个体工商户变更(换照)登记申请书》；②经营者的身份证复印件。

申请变更的经营范围中有法律、行政法规和国务院决定规定必须在登记前报经批准的项目，应当提交有关许可证书或者批准文件复印件。

委托代理人办理的，还应当提交经营者签署的《委托代理人证明》及委托代理人身份证复印件。

2. 个体工商户变更经营者的，限在已备案的参与经营的家庭成员范围内，应当由全体参加经营家庭成员在《个体工商户变更(换照)登记申请书》经营者签名栏中签字予以确认。原经营者和变更后的经营者都应当在经营者签名栏中予以签字确认。

3. 已领取加载统一社会信用代码营业执照的个体工商户申请变更的，需填写统一社会信用代码及变更事项。

未领取加载统一社会信用代码营业执照的个体工商户申请变更的，除填写变更事项外，还需填写"经营者移动电话"、"经营者电子邮箱"、"经营场所邮政编码"、"经营场所联系电话"。

首次换领加载统一社会信用代码营业执照的个体工商户，也需填写"经营者移动电话"、"经营者电子邮箱"、"经营场所邮政编码"、"经营场所联系电话"。

4. 经营者本人姓名、住所发生变更的，应当提交姓名、住所变更后的身份证复印件。

5. 港、澳居民个体工商户和台湾农民个体工商户不填写本申请书"经营者"一栏内容，但应当分别填写"个体工商户经营者(港澳居民)登记表"和"个体工商户经营者(台湾农民)登记表"作为替代。

6. 个体工商户变更组成形式的，应当由全体参加经营家庭成员在《个体工商户变更(换照)登记申请书》经营者签名栏中签字予以确认。其中：由个人经营变更为家庭经营的，应当提交居民户口簿或者结婚证复印件作为家庭成员亲属关系证明，同时提交其他参加经营家庭成员的身份证复印件，对其姓名及身份证号码予以备案。

家庭经营的个体工商户备案内容发生变化的，应当向登记机关申请办理备案变更，参照变更登记程序办理。办理备案变更适用本申请书。

7. 申请经营场所变更的，限在同一登记机关辖区范围内。应当在迁入新经营场所前申请变更登记，并提交新的经营场所使用证明。新经营场所在其他登记机关辖区的，应当按照"一废一立"原则办理，即注销原个体工商户登记，向新经营场所所在地登记机关重新申请个体工商户登记。

8. 应当使用钢笔、毛笔或签字笔工整地填写表格或签名，请勿使用圆珠笔。

9. 在选择的类型 □ 中打√。

10. 提交的申请书与其它申请材料应当使用 A4 型纸。

以上各项未注明提交复印件的，应当提交原件；提交复印件的，应当注明"与原件一致"并由个体工商户经营者或者由其委托的代理人签字。

个体工商户注销登记申请书

统一社会信用代码				
清税证明文号				
注册号				
经营者	姓　名		身份证号码	
	住　所			
	邮政编码		联系电话	
名　称				
组成形式	个人经营 □		家庭经营 □	
注销原因				
备　注				

本人依照《个体工商户条例》申请注销登记，提交文件材料真实有效。谨对真实性承担责任。

经营者签名：

年　月　日

填写个体工商户注销登记申请书须知

  1. 个体工商户申请注销登记的,应当依照《个体工商户条例》和国家工商总局《个体工商户登记管理办法》以及税收法律法规的有关规定向其经营场所所在地登记机关提交:①经营者签署的《个体工商户注销登记申请书》;②经营者的身份证复印件。

  委托代理人办理的,还应当提交经营者签署的《委托代理人证明》及委托代理人身份证复印件。

  2. 已领取加载统一社会信用代码营业执照且在税务机关办理涉税事项的个体工商户申请注销登记,应当向登记机关提交税务机关出具的《清税证明》,填写统一社会信用代码及清税证明文号;其他个体工商户申请注销登记,填写统一社会信用代码或注册号。

  3. 家庭经营的个体工商户申请注销登记的,应当由全体参加经营家庭成员在《个体工商户注销登记申请书》经营者签名栏中予以签字确认。

  4. 个体工商户申请注销登记的,应当缴回个体工商户营业执照正本及所有副本。

  5. 应当使用钢笔、毛笔或签字笔工整地填写表格或签名,请勿使用圆珠笔。

  6. 在选择的类型 □ 中打√。

  7. 提交的申请书与其它申请材料应当使用 A4 型纸。

  以上各项未注明提交复印件的,应当提交原件;提交复印件的,应当注明"与原件一致"并由个体工商户经营者或者由其委托的代理人签字。

关联规定

企业登记程序规定

(2004年6月10日国家工商行政管理总局令第9号公布 自2004年7月1日起施行)

第一章 总 则

第一条 为了规范企业登记行为,提高登记效率,根据《行政许可法》及有关法律、行政法规,制定本规定。

第二条 企业的设立登记、变更登记、注销登记及企业名称预先核准适用本规定。

第三条 企业登记机关依法对申请材料是否齐全、是否符合法定形式进行审查。根据法定条件和程序,需要对申请材料的实质内容进行核实的,依法进行核实。

第四条 企业登记机关应当设立企业登记场所,统一办理企业登记事宜。

有条件的企业登记机关应当建立企业登记网站,受理企业登记申请,方便申请人下载申请书格式文本、提交申请材料、查询企业登记办理情况和企业登记管理规定等。

第五条 企业登记机关工作人员在职责范围内,对企业登记申请进行审查,代表企业登记机关作出是否受理、登记的决定。

第二章 登记申请

第六条 申请企业登记,申请人或者其委托的代理人可以采取以下方式提交申请:

(一)直接到企业登记场所;

(二)邮寄、传真、电子数据交换、电子邮件等。

通过传真、电子数据交换、电子邮件等方式提交申请的,应当提供申请人或者其代理人的联络方式及通讯地址。对企业登记机关予以受理的申请,申请人应当自收到《受理通知书》之日起十五日内,提交与传真、电子数据交换、电子邮件内容一致并符合法定形式的申请材料原件。

第七条 申请人应当按照国家工商行政管理总局制定的申请书格式文本提交申请,并按照企业登记法律、行政法规和国家工商行政管理总局规章的规定提交有关材料。

涉及法律、行政法规和国务院发布的决定确定的企业登记前置许可项目的,申请人应当提交法定形式的许可证件或者批准文件。

第八条 申请人应当如实向企业登记机关提交有关材料和反映真实情况,并对其申请材料实质内容的真实性负责。

第三章 审查、受理和决定

第九条 登记机关收到登记申请后,应当对申请材料是否齐全、是否符合法定形式进行审查。

申请材料齐全是指国家工商行政管理总局依照企业登记法律、行政法规和规章公布的要求申请人提交的全部材料。

申请材料符合法定形式是指申请材料符合法定时限、记载事项符合法定要求、文书格式符合规范。

第十条 经对申请人提交的登记申请审查,企业登记机关应当根据下列情况分别作出是否受理的决定:

(一)申请材料齐全、符合法定形式的,应当决定予以受理。

(二)申请材料齐全并符合法定形式,但申请材料需要核实的,应当决定予以受理,同时书面告知申请人需要核实的事项、理由及时间。

(三)申请材料存在可以当场更正的错误的,应当允许有权更正人当场予以更正,由更正人在更正处签名或者盖章,注明更正日期;经确认申请材料齐全,符合法定形式的,应当决定予以受理。

(四)申请材料不齐全或者不符合法定形式的,应当当场或者在五日内一次告知申请人需要补正的全部内容。告知时,将申请材料退回申请人并决定不予受理。属于五日内告知的,应当收取材料并出具收到材料凭据。

(五)不属于企业登记范畴或者不属于本机关登记管辖范围的事项,应当即时决定不予受理,并告知申请人向有关行政机关申请。

通过邮寄、传真、电子数据交换、电子邮件等方式提交申请的,应当自收到申请之日起五日内作出是否受理的决定。

本规定所称有权更正人,是指申请人或者经申请人明确授权,可以对申请材料相关事项及文字内容加以更改的经办人员。

第十一条 企业登记机关认为需要对申请材料的实质内容进行核实的,应当派两名以上工作人员,对申请材料予以核实。经核实后,提交"申请材料核实情况报告书",根据核实情况作出是否准予登记的决定。

第十二条 企业登记机关对决定受理的登记申请,应当分别情况在规定的期限内作出是否准予登记的决定:

(一)申请人或者其委托的代理人到企业登记场所提交申请予以受理的,应当当场作出准予登记的决定。

(二)通过邮寄的方式提交申请予以受理的,应当自受理之日起十五日内作出准予登记的决定。

(三)通过传真、电子数据交换、电子邮件等方式提交申请的,申请人或者其委托的代理人到企业登记场所提交申请材料原件的,应当当场作出准予登记的决定;通过邮寄方式提交申请材料原件的,应当自收到申请材料原件之日起十五日内作出准予登记的决定;申请人提交的申请材料原件与所受理的申请材料不一致的,应当作出不予登记的决定;将申请材料原件作为新申请的,应当根据第九条、第十条、第十一条、第十二条的规定办理。企业登记机关自发出《受理通知书》之日起六十日内,未收到申请材料原件的,应当作出不予登记的决定。

需要对申请材料核实的,应当自受理之日起十五日内作出是否准予登记的决定。

第十三条 依法应当先经下级企业登记机关审查后报上级登记机关决定的企业登记申请,下级企业登记机关应当自受理之日起十五日内提出审查意见。

第十四条 地方人民政府规定由企业登记机关统一受理,并转告相关部门实行互联审批的,审批程序及期限按照地方人民政府规定执行。

第十五条 除本规定第十二条第(一)项作出准予登记决定的外,企业登记机关决定予以受理的,应当出具《受理通知书》;决定不予受理的,应当出具《不予受理通知书》,并注明不予受理的理由。

第十六条 企业登记机关作出准予企业名称预先核准的,应当出具《企业名称预先核准通知书》;作出准予企业设立登记的,应当出具《准予设立登记通知书》,告知申请人自决定之日起十日内,领取营业执照;作出准予企业变更登记的,应当出具《准予变更登记通知书》,告知申请人自决定之日起十日内,换发营业执照;作出准予企业注销登记的,应当出具《准予注销登记通知书》,收缴营业执照。

企业登记机关作出不予登记决定的,应当出具《登记驳回通知书》,注明不予登记的理由,并告知申请人享有依法申请行政复议或者提起行政诉讼的权利。

第四章 撤销和吊销的注销登记

第十七条 有下列情形之一的,企业登记机关或者其上级机关根据利害关系人的请求或者依据职权,可以撤销登记:

(一)滥用职权、玩忽职守作出准予登记决定的;

(二)超越法定职权作出准予登记决定的;

(三)对不具备申请资格或者不符合法定条件的申请人作出准予登记决定的;

(四)依法可以撤销作出准予登记决定的其他情形。

被许可人以欺骗、贿赂等不正当手段取得登记的,应予以撤销。

依照前两款规定撤销登记,可能对公共利益造成重大损害的,不予撤销,应当责令改正或者予以纠正。

第十八条 企业被依法撤销设立登记或者吊销营业执照的,应当停止经营活动,依法组织清算。自清算结束之日起三十日内,由清算组织依法申请注销登记。

第十九条 被依法撤销设立登记或者吊销营业执照的企业,其设立的非法人分支机构应当停止经营活动,依法办理注销登记;其投资设立的相关企业应依法办理变更登记或者注销登记。

第五章 登记公示、公开

第二十条 企业登记机关应当在企业登记场所公示以下内容:

(一)登记事项;

(二)登记依据;

(三)登记条件;

(四)登记程序及期限;

(五)提交申请材料目录;

(六)登记收费标准及依据;

(七)申请书格式示范文本。

应申请人的要求,企业登记机关应当就前款公示内容,予以说明、解释。

第二十一条 企业登记机关应当建立企业登记簿,供社会查阅。

企业登记材料涉及国家秘密、商业秘密和个人隐私的,企业登记机关不得对外公开。

第六章 附 则

第二十二条 本规定所称企业包括各类企业及其分支机构。

第二十三条 企业集团、外国(地区)企业常驻代表机构、外国(地区)企业在中国境内从事生产经营活动的登记参照本规定。

第二十四条 本规定自2004年7月1日起施行。

企业名称登记管理规定

(1991年5月6日国务院批准 1991年7月22日国家工商行政管理局令第7号公布 根据2012年11月9日《国务院关于修改和废止部分行政法规的决定》修订)

第一条 为了加强企业名称管理,保护企业的合法权益,维护社会经济秩序,制定本规定。

第二条 本规定适用于中国境内具备法人条件的企业及其他依法需要办理登记注册的企业。

第三条 企业名称在企业申请登记时,由企业名称的登记主管机关核定。企业名称经核准登记注册后方可使用,在规定的范围内享有专用权。

第四条 企业名称的登记主管机关(以下简称登记主管机关)是国家工商行政管理局和地方各级工商行政管理局。登记主管机关核准或者驳回企业名称登记申请,监督管理企业名称的使用,保护企业名称专用权。

登记主管机关依照《中华人民共和国企业法人登记管理条例》,对企业名称实行分级登记管理。外商投资企业名称由国家工商行政管理局核定。

第五条 登记主管机关有权纠正已登记注册的不适宜的企业名称，上级登记主管机关有权纠正下级登记主管机关已登记注册的不适宜的企业名称。

对已登记注册的不适宜的企业名称，任何单位和个人可以要求登记主管机关予以纠正。

第六条 企业只准使用一个名称，在登记主管机关辖区内不得与已登记注册的同行业企业名称相同或者近似。

确有特殊需要的，经省级以上登记主管机关核准，企业可以在规定的范围内使用一个从属名称。

第七条 企业名称应当由以下部分依次组成：字号（或者商号，下同）、行业或者经营特点、组织形式。

企业名称应当冠以企业所在地省（包括自治区、直辖市，下同）或者市（包括州，下同）或者县（包括市辖区，下同）行政区划名称。

经国家工商行政管理局核准，下列企业的企业名称可以不冠以企业所在地行政区划名称：

（一）本规定第十三条所列企业；

（二）历史悠久、字号驰名的企业；

（三）外商投资企业。

第八条 企业名称应当使用汉字，民族自治地方的企业名称可以同时使用本民族自治地方通用的民族文字。

企业使用外文名称的，其外文名称应当与中文名称相一致，并报登记主管机关登记注册。

第九条 企业名称不得含有下列内容和文字：

（一）有损于国家、社会公共利益的；

（二）可能对公众造成欺骗或者误解的；

（三）外国国家（地区）名称、国际组织名称；

（四）政党名称、党政军机关名称、群众组织名称、社会团体名称及部队番号；

（五）汉语拼音字母（外文名称中使用的除外）、数字；

（六）其他法律、行政法规规定禁止的。

第十条 企业可以选择字号。字号应当由两个以上的字组成。

企业有正当理由可以使用本地或者异地地名作字号，但不得使用县以上行政区划名称作字号。

私营企业可以使用投资人姓名作字号。

第十一条 企业应当根据其主营业务，依照国家行业分类标准划分的类别，在企业名称中标明所属行业或者经营特点。

第十二条 企业应当根据其组织结构或者责任形式，在企业名称中标明组织形式。所标明的组织形式必须明确易懂。

第十三条 下列企业，可以申请在企业名称中使用"中国"、"中华"或者冠以"国际"字词：

（一）全国性公司；

（二）国务院或其授权的机关批准的大型进出口企业；

（三）国务院或其授权的机关批准的大型企业集团；

（四）国家工商行政管理局规定的其他企业。

第十四条 企业设立分支机构的，企业及其分支机构的企业名称应当符合下列规定：

（一）在企业名称中使用"总"字的，必须下设三个以上分支机构；

（二）不能独立承担民事责任的分支机构，其企业名称应当冠以其所从属企业的名称，缀以"分公司"、"分厂"、"分店"等字词，并标明该分支机构的行业和所在地行政区划名称或者地名，但其行业与其所从属的企业一致的，可以从略；

（三）能够独立承担民事责任的分支机构，应当使用独立的企业名称，并可以使用其所从属企业的企业名称中的字号；

（四）能够独立承担民事责任的分支机构再设立分支机构的，所设立的分支机构不得在其企业名称中使用总机构的名称。

第十五条 联营企业的企业名称可以使用联营成员的字号，但不得使用联营成员的企业名称。联营企业应当在其企业名称中标明"联营"或者"联合"字词。

第十六条 企业有特殊原因的，可以在开业登记前预先单独申请企业名称登记注册。预先单独申请企业名称登记注册时，应当提交企业组建负责人签署的申请书、章程草案和主管部门或者审批机关的批准文件。

第十七条 外商投资企业应当在项目建议书和可行性研究报告批准后，合同、章程批准之前，预先单独申请企业名称登记注册。外商投资企业预先单独申请企业名称登记注册时，应当提交企业组建负责人签署的申请书、项目建议书、可行性研究报告的批准文件，以及投资者所在国（地区）主管当局出具的合法开业证明。

第十八条 登记主管机关应当在收到企业提交的预先单独申请企业名称登记注册的全部材料之日起，10日内作出核准或者驳回的决定。

登记主管机关核准预先单独申请登记注册的企业名称后，核发《企业名称登记证书》。

第十九条 预先单独申请登记注册的企业名称经核准后，保留期为1年。经批准有筹建期的，企业名称保留到筹建期终止。在保留期内不得用于从事生产经营活动。

保留期届满不办理企业开业登记的，其企业名称自动失效，企业应当在期限届满之日起10日内将《企业名称登记证书》交回登记主管机关。

第二十条 企业的印章、银行账户、牌匾、信笺所使用的名称应当与登记注册的企业名称相同。从事商业、公共饮食、服务等行业的企业名称牌匾可适当简化，但应当报登记主管机关备案。

第二十一条　申请登记注册的企业名称与下列情况的企业名称相同或者近似的,登记主管机关不予核准:
(一)企业被撤销未满3年的;
(二)企业营业执照被吊销未满3年的;
(三)企业因本条第(一)、(二)项所列情况以外的原因办理注销登记未满1年的。

第二十二条　企业名称经核准登记注册后,无特殊原因在1年内不得申请变更。

第二十三条　企业名称可以随企业或者企业的一部分一并转让。
企业名称只能转让给一户企业。企业名称的转让方与受让方应当签订书面合同或者协议,报原登记主管机关核准。
企业名称转让后,转让方不得继续使用已转让的企业名称。

第二十四条　两个以上企业向同一登记主管机关申请相同的符合规定的企业名称,登记主管机关依照申请在先原则核定。属于同一天申请的,应当由企业协商解决;协商不成的,由登记主管机关作出裁决。
两个以上企业向不同登记主管机关申请相同的企业名称,登记主管机关依照受理在先原则核定。属于同一天受理的,应当由企业协商解决;协商不成的,由各该登记主管机关报共同的上级登记主管机关作出裁决。

第二十五条　两个以上的企业因已登记注册的企业名称相同或者近似而发生争议时,登记主管机关依照注册在先原则处理。
中国企业的企业名称与外国(地区)企业的企业名称在中国境内发生争议并向登记主管机关申请裁决时,由国家工商行政管理局依据我国缔结或者参加的国际条约的规定的原则或者本规定处理。

第二十六条　违反本规定的下列行为,由登记主管机关区别情节,予以处罚:
(一)使用未经核准登记注册的企业名称从事生产经营活动的,责令停止经营活动,没收非法所得或者处以2000元以上、2万元以下罚款,情节严重的,可以并处;
(二)擅自改变企业名称的,予以警告或者处以1000元以上、1万元以下罚款,并限期办理变更登记;
(三)擅自转让或者出租自己的企业名称的,没收非法所得并处以1000元以上、1万元以下罚款;
(四)使用保留期内的企业名称从事生产经营活动或者保留期届满不按期将《企业名称登记证书》交回登记主管机关的,予以警告或者处以500元以上、5000元以下罚款;
(五)违反本规定第二十条规定的,予以警告并处以500元以上、5000元以下罚款。

第二十七条　擅自使用他人已经登记注册的企业名称或者有其他侵犯他人企业名称专用权行为的,被侵权人可以向侵权人所在地登记主管机关要求处理。登记主管机关有权责令侵权人停止侵权行为,赔偿被侵权人因该侵权行为所遭受的损失,没收非法所得并处以5000元以上、5万元以下罚款。
对侵犯他人企业名称专用权的,被侵权人也可以直接向人民法院起诉。

第二十八条　对登记主管机关根据本规定作出的具体行政行为不服的,当事人可以在收到通知之日起15日内向上一级登记主管机关申请复议。上级登记主管机关应当在收到复议申请之日起30日内作出复议决定。对复议决定不服,可以依法向人民法院起诉。
逾期不申请复议,或者复议后拒不执行复议决定,又不起诉的,登记主管机关可以强制更改企业名称,扣缴企业营业执照。

第二十九条　外国(地区)企业可以在中国境内申请企业名称登记注册。
外国(地区)企业应当向国家工商行政管理局提出企业名称登记注册的申请,并提交外国(地区)企业法定代表人签署的申请书、外国(地区)企业章程和企业所在国(地区)主管当局出具的合法开业证明。登记主管机关应当在收到外国(地区)企业申请名称登记注册的全部材料之日起30日内作出初步审查,通过初审的,予以公告。外国(地区)企业名称的公告期为6个月,在此期间无异议或者异议不成立的,予以核准登记注册,企业名称保留期为5年。登记主管机关核准登记注册外国(地区)企业名称后,应当核发《企业名称登记证书》。外国(地区)企业名称登记注册后需要变更或者保留期届满要求续展的,应当重新申请登记注册。

第三十条　在登记主管机关登记注册的事业单位及事业单位开办的经营单位的名称和个体工商户的名称登记管理,参照本规定执行。

第三十一条　本规定施行前已经核准登记注册的企业名称,准予继续使用,但严重不符合本规定的,应予纠正。

第三十二条　《企业名称登记证书》由国家工商行政管理局统一印制。

第三十三条　本规定由国家工商行政管理局负责解释。

第三十四条　本规定自1991年9月1日起施行。1985年5月23日国务院批准,1985年6月15日国家工商行政管理局公布的《工商企业名称登记管理暂行规定》同时废止。

企业名称登记管理实施办法

(1999年12月8日国家工商行政管理局令第93号公布　2004年6月14日国家工商行政管理总局令第10号修订公布)

第一章　总　　则

第一条　为了加强和完善企业名称的登记管理,保护企业名称所有人的合法权益,维护公平竞争秩序,根据《企业名称登记管理规定》和有关法律、行政法规,制定本办法。

第二条　本办法适用于工商行政管理机关登记注册的企业法人和不具有法人资格的企业的名称。

第三条　企业应当依法选择自己的名称,并申请登记注册。企业自成立之日起享有名称权。

第四条　各级工商行政管理机关应当依法核准登记企业名称。

超越权限核准的企业名称应当予以纠正。

第五条　工商行政管理机关对企业名称实行分级登记管理。国家工商行政管理总局主管全国企业名称登记管理工作,并负责核准下列企业名称:

(一)冠以"中国"、"中华"、"全国"、"国家"、"国际"等字样的;

(二)在名称中间使用"中国"、"中华"、"全国"、"国家"等字样的;

(三)不含行政区划的。

地方工商行政管理局负责核准前款规定以外的下列企业名称:

(一)冠以同级行政区划的;

(二)符合本办法第十二条的含有同级行政区划的。

国家工商行政管理总局授予外商投资企业核准登记权的工商行政管理局按本办法核准外商投资企业名称。

第二章　企业名称

第六条　企业法人名称中不得含有其他法人的名称,国家工商行政管理总局另有规定的除外。

第七条　企业名称中不得含有另一个企业名称。

企业分支机构名称应当冠以其所从属企业的名称。

第八条　企业名称应当使用符合国家规范的汉字,不得使用汉语拼音字母、阿拉伯数字。

企业名称需译成外文使用的,由企业依据文字翻译原则自行翻译使用,不需报工商行政管理机关核准登记。

第九条　企业名称应当由行政区划、字号、行业、组织形式依次组成,法律、行政法规和本办法另有规定的除外。

第十条　除国务院决定设立的企业外,企业名称不得冠以"中国"、"中华"、"全国"、"国家"、"国际"等字样。

在企业名称中间使用"中国"、"中华"、"全国"、"国家"、"国际"等字样的,该字样应是行业的限定语。

使用外国(地区)出资企业字号的外商独资企业、外方控股的外商投资企业,可以在名称中间使用"(中国)"字样。

第十一条　企业名称中的行政区划是本企业所在地县级以上行政区划的名称或地名。

市辖区的名称不能单独用作企业名称中的行政区划。市辖区名称与市行政区划连用的企业名称,由市工商行政管理局核准。

省、市、县行政区划连用的企业名称,由最高级别行政区的工商行政管理局核准。

第十二条　具备下列条件的企业法人,可以将名称中的行政区划放在字号之后,组织形式之前:

(一)使用控股企业名称中的字号;

(二)该控股企业的名称不含行政区划。

第十三条　经国家工商行政管理总局核准,符合下列条件之一的企业法人,可以使用不含行政区划的企业名称:

(一)国务院批准的;

(二)国家工商行政管理总局登记注册的;

(三)注册资本(或注册资金)不少于5000万元人民币的;

(四)国家工商行政管理总局另有规定的。

第十四条　企业名称中的字号应当由2个以上的字组成。

行政区划不得用作字号,但县以上行政区划的地名具有其他含义的除外。

第十五条　企业名称可以使用自然人投资人的姓名作字号。

第十六条　企业名称中的行业表述应当是反映企业经济活动性质所属国民经济行业或者企业经营特点的用语。

企业名称中行业用语表述的内容应当与企业经营范围一致。

第十七条　企业经济活动性质分别属于国民经济行业不同大类的,应当选择主要经济活动性质所属国民经济行业类别用语表述企业名称中的行业。

第十八条　企业名称中不使用国民经济行业类别用语表述企业所从事行业的,应当符合以下条件:

(一)企业经济活动性质分别属于国民经济行业5个以上大类;

(二)企业注册资本(或注册资金)1亿元以上或者是企业集团的母公司;

(三)与同一工商行政管理机关核准或者登记注册的企业名称中字号不相同。

第十九条　企业为反映其经营特点,可以在名称中的字号之后使用国家(地区)名称或者县级以上行政区划的地名。上述地名不视为企业名称中的行政区划。

第二十条　企业名称不应当明示或者暗示有超越其经营范围的业务。

第三章　企业名称的登记注册

第二十一条　企业营业执照上只准标明一个企业名称。

第二十二条　设立公司应当申请名称预先核准。

法律、行政法规规定设立企业必须报经审批或者企业经营范围中有法律、行政法规规定必须报经审批项目的,应当在报送审批前办理企业名称预先核准,并以工商行政管理机关核准的企业名称报送审批。

设立其他企业可以申请名称预先核准。

第二十三条 申请企业名称预先核准，应当由全体出资人、合伙人、合作者（以下统称投资人）指定的代表或者委托的代理人，向有名称核准管辖权的工商行政管理机关提交企业名称预先核准申请书。

企业名称预先核准申请书应当载明企业的名称（可以载明备选名称）、住所、注册资本、经营范围、投资人名称或者姓名、投资额和投资比例、授权委托意见（指定的代表或者委托的代理人姓名、权限和期限），并由全体投资人签名盖章。

企业名称预先核准申请书上应当粘贴指定的代表或者委托的代理人身份证复印件。

第二十四条 直接到工商行政管理机关办理企业名称预先核准的，工商行政管理机关应当场对申请预先核准的企业名称作出核准或者驳回的决定。予以核准的，发给《企业名称预先核准通知书》；予以驳回的，发给《企业名称驳回通知书》。

通过邮寄、传真、电子数据交换等方式申请企业名称预先核准的，按照《企业登记程序规定》执行。

第二十五条 申请企业设立登记，已办理企业名称预先核准的，应当提交《企业名称预先核准通知书》。

设立企业名称涉及法律、行政法规规定必须报经审批，未能提交审批文件的，登记机关不得以预先核准的企业名称登记注册。

企业名称预先核准与企业登记注册不在同一工商行政管理机关办理的，登记机关应当自企业登记注册之日起30日内，将有关登记情况送核准企业名称的工商行政管理机关备案。

第二十六条 企业变更名称，应当向其登记机关申请变更登记。

企业申请变更的名称，属登记机关管辖的，由登记机关直接办理变更登记。

企业申请变更的名称，不属登记机关管辖的，按本办法第二十七条规定办理。

企业名称变更登记核准之日起30日内，企业应当申请办理其分支机构名称的变更登记。

第二十七条 申请企业名称变更登记，企业登记和企业名称核准不在同一工商行政管理机关的，企业登记机关应当对企业拟变更的名称进行初审，并向有名称管辖权的工商行政管理机关报送企业名称变更核准意见书。

企业名称变更核准意见书上应当载明原企业名称、拟变更的企业名称（备选名称）、住所、注册资本、经营范围、投资人名称或者姓名、企业登记机关的审查意见，并加盖公章。

有名称管辖权的工商行政管理机关收到企业名称变更核准意见书后，应在5日内作出核准或驳回的决定，核准的，发给《企业名称变更核准通知书》；驳回的，发给《企业名称驳回通知书》。

登记机关应当在核准企业名称变更登记之日起30日内，将有关登记情况送核准企业名称的工商行政管理机关备案。

第二十八条 公司名称预先核准和公司名称变更核准的有效期为6个月，有效期满，核准的名称自动失效。

第二十九条 企业被撤销有关业务经营权，而其名称又表明了该项业务时，企业应当在被撤销该项业务经营权之日起1个月内，向登记机关申请变更企业名称等登记事项。

第三十条 企业办理注销登记或者被吊销营业执照，如其名称是经其他工商行政管理机关核准的，登记机关应当将核准注销登记情况或者行政处罚决定书送核准该企业名称的工商行政管理机关备案。

第三十一条 企业名称有下列情形之一的，不予核准：

（一）与同一工商行政管理机关核准或者登记注册的同行业企业名称字号相同，有投资关系的除外；

（二）与同一工商行政管理机关核准或者登记注册符合本办法第十八条的企业名称字号相同，有投资关系的除外；

（三）与其他企业变更名称未满1年的原名称相同；

（四）与注销登记或者被吊销营业执照未满3年的企业名称相同；

（五）其他违反法律、行政法规的。

第三十二条 工商行政管理机关应当建立企业名称核准登记档案。

第三十三条 《企业名称预先核准通知书》、《企业名称变更核准通知书》、《企业名称驳回通知书》及企业名称核准登记表格式样由国家工商行政管理总局统一制定。

第三十四条 外国（地区）企业名称，依据我国参加的国际公约、协定、条约等有关规定予以保护。

第四章 企业名称的使用

第三十五条 预先核准的企业名称在有效期内，不得用于经营活动，不得转让。

企业变更名称，在其登记机关核准变更登记前，不得使用《企业名称变更核准通知书》上核准变更的企业名称从事经营活动，也不得转让。

第三十六条 企业应当在住所处标明企业名称。

第三十七条 企业的印章、银行账户、信笺所使用的企业名称，应当与其营业执照上的企业名称相同。

第三十八条 法律文书使用企业名称，应当与该企业营业执照上的企业名称相同。

第三十九条 企业使用名称，应当遵循诚实信用的原则。

第五章 监督管理与争议处理

第四十条 各级工商行政管理机关对在本机关管辖地域

内从事活动的企业使用企业名称的行为,依法进行监督管理。

第四十一条 已经登记注册的企业名称,在使用中对公众造成欺骗或者误解的,或者损害他人合法权益的,应当认定为不适宜的企业名称予以纠正。

第四十二条 企业因名称与他人发生争议,可以向工商行政管理机关申请处理,也可以向人民法院起诉。

第四十三条 企业请求工商行政管理机关处理名称争议时,应当向核准他人名称的工商行政管理机关提交以下材料:

(一)申请书;

(二)申请人的资格证明;

(三)举证材料;

(四)其他有关材料。

申请书应当由申请人签署并载明申请人和被申请人的情况、名称争议事实及理由、请求事项等内容。

委托代理的,还应当提交委托书和被委托人资格证明。

第四十四条 工商行政管理机关受理企业名称争议后,应当按以下程序在6个月内作出处理:

(一)查证申请人和被申请人企业名称登记注册的情况;

(二)调查核实申请人提交的材料和有关争议的情况;

(三)将有关名称争议情况书面告知被申请人,要求被申请人在1个月内对争议问题提交书面意见;

(四)依据保护工业产权的原则和企业名称登记管理的有关规定作出处理。

第六章 附 则

第四十五条 以下需在工商行政管理机关办理登记的名称,参照《企业名称登记管理规定》和本办法办理:

(一)企业集团的名称,其构成为:行政区划+字号+行业+"集团"字样;

(二)其他按规定需在工商行政管理机关办理登记的组织的名称。

第四十六条 企业名称预先核准申请书和企业名称变更核准意见书由国家工商行政管理总局统一制发标准格式文本,各地工商行政管理机关按照标准格式文本印制。

第四十七条 本办法自2004年7月1日起施行。

国家工商行政管理局《关于贯彻〈企业名称登记管理规定〉有关问题的通知》(工商企字〔1991〕第309号)、《关于执行〈企业名称登记管理规定〉有关问题的补充通知》(工商企字〔1992〕第283号)、《关于外商投资企业名称登记管理有关问题的通知》(工商企字〔1993〕第152号)同时废止。

国家工商行政管理总局其他文件中有关企业名称的规定,与《企业名称登记管理规定》和本办法抵触的,同时失效。

企业经营范围登记管理规定

(2015年8月27日国家工商行政管理总局令第76号公布 自2015年10月1日起施行)

第一条 为了规范企业经营范围登记管理,规范企业经营行为,保障企业合法权益,依据有关企业登记管理法律、行政法规制定本规定。

第二条 本规定适用于在中华人民共和国境内登记的企业。

第三条 经营范围是企业从事经营活动的业务范围,应当依法经企业登记机关登记。

申请人应当参照《国民经济行业分类》选择一种或多种小类、中类或者大类自主提出经营范围登记申请。对《国民经济行业分类》中没有规范的新兴行业或者具体经营项目,可以参照政策文件、行业习惯或者专业文献等提出申请。

企业的经营范围应当与章程或者合伙协议规定相一致。经营范围发生变化的,企业应对章程或者合伙协议进行修订,并向企业登记机关申请变更登记。

第四条 企业申请登记的经营范围中属于法律、行政法规或者国务院决定规定在登记前须经批准的经营项目(以下称前置许可经营项目)的,应当在申请登记前报经有关部门批准后,凭审批机关的批准文件、证件向企业登记机关申请登记。

企业申请登记的经营范围中属于法律、行政法规或者国务院决定等规定在登记后须经批准的经营项目(以下称后置许可经营项目)的,依法经企业登记机关核准登记后,应当报经有关部门批准方可开展后置许可经营项目的经营活动。

第五条 企业登记机关依照审批机关的批准文件、证件登记前置许可经营项目。批准文件、证件对前置许可经营项目没有表述的,依照有关法律、行政法规或者国务院决定的规定和《国民经济行业分类》登记。

前置许可经营项目以外的经营项目,企业登记机关根据企业的章程、合伙协议或者申请,参照《国民经济行业分类》及有关政策文件、行业习惯或者专业文献登记。

企业登记机关应当在经营范围后标注"(依法须经批准的项目,经相关部门批准后方可开展经营活动)"。

第六条 企业经营范围中包含许可经营项目的,企业应当自取得审批机关的批准文件、证件之日起20个工作日内,将批准文件、证件的名称、审批机关、批准内容、有效期限等事项通过企业信用信息公示系统向社会公示。其中,企业设立时申请的经营范围中包含前置许可经营项目的,企业应当自成立之日起20个工作日内向社会公示。

审批机关的批准文件、证件发生变更的,企业应当自批准变更之日起20个工作日内,将有关变更事项通过企业信用信息公示系统向社会公示。

第七条 企业的经营范围应当包含或者体现企业名称中的行业或者经营特征。跨行业经营的企业，其经营范围中的第一项经营项目所属的行业为该企业的行业。

第八条 企业变更经营范围应当自企业作出变更决议或者决定之日起30日内向企业登记机关申请变更登记。其中，合伙企业、个人独资企业变更经营范围应当自作出变更决定之日起15日内向企业登记机关申请变更登记。

企业变更经营范围涉及前置许可经营项目，或者其批准文件、证件发生变更的，应当自审批机关批准之日起30日内凭批准文件、证件向企业登记机关申请变更登记。

企业变更经营范围涉及后置许可经营项目，其批准文件、证件记载的经营项目用语与原登记表述不一致或者发生变更的，可以凭批准文件、证件向企业登记机关申请变更登记。

第九条 因分立或者合并而新设立的企业申请从事前置许可经营项目的，应当凭审批机关的批准文件、证件向企业登记机关申请登记；因分立或者合并而存续的企业申请从事前置许可经营项目的，变更登记前已经审批机关批准的，不需重新办理审批手续。

第十条 企业改变类型的，改变类型前已经审批机关批准的前置许可经营项目，企业不需重新办理审批手续。法律、行政法规或者国务院决定另有规定的除外。

第十一条 企业变更出资人的，原已经审批机关批准的前置许可经营项目，变更出资人后不需重新办理审批手续。法律、行政法规或者国务院决定另有规定的除外。

企业的出资人由境内投资者变为境外投资者，或者企业的出资人由境外投资者变为境内投资者的，企业登记机关应当依照审批机关的批准文件、证件重新登记经营范围。

第十二条 不能独立承担民事责任的分支机构（以下简称分支机构），其经营范围不得超出所隶属企业的经营范围。法律、行政法规或者国务院决定另有规定的除外。

审批机关单独批准分支机构经营前置许可经营项目的，企业应当凭分支机构的前置许可经营项目的批准文件、证件申请增加相应经营范围，并在申请增加的经营范围后标注"（分支机构经营）"字样。

分支机构经营所隶属企业经营范围中前置许可经营项目的，应当报经审批机关批准。法律、行政法规或者国务院决定另有规定的除外。

第十三条 企业申请的经营范围中有下列情形的，企业登记机关不予登记：

（一）属于前置许可经营项目，不能提交审批机关的批准文件、证件的；

（二）法律、行政法规或者国务院决定规定特定行业的企业只能从事经过批准的项目而企业申请其他项目的；

（三）法律、行政法规或者国务院决定等规定禁止企业经营的。

第十四条 企业有下列情形的，应当停止有关项目的经营并及时向企业登记机关申请办理经营范围变更登记或者注销登记：

（一）经营范围中属于前置许可经营项目以外的经营项目，因法律、行政法规或者国务院决定规定调整为前置许可经营项目后，企业未按有关规定申请办理审批手续并获得批准的；

（二）经营范围中的前置许可经营项目，法律、行政法规或者国务院决定规定重新办理审批，企业未按有关规定申请办理审批手续并获得批准的；

（三）经营范围中的前置许可经营项目，审批机关批准的经营期限届满，企业未重新申请办理审批手续并获得批准的；

（四）经营范围中的前置许可经营项目被吊销、撤销许可证或者其他批准文件的。

第十五条 企业未经批准、登记从事经营活动的，依照有关法律、法规的规定予以查处。

第十六条 本规定由国家工商行政管理总局负责解释。

第十七条 本规定自2015年10月1日起施行。2004年6月14日国家工商行政管理总局令第12号公布的《企业经营范围登记管理规定》同时废止。

公司注册资本登记管理规定

（2014年2月20日国家工商行政管理总局令第64号公布 自2014年3月1日起施行）

第一条 为规范公司注册资本登记管理，根据《中华人民共和国公司法》（以下简称《公司法》）、《中华人民共和国公司登记管理条例》（以下简称《公司登记管理条例》）等有关规定，制定本规定。

第二条 有限责任公司的注册资本为在公司登记机关依法登记的全体股东认缴的出资额。

股份有限公司采取发起设立方式设立的，注册资本为在公司登记机关依法登记的全体发起人认购的股本总额。

股份有限公司采取募集设立方式设立的，注册资本为在公司登记机关依法登记的实收股本总额。

法律、行政法规以及国务院决定规定公司注册资本实行实缴的，注册资本为股东或者发起人实缴的出资额或者实收股本总额。

第三条 公司登记机关依据法律、行政法规和国家有关规定登记公司的注册资本，对符合规定的，予以登记；对不符合规定的，不予登记。

第四条 公司注册资本数额、股东或者发起人的出资时间及出资方式应当符合法律、行政法规的有关规定。

第五条 股东或者发起人可以用货币出资,也可以用实物、知识产权、土地使用权等可以用货币估价并可以依法转让的非货币财产作价出资。

股东或者发起人不得以劳务、信用、自然人姓名、商誉、特许经营权或者设定担保的财产等作价出资。

第六条 股东或者发起人可以以其持有的在中国境内设立的公司(以下称股权所在公司)股权出资。

以股权出资的,该股权应当权属清楚、权能完整、依法可以转让。

具有下列情形的股权不得用作出资:

(一)已被设立质权;

(二)股权所在公司章程约定不得转让;

(三)法律、行政法规或者国务院决定规定,股权所在公司股东转让股权应当报经批准而未经批准;

(四)法律、行政法规或者国务院决定规定不得转让的其他情形。

第七条 债权人可以将其依法享有的对在中国境内设立的公司的债权,转为公司股权。

转为公司股权的债权应当符合下列情形之一:

(一)债权人已经履行债权所对应的合同义务,且不违反法律、行政法规、国务院决定或者公司章程的禁止性规定;

(二)经人民法院生效裁判或者仲裁机构裁决确认;

(三)公司破产重整或者和解期间,列入经人民法院批准的重整计划或者裁定认可的和解协议。

用以转为公司股权的债权有两个以上债权人的,债权人对债权应当已经作出分割。

债权转为公司股权的,公司应当增加注册资本。

第八条 股东或者发起人应当以自己的名义出资。

第九条 公司的注册资本由公司章程规定,登记机关按照公司章程规定予以登记。

以募集方式设立的股份有限公司的注册资本应当经验资机构验资。

公司注册资本发生变化,应当修改公司章程并向公司登记机关依法申请办理变更登记。

第十条 公司增加注册资本的,有限责任公司股东认缴新增资本的出资和股份有限公司的股东认购新股,应当分别依照《公司法》设立有限责任公司和股份有限公司缴纳出资和缴纳股款的有关规定执行。股份有限公司以公开发行新股方式或者上市公司以非公开发行新股方式增加注册资本的,还应当提交国务院证券监督管理机构的核准文件。

第十一条 公司减少注册资本,应当符合《公司法》规定的程序。

法律、行政法规以及国务院决定规定公司注册资本有最低限额的,减少后的注册资本应当不少于最低限额。

第十二条 有限责任公司依据《公司法》第七十四条的规定收购其股东的股权的,应当依法申请减少注册资本的变更登记。

第十三条 有限责任公司变更为股份有限公司时,折合的实收股本总额不得高于公司净资产额。有限责任公司变更为股份有限公司,为增加资本公开发行股份时,应当依法办理。

第十四条 股东出资额或者发起人认购股份、出资时间及方式由公司章程规定。发生变化的,应当修改公司章程并向公司登记机关依法申请办理公司章程或者公司章程修正案备案。

第十五条 法律、行政法规以及国务院决定规定公司注册资本实缴的公司虚报注册资本,取得公司登记的,由公司登记机关依照《公司登记管理条例》的相关规定予以处理。

第十六条 法律、行政法规以及国务院决定规定公司注册资本实缴的,其股东或者发起人虚假出资,未交付作为出资的货币或者非货币财产的,由公司登记机关依照《公司登记管理条例》的相关规定予以处理。

第十七条 法律、行政法规以及国务院决定规定公司注册资本实缴的,其股东或者发起人在公司成立后抽逃其出资的,由公司登记机关依照《公司登记管理条例》的相关规定予以处理。

第十八条 公司注册资本发生变动,公司未按规定办理变更登记的,由公司登记机关依照《公司登记管理条例》的相关规定予以处理。

第十九条 验资机构、资产评估机构出具虚假证明文件的,公司登记机关应当依照《公司登记管理条例》的相关规定予以处理。

第二十条 公司未按规定办理公司章程备案的,由公司登记机关依照《公司登记管理条例》的相关规定予以处理。

第二十一条 撤销公司变更登记涉及公司注册资本变动的,由公司登记机关恢复公司该次登记前的登记状态,并予以公示。

对涉及变动内容不属于登记事项的,公司应当通过企业信用信息公示系统公示。

第二十二条 外商投资的公司注册资本的登记管理适用本规定,法律另有规定的除外。

第二十三条 本规定自2014年3月1日起施行。2005年12月27日国家工商行政管理总局公布的《公司注册资本登记管理规定》、2009年1月14日国家工商行政管理总局公布的《股权出资登记管理办法》、2011年11月23日国家工商行政管理总局公布的《公司债权转股权登记管理办法》同时废止。

个体工商户登记管理办法

(2011年9月30日国家工商行政管理总局令第56号公布　根据2014年2月20日《国家工商行政管理总局关于修改〈中华人民共和国企业法人登记管理条例施行细则〉、〈外商投资合伙企业登记管理规定〉、〈个人独资企业登记管理办法〉、〈个体工商户登记管理办法〉等规章的决定》修订)

第一章　总　则

第一条　为保护个体工商户合法权益，鼓励、支持和引导个体工商户健康发展，规范个体工商户登记管理行为，依据《个体工商户条例》，制定本办法。

第二条　有经营能力的公民经工商行政管理部门登记，领取个体工商户营业执照，依法开展经营活动。

第三条　个体工商户的注册、变更和注销登记应当依照《个体工商户条例》和本办法办理。

申请办理个体工商户登记，申请人应当对申请材料的真实性负责。

第四条　工商行政管理部门是个体工商户的登记管理机关。

国家工商行政管理总局主管全国的个体工商户登记管理工作。

省、自治区、直辖市工商行政管理局和设区的市(地区)工商行政管理局负责本辖区的个体工商户登记管理工作。

县、自治县、不设区的市工商行政管理局以及市辖区工商行政管理分局为个体工商户的登记机关(以下简称登记机关)，负责本辖区内的个体工商户登记。

第五条　登记机关可以委托其下属工商行政管理所(以下简称工商所)办理个体工商户登记。

第二章　登记事项

第六条　个体工商户的登记事项包括：

(一)经营者姓名和住所；

(二)组成形式；

(三)经营范围；

(四)经营场所。

个体工商户使用名称的，名称作为登记事项。

第七条　经营者姓名和住所，是指申请登记为个体工商户的公民姓名及其户籍所在地的详细住址。

第八条　组成形式，包括个人经营和家庭经营。

家庭经营的，参加经营的家庭成员姓名应当同时备案。

第九条　经营范围，是指个体工商户开展经营活动所属的行业类别。

登记机关根据申请人申请，参照《国民经济行业分类》中的类别标准，登记个体工商户的经营范围。

第十条　经营场所，是指个体工商户营业所在地的详细地址。

个体工商户经登记机关登记的经营场所只能为一处。

第十一条　个体工商户申请使用名称的，应当按照《个体工商户名称登记管理办法》办理。

第三章　登记申请

第十二条　个人经营的，以经营者本人为申请人；家庭经营的，以家庭成员中主持经营者为申请人。

委托代理人申请注册、变更、注销登记的，应当提交申请人的委托书和代理人的身份证明或者资格证明。

第十三条　申请个体工商户登记，申请人或者其委托的代理人可以直接到经营场所所在地登记机关登记；登记机关委托其下属工商所办理个体工商户登记的，到经营场所所在地工商所登记。

申请人或者其委托的代理人可以通过邮寄、传真、电子数据交换、电子邮件等方式向经营场所所在地登记机关提交申请。通过传真、电子数据交换、电子邮件等方式提交申请的，应当提供申请人或者其代理人的联络方式及通讯地址。对登记机关予以受理的申请，申请人应自收到受理通知书之日起5日内，提交与传真、电子数据交换、电子邮件内容一致的申请材料原件。

第十四条　申请个体工商户注册登记，应当提交下列文件：

(一)申请人签署的个体工商户注册登记申请书；

(二)申请人身份证明；

(三)经营场所证明；

(四)国家工商行政管理总局规定提交的其他文件。

第十五条　申请个体工商户变更登记，应当提交下列文件：

(一)申请人签署的个体工商户变更登记申请书；

(二)申请经营场所变更的，应当提交新经营场所证明；

(三)国家工商行政管理总局规定提交的其他文件。

第十六条　申请个体工商户注销登记，应当提交下列文件：

(一)申请人签署的个体工商户注销登记申请书；

(二)个体工商户营业执照正本及所有副本；

(三)国家工商行政管理总局规定提交的其他文件。

第十七条　申请注册、变更登记的经营范围涉及国家法律、行政法规或者国务院决定规定在登记前须经批准的项目的，应当在申请登记前报经国家有关部门批准，并向登记机关提交相关批准文件。

第四章　受理、审查和决定

第十八条　登记机关收到申请人提交的登记申请后，对于申请材料齐全、符合法定形式的，应当受理。

申请材料不齐全或者不符合法定形式，登记机关应当当场告知申请人需要补正的全部内容，申请人按照要求提交全部补正申请材料的,登记机关应当受理。

申请材料存在可以当场更正的错误的,登记机关应当允许申请人当场更正。

第十九条 登记机关受理登记申请,除当场予以登记的外,应当发给申请人受理通知书。

对于不符合受理条件的登记申请,登记机关不予受理,并发给申请人不予受理通知书。

申请事项依法不属于个体工商户登记范畴的,登记机关应当即时决定不予受理,并向申请人说明理由。

第二十条 申请人提交的申请材料齐全、符合法定形式的,登记机关应当场予以登记,并发给申请人准予登记通知书。

根据法定条件和程序,需要对申请材料的实质性内容进行核实的,登记机关应当指派两名以上工作人员进行核查,并填写申请材料核查情况报告书。登记机关应当自受理登记申请之日起15日内作出是否准予登记的决定。

第二十一条 对于以邮寄、传真、电子数据交换、电子邮件等方式提出申请并经登记机关受理的,登记机关应当自受理登记申请之日起15日内作出是否准予登记的决定。

第二十二条 登记机关作出准予登记决定的,应当发给申请人准予个体工商户登记通知书,并在10日内发给申请人个体工商户营业执照。不予登记的,应当发给申请人个体工商户登记驳回通知书。

第五章 监督管理

第二十三条 个体工商户应当于每年1月1日至6月30日向登记机关报送上一年度年度报告,并对其年度报告的真实性、合法性负责。

个体工商户年度报告、公示办法由国家工商行政管理总局另行制定。

第二十四条 个体工商户营业执照(以下简称营业执照)分为正本和副本,载明个体工商户的名称、经营者姓名、组成形式、经营场所、经营范围、注册日期和注册号、发照机关及发照时间信息,正、副本具有同等法律效力。

第二十五条 营业执照正本应当置于个体工商户经营场所的醒目位置。

第二十六条 个体工商户变更登记涉及营业执照载明事项的,登记机关应当换发营业执照。

第二十七条 营业执照遗失或毁损的,个体工商户应当向登记机关申请补领或者更换。

营业执照遗失的,个体工商户还应当在公开发行的报刊上声明作废。

第二十八条 有下列情形之一的,登记机关或其上级机关根据利害关系人的请求或者依据职权,可以撤销个体工商户登记:

(一)登记机关工作人员滥用职权、玩忽职守作出准予登记决定的;

(二)超越法定职权作出准予登记决定的;

(三)违反法定程序作出准予登记决定的;

(四)对不具备申请资格或者不符合法定条件的申请人准予登记的;

(五)依法可以撤销登记的其他情形。

申请人以欺骗、贿赂等不正当手段取得个体工商户登记的,应当予以撤销。

依照前两款的规定撤销个体工商户登记,可能对公共利益造成重大损害的,不予撤销。

依照本条第一款的规定撤销个体工商户登记,经营者合法权益受到损害的,行政机关应当依法给予赔偿。

第二十九条 登记机关作出撤销登记决定的,应当发给原申请人撤销登记决定书。

第三十条 有关行政机关依照《个体工商户条例》第二十四条规定,通知登记机关个体工商户行政许可被撤销、吊销或者行政许可有效期届满的,登记机关应当依法撤销登记或者吊销营业执照,或者责令当事人依法办理变更登记。

第三十一条 登记机关应当依照国家工商行政管理总局有关规定,依托个体工商户登记管理数据库,利用信息化手段,开展个体工商户信用监管,促进社会信用体系建设。

第六章 登记管理信息公示、公开

第三十二条 登记机关应当在登记场所及其网站公示个体工商户登记的以下内容:

(一)登记事项;

(二)登记依据;

(三)登记条件;

(四)登记程序及期限;

(五)提交申请材料目录及申请书示范文本;

(六)登记收费标准及依据。

登记机关应申请人的要求应当就公示内容予以说明、解释。

第三十三条 公众查阅个体工商户的下列信息,登记机关应当提供:

(一)注册、变更、注销登记的相关信息;

(二)国家工商行政管理总局规定公开的其他信息。

第三十四条 个体工商户登记管理材料涉及国家秘密、商业秘密和个人隐私的,登记机关不得对外公开。

第七章 法律责任

第三十五条 个体工商户提交虚假材料骗取注册登记,或者伪造、涂改、出租、出借、转让营业执照的,由登记机关责令改正,处4000元以下的罚款;情节严重的,撤销注册登记或

第三十六条 个体工商户登记事项变更,未办理变更登记的,由登记机关责令改正,处1500元以下的罚款;情节严重的,吊销营业执照。

第三十七条 个体工商户违反本办法第二十五条规定的,由登记机关责令限期改正;逾期未改正的,处500元以下的罚款。

第八章 附 则

第三十八条 香港特别行政区、澳门特别行政区永久性居民中的中国公民,台湾地区居民可以按照国家有关规定,申请登记为个体工商户。

第三十九条 个体工商户申请转变为企业组织形式的,登记机关应当依法为其提供继续使用原名称字号、保持工商登记档案延续性等市场主体组织形式转变方面的便利,及相关政策、法规和信息咨询服务。

第四十条 个体工商户办理注册登记、变更登记,应当缴纳登记费。

个体工商户登记收费标准,按照国家有关规定执行。

第四十一条 个体工商户的登记文书格式以及营业执照的正本、副本样式,由国家工商行政管理总局制定。

第四十二条 本办法自2011年11月1日起施行。1987年9月5日国家工商行政管理局公布、1998年12月3日国家工商行政管理局令第86号修订的《城乡个体工商户管理暂行条例实施细则》,2004年7月23日国家工商行政管理总局令第13号公布的《个体工商户登记程序规定》同时废止。

个体工商户名称登记管理办法

(2008年12月31日国家工商行政管理总局令第38号公布 自2009年4月1日起施行)

第一条 为了加强个体工商户名称的登记管理,规范个体工商户名称的使用,维护经营者和消费者的合法权益,保护个体工商户名称所有人的合法权利,根据有关法律、行政法规,制定本办法。

第二条 个体工商户可以不使用名称。个体工商户决定使用名称的,该名称的登记注册适用本办法。

第三条 国家工商行政管理总局主管全国个体工商户名称的登记管理工作。

省、自治区和直辖市工商行政管理局负责本地区个体工商户的名称登记管理工作。

县(市)工商行政管理局以及大中城市工商行政管理分局是个体工商户名称的登记机关。登记机关可以委托工商行政管理所以登记机关名义办理个体工商户名称登记。

第四条 登记机关有权纠正已登记注册的不适宜的个体工商户名称,上级机关有权纠正下级机关已登记注册的不适宜的个体工商户名称。

第五条 个体工商户决定使用名称的,应当向登记机关提出申请,经核准登记后方可使用。

一户个体工商户只准使用一个名称。

第六条 个体工商户名称由行政区划、字号、行业、组织形式依次组成。

第七条 个体工商户名称中的行政区划是指个体工商户所在县(市)和市辖区名称。行政区划之后可以缀以个体工商户经营场所所在地的乡镇、街道或者行政村、社区、市场名称。

第八条 经营者姓名可以作为个体工商户名称中的字号使用。

县级以上行政区划不得用作字号,但行政区划的地名具有其他含义的除外。

第九条 个体工商户名称中的行业应当反映其主要经营活动内容或者经营特点,其行业表述应当参照《国民经济行业分类》中的中类、小类行业类别名称或具体经营项目。

第十条 个体工商户名称组织形式可以选用"厂"、"店"、"馆"、"部"、"行"、"中心"等字样,但不得使用"企业"、"公司"和"农民专业合作社"字样。

第十一条 个体工商户名称不得含有下列内容和文字:
(一)有损于国家、社会公共利益的;
(二)违反社会公序良俗,不尊重民族、宗教习俗的;
(三)可能对公众造成欺骗或者误解的;
(四)外国国家(地区)名称、国际组织名称;
(五)政党名称、党政军机关名称、群众组织名称、社团组织名称及其简称、部队番号;
(六)"中国"、"中华"、"全国"、"国家"、"国际"字词;
(七)汉语拼音、字母、外国文字、标点符号;
(八)不符合国家规范的语言文字;
(九)法律、法规规定禁止的其他内容和文字。

第十二条 个体工商户申请办理名称登记,经营范围涉及登记前置许可的,应当申请名称预先核准。申请人应当以登记机关核准的名称报送有关部门办理前置审批手续。

经营范围不涉及前置许可,可以申请名称预先核准,也可以与个体工商户设立或者变更登记一并申请办理。

登记机关办理名称预先核准,不得收取费用。

第十三条 申请个体工商户名称预先核准,应当由申请人或申请人委托的代理人向经营场所所在地的登记机关提交以下材料:
(一)个体工商户名称预先核准申请书;
(二)经营者的身份证明;
(三)经营者委托代理人办理的,还应当提交委托书和代理人的身份证明。

第十四条 受理个体工商户名称预先核准申请后，登记机关应当当场作出核准登记或者驳回申请的决定。核准登记的，应当发给《个体工商户名称预先核准通知书》；驳回申请的，应当发给《个体工商户名称驳回通知书》，并当场向申请人说明驳回的理由。

受委托办理个体工商户名称登记的工商行政管理所，依法不能当场作出决定的，应当在 5 日内作出核准或驳回的决定。

第十五条 预先核准的个体工商户名称保留期为 6 个月。保留期满，申请人仍未办理个体工商户设立或者变更登记的，预先核准的名称自动失效。申请人可以在保留期期满日前 1 个月内向登记机关书面申请延期，经登记机关批准保留期可以延长 6 个月。

预先核准的个体工商户名称在保留期内，不得转让，不得用于经营活动。

第十六条 个体工商户拟变更名称的，应当向其登记机关申请名称变更登记。

个体工商户名称中含有应当经过行政许可方可经营的项目，因行政许可被吊销、撤销或者期限届满不得再从事该项经营活动的，应当自行政许可被吊销、撤销或者期限届满之日起 30 日内向原登记机关申请名称变更登记。

第十七条 两个及两个以上申请人向同一登记机关申请登记相同个体工商户名称的，登记机关依照申请在先原则核定。

第十八条 在同一登记机关管辖区域内个体工商户名称申请有下列情形之一的，不予核准登记：

（一）与已登记注册或已预先核准的企业、个体工商户名称相同；

（二）与其他企业变更名称未满 1 年的原名称相同；

（三）与被吊销营业执照未满 3 年的企业或者被吊销营业执照未满 1 年的个体工商户名称相同的；

（四）与注销登记未满 1 年的企业名称相同的。

第十九条 个体工商户名称牌匾可以适当简化，但不得对公众造成欺骗或者误解。

第二十条 个体工商户有下列行为之一的，由工商行政管理机关责令改正；情节严重的，处 1000 元以下罚款：

（一）因经营范围涉及的登记前置许可被撤销不得再从事某项业务，但其名称又表明仍在开展该项业务，未在规定期限内申请名称变更登记的；

（二）擅自使用他人已经登记注册的市场主体名称或者有其他侵犯市场主体名称权行为的。

第二十一条 登记机关强行要求或者变相强行要求个体工商户使用名称，对不符合规定条件的个体工商户名称登记申请予以登记，或者对符合规定条件的个体工商户名称登记申请不予登记的，对直接负责的主管人员和其他直接责任人员，依法追究责任。

第二十二条 个体工商户名称争议解决程序，参照适用《企业名称登记管理实施办法》的有关规定。

第二十三条 个体工商户名称登记管理有关文书式样由国家工商行政管理总局统一制定。

第二十四条 省、自治区和直辖市工商行政管理局可以结合本地区实际情况，依照本办法制定具体的实施办法。

第二十五条 本办法于 2009 年 4 月 1 日起施行。

(二) 商 标

1. 注册申请

商标注册申请书

申请人名称(中文):
　　　　(英文):
申请人国籍/地区:
申请人地址(中文):
　　　　(英文):
邮政编码:
联系人:
电话:
代理机构名称:
外国申请人的国内接收人:
国内接收人地址:
邮政编码:
商标申请声明: □集体商标　　　　　　　□证明商标
　　　　　　　□以三维标志申请商标注册
　　　　　　　□以颜色组合申请商标注册
　　　　　　　□以声音标志申请商标注册
　　　　　　　□两个以上申请人共同申请注册同一商标
要求优先权声明: □基于第一次申请的优先权　□基于展会的优先权　□优先权证明文件后补
申请/展出国家/地区:
申请/展出日期:
申请号:

申请人章戳(签字):　　　　　　　　　　　　代理机构章戳:

　　　　　　　　　　　　　　　　　　　　　代理人签字:

注:请按说明填写

下框为商标图样粘贴处。图样应当不大于 10×10cm,不小于 5×5cm。以颜色组合或者着色图样申请商标注册的,应当提交着色图样并提交黑白稿 1 份;不指定颜色的,应当提交黑白图样。以三维标志申请商标注册的,应当提交能够确定三维形状的图样,提交的商标图样应当至少包含三面视图。以声音标志申请商标注册的,应当以五线谱或者简谱对申请用作商标的声音加以描述并附加文字说明;无法以五线谱或者简谱描述的,应当使用文字进行描述;商标描述与声音样本应当一致。

商标说明:

  类别:
  商品/服务项目:

  类别:
  商品/服务项目:

商标注册申请书
(附页)

其他共同申请人名称列表:

填写说明

1. 办理商标注册申请,适用本书式。申请书应当打字或者印刷。申请人应当按照规定并使用国家公布的中文简化汉字填写,不得修改格式。

2. "申请人名称"栏:申请人应当填写身份证明文件上的名称。申请人是自然人的,应当在姓名后注明证明文件号码。外国申请人应当同时在英文栏内填写英文名称。共同申请的,应将指定的代表人填写在"申请人名称"栏,其他共同申请人名称应当填写在"商标注册申请书附页——其他共同申请人名称列表"栏。没有指定代表人的,以申请书中顺序排列的第一人为代表人。

3. "申请人国籍/地区"栏:申请人应当如实填写,国内申请人不填写此栏。

4. "申请人地址"栏:申请人应当按照身份证明文件中的地址填写。身份证明文件中的地址未冠有省、市、县等行政区划的,申请人应当增加相应行政区划名称。申请人为自然人的,可以填写通讯地址。符合自行办理商标申请事宜条件的外国申请人地址应当冠以省、市、县等行政区划详细填写。不符合自行办理商标申请事宜条件的外国申请人应当同时详细填写中英文地址。

5. "邮政编码"、"联系人"、"电话"栏:此栏供国内申请人和符合自行办理商标申请事宜条件的外国申请人填写其在中国的联系方式。

6. "代理机构名称"栏:申请人委托已在商标局备案的商标代理机构代为办理商标申请事宜的,此栏填写商标代理机构名称。申请人自行办理商标申请事宜的,不填写此栏。

7. "外国申请人的国内接收人"、"国内接收人地址"、"邮政编码"栏:外国申请人应当在申请书中指定国内接收人负责接收商标局、商标评审委员会后继商标业务的法律文件。国内接收人地址应当冠以省、市、县等行政区划详细填写。

8. "商标申请声明"栏:申请注册集体商标、证明商标的,以三维标志、颜色组合、声音标志申请商标注册的,两个以上申请人共同申请注册同一商标的,应当在本栏声明。申请人应当按照申请内容进行选择,并附送相关文件。

9. "要求优先权声明"栏:申请人依据《商标法》第二十五条要求优先权的,选择"基于第一次申请的优先权",并填写"申请/展出国家/地区"、"申请/展出日期"、"申请号"栏。申请人依据《商标法》第二十六条要求优先权的,选择"基于展会的优先权",并填写"申请/展出国家/地区"、"申请/展出日期"栏。申请人应当同时提交优先权证明文件(包括原件和中文译文);优先权证明文件不能同时提交的,应当选择"优先权证明文件后补",并自申请起三个月内提交。未提出书面声明或者逾期未提交优先权证明文件的,视为未要求优先权。

10. "申请人章戳"栏:申请人为法人或其他组织的,应加盖公章。申请人为自然人的,应当由本人签字。所盖章戳或者签字应当完整、清晰。

11. "代理机构章戳"栏:代为办理申请事宜的商标代理机构应在此栏加盖公章,并由代理人签字。

12. "商标图样"栏:商标图样应当粘贴在图样框内。

13. "商标说明"栏:申请人应当根据实际情况填写。以三维标志、声音标志申请商标注册的,应当说明商标使用方式。以颜色组合申请商标注册的,应当提交文字说明,注明色标,并说明商标使用方式。商标为外文或者包含外文的,应当说明含义。自然人将自己的肖像作为商标图样进行注册申请应当予以说明。申请人将他人肖像作为商标图样进行注册申请应当予以说明,附送肖像人的授权书并经公证。

14. "类别"、"商品/服务项目"栏:申请人应当按《类似商品和服务项目区分表》填写类别、商品/服务项目名称。商品/服务项目应按类别对应填写,每个类别的项目前应分别标明顺序号。类别和商品/服务项目填写不下的,可按本申请书的格式填写在附页上。全部类别和项目填写完毕后应当注明"截止"字样。

15. "商标注册申请书附页——其他共同申请人名称列表"栏:此栏填写其他共同申请人名称,外国申请人应当同时填写中文名称和英文名称。并在空白处按顺序加盖申请人章戳或由申请人本人签字。

16. 收费标准:一个类别受理商标注册费600元人民币(限定本类10个商品/服务项目,本类中每超过1个另加收60元人民币)。受理集体商标注册费3000元人民币。受理证明商标注册费3000元人民币。

17. 申请事宜并请详细阅读"商标申请指南"(www.saic.gov.cn)。

台湾地区申请人专用

商标注册申请书

申请人名称：

申请人地址：

邮政编码：

联系人：

电话：

代理机构名称：

申请人的大陆接收人：

大陆接收人地址：

邮政编码：

商标申请声明：□集体商标　　　　　　　□证明商标

　　　　　　　□以三维标志申请商标注册

　　　　　　　□以颜色组合申请商标注册

　　　　　　　□以声音标志申请商标注册

　　　　　　　□两个以上申请人共同申请注册同一商标

要求优先权声明：□基于第一次申请的优先权　□优先权证明文件后补

申请日期：

申请号：

申请人章戳(签字)：　　　　　　　　　　　　代理机构章戳：

　　　　　　　　　　　　　　　　　　　　　　代理人签字：

注：请按说明填写

下框为商标图样粘贴处。图样应当不大于 10×10cm,不小于 5×5cm。以颜色组合或者着色图样申请商标注册的,应当提交着色图样并提交黑白稿 1 份;不指定颜色的,应当提交黑白图样。以三维标志申请商标注册的,应当提交能够确定三维形状的图样,提交的商标图样应当至少包含三面视图。以声音标志申请商标注册的,应当以五线谱或者简谱对申请用作商标的声音加以描述并附加文字说明;无法以五线谱或者简谱描述的,应当使用文字进行描述;商标描述与声音样本应当一致。

商标说明:
类别:
商品/服务项目:
类别:
商品/服务项目:

商标注册申请书
(附页)

其他共同申请人名称列表:

填写说明

1. 办理商标注册申请,适用本书式。申请书应当打字或者印刷。申请人应当按照规定并使用国家公布的中文简化汉字填写,不得修改格式。

2. "申请人名称"栏:申请人应当填写身份证明文件上的名称。申请人是自然人的,应当在姓名后注明证明文件号码。外国申请人应当同时在英文栏内填写英文名称。共同申请的,应将指定的代表人填写在"申请人名称"栏,其他共同申请人名称应当填写在"商标注册申请书附页——其他共同申请人名称列表"栏。没有指定代表人的,以申请书中顺序排列的第一人为代表人。

3. "申请人国籍/地区"栏:申请人应当如实填写,国内申请人不填写此栏。

4. "申请人地址"栏:申请人应当按照身份证明文件中的地址填写。身份证明文件中的地址未冠有省、市、县等行政区划的,申请人应当增加相应行政区划名称。申请人为自然人的,可以填写通讯地址。符合自行办理商标申请事宜条件的外国申请人地址应当冠以省、市、县等行政区划详细填写。不符合自行办理商标申请事宜条件的外国申请人应当同时详细填写中英文地址。

5. "邮政编码"、"联系人"、"电话"栏:此栏供国内申请人和符合自行办理商标申请事宜条件的外国申请人填写其在中国的联系方式。

6. "代理机构名称"栏:申请人委托已在商标局备案的商标代理机构代为办理商标申请事宜的,此栏填写商标代理机构名称。申请人自行办理商标申请事宜的,不填写此栏。

7. "外国申请人的国内接收人"、"国内接收人地址"、"邮政编码"栏:外国申请人应当在申请书中指定国内接收人负责接收商标局、商标评审委员会后继商标业务的法律文件。国内接收人地址应当冠以省、市、县等行政区划详细填写。

8. "商标申请声明"栏:申请注册集体商标、证明商标的,以三维标志、颜色组合、声音标志申请商标注册的,两个以上申请人共同申请注册同一商标的,应当在本栏声明。申请人应当按照申请内容进行选择,并附送相关文件。

9. "要求优先权声明"栏:申请人依据《商标法》第二十五条要求优先权的,选择"基于第一次申请的优先权",并填写"申请/展出国家/地区"、"申请/展出日期"、"申请号"栏。申请人依据《商标法》第二十六条要求优先权的,选择"基于展会的优先权",并填写"申请/展出国家/地区"、"申请/展出日期"栏。申请人应当同时提交优先权证明文件(包括原件和中文译文);优先权证明文件不能同时提交的,应当选择"优先权证明文件后补",并自申请日起三个月内提交。未提出书面声明或者逾期未提交优先权证明文件的,视为未要求优先权。

10. "申请人章戳"栏:申请人为法人或其他组织的,应加盖公章。申请人为自然人的,应当由本人签字。所盖章戳或者签字应当完整、清晰。

11. "代理机构章戳"栏:代为办理申请事宜的商标代理机构应在此栏加盖公章,并由代理人签字。

12. "商标图样"栏:商标图样应当粘贴在图样框内。

13. "商标说明"栏:申请人应当根据实际情况填写。以三维标志、声音标志申请商标注册的,应当说明商标使用方式。以颜色组合申请商标注册的,应当提交文字说明,注明色标,并说明商标使用方式。商标为外文或者包含外文的,应当说明含义。自然人将自己的肖像作为商标图样进行注册申请应当予以说明。申请人将他人肖像作为商标图样进行注册申请应当予以说明,附送肖像人的授权书并经公证。

14. "类别"、"商品/服务项目"栏:申请人应按《类似商品和服务项目区分表》填写类别、商品/服务项目名称。商品/服务项目应按类别对应填写,每个类别的项目前应分别标明顺序号。类别和商品/服务项目填写不下的,可按本申请书的格式填写在附页上。全部类别和项目填写完毕后应当注明"截止"字样。

15. "商标注册申请书附页——其他共同申请人名称列表"栏:此栏填写其他共同申请人名称,外国申请人应当同时填写中文名称和英文名称。并在空白处按顺序加盖申请人章戳或由申请人本人签字。

16. 收费标准:一个类别受理商标注册费800元人民币(限定本类10个商品/服务项目,本类中每超过1个另加收80元人民币)。受理集体商标注册费3000元人民币。受理证明商标注册费3000元人民币。

17. 申请事宜并请详细阅读"商标申请指南"(www.saic.gov.cn)。

撤回商标注册申请申请书

申请人名称(中文)：

(英文)：

申请人地址(中文)：

(英文)：

邮政编码：

联系人：

电话：

代理机构名称：

原商标申请号：

撤回理由：

申请人章戳(签字)： 代理机构章戳：

代理人签字：

注：请按说明填写

撤回商标注册申请申请书
（附页）

其他共同申请人名称列表：

填写说明

  1. 办理撤回商标注册申请，适用本书式。申请书应当打字或者印刷。申请人应当按照规定填写，不得修改格式。

  2. "申请人名称"栏：申请人应当填写身份证明文件上的名称。申请人是自然人的，应当在姓名后注明证明文件号码。外国申请人应当同时在英文栏内填写英文名称。

  3. "申请人地址"栏：申请人应当按照身份证明文件中的地址填写。身份证明文件中的地址未冠有省、市、县等行政区划的，申请人应当增加相应行政区划名称。申请人为自然人的，可以填写通讯地址。符合自行办理商标申请事宜条件的外国申请人地址应当冠以省、市、县等行政区划详细填写。不符合自行办理商标申请事宜条件的外国申请人应当同时详细填写中英文地址。

  4. "邮政编码"、"联系人"、"电话"栏：此栏供国内申请人和符合自行办理商标申请事宜条件的外国申请人填写其在中国的联系方式。

  5. "代理机构名称"栏：申请人委托已在商标局备案的商标代理机构代为办理商标申请事宜的，此栏填写商标代理机构名称。申请人自行办理商标申请事宜的，不需填写此栏。

  6. "原商标申请号"栏：应当填写请求撤回的商标注册申请的申请号。

  7. 属于共有商标的，应当在"是否共有商标"选择"是"；非共有商标选择"否"。

  8. "撤回理由"栏：应当填写请求撤回的理由。

  9. 申请撤回商标注册申请，应当交回《商标注册申请受理通知书》原件，未交回的应当在申请书上注明理由。

  10. "申请人章戳"栏：申请人为法人或其他组织的，应加盖公章。申请人为自然人的，应由本人签字。所盖章戳或者签字应当完整、清晰。

  11. "代理机构章戳"栏：代为办理申请事宜的商标代理机构应在此栏加盖公章，并由代理人签字。

  12. 撤回商标注册申请的申请人应当为商标注册申请人。申请人名义发生变更的，在申请撤回商标注册申请时应当以变更后的名义申请撤回，同时必须提交相关的变更证明。

  13. 撤回共同申请商标注册的，需由代表人提出申请，申请人名称/地址填写代表人的名称/地址，其他共同申请人名称依次填写在申请书附页上，并加盖申请人章戳或由申请人本人签字；非共同申请商标注册的，不需提交附页。

  14. 申请事宜并请详细阅读"商标申请指南"（www.saic.gov.cn）。

出具优先权证明文件申请书

申请人名称
申请人地址：

邮政编码：
联系人：
电话：
代理机构名称：

申请人章戳(签字)：　　　　　　　　　　　　　代理机构章戳：
　　　　　　　　　　　　　　　　　　　　　　　代理人签字：

注：请按说明填写

填写说明

1. 办理出具优先权证明文件，适用本书式。申请书应当打字或者印刷。申请人应当按照规定填写，不得修改格式。
2. "申请人名称"栏：申请人应当填写身份证明文件上的名称。申请人是自然人的，应当在姓名后注明证明文件号码。
3. "申请人地址"栏：申请人应当按照身份证明文件中的地址填写。身份证明文件中的地址未冠有省、市、县等行政区划的，申请人应当增加相应行政区划名称。申请人为自然人的，可以填写通讯地址。
4. "邮政编码"、"联系人"、"电话"栏：此栏供国内申请人和符合自行办理商标申请事宜条件的外国申请人填写其在中国的联系方式。
5. "代理机构名称"栏：申请人委托已在商标局备案的商标代理机构代为办理商标申请事宜的，此栏填写商标代理机构名称。申请人自行办理商标申请事宜的，不需填写此栏。
6. "商标申请号"栏：应当填写要求出具优先权证明文件的商标注册申请的申请号。
7. "申请人章戳"栏：申请人为法人或其他组织的，应加盖公章。申请人为自然人的，应由本人签字。所盖章戳或者签字应当完整、清晰。
8. "代理机构章戳"栏：代为办理申请事宜的商标代理机构应在此栏加盖公章，并由代理人签字。
9. 共有商标申请出具优先权证明文件的，需由代表人提出申请。
10. 收费标准：申请按类别收费，一个类别出具商标证明费100元人民币。
11. 申请事宜并请详细阅读"商标申请指南"（www.saic.gov.cn）。

2. 异　议

商标异议申请书

被异议商标：
被异议类别：
初步审定号：
初步审定公告期：
被异议人名称：
被异议人地址：
被异议人代理机构名称：

异议人名称：
异议人地址：
邮政编码：
联系人：
电话：
是否提交补充材料：　　□是　　　　□否
异议人代理机构名称：

异议请求和事实依据：

异议人章戳(签字)：　　　　　　代理机构章戳：

　　　　　　　　　　　　　　　　代理人签字：

注：请按说明填写

填写说明

1. 办理异议申请适用本书式。申请人应当按规定逐项填写，申请书应当打字或印刷，不得修改格式。
2. 异议人应符合商标法规定的主体资格，提出异议申请时应有明确的请求和事实依据。
3. "被异议类别"栏只填写异议人提出异议的一个或多个类别。
4. 被异议人名称/地址应与商标公告上的名称/地址一致，被异议商标为共有商标的，"被异议人名称"栏应当填写共有商标申请人的代表人名称。
5. 异议人名称应当与身份证明文件中的名称一致。异议人直接提交异议申请的，应当在"异议人章戳（签字）"处盖章或签字，异议人章戳（签字）应与异议人名称一致。异议人为自然人的，应同时在姓名后面填写身份证明文件号码。异议人委托商标代理机构提交异议申请的，应当填写代理机构名称，并在"代理机构章戳/代理人签字"处由代理人签字并加盖代理机构章戳。异议人地址应冠明省、市、县行政区划名称。
6. 异议申请书应当标明是否提交补充材料，未标注的视为放弃提交补充材料。

异议须知

1. 异议申请应当在商标法规定的异议期内提出，一份异议申请只能对一个初步审定的商标提出异议。
2. 商标异议申请包括以下材料：①商标异议申请书；②异议理由；③被异议商标初步审定公告复印件；④主体资格证明文件（包括作为在先权利人或利害关系人的证明文件及身份证明文件的复印件）；⑤证据材料（可以后补）。由商标代理机构代理提出异议申请的，还应提交异议人签字或加盖章戳的代理委托书。商标异议申请书及相关材料应提交一式两份，编排目录及页码并装订成正副本。
3. 申请按类别收费，一个类别商标异议费为1000元人民币。通过邮寄方式提交异议申请的，应当同时通过银行信汇或电汇的方式缴纳异议规费，并附送汇款凭证复印件。汇款人名义应与异议人名义一致。
   收款人：中华人民共和国国家工商行政管理总局商标局
   开户银行：中信银行北京富力支行
   帐号：7111410182600018867
   汇款用途：对××××××号商标的异议规费。
4. 申请事宜并请详细阅读"商标申请指南"（http://sbj.saic.gov.cn）。

撤回商标异议申请书

　　申请人名称：
　　代理机构名称：

　　被异议商标：
　　初步审定号：
　　申请撤回类别：

　　撤回理由：

　申请人章戳(签字)：　　　　　　　　　　　　代理机构章戳：
　　　　　　　　　　　　　　　　　　　　　　　代理人签字：

注：请按说明填写

填写说明

　1. 办理撤回商标异议申请适用本书式。申请人应当按规定逐项填写。申请书应当打字或印刷，不得修改格式。
　2. 商标异议撤回申请应当在商标异议案件作出审理决定之前提出。
　3. 撤回商标异议的申请人应为异议人，申请人应当在"申请人章戳(签字)"处盖章或签字，所盖章戳或签字应当完整清晰且与异议人一致。
　4. 撤回商标异议申请时应提交身份证明文件的复印件，并加盖公章或签字。委托商标代理机构提交撤回商标异议申请的，还应提交代理委托书原件。

3. 续展、变更、删减、转让、许可、质押、注销

(1) 续 展

商标续展注册申请书

申请人名称(中文):
　　　　(英文):
申请人地址(中文):
　　　　(英文):
　　邮政编码:
　　联系人:
　　电话:
代理机构名称:
商标注册号:
是否共有商标:　　□是　　□否
类别:

申请人章戳(签字):　　　　　代理机构章戳:

　　　　　　　　　　　　　　代理人签字:

注:请按说明填写

填写说明

1. 办理商标续展注册,适用本书式。申请书应当打字或印刷。申请人应当按照规定填写,不得修改格式。
2. 申请人名称、申请人章戳(签字)处加盖的章戳(签字)应当与提交的身份证明文件中的名称一致。申请人为自然人的,应当在姓名后面填写证明文件号码。
3. 申请人地址应冠以省、市、县等行政区划名称。申请人应当按照身份证明文件中的地址填写,证明文件中的地址未冠有省、市、县等行政区划的,申请人应当增加相应行政区划名称。申请人为自然人的,可以填写通讯地址。
4. 国内申请人不需填写英文。
5. 属于共有商标的,应当在"是否共有商标"选择"是";非共有商标选择"否"。
6. 共有商标申请商标续展注册,需由代表人提出申请,申请人名称/地址填写代表人的名称/地址,其他共有人名称/地址依次填写在申请书附页上(可再加附页)。非共有商标的,不需提交附页。
7. 委托商标代理机构申报的,应当填写代理机构名称并在"代理机构章戳/代理人签字"处由代理人签字并加盖代理机构章戳。未委托商标代理机构的,不需填写。
8. 一份申请书填写一个商标注册号。
9. 注册商标有多个类别的,按类别号依序填写。
10. 申请人为法人或其他组织的,应当在"申请人章戳(签字)"处盖章。申请人为自然人的,应当在此处签字。所盖章戳或签字应当完整清晰。
11. 申请按类别收费,一个类别受理商标续展注册费为 2000 元人民币,续展注册延迟费 500 元人民币。
12. 申请事宜并请详细阅读"商标申请指南"(www.saic.gov.cn)。

商标续展注册申请书
(附页)

其他共有人

1. 名称(中文):
　　(英文):
　地址(中文):　　　　　　　　　　　　　　　　　　　　　　　(章戳/签字)
　　(英文):
2. 名称(中文):
　　(英文):
　地址(中文):　　　　　　　　　　　　　　　　　　　　　　　(章戳/签字)
　　(英文):

撤回商标续展注册申请书

申请人名称(中文)：
　　　　(英文)：
申请人地址(中文)：
　　　　(英文)：
邮政编码：
联系人：
电话：
代理机构名称：
商标注册号：
是否共有商标：　　□是　　　□否
原续展申请号：
撤回理由：

申请人章戳(签字)：　　　　　　代理机构章戳：

　　　　　　　　　　　　　　　代理人签字：

注：请按说明填写

填写说明

1. 办理撤回商标续展注册,适用本书式。申请书应当打字或印刷。申请人应当按照规定填写,不得修改格式。

2. 申请人名称、申请人章戳(签字)处加盖的章戳(签字)应当与提交的身份证明文件中的名称一致。申请人为自然人的,应当在姓名后面填写证明文件号码。

3. 申请人地址应冠以省、市、县等行政区划名称。申请人应当按照身份证明文件中的地址填写,证明文件中的地址未冠有省、市、县等行政区划的,申请人应当增加相应行政区划名称。申请人为自然人的,可以填写通讯地址。

4. 国内申请人不需填写英文。

5. 属于共有商标的,应当在"是否共有商标"选择"是";非共有商标选择"否"。

6. 共有商标申请撤回商标续展注册,需由代表人提出申请,申请人名称/地址填写代表人的名称/地址,其他共有人名称/地址依次填写在申请书附页上(可再加附页)。非共有商标的,不需提交附页。

7. 委托商标代理机构申报的,应当填写代理机构名称并在"代理机构章戳/代理人签字"处由代理人签字并加盖代理机构章戳。未委托商标代理机构的,不需填写。

8. 一份申请书填写一个商标注册号。

9. 申请人为法人或其他组织的,应当在"申请人章戳(签字)"处盖章。申请人为自然人的,应当在此处签字。所盖章戳或签字应当完整清晰。

10. 申请事宜并请详细阅读"商标申请指南"(www.saic.gov.cn)。

撤回商标续展注册申请书
(附页)

其他共有人

1. 名称(中文):
   (英文):
   地址(中文):   (章戳/签字)
   (英文):
2. 名称(中文):
   (英文):
   地址(中文):   (章戳/签字)
   (英文):

(2) 变 更

变更商标申请人/注册人名义/地址变更集体商标/
证明商标管理规则/集体成员名单申请书

申请人名义(中文):
(英文):
申请人地址(中文):
(英文):
邮政编码:
联系人:
电话:
代理机构名称:
商标申请号/注册号:
是否共有商标: □是　　□否
变更前名义(中文):
(英文):
变更前地址(中文):
(英文):
变更管理规则: □是
变更集体成员名单: □是

申请人章戳(签字):　　　　　　　代理机构章戳:

代理人签字:

注:请按说明填写

填写说明

1. 办理变更申请人名义/地址、变更注册人名义/地址,办理变更集体商标、证明商标的管理规则或集体成员名单,适用本书式。申请书应当打字或印刷。申请人应当按照规定填写,不得修改格式。
2. 办理变更共有商标代表人,适用本书式。
3. 申请人名义、申请人章戳(签字)处加盖的章戳(签字)应当与所附身份证明文件中的名称一致。申请人为自然人的,应当同时在姓名后面填写证明文件号码。
4. 申请人地址应冠以省、市、县等行政区划名称。申请人应当按照身份证明文件中的地址填写,证明文件中的地址未冠有省、市、县等行政区划的,申请人应当增加相应行政区划名称。申请人为自然人的,可以填写通讯地址。
5. 国内申请人不需填写英文。
6. 属于共有商标的,申请人应当在"是否共有商标"选择"是";非共有商标选择"否"。
7. 共有商标申请变更申请人名义、地址或者变更注册人名义、地址,需由代表人提出申请,申请人名义/地址填写代表人的名义/地址。如代表人名义/地址不变,则首页中变更前名义/地址不需填写;其他名义/地址变更的共有人依次填写在申请书附页上(可再加附页),未变更的,则附页中不需填写。非共有商标的,不需提交附页。
8. 变更集体商标/证明商标申请人/注册人名义、变更商标使用管理规则、变更集体商标成员名单的,应当同时提交变更后的管理规则全文、集体商标成员名单并填写在申请书附页上(可再加附页)。
9. 仅申请变更名义的,不需填写变更前地址;仅申请变更地址的,不需填写变更前名义;仅变更管理规则或集体成员名单的,在相应栏选择"是",不需填写变更前名义和变更前地址。
10. 委托商标代理机构申报的,应当填写代理机构名称并在"代理机构章戳/代理人签字"处由代理人签字并加盖代理机构章戳。未委托商标代理机构的,不需填写。
11. 一份申请书填写一个商标申请号/注册号。
12. 申请人为法人或其他组织的,应当在"申请人章戳(签字)"处盖章。申请人为自然人的,应当在此处签字。所盖章戳或签字应当完整清晰。
13. 申请按类别收费,一个类别受理变更费为500元人民币。
14. 申请事宜并请详细阅读"商标申请指南"(www.saic.gov.cn)。

变更商标申请人/注册人名义/地址变更集体商标/
证明商标管理规则/集体成员名单申请书
（附页）

其他共有人

1. 变更前名义（中文）：
　　　　　（英文）：
　变更前地址（中文）：
　　　　　（英文）：
　变更后名义（中文）：
　　　　　（英文）：
　变更后地址（中文）：　　　　　　　　　　　　　　　　　　（章戳/签字）
　　　　　（英文）：

2. 变更前名义（中文）：
　　　　　（英文）：
　变更前地址（中文）：
　　　　　（英文）：
　变更后名义（中文）：
　　　　　（英文）：
　变更后地址（中文）：　　　　　　　　　　　　　　　　　　（章戳/签字）
　　　　　（英文）：
　　　　　（英文）：

变更商标申请人/注册人名义/地址变更集体商标/
证明商标管理规则/集体成员名单申请书
（附页）

变更后的管理规则/集体成员名单：

撤回变更商标申请人/注册人名义/地址变更集体商标/
证明商标管理规则/集体成员名单申请书

申请人名义(中文)：
　　　　(英文)：
申请人地址(中文)：
　　　　(英文)：
邮政编码：
联系人：
电话：
代理机构名称：
商标申请号/注册号：
原变更申请号：
是否共有商标：　□是　　□否
撤回变更管理规则：　□是
撤回变更集体成员名单：　□是
撤回理由：

申请人章戳(签字)：　　　　　　代理机构章戳：

　　　　　　　　　　　　　　　代理人签字：

注：请按说明填写

填写说明

1. 办理撤回变更申请人名义/地址、变更注册人名义/地址,办理撤回变更集体商标、证明商标的管理规则或集体成员名单,适用本书式。申请书应当打字或印刷。申请人应当按照规定填写,不得修改格式。

2. 办理撤回变更共有商标代表人,适用本书式。

3. 申请人名义、申请人章戳(签字)处加盖的章戳(签字)应当与所附身份证明文件中的名称一致。申请人为自然人的,应当同时在姓名后面填写证明文件号码。

4. 申请人地址应冠以省、市、县等行政区划名称。申请人应当按照身份证明文件中的地址填写,证明文件中的地址未冠有省、市、县等行政区划的,申请人应当增加相应行政区划名称。申请人为自然人的,可以填写通讯地址。

5. 国内申请人不需填写英文。

6. 属于共有商标的,申请人应当在"是否共有商标"选择"是",非共有商标选择"否"。

7. 共有商标申请撤回变更申请人名义/地址或者撤回变更注册人名义/地址,需由代表人提出申请,申请人名义/地址填写代表人的名义/地址,其他原申请变更名义/地址的共有人依次填写在申请书附页上(可再加附页)。非共有商标的,不需提交附页。

8. 委托商标代理机构申报的,应当填写代理机构名称并在"代理机构章戳/代理人签字"处由代理人签字加盖代理机构章戳。未委托商标代理机构的,不需填写。

9. 一份申请书填写一个商标申请号/注册号和原变更申请号。

10. 申请人为法人或其他组织的,应当在"申请人章戳(签字)"处盖章。申请人为自然人的,应当在此处签字。所盖章戳或签字应当完整清晰。

11. 申请事宜并请详细阅读"商标申请指南"(www.saic.gov.cn)。

撤回变更商标申请人/注册人名义/地址变更集体商标/
证明商标管理规则/集体成员名单申请书
(附页)

原申请变更共有人

1. 名称(中文):
   (英文):
   地址(中文):   (章戳/签字)
   (英文):
2. 名称(中文):
   (英文):
   地址(中文):   (章戳/签字)
   (英文):

变更商标代理人/文件接收人申请书

申请人名义(中文)：
（英文）：
申请人地址(中文)：
（英文）：
邮政编码：
联系人：
电话：
代理机构名称：
变更后代理机构名称：
变更后文件接收人名称：
变更后文件接收人地址：
邮政编码：
商标申请号/注册号：
是否共有商标：　　□是　　　　□否

申请人章戳(签字)：　　　　代理机构章戳：

　　　　　　　　　　　　　代理人签字：

注：请按说明填写

填写说明

1. 办理变更商标注册申请人的代理人或者变更外国人/外国企业指定的国内接收人，适用本书式。申请书应当打字或印刷。申请人应当按照规定填写，不得修改格式。

2. 申请人名义、申请人章戳(签字)处加盖的章戳(签字)应当与提交的身份证明文件中的名称一致。申请人为自然人的，应当在姓名后面填写证明文件号码。

3. 申请人地址应冠以省、市、县等行政区划名称。申请人应当按照身份证明文件中的地址填写，证明文件中的地址未冠有省、市、县等行政区划的，申请人应当增加相应行政区划名称。申请人为自然人的，可以填写通讯地址。变更后文件接收人地址应冠以省、市、县等行政区划名称详细填写。

4. 国内申请人不需填写英文。

5. 属于共有商标的，申请人应当在"是否共有商标"选择"是"；非共有商标选择"否"。

6. 共有商标申请变更商标代理人或者变更外国人/外国企业指定的国内接收人，需由代表人提出申请，申请人名义/地址填写代表人的名义/地址，其他共有人名义/地址依次填写在申请书附页上(可再加附页)。非共有商标的，不需提交附页。

7. 委托商标代理机构申报的，应当填写代理机构名称并在"代理机构章戳/代理人签字"处由代理人签字并加盖代理机构章戳。未委托商标代理机构的，不需填写。

8. 一份申请书填写一个商标申请号/注册号。

9. 申请人为法人或其他组织的，应当在"申请人章戳(签字)"处盖章。申请人为自然人的，应当在此处签字。所盖章戳或签字应当完整清晰。

10. 申请按类别收费，一个类别受理变更费为 500 元人民币。

11. 申请事宜并请详细阅读"商标申请指南"(www.saic.gov.cn)。

变更商标代理人/文件接收人申请书
（附页）

其他共有人

1. 名义(中文):
   （英文）:
   地址(中文):   (章戳/签字)
   （英文）:
2. 名义(中文):
   （英文）:
   地址(中文):   (章戳/签字)
   （英文）:

撤回变更商标代理人/文件接收人申请书

申请人名义(中文)：
　　　　(英文)：
申请人地址(中文)：
　　　　(英文)：
邮政编码：
联系人：
电话：
代理机构名称：
商标申请号/注册号：
原变更申请号：
是否共有商标：　　□ 是　　　　□ 否
撤回理由：

申请人章戳(签字)：　　　　　　代理机构章戳：

　　　　　　　　　　　　　　　代理人签字：

注：请按说明填写

填写说明

1. 办理撤回变更商标注册申请人的代理人或者撤回变更外国人/外国企业指定的国内接收人,适用本书式。申请书应当打字或印刷。申请人应当按照规定填写,不得修改格式。

2. 申请人名义、申请人章戳(签字)处加盖的章戳(签字)应当与提交的身份证明文件中的名称一致。申请人为自然人的,应当在姓名后面填写证明文件号码。

3. 申请人地址应冠以省、市、县等行政区划名称。申请人应当按照身份证明文件中的地址填写,证明文件中的地址未冠有省、市、县等行政区划的,申请人应当增加相应行政区划名称。申请人为自然人的,可以填写通讯地址。

4. 国内申请人不需填写英文。

5. 属于共有商标的,申请人应当在"是否共有商标"选择"是";非共有商标选择"否"。

6. 共有商标申请撤回变更商标代理人或者撤回变更外国人/外国企业指定的国内接收人,需由代表人提出申请,申请人名义、地址填写代表人的名义/地址,其他共有人名义/地址依次填写在申请书附页上(可再加附页)。非共有商标的,不需提交附页。

7. 委托商标代理机构申报的,应当填写代理机构名称并在"代理机构章戳/代理人签字"处由代理人签字并加盖代理机构章戳。未委托商标代理机构的,不需填写。

8. 一份申请书填写一个商标申请号/注册号。

9. 申请人为法人或其他组织的,应当在"申请人章戳(签字)"处盖章。申请人为自然人的,应当在此处签字。所盖章戳或签字应当完整清晰。

10. 申请事宜并请详细阅读"商标申请指南"(www.saic.gov.cn)。

撤回变更商标代理人/文件接收人申请书
(附页)

其他共有人

1. 名义(中文):
　　(英文):
　地址(中文):　　　　　　　　　　　　　　　　　　　　(章戳/签字)
　　(英文):
2. 名义(中文):
　　(英文):
　地址(中文):　　　　　　　　　　　　　　　　　　　　(章戳/签字)
　　(英文):

(3) 删 减

删减商品/服务项目申请书

申请人名称(中文):
　　　　　(英文):
申请人地址(中文):
　　　　　(英文):
邮政编码:
联系人:
电话:
代理机构名称:
商标申请号:
是否共有商标:　□是　　　□否
类别:
删减商品/服务项目(分类填写):

申请人章戳(签字):　　　　　　　代理机构章戳:

　　　　　　　　　　　　　　　　代理人签字:

注:请按说明填写

填写说明

1. 办理商标注册申请删减指定的商品/服务项目，适用本书式。申请书应当打字或印刷。申请人应当按照规定填写，不得修改格式。
2. 申请人名称、申请人章戳（签字）处加盖的章戳（签字）应当与所附身份证明文件中的名称一致。申请人为自然人的，应当在姓名后面填写证明文件号码。
3. 申请人地址应冠以省、市、县等行政区划名称。申请人应当按照身份证明文件中的地址填写，证明文件中的地址未冠有省、市、县等行政区划的，申请人应当增加相应行政区划名称。申请人为自然人的，可以填写通讯地址。
4. 国内申请人不需填写英文。
5. 属于共有商标的，申请人应当在"是否共有商标"选择"是"；非共有商标选择"否"。
6. 共有商标申请删减指定的商品/服务项目，需由代表人提出申请，申请人名称/地址填写代表人的名称/地址，其他共有人名称/地址依次填写在申请书附页上（可再加附页）。非共有商标的，不需提交附页。
7. 申请删减的商品/服务项目名称应与申请注册时填写的同一种商品/服务项目名称相同，按类别号分段落填写（可再加附页）。申请删减一个类别中全部商品/服务项目的，在商品/服务项目处填写"全部"字样。
8. 委托商标代理机构申报的，应当填写代理机构名称并在"代理机构章戳/代理人签字"处由代理人签字并加盖代理机构章戳。未委托商标代理机构的，不需填写。
9. 一份申请书填写一个商标申请号。
10. 申请人为法人或其他组织的，应当在"申请人章戳（签字）"处盖章。申请人为自然人的，应当在此处签字。所盖章戳或签字应当完整清晰。
11. 申请按类别收费，一个类别受理删减商品/服务项目费为500元人民币。
12. 申请事宜并请详细阅读"商标申请指南"（www.saic.gov.cn）。

删减商品/服务项目申请书
（附页）

其他共有人

1. 名义（中文）：
   （英文）：
   地址（中文）：   （章戳/签字）
   （英文）：
2. 名义（中文）：
   （英文）：
   地址（中文）：   （章戳/签字）
   （英文）：

撤回删减商品/服务项目申请书

申请人名称(中文)：
　　　　　(英文)：
申请人地址(中文)：
　　　　　(英文)：
　　　邮政编码：
　　　　联系人：
　　　　　电话：
　代理机构名称：
　　商标申请号：
　原删减申请号：
　是否共有商标：　　□是　　　□否
　　　撤回理由：

申请人章戳(签字)：　　　　　　　代理机构章戳：

　　　　　　　　　　　　　　　　代理人签字：

注：请按说明填写

填写说明

1. 办理撤回商标注册申请删减指定的商品/服务项目,适用本书式。申请书应当打字或印刷。申请人应当按照规定填写,不得修改格式。
2. 申请人名称、申请人章戳(签字)处加盖的章戳(签字)应当与所附身份证明文件中的名称一致。申请人为自然人的,应当在姓名后面填写证明文件号码。
3. 申请人地址应冠以省、市、县等行政区划名称。申请人应当按照身份证明文件中的地址填写,证明文件中的地址未冠有省、市、县等行政区划的,申请人应当增加相应行政区划名称。申请人为自然人的,可以填写通讯地址。
4. 国内申请人不需填写英文。
5. 属于共有商标的,申请人应当在"是否共有商标"选择"是";非共有商标选择"否"。
6. 共有商标申请撤回删减指定的商品/服务项目,需由代表人提出申请,申请人名称/地址填写代表人的名称/地址,其他共有人名称/地址依次填写在申请书附页上(可再加附页)。非共有商标的,不需提交附页。
7. 委托商标代理机构申报的,应当填写代理机构名称并在"代理机构章戳/代理人签字"处由代理人签字并加盖代理机构章戳。未委托商标代理机构的,不需填写。
8. 一份申请书填写一个商标申请号。
9. 原删减申请号指在先提交的删减商品/服务项目申请书编号。
10. 申请人为法人或其他组织的,应当在"申请人章戳(签字)"处盖章。申请人为自然人的,应当在此处签字。所盖章戳或签字应当完整清晰。
11. 申请事宜并请详细阅读"商标申请指南"(www.saic.gov.cn)。

删减商品/服务项目申请书
(附页)

其他共有人

1. 名称(中文):
     (英文):
    地址(中文):   (章戳/签字)
     (英文):
2. 名称(中文):
     (英文):
    地址(中文):   (章戳/签字)
     (英文):

(4) 转　让

转让/移转申请/注册商标申请书

转让人名称(中文)：
　　　　　(英文)：
转让人地址(中文)：
　　　　　(英文)：
邮政编码：
受让人名称(中文)：
　　　　　(英文)：
受让人地址(中文)：
　　　　　(英文)：
邮政编码：
联系人：
电话：

外国受让人的国内接收人：
国内接收人地址：
邮政编码：

代理机构名称：
商标申请号/注册号：
是否共有商标：　　　□是　　　□否

转让人章戳(签字)：　　　受让人章戳(签字)：　　　代理机构章戳：

　　　　　　　　　　　　　　　　　　　　　　　　代理人签字：

注：请按说明填写

填写说明

1.办理转让/移转商标注册申请或转让/移转注册商标的，适用本书式。申请书应当打字或印刷。转让人/受让人应当按规定填写，不得修改格式。以下填写说明适用于移转。

2.商标转让由转让人和受让人共同提出申请。

3.转让人/受让人名称、转让人/受让人章戳(签字)处加盖的章戳(签字)应当与所附身份证明文件中的名称一致。转让人/受让人为自然人的,应当同时在姓名后面填写证明文件号码。

4.转让人/受让人地址应冠以省、市、县等行政区划名称并按照身份证明文件中的地址填写,证明文件中的地址未冠有省、市、县等行政区划的,应增加填写相应行政区划名称。转让人/受让人为自然人的,可以填写通讯地址。

5.国内申请人不需填写英文。

6.外国受让人应当在申请书中指定其国内接收人负责接收商标局、商标评审委员会后继商标业务的法律文件,国内接收人地址应冠以省、市、县等行政区划名称详细填写。

7.转让前为共有商标或转让后为共有商标的,应当在"是否共有商标"选择"是";非共有商标选择"否"。

8.共有商标申请转让,申请书首页转让人/受让人名称/地址填写代表人的名称/地址,其他转让人/受让人共有人依次填写在申请书附页上(可再加附页)。非共有商标的,不需提交附页。

9.集体商标转让的,受让人需提交商标使用管理规则和集体成员名单;证明商标转让的,受让人需提交商标使用管理规则。

10.委托商标代理机构申报的,应当填写代理机构名称并在"代理机构章戳/代理人签字"处由代理人签字并加盖代理机构章戳。未委托商标代理机构的,不需填写。

11.一份申请书填写一个商标申请号/注册号。

12.转让人/受让人为法人或其他组织的,应当在"转让人/受让人章戳(签字)"处盖章。转让人/受让人为自然人的,应当在此处签字。所盖章戳或签字应当完整清晰。

13.申请按类别收费,一个类别受理转让注册商标费为1000元人民币,由受让人缴纳。

14.申请事宜并请详细阅读"商标申请指南"(www.saic.gov.cn)。

转让/移转申请/注册商标申请书
(附页)

其他转让共有人

1. 名称(中文):
　　(英文):
　地址(中文):　　　　　　　　　　　　　　　　　　　　　　　　(章戳/签字)
　　(英文):
2. 名称(中文):
　　(英文):
　地址(中文):　　　　　　　　　　　　　　　　　　　　　　　　(章戳/签字)
　　(英文):

其他受让共有人

1. 名称(中文):
　　(英文):
　地址(中文):　　　　　　　　　　　　　　　　　　　　　　　　(章戳/签字)
　　(英文):
2. 名称(中文):
　　(英文):
　地址(中文):　　　　　　　　　　　　　　　　　　　　　　　　(章戳/签字)
　　(英文):

撤回转让/移转申请/注册商标申请书

转让人名称(中文)：
　　　　　(英文)：
转让人地址(中文)：
　　　　　(英文)：
邮政编码：
受让人名称(中文)：
　　　　　(英文)：
受让人地址(中文)：
　　　　　(英文)：
邮政编码：
联系人：
电话：

代理机构名称：
商标申请号/注册号：
原转让申请号：
是否共有商标：　　□是　　□否
撤回理由：

转让人章戳(签字)：　　　受让人章戳(签字)：　　　代理机构章戳：

代理人签字：

注：请按说明填写

填写说明

1. 办理撤回转让/移转商标注册申请或撤回转让/移转注册商标的，适用本书式。申请书应当打字或印刷。转让人/受让人应当按规定填写，不得修改格式。以下填写说明适用于移转。
2. 撤回商标转让，由转让人和受让人共同提出申请。
3. 转让人/受让人名称、转让人/受让人章戳(签字)处加盖的章戳(签字)应当与所附身份证明文件中的名称一致。转让人/受让人为自然人的，应当同时在姓名后面填写证明文件号码。
4. 转让人/受让人地址栏填写应冠以省、市、县等行政区划名称并按照身份证明文件中的地址填写，证明文件中的地址未冠有省、市、县等行政区划的，应增加填写相应行政区划名称。转让人/受让人为自然人的，可以填写通讯地址。
5. 国内申请人不需填写英文。

6. 转让前为共有商标或转让后为共有商标的,应当在"是否共有商标"选择"是";非共有商标选择"否"。

7. 共有商标申请撤回转让,申请书首页转让人/受让人名称/地址填写代表人的名称/地址。其他转让/受让共有人依次填写在申请书附页上(可再加附页)。非共有商标的,不需提交附页。

8. 委托商标代理机构申报的,应当填写代理机构名称并在"代理机构章戳/代理人签字"处由代理人签字并加盖代理机构章戳。未委托商标代理机构的,不需填写。

9. 一份申请书填写一个商标申请号/注册号。

10. 转让人/受让人为法人或其他组织的,应当在"转让人/受让人章戳(签字)"处盖章。转让人/受让人为自然人的,应当在此处签字。所盖章戳或签字应当完整清晰。

11. 申请事宜并请详细阅读"商标申请指南"(www.saic.gov.cn)。

撤回转让/移转申请/注册商标申请书
(附页)

其他转让共有人

1. 名称(中文):
　　(英文):
　地址(中文):　　　　　　　　　　　　　　　　　　　(章戳/签字)
　　(英文):
2. 名称(中文):
　　(英文):
　地址(中文):　　　　　　　　　　　　　　　　　　　(章戳/签字)
　　(英文):

其他受让共有人

1. 名称(中文):
　　(英文):
　地址(中文):　　　　　　　　　　　　　　　　　　　(章戳/签字)
　　(英文):
2. 名称(中文):
　　(英文):
　地址(中文):　　　　　　　　　　　　　　　　　　　(章戳/签字)
　　(英文):

(5) 许　可

商标使用许可备案表

许可人名称(中文)：
　　　　　(英文)：
许可人地址(中文)：
　　　　　(英文)：
被许可人名称(中文)：
　　　　　　(英文)：
被许可人地址(中文)：
　　　　　　(英文)：
　　　　邮政编码：
　　　　　联系人：
　　　　　　电话：
　　代理机构名称：
　　　商标注册号：
　　是否共有商标：　　□是　　　□否
　　　　　再许可：　　□是
　　许可人原备案号：
　　　　许可期限：
许可使用的商品/服务项目(分类填写)：

许可人章戳(签字)：　　　被许可人章戳(签字)：　　　代理机构章戳：

　　　　　　　　　　　　　　　　　　　　　　　　　代理人签字：

注：请按说明填写

填写说明

1. 报送注册商标使用许可备案，适用本书式。备案表应当打字或印刷。许可人/被许可人应当按照规定填写，不得修改格式。
2. 许可人/被许可人名称、许可人/被许可人章戳(签字)处加盖的章戳(签字)应当与所附身份证明文件中的名称一致。许可人/被许可人为自然人的，应当同时在姓名后面填写证明文件号码。
3. 许可人/被许可人地址应冠以省、市、县等行政区划名称。许可人/被许可人应当按照身份证明文件中的地址填写，证明文件中的地址未冠有省、市、县等行政区划的，许可人/被许可人应当增加相应行政区划名称。许可人/被许可人为自然人的，可以填写通讯地址。
4. 国内许可人/被许可人不需填写英文。
5. 属于共有商标的，应当在"是否共有商标"选择"是"；非共有商标选择"否"。

6. 共有商标报送商标使用许可备案,需由代表人报送,许可人名称/地址填写代表人的名称/地址,其他共有人名称/地址依次填写在备案表附页上(可再加附页)。非共有商标的,不需提交附页。

7. 注册商标使用许可备案由许可人报送。委托代理机构报送的,应当填写代理机构名称并在"代理机构章戳/代理人签字"处由代理人签字并加盖代理机构章戳。未委托代理机构的,不需填写。

8. 一份申请书填写一个商标注册号。

9. 再许可是指商标注册人通过被许可人许可第三方使用其注册商标。注册商标使用再许可的,应当在"再许可"选择"是",填写许可人原备案号并报送注册人同意注册商标使用再许可授权书。

10. 许可使用的商品/服务项目名称应与核定使用的同一种商品/服务项目名称相同,按类别号分段落填写(可再加附页)。

11. 许可期限不得超过注册商标的有效期限。

12. 许可人/被许可人为法人或其他组织的,应当在"许可人章戳(签字)/被许可人章戳(签字)"处盖章。许可人/被许可人为自然人的,应当在此处签字。所盖章戳或签字应当完整清晰。

13. 申请按类别收费,一个类别注册商标使用许可备案费为 300 元人民币,由许可人缴纳。

14. 备案事宜并请详细阅读"商标申请指南"(www.saic.gov.cn)。

商标使用许可备案表

(附页)

其他共有许可人

1. 名称(中文):　　　　　　　　　　　　　　　　　　　(章戳/签字)
   　　(英文):
   地址(中文):
   　　(英文):
2. 名称(中文):　　　　　　　　　　　　　　　　　　　(章戳/签字)
   　　(英文):
   地址(中文):
   　　(英文):

商标使用许可备案表

(附页)

许可使用的商品/服务项目(续):

再许可授权书

注册人＿＿＿＿＿＿同意许可人＿＿＿＿＿将第＿＿＿号商标再许可给＿＿＿＿＿＿使用,在许可合同有效期内向商标局备案并报送备案材料。

注册人章戳(签字):
年　　月　　日

变更许可人/被许可人名称备案表

许可人名称(中文):
　　　　　(英文):
许可人地址(中文):
　　　　　(英文):
邮政编码:
联系人:
电话:
代理机构名称:
商标注册号:
是否共有商标:　　□是　　□否
备案号:
变更前许可人名称(中文):
　　　　　　　(英文):
变更前被许可人名称(中文):
　　　　　　　　(英文):
变更前被许可人名称(中文):
　　　　　　　　(英文):

许可人章戳(签字):　　　　被许可人章戳(签字):　　　　代理机构章戳:

　　　　　　　　　　　　　　　　　　　　　　　　　　　代理人签字:

注:请按说明填写

填写说明

1. 报送注册商标使用许可变更许可人/被许可人名称备案,适用本书式。备案表应当打字或印刷。许可人/被许可人应当按照规定填写,不得修改格式。

2. 许可人名称应填写变更后许可人名称,许可人/变更后被许可人名称、许可人/被许可人章戳(签字)处加盖的章戳(签字)应当与所附身份证明文件中的名称一致。许可人/变更后被许可人为自然人的,应当同时在姓名后面填写证明文件号码。

3. 许可人地址应冠以省、市、县等行政区划名称。许可人应当按照身份证明文件中的地址填写,证明文件中的地址未冠有省、市、县等行政区划的,许可人应当增加相应行政区划名称。许可人为自然人的,可以填写通讯地址。

4. 国内许可人/被许可人不需填写英文。

5. 属于共有商标的,应当在"是否共有商标"选择"是";非共有商标选择"否"。

6. 共有商标报送注册商标使用许可变更许可人/被许可人名称备案,需由代表人报送,许可人名称/地址填写代表人的名称/地址。如代表人名称不变,则首页中变更前许可人名称不需填写;其他名称变更的共有许可人依次填写在申请书附页上(可再加附页);未变更的,则附页中不需填写。非共有商标的,不需提交附页。

7. 注册商标使用许可变更许可人/被许可人名称备案由许可人报送。委托代理机构报送的,应当填写代理机构名称并在"代理机构章戳/代理人签字"处由代理人签字并加盖代理机构章戳。未委托代理机构的,不需填写。

8. 一份申请书填写一个商标注册号。

9. 再许可是指商标注册人通过被许可人许可第三方使用其注册商标。注册商标使用再许可变更许可人/被许可人名称的,不需填写是否共有商标及附页。

10. 许可人/被许可人为法人或其他组织的,应当在"许可人/被许可人章戳(签字)"处盖章。许可人/被许可人为自然人的,应当在此处签字。所盖章戳或签字应当完整清晰。

11. 申请按类别收费,一个类别受理变更费为500元人民币。

12. 备案事宜并请详细阅读"商标申请指南"(www.saic.gov.cn)。

变更许可人/被许可人名称备案表
（附页）

其他共有许可人

1. 变更前许可人名称（中文）：　　　　　　　　　　　　　　（章戳/签字）
　　　　　　　　（英文）：
　变更后许可人名称（中文）：
　　　　　　　　（英文）：
2. 变更前许可人名称（中文）：　　　　　　　　　　　　　　（章戳/签字）
　　　　　　　　（英文）：
　变更后许可人名称（中文）：
　　　　　　　　（英文）：

商标使用许可提前终止备案表

许可人名称(中文):
　　　　　(英文):
许可人地址(中文):
　　　　　(英文):
被许可人名称(中文):
　　　　　(英文):
被许可人地址(中文):
　　　　　(英文):
　　　邮政编码:
　　　　联系人:
　　　　　电话:
　　代理机构名称:
　　　商标注册号:
　　是否共有商标:　□是　　□否
原商标使用许可备案号:

提前终止日期:

提前终止理由:

许可人章戳(签字):　　　被许可人章戳(签字):　　　代理机构章戳:

　　　　　　　　　　　　　　　　　　　　　　　　代理人签字:

注:请按说明填写

填写说明

1. 报送注册商标使用许可备案提前终止,适用本书式。备案表应当打字或印刷。许可人/被许可人应当按照规定填写,不得修改格式。
2. 许可人/被许可人名称、许可人/被许可人章戳(签字)处加盖的章戳(签字)应当与所附身份证明文件中的名称一致。许可人/被许可人为自然人的,应当同时在姓名后面填写证明文件号码。
3. 许可人/被许可人地址应冠以省、市、县等行政区划名称。许可人/被许可人应当按照身份证明文件中的地址填写,证明文件中的地址未冠有省、市、县等行政区划的,许可人/被许可人应当增加相应行政区划名称。许可人/被许可人为自然人的,可以填写通讯地址。
4. 国内许可人/被许可人不需填写英文。
5. 属于共有商标的,应当在"是否共有商标"选择"是";非共有商标选择"否"。
6. 共有商标报送注册商标使用许可提前终止备案,需由代表人报送。许可人名称/地址填写代表人的名称/地址,其他共有许可人名称/地址依次填写在申请书附页上(可再加附页);非共有商标的,不需提交附页。
7. 注册商标使用许可提前终止备案由许可人报送。委托代理机构报送的,应当填写代理机构名称并在"代理机构章戳/代理人签字"处由代理人签字并加盖代理机构章戳。未委托代理机构的,不需填写。
8. 一份申请书填写一个商标注册号和备案号。
9. 再许可是指商标注册人通过被许可人许可第三方使用其注册商标。注册商标使用再许可备案提前终止的,不需填写是否共有商标及附页。
10. 许可人/被许可人为法人或其他组织的,应当在"许可人章戳(签字)/被许可人章戳(签字)"处盖章。许可人/被许可人为自然人的,应当在此处签字。所盖章戳或签字应当完整清晰。
11. 备案事宜并请详细阅读"商标申请指南"(www.saic.gov.cn)。

商标使用许可提前终止备案表
(附页)

其他共有许可人

1. 名称(中文):   (章戳/签字)
   　(英文):
   地址(中文):
   　(英文):
2. 名称(中文):   (章戳/签字)
   　(英文):
   地址(中文):
   　(英文):

撤回商标使用许可备案表

许可人名称(中文):
　　　　(英文):
许可人地址(中文):
　　　　(英文):
被许可人名称(中文):
　　　　(英文):
被许可人地址(中文):
　　　　(英文):
邮政编码:
联系人:
电话:
代理机构名称:
商标注册号:
原使用许可备案申请号:
是否共有商标:　　□是　　□否
撤回理由:

许可人章戳(签字):　　　被许可人章戳(签字):　　　代理机构章戳:

　　　　　　　　　　　　　　　　　　　　　　　　　代理人签字:

注:请按说明填写

填写说明

  1. 报送撤回注册商标使用许可备案，适用本书式。备案表应当打字或印刷。许可人/被许可人应当按照规定填写，不得修改格式。

  2. 许可人/被许可人名称、许可人/被许可人章戳（签字）处加盖的章戳（签字）应当与所附身份证明文件中的名称一致。许可人/被许可人为自然人的，应当同时在姓名后面填写证明文件号码。

  3. 许可人/被许可人地址应冠以省、市、县等行政区划名称。许可人/被许可人应当按照身份证明文件中的地址填写，证明文件中的地址未冠有省、市、县等行政区划的，许可人/被许可人应当增加相应行政区划名称。许可人/被许可人为自然人的，可以填写通讯地址。

  4. 国内许可人/被许可人不需填写英文。

  5. 属于共有商标的，应当在"是否共有商标"选择"是"；非共有商标选择"否"。

  6. 共有商标报送撤回注册商标使用许可备案，需由代表人报送。许可人名称/地址填写代表人的名称/地址，其他共有许可人名称/地址依次填写在备案表附页上（可再加附页）；非共有商标的，不需提交附页。

  7. 撤回注册商标使用许可备案由许可人报送。委托代理机构报送的，应当填写代理机构名称并在"代理机构章戳/代理人签字"处由代理人签字并加盖代理机构章戳。未委托代理机构的，不需填写。

  8. 一份申请书填写一个商标注册号。

  9. 许可人/被许可人为法人或其他组织的，应当在"许可人章戳（签字）/被许可人章戳（签字）"处盖章。许可人/被许可人为自然人的，应当在此处签字。所盖章戳或签字应当完整清晰。

  10. 备案事宜并请详细阅读"商标申请指南"（www.saic.gov.cn）。

撤回商标使用许可备案表
（附页）

其他共有许可人

  1. 名称（中文）：   （章戳/签字）
   （英文）：
  地址（中文）：
   （英文）：

  2. 名称（中文）：   （章戳/签字）
   （英文）：
  地址（中文）：
   （英文）：

(6) 质　押

商标专用权质权登记申请书

质权人名称(中文)：
　　　　　(英文)：
　质权人地址：
　法定代表人：
电话(含地区号)：
　　邮政编码：
代理机构名称：

出质人名称(中文)：
　　　　　(英文)：
　出质人地址：
　法定代表人：
电话(含地区号)：
　　邮政编码：
代理机构名称：
出质商标注册号：
担保债权数额：
质权登记期限：　自　　　　　至　　　　　。

质权人章戳(签字)：　　　　　　　出质人章戳(签字)：

代理机构章戳：　　　　　　　　　代理机构章戳：

代理人签字：　　　　　　　　　　代理人签字：

注：请按说明填写

填写说明

　　1. 办理商标专用权质权登记，适用本书式。申请书应当打字或印刷。质权人/出质人应当按规定填写，不得修改格式。
　　2. 商标专用权质权登记由质权人和出质人共同提出申请。
　　3. 质权人/出质人名称、质权人/出质人章戳(签字)处加盖的章戳(签字)应当与所附身份证明文件中的名称一致。质权人/出质人为自然人的，应当同时在姓名后面填写证明文件号码。
　　4. 质权人/出质人地址应冠以省、市、县等行政区划名称。质权人/出质人应当按照身份证明文件中的地址填写，证明文件中的地址未冠有省、市、县等行政区划的,质权人/出质人应当增加相应行政区划名称。质权人/出质人为自然人的,可以填写通讯地址。

5. 国内质权人/出质人不需填写英文。

6. 多个质权人的,在附页其他共同质权人处依次填写。

7. 共有商标办理质权登记,出质人名称/地址填写代表人的名称/地址。其他共同出质人名称/地址依次填写在申请书附页上(可再加附页)。

8. 委托代理机构申报的,应当填写代理机构名称并在"代理机构章戳/代理人签字"处由代理人签字并加盖代理机构章戳。未委托代理机构的,不需填写。

9. 出质商标为多个的,商标注册号可另加附页填写。

10. 质权人/出质人为法人或其他组织的,应当在"质权人/出质人章戳(签字)"处盖章。质权人/出质人为自然人的,应当在此处签字。所盖章戳或签字应当完整清晰。

11. 办理事宜并请详细阅读"商标申请指南"(www.saic.gov.cn)。

<h2 style="text-align:center">商标专用权质权登记申请书
(附页)</h2>

其他共同质权人

1. 名称(中文):
   (英文):   (章戳/签字)
   地址(中文):
   (英文):
2. 名称(中文):
   (英文):
   地址(中文):   (章戳/签字)
   (英文):

其他共同出质人

1. 名称(中文):
   (英文):   (章戳/签字)
   地址(中文):
   (英文):
2. 名称(中文):
   (英文):   (章戳/签字)
   地址(中文):
   (英文):

商标专用权质权登记事项变更申请书

质权人名称(中文)：
　　　　　(英文)：
质权人地址：
法定代表人：
电话(含地区号)：
邮政编码：
代理机构名称：

出质人名称(中文)：
　　　　　(英文)：
出质人地址：
法定代表人：
电话(含地区号)：
邮政编码：
代理机构名称：
商标专用权质权登记证编号：
申请变更事项：　□ 质权人名称　　□ 出质人名称　　□ 担保债权数额
变更前担保债权数额：
变更后担保债权数额：

质权人章戳(签字)：　　　　　　　　　　出质人章戳(签字)：

代理机构章戳：　　　　　　　　　　　　代理机构章戳：

代理人签字：　　　　　　　　　　　　　代理人签字：

注：请按说明填写

填写说明

　　1. 办理变更商标专用权质权登记事项，适用本书式。申请书应当打字或印刷。质权人/出质人应当按规定填写，不得修改格式。
　　2. 变更商标专用权质权登记事项由质权人和出质人共同提出申请。
　　3. 质权人/出质人名称、质权人/出质人章戳(签字)处加盖的章戳(签字)应当与所附身份证明文件中的名称一致。质权人/出质人为自然人的，应当同时在姓名后面填写证明文件号码。

4. 质权人/出质人地址应冠以省、市、县等行政区划名称。质权人/出质人应当按照身份证明文件中的地址填写,证明文件中的地址未冠省、市、县等行政区划的,质权人/出质人应当增加相应行政区划名称。质权人/出质人为自然人的,可以填写通讯地址。

5. 国内质权人/出质人不需填写英文。

6. 多个质权人的,在附页其他共同质权人处依次填写。

7. 共有商标办理商标专用权质权登记事项变更,出质人名称/地址填写代表人的名称/地址。其他共同出质人名称/地址依次填写在申请书附页上(可再加附页)。

8. 委托代理机构申报的,应当填写代理机构名称并在"代理机构章戳/代理人签字"处由代理人签字并加盖代理机构章戳。未委托代理机构的,不需填写。

9. 变更多个出质人或质权人名称的,可另加附页填写。

10. 质权人/出质人为法人或其他组织的,应当在"质权人/出质人章戳(签字)"处盖章。质权人/出质人为自然人的,应当在此处签字。所盖章戳或签字应当完整清晰。

11. 办理事宜并请详细阅读"商标申请指南"(www.saic.gov.cn)。

商标专用权质权登记事项变更申请书
(附页)

变更出质人名称

1. 变更前名称(中文):
    (英文):   (章戳/签字)
   变更后名称(中文):
    (英文):
2. 变更前名称(中文):
    (英文):
   变更后名称(中文):   (章戳/签字)
    (英文):

变更质权人名称

1. 变更前名称(中文):
    (英文):   (章戳/签字)
   变更后名称(中文):
    (英文):
2. 变更前名称(中文):
    (英文):
   变更后名称(中文):   (章戳/签字)
    (英文):

商标专用权质权登记事项变更申请书
（附页）

其他共同质权人

1. 名称(中文)：
　　（英文)：　　　　　　　　　　　　　　　　　　　　　（章戳/签字）
　　地址(中文)：
　　（英文)：
2. 名称(中文)：
　　（英文)：　　　　　　　　　　　　　　　　　　　　　（章戳/签字）
　　地址(中文)：
　　（英文)：

其他共同出质人

1. 名称(中文)：
　　（英文)：　　　　　　　　　　　　　　　　　　　　　（章戳/签字）
　　地址(中文)：
　　（英文)：
2. 名称(中文)：
　　（英文)：　　　　　　　　　　　　　　　　　　　　　（章戳/签字）
　　地址(中文)：
　　（英文)：

商标专用权质权登记期限延期申请书

质权人名称(中文):
　　　　　　(英文):
质权人地址:
法定代表人:
电话(含地区号):
邮政编码:
代理机构名称:

出质人名称(中文):
　　　　　　(英文):
出质人地址:
法定代表人:
电话(含地区号):
邮政编码:
代理机构名称:
商标专用权质权登记证编号:
原质权登记期限:自　　　　至
延期后质权登记截止期限至:

质权人章戳(签字):　　　　　　　　　　出质人章戳(签字):

代理机构章戳:　　　　　　　　　　　　代理机构章戳:

代理人签字:　　　　　　　　　　　　　代理人签字:

注:请按说明填写

填写说明

1.办理商标专用权质权登记期限延期,适用本书式。申请书应当打字或印刷。质权人/出质人应当按规定填写,不得修改格式。
2.商标专用权质权登记期限延期由质权人和出质人共同提出申请。
3.质权人/出质人名称、质权人/出质人章戳(签字)处加盖的章戳(签字)应当与所附身份证明文件中的名称一致。质权人/出质人为自然人的,应当同时在姓名后面填写证明文件号码。
4.质权人/出质人地址应冠以省、市、县等行政区划名称。质权人/出质人应当按照身份证明文件中的地址填写,证明文件中的地址未冠有省、市、县等行政区划的,质权人/出质人应当增加相应行政区划名称。质权人/出质人为自然人的,可以填写通讯地址。

5. 国内质权人/出质人不需填写英文。

6. 多个质权人/出质人的,在附页其他共同质权人处依次填写。

7. 共有商标办理商标专用权质权登记期限延期,出质人名称/地址填写代表人的名称/地址,其他共同出质人名称/地址依次填写在申请书附页上(可再加附页)。

8. 委托代理机构申报的,应当填写代理机构名称并在"代理机构章戳/代理人签字"处由代理人签字并加盖代理机构章戳。未委托代理机构的,不需填写。

9. 质权人/出质人为法人或其他组织的,应当在"质权人/出质人章戳(签字)"处盖章。质权人/出质人为自然人的,应当在此处签字。所盖章戳或签字应当完整清晰。

10. 办理事宜并请详细阅读"商标申请指南"(www.saic.gov.cn)。

商标专用权质权登记期限延期申请书
（附页）

其他共同质权人

1. 名称(中文)：
　　　(英文)：
　　地址(中文)：　　　　　　　　　　　　　　　　　　　　　　　　(章戳/签字)
　　　(英文)：
2. 名称(中文)：
　　　(英文)：
　　地址(中文)：　　　　　　　　　　　　　　　　　　　　　　　　(章戳/签字)
　　　(英文)：

其他共同出质人

1. 名称(中文)：
　　　(英文)：　　　　　　　　　　　　　　　　　　　　　　　　(章戳/签字)
　　地址(中文)：
　　　(英文)：
2. 名称(中文)：
　　　(英文)：　　　　　　　　　　　　　　　　　　　　　　　　(章戳/签字)
　　地址(中文)：
　　　(英文)：

商标专用权质权登记证补发申请书

申请人名称(中文)：
　　　　　　(英文)：
　　申请人地址：
　　法定代表人：
电话(含地区号)：
　　　邮政编码：
　代理机构名称：
原质权登记证编号：
　申请补证理由：

申请人章戳(签字)：　　　　　　　　　代理机构章戳：

　　　　　　　　　　　　　　　　　　　代理人签字：

注：请按说明填写

填写说明

　　1.办理补发商标专用权质权登记证，适用本书式。申请书应当打字或印刷。申请人应当按照规定填写，不得修改格式。
　　2.申请人名称、申请人章戳(签字)处加盖的章戳(签字)应当与所附身份证明文件中的名称一致。申请人为自然人的，应当同时在姓名后面填写证明文件号码。
　　3.申请人地址应冠以省、市、县等行政区划名称。申请人应当按照身份证明文件中的地址填写，证明文件中的地址未冠有省、市、县等行政区划的，申请人应当增加相应行政区划名称。申请人为自然人的，可以填写通讯地址。
　　4.国内申请人不需填写英文。
　　5.共有商标申请补发商标专用权质权登记证，需由代表人提出申请，申请人名称/地址填写代表人的名称/地址。
　　6.委托商标代理机构申报的，应当填写代理机构名称并在"代理机构章戳/代理人签字"处由代理人签字并加盖代理机构章戳。未委托商标代理机构的，不需填写。
　　7.申请人为法人或其他组织的，应当在"申请人章戳(签字)"处盖章。申请人为自然人的，应当在此处签字。所盖章戳或签字应当完整清晰。
　　8.办理事宜并请详细阅读"商标申请指南"(www.saic.gov.cn)。

商标专用权质权登记证补发申请书
（附页）

其他共同质权人

1. 名称(中文)：
　　(英文)：　　　　　　　　　　　　　　　　　　（章戳/签字）
　地址(中文)：
　　(英文)：
2. 名称(中文)：
　　(英文)：
　地址(中文)：　　　　　　　　　　　　　　　　　（章戳/签字）
　　(英文)：

其他共同出质人

1. 名称(中文)：
　　(英文)：　　　　　　　　　　　　　　　　　　（章戳/签字）
　地址(中文)：
　　(英文)：
2. 名称(中文)：
　　(英文)：　　　　　　　　　　　　　　　　　　（章戳/签字）
　地址(中文)：
　　(英文)：

商标专用权质权登记注销申请书

质权人名称(中文):
　　　　　(英文):
质权人地址:
法定代表人:
电话(含地区号):
邮政编码:
代理机构名称:

出质人名称(中文):
　　　　　(英文):
出质人地址:
法定代表人:
电话(含地区号):
邮政编码:
代理机构名称:
注销质权登记证编号:
未交回原质权登记证的原因:
注销原因:

质权人章戳(签字):　　　　　　　　　　出质人章戳(签字):

代理机构章戳:　　　　　　　　　　　　代理机构章戳:

代理人签字:　　　　　　　　　　　　　代理人签字:

注:请按说明填写

填写说明

1. 办理商标专用权质权登记注销,适用本书式。申请书应当打字或印刷。质权人/出质人应当按规定填写,不得修改格式。

2. 商标专用权质权登记注销由质权人和出质人共同提出申请。

3. 质权人/出质人名称、质权人/出质人章戳(签字)处加盖的章戳(签字)应当与所附身份证明文件中的名称一致。质权人/出质人为自然人的,应当同时在姓名后面填写证明文件号码。

4. 质权人/出质人地址应冠以省、市、县等行政区划名称。质权人/出质人应当按照身份证明文件中的地址填写,证明文件中的地址未冠有省、市、县等行政区划的,质权人/出质人应当增加相应行政区划名称。质权人/出质人为自然人的,可以填写通讯地址。

5. 国内质权人/出质人不需填写英文。

6. 多个质权人的,在附页其他共同质权人处依次填写。

7. 共有商标办理质权登记注销,出质人名称/地址填写代表人的名称/地址。其他共同出质人名称/地址依次填写在申请书附页上(可再加附页)。

8. 申请商标质权登记注销应当同时交回原质权登记证,未交回原质权登记证的应当说明原因。

9. 委托商标代理机构申报的,应当填写代理机构名称并在"代理机构章戳/代理人签字"处由代理人签字并加盖代理机构章戳。未委托代理机构的,不需填写。

10. 质权人/出质人为法人或其他组织的,应当在"质权人/出质人章戳(签字)"处盖章。质权人/出质人为自然人的,应当在此处签字。所盖章戳或签字应当完整清晰。

11. 办理事宜并请详细阅读"商标申请指南"(www.saic.gov.cn)。

商标专用权质权登记注销申请书
(附页)

其他共同质权人

1. 名称(中文):
   (英文):   (章戳/签字)
   地址(中文):
   (英文):
2. 名称(中文):
   (英文):   (章戳/签字)
   地址(中文):
   (英文):

其他共同出质人

1. 名称(中文):
   (英文):   (章戳/签字)
   地址(中文):
   (英文):
2. 名称(中文):
   (英文):   (章戳/签字)
   地址(中文):
   (英文):

(7) 注　销

商标注销申请书

申请人名称(中文)：
　　　　(英文)：
申请人地址(中文)：
　　　　(英文)：
邮政编码：
联系人：
电话：
代理机构名称：
商标注册号：
是否共有商标：　　□是　　　□否
类别：
注销商品/服务项目(分类填写)：

未交回原注册证原因：

申请人章戳(签字)：　　　　　　代理机构章戳：

　　　　　　　　　　　　　　　代理人签字：

注：请按说明填写

填写说明

1. 办理注销注册商标或者注销注册商标在部分指定商品/服务项目上的注册的，适用本书式。申请书应当打字或印刷。申请人应当按规定填写，不得修改格式。

2. 申请人名称、申请人章戳(签字)处加盖的章戳(签字)应当与提交的身份证明文件中的名称一致。申请人为自然人的，应当在姓名后面填写证明文件号码。

3. 申请人地址应冠以省、市、县等行政区划名称。申请人应当按照身份证明文件中的地址填写，证明文件中的地址未冠有省、市、县等行政区划的，申请人应当增加相应行政区划名称。申请人为自然人的，可以填写通讯地址。

4. 国内申请人不需填写英文。

5. 属于共有商标的,应当在"是否共有商标"选择"是";非共有商标选择"否"。

6. 共有商标申请注销注册商标或者注销注册商标在部分指定商品/服务项目上的注册的,需由代表人提出申请,申请人名称/地址填写代表人的名称/地址,其他共有人名称/地址依次填写在申请书附页上(可再加附页);非共有商标的,不需提交附页。

7. 委托商标代理机构申报的,应当填写代理机构名称并在"代理机构章戳/代理人签字"处由代理人签字并加盖代理机构章戳。未委托商标代理机构的,不需填写。

8. 一份申请书填写一个商标注册号。

9. 注册商标有多个类别的,按类别号依序填写。

10. 注销的商品/服务项目名称应与核定使用的同一种商品/服务项目名称相同,按类别号分段落填写(可再加附页);申请注销一个类别中全部商品/服务项目的,商品/服务项目处填写"全部"字样;申请注册商标全类注销的,在此栏目填写"全类注销"字样。

11. 申请注销注册商标或者注销注册商标在部分指定商品/服务项目上的注册的,应同时交回原注册证,未交回原注册证的应说明理由。

12. 申请人为法人或其他组织的,应当在"申请人章戳(签字)"处盖章。申请人为自然人的,应当在此处签字。所盖章戳或签字应当完整清晰。

13. 申请事宜并请详细阅读"商标申请指南"(www.saic.gov.cn)。

商标注销申请书
(附页)

其他共有人

1. 名称(中文):
     (英文):   (章戳/签字)
   地址(中文):
     (英文):
2. 名称(中文):
     (英文):   (章戳/签字)
   地址(中文):
     (英文):

商标注销申请书
(附页)

注销商品/服务项目(续):

撤回商标注销申请书

申请人名称(中文)：
　　　　　(英文)：
申请人地址(中文)：
　　　　　(英文)：
　　　邮政编码：
　　　　联系人：
　　　　　电话：
　　代理机构名称：
　　　商标注册号：
　　原注销申请号：
　　是否共有商标：　　□是　　　□否
　　　　撤回理由：

申请人章戳(签字)：　　　　　　代理机构章戳：

　　　　　　　　　　　　　　　代理人签字：

注：请按说明填写

填写说明

　　1. 办理撤回注销注册商标或者注销注册商标在部分指定商品/服务项目上的注册的，适用本书式。申请书应当打字或印刷。申请人应当按规定填写，不得修改格式。
　　2. 申请人名称、申请人章戳(签字)处加盖的章戳(签字)应当与提交的身份证明文件中的名称一致。申请人为自然人的，应当在姓名后面填写证明文件号码。
　　3. 申请人地址应冠以省、市、县等行政区划名称。申请人应当按照身份证明文件中的地址填写，证明文件中的地址未冠有省、市、县等行政区划的，申请人应当增加相应行政区划名称。申请人为自然人的，可以填写通讯地址。
　　4. 国内申请人不需填写英文。
　　5. 属于共有商标的，应当在"是否共有商标"选择"是"；非共有商标选择"否"。
　　6. 共有商标申请撤回注销注册商标或者注销注册商标在部分指定商品/服务项目上的注册的，需由代表人提出申请，申请人名称/地址填写代表人的名称/地址，其他共有人名称/地址依次填写在申请书附页上(可再加附页)；非共有商标的，不需提交附页。

7. 委托商标代理机构申报的,应当填写代理机构名称并在"代理机构章戳/代理人签字"处由代理人签字并加盖代理机构章戳。未委托商标代理机构的,不需填写。

8. 一份申请书填写一个商标注册号/原注销申请号。

9. 申请人为法人或其他组织的,应当在"申请人章戳(签字)"处盖章。申请人为自然人的,应当在此处签字。所盖章戳或签字应当完整清晰。

10. 申请事宜并请详细阅读"商标申请指南"(www.saic.gov.cn)。

撤回商标注销申请书
(附页)

其他共有人

1. 名称(中文):
    　(英文):　　　　　　　　　　　　　　　　　　　　　　　　　　　(章戳/签字)
   地址(中文):
    　(英文):
2. 名称(中文):
    　(英文):　　　　　　　　　　　　　　　　　　　　　　　　　　　(章戳/签字)
   地址(中文):
    　(英文):

4. 特殊标志申请

特殊标志登记申请书

申请人名称：
申请人地址：
邮政编码：
联系人：
电话：
代理组织名称：
活动名称：
活动期间：
活动场所：
活动内容：

申请人章戳(签字)： 代理机构章戳：

代理人签字：

注：请按说明填写

下框为特殊标志图样粘贴处。图样应不大于 10×10cm,不小于 5×5cm。以着色图样申请特殊标志登记的,应当提交着色图样,并提交黑白稿一份;不指定颜色的,应当提交黑白图样。

```
┌─────────────────┐
│                 │
│                 │
│                 │
│                 │
│                 │
│                 │
│                 │
└─────────────────┘
```

特殊标志设计说明:

  类别:
  类别标题:

  类别:
  类别标题:

填写说明

  1. 办理特殊标志登记申请适用本书式。申请书应当打字或者印刷。申请人应当按照规定填写,不得修改格式。
  2. "申请人名称"栏:填写活动主办、组织机构,一般为活动筹委、组委会。
  3. "申请人地址"栏:详细填写申请人地址,应包含省、市、县级等行政区划名称。
  4. "邮政编码"、"联系人"、"电话"栏:填写申请人联系方式。
  5. "代理机构名称"栏:申请人委托已在商标局备案的商标代理机构代为办理特殊标志登记申请事宜的,此栏填写商标代理机构名称。申请人直接办理特殊标志登记申请事宜的,不填写此栏。
  6. "活动名称"栏:填写举办活动的完整名称。
  7. "活动期间"栏:填写活动的举办时间范围。
  8. "活动场所"栏:填写活动的举办地点,通常指举办城市。
  9. "活动内容"栏:根据活动性质填写。例如:体育赛事、博览会等。
  10. "申请人章戳"栏:应当加盖申请单位公章,所盖章戳应当完整、清晰。
  11. "代理机构章戳"栏:代为办理申请事宜的商标代理机构应在此栏加盖公章,并由代理人签字。
  12. "图样"栏:图样应当粘贴在图样框内。
  13. "特殊标志设计说明"栏:申请人应当根据申请特殊标志的实际情况填写说明。例如:活动会徽或者吉祥物的寓意和创作灵感等。
  14. "类别"、"类别标题"栏:申请人应按《类似商品和服务项目区分表》填写类别及相应的类别标题。类别和类别标题填写不下的,按本申请书的格式填写在附页上。

5. 代理委托书

商标代理委托书
（示范文本）

委托人_____是_____国国籍、依_____国法律组成,现委托_____代理_____商标的如下"√"事宜。

☐商标注册申请　　　　　　　　　　　　☐撤销成为商品/服务通用名称注册商标申请
☐商标异议申请　　　　　　　　　　　　☐撤销连续三年不使用注册商标提供证据
☐商标异议答辩　　　　　　　　　　　　☐撤销成为商品/服务通用名称注册商标答辩
☐更正商标申请/注册事项申请　　　　　　☐补发变更/转让/续展证明申请
☐变更商标申请人/注册人名义/地址 变更集体商标/　☐补发商标注册证申请
　证明商标管理规则/集体成员名单申请　　☐出具商标注册证明申请
☐变更商标代理人/文件接收人申请　　　　☐出具优先权证明文件申请
☐删减商品/服务项目申请　　　　　　　　☐撤回商标注册申请
☐商标续展注册申请　　　　　　　　　　☐撤回商标异议申请
☐转让/移转申请/注册商标申请书　　　　☐撤回变更商标申请人/注册人名义/地址 变更集体商标/证明商
☐商标使用许可备案　　　　　　　　　　　标管理规则/集体成员名单申请
☐变更许可人/被许可人名称备案　　　　　☐撤回变更商标代理人/文件接收人申请
☐商标使用许可提前终止备案　　　　　　☐撤回删减商品/服务项目申请
☐商标专用权质权登记申请　　　　　　　☐撤回商标续展注册申请
☐商标专用权质权登记事项变更申请　　　☐撤回转让/移转申请/注册商标申请
☐商标专用权质权登记期限延期申请　　　☐撤回商标使用许可备案
☐商标专用权质权登记证补发申请　　　　☐撤回商标注销申请
☐商标专用权质权登记注销申请　　　　　☐撤回撤销连续三年不使用注册商标申请
☐商标注销申请　　　　　　　　　　　　☐撤回撤销成为商品/服务通用名称注册商标申请
☐撤销连续三年不使用注册商标申请　　　☐其他_____

委托人地址_____　　　　　　　　　　　委托人章戳(签字)
联 系 人_____
电　　 话_____
邮政编码_____　　　　　　　　　　　　　　　　　　　年　月　日

文书来源

国家工商行政管理总局商标局关于发布商标业务新版申请书式的公告

（2014年4月25日）

第十二届全国人民代表大会常务委员会第四次会议通过的《关于修改〈中华人民共和国商标法〉的决定》于2014年5月1日起施行。为贯彻执行《中华人民共和国商标法》等法律法规的规定，商标局制定了商标业务新版申请书式，现予公布，新版申请书式自2014年5月1日起开始启用，旧版申请书式同时废止，商标代理机构备案有关书式另行发布，特此公告。

(三)处理消费者投诉文书

1. 消费者投诉登记表

消费者投诉登记表

登记单位：　　　　　　　　登记时间：　年　月　日　　　　　编号：

投诉人	姓　名		性别		年龄	
	住　址				联系电话	
被投诉人	名　称				联系人	
	经营地址				联系电话	
投诉事实、理由及请求						
投诉人(签字)： 年　月　日			经办人(签字)： 年　月　日			
经办人意见					年　月　日	

注：1. 本表格适用于工商行政管理部门或者其派出机构对消费者通过电话、短信、邮件、传真、信函等方式提起投诉的登记，以及工商行政管理部门或者其派出机构现场受理消费者投诉的登记；

2. 消费者通过非现场方式提出投诉的，无须在投诉人一栏签字；

3. 投诉事实应当包括：消费者接受商品或服务的名称、消费日期、消费涉及金额等具体情况。

2. 消费者投诉转办通知书

消费者投诉转办通知书

工商〔　〕第　　号

_____工商行政管理局(所)：

　　现转去_____于____年___月___日关于_____的投诉。请你局(所)对投诉反映问题调查核实，依法予以处理。并将处理情况于_____年___月___日前及时报告(回复)我局。

　　附：相关材料____份，共____页。

年　　月　　日(印章)

　注：本通知适用于省、自治区、直辖市工商行政管理部门或者市(地、州)工商行政管理部门及其设立的12315消费者投诉举报中心将收到的消费者投诉分送有管辖权的工商行政管理部门或者其派出机构处理。

3. 消费者投诉转办通知书

消费者投诉转办通知书

工商〔　〕第　　号

_____：

　　我局于_____年___月___日收到你关于_____的投诉。根据《工商行政管理部门处理消费者投诉办法》有关规定，我局已将你反映的问题分送至经营者所在地(经营行为发生地)的_____工商行政管理局(所)调查处理(联系人：_____，联系电话：_____)。

　　特此告知。

年　　月　　日(印章)

　注：1. 本告知书适用于省、自治区、直辖市工商行政管理部门或者市(地、州)工商行政管理部门及其设立的12315消费者投诉举报中心将收到的消费者投诉分送有管辖权的工商行政管理部门或者其派出机构处理后，告知投诉人分送情况；

　　2. 本告知书中"联系人"、"联系电话"指有管辖权工商部门或者其派出机构负责处理消费者投诉相关工作人员及其联系电话；

　　3. 本告知书可以通过电话、短信、邮件、传真或者信函等便捷方式告知投诉人。

4. 受理消费者投诉告知书

受理消费者投诉告知书

工商〔　　〕第　　号

_____：

　　我局(所)于____年___月___日收到你关于_____的投诉材料,经审查,符合《工商行政管理部门处理消费者投诉办法》规定的受理条件,我局(所)决定受理。

　　联系人：_____,联系电话：_____。

　　特此告知。

年　　月　　日(印章)

注：1. 本告知书适用于有管辖权的工商行政管理部门或者其派出机构决定受理消费者投诉后,告知投诉人受理情况；

　　2. 本告知书中"联系人"、"联系电话"指受理消费者投诉的工商部门或者其派出机构负责处理消费者投诉相关工作人员及其联系电话；

　　3. 本告知书由有管辖权的工商行政管理部门加盖印章；工商行政管理部门派出机构以自己名义处理投诉的,使用派出机构印章；

　　4. 本告知书可以通过电话、短信、邮件、传真或者信函等便捷方式告知投诉人。

5. 不予受理(终止受理)消费者投诉告知书

不予受理(终止受理)消费者投诉告知书

工商〔　　〕第　　号

_____：

　　我局(所)于____年__月__日收到你关于_____的投诉材料。经审查，属以下第〔　　〕项所指情形，依据《工商行政管理部门处理消费者投诉办法》的规定，我局(所)决定不予受理(终止受理)。

　　(一)不属于工商行政管理部门职责范围的；
　　(二)购买后商品超过保质期，被投诉人已不再负有违约责任的；
　　(三)已经工商行政管理部门组织调解的；
　　(四)消费者协会或者人民调解组织等其他组织已经调解或者正在处理的；
　　(五)法院、仲裁机构或者其他行政部门已经受理或者处理的；
　　(六)消费者知道或者应该知道自己的权益受到侵害超过一年的，或者消费者无法证实自己权益受到侵害的；
　　(七)不符合国家法律、法规及规章规定的。

　　特此告知。

　　　　　　　　　　　　　　　　　　　　　　　　　　年　　月　　日(印章)

注：1. 本告知书适用于有管辖权的工商行政管理部门或者其派出机构决定不予受理或者终止受理消费者投诉后，告知投诉人不予受理或者终止受理情况。
　　2. 本告知书由有管辖权的工商行政管理部门加盖印章；工商行政管理部门派出机构以自己名义处理投诉的，使用派出机构印章。
　　3. 本告知书可以通过电话、短信、邮件、传真或者信函等便捷方式告知投诉人。

6. 消费者权益争议调解通知书

消费者权益争议调解通知书

工商〔　〕第　　号

_____：

　　关于_____消费者权益争议，我局(所)已经受理，根据《工商行政管理部门处理消费者投诉办法》的有关规定，现组织双方当事人进行调解。请于____年__月__日__时__分到_____参加调解。无正当理由不参加调解的，我局(所)将终止调解。调解人：_____；联系电话：_____。

　　特此通知。

年　　月　　日(印章)

注：1. 本通知适用于有管辖权的工商行政管理部门或者其派出机构通知消费者权益争议当事人参加调解；

　　2. 本通知中"调解人"、"联系电话"指受理消费者投诉工商部门或者其派出机构负责主持调解的工作人员及其联系电话；

　　3. 本通知由有管辖权的工商行政管理部门加盖印章；工商行政管理部门派出机构以自己名义处理投诉的，使用派出机构印章。

　　4. 本通知可以通过电话、短信、邮件、传真或者信函等便捷方式告知当事人。

7. 终止消费者权益争议调解告知书

终止消费者权益争议调解告知书

工商〔　〕第　　号

_____：

　　经审查，关于_____消费者权益争议调解过程中出现以下第〔　〕项所指情形，依据《工商行政管理部门处理消费者投诉办法》的规定，我局(所)决定终止调解。

　　(一)消费者撤回投诉的；

　　(二)当事人拒绝调解或者无正当理由不参加调解的；

　　(三)消费者在调解过程中就同一纠纷申请仲裁、提起诉讼的；

　　(四)双方当事人自行和解的；

　　(五)其他应当终止的。

　　特此告知。

年　　月　　日(印章)

注：1. 本告知书适用于有管辖权的工商行政管理部门或者其派出机构告知消费者权益争议当事人终止调解；

　　2. 本告知书由有管辖权的工商行政管理部门加盖印章；工商行政管理部门派出机构以自己名义处理投诉的，使用派出机构印章。

　　3. 本告知书可以通过电话、短信、邮件、传真或者信函等便捷方式告知当事人。

8. 消费者权益争议调解书

消费者权益争议调解书

工商〔　〕第　　号

投诉人：_____　电话：_____
住　址：_____　单位：_____
委托代理人：_____　电话：_____
被投诉人：_____
法定代表人(负责人)：_____　电话：_____
地　址(经营场所)：_____
委托代理人：_____　电话：_____
投诉内容及投诉请求：_____
_____
_____
_____

　　根据《工商行政管理部门处理消费者投诉办法》有关规定，本局(所)组织双方当事人进行调解，双方自愿达成如下协议：
_____
_____
_____

　　本调解书经双方当事人签字后生效。调解书生效后无法执行的，消费者可以按照法律、法规的有关规定向有关部门申请仲裁或者向人民法院提起诉讼。
　　投　诉　人(签名)：_____
　　被投诉人(签名)：_____
　　调　解　人(签名)：_____

年　　月　　日(印章)

注：1. 本调解书适用于工商行政管理部门或者其派出机构组织消费者权益争议当事人进行调解并达成协议，需要制作调解书的；
　　2. 消费者权益争议当事人认为无需制作调解书的，经当事人同意，调解协议可以采取口头形式，工商行政管理部门调解人员应当予以记录备查。
　　3. 本调解书由组织调解的工商行政管理部门加盖印章；工商行政管理部门派出机构以自己名义组织调解的，使用派出机构印章；
　　4. 当事人委托他人处理投诉的，被委托人应当出具授权委托书以及身份证明。授权委托书应当载明委托事项、权限和期限，并应当由消费者本人签名。

9. 处理消费者投诉情况报告书

处理消费者投诉情况报告书

工商〔　　〕第　　号

_____工商行政管理局：

我局(所)于____年__月__日收到你局分送的_____关于_____的投诉,依法予以处理,现将处理情况报告如下:

_____
_____
_____
_____
_____
_____
_____

(经办人：　　　　　；联系电话：　　　　　)

附：相关材料　　份,共　　页。

年　　月　　日(印章)

注：1. 本报告书适用于处理消费者投诉的工商行政管理部门或者其派出机构向上级部门及其设立的12315消费者投诉举报中心报告处理结果；

2. 本报告书由有管辖权的工商行政管理部门加盖印章；工商行政管理部门派出机构以自己名义处理投诉的,使用派出机构印章。

3. 本报告书应当按照时限要求,通过电子文书或者纸质文书形式及时反馈。

文书来源

工商总局关于印发《工商行政管理部门处理消费者投诉文书式样》的通知

(2014年3月12日　工商消字〔2014〕51号)

各省、自治区、直辖市及计划单列市、副省级市工商行政管理局、市场监督管理局：

新修改的《消费者权益保护法》和总局第62号令《工商行政管理部门处理消费者投诉办法》将于今年3月15日起施行。为更好地保护广大消费者合法权益,提高解决消费纠纷工作效能,进一步推动工商行政管理部门处理消费者投诉工作制度化、规范化建设,总局制定了《工商行政管理部门处理消费者投诉文书式样》,现予印发,请各地结合本地实际参照执行。依托12315专线和信息化网络处理消费者投诉的地方,应当积极推进文书电子化。

关联规定

工商行政管理部门处理消费者投诉办法

(2014年2月14日国家工商行政管理总局令第62号公布 自2014年3月15日起施行)

第一章 总 则

第一条 为了规范工商行政管理部门处理消费者投诉程序，及时处理消费者与经营者之间发生的消费者权益争议，保护消费者的合法权益，根据《消费者权益保护法》等法律法规，制定本办法。

第二条 消费者为生活消费需要购买、使用商品或者接受服务，与经营者发生消费者权益争议，向工商行政管理部门投诉的，依照本办法执行。

第三条 工商行政管理部门对受理的消费者投诉，应当根据事实，依照法律、法规和规章，公正合理地处理。

第四条 工商行政管理部门在其职权范围内受理的消费者投诉属于民事争议的，实行调解制度。

第五条 工商行政管理部门应当引导经营者加强自律，鼓励经营者与消费者协商和解消费纠纷。

第二章 管 辖

第六条 消费者投诉由经营者所在地或者经营行为发生地的县(市)、区工商行政管理部门管辖。

消费者因网络交易发生消费者权益争议的，可以向经营者所在地工商行政管理部门投诉，也可以向第三方交易平台所在地工商行政管理部门投诉。

第七条 县(市)、区工商行政管理部门负责处理本辖区内的消费者投诉。

有管辖权的工商行政管理部门可以授权其派出机构，处理派出机构辖区内的消费者投诉。

第八条 省、自治区、直辖市工商行政管理部门或者市(地、州)工商行政管理部门及其设立的12315消费者投诉举报中心，应当对收到的消费者投诉进行记录，并及时将投诉分送有管辖权的工商行政管理部门处理，同时告知消费者分送情况。告知记录应当留存备查。

有管辖权的工商行政管理部门应当将处理结果及时反馈上级部门及其设立的12315消费者投诉举报中心。

第九条 上级工商行政管理部门认为有必要的，可以处理下级工商行政管理部门管辖的消费者投诉。

下级工商行政管理部门管辖的消费者投诉，认为需要由上级工商行政管理部门处理的，可以报请上级工商行政管理部门决定。

两地以上工商行政管理部门因管辖权发生异议的，报请其共同的上一级工商行政管理部门指定管辖。

第十条 工商行政管理部门及其派出机构发现消费者投诉不属于工商行政管理部门职责范围内的，应当及时告知消费者向有关行政管理部门投诉。

第三章 处理程序

第十一条 消费者投诉应当符合下列条件：
(一)有明确的被投诉人；
(二)有具体的投诉请求、事实和理由；
(三)属于工商行政管理部门职责范围。

第十二条 消费者通过信函、传真、短信、电子邮件和12315网站投诉平台等形式投诉的，应当载明：消费者的姓名以及住址、电话号码等联系方式；被投诉人的名称、地址；投诉的要求、理由及相关的事实根据；投诉的日期等。

消费者采用电话、上门等形式投诉的，工商行政管理部门工作人员应当记录前款各项信息。

第十三条 消费者可以本人提出投诉，也可以委托他人代为提出。

消费者委托代理人进行投诉的，应当向工商行政管理部门提交本办法第十二条规定的投诉材料、授权委托书原件以及受托人的身份证明。授权委托书应当载明委托事项、权限和期限，并应当由消费者本人签名。

第十四条 消费者为二人以上，投诉共同标的的，工商行政管理部门认为可以合并受理，并经当事人同意的，为共同投诉。

共同投诉可以由消费者书面推选并授权二名代表进行投诉。代表人的投诉行为对其所代表的消费者发生效力，但代表人变更、放弃投诉请求，或者进行和解，应当经被代表的消费者同意。

第十五条 有管辖权的工商行政管理部门应当自收到消费者投诉之日起七个工作日内，予以处理并告知投诉人：
(一)符合规定的投诉予以受理，并告知投诉人；
(二)不符合规定的投诉不予受理，并告知投诉人不予受理的理由。

第十六条 下列投诉不予受理或者终止受理：
(一)不属于工商行政管理部门职责范围的；
(二)购买后商品超过保质期，被投诉人已不再负有违约责任的；
(三)已经工商行政管理部门组织调解的；
(四)消费者协会或者人民调解组织等其他组织已经调解或者正在处理的；
(五)法院、仲裁机构或者其他行政部门已经受理或者处理的；
(六)消费者知道或者应该知道自己的权益受到侵害超过一年的，或者消费者无法证实自己权益受到侵害的；

（七）不符合国家法律、法规及规章规定的。

第十七条　工商行政管理部门受理消费者投诉后，当事人同意调解的，工商行政管理部门应当组织调解，并告知当事人调解的时间、地点、调解人员等事项。

第十八条　调解由工商行政管理部门工作人员主持。经当事人同意，工商行政管理部门可以邀请有关社会组织以及专业人员参与调解。

第十九条　工商行政管理部门的调解人员是消费者权益争议当事人的近亲属或者与当事人有其他利害关系，可能影响投诉公正处理的，应当回避。

当事人对调解人员提出回避申请的，应当及时中止调解活动，并由调解人员所属工商行政管理部门的负责人作出是否回避的决定。

第二十条　工商行政管理部门实施调解，可以要求消费者权益争议当事人提供证据，必要时可以根据有关法律、法规和规章的规定，进行调查取证。

除法律、法规另有规定的，消费者权益争议当事人应当对自己的主张提供证据。

第二十一条　调解过程中需要进行鉴定或者检测的，经当事人协商一致，可以交由具备资格的鉴定人或者检测人进行鉴定、检测。

鉴定或者检测的费用由主张权利一方当事人先行垫付，也可以由双方当事人协商承担。法律、法规另有规定的除外。

第二十二条　工商行政管理部门在调解过程中，需要委托异地工商行政管理部门协助调查、取证的，应当出具书面委托证明，受委托的工商行政管理部门应当及时予以协助。

第二十三条　工商行政管理部门在调解过程中，应当充分听取消费者权益争议当事人的陈述，查清事实，依据有关法律、法规，针对不同情况提出争议解决意见。在当事人平等协商基础上，引导当事人自愿达成调解协议。

第二十四条　有下列情形之一的，终止调解：

（一）消费者撤回投诉的；

（二）当事人拒绝调解或者无正当理由不参加调解的；

（三）消费者在调解过程中就同一纠纷申请仲裁、提起诉讼的；

（四）双方当事人自行和解的；

（五）其他应当终止的。

第二十五条　工商行政管理部门组织消费者权益争议当事人进行调解达成协议的，应当制作调解书。

调解书应当由当事人及调解人员签名或者盖章，加盖工商行政管理部门印章，由当事人各执一份，工商行政管理部门留存一份归档。

第二十六条　消费者权益争议当事人认为无需制作调解书的，经当事人同意，调解协议可以采取口头形式，工商行政管理部门调解人员应当予以记录备查。

第二十七条　消费者权益争议当事人同时到有管辖权的工商行政管理部门请求处理的，工商行政管理部门可以当即处理，也可以另定日期处理。

工商行政管理部门派出机构可以在其辖区内巡回受理消费者投诉，并就地处理消费者权益争议。

第二十八条　经调解达成协议后，当事人认为有必要的，可以按照有关规定共同向人民法院申请司法确认。

第二十九条　有管辖权的工商行政管理部门应当在受理消费者投诉之日起六十日内终结调解；调解不成的应当终止调解。

需要进行鉴定或者检测的，鉴定或者检测的时间不计算在六十日内。

第三十条　工商行政管理部门工作人员在处理消费者投诉工作中滥用职权、玩忽职守、徇私舞弊的，依法给予处分。

第四章　附　则

第三十一条　农民购买、使用直接用于农业生产的生产资料的投诉，参照本办法执行。

第三十二条　对其他部门转来属于工商行政管理部门职责范围内的消费者投诉，按照本办法第七条或者第八条规定执行。

第三十三条　工商行政管理部门在处理消费者投诉中，发现经营者有违法行为的，或者消费者举报经营者违法行为的，依照《工商行政管理机关行政处罚程序规定》另案处理。

第三十四条　本办法中有关文书式样，由国家工商行政管理总局统一制定。

第三十五条　本办法由国家工商行政管理总局负责解释。

第三十六条　本办法自2014年3月15日起施行。1996年3月15日原国家工商行政管理局第51号令公布的《工商行政管理机关受理消费者申诉暂行办法》和1997年3月15日原国家工商行政管理局第75号令公布的《工商行政管理所处理消费者申诉实施办法》同时废止。

食品药品监管篇

食品药品监管

一、食品药品行政处罚文书

1. 案件来源登记表

(××)食药监×案源〔年份〕×号

案件来源：□监督检查　　□投诉/举报　　□上级交办　　□下级报请
　　　　　□监督抽验　　□移送　　　　□其他
当事人：＿＿＿＿＿＿＿＿＿＿＿＿＿＿＿＿＿＿＿＿＿＿＿＿＿＿＿＿＿＿＿＿＿
地址：＿＿＿＿＿＿＿＿＿＿＿＿＿＿＿＿＿＿＿＿邮编：＿＿＿＿＿＿＿＿＿＿＿
法定代表人(负责人)/自然人：＿＿＿＿＿＿＿＿联系电话：＿＿＿＿＿＿＿＿＿＿
法定代表人(负责人)/自然人身份证号码：＿＿＿＿＿＿＿＿＿＿＿＿＿＿＿＿＿
登记时间：＿＿＿＿＿＿年＿＿＿＿＿＿月＿＿＿＿＿＿日＿＿＿＿＿＿时＿＿＿＿＿＿分

基本情况介绍：(负责人、案发时间、地点、重要证据、危害后果及其影响等)

附件：(现场检查笔录、投诉举报材料、检测(检验)报告、相关部门移送材料等)

记录人：×××(签字)
×年×月×日

处理意见：

负责人：×××(签字)
×年×月×日

2. 立案审批表

案　　由：×××
当事人：×××　　　　　　　法定代表人(负责人)：×××
地　　址：×××　　　　　　　联系方式：×××
案件来源：×××

　　案情摘要：(简要介绍案情,指明当事人涉嫌违反法律法规具体条款)

　　经初步审查,当事人的行为涉嫌违反了×××(法律法规名称及其条、款、项)＿＿＿＿＿＿＿＿＿＿的规定,申请予以立案。

经办人：×××(签字)
×年×月×日

　　建议本案由×××、×××承办。

承办部门负责人：×××(签字)
×年×月×日

　　审批意见：

分管负责人：×××(签字)
×年×月×日

3. 案件移送书

(××)食药监×案移[年份]×号

×××：
　　×××(当事人姓名或名称+涉嫌构成的违法行为的概述)一案,经调查,×××(案件发生的时间、主要违法事实及移送原因),根据《中华人民共和国行政处罚法》第×条的规定,现移送你单位处理。案件处理结果请函告我局。

附件:案情简介及有关材料×件。

(公　章)

×年×月×日

注:正文3号仿宋体字,存档(1)。

4. 涉嫌犯罪案件移送审批表

案　由：×××
案件来源：×××
受移送机关：×××

主要案情及移送原因：

附件：涉嫌犯罪案件情况调查报告。

经办人：×××(签字)
×年×月×日

承办部门意见：

负责人：×××(签字)
×年×月×日

审批意见：

负责人：×××(签字)
×年×月×日

5. 涉嫌犯罪案件移送书

（××）食药监×罪移〔年份〕×号

×××公安局：
　　×××（当事人）涉嫌×××（犯罪行为）一案，经初步调查，当事人涉嫌构成犯罪，根据《中华人民共和国行政处罚法》第二十二条、《行政执法机关移送涉嫌犯罪案件的规定》第三条的规定，现移送你单位依法查处。
　　根据《行政执法机关移送涉嫌犯罪案件的规定》第十二条的规定，我局将在接到你局立案通知书之日起3日内将涉案物品及与案件有关的其他材料移交你局。
　　根据《行政执法机关移送涉嫌犯罪案件的规定》第八条的规定，你单位如认为当事人没有犯罪事实，或者犯罪事实显著轻微，不需要追究刑事责任，依法不予立案的，请说明理由，并书面通知我局，退回有关案卷材料。

附件：

（公　章）
×年×月×日

注：正文3号仿宋体字。抄送×××人民检察院，存档（1）。

6. 查封（扣押）物品移交通知书

（××）食药监×查扣移〔年份〕×号

×××公安局：
　　因×××的违法行为涉嫌犯罪，根据《中华人民共和国行政强制法》第二十一条的规定，我局决定对查封（扣押）的×××的有关物品[见（××）食药监×查扣〔年份〕×号《查封（扣押）决定书》所附《查封（扣押）物品清单》]移交给你单位。

（公　章）
×年×月×日

注：正文3号仿宋体字，抄送（当事人）×××，存档（1）。

7. 询问调查笔录

第　　页,共　　页

案　　由:＿＿＿＿＿＿＿＿＿＿＿＿＿＿＿＿＿＿＿＿＿＿＿＿＿＿＿＿＿＿＿＿＿
调查地点:＿＿＿＿＿＿＿＿＿＿＿＿＿＿＿＿＿＿＿＿＿＿＿＿＿＿＿＿＿＿＿＿
被调查人:＿＿＿＿＿＿＿　职务:＿＿＿＿＿＿＿　民族:＿＿＿＿　身份证号:＿＿＿＿＿＿＿＿＿＿
工作单位:＿＿＿＿＿＿＿＿＿　联系方式:＿＿＿＿＿＿　地址:＿＿＿＿＿＿＿＿＿＿
调查人:＿＿＿＿＿＿、＿＿＿＿＿　记录人:＿＿＿＿＿＿　监督检查类别:＿＿＿＿＿＿＿＿＿
调查时间:　　　年　　　月　　　日　　　时　　　分至　　　时　　　分

　　我们是＿＿＿＿＿＿＿＿＿＿＿＿＿＿＿＿的执法人员＿＿＿＿＿＿、＿＿＿＿＿＿,执法证件名称、编号是:＿＿＿＿＿＿＿＿＿＿＿＿＿＿＿＿＿＿＿,请你过目。
　　问:你是否看清楚?
　　答:
　　我们依法就＿＿＿＿＿＿＿＿＿＿＿＿＿＿＿＿＿＿＿＿有关问题进行调查,请予配合。依照法律规定,对于调查人员,有下列情形之一的,必须回避,你也有权申请调查人员回避:(1)系当事人或当事人的近亲属;(2)与本案有直接利害关系;(3)与当事人有其他关系,可能影响案件公正处理的。
　　问:你是否申请调查人员回避?
　　答:
　　问:你有如实接受调查的法律义务,如有意隐匿违法行为或故意作伪证将承担法律责任,你是否明白?
　　答:
　　调查记录:

被调查人签字:＿＿＿＿＿＿＿＿＿＿＿＿　　执法人员签字:＿＿＿＿＿＿＿＿＿＿＿＿
　　　　　　　　　年　　月　　日　　　　　　　　　　　　　年　　月　　日

　　注:调查笔录经核对无误后,被调查人在笔录上逐页签字或者按指纹,并注明对笔录真实性的意见。笔录修改处,应由被调查人签字或者按指纹。调查人应在笔录上签字。

8. 现场检查笔录

第　　页,共　　页

检查事由：_____
被检查单位(人)：_____
检查地点：_____
法定代表人(负责人)：_____ 联系方式：_____
检查人：_____ 记录人：_____ 监督检查类别：_____
检查时间：_____年_____月_____日_____时_____分至_____时_____分

　　我们是_____的执法人员_____、_____,执法证件名称、编号是：_____。
　　我们在你单位_____（职务）_____（姓名）陪同下进行现场检查。依照法律规定,对于检查人员,有下列情形之一的,应当自行回避,你也有权申请检查人员回避：(1)系当事人或当事人的近亲属；(2)与本案有直接利害关系；(3)与当事人有其他关系,可能影响案件公正处理的。
　　是否申请调查人员回避,是□,否□;签字：_____
　　现场检查记录：

第

联

被检查人：_____ 职务：_____ _____年_____月_____日
见证人：_____ 身份证号码：_____ _____年_____月_____日
执法人员：_____ _____年_____月_____日

　　注：存档(1)。被检查人在检查笔录上逐页签字或者按指纹,并注明对笔录真实性的意见。笔录修改处,应由被检查人签字或者按指纹。被检查人拒绝签字的,应邀请见证人到场,并由见证人签字或盖章；同时由两名以上行政执法人员在笔录中注明拒绝签字的理由。执法人员应在笔录上签字。

9. 案件调查终结报告

案由：×××

当事人基本情况：(当事人是自然人的，应写明当事人姓名、性别、年龄、身份证号码、工作单位、住所等；当事人是法人或者非法人企业及其分支机构的，写明该法人或者非法人企业及其分支机构的名称、地址、法定代表人或负责人姓名、职务等)

违法事实：×××

证据材料：×××

处罚依据：×××

处罚建议：×××

案件承办人：×××、×××(签字)

×年×月×日

10. 先行登记保存物品通知书

(××)食药监×登保[年份]×号

_____:

  根据《中华人民共和国行政处罚法》第三十七条第二款规定，我局决定对你(单位)的有关物品[见(××)食药监×登保[年份]×号《先行登记保存物品清单》]予以登记保存。在此期间，不得损毁、销毁或者转移。

保存地点：

保存条件：

保存期限：七日

附件：(××)食药监×登保[年份]×号《先行登记保存物品清单》

（公　章）
×年×月×日

注：正文3号仿宋体字，存档(1)。

11. 先行登记保存物品处理决定书

(××)食药监×登保处〔年份〕×号

×××：
依据《中华人民共和国行政处罚法》第三十七条第二款的规定，本机关对×年×月×日(××)食药监×登保〔年份〕×号《先行登记保存物品通知书》中《先行登记保存物品清单》载明的物品，作出以下处理决定：

附件：(××)食药监×登保处〔年份〕×号《先行登记保存物品处理清单》

(公　章)

×年×月×日

注：正文3号仿宋体字，存档(1)。

12. 查封(扣押)决定书

(××)食药监 ×查扣〔年份〕×号

当事人：_____ 法定代表人(负责人)：_____
地　址：_____ 联系方式：_____

根据《_____》第____条第____款第____项、《食品药品行政处罚程序规定》第二十七条的规定，你单位(人)_____涉嫌(存在)_____问题，现决定对你单位(人)的有关物品/场所予以查封(扣押)。在查封(扣押)期间，对查封扣押的场所、设施和财物，应当妥善保存，不得使用、销毁或者擅自转移。当事人不得擅自启封。

查封(扣押)物品保存地点/场所地点：_____

查封(扣押)物品期限：自____年____月____日至____年____月____日。

查封扣押物品保存条件：_____

本决定书附(××)食药监×查扣〔年份〕×号《查封(扣押)物品清单》

你单位可以对本决定进行陈述和申辩。

如不服本决定，可在接到本决定书起60日内依法向_____食品药品监督管理局或者_____人民政府申请行政复议，也可以于3个月内依法向_____人民法院起诉。

(公　章)

×年×月×日

注：正文3号仿宋体字，存档(1)。

13. 封条

×××食品药品监督管理局封条

（印章）

年　月　日

注：各省、自治区、直辖市食品药品监督管理局可根据实际情况自定封条尺寸。

14. 检验(检测、检疫、鉴定)告知书

(××)食药监×检告〔年份〕×号

×××：

  我局决定对(××)食药监×××〔年份〕×号《×××文书》所记载的物品进行检验(检测、检疫、鉴定)，检验(检测、检疫、鉴定)期限自×年×月×日至×年×月×日。对查封(扣押)的情形，根据《中华人民共和国行政强制法》第二十五条第三款规定，该期限不计入查封(扣押)期间。
  特此告知。

(公　章)

×年×月×日

注：正文3号仿宋体字，存档(1)。

15. 查封(扣押)延期通知书

(××)食药监×查扣延〔年份〕×号

当事人：×××　　　　　　法定代表人(负责人)：×××
地　址：×××　　　　　　联系方式：×××

  根据《中华人民共和国行政强制法》第二十五条第一款的规定，因×××(原因)，我局决定对(××)食药监×查扣〔年份〕×号《查封(扣押)决定书》中所查封(扣押)的物品延长查封(扣押)期限，自×年×月×日起延至×年×月×日。对查封扣押的场所、设施和财物，应当妥善保存，不得使用、销毁或者擅自转移。当事人不得擅自启封。
  你单位可以对本决定进行陈述和申辩。
  如不服本决定，可在接到本决定书之日起60日内依法向×××(上一级)食品药品监督管理局或者×××人民政府申请行政复议，也可以于3个月内依法向×××人民法院起诉。

(公　章)

×年×月×日

注：正文3号仿宋体字，存档(1)。

16. 先行处理物品通知书

(××)食药监×先处〔年份〕×号

×××：

我局于×年×月×日以(××)食药监×查扣〔年份〕×号《查封(扣押)决定书》查封(扣押)了你(单位)的物品。为防止造成不必要的损失，根据《食品药品行政处罚程序规定》第二十九条第二款的规定，本局决定对×××物品予以先行处理。

处理方式：×××

附件：(××)食药监×先处〔年份〕×号《先行处理物品清单》

（公　章）

×年×月×日

注：正文3号仿宋体字，存档(1)。

17. 解除查封(扣押)决定书

(××)食药监×解查扣〔年份〕×号

×××：

我局于×年×月×日，以(××)食药监×查扣〔年份〕×号《查封(扣押)决定书》对(××)食药监×查扣〔年份〕×号《查封(扣押)物品清单》所列物品予以查封(扣押)，现根据《中华人民共和国行政强制法》第二十八条第一款第×项的规定，予以全部(或部分)解除查封(扣押)。

附件：(××)食药监×解查扣〔年份〕×号《解除查封(扣押)物品清单》

（公　章）

×年×月×日

注：正文3号仿宋体字，存档(1)。

18. 案件合议记录

第　　页,共　　页

案　由:×××
当事人:×××
合议时间:×年×月×日　　　　主持人:×××　　　　　　地点:×××
合议人员:×××、×××、×××　　　　　　　　　　　记录人:×××
案情介绍:×××

讨论记录:×××

合议意见:×××

主持人:×××(签字)　　　　　　　　　　　　　　　　记录人:×××(签字)
合议人员:×××、×××、×××(签字)

19. 案件集体讨论记录

第　　页,共　　页

案　由:×××
当事人:×××
讨论时间:×年×月×日　　　　地　点:×××
主持人:×××　　　　　　　　汇报人:×××　　　　　　　　记录人:×××
参加人:×××
主要违法事实:×××

讨论记录:×××

决定意见:×××

主持人:×××(签字)　　　　　　　　　　　　　　　　记录人:×××(签字)
参加人员:×××、×××、×××、×××(签字)

20. 责令改正通知书

(××)食药监 ×责改[年份]×号

第

_____：

经查,你(单位)_____

_____的行为,违反了_____的规定。

根据《_____》第__条第__款第__项规定,责令你(单位)立即改正。改正内容及要求如下：

联

（公　章）

×年×月×日

注：正文3号仿宋体字,存档(1)。

21. 撤案审批表

案　　由：×××
当事人：×××　　　　　　　法定代表人(负责人)：×××
地　　址：×××　　　　　　　联系方式：×××
案件来源：×××　　　　　　　　　　　　　　　　立案时间：×年×月×日

案情调查摘要：

撤案理由：

承办人：×××、×××(签字)
×年×月×日

承办部门负责人：×××(签字)
×年×月×日

审核部门意见：

负责人：×××(签字)
×年×月×日

审批意见：

分管负责人：×××(签字)
×年×月×日

22. 听证告知书

(××)食药监×听告[年份]×号

×××：
　　你(单位)×××(违法行为描述)的行为,违反了×××(法律法规名称及条、款、项)的规定。
　　依据×××(法律法规名称及条、款、项)的规定,拟对你(单位)进行以下行政处罚:1.×××;2.×××;3.×××。
　　根据《中华人民共和国行政处罚法》第四十二条第一款的规定,你(单位)有权要求举行听证。
　　如你(单位)要求听证,应当在收到本告知书后3日内告之我局。逾期视为放弃听证权利。
　　地　　址：×××
　　邮政编码：×××
　　联系电话：×××
　　联系　人：×××

(公　章)
×年×月×日

注：正文3号仿宋体字,存档(1)。

23. 听证通知书

(××)食药监×听通[年份]×号

×××：
　　你(单位)于×年×月×日向本局提出听证申请,根据《中华人民共和国行政处罚法》第四十二条规定,本局决定于×年×月×日×时×分,在×××(地点)公开(不公开)举行听证会。请你(单位)法定代表人或委托代理人准时出席。不按时出席听证,且事先未说明理由,又无特殊原因的,视为放弃听证权利。
　　委托代理听证的,应当在听证举行前向本局提交听证代理委托书。
　　本案听证主持人：×××　　　记录员：×××
　　根据《中华人民共和国行政处罚法》第四十二条的规定,你如申请主持人回避,可在听证举行前向本局提出回避申请并说明理由。
　　地　　址：×××
　　邮政编码：×××
　　联系电话：×××
　　联系　人：×××

(公　章)
×年×月×日

注：正文3号仿宋体字,存档(1)。

24. 听证笔录

第　　页,共　　页

案　由：_____
当事人：_____
法定代表人(负责人)：_____ 性别：_____ 年龄：_____ 联系方式：_____
地　址：_____
委托代理人：_____ 性别：_____ 年龄：_____ 职务：_____ 联系方式：_____
工作单位：_____ 地址：_____
案件承办人：_____ 部门：_____ 职务：_____
案件承办人：_____ 部门：_____ 职务：_____
听证主持人：_____ 记录人：_____
听证时间：_____年_____月_____日_____时_____分至_____时_____分
听证方式：_____
_____
_____
_____

记录：

当事人或委托代理人：×××(签字)　　　　　　　　×年×月×日
案件承办人：×××、×××(签字)　　　　　　　　×年×月×日
听证主持人：×××(签字)　　　　　　　　×年×月×日

　　注：听证笔录经当事人审核无误后逐页签字,修改处签字或按指纹,并在笔录上注明对笔录真实性的意见。案件承办人和听证主持人在笔录上签字。

25. 听证意见书

案　　由：×××
当事人：×××　　　　　　　　　　法定代表人(负责人)：×××
听证时间：×年×月×日×时×分至×时×分
听证主持人：×××　　　　　　　　听证方式：×××

案件基本情况：

申请人主要理由：

听证意见：

听证主持人签字：×××(签字)

×年×月×日

26. 行政处罚事先告知书

(××)食药监×罚告〔年份〕×号

×××：
　　经查，你(单位)×××的违法行为，违反了×××的规定，依据×××的规定，我局拟对你(单位)进行以下行政处罚：1.×××；2.×××；3.×××。
　　依据《中华人民共和国行政处罚法》第六条第一款、第三十一条规定，你(单位)可在收到本告知书之日起3日内到×××(地点)进行陈述、申辩。逾期视为放弃陈述、申辩。
　　特此告知。

(公　章)

×年×月×日

注：正文3号仿宋体字，存档(1)。

27. 行政处罚决定审批表

案　由:×××
当事人:×××
主要违法事实:×××

根据上述情况,拟对该单位(人)给予×××的行政处罚决定。

附件:×××

承办人:×××、×××(签字)
×年×月×日

承办部门负责人:×××(签字)
×年×月×日

审核部门意见:

负责人:×××(签字)
×年×月×日

审批意见:

负责人:×××(签字)
×年×月×日

28. 行政处罚决定书

(××)食药监×罚〔年份〕×号

当事人:×××
地址(住址):×××　　　　　　　　　　　　邮编:×××
营业执照或其他资质证明:×××　　　　　　编号:×××
组织机构代码(身份证)号:×××
法定代表人(负责人):×××　　　性别:×　　职务:×××
违法事实:×××

相关证据:×××

你(单位)的上述行为已违反了×××(法律法规名称及条、款、项)的规定:×××(法律法规具体条、款、项内容)。
行政处罚依据和种类:
依据×××(法律法规名称及条、款、项)的规定:×××(法律法规具体条、款、项内容)。
本局决定对你(单位)给予以下行政处罚:1.×××;2.×××;3.×××。
请在接到本处罚决定书之日起15日内将罚没款缴到×××银行。逾期不缴纳罚没款的,根据《中华人民共和国行政处罚法》第五十一条第一项的规定,每日按罚款数额的3%加处罚款,并将依法申请人民法院强制执行。
如不服本处罚决定,可在接到本处罚决定书之日起60日内向×××(上一级)食品药品监督管理局或者×××人民政府申请行政复议,也可以于3个月内依法向×××人民法院提起行政诉讼。

(公　章)
×年×月×日

注:正文3号仿宋体字,存档(1),必要时交×××人民法院强制执行(1)。

29. 当场行政处罚决定书

（××）食药监×当罚〔年份〕×号

当事人：×××
营业执照或其他资质证明：×××　　　　　　　　　　　　编号：×××
组织机构代码（身份证）号：×××
法定代表人（负责人）：×××　　　　性别：×　　　　职务：×××
地址（住址）：×××　　　　　　　　邮编：×××　　　电话：×××

　　你（单位）×××（违法行为）违反了×××（法律法规名称及条、款、项）的规定。依据×××（法律法规名称及条、款、项）的规定，决定对你（单位）给予以下行政处罚：1.×××；2.×××；3.×××。

　　罚款按以下方式缴纳：
　　1. 符合《中华人民共和国行政处罚法》第四十七条规定情形的，可以当场缴纳。
　　2. 自即日起15日内将罚款交到×××银行，逾期不缴纳罚款的，根据《中华人民共和国行政处罚法》第五十一条第（一）项的规定，每日按罚款数额的3%加处罚款，并依法申请人民法院强制执行。
　　如不服本处罚决定，可在接到本处罚决定书之日起60日内向×××（上一级）食品药品监督管理局或者×××人民政府申请行政复议，也可以于3个月内依法向×××人民法院提起行政诉讼。
　　处罚地点：×××
　　当事人：×××（签字）　　　　　　　　执法人员：×××、×××（签字）
　　　　×年×月×日

　　　　　　　　　　　　　　　　　　　　　　　　　　　　　　　（公　章）
　　　　　　　　　　　　　　　　　　　　　　　　　　　　　　　×年×月×日

注：正文3号仿宋体字，存档(1)，必要时交×××人民法院强制执行(1)。

30. 没收物品凭证

(××)食药监×物凭[年份]×号

案　由:×××
当事人:×××　　　　　　　　　地　址:×××
执行机关:×××

根据(××)食药监×罚[年份]×号《行政处罚决定书》的决定,对你(单位)的涉案物品进行没收。

附件:(××)食药监×物凭[年份]×号《没收物品清单》

(公　章)

×年×月×日

注:正文3号仿宋体字,存档(1),必要时交×××人民法院强制执行(1)。

31. 没收物品处理清单

（××）食药监×物处〔年份〕×号

根据（××）食药监 ×罚〔年份〕×号《行政处罚决定书》
当事人：×××　　　　　　地　址：×××　　　　　　　　电话：×××
执行处置单位：×××　　　地　址：×××　　　　　　　　电话：×××

没收物品处理情况明细表

物品名称	规格	单位	数量	处理方式	地点	经办人	备注

特邀参加人：×××（签字）　　　　　　承办人：×××、×××（签字）
　　×年×月×日　　　　　　　　　　　　　×年×月×日

32. 履行行政处罚决定催告书

(××)食药监 ×罚催[年份]×号

×××:

  我局于×年×月×日向你(单位)送达了(××)食药监 ×罚[年份]×号《行政处罚决定书》,决定对你(单位)进行如下行政处罚:1. ×××;2. ×××;3. ×××。并要求你(单位)×年×月×日前到×××银行缴纳罚没款。由于你(单位)至今未(全部)履行处罚决定,根据《中华人民共和国行政处罚法》第五十一条第一项的规定,我局决定自×年×月×日起每日按罚款额3%加处罚款。请接到本催告书后10个工作日内到×××银行缴清应缴罚没款及加处罚款×××。逾期我局将根据《中华人民共和国行政强制法》第五十三条、五十四条的规定,依法向人民法院申请强制执行。
  如你(单位)对我局作出的履行行政处罚决定催告不服,可于×年×月×日前进行陈述和申辩。

(公　章)

×年×月×日

注:正文3号仿宋体字,存档(1),必要时交×××人民法院强制执行(1)。

33. 行政处罚强制执行申请书

(××)食药监×罚强申〔年份〕×号

申请人:×××
地址:×××　　联系人:×××　　联系方式:×××
法定代表人:×××　　　　　　　　职务:×××
委托代理人:×××　　　　　　　　职务:×××
被申请人:×××
法定代表人(负责人):×××　　职务:×××　　联系电话:×××
×××人民法院:
　　申请人×××于×年×月×日对被申请人×××作出(××)食药监×罚〔年份〕×号行政处罚决定,并已于×年×月×日依法送达被申请人。
　　被申请人在法定期限内未履行该决定。申请人依据《中华人民共和国行政强制法》规定,于×年×月×日催告当事人履行行政处罚决定,被申请人逾期仍未履行。
　　根据《中华人民共和国行政处罚法》第五十一条第三项的规定,特申请贵院对下列行政处罚决定予以强制执行:
　　1.×××
　　2.×××

行政机关负责人:×××(签字)
(公　章)
×年×月×日

注:正文3号仿宋体字,存档(1)。

34. 陈述申辩笔录

第　　页,共　　页

案由:×××
当事人:×××
陈述申辩人:×××　　　　　　　　　　　　　联系方式:×××
委托代理人:×××　　　　　职务:×××　　　身份证号:×××
承办人:×××、×××　　　　　　　　　　　　记录人:×××
陈述申辩地点:×××　　　　　　　　　　　　时间:×年×月×日×时×分至×时×分
陈述申辩内容:

陈述申辩人:×××(签字)　　　承办人:×××、×××(签字)　　　记录人:×××(签字)
　　×年×月×日　　　　　　　　　　×年×月×日　　　　　　　　　　×年×月×日

35. 陈述申辩复核意见书

案　由:×××
当事人:×××　　　　　　　　法定代表人(负责人):×××
拟处罚意见:×××

陈述申辩基本情况:

　　附件:陈述申辩笔录

复核部门意见:

　　　　　　　　　　　　　　　　　　　　　　　　　　负责人:×××(签字)
　　　　　　　　　　　　　　　　　　　　　　　　　　　　×年×月×日

36.（　　）副页

第　　页,共　　页

37. (　　)物品清单

文书文号：　　　　　　　　　　　　　　　　　　　　　　　第　页,共　页

当事人：_____　　地　　址：_____

品名	标示生产企业 或经营单位	规格	生产批号 或生产日期	数量	单价	包装	备注
其他物品							

第　联

上述物品品种、数量经核对无误。

当事人签字：_____　　执法人员签字：_____、_____
　　　　年　月　日　　　　　　　　　　　　　年　月　日

注：存档(1)。此清单用于先行登记保存、先行登记保存物品处理、查封(扣押)、解除查封(扣押)、没收物品时使用,在(　)中注明具体使用项目。

38. 送达回执

受送达单位(人):×××
送达文书名称及文书编号:×××(可为多个文书)

送达方式:×××　　　　　　　　　送达地点:×××
送达人:×××(签字)　　　　　　　送达日期:×年×月×日×时×分
受送达单位(人):×××(签字)　　　送达日期:×年×月×日×时×分

备注:

39.（　　）审批表

案件名称：×××（当事人姓名或名称＋涉嫌构成的违法行为的概述＋案）
审批事项：×××

报请审批的理由及依据：×××

附件：×××

案件承办人：×××、×××（签字）
×年×月×日

承办部门意见：

部门负责人：×××（签字）
×年×月×日

审批意见：

分管负责人：×××（签字）
×年×月×日

40. 行政处罚结案报告

案　　由：×××
案件来源：×××
被处罚单位(人)：×××　　　　　　法定代表人(负责人)：×××
立案日期：×年×月×日　　　　　　处罚日期：×年×月×日
处罚文书号：(××)食药监×罚〔年份〕×号　　结案日期：×年×月×日
承办人：×××　　　　　　　　　　填写人：×××

处罚种类和幅度：

执行结果：

结案方式：1.自动履行　　2.复议结案　　3.诉讼结案　　4.强制执行　　5.其他

归档日期：×年×月×日　　　　档案归类：　　　　保存期限：

审批意见：

分管负责人：×××(签字)
×年×月×日

文书来源

国家食品药品监管总局关于印发《食品药品行政处罚文书规范》的通知

(2014年6月3日　食药监稽〔2014〕64号)

各省、自治区、直辖市食品药品监督管理局,新疆生产建设兵团食品药品监督管理局:

为落实《食品药品行政处罚程序规定》(国家食品药品监督管理总局令第3号),规范食品药品行政处罚行为,国家食品药品监督管理总局制定了《食品药品行政处罚文书规范》,现予印发,请各地参照执行。

食品药品行政处罚文书规范

第一章　总　则

第一条　为了规范食品药品行政处罚行为,根据《食品药品行政处罚程序规定》(国家食品药品监督管理总局令第3号),制定本规范。

第二条　食品药品行政处罚文书(以下简称文书)适用于食品、保健食品、药品、化妆品、医疗器械监督检查和行政处罚等执法活动。

第三条　本规范确定的各类文书格式由国家食品药品监督管理总局统一制定。各省、自治区、直辖市食品药品监督管理部门可以参照文书格式范本,制定本行政区域行政处罚所适用的文书格式。

第二章　文书类型

第四条　《案件来源登记表》,是食品药品监督管理部门对监督检查及抽验中发现的,公民、法人或者其他组织投诉举报的,上级机关交办或者下级机关报请查处的,有关部门移送或者经由其他方式、途径披露的案件,按照规定的权限和程序办理登记手续的文书。

处理意见,应当写明具体建议,如是否需要进一步核实等情况。

第五条　《立案审批表》,是指经食品药品监督管理部门初步核实,符合《食品药品行政处罚程序规定》第十八条规定的,报请分管负责人决定是否立案的文书。

第六条　《案件移送书》,是食品药品监督管理部门发现案件不属于本部门管辖,移送有管辖权的食品药品监督管理部门或者相关行政管理部门处理的文书。

填写主要案情及移送原因时,应当将拟移送的相关证据材料、有关物品等表述清楚。

第七条　《涉嫌犯罪案件移送审批表》,是食品药品监督管理部门发现案件涉嫌犯罪,需要移送司法机关追究刑事责任,报请本机关正职负责人或者主持工作的负责人审批的文书。

第八条　《涉嫌犯罪案件移送书》,是食品药品监督管理部门将涉嫌犯罪的案件,移送同级公安部门,并抄送同级人民检察院时使用的文书。

第九条　《查封(扣押)物品移交通知书》,是食品药品监督管理部门对公安机关决定立案的案件,自接到公安机关立案通知书之日起3日内将查封、扣押涉案物品以及与案件有关的其他材料移交公安机关,并书面告知当事人时使用的文书。

第十条　《询问调查笔录》,是在进行案件调查时依法向案件当事人、直接责任人或者其他被询问人询问的记录文书。

《询问调查笔录》,应当注明执法人员身份、证件名称、证件编号及调查目的。首次向案件当事人收集、调取证据的,应当告知其有申请办案人员回避的权利。

监督检查类别,应当准确注明食品、保健食品、药品、化妆品、医疗器械的品种类别和生产、经营、使用等环节类别。

调查记录,应当记录与案件有关的全部情况,包括时间、地点、主体、事件、过程、情节等。

第十一条　《现场检查笔录》,是食品药品监督管理部门在日常监督检查或者案件调查过程中,对现场进行实地检查、勘验情况记录的文书。

《现场检查笔录》,应当注明执法人员身份、证件名称、证件编号及检查目的。首次向案件当事人收集、调取证据的,应当告知其有申请办案人员回避的权利。

检查地点,应当写清勘验、检查地点的具体方位和具体地点。

检查时间,应当写明实施现场检查的起止时间。

第十二条　《案件调查终结报告》,是案件承办人在调查终结后撰写的调查报告,其内容一般包括当事人基本情况、案由、违法事实及证据、调查经过等,拟给予行政处罚的,还应当包括所适用的法律法规依据及处罚建议。

案情及违法事实,应简明扼要写清案件的调查经过和结果。违法事实包括当事人违法行为的时间、地点、情节、违法所得、货值金额、危害后果等。

处罚建议,应写明行政处罚种类、幅度、依据和理由。

第十三条　《先行登记保存物品通知书》,是食品药品监督管理部门通知当事人对涉案物品需要先行登记保存的文书。

《先行登记保存物品通知书》,应当写明保存条件、保存期限、保存地点以及保存证据等有关内容。

《先行登记保存物品通知书》与《( )物品清单》、《封条》

配套使用。

第十四条 《先行登记保存物品处理决定书》，是食品药品监督管理部门对先行登记保存的证据，依据《食品药品行政处罚程序规定》第二十六条规定，在7日内作出处理决定所使用的文书。

填写《先行登记保存物品处理决定书》的同时应当填写《( )物品清单》。

第十五条 《查封(扣押)决定书》，是食品药品监督管理部门通知当事人对其生产经营的涉嫌违法的产品、原料、工具设备、场所等采取强制性查封或者扣押的文书。

《查封(扣押)决定书》，应写明查封扣押物品或场所的地点、查封扣押物品保存条件。

《查封(扣押)决定书》与《( )物品清单》、《封条》配套使用。

第十六条 《封条》，是食品药品监督管理部门在实施先行登记保存、查封(扣押)时，对涉案场所、证物等采取保全措施或者行政强制措施时使用的文书。

《封条》上应当注明日期，加盖公章。

第十七条 《检验(检测、检疫、鉴定)告知书》，是食品药品监督管理部门对先行登记保存或查封(扣押)物品需进行检验(检测、检疫、鉴定)而告知当事人检验(检测、检疫、鉴定)时限的文书。

第十八条 《查封(扣押)延期通知书》，是食品药品监督管理部门在案件查办过程中，决定对已查封(扣押)物品或查封场所延长查封、扣押期限所使用的文书。

第十九条 《先行处理物品通知书》，是食品药品监督管理部门采取查封(扣押)行政强制措施后，对符合《食品药品行政处罚程序规定》第二十九条第二款规定的物品，经食品药品监督管理部门分管负责人批准，在采取相关措施留存证据后进行先行处理，通知当事人的文书。

第二十条 《解除查封(扣押)决定书》，是对已查封(扣押)物品或查封场所，符合《中华人民共和国行政强制法》第二十八条规定情形的，向当事人出具解除物品或场所控制的文书。同时，应附《(解除查封(扣押))物品清单》。

第二十一条 《案件合议记录》，是在案件调查终结后，由承办部门负责人组织案件承办人及有关人员对案件进行综合分析、审议时，记录案件讨论情况的文书。

讨论记录，要记载参加合议人员发表的意见，对不同意见和保留意见应当如实记录。

合议意见，是在合议人发表意见后形成的综合处理意见，参加合议人员有不同意见的应当予以注明。

合议结束后，记录人将合议记录交主持人和参加合议人员核对后签字。

第二十二条 《案件集体讨论记录》，是对情节复杂或者重大违法行为拟给予较重行政处罚时，记录食品药品监督管理部门负责人进行集体讨论时有关内容所填写的文书。该文书要求写明讨论过程中的重要意见及决定意见，并有主持人、记录人和参加人员签名。

第二十三条 《责令改正通知书》，是食品药品监督管理部门对已有证据证明有违法行为的，责令当事人改正或者限期改正违法行为时填写的文书。责令改正通知书应当写明当事人的违法事实、具体的责令改正意见、改正期限和法律依据。

第二十四条 《撤案审批表》，是案件立案后，经调查确认违法事实不成立或者属于不予行政处罚的情形，案件承办人报请分管负责人批准撤案的内部文书。

第二十五条 《听证告知书》，是对符合听证条件的案件，在作出行政处罚决定之前，告知当事人有权要求听证的文书。

《听证告知书》，应当告知当事人已经查明的违法事实、处罚依据、拟处罚种类和幅度。

第二十六条 《听证通知书》，是根据有权要求举行听证的当事人要求，食品药品监督管理部门决定举行听证时向当事人发出书面通知的文书。

《听证通知书》，应当写明举行听证的时间、地点、听证方式、申请回避的权利等内容。

第二十七条 《听证笔录》，是食品药品监督管理部门记录听证过程和内容的文书。

当事人委托代理人的，应当写明代理人的姓名、性别、职务、年龄、联系方式、工作单位等。

《听证笔录》，应当写明案件承办人、听证主持人、记录人、听证方式、听证地点、听证时间、案由以及案件承办人提出的事实、证据和行政处罚建议、当事人陈述申辩等内容。

第二十八条 《听证意见书》，是听证结束后，听证主持人就听证情况及听证人员对该案件的意见，以书面形式向本部门负责人正式报告的文书。

听证意见，是指听证主持人综合案件承办人员、当事人发表的意见以及证据，确认案件事实是否清楚、证据是否确凿、程序是否合法、适用法律是否准确，并明确提出对本案的处理意见。

第二十九条 《行政处罚事先告知书》，是作出行政处罚决定之前，告知当事人违法事实、相关证据、违反法律法规的条款、处罚理由和依据，以及当事人依法享有陈述申辩权的文书。

第三十条 《行政处罚决定审批表》，是作出行政处罚决定之前，由食品药品监督管理部门负责人对案件的调查结果及拟作出行政处罚意见进行审查的文书。

《行政处罚决定审批表》，包括案由、主要违法事实、证据、处罚依据和建议，承办处室负责人复核意见，食品药品监督管理部门负责人审批意见。

食品药品监督管理部门负责人审批日期，即为作出行政处罚决定的日期。

第三十一条 《行政处罚决定书》,是食品药品监督管理部门对事实清楚、证据确凿的违法案件,依法作出行政处罚决定的文书。

被处罚人是单位的填写单位全称,是个人的填写姓名。同时,还应写明被处罚人的地址。

《行政处罚决定书》,应当写明查实的违法事实、相关证据、违反的法律条款、行政处罚依据、行政处罚决定的内容,还应当将罚款缴往单位、地址和缴纳期限,复议和诉讼途径、方法和期限等事项进行告知。

第三十二条 《当场行政处罚决定书》,是执法人员对案情简单、违法事实清楚、证据确凿,适用简易程序的违法行为,当场作出行政处罚决定的文书。

第三十三条 《没收物品凭证》,是在行政处罚决定中适用没收物品处罚时填写的文书。

《没收物品凭证》应当与《行政处罚决定书》日期一致。

第三十四条 《没收物品处理清单》,是记录没收物品具体处理情况的文书。

处理方式,应当注明销毁(焚烧、深埋、粉碎、毁型、无害化处理)、移交、上交、拍卖等。地点,指物品销毁地点。经办人,是具体实施处理物品的人。

《没收物品处理清单》,应当有2名以上承办人签字。承办人是指该案的承办人。特邀参加人是指第三方人员。

《没收物品处理清单》,应当一案一单。

第三十五条 《履行行政处罚决定催告书》,是食品药品监督管理部门告知未及时或全部缴纳罚没款的当事人履行义务的期限、方式、金额,依法享有的陈述和申辩权的文书。

第三十六条 《行政处罚强制执行申请书》,是食品药品监督管理部门对当事人逾期不履行行政处罚决定书作出的处罚决定时,申请人民法院依法强制执行时使用的文书。

申请执行内容应当写明申请执行的事项,包括罚没款数额、没收物品名称及数量等。

附件,应当分项列明作为执行依据的《行政处罚决定书》、《没收物品凭证》、《没收物品处理清单》、《送达回执》等,以及法院认为需要提供的其他相关材料。

第三十七条 《陈述申辩笔录》,是食品药品监督管理部门记录当事人及陈述申辩人所做出的陈述和申辩事实、要求和理由的文书。

《陈述申辩笔录》,应当完整记录当事人提出的事实、理由。尽可能记录陈述申辩人原话,不能记原话的,应当真实表达陈述申辩人原意。

当事人委托代理人的,应当写明受委托代理人的姓名、职务、身份证号,受委托的代理人应当出具当事人的委托书。当事人提供书面陈述申辩材料的,可以代替陈述申辩笔录随卷保存。

第三十八条 《陈述申辩复核意见书》,是向当事人送达《行政处罚事先告知书》、《履行行政处罚决定催告书》以及采取强制措施后,根据当事人提出的陈述申辩理由,对案件进一步审核并提出意见的书面文书,应与《陈述申辩笔录》配套使用。

第三十九条 《( )副页》,用于《现场检查笔录》、《询问调查笔录》、《案件合议记录》、《陈述申辩笔录》、《案件集体讨论记录》、《听证笔录》、《听证意见书》等文书的续页,( )中应当填写相应文书名称,如《(现场检查笔录)副页》。

第四十条 《( )物品清单》,用于《先行登记保存物品通知书》、《先行登记保存物品处理通知书》、《查封(扣押)决定书》、《解除查封(扣押)决定书》、《没收物品凭证》、《先行处理物品通知书》等文书的附件,( )中应当填写相应文书名称,如《(先行登记保存)物品清单》。

文书编号,应当填写与《( )物品清单》配套使用的相应文书的编号。如:《(查封(扣押)物品清单》的文书文号为:(××)食药监×查扣[年份]×号。

第四十一条 《送达回执》,是食品药品监督管理部门将有关文书送达当事人或者相关部门的凭证。凡需送达当事人的告知类、通知类文书以及需有关部门签收的申请书、移送书等文书,均应使用《送达回执》。

送达方式,应当注明直接送达、邮寄送达、留置送达、委托送达、公告送达。

备注,用于说明有关事项,如采取邮寄送达的,应当将挂号回执和邮寄凭证粘贴在备注上,并用文字注明;当事人拒绝签收的,应在备注栏注明拒收事由,由见证人签字或盖章并标注日期。

第四十二条 《( )审批表》,是涉及行政处罚需要审批有关事项所使用的内部文书。

《( )审批表》适用于以下事项:办案人员回避审批;先行登记保存物品审批;实施查封(扣押)、延期查封(扣押)行政强制措施审批;先行处理物品审批;没收物品处理审批;延长办案期限审批;案件终止调查审批;延(分)期缴纳罚款审批;案件移送审批;申请强制执行审批等。

《( )审批表》不适用于立案审批;撤案审批;涉嫌犯罪案件移送审批;行政处罚决定审批。

( )中应当填写有关审批事项名称,如《(先行登记保存物品)审批表》。

附件中应当填写所附文字材料名称。

第四十三条 《行政处罚结案报告》,是食品药品监督管理部门对立案调查的案件在行政处罚决定履行或执行后,或者对不作行政处罚的案件,报请分管负责人批准结案填写的文书。

《行政处罚结案报告》,应当填写案由、案件来源、被处罚单位(人)、法定代表人(负责人)、立案日期、处罚日期、处罚文书号、结案日期、处罚种类和幅度、执行结果等内容。不作行政处罚的，应当写明理由。

第三章 制作要求

第四十四条 文书制作应当完整、准确、规范，符合相关要求。

除有特别要求的文书外，文书尺寸统一使用 A4（210mm＊297mm）纸张印制。

文书使用 3 号黑体；文书名称使用 2 号宋体；表格内文字使用 5 号仿宋。需加盖公章的制作式文书，正文内容使用 3 号仿宋字，公章与正文尽可能同处一页。文书页数在 2 页或 2 页以上的，需标注页码。同一文书正文尽量保持字体、字号一致，表格及填写式文书尽量一页排完。

文书排版可参照《党政机关公文格式》国家标准（GB/T9704-2012）有关规定执行。

第四十五条 填写式文书应当按照规定的格式，用蓝黑色或者黑色的墨水笔或者签字笔填写，保证字迹清楚、文字规范、页面清洁。文书栏目应当逐项填写（空项应当用杠线表示），有选择项的应当根据需要勾选。摘要填写，应当简明、完整、准确。签名和标注日期，必须清楚无误。有条件的，可以按照规定的格式打印。两联以上的文书应当使用无碳复写纸印制，并标注联号。第一联留存归档。

当事人认为现场填写的笔录文书有误，要求修改的，应当在修改处由当事人签字或者按指纹。

第四十六条 文书编号的形式为：（地区简称）＋食药监＋执法类别＋执法性质＋〔年份〕＋顺序号。

如：（京朝）食药监药查扣〔2013〕5 号。京朝→代表北京市食品药品监督管理局朝阳分局，食药监→代表行政机关代字，药→代表执法类别为药品类案件（如：食→代表食品类案件，健→代表保健食品类案件，妆→代表化妆品类案件，械→代表医疗器械类案件），查扣→代表查封（扣押）决定书，2013→代表年份，5 号→代表查封（扣押）决定书排序第 5 号。

第四十七条 文书本身设有当事人项目的，应当按以下要求填写：当事人为公民的，应与居民身份证的情况相一致；当事人为法人或者依法设立的其他组织的，应与营业执照或者登记文件上的名称一致；当事人为没有领取营业执照的法人分支机构的，以设立该分支机构的法人为当事人；个体工商户以营业执照上登记的业主为当事人；法人或者其他组织应登记而未登记即以法人或者其他组织名义进行生产经营活动，或者他人冒用法人、其他组织名义进行生产经营活动，或者法人或者其他组织依法终止后仍以其名义进行生产经营活动的，以直接责任人为当事人。

第四章 文书管理

第四十八条 各省、自治区、直辖市食品药品监督管理部门应当制定行政处罚文书管理制度，加强对文书的印制、使用、保存的管理。凡预盖印章的文书，应由专人负责编号、登记发放，严防丢失。

第四十九条 食品药品监督管理部门查处案件实行一案一卷。不能随文书装订立卷的录音、录像、摄影、拍照等实物证据，应当放入证据袋中，随卷归档，并在卷内列表注明录制内容、数量、时间、地点、制作人等。

第五十条 本规范中所列《现场检查笔录》、《询问调查笔录》、《先行登记保存物品通知书》、《查封（扣押）决定书》、《封条》、《责令改正通知书》等文书也可供日常检查使用。

第五章 附 则

第五十一条 本规范自发布之日起施行。2003 年 7 月 29 日原国家药品监督管理局《关于印发药品监督行政执法文书规范的通知》（国食药监市〔2003〕184 号）同时废止。

关联规定

食品药品行政处罚程序规定

（2014 年 4 月 28 日国家食品药品监督管理总局令第 3 号公布 自 2014 年 6 月 1 日起施行）

第一章 总 则

第一条 为规范食品药品监督管理部门行使行政处罚权，保护公民、法人和其他组织的合法权益，根据《中华人民共和国行政处罚法》（以下简称行政处罚法）、《中华人民共和国行政强制法》（以下简称行政强制法）、《中华人民共和国食品安全法》、《中华人民共和国药品管理法》等有关法律法规，制定本规定。

第二条 食品药品监督管理部门对违反食品、保健食品、药品、化妆品、医疗器械管理法律、法规、规章的单位或者个人实施行政处罚，应当遵照本规定。

第三条 食品药品监督管理部门实施行政处罚，遵循公开、公平、公正的原则，做到事实清楚、证据确凿、程序合法、法律法规规章适用准确适当、执法文书使用规范。

第四条 公民、法人或者其他组织对食品药品监督管理部门给予的行政处罚，享有陈述、申辩权；对行政处罚不服的，有权依法申请行政复议或者提起行政诉讼。

第五条 食品药品监督管理部门建立行政处罚监督制度。

上级食品药品监督管理部门对下级食品药品监督管理部门实施的行政处罚进行监督。上级食品药品监督管理部门对下级食品药品监督管理部门作出的违法或者不适当的行政处罚决定，责令其限期改正；逾期不改正的，依法予以变更或者撤销。

第二章 管 辖

第六条 行政处罚由违法行为发生地的食品药品监督管理部门管辖。

第七条 县（区）、市（地、州）食品药品监督管理部门依职权管辖本行政区域内的食品药品行政处罚案件。

省、自治区、直辖市食品药品监督管理部门依职权管辖本行政区域内重大、复杂的食品药品行政处罚案件。

国家食品药品监督管理总局依职权管辖应当由自己实施行政处罚的案件及全国范围内发生的重大、复杂的食品药品行政处罚案件。

省、自治区、直辖市食品药品监督管理部门可以依据法律法规和规章，结合本地区实际，规定本行政区域内级别管辖的具体分工。

第八条 县级以上食品药品监督管理部门可以在法定权限内委托符合行政处罚法第十九条规定条件的组织实施行政处罚。

受委托的组织应当在委托范围内，以委托部门的名义作出具体行政行为。委托部门应当对受委托组织的行政处罚行为及其相关的行政执法行为进行指导和监督，并对该行为的后果承担法律责任。

第九条 县级食品药品监督管理部门在乡镇或者区域设置的食品药品监督管理派出机构，依照法律法规和规章的规定，行使行政处罚权。

第十条 对当事人的同一违法行为，两个以上食品药品监督管理部门均有管辖权的，由先行立案的食品药品监督管理部门管辖。对管辖权有争议的，应当协商解决；协商不成的，报请共同的上一级食品药品监督管理部门指定管辖。

第十一条 上级食品药品监督管理部门认为必要时可以直接查处下级食品药品监督管理部门管辖的案件，也可以将自己管辖的案件移交下级食品药品监督管理部门查处。

下级食品药品监督管理部门对本部门管辖的案件由于特殊原因不能行使管辖权的，可以报请上级食品药品监督管理部门管辖或者指定管辖。

第十二条 上级食品药品监督管理部门接到管辖争议或者报请指定管辖请示后，应当在10个工作日内作出指定管辖的决定，并书面通知下级部门。

第十三条 食品药品监督管理部门发现案件不属于本部门管辖的，应当及时移送有管辖权的食品药品监督管理部门或者相关行政管理部门处理。

受移送的食品药品监督管理部门应当将案件查处结果及时函告移送案件的食品药品监督管理部门；认为移送不当的，应当报请共同的上一级食品药品监督管理部门指定管辖，不得再次移送。

第十四条 食品药品监督管理部门在查处案件时，发现违法行为涉嫌犯罪的，应当按照《行政执法机关移送涉嫌犯罪案件的规定》的要求，及时移送同级公安机关。

公安机关决定立案的，食品药品监督管理部门应当自接到公安机关立案通知书之日起3日内将涉案物品以及与案件有关的其他材料移交公安机关，并办结交接手续；对涉案的查封扣押物品，还应当填写查封扣押物品移交通知书，并书面告知当事人。

第十五条 食品药品监督管理部门办理行政处罚案件需要其他地区食品药品监督管理部门协助调查、取证的，应当出具协助调查函。协助部门一般应当在接到协助调查函之日起15个工作日内完成相关工作；需要延期完成的，应当及时告知提出协查请求的部门。

第十六条 依法应当吊销食品药品行政许可证或者撤销批准证明文件的，由原发证或者批准的食品药品监督管理部门决定。

食品药品监督管理部门查处违法案件，对依法应当吊销许可证或者撤销批准证明文件的，在其权限内依法实施行政处罚的同时，应当将取得的证据及相关材料报送原发证、批准的食品药品监督管理部门，由原发证、批准的部门依法作出是否吊销许可证或者撤销批准证明文件的行政处罚决定。需由国家食品药品监督管理总局撤销批准证明文件的，由省、自治区、直辖市食品药品监督管理部门报国家食品药品监督管理总局决定。

原发证、批准的部门依法作出吊销许可证和撤销批准证明文件的行政处罚决定，依照本规定进行。

第三章 立 案

第十七条 食品药品监督管理部门应当对下列事项及时调查处理：

（一）在监督检查及抽验中发现案件线索的；

（二）公民、法人或者其他组织投诉、举报的；

（三）上级机关交办或者下级机关报请查处的；

（四）有关部门移送或者经由其他方式、途径披露的。

符合立案条件的，应当在7个工作日内立案。

第十八条 立案应当符合下列条件：

（一）有明确的违法嫌疑人；

（二）有违法事实；

（三）属于食品药品监督管理行政处罚的范围；

（四）属于本部门管辖。

符合立案条件的，应当报分管负责人批准立案，并确定2名以上执法人员为案件承办人。

第十九条 办案人员有下列情形之一的，应当自行回避；当事人也有权申请其回避：

（一）是本案的当事人或者当事人的近亲属；

(二)与本案有直接利害关系;
(三)与本案当事人有其他关系,可能影响案件公正处理的。

办案人员的回避由食品药品监督管理部门分管负责人决定,负责人的回避由部门其他负责人集体研究决定。

回避决定作出前,被申请回避人员不得擅自停止对案件的调查处理。

第四章 调查取证

第二十条 食品药品监督管理部门进行案件调查时,执法人员不得少于2人,并应当出示执法证件。

首次向案件当事人收集、调取证据的,应当告知其有申请办案人员回避的权利。

被调查人或者有关人员应当如实回答询问并协助、配合调查,及时提供依法应当保存的票据、凭证、记录等相关材料,不得阻挠、干扰案件的调查。

办案过程中涉及国家秘密、商业秘密和个人隐私的,执法人员应当保守秘密。

第二十一条 执法人员进行现场调查时,应当制作笔录。笔录应当注明执法人员身份、证件名称、证件编号及调查目的。执法人员应当在笔录上签字。

笔录经核对无误后,被调查人应当在笔录上逐页签字或者按指纹,并在笔录上注明对笔录真实性的意见。笔录修改处,应当由被调查人签字或者按指纹。

第二十二条 办案人员应当依法收集与案件有关的证据。证据包括书证、物证、视听资料、证人证言、当事人陈述、检验报告、鉴定意见、调查笔录、电子数据、现场检查笔录等。

立案前调查或者检查过程中依法取得的证据,可以作为认定事实的依据。

第二十三条 调取的证据应当是原件、原物。调取原件、原物确有困难的,可以由提交证据的单位或者个人在复制品上签字或者加盖公章,并注明"此件由×××提供,经核对与原件(物)相同"的字样或者文字说明。

第二十四条 在中华人民共和国领域外形成的证据,应当说明来源,经所在国公证机关证明,并经中华人民共和国驻该国使领馆认证,或者履行中华人民共和国与证据所在国订立的有关条约中规定的证明手续。

境外证据所包含的语言、文字应当提供经具有翻译资质的机构翻译的或者其他翻译准确的中文译文。

在中华人民共和国香港特别行政区、澳门特别行政区和台湾地区形成的证据,应当按照有关规定办理证明手续。

第二十五条 在证据可能灭失或者以后难以取得的情况下,经分管负责人批准,可以先行登记保存,并向当事人出具先行登记保存物品通知书。先行登记保存期间,当事人或者有关人员不得损毁、销毁或转移证据。

第二十六条 食品药品监督管理部门对先行登记保存的证据,应当在7日内作出以下处理决定:
(一)需要采取证据保全措施的,采取记录、复制、拍照、录像等证据保全措施后予以返还;
(二)需要检验、检测、检疫、鉴定的,送交检验、检测、检疫、鉴定;
(三)依法应当予以没收的,作出行政处罚决定,没收违法物品;
(四)需要查封、扣押的,依法采取查封、扣押措施;
(五)违法事实不成立,或者违法事实成立但依法不应当予以查封、扣押或者没收的,解除先行登记保存措施。

逾期未作出处理决定的,应当解除先行登记保存。

第二十七条 食品药品监督管理部门在案件调查时,经分管负责人批准可以依法采取查封、扣押等行政强制措施,执法人员应当向当事人出具查封、扣押决定书。

情况紧急,需要当场采取查封、扣押措施的,执法人员应当在查封扣押后24小时内向分管负责人报告,并补办批准手续。分管负责人认为不应当采取行政强制措施的,应当立即解除。

第二十八条 食品药品监督管理部门实施先行登记保存或者查封、扣押时,应当通知当事人到场,并在现场检查笔录中对采取的相关措施情况予以记载。

对查封、扣押的场所、设施或者财物,应当使用盖有本部门公章的封条就地或者异地封存,当事人不得擅自启封。

对先行登记保存或者查封、扣押的物品应当开列物品清单,由执法人员、当事人或者有关人员签字或者加盖公章。

第二十九条 查封、扣押的场所、设施或者财物应当妥善保管,不得使用、损毁或者擅自转移、处置。

对容易腐烂、变质的物品,法律法规规定可以直接先行处理的,或者当事人同意先行处理的,经食品药品监督管理部门分管负责人批准,在采取相关措施留存证据后可以先行处理。

第三十条 查封、扣押的期限不得超过30日;情况复杂的,经食品药品监督管理部门分管负责人批准,可以延长,但延长的期限不得超过30日。

作出延长查封、扣押期限决定后应当及时填写查封扣押延期通知书,书面告知当事人,并说明理由。

对物品需要进行检验、检测、检疫或者鉴定的,应当填写检验(检测、检疫、鉴定)告知书。查封、扣押的期间不包括检验、检测、检疫或者鉴定的期间。

符合行政强制法第二十八条规定的,应当解除查封、扣押。

第三十一条 执法人员在调查取证过程中,要求当事人在笔录或者其他材料上签名、盖章或者以其他方式确认,当事人拒绝到场、拒绝签名、盖章或者以其他方式确认,或者无法找到当事人的,应当由两名执法人员在笔录或者其他材料上注明原因,并邀请有关人员作为见证人签字或者盖章,也可以采取录音、录像等方式记录。

第三十二条 执法人员调查违法事实,需要抽取样品检验的,应当按照有关规定抽取样品。检验机构应当在规定时限内及时进行检验。

第三十三条 案件调查终结后,案件承办人应当撰写调查终结报告,简易程序除外。调查终结报告内容包括:当事人基本情况、案由、违法事实及证据、调查经过等;拟给予行政处罚的,还应当包括所适用的依据及处罚建议。

第三十四条 食品药品监督管理部门进行案件调查时,对已有证据证明有违法行为的,应当出具责令改正通知书,责令当事人改正或者限期改正违法行为。

第五章 处罚决定

第一节 一般程序

第三十五条 承办人提交案件调查终结报告后,食品药品监督管理部门应当组织3名以上有关人员对违法行为的事实、性质、情节、社会危害程度、办案程序、处罚意见等进行合议。

合议应当根据认定的事实,提出予以处罚、补充证据、重新调查、撤销案件或者其他处理意见。

第三十六条 食品药品监督管理部门在作出处罚决定前应当填写行政处罚事先告知书,告知当事人违法事实、处罚的理由和依据,以及当事人依法享有的陈述、申辩权。

食品药品监督管理部门应当充分听取当事人的陈述和申辩。当事人提出的事实、理由或者证据经复核成立的,应当采纳。

食品药品监督管理部门不得因当事人申辩而加重处罚。

第三十七条 食品药品监督管理部门在作出责令停产停业、吊销许可证、撤销批准证明文件、较大数额罚款、没收较大数额财物等行政处罚决定前,应当告知当事人有要求举行听证的权利。当事人要求听证的,应当按照法定程序组织听证。

较大数额罚款的标准,按照地方性法规、地方政府规章等有关规范性文件的规定执行。

第三十八条 拟作出的行政处罚决定应当报食品药品监督管理部门负责人审查。食品药品监督管理部门负责人根据不同情况,分别作出如下决定:

(一)确有应受行政处罚的违法行为的,根据情节轻重及具体情况,作出行政处罚决定;

(二)违法行为轻微,依法可以不予行政处罚的,不予行政处罚;

(三)违法事实不能成立的,不得给予行政处罚;

(四)违法行为已构成犯罪的,移送公安机关。

第三十九条 对情节复杂或者重大违法行为给予较重的行政处罚,应当由食品药品监督管理部门负责人集体讨论决定。集体讨论决定的过程应当有书面记录。

重大、复杂案件标准由各省、自治区、直辖市食品药品监督管理部门根据实际确定。

第四十条 食品药品监督管理部门作出行政处罚决定,应当制作行政处罚决定书。

行政处罚决定书应当载明下列事项:

(一)当事人的姓名或者名称、地址;

(二)违反法律、法规或者规章的事实和证据;

(三)行政处罚的种类和依据;

(四)行政处罚的履行方式和期限;

(五)不服行政处罚决定,申请行政复议或者提起行政诉讼的途径和期限;

(六)作出行政处罚决定的食品药品监督管理部门名称和作出决定的日期。

行政处罚决定中涉及没收食品药品或者其他有关物品的,还应当附没收物品凭证。

行政处罚决定书应当盖有作出行政处罚决定的食品药品监督管理部门的公章。

第四十一条 除依法应当予以销毁的物品外,食品药品监督管理部门对依法没收的非法财物,经分管负责人批准,依照行政处罚法第五十三条规定予以处理。处理的物品应当核实品种、数量,并填写清单。

第二节 简易程序

第四十二条 违法事实确凿并有法定依据,对公民处以50元以下、对法人或者其他组织处以1000元以下罚款或者警告的行政处罚的,可以当场作出行政处罚决定。

第四十三条 执法人员当场作出行政处罚决定的,应当向当事人出示执法证件,填写预定格式、编有号码并加盖食品药品监督管理部门公章的当场行政处罚决定书。

当场行政处罚决定书应当当场交付当事人,当事人签字或者盖章签收。

第四十四条 执法人员当场作出的行政处罚决定,应当在7个工作日以内报所属部门备案。

第六章 送 达

第四十五条 行政处罚决定书应当在宣告后当场交付当事人;当事人不在场的,应当在7日内依照本章规定,将行政处罚决定书送达当事人。

行政处罚决定书由承办人直接送交当事人签收。受送达人是公民的,本人不在时,交其同住成年家属签收;受送达人是法人的,应当由其法定代表人签收;受送达人是其他组织的,由其主要负责人签收。受送达人有代理人的,可以送交代理人签收。

受送达人应当在送达回执上注明收到日期并签字或者盖章。签收日期即为送达日期。

第四十六条 受送达人或者其同住成年家属拒收行政处罚决定书的,送达人可以邀请有关基层组织或者所在单位人员到场并说明情况,在送达回执上注明拒收事由和日期,由送达人、见证人签字或者盖章,将行政处罚决定书留在受送达人的住所,即视为送达。

第四十七条 直接送达有困难的,可以委托就近的食品药品监督管理部门代为送达或者邮寄送达。邮寄送达的,回执注明的收件日期即为送达日期。

国家食品药品监督管理总局作出的撤销食品药品批准证明文件的行政处罚,交由当事人所在地的省、自治区、直辖市食品药品监督管理部门送达。

第四十八条 受送达人下落不明,或者依据本章规定的其他方式无法送达的,公告送达。自发出公告之日起60日即视为送达。

公告送达,可以在受送达人原住所地张贴公告,也可以在报纸、电视等刊登公告。

公告送达,应当在案卷中载明公告送达的原因和经过。

第七章 执行与结案

第四十九条 行政处罚决定书送达后,当事人应当在处罚决定的期限内予以履行。

当事人确有经济困难,可以提出延期或者分期缴纳罚款的申请,并提交书面材料。经案件承办人员审核,确定延期或者分期缴纳罚款的期限和金额,报分管负责人批准后执行。

第五十条 当事人对行政处罚决定不服,申请行政复议或者提起行政诉讼的,行政处罚不停止执行,但行政复议或者行政诉讼期间决定或者裁定停止执行的除外。

第五十一条 作出罚款和没收违法所得决定的食品药品监督管理部门应当与收缴罚没款的机构分离。除按规定当场收缴的罚款外,执法人员不得自行收缴罚没款。

第五十二条 依据本规定当场作出行政处罚决定,有下列情形之一的,执法人员可以当场收缴罚款:

(一)依法给予20元以下罚款的;
(二)不当场收缴事后难以执行的。

第五十三条 在边远、水上、交通不便地区,食品药品监督管理部门及其执法人员依照本规定作出处罚决定后,当事人向指定的银行缴纳罚款确有困难的,经当事人提出,执法人员可以当场收缴罚款。

第五十四条 食品药品监督管理部门及其执法人员当场收缴罚款的,应当向当事人出具省、自治区、直辖市财政部门统一制发的罚款收据。

执法人员当场收缴的罚款,应自收缴罚款之日起2日内交至食品药品监督管理部门;食品药品监督管理部门应当在2日内将罚款缴付指定的银行。

第五十五条 当事人在法定期限内不申请行政复议或者提起行政诉讼,又不履行行政处罚决定的,食品药品监督管理部门应当向人民法院申请强制执行。

食品药品监督管理部门申请人民法院强制执行前应当填写履行行政处罚决定催告书,书面催告当事人履行义务,并告知履行义务的期限和方式、依法享有的陈述和申辩权,涉及加处罚款的,应当有明确的金额和给付方式。

加处罚款的总数额不得超过原罚款数额。

当事人进行陈述、申辩的,食品药品监督管理部门应当对当事人提出的事实、理由和证据进行记录、复核,并制作陈述申辩笔录、陈述申辩复核意见书。当事人提出的事实、理由或者证据成立的,食品药品监督管理部门应当采纳。

履行行政处罚决定催告书送达10个工作日后,当事人仍未履行处罚决定的,食品药品监督管理部门可以申请人民法院强制执行,并填写行政处罚强制执行申请书。

第五十六条 行政处罚决定履行或者执行后,办案人应当填写行政处罚结案报告,将有关案件材料进行整理装订,归档保存。

第八章 附 则

第五十七条 本规定中的期限以时、日计算,开始的时和日不计算在内。期限届满的最后一日是节假日的,以节假日后的第一日为届满的日期。法律、法规另有规定的除外。

第五十八条 本规定中的"以上"、"以下"、"以内",均包括本数。

第五十九条 各省、自治区、直辖市食品药品监督管理部门可以根据本行政区域实际制定本规定的实施细则。

第六十条 国家食品药品监督管理总局负责制定行政处罚所适用的文书格式范本。各省、自治区、直辖市食品药品监督管理部门可以参照文书格式范本,制定本行政区域行政处罚所适用的文书格式并自行印制。

第六十一条 本规定自2014年6月1日起施行。2003年4月28日公布的《药品监督行政处罚程序规定》(原国家食品药品监督管理局令第1号)同时废止。

食品药品行政处罚案件信息公开实施细则(试行)

(2014年8月11日 食药监稽〔2014〕166号)

第一条 为促进食品药品行政处罚案件信息公开、规范运行,保障公众的知情权、参与权和监督权,根据国务院《关于依法公开制售假冒伪劣商品和侵犯知识产权行政处罚案件信息的意见(试行)》(国发〔2014〕6号),制定本细则。

第二条 本细则所称行政处罚案件信息,是指食品药品监督管理部门适用一般程序,依法查办的食品药品行政处罚案件的相关信息。

第三条 国家食品药品监督管理总局负责指导、协调、监督全国食品药品行政处罚案件信息公开工作。

县级以上食品药品监督管理部门负责公开本行政机关查办的行政处罚案件信息。

第四条 行政处罚案件信息公开应当遵循公平、公正、便民的原则,及时、准确地公开行政处罚案件信息。

第五条 县级以上食品药品监督管理部门,应当建立完善行政处罚案件信息公开制度,指定专门机构负责本部门行政处罚案件信息公开日常工作。该机构具体职责如下:

(一)监督、指导和考核下级食品药品监督管理部门行政处罚案件信息公开工作;

(二)组织制定本部门行政处罚案件信息公开的管理制度和工作程序;

(三)负责行政处罚案件公开信息的内部审核和信息发布;

(四)及时维护和更新本部门公开的行政处罚案件信息;

(五)本部门有关行政处罚案件信息公开的其他工作。

第六条 食品药品监督管理部门应当在职责权限范围内向社会主动公开以下行政处罚案件信息:

(一)行政处罚决定书文号、案件名称;

(二)被处罚的自然人姓名,被处罚的企业或其他组织的名称、组织机构代码、法定代表人姓名;

(三)违反法律、法规或规章的主要事实;

(四)行政处罚的种类、依据;

(五)行政处罚的履行方式和期限;

(六)作出处罚决定的行政执法机关名称和日期。

行政处罚案件的违法主体涉及未成年人的,应当对未成年人的姓名等可能推断出该未成年人的信息采取符号替代或删除方式进行处理。

第七条 适用一般程序,依法查办的食品药品行政处罚案件信息原则上都应当公开,下列情形除外:

(一)涉及国家秘密,或者可能危及国家安全、公共安全、经济安全和社会稳定的信息;

(二)涉及商业秘密以及自然人身份证号码、住所、肖像、电话号码、财产状况等个人隐私的信息;

(三)行政机关内部管理信息以及处于讨论、研究或者审查中的过程性信息;

(四)法律、法规规定的其他不宜公开的信息。

第八条 食品药品监督管理部门应对不予公开的行政处罚案件信息进行审查。按照本细则第七条第(一)项的规定决定不予公开相关信息的,应当写明理由并报上一级机关批准;本细则第七条其他不予公开的行政处罚案件信息,报请本部门主要负责人批准。

对本细则第七条第(二)项规定的信息,经权利人同意公开或者食品药品监督管理部门认为不公开可能对公共利益造成重大影响的,经本部门主要负责人批准,可以予以公开,并将决定公开的内容和理由书面通知权利人。

第九条 行政处罚案件信息主要通过政务网站公开,也可同时以公告栏、新闻发布会、报刊、广播和电视等便于公众知晓、查询的方式公开。

第十条 属于主动公开范围的行政处罚案件信息,自行政执法机关作出处罚决定或处罚决定变更之日起20个工作日内予以公开,公开期间不少于2年。

第十一条 各级食品药品监督管理部门应当建立健全行政处罚案件信息公开协调机制。涉及其他行政机关的,应当在信息公开前进行沟通、确认,保证所公开的信息准确一致。

第十二条 各级食品药品监督管理部门应当建立健全行政处罚案件信息公开工作考核制度、社会评议制度和责任追究制度,定期对行政处罚案件信息公开工作进行考核、评议。

第十三条 行政处罚案件信息公开机构违反本细则规定,有下列情形之一的,上级食品药品监督管理部门应当责令改正;情节严重的,应建议地方政府对负有直接责任的主管人员和其他直接责任人员依法给予行政处分:

(一)不依法履行行政处罚案件信息公开义务的;

(二)不及时更新行政处罚案件信息内容的;

(三)在公开行程处罚案件信息过程中违反规定收取费用的;

(四)公开不应当公开的行政处罚案件信息的;

(五)违反本细则规定的其他行为。

第十四条 本细则由国家食品药品监督管理总局负责解释。

第十五条 本细则自印发之日起施行。

二、食品药品行政复议文书

1. 行政复议申请书

申请人:(姓名)_____ 性别_____ 出生年月_____
身份证(其他有效证件)号码_____ 工作单位_____
住所(联系地址)_____ 邮政编码_____ 电话_____
法人或者其他组织(名称)_____
住所(联系地址)_____ 邮政编码_____ 电话_____
法定代表人或者主要负责人(姓名)_____ 职务_____
代理人:(姓名)_____ 电话_____
被申请人:(名称)_____
申请人不服被申请人(写明具体行政行为)_____,现申请行政复议。
行政复议请求:_____
_____
_____
_____
_____
_____。

事实和理由:_____
_____
_____
_____
_____。

此致

国家食品药品监督管理局

附件:1. 申请书副本____份
  2. 申请人身份证明材料复印件
  3. 其他有关材料____份
  4. 授权委托书(有代理人的)、代理人身份证明材料复印件

申请人:_____(签名或者盖章)
_____年____月____日

2. 行政复议授权委托书

委托人:(姓名)_____ 性别_____ 出生年月_____ 身份证号码_____
住所(联系地址)_____ 邮政编码_____ 联系电话_____
委托单位:(名称)_____ 住所(联系地址)_____
邮政编码_____ 联系电话_____
法定代表人或主要负责人(姓名)_____ 职务_____
代理人:(姓名)_____ 性别_____ 出生年月_____ 身份证号码_____
工作单位_____ 住所(联系地址)_____
邮政编码_____ 联系电话_____

我(们/单位)不服(被申请人)(具体行政行为)_____,向国家食品药品监督管理局提出行政复议申请,现委托_____(代理人姓名)_____在我(们/单位)与_____(被申请人全称)_____一案中,作为我(们/单位)参加行政复议的代理人。

委托期限为:_____
代理权限如下:_____

委托人(签字或者盖章):
(委托单位法定代表人或主要负责人签字或者盖章):
代理人(签字或者盖章):

____年____月____日
(委托单位公章)

填写说明:

1. 一般授权委托书只授予代理人代为进行行政复议程序的权利,而无权处分实体权利,在委托书上只需写明"一般委托"即可。特别授权代理,还授予代理人一定的处分实体权利的权利,如撤回、变更行政复议请求、进行和解、调解、提出、放弃、变更行政赔偿请求等。特别授权要对所授予的实体权利作出列举性的明确规定,否则视为一般委托。
2. 授权委托书须由委托人、代理人双方签名或者盖章。
3. 以律师身份代理的,需同时提交所在律师事务所相关证明材料。

3. 行政复议案件立案审查表

编号：

案　由	
申请人	联系电话
被申请人	
第三人	
申请时间	
行政复议请求	
承办人意见	
承办人所在部门意见	
行政复议办公室负责人意见	
分管局长意见	

4. 补正行政复议申请通知书

食药监复补字〔　〕　号

(申请人)_____：

　　你(们/单位)对(被申请人)_____(具体行政行为)_____不服，提出行政复议申请。本机关于____年___月___日收到你(们/单位)行政复议申请材料。经审查，本机关认为：该行政复议申请(如复议请求不明确，材料不齐全等)_____，需要补正以下材料：(应注明需补正的材料要求)_____

_____。

　　请你(们/单位)接到本通知书后，于___日内补正申请材料。根据《中华人民共和国行政复议法实施条例》第二十九条的规定，补正申请材料所用时间不计入行政复议审理期限。无正当理由逾期不补正的，视为放弃行政复议申请。

　　特此通知。

_____年___月___日
(国家食品药品监督管理局
行政复议办公室印章)

5. 行政复议受理通知书

                  食药监复受字〔　　〕　　号

(申请人)_____：
  你(们/单位)对(被申请人)_____(具体行政行为、文书编号)_____不服,申请行政复议。我局已决定受理。
  特此通知

                      ____年____月____日
                   (国家食品药品监督管理局
                    行政复议办公室印章)

6. 行政复议不予受理决定书

                 国食药监复不受字〔　　〕　　号

申请人：(姓名)_____
住所(联系地址)_____
法人或者其他组织(名称)_____
住所(联系地址)_____
法定代表人或者主要负责人(姓名)_____职务_____
被申请人：(名称)_____
住所(联系地址)_____
法定代表人或者主要负责人(姓名)_____职务_____
申请人对被申请人(具体行政行为)_____
_____不服,向本机关提出行政复议申请。经审查,本机关认为:(不予受理的事实和理由)_____。
根据《中华人民共和国行政复议法》第____条、第十七条的规定,决定不予受理。

                      ____年____月____日
                 (国家食品药品监督管理局印章)

7. 行政复议告知书

食药监复告字〔　〕　号

（申请人）　　　　　　：

　　你(们/单位)对(被申请人)　　　　　　(具体行政行为)　　　　　　不服,向本机关提出的行政复议申请,依法应当向(有权管辖的行政复议机关)　　　　　　提出(自提出行政复议申请之日起至收到本告知书之日止的时间,不计入法定申请期限)。

　　特此告知。

＿＿＿年＿＿月＿＿日
（国家食品药品监督管理局
行政复议办公室印章）

8. 第三人参加行政复议通知书

食药监复参字〔　〕　号

（第三人）　　　　　　：

　　(申请人)　　　　　　对(被申请人)　　　　　　(具体行政行为)　　　　　　不服提出的行政复议申请,本机关已依法予以受理。经审查,本机关认为你(们/单位)与被申请行政复议的具体行政行为有利害关系,现根据《中华人民共和国行政复议法实施条例》第九条的规定,通知你(们/单位)作为本案第三人参加行政复议,并将行政复议申请书副本发送你(们/单位)。请你(们/单位)自收到本通知书之日起10日内,向本机关提交有关行政复议请求的书面意见、证据及有关材料。

　　特此通知。

附:行政复议申请书副本1份

＿＿＿年＿＿月＿＿日
（国家食品药品监督管理局
行政复议办公室印章）

9. 行政复议答复通知书

食药监复答字〔　〕　　号

（被申请人）_____：
　　（申请人）_____对你单位（具体行政行为）_____不服提出的行政复议申请，本机关已依法受理（受理通知书文号：_____）。请你单位在收到本通知书之日起10日内，依法提交以下材料：
　　1. 针对该行政复议申请的书面答复。《行政复议答复书》应当包括作出具体行政行为的事实经过和依据，并应当针对申请人的行政复议请求和理由，逐项提出意见；
　　2. 当初作出该具体行政行为的证据、依据和其他有关材料；
　　3. 你单位行政复议案件联系人的姓名、联系方式。
　　根据《行政复议法》第二十八条的规定，逾期未提交书面答复、当初作出具体行政行为的证据、依据和其他有关材料的，视为该具体行政行为没有证据、依据，将依法撤销该具体行政行为。
　　特此通知。

附件：行政复议申请书副本1份及相关材料

____年___月___日
（国家食品药品监督管理局
行政复议办公室印章）

10. 行政复议听证通知书

食药监复听字〔　〕　　号

（听证会参加人姓名或者名称）_____：
　　（申请人姓名）_____不服（被申请人姓名）_____作出的（具体行政行为）_____，向本机关申请行政复议，本机关已经受理。为查明案件事实，决定举行听证，向你（单位）了解有关情况。请你（单位）按照通知要求准时参会。
　　有关事项通知如下：
　　请携带相关证据材料的原件。
　　如果是代理人出席听证会的，请携带委托人出具的授权委托书，并注明代理人姓名、身份证号码。代理人出席听证会时需提供身份证，供本机关核实。
　　时　　间：_____
　　地　　点：_____
　　联系电话：_____
　　联 系 人：_____

____年___月___日
（国家食品药品监督管理局
行政复议办公室印章）

11. 行政复议听证笔录

案由：_____（写明相关的案件事由）_____。
听证时间：____年___月___日___午___时___分至___午___时___分
地　点：_____
主持人：_____
听证员：_____
记录人：_____
申请人：_____
被申请人：_____
第三人：_____
证　人：_____
审理记录：_____

申请人：_____　　　　　　被申请人：_____
（签字或盖章）　　　　　　　　（签字或盖章）
第三人：_____　　　　　　证　　人：_____
（签字或盖章）　　　　　　　　（签字或盖章）

12. 行政复议调查笔录

第　页　共　页

时　间：
地　点：
调查人：
被调查人：

经被调查人确认，以上情况属实。

签字：　　　　　　　　　年　月　日

13. 停止执行具体行政行为通知书

国食药监复停字〔　〕　号

(被申请人)_____:

　　(申请人)_____对你机关(具体行政行为)_____不服提出的行政复议申请,本机关依法已予受理。经审查,本机关认为:(需要停止执行的事实和理由)_____

_____。根据《中华人民共和国行政复议法》第二十一条的规定,决定自____年___月___日起至作出行政复议决定之日,停止该具体行政行为的执行。

　　特此通知。

____年___月___日
(国家食品药品监督管理局印章)

抄送:申请人、第三人

14. 中止行政复议通知书

食药监复中字〔　〕　号

(申请人)_____:

　　你(单位)不服(被申请人)_____(具体行政行为)_____提出的行政复议申请,本机关依法已予受理。(中止审理的事由)_____。根据《中华人民共和国行政复议法》第（　）条或者《中华人民共和国行政复议法实施条例》第四十一条第一款第(　)项的规定,现决定自____年___月___日起中止该行政复议案件的审理。行政复议中止原因消除后,本机关将恢复该行政复议案件的审理。

　　特此通知。

____年___月___日
(国家食品药品监督管理局
行政复议办公室印章)

抄送:(被申请人、第三人)

15. 恢复行政复议通知书

食药监复恢字〔 〕 号

(申请人)_____：

你(单位)不服(被申请人)_____(具体行政行为)_____提出的行政复议申请,本机关已依法中止本案审理(中止行政复议通知书文号:_____)。现行政复议中止的原因已消除,根据《中华人民共和国行政复议法实施条例》第四十一条第二款的规定,从即日起恢复该行政复议案件的审理。

特此通知。

____年___月___日
(国家食品药品监督管理局
行政复议办公室印章)

抄送:(被申请人、第三人)

16. 延期审理通知书

国食药监复延字〔 〕 号

(申请人)_____：

你(们/单位)不服(被申请人)_____(具体行政行为)_____提出的行政复议申请,本机关依法已予受理。因情况复杂,不能在规定期限内作出行政复议决定。根据《中华人民共和国行政复议法》第三十一条第一款的规定,行政复议决定延期至____年___月___日前作出。

特此通知。

____年___月___日
(国家食品药品监督管理局印章)

抄送:(被申请人、第三人)

17. 行政复议决定书

国食药监复决字〔　〕　号

申请人:(姓名)_____
住所(联系地址)_____
法人或者其他组织(名称)_____
住所(联系地址)_____
法定代表人或者主要负责人(姓名)_____ 职务_____
委托代理人:(姓名)_____ 住所(联系地址)_____
被申请人:(名称)_____
住所_____
法定代表人或者主要负责人(姓名)_____ 职务_____
第三人:(姓名/名称)_____ 住所(联系地址)_____
委托代理人:(姓名)_____ 住所(联系地址)_____

申请人不服被申请人(具体行政行为)_____,向本机关申请行政复议,本机关依法已于____年____月____日受理。现已审理终结。

申请人请求:_____
_____。

申请人称:_____
_____。

被申请人称:_____
_____。

(第三人称:_____
_____。)

本复议机关经审理查明:_____
_____。

本复议机关经审理认为:(具体行政行为认定事实是否清楚、证据是否确凿、适用依据是否正确、程序是否合法、内容是否适当)_____。

根据《中华人民共和国行政复议法》第二十八条、(作出决定的相关法律依据)的规定,本复议机关决定如下:_____
_____。

如对本决定不服,可以自接到本决定之日起15日内,向北京市第一中级人民法院提起行政诉讼或者向国务院申请最终裁决(向有管辖权的人民法院提起行政诉讼)。

____年____月____日
(国家食品药品监督管理局印章)

18. 行政复议案件结案审批表

编号：

案由	
申请人	申请时间
被申请人	
第三人	
复议请求	
承办人意见	
承办人所在部门意见	
行政复议办公室负责人意见	
分管局长意见	
局长意见	

19. 送达回执

受送达单位(人)：
送达文件名称及文件编号：

送达方式：
送达地点：
送达人：
送达日期：　　年　　月　　日　　时　　分

年　　月　　日

收件人：　　　　　　　　　　　　　收件日期：　　年　　月　　日　　时　　分

注：收件人收到复议文书，填写"收件人"与"收件日期"后，请将《送达回执》寄回国家食品药品监督管理局行政复议办公室。
联系地址：　　　　　　　　　　　　联系电话：
邮政编码：

文书来源

国家食品药品监督管理局关于印发《国家食品药品监督管理局行政复议案件审查办理程序规定》的通知

(2012年12月3日 国食药监法〔2012〕352号)

各省、自治区、直辖市及新疆生产建设兵团食品药品监督管理局(药品监督管理局)，国家局机关各司局、各直属单位：

为规范我局行政复议案件审查办理程序，提高办案质量，维护行政相对人合法权益，根据《中华人民共和国行政复议法》、《中华人民共和国行政复议法实施条例》、《国家药品监督管理局行政复议暂行办法》(局令第34号)，现将《国家食品药品监督管理局行政复议案件审查办理办法》(国食药监法〔2006〕15号)修订为《国家食品药品监督管理局行政复议案件审查办理程序规定》，请遵照执行。国食药监法〔2006〕15号文件予以废止。

国家食品药品监督管理局行政复议案件审查办理程序规定

第一条 为规范国家食品药品监督管理局行政复议案件审查办理程序，提高办案质量，根据《中华人民共和国行政复议法》、《中华人民共和国行政复议法实施条例》和《国家药品监督管理局行政复议暂行办法》，结合食品药品监督管理工作实际，制定本规定。

第二条 公民、法人或者其他组织向国家食品药品监督管理局提出的行政复议申请由国家食品药品监督管理局行政复议办公室(以下简称行政复议办公室)负责具体事项的办理。

第三条 行政复议办公室收到《行政复议申请书》等材料后，办案人员应当进行登记，并依法对该行政复议申请是否符合条件进行初步审查。

第四条 对《行政复议申请书》，行政复议办公室应当审查是否载明下列事项：

(一)申请人的基本情况，包括：公民的姓名、性别、年龄、身份证号码、工作单位、住所、邮政编码，法人或者其他组织的名称、住所、邮政编码和法定代表人或者主要负责人的姓名、职务；

(二)被申请人的名称；

(三)行政复议请求、申请行政复议的主要事实和理由；

(四)申请人的签名或者盖章；

(五)申请行政复议的日期。

第五条 有下列情形之一的，行政复议办公室应当审查申请人是否提供了相关证明材料：

(一)认为被申请人不履行法定职责的，提供曾经要求被申请人履行法定职责而被申请人未履行的证明材料；

(二)申请行政复议时一并提出行政赔偿请求的，提供受具体行政行为侵害而造成损害的证明材料；

(三)法律、法规规定需要申请人提供证据材料的其他情形。

第六条 代理人参加行政复议的，行政复议办公室应当审查申请人出具的《授权委托书》、代理人有效身份证件复印件。《授权委托书》应当载明委托事项、权限、期限、代理人姓名及身份证号码。

第七条 行政复议办公室自收到行政复议申请之日起5个工作日内，根据初步审查结果，分别作出如下处理：

(一)行政复议申请材料不齐全或者表述不清楚的，办案人员应当制作《行政复议案件立案审查表》，拟定《补正行政复议申请通知书》，报行政复议办公室负责人批准。补正通知应当载明需要补正的事项和合理的补正期限。

补正申请材料所用时间不计入行政复议审理期限。无正当理由逾期不补正的，视为申请人放弃行政复议申请。办案人员应当制作《行政复议案件结案审批表》，报行政复议办公室负责人批准。

(二)行政复议申请依法应当受理的，办案人员应当制作《行政复议案件立案审查表》，拟定《行政复议受理通知书》、《行政复议答复通知书》，报行政复议办公室负责人批准。

(三)行政复议申请依法不予受理的，办案人员应当制作《行政复议案件立案审查表》，拟定《行政复议不予受理决定书》，经行政复议办公室负责人审核后，报分管局长批准。

(四)行政复议申请符合规定，但不属于本机关管辖的，办案人员应当制作《行政复议案件立案审查表》，拟定《行政复议告知书》，报行政复议办公室负责人批准。

第八条 办案人员应当自受理行政复议申请之日起7个工作日内，将《行政复议申请书》副本等材料发送被申请人。

第九条 被申请人应当自收到《行政复议申请书》之日起10日内，提交《行政复议答复书》和当初作出具体行政行为的事实依据、法律依据以及其他有关材料。《行政复议答复书》应当包括作出具体行政行为的事实经过和法律依据，并应当针对申请人的行政复议请求和理由，逐项提出意见。

被申请人是国家食品药品监督管理局的，由有关司局或者机构依前款规定提交《行政复议答复书》和相关证据材料。

第十条 被申请人对其作出的具体行政行为的合法性、合理性负举证责任，负责证明作出具体行政行为的事实依据和法律依据。

在行政复议过程中，被申请人不得自行向申请人、其他组织或者个人收集证据。

第十一条 行政复议原则上采取书面审查的办法。

有下列情形之一，经行政复议办公室负责人同意，办案人员可以向有关组织、个人调查取证，或者委托相关部门调查取证：

（一）申请人对案件主要事实有异议的；

（二）被申请人提供的证据相互矛盾的；

（三）申请人或者第三人提出新的证据，可能否定被申请人认定的案件主要事实的；

（四）其他需要调查取证的。

第十二条 查明事实过程中，对双方当事人争议的问题，行政复议办公室可以组织当事人沟通解释，促进争议及时化解。

有下列情形之一的，行政复议办公室应当当面听取申请人、被申请人或者第三人的意见：

（一）当事人要求当面听取意见的；

（二）案情复杂，需要当事人当面说明情况的；

（三）涉及行政赔偿的；

（四）其他需要当面听取意见的。

办案人员当面听取申请人、被申请人或者第三人意见的，应当制作《行政复议调查笔录》，并由参加调查人员核实后签名。

第十三条 对重大、复杂的案件，申请人提出要求或者行政复议办公室认为有必要时，可以组织听证。

第十四条 行政复议期间，申请行政复议的具体行政行为需要停止执行的，办案人员应当拟定《停止执行具体行政行为通知书》，经行政复议办公室负责人同意后，报行政复议委员会审议批准。

第十五条 行政复议决定作出前，申请人自愿撤回行政复议申请的，经行政复议办公室负责人同意，可以撤回。

第十六条 行政复议案件依法需要中止审理的，办案人员应当拟定《中止行政复议通知书》，报行政复议办公室负责人批准后，中止审理。

行政复议中止的原因消除后，办案人员应当拟定《恢复行政复议通知书》，报行政复议办公室负责人批准后，恢复审理。

第十七条 行政复议案件依法需要终止审理的，办案人员应当制作《行政复议案件结案审批表》，报行政复议办公室负责人批准后，终止审理。

第十八条 对重大、复杂的案件等，需要提交行政复议委员会集体讨论的，经行政复议办公室负责人审核后，提请行政复议委员会研究决定。

行政复议委员会应当依法审查具体行政行为的合法性、合理性，对是否维持、撤销、变更具体行政行为等作出决定。

第十九条 国家食品药品监督管理局应当自受理行政复议申请之日起60日内，作出行政复议决定。

对情况复杂、需要延长行政复议期限的案件，办案人员应当拟定《延期审理通知书》，经分管局长批准后，可以延长30日。

第二十条 经行政复议委员会决定的行政复议案件，办案人员应当制作《行政复议案件结案审批表》，根据行政复议委员会的意见拟定《行政复议决定书》，经行政复议办公室负责人审核后，报分管局长和局长批准。

不需要经行政复议委员会决定的行政复议案件，办案人员应当制作《行政复议案件结案审批表》，拟定《行政复议决定书》，经行政复议办公室负责人审核后，报分管局长批准。

第二十一条 行政复议期间，行政复议办公室发现被申请人的相关行政行为存在问题的，应当制作《行政复议建议书》，向被申请人提出完善制度和改进行政执法的建议。被申请人应当按照《行政复议建议书》的要求，将改进工作的情况通报行政复议办公室。

第二十二条 行政复议文书作出后，办案人员应当填写《送达回执》，按规定时限送达申请人、被申请人和第三人。

第二十三条 行政复议案件结案后，办案人员应当在10个工作日内对案卷进行整理，按规定归档。

案卷归档材料应当包括：

（一）正卷部分

1. 卷内目录；
2. 行政复议决定书；
3. 行政复议不予受理决定书；
4. 行政复议告知书；
5. 行政复议申请书及申请人提交的证据材料；
6. 行政复议答复书及被申请人提交的证据材料；
7. 行政复议调查笔录；
8. 其他证据材料；
9. 行政复议法律文书送达回执。

（二）副卷部分

1. 卷内目录；
2. 行政复议案件立案审查表；
3. 行政复议案件审理报告及领导批示；
4. 行政复议案件结案审批表；
5. 其他有关材料。

正卷部分第5—9项、副卷部分第2—5项，按照文书、材料产生或提交行政复议办公室的时间，顺序排列。

第二十四条 申请人、第三人可以查阅被申请人提交的材料，但涉及国家秘密、商业秘密和个人隐私的除外。

查阅案卷，应填写《行政复议案卷借阅审批单》，由行政复议办公室负责人同意后，在档案室阅看。

三、食品药品日常监管文书

（一）食 品

1. 食品生产经营日常监督检查文书

食品生产经营日常监督检查要点表

告知页

被检查单位： 地址：   检查人员及执法证件名称、编号:1. 2.   检查时间： 年 月 日   检查地点：   告知事项：   　　我们是监督检查人员，现出示执法证件。我们依法对你(单位)进行日常监督检查，请予配合。   　　依照法律规定，监督检查人员少于两人或者所出示的执法证件与其身份不符的，你(单位)有权拒绝检查；对于监督检查人员有下列情形之一的，你(单位)有权申请回避：(1)系当事人或当事人的近亲属；(2)与本人或本人近亲属有利害关系；(3)与当事人有其他关系，可能影响公正执法的。   问:你(单位)是否申请回避？   答：   被检查单位签字： 检查人员签字：   　　　　　　年　月　日 　　　　　　年　月　日

表1-1 食品生产日常监督检查要点表

食品通用检查项目:重点项(＊)21项,一般项30项,共51项。
食品添加剂通用检查项目:重点项(＊)19项,一般项31项,共50项。

检查项目	项目序号	检查内容	评价	备注
1. 生产环境条件	1.1	厂区无扬尘、无积水,厂区、车间卫生整洁。	□是 □否	
	＊1.2	厂区、车间与有毒、有害场所及其他污染源保持规定的距离。	□是 □否	
	＊1.3	卫生间应保持清洁,应设置洗手设施,未与食品生产、包装或贮存等区域直接连通。	□是 □否	
	1.4	有更衣、洗手、干手、消毒设备、设施,满足正常使用。	□是 □否	
	1.5	通风、防尘、照明、存放垃圾和废弃物等设备、设施正常运行。	□是 □否	
	1.6	车间内使用的洗涤剂、消毒剂等化学品应与原料、半成品、成品、包装材料等分隔放置,并有相应的使用记录。	□是 □否	
	1.7	定期检查防鼠、防蝇、防虫害装置的使用情况并有相应检查记录,生产场所无虫害迹象。	□是 □否	
2. 进货查验结果 注:①检查原辅料仓库;②原辅料品种随机抽查,不足2种的全部检查。	＊2.1	查验食品原辅料、食品添加剂、食品相关产品供货者的许可证、产品合格证明文件;供货者无法提供有效合格证明文件的食品原料,有检验记录。	□是 □否	
	＊2.2	进货查验记录及证明材料真实、完整,记录和凭证保存期限不少于产品保质期期满后六个月,没有明确保质期的,保存期限不少于二年。	□是 □否	
	2.3	建立和保存食品原辅料、食品添加剂、食品相关产品的贮存、保管记录和领用出库记录。	□是 □否	
3. 生产过程控制 注:在成品库至少抽取2批次产品,按生产日期或批号追溯生产过程记录及控制的全部检查,有专供特定人群的产品至少抽查1个产品。	3.1	有食品安全自查制度文件,定期对食品安全状况进行自查并记录和处置。	□是 □否	
	＊3.2	使用的原辅料、食品添加剂、食品相关产品的品种与索证索票、进货查验记录内容一致。	□是 □否	
	＊3.3	建立和保存生产投料记录,包括投料种类、品名、生产日期或批号、使用数量等。	□是 □否	
	＊3.4	未发现使用非食品原料、回收食品、食品添加剂以外的化学物质、超过保质期的食品原料和食品添加剂生产食品。	□是 □否	
	＊3.5	未发现超范围、超限量使用食品添加剂的情况。	□是 □否	
	3.6	生产或使用的新食品原料,限定于国务院卫生行政部门公告的新食品原料范围内。	□是 □否	
	＊3.7	未发现使用药品、仅用于保健食品的原料生产食品。	□是 □否	
	＊3.8	生产记录中的生产工艺和参数与企业申请许可时提供的工艺流程一致。	□是 □否	
	＊3.9	建立和保存生产加工过程关键控制点的控制情况记录。	□是 □否	
	3.10	生产现场未发现人流、物流交叉污染。	□是 □否	
	3.11	未发现原辅料、半成品与直接入口食品交叉污染。	□是 □否	
	3.12	有温、湿度等生产环境监测要求的,定期进行监测并记录。	□是 □否	
	3.13	生产设备、设施定期维护保养并做好记录。	□是 □否	
	＊3.14	未发现标注虚假生产日期或批号的情况。	□是 □否	
	3.15	工作人员穿戴工作衣帽,生产车间内未发现与生产无关的个人或者其他与生产不相关物品,员工洗手消毒后进入生产车间。	□是 □否	

续 表

检查项目	项目序号	检查内容	评价	备注
4. 产品检验结果 注:采取抽查方式	4.1	企业自检的,应具备与所检项目适应的检验室和检验能力,有检相关设备及化学试剂,检验仪器设备按期检定。	□是 □否	
	4.2	不能自检的,应当委托有资质的检验机构进行检验。	□是 □否	
	*4.3	有与生产产品相适应的食品安全标准文本,按照食品安全标准规定进行检验。	□是 □否	
	*4.4	建立和保存原始检验数据和检验报告记录,检验记录真实、完整。	□是 □否	
	4.5	按规定时限保存检验留存样品并记录留样情况。	□是 □否	
5. 贮存及交付控制 注:采取抽查方式,有冷链要求的产品必须检查冷链情况。	*5.1	原辅料的贮存有专人管理,贮存条件符合要求。	□是 □否	
	*5.2	食品添加剂应当专门贮存,明显标示,专人管理。	□是 □否	
	5.3	不合格品应在划定区域存放。	□是 □否	
	5.4	根据产品特点建立和执行相适应的贮存、运输及交付控制制度和记录。	□是 □否	
	5.5	仓库温湿度应符合要求。	□是 □否	
	5.6	生产的产品在许可范围内。	□是 □否	
	5.7	有销售台账,台账记录真实、完整。	□是 □否	
	5.8	销售台账如实记录食品的名称、规格、数量、生产日期或者生产批号、检验合格证明、销售日期以及购货者名称、地址、联系方式等内容。	□是 □否	
6. 不合格品管理和食品召回 注:采取抽查方式	6.1	建立和保存不合格品的处置记录,不合格品的批次、数量应与记录一致。	□是 □否	
	*6.2	实施不安全食品的召回,有召回计划、公告等相应记录。	□是 □否	
	*6.3	召回食品有处置记录。	□是 □否	
	6.4	未发现使用召回食品重新加工食品情况(对因标签存在瑕疵实施召回的除外)。	□是 □否	
7. 从业人员管理	7.1	有食品安全管理人员、检验人员、负责人。	□是 □否	
	7.2	有食品安全管理人员、检验人员、负责人培训和考核记录。	□是 □否	
	*7.3	未发现聘用禁止从事食品安全管理的人员。	□是 □否	
	7.4	企业负责人在企业内部制度制定、过程控制、安全培训、安全检查以及食品安全事件或事故调查等环节履行了岗位职责并有记录。	□是 □否	
	*7.5	建立从业人员健康管理制度,直接接触食品人员有健康证明,符合相关规定。	□是 □否	
	7.6	有从业人员食品安全知识培训制度,并有相关培训记录。	□是 □否	

续　表

检查项目	项目序号	检查内容	评价	备注
8. 食品安全事故处置	8.1	有定期排查食品安全风险隐患的记录。	□是 □否	
	8.2	有按照食品安全应急预案定期演练,落实食品安全防范措施的记录。	□是 □否	
	*8.3	发生食品安全事故的,有处置食品安全事故记录。	□是 □否	
9. 食品添加剂生产者管理	*9.1	原料和生产工艺符合产品标准规定。	□是 □否	
	9.2	复配食品添加剂配方发生变化的,按规定报告。	□是 □否	
	9.3	食品添加剂产品标签载明"食品添加剂",并标明贮存条件、生产者名称和地址、食品添加剂的使用范围、用量和使用方法。	□是 □否	

其他需要记录的问题:

说明:1. 上表中打 * 号的为重点项,其他为一般项。
　　 2. 每次检查抽查重点项不少于 10 个,总检查项目不少于 20 个。
　　 3. 上表中除 1.7、3.4、3.5、3.6 项以及 2.1 项中关于"食品相关产品"的检查部分,其他项目均适用于食品添加剂生产者。
　　 4. 对食品添加剂生产者每次检查,还需检查第 9 项,对食品生产者的检查不需检查第 9 项。
　　 5. 如果检查项目存在合理缺项,该项无需勾选"是或否",并在备注中说明,不计入不符合项数。

表1-2 食品销售日常监督检查要点表

食品通用检查项目:重点项(*)12项,一般项22项,共34项。
特殊场所和特殊食品检查项目:共19项。

食品通用检查项目(34项)					
检查项目	序号	检查内容	评价	备注
1. 经营资质	1.1	经营者持有的食品经营许可证是否合法有效。	□是 □否	
	1.2	食品经营许可证载明的有关内容与实际经营是否相符。	□是 □否	
2. 经营条件	2.1	是否具有与经营的食品品种、数量相适应的场所。	□是 □否	
	2.2	经营场所环境是否整洁,是否与污染源保持规定的距离。	□是 □否	
	2.3	是否具有与经营的食品品种、数量相适应的生产经营设备或者设施。	□是 □否	
3. 食品标签等外观质量状况	*3.1	检查的食品是否在保质期内。	□是 □否	
	*3.2	检查的食品感官性状是否正常。	□是 □否	
	*3.3	经营的肉及肉制品是否具有检验检疫证明。	□是 □否	
	3.4	检查的食品是否符合国家为防病等特殊需要的要求。	□是 □否	
	*3.5	经营的预包装食品、食品添加剂的包装上是否有标签,标签标明的内容是否符合食品安全法等法律法规的规定。	□是 □否	
	3.6	经营的食品的标签、说明书是否清楚、明显,生产日期、保质期等事项是否显著标注,容易辨识。	□是 □否	
	*3.7	销售散装食品,是否在散装食品的容器、外包装上标明食品的名称、生产日期或者生产批号、保质期以及生产经营者名称、地址、联系方式等内容。	□是 □否	
	3.8	经营食品标签、说明书是否涉及疾病预防、治疗功能。	□是 □否	
	3.9	经营场所设置或摆放的食品广告的内容是否涉及疾病预防、治疗功能。	□是 □否	
	*3.10	经营的进口预包装食品是否有中文标签,并载明食品的原产地以及境内代理商的名称、地址、联系方式。	□是 □否	
	*3.11	经营的进口预包装食品是否有国家出入境检验检疫部门出具的入境货物检验检疫证明。	□是 □否	
4. 食品安全管理机构和人员	4.1	食品经营企业是否有专职或者兼职的食品安全专业技术人员、食品安全管理人员和保证食品安全的规章制度。	□是 □否	
	4.2	食品经营企业是否有食品安全管理人员。	□是 □否	
	4.3	食品经营企业是否存在经食品药品监管部门抽查考核不合格的食品安全管理人员在岗从事食品安全管理工作的情况。	□是 □否	
5. 从业人员管理	5.1	食品经营者是否建立从业人员健康管理制度。	□是 □否	
	5.2	在岗从事接触直接入口食品工作的食品经营人员是否取得健康证明。	□是 □否	
	5.3	在岗从事接触直接入口食品工作的食品经营人员是否存在患有国务院卫生行政部门规定的有碍食品安全疾病的情况。	□是 □否	
	5.4	食品经营企业是否对职工进行食品安全知识培训和考核。	□是 □否	

续　表

检查项目	序号	检查内容	评价	备注
6. 经营过程控制情况	*6.1	是否按要求贮存食品。	□是 □否	
	6.2	是否定期检查库存食品,及时清理变质或者超过保质期的食品。	□是 □否	
	*6.3	食品经营者是否按照食品标签标示的警示标志、警示说明或者注意事项的要求贮存和销售食品。对经营过程有温度、湿度要求的食品的,是否有保证食品安全所需的温度、湿度等特殊要求的设备,并按要求贮存。	□是 □否	
	6.4	食品经营者是否建立食品安全自查制度,定期对食品安全状况进行检查评价。	□是 □否	
	6.5	发生食品安全事故的,是否建立和保存处置食品安全事故记录,是否按规定上报所在地食品药品监督部门。	□是 □否	
	*6.6	食品经营者采购食品(食品添加剂),是否查验供货者的许可证和食品出厂检验合格证或者其他合格证明(以下称合格证明文件)。	□是 □否	
	*6.7	是否建立食用农产品进货查验记录制度,如实记录食用农产品的名称、数量、进货日期以及供货者名称、地址、联系方式等内容,并保存相关凭证。记录和凭证保存期限不得少于六个月。	□是 □否	
	*6.8	食品经营企业是否建立并严格执行食品进货查验记录制度。	□是 □否	
	6.9	是否建立并执行不安全食品处置制度。	□是 □否	
	6.10	从事食品批发业务的经营企业是否建立并严格执行食品销售记录制度。	□是 □否	
	6.11	食品经营者是否张贴并保持上次监督检查结果记录。	□是 □否	

特殊场所和特殊食品检查项目(19项)

检查项目	序号	检查内容	评价	备注
7. 市场开办者、柜台出租者和展销会举办者	7.1	集中交易市场的开办者、柜台出租者和展销会举办者,是否依法审查入场食品经营者的许可证,明确其食品安全管理责任。	□是 □否	
	7.2	是否定期对入场食品经营者经营环境和条件进行检查。	□是 □否	
8. 网络食品交易第三方平台提供者	8.1	网络食品交易第三方平台提供者是否对入网食品经营者进行许可审查或实行实名登记。	□是 □否	
	8.2	网络食品交易第三方平台提供者是否明确入网经营者的食品安全管理责任。	□是 □否	
9. 食品贮存和运输经营者	9.1	贮存、运输和装卸食品的容器、工具和设备是否安全、无害,保持清洁。	□是 □否	
	9.2	容器、工具和设备是否符合保证食品安全所需的温度、湿度等特殊要求。	□是 □否	
	9.3	食品是否与有毒、有害物品一同贮存、运输。	□是 □否	
10. 食用农产品批发市场	10.1	食用农产品批发市场是否配备检验设备和检验人员或者委托符合本法规定的食品检验机构,对进入该批发市场销售的食用农产品进行抽样检验。	□是 □否	
	10.2	发现不符合食品安全标准的食用农产品时,是否要求销售者立即停止销售,并向食品药品监督管理部门报告。	□是 □否	

续表

检查项目	序号	检查内容	评价	备注
11. 特殊食品	11.1	是否经营未按规定注册或备案的保健食品、特殊医学用途配方食品、婴幼儿配方乳粉。	□是 □否	
	11.2	经营的保健食品的标签、说明书是否涉及疾病预防、治疗功能,内容是否真实,是否载明适宜人群、不适宜人群、功效成分或者标志性成分及其含量等,并声明"本品不能代替药物",与注册或者备案的内容相一致。	□是 □否	
	11.3	经营保健食品是否设专柜销售,并在专柜显著位置标明"保健食品"字样。	□是 □否	
	11.4	是否存在经营场所及其周边,通过发放、张贴、悬挂虚假宣传资料等方式推销保健食品的情况。	□是 □否	
	11.5	经营的保健食品是否索取并留存批准证明文件以及企业产品质量标准。	□是 □否	
	11.6	经营的保健食品广告内容是否真实合法,是否含有虚假内容,是否涉及疾病预防、治疗功能,是否声明"本品不能代替药物";其内容是否经生产企业所在地省、自治区、直辖市人民政府食品药品监督管理部门审查批准,取得保健食品广告批准文件。	□是 □否	
	11.7	经营的进口保健食品是否未按规定注册或备案。	□是 □否	
	11.8	特殊医学用途配方食品是否经国务院食品药品监督管理部门注册。	□是 □否	
	11.9	特殊医学用途配方食品广告是否符合《中华人民共和国广告法》和其他法律、行政法规关于药品广告管理的规定。	□是 □否	
	11.10	专供婴幼儿和其他特定人群的主辅食品,其标签是否标明主要营养成分及其含量。	□是 □否	

其他需要记录的问题:

说明:1. 本要点表共分为两个部分:第一部分为通用检查项目,分为重点项目和一般项,重点项目应逐项检查,一般项可视情况随机抽查;第二部分为特殊场所和特殊食品检查项目,不区分重点项和一般项,应逐项检查。
2. 检查过程中,被检查的经营者不涉及的项目,可视为合理缺项并在"备注"栏标注为不适用。

表1-3 餐饮服务日常监督检查要点表

重点项(＊)7项,一般项23项,共30项

检查项目	序号	检查内容	检查结果	备注
一、许可管理	1	食品经营许可证合法有效,经营场所、主体业态、经营项目等事项与食品经营许可证一致。	□是 □否	
二、信息公示	2	在经营场所醒目位置公示食品经营许可证。	□是 □否	
	3	监督检查结果记录表公示的时间、位置等符合要求。	□是 □否	
	4	在经营场所醒目位置公示量化等级标识。	□是 □否	
三、制度管理	*5	建立从业人员健康管理、食品安全自查、进货查验记录、食品召回等食品安全管理制度。	□是 □否	
	*6	制定食品安全事故处置方案。	□是 □否	

续 表

检查项目	序号	检查内容	检查结果	备注
四、人员管理	*7	主要负责人知晓食品安全责任,有食品安全管理人员。	□是 □否	
	*8	从事接触直接入口食品工作的从业人员持有有效的健康证明。	□是 □否	
	9	具有从业人员食品安全培训记录。	□是 □否	
	10	从业人员穿戴清洁的工作衣帽,双手清洁,保持个人卫生。	□是 □否	
五、环境卫生	11	食品经营场所保持清洁、卫生。	□是 □否	
	12	烹饪场所配置排风设备,定期清洁。	□是 □否	
	13	用水符合生活饮用水卫生标准。	□是 □否	
	14	卫生间保持清洁、卫生,定期清理。	□是 □否	
六、原料控制(含食品添加剂)	*15	查验供货者的许可证和食品出厂检验合格证或其他合格证明,企业如实记录有关信息并保存相关凭证。	□是 □否	
	16	原料外包装标识符合要求,按照外包装标识的条件和要求规范贮存,并定期检查,及时清理变质或者超过保质期的食品。	□是 □否	
	17	食品添加剂由专人负责保管、领用、登记,并有相关记录。	□是 □否	
七、加工制作过程	18	食品原料、半成品与成品在盛放、贮存时相互分开。	□是 □否	
	19	制作食品的设施设备及加工工具、容器等具有显著标识,按标识区分使用。	□是 □否	
	20	专间内由明确的专人进行操作,使用专用的加工工具。	□是 □否	
	21	食品留样符合规范。	□是 □否	
	22	中央厨房、集体用餐配送单位配送食品的标识、储存、运输等符合要求。	□是 □否	
	23	有毒有害物质不得与食品一同贮存、运输。	□是 □否	
八、设施设备及维护	24	专间内配备专用的消毒(含空气消毒)、冷藏、冷冻、空调等设施,设施运转正常。	□是 □否	
	25	食品处理区配备运转正常的洗手消毒设施。	□是 □否	
	26	食品处理区配备带盖的餐厨废弃物存放容器。	□是 □否	
	*27	食品加工、贮存、陈列等设施设备运转正常,并保持清洁。	□是 □否	
九、餐饮具清洗消毒	28	集中消毒餐具、饮具的采购符合要求。	□是 □否	
	29	具有餐具、饮具的清洗、消毒、保洁设备设施,并运转正常。	□是 □否	
	*30	餐具、饮具和盛放直接入口食品的容器用后洗净、消毒、炊具、用具用后洗净,保持清洁。	□是 □否	

说明:1. 表中＊号项目为重点项,其他项目为一般项。每次检查的重点项应不少于3项,一般项应不少于7项。

2. 检查结果判定方法:①符合:未发现检查的重点项和一般项存在问题;②基本符合:发现检查的重点项存在1项及以下不合格且70%≤一般项合格率<100%;③不符合:发现检查的重点项存在2项及以上不合格,或一般项合格率<70%。

3. 当次检查发现的不合格项目,应列入下次检查必查项目。

4. 存在合理缺项时,一般项合格率的计算方法为:合格项目数/(检查的项目数－合理缺项的项目数)×100%。

表1-4 保健食品生产日常监督检查要点表

重点项(＊)34项,一般项55项,共89项。

检查项目	序号	检查内容	评价	备注
1. 生产者资质情况	＊1.1	生产许可证在有效期内。	□是 □否	
	1.2	营业执照、生产许可证中相关信息一致。	□是 □否	
	＊1.3	实际生产的保健食品在生产许可范围内。	□是 □否	
	＊1.4	保健食品注册证书或备案凭证有效。	□是 □否	
	＊1.5	实际生产的保健食品按规定注册或备案。	□是 □否	
	1.6	注册或备案的保健食品相关内容发生变更的,已按规定履行变更手续。	□是 □否	
	1.7	工艺设备布局和工艺流程、主要生产设备设施、食品类别等事项发生变化,需要变更食品生产许可证载明的许可事项的,已按规定履行变更手续。	□是 □否	
2. 进货查验情况	2.1	建立并执行原辅料和包装材料的采购、验收、贮存、发放和使用等管理制度。	□是 □否	
	＊2.2	查验原辅料和包装材料供货者的许可证和产品合格证明;对无法提供合格证明的食品原辅料,应当按照食品安全标准进行检验。	□是 □否	
	2.3	生产保健食品使用的原辅料与注册或备案的内容一致。	□是 □否	
	2.4	建立并执行原辅料和包装材料进货查验记录制度,如实记录原辅料和包装材料名称、规格、数量、生产日期或生产批号、保质期、进货日期以及供货商名称、地址、联系方式等内容,并保存相关凭证。	□是 □否	
	＊2.5	进货查验记录和凭证保存期限符合规定。	□是 □否	
	2.6	出入库记录如实、完整,包括出入库原辅料和包装材料名称、规格、生产日期或者生产批号、出入库数量和时间、库存量、责任人等内容。	□是 □否	
	2.7	原料库内保健食品原辅料与其他物品分区存放,避免交叉污染。	□是 □否	
	2.8	原料库通风、温湿度以及防虫、防尘、防鼠设施等符合要求。	□是 □否	
	2.9	对温湿度或其他条件有特殊要求的按规定条件贮存。	□是 □否	
	2.10	原辅料按待检、合格和不合格严格区分管理,存放处有明显标识区分,离墙离地存放,合格备用的原辅料按不同批次分开存放。	□是 □否	
	2.11	设置原辅料标识卡,标示内容应包括物料名称、规格、生产日期或生产批号、有效期、供货商和生产商名称、质量状态、出入库记录等内容。	□是 □否	
	2.12	标识卡相关内容与原辅料库台账一致,应做到账、物、卡相符。	□是 □否	

续 表

检查项目	序号	检查内容	评价	备注
3. 生产过程控制情况	*3.1	按照经注册或备案的产品配方、生产工艺等技术要求组织生产。	□是 □否	
	*3.2	生产保健食品未改变生产工艺的连续性要求。	□是 □否	
	*3.3	生产时空气净化系统正常运行并符合要求。	□是 □否	
	3.4	空气净化系统定期进行检测和维护保养并记录。	□是 □否	
	3.5	建立和保存空气洁净度监测原始记录和报告。	□是 □否	
	3.6	有相对负压要求的相邻车间之间有指示压差的装置,静压差符合要求。	□是 □否	
	3.7	生产固体保健食品的洁净区、粉尘较大的车间保持相对负压,除尘设施有效。	□是 □否	
	3.8	洁净区温湿度符合生产工艺的要求并有监测记录。	□是 □否	
	3.9	有温湿度控制措施和相应记录。	□是 □否	
	3.10	洁净区与非洁净区之间设置缓冲设施。	□是 □否	
	3.11	生产车间设置与洁净级别相适应的人流、物流通道,避免交叉污染。	□是 □否	
	*3.12	原料的前处理(如提取、浓缩等)在与其生产规模和工艺要求相适应的场所进行,配备必要的通风、除尘、除烟、降温等安全设施并运行良好,且定期检测及记录。	□是 □否	
	3.13	原料的前处理未与成品生产使用同一生产车间。	□是 □否	
	*3.14	保健食品生产工艺有原料提取、纯化等前处理工序的应自行完成,具备与生产的品种、数量相适应的原料前处理设备或者设施。	□是 □否	
	3.15	工艺文件齐全,包括产品配方、工艺流程、加工过程的主要技术条件及关键控制点、物料平衡的计算方法和标准等内容。	□是 □否	
	*3.16	批生产记录真实、完整、可追溯。	□是 □否	
	3.17	批生产记录中的生产工艺和参数与工艺规程一致。	□是 □否	
	*3.18	投料记录完整,包括原辅料品名、生产日期或批号、使用数量等,并经第二人复核签字。	□是 □否	
	3.19	原辅料出入库记录中的领取量、实际使用量与注册或备案的配方和批生产记录中的使用量一致。	□是 □否	
	3.20	与原辅料、中间产品、成品直接接触的容器、包材、输送管道等符合卫生要求。	□是 □否	
	*3.21	工艺用水有水质报告,达到工艺规程要求。	□是 □否	
	3.22	水处理系统正常运行,有动态监测及维护记录。	□是 □否	
	*3.23	投料前生产车间及设备按工艺规程要求进行清场或清洁并保存相关记录,设备有清洁状态标识。	□是 □否	
	3.24	更衣、洗手、消毒等卫生设施齐全有效,生产操作人员按相关要求做好个人卫生。	□是 □否	
	3.25	定期对生产设备、设施维护保养,并保存记录。	□是 □否	
	3.26	建立和保存停产、复产记录及复产时生产设备、设施等安全控制记录。	□是 □否	
	*3.27	记录和保存生产加工过程关键控制点的控制情况,对超出控制限的情况有纠偏措施及纠偏记录。	□是 □否	
	*3.28	现场未发现使用非食品原料、超过保质期的原辅料、回收保健食品生产保健食品的现象。	□是 □否	

续 表

检查项目	序号	检查内容	评价	备注
4. 产品检验情况	4.1	设立独立的质量管理部门并有效运行。	□是 □否	
	4.2	明确品质管理人员的岗位职责并按要求履职。	□是 □否	
	4.3	落实原辅料、中间产品、成品以及不合格品的管理制度,保存完整的不合格品处理记录。	□是 □否	
	*4.4	落实原辅料、中间产品、成品检验管理制度及质量标准、检验规程。	□是 □否	
	4.5	检测仪器和计量器具定期检定或校准。	□是 □否	
	4.6	有仪器设备使用记录。	□是 □否	
	4.7	检验人员有能力检测产品技术要求规定的出厂检验指标。	□是 □否	
	4.8	按照产品技术文件或标准规定的检验项目进行检验。	□是 □否	
	*4.9	检验引用的标准齐全、有效。	□是 □否	
	4.10	建立和保存检验的原始检验数据记录和检验报告。	□是 □否	
	*4.11	设置留样室,按规定留存检验样品,并有留样记录。	□是 □否	
	4.12	企业自检的,检验室及相应的检验仪器设备满足出厂检验需要。委托有资质的检验机构进行检验的,签订委托检验合同并留存检验报告。	□是 □否	
	4.13	产品执行标准符合法律法规的规定。	□是 □否	
5. 产品标签、说明书情况	*5.1	标签、说明书符合保健食品相关法律、法规的要求。	□是 □否	
	*5.2	标签、说明书与注册或备案的内容一致。	□是 □否	
6. 贮运及交付控制情况	6.1	建立和执行与产品相适应的仓储、运输及交付控制制度和记录。	□是 □否	
	6.2	根据保健食品的特点和质量要求选择适宜的贮存和运输条件。	□是 □否	
	6.3	未将保健食品与有毒、有害或有异味的物品一同贮存。	□是 □否	
	6.4	贮存、运输和装卸保健食品的容器、工器具和设备安全、无害,保持清洁。	□是 □否	
	*6.5	非常温下保存的保健食品,建立和执行贮运时的成品温度控制制度并有记录。	□是 □否	
	6.6	每批产品均有销售记录,记录内容真实、完整、可追溯。	□是 □否	
7. 不合格品管理和召回情况	7.1	建立并执行产品退货、召回管理制度。	□是 □否	
	*7.2	保存产品退货记录和召回记录。	□是 □否	
	*7.3	对退货、召回的保健食品采取补救、无害化处理或销毁等措施,并保存记录。	□是 □否	
	7.4	向当地食品药品监管部门及时报告召回及处理情况。	□是 □否	

续 表

检查项目	序号	检查内容	评价	备注
8. 从业人员管理情况	8.1	生产和品质管理部门的负责人为专职人员,符合有关法律法规对学历和专业经历要求。	□是 □否	
	8.2	专职技术人员的比例符合有关要求。	□是 □否	
	8.3	质检人员为专职人员,符合有关要求。	□是 □否	
	8.4	采购管理负责人有相关工作经验。	□是 □否	
	8.5	建立从业人员培训记录及考核档案。	□是 □否	
	*8.6	从业人员上岗前经过食品安全法律法规教育及相应岗位的技能培训。	□是 □否	
	*8.7	建立从业人员健康检查制度和健康档案,直接接触保健食品人员有健康证明,符合相关规定。	□是 □否	
9. 委托加工情况	*9.1	委托双方签订委托协议并在有效期内。	□是 □否	
	*9.2	委托协议明确委托双方产品质量责任。	□是 □否	
	*9.3	委托方持有的保健食品注册批准证明文件有效。	□是 □否	
	*9.4	受托方具有相应的生产许可。	□是 □否	
	9.5	受托方建立与所生产的委托产品相适应的质量管理文件。	□是 □否	
10. 食品安全事故处置情况	*10.1	制定保健食品安全事故处置预案。	□是 □否	
	10.2	定期检查与生产的保健食品相适应的质量安全防范措施,并保存相关记录。	□是 □否	
	10.3	发生保健食品安全事故的,建立和保存事故处置记录。	□是 □否	
11. 生产质量管理体系建立和运行情况	*11.1	定期对生产质量管理体系的运行情况进行自查,保证其有效运行。	□是 □否	
	*11.2	定期向食品药品监督管理部门提交生产质量管理体系自查报告。	□是 □否	

其他需要记录的问题:

说明:1. 上表中打 * 号的为重点项,其他为一般项。
2. 每次检查重点项不应少于 10 项。
3. 以抽查形式检查的项目等,在备注栏中要填写必要的检查记录信息,评价仅针对本次抽查内容。

省(区、市)市县(市、区)食品药品监督管理局
食品生产经营日常监督检查结果记录表

编号:

名称		地址	
联系人		联系方式	
许可证编号		检查次数	本年度第　次检查

续 表

检查内容: 　　(食品药品监督管理部门全称)　检查人员 根据《中华人民共和国食品安全法》及其实施条例、《食品生产经营日常监督检查管理办法》的规定,于年月日对你单位进行了监督检查。本次监督检查按照表开展,共检查了(　　)项内容;其中: 　　重点项(　　)项,项目序号分别是(　　),发现问题(　　)项,项目序号分别是(　　); 　　一般项(　　)项,项目序号分别是(　　),发现问题(　　)项,项目序号分别是(　　)。
检查结果: □符合　　□基本符合　　□不符合 结果处理: □通过　　□书面限期整改　　□食品生产经营者立即停止食品生产经营活动 说明(可附页):

执法人员(签名): 年　　月　　日	被检查单位意见: 法人或负责人: 年　　月　　日(章)

填表说明:
　　1. 编号:由四位年度号 + 1 位要点表序号 + 六位流水号组成,如 2016 - 1 - 000001。生产、销售、餐饮服务、保健食品生产各环节对应的要点表序号分别为"1、2、3、4"。
　　2. 名称:填写食品生产经营许可证书上的食品生产经营者名称。
　　3. 地址:填写食品生产经营许可证书上载明的生产经营地址。
　　4. 联系人、联系方式:填写法人代表或者负责人的姓名及联系方式。
　　5. 许可证编号:与食品生产经营许可证书上载明的内容一致。如果检查对象为食品生产加工小作坊、食品摊贩等,填写负责人的身份证号码,并隐藏身份证号码中第 11 位到第 14 位的数字,以"＊＊＊＊"替代。
　　6. 检查次数:填写本次检查属于本年度对企业开展的日常监督检查的次数。
　　7. 检查内容:检查人员应为两名或两名以上,应明确检查对应使用的《食品生产经营日常监督检查要点表》。
　　8. 检查结果:根据检查情况,未发现问题选符合,发现小于 8 项(含)一般项存在问题选基本符合。发现大于 8 项一般项或 1 项(含)以上重点项存在问题选不符合。
　　9. 结果处理:根据《食品生产经营日常监督检查管理办法》要求,对检查结果进行处理,结果为符合的,说明中可不填写内容,结果为基本符合的,选书面限期整改;结果为不符合的,选食品生产经营者立即停止食品生产经营活动。结果处理所使用的相应文书应执行《食品药品监管总局关于印发食品药品行政处罚文书规范的通知》(食药监稽〔2014〕64 号)所附执法文书。
　　10. 说明:对发现问题及处置措施进行详细描述,可附页。
　　11. 本表一式三份,一份用于现场公示,一份反馈企业,一份留存。

说明(附页):

文书来源

国家食品药品监管总局关于印发《食品生产经营日常监督检查有关表格》的通知

(2016年5月6日 食药监食监一〔2016〕58号)

各省、自治区、直辖市食品药品监督管理局,新疆生产建设兵团食品药品监督管理局:

为贯彻落实《中华人民共和国食品安全法》、《食品生产经营日常监督检查管理办法》(国家食品药品监督管理总局令第23号,以下简称《办法》),指导各地做好食品生产经营日常监督检查工作,总局研究制定了《食品生产经营日常监督检查要点表》(以下简称《检查要点表》)和《食品生产经营日常监督检查结果记录表》(以下简称《结果记录表》),现予印发,并将有关事项通知如下:

一、关于《检查要点表》和《结果记录表》的适用范围

《检查要点表》和《结果记录表》作为《食品生产经营日常监督检查管理办法》的配套实施表格,适用于食品生产经营日常监督检查工作。《检查要点表》中表1-1《食品生产日常监督检查要点表》适用于对食品(不含保健食品)、食品添加剂生产环节的监督检查,表1-2《食品销售日常监督检查要点表》适用于对食品、食品添加剂销售环节的监督检查,表1-3《餐饮服务日常监督检查要点表》适用于对餐饮服务环节的监督检查,表1-4《保健食品生产日常监督检查要点表》适用于对保健食品生产环节的监督检查。表2《结果记录表》适用于对食品(含保健食品)、食品添加剂生产、销售、餐饮服务各个环节日常监督检查结果的记录、判定及公布。省级食品药品监督管理部门可以根据需要,对日常监督检查要点表进行细化、补充。

二、关于《检查要点表》和《结果记录表》的使用

按照《办法》的要求,《检查要点表》对食品(食品添加剂)、保健食品生产、销售、餐饮服务不同类型食品生产经营者监督检查的表格,做出了统一规定。《检查要点表》的告知页,适用于各种类型食品生产经营者。日常监督检查时应首先填写告知页的相关内容,记录告知、申请回避等情况,并由被检查单位、监督检查人员签字。

《检查要点表》具体细化了各个环节的监督检查内容,设定了检查的重点项目和一般项目,并对每个检查项目结果设置评价项。每一个检查项目在对应的检查操作手册中做出了可操作性的描述。监督检查人员应当参考检查操作手册的规定,对检查内容逐项开展检查,并对每一项结果进行评价,必要的检查记录信息应在"备注"栏中填写。评价结果为"否"的,需要在"备注"栏注明原因;发现存在其他问题的,可以在《检查要点表》"其他需要记录的问题"一栏进行记录。按照《办法》规定,每次日常监督检查可以随机抽取《检查要点表》中的部分内容进行检查,但每年开展的监督检查原则上应当覆盖《检查要点表》全部项目。

《结果记录表》包括被检查者的基本信息、检查内容、检查结果、被检查者意见等内容。监督检查人员应当如实记录日常监督检查情况,综合进行判定,确定检查结果。检查人员和被检查食品生产经营者应当在《结果记录表》上签字确认。

三、关于日常监督检查结果的判定

按照对《检查要点表》的检查情况,检查中未发现问题的,检查结果判定为符合;发现小于8项(含)一般项存在问题的,检查结果判定为基本符合;发现大于8项一般项或1项(含)以上重点项存在问题的,检查结果判定为不符合。但对餐饮服务的检查结果判定,应当按表1-3规定执行。检查中发现的问题及相应处置措施应当在说明项进行描述,相应文书可使用《食品药品监管总局关于印发食品药品行政处罚文书规范的通知》(食药监稽〔2014〕64号)所附执法文书。

四、关于日常监督检查结果的处理

对日常监督检查结果属于基本符合的食品生产经营者,市、县级食品药品监督管理部门应当书面责令其就监督检查中发现的问题限期改正,提出整改要求。被检查单位应当按期进行整改,并将整改情况报告食品药品监督管理部门。监督检查人员可以跟踪整改情况,并记录整改结果。对日常监督检查结果为不符合、有发生食品安全事故潜在风险的,食品生产经营者应当立即停止食品生产经营活动。对食品生产经营者应当立即停止食品生产经营活动而未执行的,由县级以上食品药品监督管理部门依照《中华人民共和国食品安全法》第一百二十六条第一款的规定进行处罚。

五、关于加强宣传培训

地方各级食品药品监督管理部门要高度重视食品生产经营日常监督检查工作,一是各省级食品药品监督管理部门要结合地方食品生产经营监督检查工作实际,按照《检查要点表》,尽快研究制定本省(区、市)的日常监督检查要点表,指导一线监督检查人员开展工作。二是选配食品生产经营监管骨干力量逐级开展培训,通过对《办法》《检查要点表》《结果记录表》《食品生产经营检查操作手册》等涉及的日常监督检查有关检查事项、程序要求、结果判定、处理措施、注意事项等进一步培训,提升监管人员监督检查水平。总局将举办省级日常监督检查培训班,培训师资,提供培训讲义、光盘,供各地学习参考。三是各地要加强宣传,高度重视食品生产经营日常监督检查工作。配备食品生产经营日常监督检查及现场取证需要的温度计、照相机等检查工具、设备,推进食品生产经营日常监督检查各项工作的落实。

关联规定

食品生产经营日常监督检查管理办法

(2016年3月4日国家食品药品监督管理总局令第23号公布 自2016年5月1日起施行)

第一章 总 则

第一条 为加强对食品生产经营活动的日常监督检查，落实食品生产经营者主体责任，保证食品安全，根据《中华人民共和国食品安全法》等法律法规，制定本办法。

第二条 食品药品监督管理部门对食品(含食品添加剂)生产经营者执行食品安全法律、法规、规章以及食品安全标准等情况实施日常监督检查，适用本办法。

第三条 食品生产经营日常监督检查应当遵循属地负责、全面覆盖、风险管理、信息公开的原则。

第四条 国家食品药品监督管理总局负责监督指导全国食品生产经营日常监督检查工作。

省级食品药品监督管理部门负责监督指导本行政区域内食品生产经营日常监督检查工作。

市、县级食品药品监督管理部门负责实施本行政区域内食品生产经营日常监督检查工作。

第五条 市、县级食品药品监督管理部门实施食品生产经营日常监督检查，在全面覆盖的基础上，可以在本行政区域内随机选取食品生产经营者、随机选派监督检查人员实施异地检查、交叉互查。

第六条 食品生产经营者及其从业人员应当配合食品药品监督管理部门实施食品生产经营日常监督检查，保障监督检查人员依法履行职责。

第七条 省级以上食品药品监督管理部门应当加强食品生产经营日常监督检查信息化建设，市、县级食品药品监督管理部门应当记录、汇总、分析食品生产经营日常监督检查信息，完善日常监督检查措施。

食品生产经营者应当按照食品药品监督管理部门的要求提供食品生产经营相关数据信息。

第二章 监督检查事项

第八条 食品生产环节监督检查事项包括食品生产者的生产环境条件、进货查验结果、生产过程控制、产品检验结果、贮存及交付控制、不合格品管理和食品召回、从业人员管理、食品安全事故处置等情况。

除前款规定的监督检查事项外，保健食品生产环节监督检查事项还包括生产者资质、产品标签及说明书、委托加工、生产管理体系等情况。

第九条 食品销售环节监督检查事项包括食品销售者资质、从业人员健康管理、一般规定执行、禁止性规定执行、经营过程控制、进货查验结果、食品贮存、不安全食品召回、标签和说明书、特殊食品销售、进口食品销售、食品安全事故处置、食用农产品销售等情况，以及食用农产品集中交易市场开办者、柜台出租者、展销会举办者、网络食品交易第三方平台提供者、食品贮存及运输者等履行法律义务的情况。

第十条 餐饮服务环节监督检查事项包括餐饮服务提供者资质、从业人员健康管理、原料控制、加工制作过程、食品添加剂使用管理及公示、设备设施维护和餐饮具清洗消毒、食品安全事故处置等情况。

第三章 监督检查要求

第十一条 市、县级食品药品监督管理部门应当按照市、县人民政府食品安全年度监督管理计划，根据食品类别、企业规模、管理水平、食品安全状况、信用档案记录等因素，编制年度日常监督检查计划，实施食品安全风险管理。

日常监督检查计划应当包括检查事项、检查方式、检查频次以及抽检食品种类、抽查比例等内容。检查计划应当向社会公开。

第十二条 国家食品药品监督管理总局根据法律、法规、规章和食品安全国家标准有关食品生产经营者义务的规定，制定日常监督检查要点表。

省级食品药品监督管理部门可以根据需要，对日常监督检查要点表进行细化、补充。

市、县级食品药品监督管理部门应当按照日常监督检查要点表，对食品生产经营者实施日常监督检查。

第十三条 县级以上地方食品药品监督管理部门应当对监督检查人员进行食品安全法律、法规、规章、标准、专业知识以及监督检查要点的培训与考核。

第十四条 市、县级食品药品监督管理部门实施日常监督检查，应当由2名以上(含2名)监督检查人员参加。

监督检查人员应当由食品药品监督管理部门随机选派。

监督检查人员应当当场出示有效执法证件。

第十五条 根据日常监督检查计划，市、县级食品药品监督管理部门可以随机抽取日常监督检查要点表中的部分内容进行检查，并可以随机进行抽样检验。相关检查内容应当在实施检查前由食品药品监督管理部门予以明确，检查人员不得随意更改检查事项。

第十六条 市、县级食品药品监督管理部门每年对本行政区域内食品生产经营者的日常监督检查，原则上应当覆盖全部项目。

第十七条 实施食品生产经营日常监督检查，对重点项目应当以现场检查方式为主，对一般项目可以采取书面检查的方式。

第十八条　鼓励食品生产经营者选择食品安全第三方专业机构对自身的食品生产经营管理体系进行评价，评价结果作为日常监督检查的参考。

第十九条　监督检查人员应当按照日常监督检查要点表和检查结果记录表的要求，对日常监督检查情况如实记录，并综合进行判定，确定检查结果。

监督检查结果分为符合、基本符合与不符合3种形式。

日常监督检查结果应当记入食品生产经营者的食品安全信用档案。

第二十条　食品生产经营者应当按照食品药品监督管理部门的要求，开放食品生产经营场所，回答相关询问，提供相关合同、票据、账簿和其他有关资料，协助生产经营现场检查和抽样检验。

第二十一条　食品生产经营者应当按照监督检查人员要求，在现场检查、询问和抽样检验等文书上签字或者盖章。

被检查单位拒绝在日常监督检查结果记录表上签字或者盖章的，监督检查人员应当在日常监督检查结果记录表上注明原因，并可以邀请有关人员作为见证人签字、盖章，或者采取录音、录像等方式进行记录，作为监督执法的依据。

第二十二条　市、县级食品药品监督管理部门应当于日常监督检查结束后2个工作日内，向社会公开日常监督检查时间、检查结果和检查人员姓名等信息，并在生产经营场所醒目位置张贴日常监督检查结果记录表。

食品生产经营者应当将张贴的日常监督检查结果记录表保持至下次日常监督检查。

第二十三条　对日常监督检查结果属于基本符合的食品生产经营者，市、县级食品药品监督管理部门应当就监督检查中发现的问题书面提出限期整改要求。

被检查单位应当按期进行整改，并将整改情况报告食品药品监督管理部门。

监督检查人员可以跟踪整改情况，并记录整改结果。

第二十四条　日常监督检查结果为不符合，有发生食品安全事故潜在风险的，食品生产经营者应当立即停止食品生产经营活动。

第二十五条　市、县级食品药品监督管理部门在日常监督检查中发现食品生产经营者存在食品安全隐患，未及时采取有效措施消除的，可以对食品生产经营者的法定代表人或者主要负责人进行责任约谈。

责任约谈情况和整改情况应当记入食品生产经营者食品安全信用档案。

第二十六条　市、县级食品药品监督管理部门实施日常监督检查，有权采取下列措施，被检查单位不得拒绝、阻挠、干涉：

（一）进入食品生产经营等场所实施现场检查；

（二）对被检查单位生产经营的食品进行抽样检验；

（三）查阅、复制有关合同、票据、账簿以及其他有关资料；

（四）查封、扣押有证据证明不符合食品安全标准或者有证据证明存在安全隐患以及用于违法生产经营的食品、工具和设备；

（五）查封违法从事生产经营活动的场所；

（六）法律法规规定的其他措施。

第二十七条　市、县级食品药品监督管理部门在日常监督检查中发现食品安全违法行为的，应当进行立案调查处理。

立案调查制作的笔录，以及拍照、录像等的证据保全措施，应当符合食品药品行政处罚程序相关规定。

第二十八条　市、县级食品药品监督管理部门在日常监督检查中发现违法案件线索，对不属于本部门职责或者超出管辖范围的，应当及时移送有权处理的部门；涉嫌构成犯罪的，应当及时移送公安机关。

第四章　法律责任

第二十九条　食品生产经营者撕毁、涂改日常监督检查结果记录表，或者未保持日常监督检查结果记录表至下次日常监督检查的，由市、县级食品药品监督管理部门责令改正，给予警告，并处2000元以上3万元以下罚款。

第三十条　食品生产经营者违反本办法第二十四条规定的，由县级以上食品药品监督管理部门按照食品安全法第一百二十六条第一款的规定进行处理。

第三十一条　食品生产经营者有下列拒绝、阻挠、干涉食品药品监督管理部门进行监督检查情形之一的，由县级以上食品药品监督管理部门按照食品安全法第一百三十三条第一款的规定进行处理：

（一）拒绝、拖延、限制监督检查人员进入被检查场所或者区域的，或者限制检查时间的；

（二）拒绝或者限制抽取样品、录像、拍照和复印等调查取证工作的；

（三）无正当理由不提供或者延迟提供与检查相关的合同、记录、票据、账簿、电子数据等材料的；

（四）声称主要负责人、主管人员或者相关工作人员不在岗，或者故意以停止生产经营等方式欺骗、误导、逃避检查的；

（五）以暴力、威胁等方法阻碍监督检查人员依法履行职责的；

（六）隐藏、转移、变卖、损毁监督检查人员依法查封、扣押的财物的；

（七）伪造、隐匿、毁灭证据或者提供虚假证言的；

（八）其他妨碍监督检查人员履行职责的。

第三十二条　食品生产经营者拒绝、阻挠、干涉监督检查，违反治安管理处罚法有关规定的，由食品药品监督管理部门依法移交公安机关处理。

第三十三条　食品生产经营者以暴力、威胁等方法阻碍监督检查人员依法履行职责,涉嫌构成犯罪的,由食品药品监督管理部门依法移交公安机关处理。

第三十四条 监督检查人员在日常监督检查中存在失职渎职行为的,由任免机关或者监察机关依法对相关责任人追究行政责任;涉嫌构成犯罪的,依法移交司法机关处理。

第五章 附 则

第三十五条 市、县级食品药品监督管理部门对食品生产加工小作坊、食品摊贩等的日常监督检查,可以参照本办法执行。

第三十六条 本办法自2016年5月1日起施行。

2. 食品、食品添加剂生产许可现场核查文书

现场核查首末次会议签到表

申请人名称						
核查组	核查组长					
	核查组员					
	观察员					
首次会议	会议时间	年月日时分至时分					
	会议地点					
	参加会议的申请人及有关人员签名					
签名	职务	签名	职务	签名	职务
末次会议	会议时间	年月日时分至时分				
	会议地点					
	参加会议的申请人及有关人员签名					
签名	职务	签名	职务	签名	职务
备注						

食品、食品添加剂生产许可现场核查评分记录表

申请人名称：_____
食品、食品添加剂类别及类别名称：_____
生产场所地址：_____
核查日期：_____年_____月_____日

	姓名（签名）	单位	职务	核查分工	核查员证书编号
核查组成员			组长		
			组员		
			组员		

使用说明

1. 本记录表依据《中华人民共和国食品安全法》《食品生产许可管理办法》等法律法规、部门规章以及相关食品安全国家标准的要求制定。

2. 本记录表应当结合相关食品生产许可审查细则要求使用。

3. 本记录表包括生产场所（24分）、设备设施（33分）、设备布局和工艺流程（9分）、人员管理（9分）、管理制度（24分）以及试制产品检验合格报告（1分）等六部分，共34个核查项目。

4. 核查组应当按照核查项目规定的"核查内容""评分标准"进行核查与评分，并将发现的问题具体详实地记录在"核查记录"栏目中。

5. 现场核查结论判定原则：核查项目单项得分无0分且总得分率≥85%的，该食品类别及品种明细判定为通过现场核查。
当出现以下两种情况之一时，该食品类别及品种明细判定为未通过现场核查：
(1) 有一项及以上核查项目得0分的；
(2) 核查项目总得分率<85%的。

6. 当某个核查项目不适用时，不参与评分，并在"核查记录"栏目中说明不适用的原因。

一、生产场所(共 24 分)

序号	核查项目	核查内容	评分标准		核查得分	核查记录
1.1	厂区要求	1.保持生产场所环境整洁,周围无虫害大量孳生的潜在场所,无有害废弃物以及粉尘、有害气体、放射性物质和其他扩散性污染源。各类污染源难以避免时应当有必要的防范措施,能有效清除污染源造成的影响。	符合规定要求。	3		
			有污染源防范措施,但个别防范措施效果不明显。	1		
			无污染源防范措施,或者污染源防范措施无明显效果。	0		
		2.厂区布局合理,各功能区划分明显。生活区与生产区保持适当距离或分隔,防止交叉污染。	符合规定要求。	3		
			厂区布局基本合理,生活区与生产区相距较近或分隔不彻底。	1		
			厂区布局不合理,或者生活区与生产区紧邻且未分隔,或者存在交叉污染。	0		
		3.厂区道路应当采用硬质材料铺设,厂区无扬尘或积水现象。厂区绿化应当与生产车间保持适当距离,植被应当定期维护,防止虫害孳生。	符合规定要求。	3		
			厂区环境略有不足。	1		
			厂区环境不符合规定要求。	0		
1.2	厂房和车间	1.应当具有与生产的产品品种、数量相适应的厂房和车间,并根据生产工艺及清洁程度的要求合理布局和划分作业区,避免交叉污染;厂房内设置的检验室应当与生产区域分隔。	符合规定要求。	3		
			个别作业区布局和划分不太合理。	1		
			厂房面积与空间不满足生产需求,或者各作业区布局和划分不合理,或者检验室未与生产区域分隔。	0		
		2.车间保持清洁,顶棚、墙壁和地面应当采用无毒、无味、防渗透、防霉、不易破损脱落的材料建造,易于清洁;顶棚在结构上不利于冷凝水垂直滴落,裸露食品上方的管路应当有防止灰尘散落及水滴掉落的措施;门窗应当闭合严密、不透水、不变形,并有防止虫害侵入的措施。	符合规定要求。	3		
			车间清洁程度以及顶棚、墙壁、地面和门窗或者相关防护措施略有不足。	1		
			严重不符合规定要求。	0		

续 表

序号	核查项目	核查内容	评分标准		核查得分	核查记录
1.3	库房要求	1.库房整洁,地面平整,易于维护、清洁,防止虫害侵入和藏匿。必要时库房应当设置相适应的温度、湿度控制等设施。	符合规定要求。	3		
			库房整洁程度或者相关设施略有不足。	1		
			严重不符合规定要求。	0		
		2.原辅料、半成品、成品等物料应当依据性质的不同分设库房或分区存放。清洁剂、消毒剂、杀虫剂、润滑剂、燃料等物料应当与原辅料、半成品、成品等物料分隔放置。库房内的物料应当与墙壁、地面保持适当距离,并明确标识,防止交叉污染。	符合规定要求。	3		
			物料存放或标识略有不足。	1		
			原辅料、半成品、成品等与清洁剂、消毒剂、杀虫剂、润滑剂、燃料等物料未分隔存放;物料无标识或标识混乱。	0		
		3.有外设仓库的,应当承诺外设仓库符合1.3.1、1.3.2条款的要求,并提供相关影像资料。	符合规定要求。	3		
			承诺材料或影像资料略不完整。	1		
			未提交承诺材料或影像资料,或者影像资料存在严重不足。	0		

二、设备设施(共33分)

序号	核查项目	核查内容	评分标准		核查得分	核查记录
2.1	生产设备	1.应当配备与生产的产品品种、数量相适应的生产设备,设备的性能和精度应当满足生产加工的要求。	符合规定要求。	3		
			个别设备的性能和精度略有不足。	1		
			生产设备不满足生产加工要求。	0		
		2.生产设备清洁卫生,直接接触食品的设备、工器具材质应当无毒、无味、抗腐蚀、不易脱落,表面光滑、无吸收性,易于清洁保养和消毒。	符合规定要求。	3		
			设备清洁卫生程度或者设备材质略有不足。	1		
			严重不符合规定要求。	0		
2.2	供排水设施	1.食品加工用水的水质应当符合GB 5749的规定,有特殊要求的应当符合相应规定。食品加工用水与其他不与食品接触的用水应当以完全分离的管道输送,避免交叉污染,各管路系统应当明确标识以便区分。	符合规定要求。	3		
			供水管路标识略有不足。	1		
			食品加工用水的水质不符合规定要求,或者供水管路无标识或标识混乱,或者供水管路存在交叉污染。	0		
		2.室内排水应当由清洁程度高的区域流向清洁程度低的区域,且有防止逆流的措施。排水系统出入口设计合理并有防止污染和虫害侵入的措施。	符合规定要求。	3		
			相关防护措施略有不足。	1		
			室内排水流向不符合要求,或者相关防护措施严重不足。	0		

续 表

序号	核查项目	核查内容	评分标准		核查得分	核查记录
2.3	清洁消毒设施	应当配备相应的食品、工器具和设备的清洁设施,必要时配备相应的消毒设施。清洁、消毒方式应当避免对食品造成交叉污染,使用的洗涤剂、消毒剂应当符合相关规定要求。	符合规定要求。	3		
			清洁消毒设施略有不足。	1		
			清洁消毒设施严重不足,或者清洁消毒的方式、用品不符合规定要求。	0		
2.4	废弃物存放设施	应当配备设计合理、防止渗漏、易于清洁的存放废弃物的专用设施。车间内存放废弃物的设施和容器应当标识清晰,不得与盛装原辅料、半成品、成品的容器混用。	符合规定要求。	3		
			废弃物存放设施及标识略有不足。	1		
			废弃物存放设施设计不合理,或者与盛装原辅料、半成品、成品的容器混用。	0		
2.5	个人卫生设施	生产场所或车间入口处应当设置更衣室,更衣室应当保证工作服与个人服装及其他物品分开放置;车间入口及车间内必要处,应当按需设置换鞋(穿戴鞋套)设施或鞋靴消毒设施;清洁作业区入口应当设置与生产加工人员数量相匹配的非手动式洗手、干手和消毒设施。卫生间不得与生产、包装或贮存等区域直接连通。	符合规定要求。	3		
			个人卫生设施略有不足。	1		
			个人卫生设施严重不符合规范要求,或者卫生间与生产、包装、贮存等区域直接连通。	0		
2.6	通风设施	应当配备适宜的通风、排气设施,避免空气从清洁程度要求低的作业区域流向清洁程度要求高的作业区域;合理设置进气口位置,必要时应当安装空气过滤净化或除尘设施。通风设施应当易于清洁、维修或更换,并能防止虫害侵入。	符合规定要求。	3		
			通风设施略有不足。	1		
			通风设施严重不足,或者不能满足必要的空气过滤净化、除尘、防止虫害侵入的需求。	0		
2.7	照明设施	厂房内应当有充足的自然采光或人工照明,光泽和亮度应能满足生产和操作需要,光源应能使物料呈现真实的颜色。在暴露食品和原辅料正上方的照明设施应当使用安全型或有防护措施的照明设施;如需要,还应当配备应急照明设施。	符合规定要求。	3		
			照明设施或者防护措施略有不足。	1		
			照明设施或者防护措施严重不足。	0		
2.8	温控设施	应当根据生产的需要,配备适宜的加热、冷却、冷冻以及用于监测温度和控制室温的设施。	符合规定要求。	3		
			温控设施略有不足。	1		
			温控设施严重不足。	0		

序号	核查项目	核查内容	评分标准		核查得分	核查记录
2.9	检验设备设施	自行检验的,应当具备与所检项目相适应的检验室和检验设备。检验室应当布局合理,检验设备的数量、性能、精度应当满足相应的检验需求。	符合规定要求。	3		
			检验室布局略不合理,或者检验设备性能略有不足。	1		
			检验室布局不合理,或者检验设备数量、性能、精度不能满足检验需求。	0		

三、设备布局和工艺流程(共9分)

序号	核查项目	核查内容	评分标准		核查得分	核查记录
3.1	设备布局	生产设备应当按照工艺流程有序排列,合理布局,便于清洁、消毒和维护,避免交叉污染。	符合规定要求。	3		
			个别设备布局不合理。	1		
			设备布局存在交叉污染。	0		
3.2	工艺流程	1.应当具备合理的生产工艺流程,防止生产过程中造成交叉污染。工艺流程应当与产品执行标准相适应。执行企业标准的,应当依法备案。	符合规定要求。	3		
			个别工艺流程略有交叉,或者略不符合产品执行标准的规定。	1		
			工艺流程存在交叉污染,或者不符合产品执行标准的规定,或者企业标准未依法备案。	0		
		2.应当制定所需的产品配方、工艺规程、作业指导书等工艺文件,明确生产过程中的食品安全关键环节。复配食品添加剂的产品配方、有害物质、致病性微生物等的控制要求应当符合食品安全标准的规定。	符合规定要求。	3		
			工艺文件略有不足。	1		
			工艺文件严重不足,或者复配食品添加剂的相关控制要求不符合食品安全标准的规定。	0		

四、人员管理(共9分)

序号	核查项目	核查内容	评分标准		核查得分	核查记录
4.1	人员要求	应当配备食品安全管理人员和食品安全专业技术人员,明确其职责。人员要求应当符合有关规定。	符合规定要求。	3		
			人员职责不太明确。	1		
			相关人员配备不足,或者人员要求不符合规定。	0		
4.2	人员培训	应当制定职工培训计划,开展食品安全知识及卫生培训。食品安全管理人员上岗前应当经过培训,并考核合格。	符合规定要求。	3		
			培训计划及计划执行略有不足。	1		
			无培训计划,或者已上岗的相关人员未经培训或考核不合格。	0		

续表

序号	核查项目	核查内容	评分标准		核查得分	核查记录
4.3	人员健康管理制度	应当建立从业人员健康管理制度,明确患有国务院卫生行政部门规定的有碍食品安全疾病的或有明显皮肤损伤未愈合的人员,不得从事接触直接入口食品的工作。从事接触直接入口食品工作的食品生产人员应当每年进行健康检查,取得健康证明后方可上岗工作。	符合规定要求。	3		
			制度内容略有缺陷,或者个别人员未能提供健康证明。	1		
			无制度,或者人员健康管理严重不足。	0		

五、管理制度(共24分)

序号	核查项目	核查内容	评分标准		核查得分	核查记录
5.1	进货查验记录制度	应当建立进货查验记录制度,并规定采购原辅料时,应当查验供货者的许可证和产品合格证明,记录采购的原辅料名称、规格、数量、生产日期或者生产批号、保质期、进货日期以及供货者名称、地址、联系方式等信息,保存相关记录和凭证。	符合规定要求。	3		
			制度内容略有不足。	1		
			无制度,或者制度内容严重不足。	0		
5.2	生产过程控制制度	应当建立生产过程控制制度,明确原料控制(如领料、投料等)、生产关键环节控制(如生产工序、设备管理、贮存、包装等)、检验控制(如原料检验、半成品检验、成品出厂检验等)以及运输和交付控制的相关要求。	符合规定要求。	3		
			个别制度内容略有不足。	1		
			无制度,或者制度内容严重不足。	0		
5.3	出厂检验记录制度	应当建立出厂检验记录制度,并规定食品出厂时,应当查验出厂食品的检验合格证和安全状况,记录食品的名称、规格、数量、生产日期或者生产批号、保质期、检验合格证号、销售日期以及购货者名称、地址、联系方式等信息,保存相关记录和凭证。	符合规定要求。	3		
			制度内容略有不足。	1		
			无制度,或者制度内容严重不足。	0		
5.4	不安全食品召回制度及不合格品管理	1. 应当建立不安全食品召回制度,并规定停止生产、召回和处置不安全食品的相关要求,记录召回和通知情况。	符合规定要求。	3		
			制度内容略有不足。	1		
			无制度,或者制度内容严重不足。	0		
		2. 应当规定生产过程中发现的原辅料、半成品、成品中不合格品的管理要求和处置措施。	符合规定要求。	3		
			管理要求和处置措施略有不足。	1		
			无相关规定,或者管理要求和处置措施严重不足。	0		

续　表

序号	核查项目	核查内容	评分标准		核查得分	核查记录
5.5	食品安全自查制度	应当建立食品安全自查制度，并规定对食品安全状况定期进行检查评价，并根据评价结果采取相应的处理措施。	符合规定要求。	3		
			制度内容略有不足。	1		
			无制度，或者制度内容严重不足。	0		
5.6	食品安全事故处置方案	应当建立食品安全事故处置方案，并规定食品安全事故处置措施及向相关食品安全监管部门和卫生行政部门报告的要求。	符合规定要求。	3		
			方案内容略有不足。	1		
			无方案，或者方案内容严重不足。	0		
5.7	其他制度	应当按照相关法律法规、食品安全标准以及审查细则规定，建立其他保障食品安全的管理制度。	符合规定要求。	3		
			个别制度内容略有不足。	1		
			无制度，或者制度内容严重不足。	0		

六、试制产品检验合格报告（共 1 分）

序号	核查项目	核查内容	评分标准		核查得分	核查记录
6.1	试制产品检验合格报告	应当提交符合审查细则有关要求的试制产品检验合格报告。	符合规定要求。	1		
			非食品安全标准规定的检验项目不全。	0.5		
			无检验合格报告，或者食品安全标准规定的检验项目不全。	0		

食品、食品添加剂生产许可现场核查报告

根据《食品生产许可审查通则》及＿＿＿＿＿＿、＿＿＿＿＿＿生产许可审查细则，核查组于年月日至年月日对（申请人名称）进行了现场核查，结果如下：

一、现场核查结论

（一）现场核查正常开展，经综合评价，本次现场核查的结论是：

序号	食品、食品添加剂类别	类别名称	品种明细	执行标准及标准编号	核查结论
1					
2					
……					

（二）因申请人的下列原因导致现场核查无法正常开展，本次现场核查的结论判定为未通过现场核查：
□不配合实施现场核查；

□现场核查时生产设备设施不能正常运行；
□存在隐瞒有关情况或提供虚假申请材料；
□因申请人的其他主观原因。
(三)因下列原因导致现场核查无法正常开展,中止现场核查：
□因不可抗力原因,或其他客观原因导致现场核查无法正常开展的；
□因申请人涉嫌食品安全违法且被食品药品监督管理部门立案调查的。

二、食品、食品添加剂生产许可现场核查得分及存在的问题

食品、食品添加剂类别及类别名称：

核查项目分数	实际得分
生产场所(分)	(分)
设备设施(分)	(分)
设备布局和工艺流程(分)	(分)
人员管理(分)	(分)
管理制度(分)	(分)
试制产品检验合格报告(分)	(分)
总分： (分)；得分率： %；单项得分为0分的共 项	
现场核查发现的问题	
核查项目序号	问题描述

核查组长签名： 　　　　　　　　　　申请人意见：
核查组员签名：
观察员签名： 　　　　　　　　　　　　申请人签名(盖章)：
　　　年　月　日　　　　　　　　　　　　　　年　月　日

注：1. 申请人申请多个食品、食品添加剂类别的,应当按照类别分别填写本页；
　　2. "现场核查发现的问题"应当详细描述申请人扣分情况；核查结论为"通过"的食品类别,如有整改项目,应当在报告中注明；对于核查结论为"未通过"的食品类别,应当注明否决项目；对于无法正常开展现场核查的,其具体原因应当注明。

食品、食品添加剂生产许可核查材料清单

1. 《食品生产许可申请书》；
2. 营业执照复印件；
3. 食品生产加工场所及其周围环境平面图；
4. 食品生产加工场所各功能区间布局平面图；
5. 工艺设备布局图；
6. 食品生产工艺流程图；
7. 食品生产主要设备设施清单；
8. 食品安全管理制度清单；
9. 《食品、食品添加剂生产许可现场核查通知书》；
10. 《现场核查首末次会议签到表》；
11. 《食品、食品添加剂生产许可现场核查评分记录表》；
12. 《食品、食品添加剂生产许可现场核查报告》；
13. 许可机关要求提交的其他材料。

文书来源

食品药品监管总局关于印发《食品生产许可审查通则》的通知

（2016年8月9日 食药监食监一〔2016〕103号）

各省、自治区、直辖市食品药品监督管理局，新疆生产建设兵团食品药品监督管理局：

根据《中华人民共和国食品安全法》及其实施条例、《食品生产许可管理办法》等有关规定，国家食品药品监督管理总局组织制定了《食品生产许可审查通则》，现予印发，自2016年10月1日起施行。

地方各级食品药品监督管理部门要严格按照《食品生产许可管理办法》《食品生产许可审查通则》规定的程序和要求，进一步优化许可流程，提高许可效率，加强监督管理。《食品生产许可审查通则》实施过程中遇到的问题，请及时报告总局。

食品生产许可审查通则

第一章 总 则

第一条 为加强食品生产许可管理，规范食品生产许可审查工作，依据《中华人民共和国食品安全法》及其实施条例、《食品生产许可管理办法》等有关法律法规、规章和食品安全国家标准，制定本通则。

第二条 本通则适用于食品药品监督管理部门组织对申请人的食品、食品添加剂（以下统称食品）生产许可以及许可变更、延续等的审查工作。

食品生产许可审查包括申请材料审查和现场核查。

第三条 本通则应当与相应的食品生产许可审查细则（以下简称审查细则）结合使用。使用地方特色食品生产许可审查细则开展生产许可审查的，应当符合《食品生产许可管理办法》第八条的规定。

第四条 对申请材料的审查，应当以书面申请材料的完整性、规范性、符合性为主要审查内容；对现场的核查，应当以申请材料与实际状况的一致性、合规性为主要审查内容。

第五条 法律法规、规章和标准对食品生产许可审查有特别规定的，还应当遵守其规定。

第二章 材料审查

第六条 申请人应当具备申请食品生产许可的主体资格。申请人应当根据所在地省级食品药品监督管理部门规定的食品生产许可受理权限，向所在地县级以上食品药品监督管理部门提出食品生产许可申请。

第七条 申请材料应当种类齐全、内容完整，符合法定形式和填写要求。申请人应当对申请材料的真实性负责。申请材料的份数由省级食品药品监督管理部门根据监管工作需要确定，确保负责对申请人实施食品安全日常监督管理的食品药品监督管理部门掌握申请人申请许可的情况。

申请人委托他人办理食品生产许可申请的，代理人应当提交授权委托书以及代理人的身份证明文件。

第八条 申请人申请食品生产许可的,应当提交食品生产许可申请书、营业执照复印件、食品生产加工场所及其周围环境平面图、食品生产加工场所各功能区间布局平面图、工艺设备布局图、食品生产工艺流程图、食品生产主要设备设施清单、食品安全管理制度目录以及法律法规规定的其他材料。

申请保健食品、特殊医学用途配方食品、婴幼儿配方食品的生产许可,还应当提交与所生产食品相适应的生产质量管理体系文件以及相应的产品注册和备案文件。

食品添加剂生产许可的申请材料,按照《食品生产许可管理办法》第十六条的规定执行。

第九条 申请变更的,应当提交食品生产许可变更申请书、食品生产许可证(正本、副本)、变更食品生产许可事项有关的材料以及法律法规规定的其他材料。

食品生产许可证副本载明的同一食品类别内的事项发生变化的,申请人声明工艺设备布局和工艺流程、主要生产设备设施等事项发生变化的,应当按照本条第一款的规定提交有关材料。

申请人声明其他生产条件发生变化,可能影响食品安全的,应当按照本条第一款的规定提交有关材料。

保健食品、特殊医学用途配方食品、婴幼儿配方食品的生产企业申请变更的,还应当就申请人变化事项提交与所生产食品相适应的生产质量管理体系文件,以及相应的产品注册和备案文件。

第十条 申请延续的,应当提交食品生产许可延续申请书、食品生产许可证(正本、副本)、申请人生产条件是否发生变化的声明、延续食品生产许可事项有关的材料以及法律法规规定的其他材料。

保健食品、特殊医学用途配方食品、婴幼儿配方食品的生产企业申请延续食品生产许可的,还应当就申请人变化事项提供与所生产食品相适应的生产质量管理体系运行情况的自查报告,以及相应的产品注册和备案文件。

第十一条 许可机关或者其委托的技术审查机构(以下统称为审查部门)应当对申请人提交的申请材料的完整性、规范性进行审查。

第十二条 审查部门应当对申请人提交的申请材料的种类、数量、内容、填写方式以及复印材料与原件的符合性等方面进行审查。

申请材料均须由申请人的法定代表人或负责人签名,并加盖申请人公章。复印件应当由申请人注明"与原件一致",并加盖申请人公章。

第十三条 食品生产许可申请书应当使用钢笔、签字笔填写或打印,字迹应当清晰、工整,修改处应当签名并加盖申请人公章。申请书中各项内容填写完整、规范、准确。

申请人名称、法定代表人或负责人、社会信用代码或营业执照注册号、住所等填写内容应当与营业执照一致,所申请生产许可的食品类别应当在营业执照载明的经营范围内,且营业执照在有效期限内。

申证产品的类别编号、类别名称及品种明细应当按照食品生产许可分类目录填写。

申请材料中的食品安全管理制度设置应当完整。

第十四条 申请人应当配备食品安全管理人员及专业技术人员,并定期进行培训和考核。

第十五条 申请人及从事食品生产管理工作的食品安全管理人员应当未受到从业禁止。

第十六条 食品生产加工场所及其周围环境平面图、食品生产加工场所各功能区间布局平面图、工艺设备布局图、食品生产工艺流程图等图表清晰,生产场所、主要设备设施布局合理、工艺流程符合审查细则和所执行标准规定的要求。

食品生产加工场所及其周围环境平面图、食品生产加工场所各功能区间布局平面图、工艺设备布局图应当按比例标注。

第十七条 许可机关发现申请人存在隐瞒有关情况或者提供虚假申请材料的,应当及时依法处理。

第十八条 申请材料经审查,按规定不需要现场核查的,应当按规定程序由许可机关作出许可决定。许可机关决定需要现场核查的,应当组织现场核查。

第十九条 下列情形,应当组织现场核查:

(一)申请生产许可的,应当组织现场核查。

(二)申请变更的,申请人声明其生产场所发生变迁,或者现有工艺设备布局和工艺流程、主要生产设备设施、食品类别等事项发生变化的,应当对变化情况组织现场核查;其他生产条件发生变化,可能影响食品安全的,也应当就变化情况组织现场核查。

(三)申请延续的,申请人声明生产条件发生变化,可能影响食品安全的,应当组织对变化情况进行现场核查。

(四)申请变更、延续的,审查部门决定需要对申请材料内容、食品类别、与相关审查细则及执行标准要求相符情况进行核实的,应当组织现场核查。

(五)申请人的生产场所迁出原发证的食品药品监督管理部门管辖范围的,应当重新申请食品生产许可,迁入地许可机关应当依照本通则的规定组织申请材料审查和现场核查。

(六)申请人食品安全信用信息记录载明监督抽检不合格、监督检查不符合、发生过食品安全事故,以及其他保障食品安全方面存在隐患的。

(七)法律、法规和规章规定需要实施现场核查的其他情形。

第三章 现场核查

第二十条 审查部门应当自收到申请材料之日起3个工作日内组成核查组,负责对申请人进行现场核查,并将现场核查决定书面通知申请人及负责对申请人实施食品安全日常监督管理的食品药品监督管理部门。

第二十一条 核查组由符合要求的核查人员组成，不得少于2人。核查组实行组长负责制，组长由审查部门指定。

第二十二条 负责对申请人实施食品安全日常监督管理的食品药品监督管理部门或其派出机构应当派出监管人员作为观察员参加现场核查工作。观察员应当支持、配合并全程观察核查组的现场核查工作，但不作为核查组成员，不参与对申请人生产条件的评分及核查结论的判定。

观察员对现场核查程序、过程、结果有异议的，可在现场核查结束后3个工作日内书面向许可机关报告。

第二十三条 核查组应当召开首次会议，由核查组长向申请人介绍核查目的、依据、内容、工作程序、核查人员及工作安排等内容。

第二十四条 核查组实施现场核查时，应当依据《食品、食品添加剂生产许可现场核查评分记录表》中所列核查项目，采取核查现场、查阅文件、核对材料及询问相关人员等方法实施现场核查。

必要时，核查组可以对申请人的食品安全管理人员、专业技术人员进行抽查考核。

第二十五条 核查组长应当召集核查人员对各自负责的核查项目的评分意见共同研究，汇总核查情况，形成初步核查意见，并与申请人进行沟通。

第二十六条 核查组对核查情况和申请人的反馈意见进行会商后，应当根据不同食品类别的现场核查情况分别进行评分判定，并汇总评分结果，形成核查结论，填写《食品、食品添加剂生产许可现场核查报告》。

第二十七条 核查组应当召开末次会议，由核查组长宣布核查结论，组织核查人员及申请人在《食品、食品添加剂生产许可现场核查评分记录表》《食品、食品添加剂生产许可现场核查报告》上签署意见并签名、盖章。申请人拒绝签名、盖章的，核查人员应当在《食品、食品添加剂生产许可现场核查报告》上注明情况。观察员应当在《食品、食品添加剂生产许可现场核查报告》上签字确认。

第二十八条 参加首、末次会议人员应当包括申请人的法定代表人（负责人）或其代理人、相关食品安全管理人员、专业技术人员、核查组成员及观察员。

参加首、末次会议人员应当在《现场核查首末次会议签到表》上签到。

代理人应当提交授权委托书和代理人的身份证明文件。

第二十九条 现场核查范围主要包括生产场所、设备设施、设备布局和工艺流程、人员管理、管理制度及其执行情况，以及按规定需要查验试制产品检验合格报告。

第三十条 在生产场所方面，核查申请人提交的材料是否与现场一致，其生产场所周边及厂区环境、布局和各功能区划分、厂房及生产车间相关材质等是否符合有关规定和要求。

申请人在生产场所外建立或者租用外设仓库的，应当承诺符合《食品、食品添加剂生产许可现场核查评分记录表》中关于库房的要求，并提供相关影像资料。必要时，核查组可以对外设仓库实施现场核查。

第三十一条 在设备设施方面，核查申请人提交的生产设备设施清单是否与现场一致，生产设备设施材质、性能等是否符合规定并满足生产需要；申请人自行对原辅料及出厂产品进行检验的，是否具备审查细则规定的检验设备设施，性能和精度是否满足检验需要。

第三十二条 在设备布局和工艺流程方面，核查申请人提交的设备布局图和工艺流程图是否与现场一致，设备布局、工艺流程是否符合规定要求，并能防止交叉污染。

实施复配食品添加剂现场核查时，核查组应当依据有关规定，根据复配食品添加剂品种特点，核查复配食品添加剂配方组成、有害物质及致病菌是否符合食品安全国家标准。

第三十三条 在人员管理方面，核查申请人是否配备申请材料所列明的食品安全管理人员及专业技术人员；是否建立生产相关岗位的培训及从业人员健康管理制度；从事接触直接入口食品工作的食品生产人员是否取得健康证明。

第三十四条 在管理制度方面，核查申请人的进货查验记录、生产过程控制、出厂检验记录、食品安全自查、不安全食品召回、不合格品管理、食品安全事故处置及审查细则规定的其他保证食品安全的管理制度是否齐全，内容是否符合法律法规等相关规定。

第三十五条 在试制产品检验合格报告方面，现场核查时，核查组可以根据食品生产工艺流程等要求，按申请人生产食品所执行的食品安全标准和产品标准核查试制食品检验合格报告。

实施食品添加剂生产许可现场核查时，可以根据食品添加剂品种，按申请人生产食品添加剂所执行的食品安全标准核查试制食品添加剂检验合格报告。

试制产品检验合格报告可以由申请人自行检验，或者委托有资质的食品检验机构出具。

试制产品检验报告的具体要求按审查细则的有关规定执行。

第三十六条 审查细则对现场核查相关内容进行细化或者有补充要求的，应当一并核查，并在《食品、食品添加剂生产许可现场核查评分记录表》中记录。

第三十七条 申请变更及延续的，申请人声明其生产条件发生变化的，审查部门应当依照本通则的规定就申请人声明的生产条件变化情况组织现场核查。

经注册或备案的保健食品、特殊医学用途配方食品、婴幼儿配方食品生产工艺发生变化的，相关生产企业应当在办理食品生产许可的变更前，办理产品注册或者备案变更手续。

第三十八条　因申请人下列原因导致现场核查无法正常开展的,核查组应当如实报告审查部门,本次核查按照未通过现场核查作出结论:

（一）不配合实施现场核查的;

（二）现场核查时生产设备设施不能正常运行的;

（三）存在隐瞒有关情况或提供虚假申请材料的;

（四）其他因申请人主观原因导致现场核查无法正常开展的。

第三十九条　因不可抗力原因,或者供电、供水等客观原因导致现场核查无法正常开展的,申请人应当向许可机关书面提出许可中止申请。中止时间应当不超过10个工作日,中止时间不计入食品生产许可审批时限。

第四十条　因申请人涉嫌食品安全违法且被食品药品监督管理部门立案调查的,许可机关应当中止生产许可程序,中止时间不计入食品生产许可审批时限。

第四十一条　现场核查按照《食品、食品添加剂生产许可现场核查评分记录表》的项目得分进行判定。核查项目单项得分无0分项且总得分率≥85%的,该食品类别及品种明细判定为通过现场核查;核查项目单项得分有0分项或者总得分率<85%的,该食品类别及品种明细判定为未通过现场核查。

第四十二条　《食品、食品添加剂生产许可现场核查报告》应当现场交申请人留存一份。

第四章　审查结果与检查整改

第四十三条　核查组应当自接受现场核查任务之日起10个工作日内完成现场核查,并将《食品、食品添加剂生产许可核查材料清单》所列的许可相关材料上报审查部门。

第四十四条　审查部门应当在规定时限内收集、汇总审查结果以及《食品、食品添加剂生产许可核查材料清单》所列的许可相关材料。

第四十五条　许可机关应当根据申请材料审查和现场核查等情况,对符合条件的,作出准予生产许可的决定。对不符合条件的,应当及时作出不予许可的书面决定并说明理由,同时告知申请人依法享有申请行政复议或者提起行政诉讼的权利。

第四十六条　作出准予生产许可决定的,申请人的申请材料及审查部门收集、汇总的相关许可材料还应当送达负责对申请人实施食品安全日常监督管理的食品药品监督管理部门。

第四十七条　对于判定结果为通过现场核查的,申请人应当在1个月内对现场核查中发现的问题进行整改,并将整改结果向负责对申请人实施食品安全日常监督管理的食品药品监督管理部门书面报告。

第四十八条　负责对申请人实施食品安全日常监督管理的食品药品监督管理部门或其派出机构应当在许可后3个月内对获证企业开展一次监督检查。对已进行现场核查的企业,重点检查现场核查中发现的问题是否已进行整改。

第五章　附　则

第四十九条　申请人试生产的产品不得作为食品销售。

第五十条　保健食品生产许可审查细则另有规定的,从其规定。

第五十一条　省级食品药品监督管理部门可以根据本通则,结合本区域实际情况制定有关食品生产许可管理的具体实施办法,补充、细化《食品、食品添加剂生产许可现场核查评分记录表》《食品、食品添加剂生产许可现场核查报告》。

第五十二条　鼓励各地运用信息化手段开展食品生产许可审查工作。

第五十三条　本通则适用于以分装形式申请的食品生产许可审查,但相关审查细则另有规定的除外。

第五十四条　本通则所称外设仓库,是指申请人在生产厂区外设置的贮存食品生产原辅材料和成品的场所。

第五十五条　本通则由国家食品药品监督管理总局负责解释。

第五十六条　本通则自2016年10月1日起施行。

3. 食品安全专项自查文书

食品生产加工企业落实质量安全主体责任监督检查通知书

(编号)

(受检企业全称)：

依据《中华人民共和国行政许可法》、《中华人民共和国食品安全法》及其实施条例等法律、法规规定，国家对食品生产加工企业落实质量安全主体责任实施监督检查制度。按照我局部署，对你单位依法进行监督检查。请你单位按《食品生产加工企业落实质量安全主体责任情况自查表》规定项目开展自查，并予以积极配合。

监督检查方式：以书面核查为主，必要时实施相关检查措施。

检查人员：_____ 联系电话：_____

自查报告提交日期：　　年　月　日之前

其他检查措施实施日期：　　　　依书面核查工作需要确定并随时通知

(盖章)

年　月　日

送达回执

本企业已收到《食品生产加工企业落实质量安全主体责任监督检查通知书》。

签字：_____

年　月　日

注：此通知书一式两份，一份交企业；一份留存。

食品生产加工企业落实质量安全主体责任情况自查表

编号：

企业名称		产品名称	生产地址	自查日期
自查项目	序号	自查情况		自查不符合项说明
企业资质变化情况	1.1	工商营业执照	符合规定（　） 不符合规定（　）	
	1.2	食品生产许可证	符合规定（　） 不符合规定（　）	
	1.3	实际生产方式和范围	符合规定（　） 不符合规定（　）	
	1.4	条件变化后报告情况	符合规定（　） 不符合规定（　）	
采购进货查验落实情况	2.1	采购食品原料索证	符合规定（　） 不符合规定（　）	
	2.2	采购食品添加剂索证	符合规定（　） 不符合规定（　）	
	2.3	采购食品相关产品索证	符合规定（　） 不符合规定（　）	
	2.4	实际使用食品原料、食品添加剂、食品相关产品的品种	符合规定（　） 不符合规定（　）	
生产过程控制情况	3.1	厂区内环境清洁卫生状况、企业自查记录	符合规定（　） 不符合规定（　）	
	3.2	生产加工场所清洁卫生状况、企业自查记录	符合规定（　） 不符合规定（　）	
	3.3	生产加工设施清洁卫生状况、企业自查记录	符合规定（　） 不符合规定（　）	
	3.4	企业必备生产设备、设施维护保养和清洗消毒记录	符合规定（　） 不符合规定（　）	
	3.5	产品投料记录	符合规定（　） 不符合规定（　）	
	3.6	生产加工过程中关键控制点的控制记录	符合规定（　） 不符合规定（　）	
	3.7	生产中人流、物流交叉污染情况	符合规定（　） 不符合规定（　）	
	3.8	原料、半成品、成品交叉污染情况	符合规定（　） 不符合规定（　）	
	3.9	设备、设施运行情况	符合规定（　） 不符合规定（　）	
	3.10	现场人员卫生防护情况	符合规定（　） 不符合规定（　）	
	3.11	使用回收食品情况	符合规定（　） 不符合规定（　）	

续 表

自查项目	序号	自查情况		自查不符合项说明
食品出厂检验落实情况	4.1	用于检验的设备情况	符合规定（ ） 不符合规定（ ）	
	4.2	检验的辅助设备及化学试剂情况	符合规定（ ） 不符合规定（ ）	
	4.3	检验员应具备相应能力	符合规定（ ） 不符合规定（ ）	
	4.4	出厂检验项目情况	符合规定（ ） 不符合规定（ ）	
	4.5	出厂检验的原始数据记录和检验报告	符合规定（ ） 不符合规定（ ）	
	4.6	产品留样记录	符合规定（ ） 不符合规定（ ）	
	4.7	自行进行出厂检验企业实验室测量比对情况	符合规定（ ） 不符合规定（ ）	
	4.8	委托出厂检验情况	符合规定（ ） 不符合规定（ ）	
不合格品管理情况	5.1	采购不合格食品原料的处理记录	符合规定（ ） 不符合规定（ ）	
	5.2	采购不合格食品添加剂的处理记录	符合规定（ ） 不符合规定（ ）	
	5.3	采购不合格食品相关产品的处理记录	符合规定（ ） 不符合规定（ ）	
	5.4	生产不合格产品的处理记录	符合规定（ ） 不符合规定（ ）	
食品标识标注符合情况	6.1	名称、规格、净含量、生产日期	符合规定（ ） 不符合规定（ ）	
	6.2	成分或者配料表	符合规定（ ） 不符合规定（ ）	
	6.3	生产者的名称、地址、联系方式	符合规定（ ） 不符合规定（ ）	
	6.4	保质期	符合规定（ ） 不符合规定（ ）	
	6.5	产品标准代号	符合规定（ ） 不符合规定（ ）	
	6.6	贮存条件	符合规定（ ） 不符合规定（ ）	
	6.7	所使用的食品添加剂在国家标准中的通用名称	符合规定（ ） 不符合规定（ ）	
	6.8	生产许可证编号及 QS 标志	符合规定（ ） 不符合规定（ ）	
	6.9	专供婴幼儿主辅食品标签应标明主要营养成分及其含量	符合规定（ ） 不符合规定（ ）	
	6.10	专供其他特定人群的主辅食品标签应标明主要营养成分及其含量	符合规定（ ） 不符合规定（ ）	
	6.11	法律、法规或者食品安全标准规定必须标明的其他事项	符合规定（ ） 不符合规定（ ）	

续 表

自查项目	序号	自查情况		自查不符合项说明
食品销售台帐记录情况	7.1	产品名称	符合规定（　） 不符合规定（　）	
	7.2	数量	符合规定（　） 不符合规定（　）	
	7.3	生产日期/生产批号	符合规定（　） 不符合规定（　）	
	7.4	检验合格证号	符合规定（　） 不符合规定（　）	
	7.5	购货者名称及联系方式	符合规定（　） 不符合规定（　）	
	7.6	销售日期	符合规定（　） 不符合规定（　）	
	7.7	出货日期	符合规定（　） 不符合规定（　）	
	7.8	地点	符合规定（　） 不符合规定（　）	
标准执行情况	8.1	企业标准备案	符合规定（　） 不符合规定（　）	
	8.2	收录执行最新标准	符合规定（　） 不符合规定（　）	
不安全食品召回记录情况	9.1	产品名称	符合规定（　） 不符合规定（　）	
	9.2	批次及数量	符合规定（　） 不符合规定（　）	
	9.3	不安全项目	符合规定（　） 不符合规定（　）	
	9.4	产生的原因	符合规定（　） 不符合规定（　）	
	9.5	通知相关生产经营者和消费者情况	符合规定（　） 不符合规定（　）	
	9.6	召回产品处理记录	符合规定（　） 不符合规定（　）	
	9.7	整改措施的落实情况	符合规定（　） 不符合规定（　）	
	9.8	向当地政府和监管部门报告召回处理情况	符合规定（　） 不符合规定（　）	

续 表

自查项目	序号	自查情况		自查不符合项说明
从业人员	10.1	企业对直接接触食品人员健康管理的相关记录	符合规定（　） 不符合规定（　）	
	10.2	企业对从业人员的食品质量安全知识培训记录	符合规定（　） 不符合规定（　）	
接受委托加工情况	11.1	生产企业接受委托向所在地质量技术监督部门报告情况	符合规定（　） 不符合规定（　）	
	11.2	委托加工食品包装标识	符合规定（　） 不符合规定（　）	
对消费者投诉登记及处理记录	12.1	投诉者姓名及联系方式	符合规定（　） 不符合规定（　）	
	12.2	食品名称	符合规定（　） 不符合规定（　）	
	12.3	数量	符合规定（　） 不符合规定（　）	
	12.4	生产日期/生产批号	符合规定（　） 不符合规定（　）	
	12.5	投诉质量问题	符合规定（　） 不符合规定（　）	
	12.6	企业采取的处理措施	符合规定（　） 不符合规定（　）	
	12.7	处理结果	符合规定（　） 不符合规定（　）	
收集风险监测及评估信息的记录	13.1	收集与企业相关的风险监测与评估信息	符合规定（　） 不符合规定（　）	
	13.2	企业做出的反应	符合规定（　） 不符合规定（　）	
企业处置食品安全事故的情况	14.1	企业制定的食品安全事故处置方案	符合规定（　） 不符合规定（　）	
	14.2	企业定期检查各项食品安全防范措施的落实情况	符合规定（　） 不符合规定（　）	
	14.3	企业处置食品安全事故记录	符合规定（　） 不符合规定（　）	
自查结论 （可另附页）				
整改措施 （可另附页）				
自查人员签名： 　　　　　年　月　日		企业负责人签名： 　　　　　年　月　日（章）		

对食品生产加工企业落实质量安全主体责任情况核查表

编号：

企业名称		产品名称	生产地址	核查日期
核查项目	序号	核查情况		核查发现问题项描述
企业资质变化情况	1.1	工商营业执照	发现问题（　） 未发现问题（　）	
	1.2	食品生产许可证	发现问题（　） 未发现问题（　）	
	1.3	实际生产方式和范围	发现问题（　） 未发现问题（　）	
	1.4	条件变化后报告情况	发现问题（　） 未发现问题（　）	
采购进货查验落实情况	2.1	采购食品原料索证	发现问题（　） 未发现问题（　）	
	2.2	采购食品添加剂索证	发现问题（　） 未发现问题（　）	
	2.3	采购食品相关产品索证	发现问题（　） 未发现问题（　）	
	2.4	实际使用食品原料、食品添加剂、食品相关产品的品种	发现问题（　） 未发现问题（　）	
生产过程控制情况	3.1	厂区内环境清洁卫生状况、企业自查记录	发现问题（　） 未发现问题（　）	
	3.2	生产加工场所清洁卫生状况、企业自查记录	发现问题（　） 未发现问题（　）	
	3.3	生产加工设施清洁卫生状况、企业自查记录	发现问题（　） 未发现问题（　）	
	3.4	企业必备生产设备、设施维护保养和清洗消毒记录	发现问题（　） 未发现问题（　）	
	3.5	产品投料记录	发现问题（　） 未发现问题（　）	
	3.6	生产加工过程中关键控制点的控制记录	发现问题（　） 未发现问题（　）	
	3.7	生产中人流、物流交叉污染情况	发现问题（　） 未发现问题（　）	
	3.8	原料、半成品、成品交叉污染情况	发现问题（　） 未发现问题（　）	
	3.9	设备、设施运行情况	发现问题（　） 未发现问题（　）	
	3.10	现场人员卫生防护情况	发现问题（　） 未发现问题（　）	
	3.11	使用回收食品情况	发现问题（　） 未发现问题（　）	

续　表

核查项目	序号	核查情况		核查发现问题项描述
食品出厂检验落实情况	4.1	用于检验的设备情况	发现问题（　） 未发现问题（　）	
	4.2	检验的辅助设备及化学试剂情况	发现问题（　） 未发现问题（　）	
	4.3	检验员应具备相应能力	发现问题（　） 未发现问题（　）	
	4.4	出厂检验项目情况	发现问题（　） 未发现问题（　）	
	4.5	出厂检验的原始数据记录和检验报告	发现问题（　） 未发现问题（　）	
	4.6	产品留样记录	发现问题（　） 未发现问题（　）	
	4.7	自行进行出厂检验企业实验室测量比对情况	发现问题（　） 未发现问题（　）	
	4.8	委托出厂检验情况	发现问题（　） 未发现问题（　）	
不合格品管理情况	5.1	采购不合格食品原料的处理记录	发现问题（　） 未发现问题（　）	
	5.2	采购不合格食品添加剂的处理记录	发现问题（　） 未发现问题（　）	
	5.3	采购不合格食品相关产品的处理记录	发现问题（　） 未发现问题（　）	
	5.4	生产不合格产品的处理记录	发现问题（　） 未发现问题（　）	
食品标识标注符合情况	6.1	名称、规格、净含量、生产日期	发现问题（　） 未发现问题（　）	
	6.2	成分或者配料表	发现问题（　） 未发现问题（　）	
	6.3	生产者的名称、地址、联系方式	发现问题（　） 未发现问题（　）	
	6.4	保质期	发现问题（　） 未发现问题（　）	
	6.5	产品标准代号	发现问题（　） 未发现问题（　）	
	6.6	贮存条件	发现问题（　） 未发现问题（　）	
	6.7	所使用的食品添加剂在国家标准中的通用名称	发现问题（　） 未发现问题（　）	
	6.8	生产许可证编号及 QS 标志	发现问题（　） 未发现问题（　）	
	6.9	专供婴幼儿主辅食品标签应标明主要营养成分及其含量	发现问题（　） 未发现问题（　）	
	6.10	专供其他特定人群的主辅食品标签应标明主要营养成分及其含量	发现问题（　） 未发现问题（　）	
	6.11	法律、法规或者食品安全标准规定必须标明的其他事项	发现问题（　） 未发现问题（　）	

续 表

核查项目	序号	核查情况		核查发现问题项描述
食品销售台帐记录情况	7.1	产品名称	发现问题（ ） 未发现问题（ ）	
	7.2	数量	发现问题（ ） 未发现问题（ ）	
	7.3	生产日期/生产批号	发现问题（ ） 未发现问题（ ）	
	7.4	检验合格证号	发现问题（ ） 未发现问题（ ）	
	7.5	购货者名称及联系方式	发现问题（ ） 未发现问题（ ）	
	7.6	销售日期	发现问题（ ） 未发现问题（ ）	
	7.7	出货日期	发现问题（ ） 未发现问题（ ）	
	7.8	地点	发现问题（ ） 未发现问题（ ）	
标准执行情况	8.1	企业标准备案	发现问题（ ） 未发现问题（ ）	
	8.2	收录执行最新标准	发现问题（ ） 未发现问题（ ）	
不安全食品召回记录情况	9.1	产品名称	发现问题（ ） 未发现问题（ ）	
	9.2	批次及数量	发现问题（ ） 未发现问题（ ）	
	9.3	不安全项目	发现问题（ ） 未发现问题（ ）	
	9.4	产生的原因	发现问题（ ） 未发现问题（ ）	
	9.5	通知相关生产经营者和消费者情况	发现问题（ ） 未发现问题（ ）	
	9.6	召回产品处理记录	发现问题（ ） 未发现问题（ ）	
	9.7	整改措施的落实情况	发现问题（ ） 未发现问题（ ）	
	9.8	向当地政府和监管部门报告召回处理情况	发现问题（ ） 未发现问题（ ）	

续 表

核查项目	序号	核查情况		核查发现问题项描述
从业人员	10.1	企业对直接接触食品人员健康管理的相关记录	发现问题（　） 未发现问题（　）	
	10.2	企业对从业人员的食品质量安全知识培训记录	发现问题（　） 未发现问题（　）	
接受委托加工情况	11.1	生产企业接受委托向所在地质量技术监督部门报告情况	发现问题（　） 未发现问题（　）	
	11.2	委托加工食品包装标识	发现问题（　） 未发现问题（　）	
对消费者投诉登记及处理记录	12.1	投诉者姓名及联系方式	发现问题（　） 未发现问题（　）	
	12.2	食品名称	发现问题（　） 未发现问题（　）	
	12.3	数量	发现问题（　） 未发现问题（　）	
	12.4	生产日期/生产批号	发现问题（　） 未发现问题（　）	
	12.5	投诉质量问题	发现问题（　） 未发现问题（　）	
	12.6	企业采取的处理措施	发现问题（　） 未发现问题（　）	
	12.7	处理结果	发现问题（　） 未发现问题（　）	
收集风险监测及评估信息的记录	13.1	收集与企业相关的风险监测与评估信息	发现问题（　） 未发现问题（　）	
	13.2	企业做出的反应	发现问题（　） 未发现问题（　）	
企业处置食品安全事故的情况	14.1	企业制定的食品安全事故处置方案	发现问题（　） 未发现问题（　）	
	14.2	企业定期检查各项食品安全防范措施的落实情况	发现问题（　） 未发现问题（　）	
	14.3	企业处置食品安全事故记录	发现问题（　） 未发现问题（　）	
初步核查意见（可另附页）				
核查结论及处理意见（可另附页）				

续 表

被检查单位意见（可另附页）	企业法人代表或其授权人签名： 年　月　日
核查人员签名： 年　月　日	企业法人代表或其授权人签名： 年　月　日（章）

文书来源

国家质量监督检验检疫总局关于《食品生产加工企业落实质量安全主体责任监督检查规定》的公告

（2009年12月23日　2009年第119号）

依据《中华人民共和国食品安全法》、《中华人民共和国食品安全法实施条例》、《国务院关于加强食品等产品安全监督管理的特别规定》等相关法律法规规定，为督促食品生产加工企业落实质量安全主体责任、规范食品生产加工企业质量安全监督检查工作、保障食品质量安全，国家质检总局制定了《食品生产加工企业落实质量安全主体责任监督检查规定》，自2010年3月1日起执行。执行中如遇问题，请及时向国家质检总局反映。

特此公告。

食品生产加工企业落实质量安全主体责任监督检查规定

第一章　总　　则

第一条　为督促食品生产加工企业（以下简称"企业"）落实质量安全主体责任，规范企业质量安全监督检查工作，保障食品质量安全，依据《中华人民共和国食品安全法》及其实施条例、《国务院关于加强食品等产品安全监督管理的特别规定》等相关法律法规，制定本规定。

第二条　本规定所指企业是指依据《中华人民共和国食品安全法》等法律规定取得食品生产许可的食品生产者。

第三条　县级以上地方质量技术监督部门采取听取企业汇报、查阅企业记录、询问企业员工、核查生产现场、检验企业产品及所用食品原料、食品添加剂、食品相关产品，调查企业利益相关方等方式，依法对企业执行有关法律法规和标准等情况（除对企业申请食品生产许可过程的现场核查外）实施监督检查，适用本规定。

第四条　国家质量监督检验检疫总局（以下简称"国家质检总局"）负责制（修）订企业落实质量安全主体责任监督检查规定，并对省级质量技术监督部门依据本规定实施监督检查的情况进行指导和检查。

县级以上地方质量技术监督部门在其职权范围内负责本辖区企业的监督检查工作，上级部门应对下级部门依据本规定实施监督检查的情况进行指导和检查。

第五条　县级以上地方质量技术监督部门应当为企业落实质量安全主体责任监督检查工作提供保障。

第六条　监督检查工作应当遵循科学公正、公开透明、程序合法、便民高效的原则。

第二章　企业质量安全主体责任

第七条　企业应保持资质的一致性。

（一）企业实际生产食品的场所、生产食品的范围等应与食品生产许可证书内容一致；

（二）企业在食品生产许可证有效期内，生产条件、检验手段、生产技术或者工艺发生变化的，应按规定报告；

（三）食品生产许可证载明的企业名称应与营业执照一致。

第八条　企业应建立进货查验记录制度。

（一）企业采购食品原料、食品添加剂、食品相关产品应建立和保存进货查验记录，向供货者索取许可证复印件（指按照相关法律法规规定，应当取得许可的）和与购进批次产品相适应的合格证明文件；

（二）对供货者无法提供有效合格证明文件的食品原料，企业应依照食品安全标准自行检验或委托检验，并保存检验记录；

（三）企业采购进口需法定检验的食品原料、食品添加剂、食品相关产品，应当向供货者索取有效的检验检疫证明；

（四）企业生产加工食品所使用的食品原料、食品添加剂、食品相关产品的品种应与进货查验记录内容一致。

第九条　企业应建立生产过程控制制度。

（一）企业应定期对厂区内环境、生产场所和设施清洁卫生状况自查，并保存自查记录；

（二）企业应定期对必备生产设备、设施维护保养和清洗消毒，并保存记录，同时应建立和保存停产复产记录及复产时生产设备、设施等安全控制记录；

（三）企业应建立和保存各种购进食品原料、食品添加剂、食品相关产品的贮存、保管、领用出库等记录；

（四）企业应建立和保存生产投料记录，包括投料种类、品名、生产日期或批号、使用数量等；

（五）企业应建立和保存生产加工过程关键控制点的控制情况，包括必要的半成品检验记录、温度控制、车间洁净度控制等；

（六）企业生产现场，应避免人流、物流交叉污染，避免原料、半成品、成品交叉污染，保证设备、设施正常运行，现场人员应进行卫生防护，不应使用回收食品等。

第十条 企业应建立出厂检验记录制度。

（一）企业应建立和保存出厂食品的原始检验数据和检验报告记录，包括查验食品的名称、规格、数量、生产日期、生产批号、执行标准、检验结论、检验人员、检验合格证号或检验报告编号、检验时间等记录内容；

（二）企业的检验人员应具备相应能力；

（三）企业委托其他检验机构实施产品出厂检验的，应检查受委托检验机构资质，并签订委托检验合同；

（四）出厂检验项目与食品安全标准及有关规定的项目应保持一致；

（五）企业应具备必备的检验设备，计量器具应依法经检验合格或校准，相关辅助设备及化学试剂应完好齐备并在有效使用期内；

（六）企业自行进行产品出厂检验的，应按规定进行实验室测量比对，建立并保存比对记录；

（七）企业应按规定保存出厂检验留存样品。产品保质期少于2年的，保存期限不得少于产品的保质期；产品保质期超过2年的，保存期限不得少于2年。

第十一条 企业应建立不合格品管理制度。

（一）企业应建立和保存采购的不合格食品原料、食品添加剂、食品相关产品的处理记录；

（二）企业应建立和保存生产的不合格产品的处理记录。

第十二条 企业生产加工食品的标识标注内容应符合法律、法规、规章及食品安全标准规定的事项。

第十三条 企业应建立销售台帐。企业应对销售每批产品建立和保存销售台帐，包括产品名称、数量、生产日期、生产批号、购货者名称及联系方式、销售日期、出货日期、地点、检验合格证号、交付控制、承运者等内容。

第十四条 企业标准执行应符合相关法律法规规定。

（一）企业标准应按规定进行备案；

（二）企业应收集、记录新发布国家食品安全标准，参加相关培训，做好标准执行工作。

第十五条 企业应建立不安全食品召回制度。企业应建立和保存对不安全食品自主召回、被责令召回的执行情况的记录，包括：企业通知召回的情况；实际召回的情况；对召回产品采取补救、无害化处理或销毁的记录；整改措施的落实情况；向当地政府和县级以上监管部门报告召回及处理情况。

第十六条 企业从业人员健康和培训应符合相关法律法规规定。

（一）企业应建立从业人员健康检查制度和健康档案制度，保存对直接接触食品人员健康管理的相关记录；

（二）企业应建立和保存对从业人员的食品质量安全知识培训记录。

第十七条 企业接受委托加工食品应符合相关法律法规规定。

（一）受委托企业应当在获得生产许可的产品品种范围内与委托方约定委托加工协议，并向所在地质量技术监督部门报告；

（二）委托加工食品包装标识应符合相关规定。

第十八条 企业应建立消费者投诉受理制度。企业应建立和保存对消费者投诉的受理记录。包括投诉者姓名、联系方式、投诉的食品名称、数量、生产日期或生产批号、投诉质量问题、企业采取的处理措施、处理结果等。

第十九条 企业应主动收集企业内部发现的和国家发布的与企业相关的食品安全风险监测和评估信息，并做出反应，同时应建立和保存相关记录。

第二十条 企业应按规定妥善处置食品安全事故。

（一）企业应制定食品安全事故处置方案；

（二）企业应定期检查各项食品安全防范措施的落实情况；

（三）发生食品安全事故的，企业应建立和保存处置食品安全事故记录。

第三章 监督检查程序

第二十一条 县级以上地方质量技术监督部门应当根据地方人民政府组织制定的食品安全年度监督管理计划，编制本辖区企业年度监督检查计划，并按省级质量技术监督部门相关规定上报备案。

县级以上地方质量技术监督部门可以根据上级质量技术监督部门的工作部署、掌握的食品安全风险监测信息、企业食品安全信用状况、监管工作需要等情况，对年度监督检查计划进行调整。

第二十二条 企业落实质量安全主体责任监督检查分为特别监督检查和常规监督检查。

企业发生质量安全事故或者涉嫌存在质量安全问题的，质量技术监督部门可以开展特别监督检查，并持附件1《食品生产加工企业落实质量安全主体责任监督检查通知书》直接前往企业实施监督检查。

开展常规监督检查的，质量技术监督部门应当在监督检查前15个工作日，向企业送达附件1《食品生产加工企业落实质量安全主体责任监督检查通知书》，告知企业监督检查有关项目。《食品生产加工企业落实质量安全主体责任监督检查通知书》可以直接送达，也可以邮寄送达。直接送达的，以被监督检查单位在回执上注明的签收日期为送达日期；邮寄送达的，以签收日期为送达日期。

第二十三条 被检查企业收到《食品生产加工企业落实质量安全主体责任监督检查通知书》后，应依照本规定第二章内容进行自查，并向实施监督检查的质量技术监督部门提交书面自查报告。

自查报告应包括附件2《食品生产加工企业落实质量安全主体责任情况自查表》规定内容以及其他需要说明的事项。

第二十四条 质量技术监督部门收到企业自查报告后，应当在质量技术监督部门工作场所进行核查。必要时，质量技术监督部门应当要求被检查企业做出说明并提供补充报告材料。

企业应当对其提交的报告和相关材料的真实性负责。

第二十五条 质量技术监督部门经核查企业自查报告和补充材料，认为需要实施现场检查的，应当告知企业。

第二十六条 质量技术监督部门对企业实施现场监督检查，应有2名以上工作人员参加。监督检查人员到企业现场实施监督检查时，应当出示有效证件。根据监督检查需要，县级质量技术监督部门可以聘请技术专家、消费者代表、人大代表、政协委员、媒体记者等人员参与检查工作。

第二十七条 质量技术监督部门可以根据监督检查工作需要，依照有关规定进行抽样检验。

第二十八条 被检查企业应当指定有关人员配合质量技术监督部门的监督检查工作，如实提供有关资料，回答相关询问，协助核查企业生产条件和抽取样品。

企业应当积极配合质量技术监督部门的监督检查工作，不得以暴力、威胁或者其他方式予以阻挠。

第二十九条 监督检查人员应当按附件3《对食品生产加工企业落实质量安全主体责任情况核查表》有关事项，如实记录监督检查结果。检查人员应当就检查情况与被检查单位参加人员交换意见。监督检查结论由监督检查人员和被检查企业法人代表或其授权的人员签字。被检查单位对检查结果有异议的，可以签署异议。监督检查人员应当就监督检查结论向本单位汇报。

被检查单位拒绝签字的，由监督检查人员书面记录后存档。

第三十条 需要当地人民政府或者相关部门支持、配合监督检查工作的，质量技术监督部门应当提出工作建议，并以书面形式报告当地人民政府或者告知相关部门。

第四章 监督检查结果处理

第三十一条 县级以上地方质量技术监督部门在监督检查中发现企业违反有关法律法规规定的，应当依照有关法律法规规定予以处理。

第三十二条 监督检查结果应当依法向社会公开。

第三十三条 县级以上地方质量技术监督部门应当将监督检查情况记入该企业信用档案。监督检查工作中获知的食品安全信息依法应通报同级相关监管部门的，按法律法规要求进行通报；食品安全信息直接涉及食品认证、计量等情形的，应向质量技术监督部门内部相关工作机构通报。

第五章 监督检查工作要求

第三十四条 参与企业监督检查的工作人员，应当遵守国家法律、法规及本规定，严格检查、秉公执法、不徇私情。

第三十五条 监督检查人员进入洁净区域现场检查时，应遵守企业安全卫生防护措施等制度要求。

第三十六条 实施监督检查，不得妨碍企业正常的生产活动，不得索取或者收受被检查企业的财物，不得谋取其他利益。

第三十七条 各级质量技术监督部门应根据企业监管业务需要，对监督检查人员进行法律、法规和专业技术培训，不断提高其业务水平，并将参加岗位培训情况作为工作人员年度考核的内容之一。

第三十八条 上级质量技术监督部门可以通过查阅监督检查记录、交叉检查、随机抽查企业等方式对下级部门监督检查工作进行督查。

第三十九条 有下列行为之一的，按干部管理权限对相关责任人依法依规处理；构成犯罪的，依法追究刑事责任：

（一）未按规定组织监督检查造成后果的；

（二）隐瞒监督检查信息的；

（三）阻碍、干涉监督检查工作的；

（四）在监督检查中伪造或者指使他人伪造记录的；

（五）擅自向外透露企业商业秘密的；

（六）利用监督检查工作参与有偿活动的。

第四十条 未依照相关法律法规和本规定履行食品安全监督管理法定职责、日常监督检查不到位或者滥用职权、玩忽职守、徇私舞弊的，依据《中华人民共和国食品安全法》第九十五条和《中华人民共和国食品安全法实施条例》第六十一条，对直接负责的主管人员和其他直接责任人员给予记大过或者降级的处分；造成严重后果的，给予撤职或者开除的处分；其主要负责人应当引咎辞职。

第四十一条 对依照本规定履行食品质量安全监督检查职责、保障食品质量安全、做出突出成绩的单位和个人,由上级质量技术监督部门予以表彰和奖励。

第六章 附 则

第四十二条 省级质量技术监督部门可依照本规定制定实施细则。

第四十三条 各级质量技术监督部门对食品添加剂、食品相关产品生产加工企业监督检查,可参照本规定执行。

第四十四条 本规定由国家质检总局负责解释。

第四十五条 本规定自 2010 年 3 月 1 日起执行。

学校食堂食品安全专项自查表

食堂名称:_____

食堂地址:_____

食堂类型: □大学　　□高职高专　　□中学　　□小学　　□幼儿园

负 责 人:_____　联系电话:_____

检查项目	检查内容	结果(合格/不合格)	整改期限
组织制度建设	是否建立了以校长为第一责任人的学校食堂食品安全责任制		
	是否有食品安全管理机构并配备专职食堂食品安全管理人员		
	是否落实了食品安全责任制度,明确各环节、各岗位从业人员的责任		
	是否定期检查食品安全工作并有记录		
	对外承包食堂是否制定准入要求,并把食品安全作为承包合同的重要内容,是否切实加强监督检查,督促承包人落实各项食品安全管理制度		
许可情况	有无餐饮服务许可证		
	实际经营项目与餐饮服务许可范围是否相符,是否存在超范围经营问题		
食堂环境	环境是否定期清洁,并保持良好		
	是否具有消除老鼠、蟑螂、苍蝇和其他有害昆虫及其孳生条件的防护措施		
	是否具有足够的通风、排烟设施		
从业人员健康管理	是否建立了从业人员健康管理制度		
	从业人员是否都取得健康合格证明		
	从业人员健康合格证明是否都在有效期内		
	从事加工直接入口食品的工作人员患有有碍食品安全疾病时,是否及时调整其工作岗位		

续　表

检查项目	检查内容	结果(合格/不合格)	整改期限
落实索证索票制度	采购食品及原料、食品添加剂及食品相关产品是否进货查验、索证索票并具有采购记录台账		
	库存食品是否在保质期内,原料贮存是否符合相关要求		
	是否存在国家禁止使用或来源不明的食品及原料、食品添加剂及食品相关产品		
	食用油脂、散装食品、一次性餐盒和筷子的进货渠道是否符合规定,是否严格落实索证索票制度		
清洗消毒	食堂是否配备有效洗涤消毒设施,且数量满足实际需要		
	是否有餐饮具专用保洁设施		
	消毒池是否与其他水池混用		
	消毒人员是否掌握基本消毒知识		
	餐饮具消毒效果是否符合相关要求		
食品加工制作管理	贮存食品原料的场所、设备设施是否保持清洁		
	是否有存放有毒、有害物品及个人生活物品情况		
	运输食品原料的工具与设备设施是否保持清洁		
	是否使用超过保质期限、腐败变质等影响食品安全的食品		
	原料清洗是否彻底,加工制作过程是否生熟分开,是否存在交叉污染		
	四季豆、豆浆等食品是否烧熟煮透		
	是否具有留样设备,留样设备是否正常运转,是否按规定留样		
	存放时间超过2小时的食品食用前是否经充分加热		
使用食品添加剂情况	食品添加剂使用是否符合国家有关规定,是否达到专人采购、专人保管、专人领用、专人登记、专柜保存要求		

自查人员：_____　　检查时间：_____年___月___日

学校食堂食品安全专项监督检查表

食堂名称：_____
食堂地址：_____
食堂类型：　　□大学　　　□高职高专　　　□中学　　　□小学　　　□幼儿园
负 责 人：_____　　联系电话：_____

检查项目	检查内容	是	否
食品安全管理	建立了以校长为第一责任人的学校食堂食品安全责任制		
	有健全的学校食品安全管理机构		
	有专职食品安全管理人员		
	落实了食品安全责任制度,明确了各环节、各岗位从业人员的责任		
	开展经常性食品安全工作检查并有记录		
	制定学校对外承包食堂准入要求		
	将保证食品安全作为承包合同的重要内容		
	督促承包人落实食品安全责任和各项食品安全管理制度		
许可情况	餐饮服务许可证在有效期内		
	未超出许可范围经营		
	没有转让、涂改、出借、倒卖、出租许可证的行为		
食堂环境	环境定期清洁,保持良好		
	具有消除老鼠、蟑螂、苍蝇和其他有害昆虫及其孳生条件的防护措施		
	具有足够的通风、排烟设施		
	与厕所等污染源的距离在规定范围内		
健康管理及培训	建立了从业人员健康管理制度		
	从业人员均持有有效的健康合格证明上岗		
	未发现患有有碍食品安全疾病的从业人员加工直接入口食品		
	开展食品安全知识和技能培训,从业人员掌握食品安全基本知识		
落实索证索票制度	采购食品及原料、食品添加剂及食品相关产品进货查验、索证索票并具有采购记录台账		
	不存在国家禁止使用或来源不明的食品及原料、食品添加剂及食品相关产品		
	食用油脂、散装食品、一次性餐盒和筷子的进货渠道符合规定,落实索证索票制度		
	库存食品未超过保质期限,原料贮存符合相关要求		
清洗消毒	配备了有效洗涤消毒设施,且数量满足实际需要		
	设立了专用餐饮具保洁设施(柜)		
	消毒池与其他水池未混用		
	消毒人员掌握基本消毒知识		
	餐饮具消毒符合相关要求		

续 表

检查项目	检查内容	是	否
食品加工制作管理	没有使用超过保质期限、腐败变质等影响食品安全的食品		
	生熟食品未存在交叉污染		
	加工制作的食品能够做到烧熟煮透		
	具有留样设备,留样设备正常运转,按规定留样		
	存放时间超过2小时的食品食用前经过充分加热		
使用食品添加剂情况	食品添加剂使用符合国家有关规定		
	达到专人采购、专人保管、专人领用、专人登记、专柜保存要求		

检查人员：_____　　　　　检查时间：_____年___月___日

学校食堂食品安全专项自查统计表

上报单位(盖章)：_____　　　报表日期：_____年___月___日

本辖区食堂总数	本辖区食堂自查总数	本辖区食堂从业人员总数	实行量化分级管理食堂总数	开展相关培训食堂总数	整改效果明显食堂总数	未取得餐饮服务许可证食堂总数	大学食堂		高职高专食堂		中学食堂		小学食堂			幼儿园食堂	
							承包数	未承包数	承包数	未承包数	承包数	未承包数	承包数	未承包数	送餐数	承包数	未承包数

填表人：_____　　　　　审核人：_____

学校食堂食品安全专项监督检查统计表

上报单位(盖章)：_____　　　报表日期：_____年___月___日

监管部门监督检查出动人数	监管部门开展培训次数	参加培训的食堂负责人人数	参加培训的食堂从业人员人数	责令整改食堂数量	受到其他行政处罚食堂数量	食堂食品抽检件数

填表人：_____　　　　　审核人：_____

文书来源

国家食品药品监督管理局关于进一步加强学校食堂食品安全工作的通知

(2011年8月11日 食药监办食〔2011〕135号)

各省、自治区、直辖市食品药品监督管理局、教育厅(教委)、北京市卫生局、福建省卫生厅、新疆生产建设兵团食品药品监督管理局、教育局:

近年来,各地食品药品监管部门和教育行政部门在当地政府领导下,密切合作,不断强化学校食堂(含托幼机构食堂)食品安全工作,学校食堂食品安全保障水平不断提升。但学校食堂食物中毒事故仍时有发生,部分地区学校食堂特别是农村学校食堂的食品安全仍存在基础条件薄弱、设施设备不完善、管理制度不健全、责任落实不到位等问题。为进一步贯彻落实《关于进一步加强学校食堂食品安全工作的意见》(国食药监食〔2010〕160号),切实加强学校食堂食品安全工作,确保学校食堂食品安全和师生身体健康,现就有关要求通知如下:

一、进一步提高对学校食堂食品安全工作重要性的认识。学校食堂食品安全关系广大师生身体健康,关系社会和谐与稳定,关系国家和民族的未来。地方各级食品药品监管部门和教育行政部门要按照《食品安全法》及其实施条例要求,在地方政府统一领导下,密切配合,坚持预防为主、科学管理、明确责任、综合治理,把日常监管与集中整治、食堂自律与部门监管、全面推进与重点突出有机结合,把学校食堂食品安全工作摆在更加突出的位置,以更加坚定的决心、更加有效的措施,进一步提高学校食堂食品安全保障水平。

二、高度重视农村学校食堂食品安全工作。地方各级教育行政部门要积极争取当地政府支持,进一步加大农村学校食堂基础设施建设力度,在学校规划、建设(包括改建、扩建)过程中统筹考虑食堂设施和条件的改善,把学校食堂建设纳入中小学校舍安全工程等相关教育工程,严格按照餐饮服务食品安全管理有关要求,设置食品原料处理、食品加工、贮存等场所,配备相应的冷藏冷冻、清洗消毒、防蝇防鼠、更衣洗手等设备或设施,最大限度消除食品安全隐患。地方各级食品药品监管部门要把农村学校食堂纳入监管目标,加大对农村学校食堂的指导和监督检查力度,增加指导和监督检查频次,对设施、条件达不到要求的,要督促整改,并通报属地教育行政部门。

三、全面开展学校食堂食品安全自查。学校食堂是食物中毒的重点防控单位。各地要在每年春季、秋季开学前,督促学校充分利用学生放假的有利时机,全面开展学校食堂食品安全自查,彻底排查食品安全隐患、全力解决食品安全问题、有效防控食品安全事故。

四、全面强化开学前学校食堂食品安全的监督检查。每年春季、秋季开学前,地方各级食品药品监管部门要把学校食堂作为监管重点,强化监督检查。要加强对学校食堂负责人、专职食品安全管理人员的培训,强化其食品安全责任意识、自律意识,提高其食品安全管理水平;要指导督促学校食堂建立食品采购索证索票、进货查验和采购记录制度,不得采购和加工《食品安全法》禁止经营的食品;要指导督促学校食堂按照餐饮服务食品安全操作规范的要求加工制作食品;要加强对学校食堂关键环节的控制和监管,加强对食堂设施设备的检查;要把学校食堂列为重点抽验场所,加大对其经营食品的抽检工作力度。

地方各级食品药品监管部门要在每年春季开学前(12月底前)和秋季开学前(8月底前)对属地的学校食堂、供应学校的集体用餐配送单位开展一次全面强化监督检查,敦促硬件条件不到位、食品安全管理不到位的学校食堂和集体用餐配送单位立即整改,并及时追踪整改效果;对整改不到位的,停止其供餐业务,并及时通报教育行政部门。地方各级教育行政部门要将学校食品安全工作纳入年度工作计划及体育卫生专项督导评估指标,督促学校食堂落实食品药品监管部门提出的整改意见。

五、全面落实学校食品安全责任制度。学校要建立健全以校长为第一责任人的学校食堂食品安全责任制;配备专职食品安全管理人员;建立健全食品安全管理制度,明确每个环节每个岗位从业人员的责任;建立从业人员健康管理档案,每年督促从业人员进行健康检查,取得健康证明后方可上岗工作;加强从业人员食品安全知识和技能培训,确保采购、贮存、加工等关键环节安全可控;加强设施设备的定期维护,确保正常运行。各地要按照《食品安全法》及学校食物中毒行政责任追究有关要求,建立健全并严格执行学校食物中毒责任追究制。学校有关责任人因不履行或不正确履行管理责任,导致学校发生食物中毒事故的,应依法追究其法律责任;构成犯罪的,移交司法机关处理。食品药品监管部门、教育行政部门未履行职责,导致本行政区域内学校发生重大食物中毒事故、造成严重社会影响的,要依法依纪追究直接负责的主管人员和其他责任人的责任。

各省级食品药品监管部门和教育行政部门要及时组织开展辖区内学校食堂食品安全监督检查,及时汇总监督检查结果,并于2011年9月1日前将监督检查报告及附件3、附件4上报国家食品药品监管局食品安全监管司和教育部体育卫生与艺术教育司。2011年9月至10月,国家食品药品监督管理局和教育部将组成联合督导组,对各地学校食堂食品安全工作进行督导抽查。

(二)保健食品

1. 保健食品生产许可文书

保健食品生产许可申请材料目录

一、新办企业申请材料目录

序号	材料名称
1	食品生产许可申请书
2	营业执照复印件
3	保健食品注册证明文件或备案证明
4	产品配方和生产工艺等技术材料
5	产品标签、说明书样稿
6	生产场所及周围环境平面图
7	各功能区间布局平面图(标明生产操作间、主要设备布局以及人流物流、净化空气流向)
8	生产设施设备清单
9	保健食品质量管理规章制度
10	保健食品生产质量管理体系文件
11	保健食品委托生产的,提交委托生产协议
12	申请人申请保健食品原料提取物生产许可的,应提交保健食品注册证明文件或备案证明,以及经注册批准或备案的该原料提取物的生产工艺、质量标准
13	申请人申请保健食品复配营养素生产许可的,应提交保健食品注册证明文件或备案证明,以及经注册批准或备案的复配营养素的产品配方、生产工艺和质量标准等材料
14	申请人委托他人办理保健食品生产许可申请的,代理人应当提交授权委托书以及代理人的身份证明文件
15	与保健食品生产许可事项有关的其他材料

二、生产许可变更申请材料目录

序号	变更项目	序号	申请材料
1	变更企业名称 （含变更委托生产企业名称）	1	食品生产许可申请书
		2	营业执照复印件
		3	保健食品生产许可证正副本复印件
		4	保健食品注册证明文件或备案证明
		5	产品标签、说明书样稿
2	变更法定代表人	1	食品生产许可申请书
		2	营业执照复印件
		3	保健食品生产许可证正副本复印件
3	变更住所 （含变更委托生产企业住所）	1	食品生产许可申请书
		2	营业执照复印件
		3	保健食品生产许可证正副本复印件
		4	保健食品注册证明文件或备案证明
		5	产品标签、说明书样稿
		6	仅变更住所名称，实际地址未发生变化的，申请人还应提交住所名称变更的证明材料
4	变更生产地址	1	食品生产许可申请书
		2	营业执照复印件
		3	保健食品生产许可证正副本复印件
		4	保健食品注册证明文件或备案证明
		5	产品配方和生产工艺等技术材料
		6	产品标签、说明书样稿
		7	生产场所及周围环境平面图
		8	各功能区间布局平面图（标明生产操作间、主要设备布局以及人流物流、净化空气流向）
		9	生产设施设备清单
		10	保健食品质量管理规章制度
		11	保健食品生产质量管理体系文件
		12	仅变更生产地址名称，实际地址未发生变化的，申请人提交第1、2、3、4、6项材料以及生产地址名称变更证明材料

续 表

序号	变更项目	序号	申请材料
5	变更生产许可品种（含原料提取物和复配营养素）	1	食品生产许可申请书
		2	营业执照复印件
		3	保健食品生产许可证正副本复印件
		4	保健食品注册证明文件或备案证明
		5	产品配方和生产工艺等技术材料
		6	产品标签、说明书样稿
		7	各功能区间布局平面图（标明生产操作间、主要设备布局以及人流物流、净化空气流向）
		8	生产设施设备清单
		9	保健食品委托生产的，提交委托生产协议
		10	申请人申请保健食品原料提取物生产许可的，应提交保健食品注册证明文件或备案证明，以及经注册批准或备案的该原料提取物的生产工艺、质量标准
		11	申请人申请保健食品复配营养素生产许可的，应提交保健食品注册证明文件或备案证明，以及经注册批准或备案的复配营养素的产品配方、生产工艺和质量标准等材料
		12	仅变更保健食品名称，产品的注册号或备案号未发生变化的，申请人提交第1、2、3、4、6项材料以及保健食品名称变更证明材料
		13	申请减少保健食品品种的，申请人提交第1、2、3项材料
6	变更工艺设备布局	1	保健食品生产许可证正副本复印件
		2	各功能区间布局平面图（标明生产操作间、主要设备布局以及人流物流、净化空气流向）
		3	生产设施设备清单
7	变更主要设施设备	1	保健食品生产许可证正副本复印件
		2	各功能区间布局平面图
		3	生产设施设备清单
8	申请人委托他人办理保健食品生产许可申请的，代理人应当提交授权委托书以及代理人的身份证明文件
9	保健食品生产条件未发生变化的，申请人应当提交书面声明
10	与变更保健食品生产许可有关的其他材料

三、生产许可延续申请材料目录

序号	材料名称
1	食品生产许可申请书
2	营业执照复印件
3	保健食品生产许可证正副本复印件
4	保健食品注册证明文件或备案证明
5	产品配方和生产工艺等技术材料
6	产品标签、说明书样稿
7	生产场所及周围环境平面图
8	各功能区间布局平面图(标明生产操作间、主要设备布局以及人流物流、净化空气流向)
9	生产设施设备清单
10	保健食品质量管理规章制度
11	保健食品生产质量管理体系文件
12	保健食品生产质量管理体系运行情况自查报告
13	保健食品委托生产的,提交委托生产协议
14	申请人委托他人办理保健食品生产许可申请的,代理人应当提交授权委托书以及代理人的身份证明文件
15	保健食品生产条件未发生变化的,申请人应当提交书面声明
16	与延续保健食品生产许可有关的其他材料

四、生产许可证注销申请材料目录

序号	材料名称
1	食品生产许可申请书
2	保健食品生产许可证正副本复印件
3	注销保健食品生产许可有关的其他材料
4	申请人委托他人办理保健食品生产许可申请的,代理人应当提交授权委托书以及代理人的身份证明文件
5	与注销保健食品生产许可有关的其他材料

保健食品生产许可分类目录

序号	食品、食品添加剂类别	类别编号	类别名称	品种明细	备注
27	保健食品	2701	片剂	具体品种	注册号或备案号
	保健食品	2702	粉剂	具体品种	注册号或备案号
	保健食品	2703	颗粒剂	具体品种	注册号或备案号
	保健食品	2704	茶剂	具体品种	注册号或备案号
	保健食品	2705	硬胶囊剂	具体品种	注册号或备案号
	保健食品	2706	软胶囊剂	具体品种	注册号或备案号
	保健食品	2707	口服液	具体品种	注册号或备案号
	保健食品	2708	丸剂	具体品种	注册号或备案号
	保健食品	2709	膏剂	具体品种	注册号或备案号
	保健食品	2710	饮料	具体品种	注册号或备案号
	保健食品	2711	酒剂	具体品种	注册号或备案号
	保健食品	2712	饼干类	具体品种	注册号或备案号
	保健食品	2713	糖果类	具体品种	注册号或备案号
	保健食品	2714	糕点类	具体品种	注册号或备案号
	保健食品	2715	液体乳类	具体品种	注册号或备案号
	保健食品	2716	原料提取物	原料提取物名称	保健食品名称、注册号或备案号
	保健食品	2717	复配营养素	维生素或矿物质预混料具体品种	保健食品名称、注册号或备案号
	保健食品	2718	其他类别	具体品种	注册号或备案号

保健食品生产许可书面审查记录表

企业名称：＿＿＿＿＿＿＿＿

生产地址：＿＿＿＿＿＿＿＿

审查人员：＿＿＿＿＿＿＿＿

审查日期：＿＿＿＿年＿＿＿月＿＿＿日

保健食品生产许可书面审查记录表

序号	审查内容	审查标准	是否符合要求（是/否/不适用）	核查记录（可附页）
1	食品生产许可申请书	(1)申请项目填写完整规范；(2)按照《保健食品剂型形态分类目录》的要求，填写相关信息。		
2	营业执照复印件	(1)营业执照在有效期内；(2)营业范围包括保健食品生产类别。		
3	保健食品生产许可证正副本复印件	保健食品生产许可证真实合法，并在有效期内。		
4	保健食品注册证明文件或备案证明	注册证书或备案证明真实合法，并在有效期内。		
5	产品配方和生产工艺等技术材料	(1)注册保健食品的产品配方和生产工艺等技术材料清晰完整；(2)备案保健食品的产品配方、原辅料名称及用量、功效、生产工艺等应当符合保健食品原料目录技术要求。		
6	产品标签、说明书样稿	(1)应当载明产品名称、原料、辅料、功效成分或者标志性成分及含量、适宜人群、不适宜人群、保健功能、食用量及食用方法、规格、贮藏方法、保质期、注意事项等内容，并与注册证书或备案内容一致；(2)不得标注保健食品禁止使用或标注的内容；(3)保健食品委托生产的，还应当标明委托双方的企业名称、地址以及受托生产方的许可证编号等信息。		
7	生产场所及周围环境平面图	生产场所选址合理，远离污染源，符合保健食品生产要求。		
8	各功能区间布局平面图（标明生产操作间、主要设备布局以及人流物流、净化空气流向）	(1)生产区、行政区、生活区和辅助区布局合理，不得互相妨碍；(2)各功能区间设计合理，生产设备布局有序，生产工序操作方便；(3)洁净区人流物流走向以及净化空气流向，符合保健食品生产要求。		
9	生产设施设备清单	生产设施设备与生产工艺相适应，符合保健食品生产要求。		
10	保健食品质量管理规章制度	企业管理机构健全，保健食品质量管理制度完善。		
11	保健食品生产质量管理体系文件	保健食品生产质量管理体系文件健全完整。		

续表

序号	审查内容	审查标准	是否符合要求（是/否/不适用）	核查记录（可附页）
12	保健食品委托生产的,提交委托生产协议	(1)委托方应是保健食品注册证书持有人;(2)委托双方应签订委托生产协议,明确双方权利和责任义务。		
13	申请人委托他人办理保健食品生产许可申请的,代理人应当提交授权委托书以及代理人的身份证明文件			
14	与保健食品生产许可事项有关的其他材料			

书面审查意见

符合要求项目	
不符合要求项目	
书面审查结论	
审查人员签字	

现场核查首末次会议签到表

申请人名称						
核查组	核查组长					
	核查组员					
	观察员					
首次会议	会议时间	年　　月　　日　　时　　分至　　时　　分				
	会议地点					
参加会议的申请人及有关人员签名						
签名	职务	签名	职务	签名	职务	

续　表

末次会议	会议时间	年　月　日　时　分至　时　分				
	会议地点					
	参加会议的申请人及有关人员签名					
签名	职务	签名	职务	签名	职务	
备注						

保健食品生产许可现场核查记录表

企业名称：_____
生产地址：_____
审查人员：_____
审查日期：_____年____月____日

使用说明

1. 本记录表适用于保健食品生产许可的现场核查。

2. 本记录表的审查条款参照了《保健食品良好生产规范》(GB 17405)、《洁净厂房设计规范》(GB 50073)、《食品生产通用卫生规范》(GB 14881)、《复配食品添加剂通则》(GB 26687)等相关标准。

3. 本记录表分为机构与人员、厂房布局、设施设备、原辅料管理、生产管理、品质管理、库房管理等七个部分，合计103项审查条款，其中关键项9项，重点项37项，一般项57项，现场核查结论分为合格和不合格。各条款序号前标注"＊＊"的为关键项，标注"＊"的为重点项，其余为一般项。

4. 企业出现以下情形之一的，审查组应做出现场核查不合格的结论，不适用的审查条款除外：
(1) 现场核查有一项(含)以上关键项不合格；
(2) 现场核查有五项(含)以上重点项不合格；
(3) 现场核查有十项(含)以上一般项不合格；
(4) 现场核查有三项重点项不合格，五项(含)以上一般项不合格；
(5) 现场核查有四项重点项不合格，两项(含)以上一般项不合格。

5. 条款1.4、1.6中"相关专业"，是指医药、生物、食品等相关专业；条款3.14、3.22、6.9、6.10中"具有合法资质的机构"，是指经过相关部门进行检验检测资质认定的机构；条款3.19中"生活饮用水"应符合《生活饮用水卫生标准》(GB 5749)的要求，"纯化水"应符合《中华人民共和国药典》的标准要求。

6. 现场核查内容在"核查记录"中如实记录，不适用的审查条款应明确标注，相关问题可附页记录。

7. 申请人申请原料提取物许可类别的,"原料提取物"部分应审查4.6至4.18的全部条款;原料提取仅用于本企业生产保健食品的,"原料提取物"部分仅审查4.6至4.15的相关条款。

8. 申请人申请复配营养素许可类别的,"复配营养素"部分应审查4.19至4.26的全部条款;仅从事本企业所生产保健食品原料混合加工的,不适用"复配营养素"部分的审查条款。

保健食品生产许可现场核查记录表

审查项目	序号	审查内容	一、机构与人员 是否符合要求(是/否/不适用)	核查记录
组织机构	*1.1	建立健全组织机构,完善质量管理制度,明确各部门与人员的职责分工。		
	1.2	企业应当设立独立的质量管理部门,至少应具有以下职责:①审核并放行原辅料、包装材料、中间产品和成品;②审核工艺操作规程以及投料、生产、检验等各项记录,监督产品的生产过程;③批准质量标准、取样方法、检验方法和其他质量管理规程;④审核和监督原辅料、包装材料供应商;⑤监督生产厂房和设施设备的维护情况,以保持其良好的运行状态。		
	1.3	企业生产管理部门至少应具有以下职责:①按照生产工艺和控制参数的要求组织生产;②严格执行各项生产岗位操作规程;③审核产品批生产记录,调查处理生产偏差;④实施生产工艺验证,确保生产过程合理有序;⑤检查确认生产厂房和设施设备处于良好运行状态。		
人员资质	*1.4	配备与保健食品生产相适应的具有相关专业知识、生产经验及组织能力的管理人员和技术人员,专职技术人员的比例不低于职工总数的5%。保健食品生产有特殊要求的,专业技术人员应符合相应管理要求。		
	1.5	企业主要负责人全面负责本企业食品安全工作,企业应当配备食品安全管理人员,并加强培训和考核。		
	*1.6	生产管理部门负责人和质量管理部门负责人应当是专职人员,不得相互兼任,并具有相关专业大专以上学历或中级技术职称,三年以上从事食品医药生产或质量管理经验。		
	1.7	采购人员等从事影响产品质量的工作人员,应具有相关理论知识和实际操作技能,熟悉食品安全标准和相关法律法规。		
	1.8	企业应当具有两名以上专职检验人员,检验人员必须具有中专或高中以上学历,并经培训合格,具备相应检验能力。		

续表

审查项目	序号	审查内容	是否符合要求（是/否/不适用）	核查记录
人员管理	*1.9	企业应建立从业人员健康管理制度，从事保健食品暴露工序生产的从业人员每年应当进行健康检查，取得健康证明后方可上岗。		
	1.10	患有国务院卫生行政部门规定的有碍食品安全疾病的人员，不得从事保健食品暴露工序的生产。		
	1.11	企业应建立从业人员培训制度，根据不同岗位制订并实施年度培训计划，定期进行保健食品相关法律法规、规范标准和食品安全知识培训和考核，并留存相应记录。		

二、厂房布局

审查项目	序号	审查内容	是否符合要求（是/否/不适用）	核查记录
厂区环境	*2.1	生产厂区周边不得有粉尘、有害气体、放射性物质、垃圾处理场和其他扩散性污染源，不得有昆虫大量孳生的潜在场所，避免危及产品安全。		
	2.2	生产环境必须整洁，厂区的地面、路面及运输等不应当对保健食品的生产造成污染；生产、行政、生活和辅助区的总体布局应当合理，不得互相妨碍。		
	2.3	厂房建筑结构应当完整，能够满足生产工艺和质量、卫生及安全生产要求，同时便于进行清洁工作。		
布局设计	**2.4	生产车间分为一般生产区和洁净区。企业应按照生产工艺和洁净级别，对生产车间进行合理布局，并能够完成保健食品全部生产工序。		
	2.5	生产车间应当有与生产规模相适应的面积和空间，以有序地安置设备和物料，便于生产加工操作，防止差错和交叉污染。		
	*2.6	生产车间应当分别设置与洁净级别相适应的人流物流通道，避免交叉污染。		
	*2.7	保健食品洁净车间洁净级别一般不低于十万级。酒类保健食品（含酒精度在35%以上的保健食品）应有良好的除湿、排风、除尘、降温等设施，人员、物料进出及生产操作应参照洁净车间管理。		
	*2.8	保健食品生产中直接接触空气的各暴露工序以及直接接触保健食品的包装材料最终处理的暴露工序应在同一洁净车间内连续完成。生产工序未在同一洁净车间内完成的，应经生产验证合格，符合保健食品生产洁净级别要求。		
	**2.9	保健食品不得与药品共线生产，不得生产对保健食品质量安全产生影响的其他产品。		

续 表

审查项目	序号	审查内容	是否符合要求（是/否/不适用）	核查记录
		三、设施设备		
生产设施	3.1	洁净车间的内表面应当平整光滑、无裂缝、接口严密、无颗粒物脱落，并能耐受清洗和消毒，墙壁与地面的交界处宜成弧形或采取其他措施，以减少灰尘积聚和便于清洁。		
	3.2	洁净车间内的窗户、天棚及进入室内的管道、风口、灯具与墙壁或天棚的连接部位均应当密封，洁净车间内的密闭门应朝空气洁净度较高的房间开启。		
	3.3	管道的设计和安装应当避免死角和盲管，确实无法避免的，应便于拆装清洁。与生产车间无关的管道不宜穿过，与生产设备连接的固定管道应当标明管内物料类别和流向。		
	*3.4	洁净区与非洁净区之间以及不同级别的洁净室之间应设缓冲区，缓冲区应设联锁装置，防止空气倒灌。		
	3.5	洁净车间内产尘量大的工序应当有防尘及捕尘设施，产尘量大的操作室应当保持相对负压，并采取相应措施，防止粉尘扩散，避免交叉污染。		
	*3.6	洁净车间的人流通道应设置合理的洗手、消毒、更衣等设施，物流通道应设置必要的缓冲和清洁设施。		
	3.7	洁净车间内安装的水池、地漏应符合相应洁净要求，不得对物料、中间产品和成品产生污染。		
	3.8	一般生产区的墙面、地面、顶棚应当平整，便于清洁；管道、风口、灯具等设施应当安全规范，符合生产要求。		
生产设备	**3.9	具有与生产品种和规模相适应的生产设备，并根据工艺要求合理布局，生产工序应当衔接紧密，操作方便。		
	3.10	与物料、中间产品直接或间接接触的设备和用具，应当使用安全、无毒、无臭味或异味、防吸收、耐腐蚀、不易脱落且可承受反复清洗和消毒的材料制造。		
	*3.11	产品的灌装、装填必须使用自动机械设备，因工艺特殊确实无法采用自动机械装置的，应有合理解释，并能保证产品质量。		
	3.12	计量器具和仪器仪表定期进行检定校验，生产厂房及设施设备定期进行保养维修，确保设施设备符合保健食品生产要求。		
	3.13	生产设备所用的润滑剂、冷却剂、清洁剂、消毒剂等不得对设备、原辅料或成品造成污染。		

续 表

审查项目	序号	审查内容	是否符合要求（是/否/不适用）	核查记录
空气净化系统	**3.14	企业应设置符合空气洁净度要求的空气净化系统，洁净区内空气洁净度应经具有合法资质的检测机构检测合格。		
	3.15	企业应具有空气洁净度检测设备和技术人员，定期进行悬浮粒子、浮游菌、沉降菌等项目的检测。		
	*3.16	洁净车间与室外大气的静压差应当不小于10帕，洁净级别不同的相邻洁净室之间的静压差一般不小于5帕，并配备压差指示装置。		
	*3.17	洁净车间的温度和相对湿度应当与生产工艺要求相适应。无特殊要求时，温度应当控制在18℃－26℃，相对湿度控制在45%－65%。		
	3.18	直接接触保健食品的干燥用空气、压缩空气等应当经净化处理，符合生产要求。		
水处理系统	3.19	保健食品生产用水包括生活饮用水和纯化水，生产用水应当符合生产工艺及相关技术要求，清洗直接接触保健食品的生产设备内表面应当使用纯化水。		
	*3.20	企业应当具备纯化水制备和检测能力，并定期进行PH值、电导率等项目的检测。		
	3.21	生产用水的制备、储存和分配应当能防止微生物的滋生和污染，储罐和输送管道所用材料应当无毒、耐腐蚀，明确储罐和管道的清洗、灭菌周期及方法。		
	3.22	企业每年应当进行生产用水的全项检验，对不能检验的项目，可以委托具有合法资质的检验机构进行检验。		

四、原辅料管理

审查项目	序号	审查内容	是否符合要求（是/否/不适用）	核查记录
原辅料管理	*4.1	企业应当建立并执行原辅料和包装材料的采购、验收、存储、领用、退库以及保质期管理制度，原辅料和包装材料应当符合相应食品安全标准、产品技术要求和企业标准。		
	4.2	企业应当建立物料采购供应商审计制度，采购原辅料和包装材料应查验供应商的许可资质证明和产品合格证明；对无法提供合格证明的原料，应当按照食品安全标准检验合格。		
	4.3	原料的质量标准应当与产品注册批准或备案内容相一致。		
	4.4	企业应设置专库或专区储存原辅料和包装材料，对验收不合格、退库、超过保质期的原辅料和包装材料，应按照相关规定进行处置。		
	*4.5	采购菌丝体原料、益生菌类原料和藻类原料，应当索取菌株或品种鉴定报告、稳定性报告。采购动物或动物组织器官原料，应当索取检疫证明。使用经辐照的原料及其他特殊原料的，应当符合国家有关规定。生产菌丝体原料、益生菌类原料和藻类原料，应当按照相关要求建立生产管理体系。		

续 表

审查项目	序号	审查内容	是否符合要求 (是/否/不适用)	核查记录
原料提取物	4.6	企业应当具有两名以上能够鉴别动植物等原料真伪优劣的专业技术人员。		
	**4.7	保健食品生产工艺有原料提取、纯化等前处理工序的,需要具备与生产的品种、数量相适应的原料前处理设备或者设施。		
	4.8	原料的前处理车间应配备必要的通风、除尘、除烟、降温等设施并运行良好,应与其生产规模和工艺要求相适应。		
	*4.9	原料的前处理车间应与成品生产车间分开,人流物流通道应与成品生产车间分设。		
	*4.10	企业应按照生产工艺和质量标准要求,制定原料前处理工艺规程,建立原料提取生产记录制度,包括原料的称量、清洗、提取、浓缩、收膏、干燥、粉碎等生产过程和相应工艺参数。每批次提取物应标注同一生产日期。		
	*4.11	具有与原料前处理相适应的生产设备,提取、浓缩、收膏等工序应采用密闭系统进行操作,便于管道清洁,防止交叉污染。采用敞口方式进行收膏操作的,其操作环境应与保健食品生产的洁净级别相适应。		
	*4.12	提取物的干燥、粉碎、过筛、混合、内包装等工序,应在洁净车间内完成,洁净级别应与保健食品生产的洁净级别相适应。		
	4.13	原料的清洗、浸润、提取用水应符合生产工艺要求,清洗提取设备或容器内表面应当使用纯化水。		
	*4.14	提取用溶剂需回收的,应当具备溶剂回收设施设备;回收后溶剂的再使用不得对产品造成交叉污染,不得对产品的质量和安全性有不利影响。		
	4.15	每批产品应当进行提取率检查,如有显著差异,必须查明原因,在确认无质量安全隐患后,方可按正常产品处理。		
	*4.16	申请原料提取物生产许可的企业应当具备原料提取物的检验设备和检验能力,能够按照提取物质量标准或技术要求进行全项目检验,并按照全检量的要求进行提取物留样。		
	4.17	企业应当对提取物进行稳定性考察,确定原料提取物有效期,有效期一般不超过两年。		
	4.18	原料提取物的生产记录、检验记录、销售记录等各项记录的保存期限不得少于5年;提取物留样至少保存至保质期后一年,保存期限不得少于两年。		

审查项目	序号	审查内容	是否符合要求 (是/否/不适用)	核查记录
复配营养素	4.19	企业应按照生产工艺和质量标准的要求,制定复配营养素的产品技术标准、工艺操作规程以及各项质量管理制度。		
	*4.20	企业应按照保健食品产品配方要求,采用物理方法将两种或两种以上单一维生素、矿物质营养素补充剂,通过添加或不添加辅料,经均匀混合制成复配营养素。复配营养素在生产过程中不应发生化学反应,不应产生新的化合物。		
	**4.21	企业应具备自动称量、自动投料、自动混合等生产设施设备,并能够进行实时检测和生产过程记录,保证产品的均匀混合和在线追溯。		
	*4.22	复配营养素的生产过程应在密闭设备内完成,并采用有效的防尘捕尘设备,生产环境洁净级别应与保健食品生产的洁净级别相适应。		
	4.23	企业应建立复配营养素批生产记录制度,每批次复配营养素应标注同一生产日期。		
	*4.24	企业应具有复配营养素的检验设备和检验能力,每批产品均应按照相关要求开展感官、有害物质、致病性微生物以及维生素、矿物质、微量元素含量的检验。复配营养素的感官、有害物质、致病性微生物等项目,可参照《复配食品添加剂通则》(GB 26687)的要求进行检验。		
	4.25	企业按照全检量的要求做好产品留样,并对复配营养素进行稳定性考察,确定产品有效期,有效期一般不超过两年。		
	4.26	复配营养素的生产记录、检验记录、销售记录等各项记录的保存期限不得少于5年;产品留样至少保存至保质期后一年,保存期限不得少于两年。		

五、生产管理

审查项目	序号	审查内容	是否符合要求 (是/否/不适用)	核查记录
生产管理制度	**5.1	企业应根据保健食品注册或备案的技术要求,制定生产工艺规程,并连续完成保健食品的全部生产过程,包括原料的前处理和成品的外包装。		
	*5.2	企业应建立生产批次管理制度,保健食品按照相同工艺组织生产,在成型或灌装前经同一设备一次混合所产生的均质产品,应当编制唯一生产批号。在同一生产周期内连续生产,能够确保产品均质的保健食品,可以编制同一生产批号。		
	*5.3	保健食品生产日期不得迟于完成产品内包装的日期,同一批次产品应当标注相同生产日期。批生产记录应当按批号归档,保存至产品保质期后一年,保存期限不得少于两年。		
	*5.4	建立批生产记录制度,批生产记录至少应当包括:生产指令、各工序生产记录、工艺参数、中间产品和产品检验报告、清场记录、物料平衡记录、生产偏差处理以及最小销售包装的标签说明书等内容。		
	5.5	根据注册或备案的产品技术要求,制定保健食品企业标准。		

续 表

审查项目	序号	审查内容	是否符合要求 （是/否/不适用）	核查记录
生产过程控制	5.6	工作人员进入生产区,要按规定进行洗手、消毒和更衣,不得化妆和佩带饰物,头发藏于工作帽内或使用发网约束。		
	5.7	工作服的选材、式样及穿戴方式应当与生产操作和空气洁净度级别要求相适应,不同洁净级别区域的工作服不得混用。		
	*5.8	原辅料和包装材料的投料使用应当经过双人复核,确认其品名、规格、数量等内容与生产指令相符,并符合相应质量要求。		
	5.9	物料应当经过物流通道进入生产车间,进入洁净区的物料应当除去外包装,按照有关规定进行清洁消毒。		
	5.10	中间产品应当标明名称、批号、数量和储存期限,按照储存期限和条件进行储存,并在规定的时间内完成生产。		
	*5.11	每批产品应当进行物料平衡检查,如有显著差异,必须查明原因,在确认无质量安全隐患后,方可按正常产品处理。		
	5.12	需要杀菌或灭菌的保健食品,应当按照生产工艺要求选择合适有效的杀菌或灭菌方法。		
	5.13	每批产品生产结束应当按规定程序进行清场,生产用工具、容器、设备进行清洗清洁,生产操作间、生产设备和容器应当有清洁状态标识。		
委托生产	**5.14	委托方应是保健食品注册证书持有人,受托方应能够完成委托生产品种的全部生产过程。保健食品的原注册人可以对转备案保健食品进行委托生产。		
	5.15	委托双方应当签订委托生产协议,明确双方的质量责任和权利义务。		
	*5.16	受托方应建立受委托生产产品的质量管理制度,承担受委托生产产品的质量责任。		
	5.17	受托方应留存受委托生产产品的生产记录,并做好产品留样。		

六、品质管理

审查项目	序号	审查内容	是否符合要求 （是/否/不适用）	核查记录
质量管理制度	*6.1	企业应制定完善的质量管理制度,至少应包括以下内容:企业组织机构与部门质量管理职责;人员培训与健康管理制度;物料供应商管理制度;物料、中间产品和成品质量标准和放行制度;设施设备保养维修制度、仪器仪表检定校验制度;生产过程质量管理制度、贮存和运输管理制度、清场管理制度、验证管理制度、留样管理制度、稳定性考察制度、文件与记录管理制度、生产质量管理体系运行自查制度、不合格品管理制度、实验室管理制度、产品跟踪监测制度、不安全品召回制度以及安全事故处置制度等。		
	*6.2	企业应定期对工艺操作规程、关键生产设备、空气净化系统、水处理系统、杀菌或灭菌设备等进行验证,验证结果和结论应当有记录并留存。		
	6.3	建立产品记录管理制度,原料的采购、发放、投料以及产品的生产、检验、放行等记录要有专门机构负责管理,至少保存至保健食品保质期后一年,保存期限不得少于两年。		

续 表

审查项目	序号	审查内容	是否符合要求（是/否/不适用）	核查记录
产品留样和标签标识管理	6.4	企业应当设立与保健食品生产规模相适应的留样室和原料标本室，具备与产品相适应的存储条件。		
	6.5	企业生产的每批保健食品都应留样，留样数量应满足产品质量追溯检验的要求，样品至少保存至保质期后一年，保存期限不得少于两年。		
	6.6	产品包装、标签和说明书应当符合保健食品管理的相关要求，企业应当设专库或专区按品种、规格分类存放，凭生产指令按需求发放使用。		
实验室设置	*6.7	自行检验的企业应当设置与生产品种和规模相适应的检验室，具备对原料、中间产品、成品进行检验所需的房间、仪器、设备及器材，并定期进行检定校准，使其经常处于良好状态。		
	*6.8	每批保健食品要按照企业标准的要求进行出厂检验，每个品种每年要按照产品技术要求至少进行一次全项目型式检验。		
	6.9	对不能自行检验的项目，企业应委托具有合法资质的检验机构实施检验，并留存检验报告。		
	6.10	成品检验室应当与保健食品生产区分开，在洁净车间内进行的中间产品检验不得对保健食品生产过程造成影响。致病菌检测的阳性对照、微生物限度检定要分室进行，并采取有效措施，避免交叉污染。		
检验报告	**6.11	企业应提供一年内的保健食品全项目检验合格报告；不能自行检验的企业，应委托具有合法资质的检验机构进行检验，并出具检验报告。		

七、库房管理

审查项目	序号	审查内容	是否符合要求（是/否/不适用）	核查记录
库房管理	7.1	企业应当建立库房台账管理制度，入库存放的原辅料、包装材料以及成品，严格按照储存货位管理，确保物、卡、账一致，并与实际相符。企业使用信息化仓储管理系统进行管理的，应确保信息安全备份可追溯，系统信息与实际相符。		
	*7.2	库房面积应当与所生产的品种、规模相适应，根据成品贮存条件要求设置防尘、防蝇、防虫、防鼠、照明、通风、避光以及温湿度控制设施。		
	7.3	物料和成品应当设立专库或专区管理，物料和成品应按待检、合格、不合格分批离墙离地存放。采用信息化管理的仓库，应在管理系统内进行电子标注或区分。		
	*7.4	不合格的物料和成品要单独存放，并及时按规定进行处置。		
	7.5	固体和液体物料应当分开存放，挥发性物料应当避免污染其他物料，相互影响风味的物料应密闭存放。		
	7.6	物料应当按规定的保质期贮存，无规定保质期的，企业需根据贮存条件、稳定性等情况确定其贮存期限。		
	7.7	物料和成品应当采用近有效期先发、先进先出的原则出库，贮存期内如有特殊情况应当及时复验。		

现场核查意见

不合格关键项(标注＊＊项目)	
不合格重点项(标注＊项目)	
不合格一般项	
现场核查结论	
核查人员签字	
观察员签字	
企业签字、盖章	

保健食品生产许可技术审查报告

单位： 　　　　　　　　　　　　编号：

企业名称	
法定代表人	
地址	
申请许可事项	
审查组成员及单位	
审查情况(主要描述书面审查、现场检查的时间安排、人员分工、检查情况以及审查中发现的相关问题)	(可附页)
审查意见	

(技术审查部门盖章)
年　月　日

文书来源

食品药品监管总局关于印发《保健食品生产许可审查细则》的通知

（2016年11月28日 食药监食监三〔2016〕151号）

各省、自治区、直辖市食品药品监督管理局，新疆生产建设兵团食品药品监督管理局：

根据《中华人民共和国食品安全法》《食品生产许可管理办法》《保健食品注册与备案管理办法》《食品生产许可审查通则》等有关规定，国家食品药品监督管理总局组织制定了《保健食品生产许可审查细则》，现予印发，自2017年1月1日起施行。

保健食品生产许可审查细则

1 总则

1.1 制定目的

为规范保健食品生产许可审查工作，督促企业落实主体责任，保障保健食品质量安全，依据《中华人民共和国食品安全法》《食品生产许可管理办法》《保健食品注册与备案管理办法》《保健食品良好生产规范》《食品生产许可审查通则》等相关法律法规和技术标准的规定，制定本细则。

1.2 适用范围

本细则适用于中华人民共和国境内保健食品生产许可审查，包括书面审查、现场核查等技术审查和行政审批。

1.3 职责划分

1.3.1 国家食品药品监督管理总局负责制定保健食品生产许可审查标准和程序，指导各省级食品药品监督管理部门开展保健食品生产许可审查工作。

1.3.2 省级食品药品监督管理部门负责制定保健食品生产许可审查流程，组织实施本行政区域保健食品生产许可审查工作。

1.3.3 承担技术审查的部门负责组织保健食品生产许可的书面审查和现场核查等技术审查工作，负责审查员的遴选、培训、选派以及管理等工作，负责具体开展保健食品生产许可的书面审查。

1.3.4 审查组具体负责保健食品生产许可的现场核查。

1.4 审查原则

1.4.1 规范统一原则。统一颁发保健食品生产企业《食品生产许可证》，明确保健食品生产许可审查标准，规范审查工作流程，保障审查工作的规范有序。

1.4.2 科学高效原则。按照保健食品剂型形态进行产品分类，对申请增加同剂型产品以及生产条件未发生变化的，可以不再进行现场核查，提高审查工作效率。

1.4.3 公平公正原则。厘清技术审查与行政审批的关系，由技术审查部门组织审查组负责技术审查工作，日常监管部门负责选派观察员参与现场核查，确保审查工作的公平公正。

2 受理

2.1 材料申请

2.1.1 保健食品生产许可申请人应当是取得《营业执照》的合法主体，符合《食品生产许可管理办法》要求的相应条件。

2.1.2 申请人填报《食品生产许可申请书》，并按照《保健食品生产许可申请材料目录》（附件1）的要求，向其所在地省级食品药品监督管理部门提交申请材料。

2.1.3 保健食品生产许可，申请人应参照《保健食品生产许可分类目录》（附件2）的要求，填报申请生产的保健食品品种明细。

2.1.4 申请人新开办保健食品生产企业或新增生产剂型的，可以委托生产的方式，提交委托方的保健食品注册证明文件，或以"拟备案品种"获取保健食品生产许可资质。

2.1.5 申请人申请保健食品原料提取物和复配营养素生产许可的，应提交保健食品注册证明文件或备案证明，以及注册证明文件或备案证明载明的该原料提取物的生产工艺、质量标准，注册证明文件或备案证明载明的该复配营养素的产品配方、生产工艺和质量标准等材料。

2.2 受理

省级食品药品监督管理受理部门对申请人提出的保健食品生产许可申请，应当按照《食品生产许可管理办法》的要求，作出受理或不予受理的决定。

2.3 移送

保健食品生产许可申请材料受理后，受理部门应将受理材料移送至保健食品生产许可技术审查部门。

3 技术审查

3.1 书面审查

3.1.1 审查程序

3.1.1.1 技术审查部门按照《保健食品生产许可书面审查记录表》（附件3）的要求，对申请人的申请材料进行书面审查，并如实填写审查记录。

3.1.1.2 技术审查部门应当核对申请材料原件，需要补充技术性材料的，应一次性告知申请人予以补正。

3.1.1.3 申请材料基本符合要求，需要对许可事项开展现场核查的，可结合现场核查核对申请材料原件。

3.1.2 审查内容

3.1.2.1 主体资质审查

申请人的营业执照、保健食品注册证明文件或备案证明合法有效,产品配方和生产工艺等技术材料完整,标签说明书样稿与注册或备案的技术要求一致。备案保健食品符合保健食品原料目录技术要求。

3.1.2.2 生产条件审查

保健食品生产场所应当合理布局,洁净车间应符合保健食品良好生产规范要求。保健食品安全管理规章制度和体系文件健全完善,生产工艺流程清晰完整,生产设施设备与生产工艺相适应。

3.1.2.3 委托生产

保健食品委托生产的,委托方应是保健食品注册证书持有人,受托方应能够完成委托生产品种的全部生产过程。委托生产的保健食品,标签说明书应当标注委托双方的企业名称、地址以及受托方许可证编号等内容。保健食品的原注册人可以对转备案保健食品进行委托生产。

3.1.3 做出审查结论

3.1.3.1 书面审查符合要求的,技术审查部门应做出书面审查合格的结论,组织审查组开展现场核查。

3.1.3.2 书面审查出现以下情形之一的,技术审查部门应做出书面审查不合格的结论:

(一)申请材料书面审查不符合要求的;

(二)申请人未按时补正申请材料的。

3.1.3.3 书面审查不合格的,技术审查部门应按照本细则的要求提出未通过生产许可的审查意见。

3.1.3.4 申请人具有以下情形之一,技术审查部门可以不再组织现场核查:

(一)申请增加同剂型产品,生产工艺实质等同的保健食品;

(二)申请保健食品生产许可变更或延续,申请人声明关键生产条件未发生变化,且不影响产品质量安全的。

3.1.3.5 申请人在生产许可有效期限内出现以下情形之一,技术审查部门不得免于现场核查:

(一)保健食品监督抽检不合格的;

(二)保健食品违法生产经营被立案查处的;

(三)保健食品生产条件发生变化,可能影响产品质量安全的;

(四)食品药品监管部门认为应当进行现场核查的。

3.2 现场核查

3.2.1 组织审查组

3.2.1.1 书面审查合格的,技术审查部门应组织审查组开展保健食品生产许可现场核查。

3.2.1.2 审查组一般由 2 名以上(含 2 名)熟悉保健食品管理、生产工艺流程、质量检验检测等方面的人员组成,其中至少有 1 名审查员参与该申请材料的书面审查。

3.2.1.3 审查组实行组长负责制,与申请人有利害关系的审查员应当回避。审查人员确定后,原则上不得随意变动。

3.2.1.4 审查组应当制定审查工作方案,明确审查人员分工、审查内容、审查纪律以及相应注意事项,并在规定时限内完成审查任务,做出审查结论。

3.2.1.5 负责日常监管的食品药品监管部门应当派观察员,参加生产许可现场核查,负责现场核查的全程监督,但不参与审查意见。

3.2.2 审查程序

3.2.2.1 技术审查部门应及时与申请人进行沟通,现场核查前两个工作日告知申请人审查时间、审查内容以及需要配合事项。

3.2.2.2 申请人的法定代表人(负责人)或其代理人、相关食品安全管理人员、专业技术人员、核查组成员及观察员应当参加首、末次会议,并在《现场核查首末次会议签到表》(附件 4)上签到。

3.2.2.3 审查组按照《保健食品生产许可现场核查记录表》(附件 5)的要求组织现场核查,应如实填写核查记录,并当场做出审查结论。

3.2.2.4《保健食品生产许可现场核查记录表》包括 103 项审查条款,其中关键项 9 项、重点项 37 项、一般项 57 项,审查组应对每项审查条款做出是否符合要求或不适用的审查意见。

3.2.2.5 审查组应在 10 个工作日内完成生产许可的现场核查。因不可抗力原因,或者供电、供水等客观原因导致现场核查无法正常开展的,申请人应当向许可机关书面提出许可中止申请。中止时间应当不超过 10 个工作日,中止时间不计入生产许可审批时限。

3.2.3 审查内容

3.2.3.1 生产条件审查

保健食品生产厂区整洁卫生,洁净车间布局合理,符合保健食品良好生产规范要求。空气净化系统、水处理系统运转正常,生产设施设备安置有序,与生产工艺相适应,便于保健食品的生产加工操作。计量器具和仪器仪表定期检定校验,生产厂房和设施设备定期保养维修。

3.2.3.2 品质管理审查

企业根据注册或备案的产品技术要求,制定保健食品企业标准,加强原辅料采购、生产过程控制、质量检验以及贮存管理。检验室的设置应与生产品种和规模相适应,每批保健食品按照企业标准要求进行出厂检验,并进行产品留样。

3.2.3.3 生产过程审查

企业制定保健食品生产工艺操作规程,建立生产批次管理制度,留存批生产记录。审查组根据注册批准或备案的生产工艺要求,查验保健食品检验合格报告和生产记录,动态审查关键生产工序,复核生产工艺的完整连续以及生产设备的合理布局。

3.2.4 做出审查结论

3.2.4.1 现场核查项目符合要求的,审查组应做出现场核查合格的结论。

3.2.4.2 现场核查出现以下情形之一的,审查组应做出现场核查不合格的结论,其中不适用的审查条款除外:

(一)现场核查有一项(含)以上关键项不符合要求的;

(二)现场核查有五项(含)以上重点项不符合要求的;

(三)现场核查有十项(含)以上一般项不符合要求的;

(四)现场核查有三项重点项不符合要求,五项(含)以上一般项不符合要求的;

(五)现场核查有四项重点项不符合要求,两项(含)以上一般项不符合要求的。

3.2.4.3 现场核查不合格的,审查组应按照本细则的要求提出未通过生产许可的审查意见。

3.2.4.4 申请人现场核查合格的,应在1个月内对现场核查中发现的问题进行整改,并向省级食品药品监督管理部门和实施日常监督管理的食品药品监督管理部门书面报告。

3.3 审查意见

3.3.1 申请人经书面审查和现场核查合格的,审查组应提出通过生产许可的审查意见。

3.3.2 申请人出现以下情形之一,审查组应提出未通过生产许可的审查意见:

(一)书面审查不合格的;

(二)书面审查合格,现场核查不合格的;

(三)因申请人自身原因导致现场核查无法按时开展的。

3.3.3 技术审查部门应根据审查意见,编写《保健食品生产许可技术审查报告》(附件6),并将审查材料和审查报告报送许可机关。

4 行政审批

4.1 复查

4.1.1 许可机关收到技术审查部门报送的审查材料和审查报告后,应当对审查程序和审查意见的合法性、规范性以及完整性进行复查。

4.1.2 许可机关认为技术审查环节在审查程序和审查意见方面存在问题的,应责令技术审查部门进行核实确认。

4.2 决定

许可机关对通过生产许可审查的申请人,应当做出准予保健食品生产许可的决定;对未通过生产许可审查的申请人,应当做出不予保健食品生产许可的决定。

4.3 制证

4.3.1 食品药品监管部门按照"一企一证"的原则,对通过生产许可审查的企业,颁发《食品生产许可证》,并标注保健食品生产许可事项。

4.3.2 《食品生产许可品种明细表》应载明保健食品类别编号、类别名称、品种明细以及其他备注事项。

4.3.3 保健食品注册号或备案号应在备注中载明,保健食品委托生产的,在备注中载明委托企业名称与住所等信息。

4.3.4 原取得生产许可的保健食品,应在备注中标注原生产许可证编号。

4.3.5 保健食品原料提取物生产许可,应在品种明细项目标注原料提取物名称,并在备注栏目载明该保健食品名称、注册号或备案号等信息;复配营养素生产许可,应在品种明细项目标注维生素或矿物质预混料,并在备注栏目载明该保健食品名称、注册号或备案号等信息。

5 变更、延续、注销、补办

5.1 变更

5.1.1 申请人在生产许可证有效期内,变更生产许可证载明事项的以及变更工艺设备布局、主要生产设施设备,影响保健食品产品质量安全的,应当在变化后10个工作日内,按照《保健食品生产许可申请材料目录》(附件1)的要求,向原发证的食品药品监督管理部门提出变更申请。

5.1.2 食品药品监督管理部门应按照本细则的要求,根据申请人提出的许可变更事项,组织审查组、开展技术审查、复查审查结论,并做出行政许可决定。

5.1.3 申请增加或减少保健食品生产品种的,品种明细参照《保健食品生产许可分类目录》(附件2)。

5.1.4 保健食品注册或者备案的生产工艺发生变化的,申请人应当办理注册或者备案变更手续后,申请变更保健食品生产许可。

5.1.5 保健食品生产场所迁出原发证的食品药品监督管理部门管辖范围的,应当向其所在地省级食品药品监督管理部门重新申请保健食品生产许可。

5.1.6 保健食品外设仓库地址发生变化的,申请人应当在变化后10个工作日内向原发证的食品药品监督管理部门报告。

5.1.7 申请人生产条件未发生变化,需要变更以下许可事项的,省级食品药品监督管理部门经书面审查合格,可以直接变更许可证件:

(一)变更企业名称、法定代表人的;

(二)申请减少保健食品品种的;

(三)变更保健食品名称,产品的注册号或备案号未发生变化的;

(四)变更住所或生产地址名称,实际地址未发生变化的;

(五)委托生产的保健食品,变更委托生产企业名称或住所的。

5.2 延续

5.2.1 申请延续保健食品生产许可证有效期的,应在该生产许可有效期届满30个工作日前,按照《保健食品生产许可申请材料目录》(附件1)的要求,向原发证的食品药品监督管理部门提出延续申请。

5.2.2 申请人声明保健食品关键生产条件未发生变化,且不影响产品质量安全的,省级食品药品监督管理部门可以不再组织现场核查。

5.2.3 申请人的生产条件发生变化,可能影响保健食品安全的,省级食品药品监督管理部门应当组织审查组,进行现场核查。

5.3 注销

申请注销保健食品生产许可的,申请人按照《保健食品生产许可申请材料目录》(附件1)的要求,向原发证的食品药品监督管理部门提出注销申请。

5.4 补办

保健食品生产许可证件遗失、损坏的,申请人应按照《食品生产许可管理办法》的相关要求,向原发证的食品药品监督管理部门申请补办。

6 附则

6.1 申请人为其他企业提供动植物提取物,作为保健食品生产原料的,应按照本细则的要求申请原料提取物生产许可;仅从事本企业所生产保健食品原料提取的,申请保健食品产品生产许可。

6.2 申请人为其他企业提供维生素、矿物质预混料的,应按照本细则的要求申请复配营养素生产许可;仅从事本企业所生产保健食品原料混合加工的,申请保健食品产品生产许可。

2. 保健食品样品试制试验现场核查文书

样品试制现场核查表

第 页 共 页

保健食品名称		注册申请受理编号	
申请人名称			
联系人		联系电话	
试制单位名称			
试制单位地址			
联系人		联系电话	
样品试制现场核查内容			
核查内容	核查方法		核查结论
生产资质	卫生许可证,符合保健食品良好生产规范的证明文件		
生产工艺	现场查看生产设备是否能够达到相应工艺参数的要求。		
	现场核查生产工艺。查看试制过程记录,比较工艺及参数与申报材料是否一致。		
原料来源和投料记录	现场查看其生产用料单和投料记录,与申报材料中提供的配方进行比较。		
	现场查看投料的原辅料质量检验报告单或相关证明材料,与申报资料中原辅料质量标准是否一致。		

续 表

	其它			
	是否抽样	是□	否□	
	备注：			
核查小组意见：				
核查人员签名：			组长签名： 年 月 日	
被核查单位意见：				
			签章 年 月 日	

样品试制现场核查省局意见表

第 页 共 页

保健食品名称		注册申请受理编号	
申请人名称			
联系人		联系电话	
试制单位名称			
试制单位地址			
联系人		联系电话	
核查省局意见：			

样品试验现场核查表

第　页　共　页

保健食品名称		注册受理编号	
申请人名称		联系人		电话	
核查试验项目名称			
承担试验机构名称		试验样品受理编号	
联系人		电话	
试验现场核查内容			

核查内容	核查方法	核查结论
是否进行过该试验	核查受理通知和存档的检验报告，与申报资料中检验报告是否一致	
样品受理、传递及管理记录	样品的名称与编号与申报资料中检验报告是否一致	
试验原始记录	原始记录样品的名称、编号与申报资料中检验报告是否一致	
仪器设备使用记录	查看是否有仪器设备使用记录	
其他		
是否抽样	是□　　　　否□	

核查小组意见：

核查人员签名：　　　　　　　　　　　　　　　组长签名：

　　　　　　　　　　　　　　　　　　　　　　　年　月　日

试验机构意见：

　　　　　　　　　　　　　　　　　　　　　　签章
　　　　　　　　　　　　　　　　　　　　　　年　月　日

核查的省局意见：

　　　　　　　　　　　　　　　　　　　　　　签章
　　　　　　　　　　　　　　　　　　　　　　年　月　日

样品试验现场核查省局意见表

第 页 共 页

保健食品名称		注册受理编号	
申请人名称		联系人		电话	

核查试验项目名称	承担试验机构名称	核查省局名称

组织核查省局意见:

核查现场样品抽样单

第 页 共 页

保健食品名称		注册申请受理编号	
申请人名称			
联系人		联系电话	
被抽样单位名称			
样品批号			
抽样数量			
抽样地点			
样品保存条件			
样品贮运条件			
备 注			

续 表

被抽样方意见	
	签 章 年 月 日
核查成员签名：	组长签名： 年 月 日

文书来源

国家食品药品监督管理局关于印发《保健食品样品试制和试验现场核查规定(试行)》的通知

(2005年6月10日 国食药监注〔2005〕261号)

各省、自治区、直辖市食品药品监督管理局(药品监督管理局)：

根据《保健食品注册管理办法(试行)》，为规范申请注册的保健食品样品试制和试验现场核查工作，我局制定了《保健食品样品试制和试验现场核查规定(试行)》，现予印发并于2005年7月1日起正式实施。

鉴于《保健食品注册管理办法(试行)》制定颁布前，未明确规定申请注册国产保健食品所需样品，应当在符合《保健食品良好生产规范》的车间生产，其加工过程必须符合《保健食品良好生产规范》的要求，因此，对于在2005年7月1日以前已经由卫生部、省级卫生行政管理部门认定的检验机构正式受理试验，但在2005年7月1日以后向我局申请注册的产品，其样品试制单位的生产资质核查只供审查时参考。

特此通知。

保健食品样品试制和试验现场核查规定(试行)

第一章 总 则

第一条 为规范申请注册的保健食品样品试制和试验现场核查工作，根据《保健食品注册管理办法(试行)》，制定本规定。

第二条 保健食品样品试制/试验现场核查是指国家食品药品监督管理局或省、自治区、直辖市食品药品监督管理部门根据规定的核查内容对申请注册的保健食品的样品试制/试验的现场进行核查，并提出核查意见。

试验现场核查包括安全性毒理学试验、功能学试验、功效成分和标志性成分检测、卫生学试验和稳定性试验等现场的核查。

第三条 省、自治区、直辖市食品药品监督管理部门受国家食品药品监督管理局的委托，负责对申请注册的国产保健食品样品试制和试验现场进行核查并抽取检验用样品。

国家食品药品监督管理局负责对申请注册的进口保健食品生产现场和试验现场进行核查。

第二章 国产保健食品现场核查内容

第四条 样品试制现场核查的内容：
(一)样品试制单位的生产资质证明；
(二)按照申报资料的工艺流程图核查样品的生产工艺过程；
(三)样品的原料来源和投料记录；
(四)抽取检验用样品；
(五)其它需要核查的内容。

第五条 样品试验现场核查的内容：
(一)样品试验报告是否由该检验机构出具；
(二)与试验相关记录，包括试验样品受理、传递及管理记录，试验原始记录，仪器设备使用记录以及与试验相关的其他内容；
(三)必要时，抽取检验用样品。

第六条　食品药品监督管理部门可对试验行为规范、管理严格的检验机构简化核查内容。

第三章　国产保健食品现场核查程序

第七条　现场核查应当由样品试制现场所在地的省、自治区、直辖市食品药品监督管理部门负责组织进行，并提出现场核查意见。

样品试验现场不在样品试制现场所在地的，样品试验现场所在地的省、自治区、直辖市食品药品监督管理部门可以商试验现场所在地的省、自治区、直辖市食品药品监督管理部门协助进行样品试验现场的核查。

第八条　省、自治区、直辖市食品药品监督管理部门应当在保健食品注册申请受理后的15日内组织并完成现场核查。

第九条　现场核查小组由2—3人组成，并指定一人为组长。成员应当熟悉申报资料中相关内容，具有相应的专业知识和现场核查经验。

第十条　现场核查小组开展核查工作前，应当提前通知被核查单位；核查时应当出示省、自治区、直辖市食品药品监督管理部门的书面委派函。

第十一条　被核查单位接到核查通知后，应当指派专人协助核查工作。

第十二条　核查人员可以采取交谈、查看现场、调阅相关资料等方式进行现场核查；必要时也可以对相关现场、资料进行照相或者复制，并要求被核查单位确认。

第十三条　核查小组在试制现场抽样时，应当随机抽取连续三个批号产品样品，抽样数量应为检验所需量的三倍；在试验现场抽取的样品量应当根据检验项目确定。抽样后应当在样品外包装上加贴盖有抽样单位公章的封条，并注明样品名称、封样日期、封样人及被核查单位签字。

第十四条　抽样时，核查人员应当填写《现场样品抽样单》，并要求被抽样单位进行现场确认。

第十五条　现场核查结束时，核查人员根据现场核查的情况提出初步核查意见并告知被核查单位；被核查单位对初步核查意见有异议的，可以当场进行陈述、申辩并提供相关资料。核查小组在听取被核查单位意见后填写《样品试制/试验现场核查表》，并交被核查单位签署意见。

第十六条　组织核查的食品药品监督管理部门在此基础上提出核查意见，报送国家食品药品监督管理局，并向确定的检验机构发出检验通知书，提供检验用样品及产品质量标准。

第四章　附　　则

第十七条　对申请注册的进口保健食品产品的生产现场、试验现场的核查参照上述规定执行。

第十八条　申请益生菌、真菌等保健食品注册的样品试制现场核查，应结合国家食品药品监督管理局制定的有关规定进行。

第十九条　核查过程中涉及被核查单位的有关资料和信息不得对外泄露。

第二十条　本规定由国家食品药品监督管理局负责解释。

第二十一条　本规定自二〇〇五年七月一日起实施。

3. 保健食品广告审查文书

保健食品广告审查表

保健食品产品名称＿＿＿＿＿＿＿

广告类别：视□　声□　文□．

申请人(广告主)＿＿＿＿＿＿＿＿

代办人(盖章)＿＿＿＿＿＿＿＿

审查机关＿＿＿＿＿＿＿＿

填表说明

1. 本表请通过电子版填写并打印。打印不清晰,填写项目不全的,不予受理;
2. "广告发布内容"一栏中,需在广告发布内容上加盖审查机关骑缝章方为有效。
3. 本表一式五份。存档一份,向上级广告审查机关备案一份,送同级工商行政管理部门一份。广告审查批准后,经审查机关同意可相应增加份数。

申请人 (广告主)		法　定 代表人	
地　　址			
邮政编码		电　话	
E－mail		传　真	
代办人		法　定 代表人	
地　　址			
邮政编码		电　话	
E－mail		传　真	
具体经办人		联系电话	
保健食品 产品名称			
保健食品 品牌名称			
保健食品批准 证　书　号			
广告类别 (视、声、文)		广告时长 (视、声)	秒
计划发布媒体			

续 表

序号		证明文件目录(证明文件附后)
1	□	与发布内容一致的样稿(样片、样带)和电子化文件
2	□	保健食品批准证明文件
3	□	保健食品生产企业的《卫生许可证》
4	□	申请人的《营业执照》或主体资格证明文件等
5	□	代办人的《营业执照》或主体资格证明文件等
6	□	如有委托关系的,需提供委托书原件
7	□	保健食品的质量标准
8	□	保健食品的说明书
9	□	保健食品标签以及实际使用包装
10	□	商标注册证
11	□	专利证明文件
12	□	宣称材料实质内容真实性的声明
13	□	法律法规规定的其他确认保健食品广告内容真实性的证明文件
	(1)	
	(2)	
	(3)	
	(4)	
	(5)	
	(6)	
	(7)	
	(8)	
	(9)	
	(10)	

备注:
1. 请在提交的证明文件前的方框中打"√";
2. 在第13项中如提供了相关证明文件,请在其项下填写证明文件的名称;如所留项不够填写的,可以自行附页。

续 表

广告发布内容(样稿粘贴,样片、样带或者其他介质另附)		
审查意见： 审查机关签章： 日期：		
广告审查批准文号	食健广(　)第　　　号	
有效期至	年　月　日	

违法保健食品广告移送通知书

（　　）食药广移字（　　）号

_____工商行政管理局：
　　经查实，____年___月___日在(填写媒介名称、时段、版面)_____发布的(填写广告主)_____的(填写保健食品名称)_____广告，存在_____的问题。请依法处理。

　　特此通知。

（此处加盖广告审查机关专用章）
年　月　日

备注：本文书一式三份，一份存档备查，一份交同级工商行政管理部门，一份抄报上级食品药品监督管理部门。

违法保健食品广告处理通知书

（　　）食药广处字（　　）第　号

_____省(区、市)食品药品监督管理局：
　　_____年___月___日(填写广告主名称)_____在我省(区、市)(填写媒介名称、时段、版面)_____上发布的(填写保健食品名称)_____保健食品广告[____食健广审（　）第_____号]，存在_____的问题。请依法处理。

　　特此通知。

（此处加盖广告审查机关专用章）
年　月　日

备注：本文书一式三份，一份存档备查，一份主送原审批地省级食品药品监督管理部门，一份抄报国家食品药品监督管理局。

文书来源

国家食品药品监督管理局关于印发《保健食品广告审查暂行规定》的通知

（2005年5月24日　国食药监市〔2005〕211号）

各省、自治区、直辖市食品药品监督管理局（药品监督管理局）：

根据《国务院对确需保留的行政审批项目设定行政许可的决定》（第412号令）以及国务院办公厅关于《国家食品药品监督管理局主要职责内设机构和人员编制规定的通知》，食品药品监督管理部门负责保健食品广告发布前的审查工作。为了做好保健食品广告的审查工作，我局制定了《保健食品广告审查暂行规定》（以下简称《暂行规定》），并决定从2005年7月1日开始施行。

现将《暂行规定》印发给你们，请认真贯彻实施，并注意在实施过程中总结经验，不断完善保健食品广告审查工作。

保健食品广告审查暂行规定

第一条　为加强保健食品广告的审查，规范保健食品广告审查行为，依据《行政许可法》、《国务院对确需保留的行政审批项目设定行政许可的决定》（第412号令）等法律法规，制定本规定。

第二条　国家食品药品监督管理局指导和监督保健食品广告审查工作。

省、自治区、直辖市（食品）药品监督管理部门负责本辖区内保健食品广告的审查。

县级以上（食品）药品监督管理部门应当对辖区内审查批准的保健食品广告发布情况进行监测。

第三条　发布保健食品广告的申请人必须是保健食品批准证明文件的持有者或者其委托的公民、法人和其他组织。

申请人可以自行或者委托其他法人、经济组织或公民作为保健食品广告的代办人。

第四条　国产保健食品广告的发布申请，应当向保健食品批准证明文件持有者所在地的省、自治区、直辖市（食品）药品监督管理部门提出。

进口保健食品广告的发布申请，应当由该产品境外生产企业驻中国境内办事机构或者该企业委托的代理机构向其所在地省、自治区、直辖市（食品）药品监督管理部门提出。

第五条　申请发布保健食品广告，应当提交以下文件和资料：

（一）《保健食品广告审查表》（附表1）；
（二）与发布内容一致的样稿（样片、样带）和电子化文件；
（三）保健食品批准证明文件复印件；
（四）保健食品生产企业的《卫生许可证》复印件；
（五）申请人和广告代办人的《营业执照》或主体资格证明文件、身份证明文件复印件；如有委托关系，应提交相关的委托书原件；
（六）保健食品的质量标准、说明书、标签和实际使用的包装；
（七）保健食品广告出现商标、专利等内容的，必须提交相关证明文件的复印件；
（八）其他用以确认广告内容真实性的有关文件；
（九）宣称申请材料实质内容真实性的声明。

提交本条规定的复印件，需加盖申请人的签章。

第六条　保健食品广告发布申请材料不齐全或者不符合法定要求的，省、自治区、直辖市（食品）药品监督管理部门应当当场或者在5个工作日内一次告知申请人需要补正的全部内容；逾期不告知的，自收到申请材料之日起即为受理。

第七条　国务院有关部门明令禁止生产、销售的保健食品，其广告申请不予受理。国务院有关部门清理整顿已经取消的保健功能，该功能的产品广告申请不予受理。

第八条　保健食品广告中有关保健功能、产品功效成份/标志性成分及含量、适宜人群、食用量等的宣传，应当以国务院食品药品监督管理部门批准的说明书内容为准，不得任意改变。

保健食品广告应当引导消费者合理使用保健食品，保健食品广告不得出现下列情形和内容：

（一）含有表示产品功效的断言或者保证；
（二）含有使用该产品能够获得健康的表述；
（三）通过渲染、夸大某种健康状况或者疾病，或者通过描述某种疾病容易导致的身体危害，使公众对自身健康产生担忧、恐惧，误解不使用广告宣传的保健食品会患某种疾病或者导致身体健康状况恶化；
（四）用公众难以理解的专业化术语、神秘化语言、表示科技含量的语言等描述该产品的作用特征和机理；
（五）利用和出现国家机关及其事业单位、医疗机构、学术机构、行业组织的名义和形象，或者以专家、医务人员和消费者的名义和形象为产品功效作证明；
（六）含有无法证实的所谓"科学或研究发现"、"实验或数据证明"等方面的内容；
（七）夸大保健食品功效或扩大适宜人群范围，明示或者暗示适合所有症状及所有人群；
（八）含有与药品相混淆的用语，直接或者间接地宣传治疗作用，或者借助宣传某些成分的作用明示或者暗示该保健食品具有疾病治疗的作用；
（九）与其他保健食品或者药品、医疗器械等产品进行对比，贬低其它产品；
（十）利用封建迷信进行保健食品宣传的；
（十一）宣称产品为祖传秘方；
（十二）含有无效退款、保险公司保险等内容的；

（十三）含有"安全"、"无毒副作用"、"无依赖"等承诺的；

（十四）含有最新技术、最高科学、最先进制法等绝对化的用语和表述的；

（十五）声称或者暗示保健食品为正常生活或者治疗病症所必需；

（十六）含有有效率、治愈率、评比、获奖等综合评价内容的；

（十七）直接或者间接怂恿任意、过量使用保健食品的。

第九条　不得以新闻报道等形式发布保健食品广告。

第十条　保健食品广告必须标明保健食品产品名称、保健食品批准文号、保健食品广告批准文号、保健食品标识、保健食品不适宜人群。

第十一条　保健食品广告中必须说明或者标明"本品不能代替药物"的忠告语；电视广告中保健食品标识和忠告语必须始终出现。

第十二条　省、自治区、直辖市（食品）药品监督管理部门应当自受理之日起对申请人提交的申请材料以及广告内容进行审查，并在20个工作日内作出是否核发保健食品广告批准文号的决定。

对审查合格的保健食品广告申请，发给保健食品广告批准文号，同时将《保健食品广告审查表》抄送同级广告监督机关备案。

对审查不合格的保健食品广告申请，应当将审查意见书面告知申请人，说明理由并告知其享有依法申请行政复议或者提起行政诉讼的权利。

第十三条　省、自治区、直辖市（食品）药品监督管理部门应当将审查批准的《保健食品广告审查表》报国家食品药品监督管理局备案。国家食品药品监督管理局认为审查批准的保健食品广告与法定要求不符的，应当责令原审批地省、自治区、直辖市（食品）药品监督管理部门予以纠正。

第十四条　保健食品广告批准文号有效期为一年。

保健食品广告批准文号有效期届满，申请人需要继续发布广告的，应当依照本规定向省、自治区、直辖市（食品）药品监督管理部门重新提出发布申请。

第十五条　经审查批准的保健食品广告需要改变其内容的，应向原审批地省、自治区、直辖市（食品）药品监督管理部门申请重新审查。

保健食品的说明书、质量标准等广告审查依据发生变化的，广告主应当立即停止发布，并向原审批地省、自治区、直辖市（食品）药品监督管理部门申请重新审查。

第十六条　经审查批准的保健食品广告，有下列情形之一的，原审批地省、自治区、直辖市（食品）药品监督管理部门应当调回复审：

（一）国家食品药品监督管理局认为原审批地省、自治区、直辖市（食品）药品监督管理部门批准的保健食品广告内容不符合法定要求的；

（二）广告监督管理机关建议进行复审的。

第十七条　经审查批准的保健食品广告，有下列情形之一的，原审批地省、自治区、直辖市（食品）药品监督管理部门应当收回保健食品广告批准文号：

（一）保健食品批准证明文件被撤销的；

（二）保健食品被国家有关部门责令停止生产、销售的；

（三）广告复审不合格的。

第十八条　擅自变更或者篡改经审查批准的保健食品广告内容进行虚假宣传的，原审批地省、自治区、直辖市（食品）药品监督管理部门责令申请人改正，给予警告，情节严重的，收回该保健食品广告批准文号。

第十九条　申请人隐瞒有关情况或者提供虚假材料申请发布保健食品广告的，省、自治区、直辖市（食品）药品监督管理部门按照《行政许可法》第七十八条的规定进行处理。

第二十条　申请人通过欺骗、贿赂等不正当手段取得保健食品广告批准文号的，由审批地省、自治区、直辖市（食品）药品监督管理部门按照《行政许可法》第七十九条的规定处理。

第二十一条　省、自治区、直辖市（食品）药品监督管理部门作出的撤销或者收回保健食品广告批准文号的决定，应当报送国家食品药品监督管理局并抄送同级广告监督管理机关备查，同时向社会公告处理决定。

第二十二条　（食品）药品监督管理部门发现有违法发布保健食品广告行为的，应当填写《违法保健食品广告移送通知书》（附表2），移送同级广告监督管理机关查处。

在广告审批地以外发布擅自变更或者篡改审查批准的保健食品广告的，广告发布地省、自治区、直辖市（食品）药品监督管理部门应当填写《违法保健食品广告处理通知书》（附表3），原审批地省、自治区、直辖市（食品）药品监督管理部门应按照有关规定予以处理。

第二十三条　省、自治区、直辖市（食品）药品监督管理部门应当建立违法保健食品广告公告制度，定期发布《违法保健食品广告公告》并上报国家食品药品监督管理局，国家食品药品监督管理局定期对《违法保健食品广告公告》进行汇总。《违法保健食品广告公告》应当同时抄送同级广告监督管理机关。

第二十四条　省、自治区、直辖市（食品）药品监督管理部门及其工作人员不依法履行审查职责的，由国家食品药品监督管理局或者监察机关责令改正，并按照有关规定对直接负责的主管人员和其他直接责任人员给予处理。

第二十五条　在保健食品广告审查过程中，省、自治区、直辖市（食品）药品监督管理部门违反本办法规定给当事人的合法权益造成损害的，应当依照国家赔偿法的规定给予赔偿。

第二十六条　保健食品广告批准文号为"X食健广审（X1）第X2号"。其中"X"为各省、自治区、直辖市的简称；"X1"代表视、声、文；"X2"由十位数字组成，前六位代表审查的年月，后4位代表广告批准的序号。

4. 保健食品非法添加检查工作文书

保健食品中易非法添加的物质、组分及检测依据(第一批)

序号	易非法添加的保健食品产品类别	易非法添加的物质或组分名称	检测依据
1	宣称改善睡眠功能产品	艾司唑仑、奥沙西泮、阿普唑仑、巴比妥、苯巴比妥、地西泮、劳拉西泮、氯氮䓬、氯硝西泮、咪哒唑仑、三唑仑、司可巴比妥、硝西泮、异戊巴比妥	国家食品药品监督管理局药品检验补充检验方法和检验项目批准件2009024
2	宣称辅助降血糖功能产品	二甲双胍、苯乙双胍、吡格列酮、格列本脲、格列吡嗪、格列喹酮、格列美脲、格列齐特、瑞格列奈	国家食品药品监督管理局药品检验补充检验方法和检验项目批准件2009029
3	宣称缓解体力疲劳功能产品	伐地那非、西地那非、他达拉非	国家食品药品监督管理局药品检验补充检验方法和检验项目批准件2009030
4	宣称减肥功能产品	西布曲明、芬氟拉明、麻黄碱	国家食品药品监督管理局药品检验补充检验方法和检验项目批准件2006004

化妆品中易非法添加的物质、组分及检测依据(第一批)

序号	易非法添加的化妆品产品类别	易非法添加的禁用物质或组分名称	检测依据
1	祛斑类、宣称美白功能的护肤类产品	氯化氨基汞	《化妆品卫生规范》(2007年版)
2		氢醌	《化妆品卫生规范》(2007年版)
3		铅及其化合物	《化妆品卫生规范》(2007年版)
4		苯酚	《化妆品卫生规范》(2007年版)
5	宣称美白功能的护肤类产品	丙烯酰胺	《关于印发化妆品中丙烯酰胺等禁用物质或限用物质检测方法的通知》(国食药监许〔2011〕96号)
6	宣称祛痘功能的护肤类产品	甲硝唑	《化妆品卫生规范》(2007年版)
7		氯霉素等抗生素	《化妆品卫生规范》(2007年版)
8		糖皮质激素	《化妆品中四十一种糖皮质激素的测定》(GB/T24800.2-2009)
9		磺胺	《化妆品中二十一种磺胺的测定》(GB/T24800.6-2009)

续 表

序号	易非法添加的化妆品产品类别	易非法添加的禁用物质或组分名称	检测依据
10	宣称去皱、抗衰老功能的护肤类产品	性激素	《化妆品卫生规范》(2007年版)
11	育发类产品	氮芥及其盐类	《化妆品卫生规范》(2007年版)
12		米诺地尔及其盐和衍生物	《关于印发化妆品中米诺地尔检测方法(暂行)的通知》(国食药监许〔2010〕340号)
13	染发类产品	间苯二胺及其盐类	《化妆品卫生规范》(2007年版)
14	宣称去屑功能的发用产品	酮康唑	《化妆品卫生规范》(2007年版)
15	指甲油类产品	邻苯二甲酸酯、甲醇	《关于印发化妆品中丙烯酰胺等禁用物质或限用物质检测方法的通知》(国食药监许〔2011〕96号);《化妆品卫生规范》(2007年版)
16	爽身粉、痱子粉类产品	石棉	《关于提供粉状化妆品及其原料中石棉测定方法(暂定)的通知》(食药监办许函〔2009〕136号)

保健食品化妆品非法添加检查工作情况统计表

填报单位：　　　　　　填报人：　　　　　　填报时间：　　年　　月　　日

类　别	单　位	数　量
出动执法人员	人次	
检查保健食品生产企业	家	
检查化妆品生产企业	家	
检查保健食品经营企业	家	
检查化妆品经营企业	家	
抽验保健食品数量	种次	
抽验化妆品数量	种次	
检出非法添加保健食品数量	种次	
检出非法添加化妆品数量	种次	
查扣非法添加保健食品数量	盒(瓶)	
查扣非法添加化妆品数量	盒(瓶)	
查扣非法添加保健食品货值	万元	

续表

类　　别	单　　位	数　　量
查扣非法添加化妆品货值	万元	
责令保健食品企业停产停业	家	
责令化妆品企业停产停业	家	
吊销保健食品生产卫生许可	家	
吊销化妆品生产卫生许可	家	
罚没金额(保健食品)	万元	
罚没金额(化妆品)	万元	
移送公安部门案件(保健食品)	件	
移送公安部门案件(化妆品)	件	

文书来源

国家食品药品监督管理局关于严厉打击保健食品化妆品非法添加行为的通知

(2011年5月25日　国食药监稽〔2011〕223号)

各省、自治区、直辖市食品药品监督管理局(药品监督管理局)、新疆生产建设兵团食品药品监督管理局：

为贯彻落实《国务院办公厅关于严厉打击食品非法添加行为切实加强食品添加剂监管的通知》(国办发〔2011〕20号)精神，按照国家食品药品监管局打击食品非法添加和滥用食品添加剂专项整治工作会议的部署，现就严厉打击保健食品、化妆品非法添加行为有关工作通知如下：

一、工作内容

(一)加强生产经营企业监督检查。各省(区、市)食品药品监管部门要组织开展对辖区内所有保健食品、化妆品生产企业的监督检查，重点检查企业委托加工、原料辅料购入使用、生产工艺流程等，对企业生产加工中可能出现的非法添加行为进行排查。各地食品药品监管部门要开展对辖区内食品、化妆品批发市场和药品经营企业、商场、超市等保健食品、化妆品经营企业的监督检查，重点检查经营企业是否建立进货检查验收制度，是否按要求审验供货商的经营资格、验明产品合格证明和产品标识，是否建立产品进货台账并如实记录产品的名称、规格、数量、生产批号、保质期、供货者名称及联系方式、进货日期等内容。

(二)加大重点产品生产经营企业抽验力度。各省(区、市)食品药品监管部门要加大对监督检查中发现问题的企业生产经营产品的抽验力度，重点对宣称改善睡眠、辅助降血糖、缓解体力疲劳、减肥等功能的保健食品，宣称美白、祛痘、去皱、抗衰老功能的护肤产品，祛斑、育发、染发等特殊用途化妆品，以及洗浴类产品等进行抽验(详见附件1、2)。各省(区、市)食品药品监管部门要针对本辖区实际情况，组织开展补充检验方法和检验项目的研究工作，以补充方法和项目的结果作为认定质量依据的，需报请国家食品药品监管局批准。

(三)依法严肃查处违法行为。各地食品药品监管部门要始终保持高压态势，严厉打击保健食品、化妆品非法添加行为。对不按照规定落实进货查验、记录制度，记录不真实、不完整、不准确，或未索票索证、票据保留不完备的，责令限期整改。对提供虚假票证或整改不合格的，一律停止其相关产品的生产销售；对因未严格履行进货查验而销售含非法添加物的保健食品和化妆品的，责令停产、停业；对生产非法添加产品的，一律吊销相关许可证照，依法没收其违法所得和用于违法生产经营的相关物品；对检查中发现的其他不按照法定条件、要求从事生产经营活动或者生产、销售不符合法定要求产品的，一律依法予以严肃查处；对涉嫌犯罪的，及时移送公安机关处理。同时，要进一步拓宽举报渠道，公示举报方式，及时分析举报线索，加强追踪调查，充分发挥社会监督的作用。

(四)加大宣传报道和曝光力度。各地食品药品监管部门要充分发挥新闻媒体的舆论引导作用，主动宣传严厉打击非法添加行为工作的举措、进展和成效，营造更加有利的监督执法环境，将打击非法添加工作不断推向深入。对非法添加行为要查处一批，曝光一批，始终保持高压态势，有力震慑违法分子。

二、工作要求

（一）提高认识，加强领导。各地食品药品监管部门要充分认识打击非法添加工作的重要意义，把打击非法添加作为今年保健食品和化妆品监管的一项重要工作来抓，进一步推动保健食品、化妆品监管各项工作深入开展，坚决维护公众健康及合法权益。要强化对该项工作的组织领导，结合本地实际，认真制定工作方案，细化工作任务，强化工作措施，层层落实责任，采取有力措施，确保各项工作落到实处。

（二）加强协查，完善机制。各省（区、市）食品药品监管部门要进一步加强案件协查力度，完善相关工作机制。在监督检查和抽验中发现非法添加产品涉及辖区外生产、经营企业的，要组织做好调查工作，查清产品的来源、去向、数量等，并及时通报相关食品药品监管部门进行协查，接到协查要求的食品药品监管部门应认真组织做好协查工作，及时反馈协查结果。涉及假冒产品的，协查结果同时抄送国家食品药品监管局。

（三）突出重点，加大督查督办力度。各省（区、市）食品药品监管部门要组织对辖区内生产经营企业的重点抽查，其中生产企业抽查覆盖率不低于30%，抽查经营企业覆盖的地（市）不低于本辖区内地（市）数的10%。国家食品药品监管局将根据各地检查和抽验工作情况，组织开展对保健食品、化妆品生产经营企业的随机检查抽验，评估各地工作落实情况，并对涉及范围广、社会影响大的重点案件进行督查督办。

（四）及时总结，加强信息报送。各省（区、市）食品药品监管部门要及时总结本辖区工作的进展情况，包括采取的措施、取得的成效、案件查处情况、社情民意和舆论反应等，并将有关信息及时报送国家食品药品监管局，每两周应至少报送1期工作简报，重要情况及时报告。工作相关数据（格式见附件3）纸质版应在每月30日之前报送国家食品药品监管局，请同时报送电子版，电子表格可在国家食品药品监管局系统专网或稽查业务管理系统下载。

（三）药　品

1. 药品注册及申报文书

中药、天然药物注册分类及申报资料要求

本附件中的中药是指在我国传统医药理论指导下使用的药用物质及其制剂。

本附件中的天然药物是指在现代医药理论指导下使用的天然药用物质及其制剂。

一、注册分类及说明

(一)注册分类

1. 未在国内上市销售的从植物、动物、矿物等物质中提取的有效成份及其制剂。
2. 新发现的药材及其制剂。
3. 新的中药材代用品。
4. 药材新的药用部位及其制剂。
5. 未在国内上市销售的从植物、动物、矿物等物质中提取的有效部位及其制剂。
6. 未在国内上市销售的中药、天然药物复方制剂。
7. 改变国内已上市销售中药、天然药物给药途径的制剂。
8. 改变国内已上市销售中药、天然药物剂型的制剂。
9. 仿制药。

(二)说明

注册分类1~6的品种为新药，注册分类7、8按新药申请程序申报。

1. "未在国内上市销售的从植物、动物、矿物等物质中提取的有效成份及其制剂"是指国家药品标准中未收载的从植物、动物、矿物等物质中提取得到的天然的单一成份及其制剂，其单一成份的含量应当占总提取物的90%以上。

2. "新发现的药材及其制剂"是指未被国家药品标准或省、自治区、直辖市地方药材规范（统称"法定标准"）收载的药材及其制剂。

3. "新的中药材代用品"是指替代国家药品标准中药成方制剂处方中的毒性药材或处于濒危状态药材的未被法定标准收

载的药用物质。

4."药材新的药用部位及其制剂"是指具有法定标准药材的原动、植物新的药用部位及其制剂。

5."未在国内上市销售的从植物、动物、矿物等物质中提取的有效部位及其制剂"是指国家药品标准中未收载的从单一植物、动物、矿物等物质中提取的一类或数类成份组成的有效部位及其制剂,其有效部位含量应占提取物的50%以上。

6."未在国内上市销售的中药、天然药物复方制剂"包括:

6.1 中药复方制剂;

6.2 天然药物复方制剂;

6.3 中药、天然药物和化学药品组成的复方制剂。

中药复方制剂应在传统医药理论指导下组方。主要包括:来源于古代经典名方的中药复方制剂、主治为证候的中药复方制剂、主治为病证结合的中药复方制剂等。

天然药物复方制剂应在现代医药理论指导下组方,其适应症用现代医学术语表述。

中药、天然药物和化学药品组成的复方制剂包括中药和化学药品,天然药物和化学药品,以及中药、天然药物和化学药品三者组成的复方制剂。

7."改变国内已上市销售中药、天然药物给药途径的制剂"是指不同给药途径或吸收部位之间相互改变的制剂。

8."改变国内已上市销售中药、天然药物剂型的制剂"是指在给药途径不变的情况下改变剂型的制剂。

9."仿制药"是指注册申请我国已批准上市销售的中药或天然药物。

二、申报资料项目及说明

(一)申报资料项目

综述资料:

1. 药品名称。
2. 证明性文件。
3. 立题目的与依据。
4. 对主要研究结果的总结及评价。
5. 药品说明书样稿、起草说明及最新参考文献。
6. 包装、标签设计样稿。

药学研究资料:

7. 药学研究资料综述。
8. 药材来源及鉴定依据。
9. 药材生态环境、生长特征、形态描述、栽培或培植(培育)技术、产地加工和炮制方法等。
10. 药材标准草案及起草说明,并提供药品标准物质及有关资料。
11. 提供植物、矿物标本,植物标本应当包括花、果实、种子等。
12. 生产工艺的研究资料、工艺验证资料及文献资料,辅料来源及质量标准。
13. 化学成份研究的试验资料及文献资料。
14. 质量研究工作的试验资料及文献资料。
15. 药品标准草案及起草说明,并提供药品标准物质及有关资料。
16. 样品检验报告书。
17. 药物稳定性研究的试验资料及文献资料。
18. 直接接触药品的包装材料和容器的选择依据及质量标准。

药理毒理研究资料:

19. 药理毒理研究资料综述。
20. 主要药效学试验资料及文献资料。
21. 一般药理研究的试验资料及文献资料。
22. 急性毒性试验资料及文献资料。
23. 长期毒性试验资料及文献资料。
24. 过敏性(局部、全身和光敏毒性)、溶血性和局部(血管、皮肤、粘膜、肌肉等)刺激性、依赖性等主要与局部、全身给药相关的特殊安全性试验资料和文献资料。
25. 遗传毒性试验资料及文献资料。
26. 生殖毒性试验资料及文献资料。
27. 致癌试验资料及文献资料。
28. 动物药代动力学试验资料及文献资料。
临床试验资料：
29. 临床试验资料综述。
30. 临床试验计划与方案。
31. 临床研究者手册。
32. 知情同意书样稿、伦理委员会批准件。
33. 临床试验报告。
(二)说明
1. 申报资料项目说明
综述资料：
(1)资料项目1 药品名称包括：
①中文名；
②汉语拼音名；
③命名依据。
(2)资料项目2 证明性文件包括：
①申请人合法登记证明文件、《药品生产许可证》、《药品生产质量管理规范》认证证书复印件，申请新药生产时应当提供样品制备车间的《药品生产质量管理规范》认证证书复印件；
②申请的药物或者使用的处方、工艺、用途等在中国的专利及其权属状态的说明，以及对他人的专利不构成侵权的声明；
③麻醉药品、精神药品、医用毒性药品研制立项批复文件复印件；
④申请新药生产时应当提供《药物临床试验批件》复印件；
⑤直接接触药品的包装材料(或容器)的《药品包装材料和容器注册证》或《进口包装材料和容器注册证》复印件；
⑥其他证明文件。
如为进口申请，还应提供：
①生产国家或者地区药品管理机构出具的允许药品上市销售及该药品生产企业符合药品生产质量管理规范的证明文件、公证文书；出口国物种主管当局同意出口的证明；
②由境外制药厂商常驻中国代表机构办理注册事务的，应当提供《外国企业常驻中国代表机构登记证》复印件；
境外制药厂商委托中国代理机构代理申报的，应当提供委托文书、公证文书以及中国代理机构的《营业执照》复印件；
③安全性试验资料应当提供相应的药物非临床研究质量管理规范证明文件；临床试验用样品应当提供相应的药品生产质量管理规范证明文件。
(3)资料项目3 立题目的与依据：中药材、天然药物应当提供有关古、现代文献资料综述。中药、天然药物制剂应当提供处方来源和选题依据，国内外研究现状或生产、使用情况的综述，以及对该品种创新性、可行性、剂型的合理性和临床使用的必要性等的分析，包括和已有国家标准的同类品种的比较。中药还应提供有关传统医药的理论依据及古籍文献资料综述等。
(4)资料项目4 对研究结果的总结及评价：包括申请人对主要研究结果进行的总结，以及从安全性、有效性、质量可控性等方面对所申报品种进行的综合评价。
(5)资料项目5 药品说明书样稿、起草说明及最新参考文献：包括按有关规定起草的药品说明书样稿、说明书各项内容的起草说明、有关安全性和有效性等方面的最新文献。
药学研究资料：
(6)资料项目16 样品检验报告书：是指对申报样品的自检报告。临床试验前报送资料时提供至少1批样品的自检报告，完成临床试验后报送资料时提供连续3批样品的自检报告。

药理毒理研究资料:

(7)资料项目24 过敏性(局部、全身和光敏毒性)、溶血性和局部(血管、皮肤、粘膜、肌肉等)刺激性、依赖性等主要与局部、全身给药相关的特殊安全性试验资料和文献资料;根据药物给药途径及制剂特点提供相应的制剂安全性试验资料。具有依赖性倾向的新药,应提供药物依赖性试验资料。

(8)资料项目25 遗传毒性试验资料及文献资料:如果处方中含有无法定标准的药材,或来源于无法定标准药材的有效部位,以及用于育龄人群并可能对生殖系统产生影响的新药(如避孕药、性激素、治疗性功能障碍药、促精子生成药、保胎药或有细胞毒作用等的新药),应报送遗传毒性试验资料。

(9)资料项目26 生殖毒性试验资料及文献资料:用于育龄人群并可能对生殖系统产生影响的新药(如避孕药、性激素、治疗性功能障碍药、促精子生成药、保胎药以及遗传毒性试验阳性或有细胞毒作用等的新药),应根据具体情况提供相应的生殖毒性研究资料。

(10)资料项目27 致癌试验资料及文献资料:新药在长期毒性试验中发现有细胞毒作用或者对某些脏器组织生长有异常促进作用的以及致突变试验结果为阳性的,必须提供致癌试验资料及文献资料。

2. 申报资料的具体要求

(1)申请新药临床试验,一般应报送资料项目1~4、7~31。

(2)完成临床试验后申请新药生产,一般应报送资料项目1~33以及其他变更和补充的资料,并详细说明变更的理由和依据。

(3)申请仿制药(中药、天然药物注射剂等需进行临床试验的除外),一般应报送资料项目2~8、12、15~18。

(4)进口申请提供的生产国家或者地区政府证明文件及全部技术资料应当是中文本并附原文;其中质量标准的中文本必须按中国国家药品标准规定的格式整理报送。

(5)由于中药、天然药物的多样性和复杂性,在申报时,应当结合具体品种的特点进行必要的相应研究。如果减免试验,应当充分说明理由。

(6)中药、天然药物注射剂的技术要求另行制定。

(7)对于"注册分类1"的未在国内上市销售的从植物、动物、矿物等中提取的有效成份及其制剂,当有效成份或其代谢产物与已知致癌物质有关或相似,或预期连续用药6个月以上,或治疗慢性反复发作性疾病而需经常间歇使用时,必须提供致癌性试验资料。

申请"未在国内上市销售的从植物、动物、矿物等中提取的有效成份及其制剂",如有由同类成份组成的已在国内上市销售的从单一植物、动物、矿物等物质中提取的有效部位及其制剂,则应当与该有效部位进行药效学及其他方面的比较,以证明其优势和特点。

(8)对于"注册分类3"的新的中药材代用品,除按"注册分类2"的要求提供临床前的相应申报资料外,还应当提供与被替代药材进行药效学对比的试验资料,并应提供进行人体耐受性试验以及通过相关制剂进行临床等效性研究的试验资料,如果代用品为单一成份,尚应当提供药代动力学试验资料及文献资料。

新的中药材代用品获得批准后,申请使用该代用品的制剂应当按补充申请办理,但应严格限定在被批准的可替代的功能范围内。

(9)对于"注册分类5"未在国内上市销售的从单一植物、动物、矿物等中提取的有效部位及其制剂,除按要求提供申报资料外,尚需提供以下资料:

①申报资料项目第12项中需提供有效部位筛选的研究资料或文献资料;申报资料项目第13项中需提供有效部位主要化学成份研究资料及文献资料;

②由数类成份组成的有效部位,应当测定每类成份的含量,并对每类成份中的代表成份进行含量测定且规定下限(对有毒性的成份还应该增加上限控制);

③申请由同类成份组成的未在国内上市销售的从单一植物、动物、矿物等物质中提取的有效部位及其制剂,如其中含有已上市销售的从植物、动物、矿物等中提取的有效成份,则应当与该有效成份进行药效学及其他方面的比较,以证明其优势和特点。

(10)对于"注册分类6"未在国内上市销售的中药、天然药物复方制剂按照不同类别的要求应提供资料为:

①中药复方制剂,根据处方来源和组成、功能主治、制备工艺等可减免部分试验资料,具体要求另行规定;

②天然药物复方制剂应当提供多组份药效、毒理相互影响的试验资料及文献资料;

③处方中如果含有无法定标准的药用物质,还应当参照相应注册分类中的要求提供相关的申报资料;

④中药、天然药物和化学药品组成的复方制剂中的药用物质必需具有法定标准,申报临床时应当提供中药、天然药物和化学药品间药效、毒理相互影响(增效、减毒或互补作用)的比较性研究试验资料及文献资料,以及中药、天然药物对化学药品生物利用度影响的试验资料;申报生产时应当通过临床试验证明其组方的必要性,并提供中药、天然药物对化学药品人体生物利用度影响的试验资料。处方中含有的化学药品(单方或复方)必须被国家药品标准收载。

(11)对于"注册分类8"改变国内已上市销售中药、天然药物剂型的制剂,应当说明新制剂的优势和特点。新制剂的功能主治或适应症原则上应与原制剂相同,其中无法通过药效或临床试验证实的,应当提供相应的资料。

(12)对于"注册分类9"仿制药应与被仿制品种一致,必要时还应当提高质量标准。

(13)关于临床试验

①临床试验的病例数应当符合统计学要求和最低病例数要求;

②临床试验的最低病例数(试验组)要求:Ⅰ期为20~30例,Ⅱ期为100例,Ⅲ期为300例,Ⅳ期为2000例;

③属注册分类1、2、4、5、6的新药,以及7类和工艺路线、溶媒等有明显改变的改剂型品种,应当进行Ⅳ期临床试验;

④生物利用度试验一般为18~24例;

⑤避孕药Ⅰ期临床试验应当按照本办法的规定进行,Ⅱ期临床试验应当完成至少100对6个月经周期的随机对照试验,Ⅲ期临床试验应当完成至少1000例12个月经周期的开放试验,Ⅳ期临床试验应当充分考虑该类药品的可变因素,完成足够样本量的研究工作;

⑥新的中药材代用品的功能替代,应当从国家药品标准中选取能够充分反映被代用药材功效特征的中药制剂作为对照药进行比较研究,每个功能或主治病证需经过2种以上中药制剂进行验证,每种制剂临床验证的病例数不少于100对;

⑦改剂型品种应根据工艺变化的情况和药品的特点,免除或进行不少于100对的临床试验;

⑧仿制药视情况需要,进行不少于100对的临床试验;

⑨进口中药、天然药物制剂按注册分类中的相应要求提供申报资料,并应提供在国内进行的人体药代动力学研究资料和临床试验资料,病例数不少于100对;多个主治病证或适应症的,每个主要适应症的病例数不少于60对。

三、申报资料项目表及说明

(一)中药、天然药物申报资料项目表

资料分类	资料项目	注册分类及资料项目要求									
		1	2	3	4	5	6			7	8	9
							6.1	6.2	6.3			
综述资料	1	+	+	+	+	+	+	+	+	+	+	−
	2	+	+	+	+	+	+	+	+	+	+	+
	3	+	+	+	+	+	+	+	+	+	+	+
	4	+	+	+	+	+	+	+	+	+	+	+
	5	+	+	+	+	+	+	+	+	+	+	+
	6	+	+	+	+	+	+	+	+	+	+	+
药学资料	7	+	+	+	+	+	+	+	+	+	+	+
	8	+	+	+	+	+	+	+	+	+	+	+
	9	−	+	+	+	−	▲	▲	▲	▲	−	−
	10	−	+	+	+	−	▲	▲	▲	▲	−	−
	11	−	+	+	+	−	▲	▲	▲	▲	−	−
	12	+	+	+	+	+	+	+	+	+	+	+
	13	+	+	±	+	+	+	+	+	+	+	−

续 表

资料分类	资料项目	注册分类及资料项目要求									
		1	2	3	4	5	6			7	8	9
							6.1	6.2	6.3			
药学资料	14	+	+	±	+	+	+	±	±	±	±	-
	15	+	+	+	+	+	+	+	+	+	+	+
	16	+	+	+	+	+	+	+	+	+	+	+
	17	+	+	+	+	+	+	+	+	+	+	+
	18	+	+	+	+	+	+	+	+	+	+	+
药理毒理资料	19	+	+	*	+	+	+	+	+	+	±	-
	20	+	+	*	+	+	±	+	+	+	±	-
	21	+	+	*	+	+	±	+	+	-	-	-
	22	+	+	*	+	+	+	+	+	+	±	-
	23	+	+	±	+	+	+	+	+	+	±	-
	24	*	*	*	*	*	*	*	*	*	*	*
	25	+	+	▲	+	*	*	*	*	*	*	*
	26	+	+	*	*	*	*	*	*	*	-	-
	27	*	*	*	*	*	*	*	*	*	*	*
	28	+	-	*	-	-	-	-	-	-	-	-
临床资料	29	+	+	+	+	+	+	+	+	+	+	+
	30	+	+	+	+	+	+	+	+	+	*	-
	31	+	+	+	+	+	+	+	+	+	*	-
	32	+	+	+	+	+	+	+	+	+	*	-
	33	+	+	+	+	+	+	+	+	+	*	-

(二) 说明

1. "+"指必须报送的资料；
2. "-"指可以免报的资料；
3. "±"指可以用文献综述代替试验研究或按规定可减免试验研究的资料；
4. "▲"具有法定标准的中药材、天然药物可以不提供，否则必须提供资料；
5. "*"按照申报资料项目说明和申报资料具体要求。

化学药品注册分类及申报资料要求

一、注册分类

1. 未在国内外上市销售的药品：
(1) 通过合成或者半合成的方法制得的原料药及其制剂；
(2) 天然物质中提取或者通过发酵提取的新的有效单体及其制剂；
(3) 用拆分或者合成等方法制得的已知药物中的光学异构体及其制剂；
(4) 由已上市销售的多组份药物制备为较少组份的药物；
(5) 新的复方制剂；
(6) 已在国内上市销售的制剂增加国内外均未批准的新适应症。
2. 改变给药途径且尚未在国内外上市销售的制剂。
3. 已在国外上市销售但尚未在国内上市销售的药品：
(1) 已在国外上市销售的制剂及其原料药，和/或改变该制剂的剂型，但不改变给药途径的制剂；
(2) 已在国外上市销售的复方制剂，和/或改变该制剂的剂型，但不改变给药途径的制剂；
(3) 改变给药途径并已在国外上市销售的制剂；
(4) 国内上市销售的制剂增加已在国外批准的新适应症。
4. 改变已上市销售盐类药物的酸根、碱基(或者金属元素)，但不改变其药理作用的原料药及其制剂。
5. 改变国内已上市销售药品的剂型，但不改变给药途径的制剂。
6. 已有国家药品标准的原料药或者制剂。

二、申报资料项目

(一)综述资料
1. 药品名称。
2. 证明性文件。
3. 立题目的与依据。
4. 对主要研究结果的总结及评价。
5. 药品说明书、起草说明及相关参考文献。
6. 包装、标签设计样稿。

(二)药学研究资料
7. 药学研究资料综述。
8. 原料药生产工艺的研究资料及文献资料；制剂处方及工艺的研究资料及文献资料。
9. 确证化学结构或者组份的试验资料及文献资料。
10. 质量研究工作的试验资料及文献资料。
11. 药品标准及起草说明，并提供标准品或者对照品。
12. 样品的检验报告书。
13. 原料药、辅料的来源及质量标准、检验报告书。
14. 药物稳定性研究的试验资料及文献资料。
15. 直接接触药品的包装材料和容器的选择依据及质量标准。

(三)药理毒理研究资料
16. 药理毒理研究资料综述。
17. 主要药效学试验资料及文献资料。
18. 一般药理学的试验资料及文献资料。
19. 急性毒性试验资料及文献资料。
20. 长期毒性试验资料及文献资料。

21. 过敏性(局部、全身和光敏毒性)、溶血性和局部(血管、皮肤、粘膜、肌肉等)刺激性等特殊安全性试验资料和文献资料。

22. 复方制剂中多种成份药效、毒性、药代动力学相互影响的试验资料及文献资料。

23. 致突变试验资料及文献资料。

24. 生殖毒性试验资料及文献资料。

25. 致癌试验资料及文献资料。

26. 依赖性试验资料及文献资料。

27. 非临床药代动力学试验资料及文献资料。

(四)临床试验资料

28. 国内外相关的临床试验资料综述。

29. 临床试验计划及研究方案。

30. 临床研究者手册。

31. 知情同意书样稿、伦理委员会批准件。

32. 临床试验报告。

三、申报资料项目说明

1. 资料项目1 药品名称:包括通用名、化学名、英文名、汉语拼音,并注明其化学结构式、分子量、分子式等。新制定的名称,应当说明命名依据。

2. 资料项目2 证明性文件:

(1)申请人机构合法登记证明文件(营业执照等)、《药品生产许可证》及变更记录页、《药品生产质量管理规范》认证证书复印件,申请生产时应当提供样品制备车间的《药品生产质量管理规范》认证证书复印件;

(2)申请的药物或者使用的处方、工艺、用途等专利情况及其权属状态说明,以及对他人的专利不构成侵权的声明;

(3)麻醉药品、精神药品和放射性药品需提供研制立项批复文件复印件;

(4)完成临床试验后申报生产时应当提供《药物临床试验批件》复印件及临床试验用药的质量标准;

(5)申请制剂的,应提供原料药的合法来源证明文件,包括原料药的批准证明文件、药品标准、检验报告、原料药生产企业的营业执照、《药品生产许可证》、《药品生产质量管理规范》认证证书、销售发票、供货协议等的复印件;

(6)直接接触药品的包装材料和容器的《药品包装材料和容器注册证》或者《进口包装材料和容器注册证》复印件。

3. 资料项目3 立题目的与依据:包括国内外有关该品研发、上市销售现状及相关文献资料或者生产、使用情况,制剂研究合理性和临床使用必需性的综述。

4. 资料项目4 对研究结果的总结及评价:包括申请人对主要研究结果进行的总结,并从安全性、有效性、质量可控性等方面对所申报品种进行综合评价。

5. 资料项目5 药品说明书、起草说明及相关参考文献:包括按有关规定起草的药品说明书、说明书各项内容的起草说明、相关文献。

6. 资料项目7 药学研究资料综述:是指所申请药物的药学研究(合成工艺、剂型选择、处方筛选、结构确证、质量研究和质量标准制定、稳定性研究等)的试验和国内外文献资料的综述。

7. 资料项目8 原料药生产工艺的研究资料:包括工艺流程和化学反应式、起始原料和有机溶媒、反应条件(温度、压力、时间、催化剂等)和操作步骤、精制方法、主要理化常数及阶段性的数据积累结果等,并注明投料量和收得率以及工艺过程中可能产生或引入的杂质或其他中间产物,尚应包括对工艺验证的资料。

制剂处方及工艺研究资料:应包括起始物料、处方筛选、生产工艺及验证资料。

8. 资料项目10 质量研究工作的试验资料及文献资料:包括理化性质、纯度检查、溶出度、含量测定及方法学验证及阶段性的数据积累结果等。

9. 资料项目11 药品标准及起草说明,并提供标准品或者对照品:质量标准应当符合《中国药典》现行版的格式,并使用其术语和计量单位。所用试药、试液、缓冲液、滴定液等,应当采用现行版《中国药典》收载的品种及浓度,有不同的,应详细说明。提供的标准品或对照品应另附资料,说明其来源、理化常数、纯度、含量及其测定方法和数据。

药品标准起草说明应当包括标准中控制项目的选定、方法选择、检查及纯度和限度范围等的制定依据。

10. 资料项目12 样品的检验报告书:指申报样品的自检报告。临床试验前报送资料时提供至少1批样品的自检报告,完成临床试验后报送资料时提供连续3批样品的自检报告。

11. 资料项目14 药物稳定性研究的试验资料：包括影响因素试验、采用直接接触药物的包装材料和容器共同进行的稳定性试验。

12. 资料项目16 药理毒理研究资料综述：是指所申请药物的药理毒理研究（包括药效学、作用机制、一般药理、毒理、药代动力学等）的试验和国内外文献资料的综述。

13. 资料项目27 非临床药代动力学试验资料及文献资料：是指所申请药物的体外和体内（动物）药代动力学（吸收、代谢、分布、排泄）试验资料和文献资料。

14. 资料项目28 国内外相关的临床试验资料综述：是指国内外有关该品种临床试验的文献、摘要及近期追踪报道的综述。

15. 资料项目29 临床试验计划及研究方案：临床试验计划及研究方案应对拟定的适应症、用法用量等临床试验的重要内容进行详细描述，并有所报送的研究资料支持。临床试验计划及研究方案应科学、完整，并有对与拟定试验的潜在风险和收益相关的非临床和临床资料进行的重要分析的综合性摘要。

16. 资料项目30 临床研究者手册：是指所申请药物已有的临床试验资料和非临床试验资料的摘要汇编，目的是向研究者和参与试验的其他人员提供资料，帮助他们了解试验药物的特性和临床试验方案。研究者手册应当简明、客观。

四、申报资料项目表及说明

（一）申报资料项目表

资料分类	资料项目	注册分类及资料项目要求					
		1	2	3	4	5	6
综述资料	1	+	+	+	+	+	+
	2	+	+	+	+	+	+
	3	+	+	+	+	+	+
	4	+	+	+	+	+	+
	5	+	+	+	+	+	+
	6	+	+	+	+	+	+
药学研究资料	7	+	+	+	+	+	+
	8	+	*4	+	+	*4	*4
	9	+	+	+	+	+	+
	10	+	+	+	+	+	+
	11	+	+	+	+	+	+
	12	+	+	+	+	+	+
	13	+	+	+	+	+	+
	14	+	+	+	+	+	+
	15	+	+	+	+	+	+

续 表

资料分类	资料项目	注册分类及资料项目要求					
		1	2	3	4	5	6
药理毒理研究资料	16	+	+	+	+	+	+
	17	+	*14	±	*16	−	−
	18	+	*14	±	*16	−	−
	19	+	*14	±	*16	−	−
	20	+	*14	±	*16	−	−
	21	*17	*17	*17	*17	*17	*17
	22	*11	−	−	−	−	−
	23	+	±	±	±	−	−
	24	+	±	±	±	−	−
	25	*6	−	*6	*6	−	−
	26	*7	−	−	−	−	−
	27	+	*18	*18	+	*18	−
临床试验资料	28	+	+	+	+	+	+
	29	+	+	+	+	+	△
	30	+	+	+	+	+	△
	31	+	+	+	+	+	△
	32	+	+	+	+	+	△

注:1."+"指必须报送的资料和/或试验资料。

2."±"指可以用文献资料代替试验资料。

3."−"指可以无需提供的资料。

4."*"指按照说明的要求报送资料,如*6,指见说明之第6条。

5."△"指按照本附件"五、临床试验要求"中第4条执行。

6.文献资料为所申请药物的各项药理毒理(包括药效学、作用机制、一般药理学、毒理学、药代动力学等)研究的文献资料和/或其文献综述资料。

(二)说明

1.申请注册分类1~5的品种,按照《申报资料项目表》的要求报送资料项目1~30(资料项目6除外);临床试验完成后报送的资料项目包括重新整理的综述资料1~6、资料项目12和14、临床试验资料28~32以及重新整理的与变更相关的资料和补充的资料,并按申报资料项目顺序排列。

对于注册分类1的品种,临床试验完成后应根据临床期间进行的各项研究的结果,重新整理报送资料项目1~30的全部资料。

同时申请注册属于注册分类3的原料药和属于注册分类6的制剂的,其原料药的注册申请应当符合申报生产的要求。

2.申请注册分类6的药品,按照《申报资料项目表》的要求报送资料项目1~16和28~30。需进行临床试验的,在临床试验完成后报送资料项目28~32以及其他变更和补充的资料,并按申报资料项目顺序排列。

3.申请注册分类6的药品,应根据品种的工艺、处方进行全面的质量研究,按国家标准与已上市产品进行质量对比研究。无法按照国家标准与已上市产品进行质量对比研究的,应按照新药的要求进行质量研究,必要时对国家药品标准项目进行增订和/或修订。

4. 单独申请注册药物制剂，必须提供原料药的合法来源证明文件，一式2份，分别放入资料项目2的资料（证明性文件）和资料项目13号的资料（原料药、辅料的来源及质量标准、检验报告书）中。使用国产原料药的申请人，应当提供该原料药的药品批准证明文件、检验报告书、药品标准、原料药生产企业的营业执照、《药品生产许可证》、《药品生产质量管理规范》认证证书、与该原料药生产企业签订的供货协议、销售发票等的复印件。使用进口原料药的，应当提供与该原料药生产企业或国内合法的销售代理商签订的供货协议、《进口药品注册证》或者《医药产品注册证》、口岸药品检验所检验报告书、药品标准复印件等。药品注册过程中，研制制剂所用的进口原料药未取得《进口药品注册证》或者《医药产品注册证》的，必须经国家食品药品监督管理局批准。

5. 对用于育龄人群的药物，应当根据其适应症和作用特点等因素报送相应的生殖毒性研究资料。

6. 对于临床预期连续用药6个月以上（含6个月）或治疗慢性复发性疾病而需经常间歇使用的药物，均应提供致癌性试验或文献资料；对于下列情况的药物，需根据其适应症和作用特点等因素报送致癌试验或文献资料：
(1) 新药或其代谢产物的结构与已知致癌物质的结构相似的；
(2) 在长期毒性试验中发现有细胞毒作用或者对某些脏器、组织细胞生长有异常促进作用的；
(3) 致突变试验结果为阳性的。

7. 作用于中枢神经系统的新药，如镇痛药、抑制药、兴奋药以及人体对其化学结构具有依赖性倾向的新药，应当报送药物依赖性试验资料。

8. 属注册分类1的，一般应在重复给药毒性试验过程中进行毒代动力学研究。

9. 属注册分类1中"用拆分或合成等方法制得的已知药物中的光学异构体及其制剂"，应当报送消旋体与单一异构体比较的药效学、药代动力学和毒理学（一般为急性毒性）等反映其立题合理性的研究资料或者相关文献资料。在其消旋体安全范围较小、已有相关资料可能提示单一异构体的非预期毒性（与药理作用无关）明显增加时，还应当根据其临床疗程和剂量、适应症以及用药人群等因素综合考虑，提供与消旋体比较的单一异构体重复给药毒性（一般为3个月以内）或者其他毒理研究资料（如生殖毒性）。

10. 属注册分类1中"由已上市销售的多组份药物制备为较少组份的药物"，如其组份中不含本说明6所述物质，可以免报资料项目23~25。

11. 属注册分类1中"新的复方制剂"，应当报送资料项目22。

12. 属注册分类1中"新的复方制剂"，一般应提供与单药比较的重复给药毒性试验资料，如重复给药毒性试验显示其毒性不增加，毒性靶器官也未改变，可不提供资料项目27。

13. 属注册分类1中"新的复方制剂"，如其动物药代动力学研究结果显示无重大改变的，可免报资料项目23~25。

14. 属注册分类2的，其药理毒理研究所采用的给药途径应当与临床拟用途径一致。一般情况下应当提供与原途径比较的药代动力学试验和/或相关的毒理研究资料（如重复给药毒性试验和/或局部毒性试验）。

15. 属注册分类3中"改变给药途径，已在境外上市销售的制剂"，应当重视制剂中的辅料对药物吸收或者局部毒性的影响，必要时提供其药代动力学试验或者相关毒理研究资料。

16. 属注册分类4的，应当提供与已上市销售药物比较的药代动力学、主要药效学、一般药理学和急性毒性试验资料，以反映改变前后的差异，必要时还应当提供重复给药毒性和其他药理毒理研究资料。如果改变已上市销售盐类药物的酸根、碱基（或者金属元素）而制成的药物已在国外上市销售，则按注册分类3的申报资料要求办理。

17. 局部用药除按所属注册分类及项目报送相应资料外，应当报送资料项目21，必要时应当进行局部吸收试验。

18. 对于存在明显安全性担忧（如安全性范围比较小、给药剂量明显增加）的缓、控释制剂，一般应当提供与已上市缓释控释制剂或常释制剂比较的单次给药的动物药代动力学研究资料。

五、临床试验要求

1. 属注册分类1和2的，应当进行临床试验。
(1) 临床试验的病例数应当符合统计学要求和最低病例数要求；
(2) 临床试验的最低病例数（试验组）要求：
Ⅰ期为20至30例，Ⅱ期为100例，Ⅲ期为300例，Ⅳ期为2000例。
(3) 避孕药的Ⅰ期临床试验应当按本办法的规定进行；Ⅱ期临床试验应当完成至少100对6个月经周期的随机对照试验；Ⅲ期临床试验完成至少1000例12个月经周期的开放试验；Ⅳ期临床试验应当充分考虑该类药品的可变因素，完成足够样本量的研究工作。

2.属注册分类3和4的,应当进行人体药代动力学研究和至少100对随机对照临床试验。多个适应症的,每个主要适应症的病例数不少于60对。避孕药应当进行人体药代动力学研究和至少500例12个月经周期的开放试验。

属于下列二种情况的,可以免予进行人体药代动力学研究：
(1)局部用药,且仅发挥局部治疗作用的制剂；
(2)不吸收的口服制剂。

3.属注册分类5的,临床试验按照下列原则进行：
(1)口服固体制剂应当进行生物等效性试验,一般为18至24例；
(2)难以进行生物等效性试验的口服固体制剂及其他非口服固体制剂,应当进行临床试验,临床试验的病例数至少为100对；
(3)缓释、控释制剂应当进行单次和多次给药的人体药代动力学的对比研究和必要的治疗学相关的临床试验,临床试验的病例数至少为100对；
(4)注射剂应当进行必要的临床试验。需要进行临床试验的,单一活性成份注射剂,临床试验的病例数至少为100对；多组份注射剂,临床试验的病例数至少为300例(试验药)；脂质体、微球、微乳等注射剂,应根据注册分类1和2的要求进行临床试验。

4.对于注册分类6中的口服固体制剂,应当进行生物等效性试验,一般为18至24例。
需要用工艺和标准控制药品质量的,应当进行临床试验,临床试验的病例数至少为100对。

5.减免临床试验的申请,应当在申请药品注册时一并提出,并详细列出减免临床试验的理由及相关资料。对于已批准进行临床试验的,除《药品注册管理办法》规定可以减免临床试验的情况外,一般不再批准减免试验。如完成临床试验确有困难的,申请人应当提出申请,详细说明减免临床试验的依据和方案,从临床统计学、试验入组病人情况等各个方面论证其合理性。

6.临床试验对照药品应当是已在国内上市销售的药品。对必须要从国外购进的药品,需经国家食品药品监督管理局批准,并经口岸药品检验所检验合格方可用于临床试验。临床试验阳性对照药品的选择一般应按照以下顺序进行：
(1)原开发企业的品种；
(2)具有明确临床试验数据的同品种；
(3)活性成份和给药途径相同,但剂型不同的品种；
(4)作用机制相似,适应症相同的其他品种。

六、进口化学药品申报资料和要求

(一)申报资料项目要求

1.申报资料按照化学药品《申报资料项目》要求报送。申请未在国内外获准上市销售的药品,按照注册分类1的规定报送资料；其他品种按照注册分类3的规定报送资料。也可以报送ICH规定的CTD资料,但"综述资料"部分应按照化学药品《申报资料项目》要求报送。属于注册分类1的药物,应当至少是已在国外进入II期临床试验的药物。

2.资料项目5药品说明书、起草说明及相关参考文献,尚需提供生产国家或者地区药品管理机构核准的原文说明书,在生产国家或者地区上市使用的说明书实样,并附中文译本。资料项目6尚需提供该药品在生产国家或者地区上市使用的包装、标签实样。

3.资料项目28应当报送该药品在生产国家或者地区为申请上市销售而进行的全部临床试验的资料。

4.全部申报资料应当使用中文并附原文,其他文种的资料可附后作为参考。中文译文应当与原文内容一致。

5.药品标准的中文本,必须符合中国国家药品标准的格式。

(二)资料项目2证明性文件的要求和说明

1.资料项目2证明性文件包括以下资料：
(1)生产国家或者地区药品管理机构出具的允许药品上市销售及该药品生产企业符合药品生产质量管理规范的证明文件、公证文书及其中文译本。
属于注册分类1的药物,证明文件可于完成在中国进行的临床试验后,与临床试验报告一并报送；但在申报临床试验时,必须提供药品生产国家或地区药品管理机构出具的该药物的生产企业符合药品生产质量管理规范的证明文件。
(2)由境外制药厂商常驻中国代表机构办理注册事务的,应当提供《外国企业常驻中国代表机构登记证》复印件。

境外制药厂商委托中国代理机构代理申报的,应当提供委托文书、公证文书及其中文译本,以及中国代理机构的《营业执照》复印件。

(3)申请的药物或者使用的处方、工艺等专利情况及其权属状态说明,以及对他人的专利不构成侵权的声明。

2. 说明:

(1)申请人提供的国家或者地区药品管理机构出具的允许药品上市销售及该药品生产企业符合药品生产质量管理规范的证明文件,应当符合世界卫生组织推荐的统一格式。其他格式的文件,必须经所在国公证机构公证及驻所在国中国使领馆认证。

(2)在一地完成制剂生产由另一地完成包装的,应当提供制剂厂或包装厂所在国家或者地区药品管理机构出具的允许药品上市销售及该药品生产企业符合药品生产质量管理规范的证明文件。

(3)未在生产国家或者地区获准上市销售的,可以提供持证商总部所在国或者地区药品管理机构出具的允许药品上市销售及该药品生产企业符合药品生产质量管理规范的证明文件。提供持证商总部所在国或者地区以外的其他国家或者地区药品管理机构出具的允许药品上市销售及该药品生产企业符合药品生产质量管理规范的证明文件的,经国家食品药品监督管理局认可。

(4)原料药可提供生产国家或者地区药品管理机构出具的允许该原料药上市销售及该药品生产企业符合药品生产质量管理规范的证明文件。也可提供欧洲药典适用性证明文件(CEP, CertificateofSuitabilitytotheMonographsoftheEuropeanPharmacopeia)与附件,或者该原料药主控系统文件(DMF, DrugMasterFile)的文件号以及采用该原料药的制剂已在国外获准上市的证明文件及该药品生产企业符合药品生产质量管理规范的证明文件。

(5)申请国际多中心临床试验的,应提供其临床试验用药物在符合药品生产质量管理规范的条件下制备的情况说明。

(6)对于生产国家或地区按食品管理的原料药或者制剂,应提供该国家或地区药品管理机构出具的该生产企业符合药品生产质量管理规范的证明文件,或有关机构出具的该生产企业符合ISO9000质量管理体系的证明文件,和该国家或者地区有关管理机构允许该品种上市销售的证明文件。

(三)在中国进行临床试验的要求

1. 申请未在国内外获准上市销售的药物,应当按照注册分类1的规定进行临床试验。

2. 申请已在国外上市销售但尚未在中国境内上市销售的药品,应当按照注册分类3的规定进行临床试验。

3. 申请与国内已上市销售药品的剂型不同,但给药途径相同的药品,如果其资料项目28符合要求,可以按照注册分类5的规定进行临床试验;不符合要求的,应当按照注册分类3的规定进行临床试验。

4. 申请已有国家药品标准的制剂,如果其资料项目28符合要求,可以按照注册分类6的规定进行临床试验;不符合要求的,应当按照注册分类3的规定进行临床试验。申请已有国家药品标准的原料药不需进行临床试验。

5. 单独申请进口尚无中国国家药品标准的原料药,应当使用其制剂进行临床试验。

七、放射性药品申报资料和要求

(一)申报资料项目要求

1. 申报放射性药品:应当按照放射化学品、药盒及制剂,参照化学药品相应类别及《申报资料项目》要求分别组织申报资料。其中资料项目22、26可以免报。

2. 申报诊断用放射性药品:可免报资料24、25。

3. 申报放射化学品、药盒:可免报资料项目17、18。申报药盒时还应报送制剂项下要求的资料。

(二)申报资料项目说明

1. 资料项目8按下列要求报送:

(1)放射化学品:应提供所用核素生产方式的选定、照射条件、核反应式、辐照后靶材料的化学处理工艺(附化学反应式及工艺流程图),详细操作步骤,可能产生的放射性核杂质,精制(纯化)方法,所用化学试剂(特别是靶材料)的规格标准及分析测试数据,国内外有关文献资料。

(2)药盒:应提供药盒处方选定的依据及制备工艺路线、反应条件、操作步骤,药盒中各组份原料的质量标准。若某一组份为自行制备,应提供详细的合成路线选定的依据、合成工艺流程、化学反应式、反应条件、操作步骤、投料量、收得率及可能产生或夹杂的杂质,各步中间体质控方法,最终产品精制(纯化)的方法,原料的质量标准,国内外有关文献资料。

(3)制剂:应提供制剂的处方选定的依据、制备工艺、反应条件、操作步骤、精制或纯化的方法,原料的质量标准及分析测试数据,国内外有关文献资料。

2. 资料项目 9 按下列要求报送：

(1) 放射化学品：应当提供其结构确证的试验资料（图谱、数据及综合解析等）以及国内外文献资料。若含有国家标准尚未收载的放射性核素，还应提供该核素的衰变纲图，确证其核性质的试验数据（或图谱）以及与国内外公认的该核素的核性质进行比较的试验资料及文献资料。

(2) 药盒：应提供药盒的详细组份及其用量，并说明各组份在药盒中的作用。自行制备的组份，应当提供其结构确证的试验资料（图谱、数据及综合解析等）以及国内外文献资料。

(3) 制剂：应当提供确证其结构的试验数据。如确有困难，应说明理由，并进行合理推断可能存在的结构或引用文献依据。

3. 资料项目 10 按下列要求报送：

(1) 放射化学品：应当根据样品的特性和具体情况确定理化常数研究项目、纯度检查内容、含量测定方法以及方法确定的依据等。如：放射性核纯度及主要核杂质的含量、放射性活度、化学纯度等，并提供详细测定方法和测定数据。

(2) 药盒：应提供性状、鉴别、溶液的澄清度、pH 值等分析测试方法、原理及数据，主要组份含量测定方法的选定及试验研究数据，无菌、细菌内毒素检查方法及限度的研究资料。

(3) 制剂：应当提供理化性质、性状、鉴别及原理、pH 值、放射性核纯度（包括主要核杂质）、放射化学纯度、放射性活度、化学纯度的测定方法及试验数据等资料。若为注射液还应提供无菌、细菌内毒素检查方法及数据，细菌内毒素限度规定的依据等资料。

4. 资料项目 17 按下列要求报送：

(1) 诊断用放射性药品：应当提供实验动物的靶器官及全身显像或模拟临床功能测定试验的研究方法、试验条件和结果解释等资料，试验观察各时限的显像或功能测定结果的图像照片或其复印件。

(2) 治疗用放射性药品：应当提供治疗主要适应症的动物模型试验资料，并提供本品或同类药物国内外有关药效学研究的详细文献资料。

5. 资料项目 19 按下列要求报送：

注册分类 1 和 3 的放射性药品主要原料，应当进行小鼠急性毒性试验，药盒及制剂可进行异常毒性试验。若主要原料的合成精制产量有限，临床用量又极微，也可采用异常毒性试验。

6. 资料项目 20 按下列要求报送：

(1) 注册分类 1 的治疗用放射性药品，应当提供大鼠和狗的长期毒性试验资料，医学内照射吸收剂量（MIRD）的试验资料及文献资料。

(2) 注册分类 1 的诊断、治疗用放射性药品，应当提供药品中放射性核素完全衰变后的内照射吸收剂量，人体靶器官和非靶器官的吸收剂量的估算或国外相同或同类药物的文献资料。

(三) 临床试验要求

放射性药品的临床试验，一般按照化学药品相应类别的要求进行。特殊情况下，临床试验的病例数在满足统计学要求的情况下可适当调整。

(四) 定义

本要求中所指的放射化学品、药盒及制剂的定义如下：

放射化学品：系指直接用于放射性药品制剂的制备，含有放射性核素的物质。

药盒：系指与放射化学品配套使用，临用前快速配制放射性药品的一组待标记配体、还原剂、氧化剂、分离剂等组份的总称。

制剂：系指放射性核素与其他原料经过加工后制成的放射性药品。

生物制品注册分类及申报资料要求

第一部分 治疗用生物制品

一、注册分类

1. 未在国内外上市销售的生物制品。
2. 单克隆抗体。
3. 基因治疗、体细胞治疗及其制品。
4. 变态反应原制品。
5. 由人的、动物的组织或者体液提取的,或者通过发酵制备的具有生物活性的多组份制品。
6. 由已上市销售生物制品组成新的复方制品。
7. 已在国外上市销售但尚未在国内上市销售的生物制品。
8. 含未经批准菌种制备的微生态制品。
9. 与已上市销售制品结构不完全相同且国内外均未上市销售的制品(包括氨基酸位点突变、缺失,因表达系统不同而产生、消除或者改变翻译后修饰,对产物进行化学修饰等)。
10. 与已上市销售制品制备方法不同的制品(例如采用不同表达体系、宿主细胞等)。
11. 首次采用 DNA 重组技术制备的制品(例如以重组技术替代合成技术、生物组织提取或者发酵技术等)。
12. 国内外尚未上市销售的由非注射途径改为注射途径给药,或者由局部用药改为全身给药的制品。
13. 改变已上市销售制品的剂型但不改变给药途径的生物制品。
14. 改变给药途径的生物制品(不包括上述 12 项)。
15. 已有国家药品标准的生物制品。

二、申报资料项目

(一)综述资料
1. 药品名称。
2. 证明性文件。
3. 立题目的与依据。
4. 研究结果总结及评价。
5. 药品说明书样稿、起草说明及参考文献。
6. 包装、标签设计样稿。

(二)药学研究资料
7. 药学研究资料综述。
8. 生产用原材料研究资料:
(1)生产用动物、生物组织或细胞、原料血浆的来源、收集及质量控制等研究资料;
(2)生产用细胞的来源、构建(或筛选)过程及鉴定等研究资料;
(3)种子库的建立、检定、保存及传代稳定性资料;
(4)生产用其它原材料的来源及质量标准。
9. 原液或原料生产工艺的研究资料,确定的理论和实验依据及验证资料。
10. 制剂处方及工艺的研究资料,辅料的来源和质量标准,及有关文献资料。
11. 质量研究资料及有关文献,包括参考品或者对照品的制备及标定,以及与国内外已上市销售的同类产品比较的资料。
12. 临床试验申请用样品的制造和检定记录。
13. 制造和检定规程草案,附起草说明及检定方法验证资料。
14. 初步稳定性研究资料。
15. 直接接触制品的包装材料和容器的选择依据及质量标准。

(三)药理毒理研究资料
16. 药理毒理研究资料综述。
17. 主要药效学试验资料及文献资料。
18. 一般药理研究的试验资料及文献资料。
19. 急性毒性试验资料及文献资料。
20. 长期毒性试验资料及文献资料。
21. 动物药代动力学试验资料及文献资料。
22. 遗传毒性试验资料及文献资料。
23. 生殖毒性试验资料及文献资料。
24. 致癌试验资料及文献资料。
25. 免疫毒性和/或免疫原性研究资料及文献资料。
26. 溶血性和局部刺激性研究资料及文献资料。
27. 复方制剂中多种组份药效、毒性、药代动力学相互影响的试验资料及文献资料。
28. 依赖性试验资料及文献资料。
(四)临床试验资料
29. 国内外相关的临床试验资料综述。
30. 临床试验计划及研究方案草案。
31. 临床研究者手册。
32. 知情同意书样稿及伦理委员会批准件。
33. 临床试验报告。
(五)其他
34. 临床前研究工作简要总结。
35. 临床试验期间进行的有关改进工艺、完善质量标准和药理毒理研究等方面的工作总结及试验研究资料。
36. 对审定的制造和检定规程的修改内容及修改依据,以及修改后的制造及检定规程。
37. 稳定性试验研究资料。
38. 连续3批试产品制造及检定记录。

三、申报资料要求

(一)治疗用生物制品申报资料项目表(资料项目1~15,29~38)

资料分类	资料项目	注册分类及资料项目要求													
		1	2	3	4	5	6	7	8	9	10	11	12	13	14	15
综述资料	1	+	+			+	+	+	+	+	+	+	+	+	+	+
	2	+	+			+	+	+	+	+	+	+	+	+	+	+
	3	+	+			+	+	+	+	+	+	+	+	+	+	+
	4	+	+			+	+	+	+	+	+	+	+	+	+	+
	5	+	+			+	+	+	+	+	+	+	+	+	+	+
	6	+	+			+	+	+	+	+	+	+	+	+	+	+
药学研究资料	7	+	+	参照相应指导原则	参照相应指导原则	+	+	+	+	+	+	+	−	+	−	+
	8	+	+			+	−	+	+	+	+	+	−	−	−	+
	9	+	+			+	−	+	+	+	+	+	−	−	−	+
	10	+	+			+	+	+	+	+	+	+	+	+	+	+
	11	+	+			+	+	+	+	+	+	+	+	+	+	+
	12	+	+			+	+	+	+	+	+	+	+	+	+	+
	13	+	+			+	+	+	+	+	+	+	+	+	+	+
	14	+	+			+	+	+	+	+	+	+	−	+	−	+
	15	+	+			+	+	+	+	+	+	+	+	+	+	+
临床试验资料	29	+	+			+	+	+	+	+	+	+	+	+	+	+
	30	+	+			+	+	+	+	+	+	+	+	+	+	+
	31	+	+			+	+	+	+	+	+	+	+	+	+	+
	32	+	+			+	+	+	+	+	+	+	+	+	+	+
	33	+	+			+	+	+	+	+	+	+	+	+	+	+
其他	34	+	+			+	+	+	+	+	+	+	+	+	+	+
	35	+	+			+	+	+	+	+	+	+	+	+	+	+
	36	+	+			+	+	+	+	+	+	+	−	+	−	+
	37	+	+			+	+	+	+	+	+	+	+	+	+	+
	38	+	+			+	+	+	+	+	+	+	−	+	−	+

注：1."+"指必须报送的资料；

2."−"指可以免报的资料；

3."±"指根据申报品种的具体情况要求或不要求。

(二)治疗用生物制品药理毒理研究资料项目要求(资料项目16~28)

分类	项目	注册分类及资料项目要求													
		1	2	3	4	5	6	7	8	9	10	11	12	13	14	15
药理毒理研究资料	16	+	+	参照相应指导原则	参照相应指导原则	+	+	+	+	+	+	+	+	+	+	+
	17	+	+			+	+	+	+	+	+	+	+	+	+	+
	18	+	+			+	+	+	+	+	+	+	+	+	+	+
	19	+	+			+	+	+	+	+	+	+	+	+	+	±
	20	+	+			+	+	+	+	+	+	+	+	+	+	+
	21	+	+			±	±	±	±	±	±	-	±	±	±	±
	22	±	±			±	±	±	±	±	±	±	±	-	±	-
	23	±	±			±	±	±	±	±	±	±	±	±	±	-
	24	±	±			±	±	±	±	±	±	±	±	±	±	-
	25	+	+			+	+	+	+	+	+	+	+	+	+	+
	26	+	+			+	+	+	+	+	+	+	+	±	+	+
	27	-	-				+									
	28	±	±			±	-	±	±	±	±	±	±	-	±	-

注:1."+"指必须报送的资料；
  2."-"指可以免报的资料；
  3."±"指根据申报品种的具体情况要求或不要求。

四、申报资料说明

(一)申请临床试验报送资料项目1~31;完成临床试验后报送资料项目1~6、15和29~38。

(二)对综述资料的说明

1. 资料项目1 药品名称,包括:通用名、英文名、汉语拼音、分子量等。新制定的名称,应说明依据。

2. 资料项目2 证明性文件包括:

(1)申请人机构合法登记证明文件(营业执照等)、《药品生产许可证》及变更记录页、《药品生产质量管理规范》认证证书复印件；

(2)申请的生物制品或者使用的处方、工艺等专利情况及其权属状态说明,以及对他人的专利不构成侵权的声明；

(3)申请新生物制品生产和/或新药证书时应当提供《药物临床研究批件》复印件及临床试验用药的质量标准；

(4)直接接触制品的包装材料和容器的《药品包装材料和容器注册证》或者《进口包装材料和容器注册证》复印件。

3. 资料项目3 立题目的与依据,包括:国内外有关该制剂研究、上市销售现状及相关文献资料或者生产、使用情况的综述;对该品种的创新性、可行性等的分析资料。

4. 资料项目4 研究结果总结及评价,包括:研究结果总结,安全、有效、质量可控以及风险/效益等方面的综合评价。

5. 资料项目5 药品说明书样稿、起草说明及参考文献,包括:按照有关规定起草的药品说明书样稿、说明书各项内容的起草说明,相关文献或者原发厂最新版的说明书原文及译文。

(三)对药学研究资料的说明

1. 生产用原材料涉及牛源性物质的,需按国家食品药品监督管理局的有关规定提供相应的资料。

2. 由人的、动物的组织或者体液提取的制品、单克隆抗体及真核细胞表达的重组制品,其生产工艺中应包含有效的病毒去除/灭活工艺步骤,并应提供病毒去除/灭活效果验证资料。

3. 生产过程中加入对人有潜在毒性的物质,应提供生产工艺去除效果的验证资料,制定产品中的限量标准并提供依据。

4. 资料项目11质量研究资料中包括:制品的理化特性分析、结构确证、鉴别试验、纯度测定、含量测定和活性测定等资料,对纯化制品还应提供杂质分析的研究资料。生产工艺确定以后,应根据测定方法验证结果及对多批试制产品的检定数据,用统计学方法分析确定质量标准,并结合制品安全有效性研究结果及稳定性考察数据等分析评价拟定标准的合理性。

5. 按注册分类15申报的生物制品,原则上其质量标准不得低于已上市同品种。

6. 申报生产时连续三批试产品的生产规模应与其设计生产能力相符,上市前后的生产规模应保持相对的一致性;如上市后的生产规模有较大幅度变化,则需按照补充申请重新申报。

(四)对药理毒理研究资料的说明

1. 鉴于生物制品的多样性和复杂性,药理毒理方面的资料项目要求可能并不适用于所有的治疗用生物制品。注册申请人应基于制品的作用机制和自身特点,参照相关技术指导原则,科学、合理地进行药理毒理研究。如果上述要求不适用于申报制品,注册申请人应在申报资料中予以说明,必要时应提供其他相关的研究资料。

2. 原则上,应采用相关动物进行生物制品的药理毒理研究;研究过程中应关注生物制品的免疫原性对动物试验的设计、结果和评价的影响;某些常规的研究方法如果不适用于申报制品,注册申请人应在申报资料中予以说明,必要时应提供其他相关的研究资料。

3. 常规的遗传毒性试验方法一般不适用于生物制品,因此通常不需要进行此项试验;但如果制品存在特殊的安全性担忧,则应报送相关的研究资料。

4. 对用于育龄人群的生物制品,注册申请人应结合其制品特点、临床适应症等因素对制品的生殖毒性风险进行评价,必要时应报送生殖毒性研究资料。

5. 常规的致癌试验方法不适用于大部分生物制品,但注册申请人应结合制品的生物活性、临床用药时间、用药人群等因素对制品的致癌风险进行评价。如果制品可能存在致癌可能,应报送相关的研究资料。

6. 注射剂、栓剂、眼用制剂、喷雾剂以及外用的溶液剂、软膏剂、乳膏剂和凝胶剂应报送局部刺激性研究资料。注射剂和可能引起溶血反应的生物制品应进行溶血性试验。

7. 对于存在药物依赖性担忧(如需反复使用、可作用于中枢神经系统)的制品,注册申请人应根据制品的作用机制评价其产生依赖性的可能,必要时应报送依赖性研究资料。

8. 注册分类2的制品(单克隆抗体):

(1)当抗原结合资料表明,灵长类为最相关种属时,应考虑采用此类动物进行单克隆抗体的主要药效学和药代动力学研究。

(2)涉及毒理和药代动力学试验时,应当选择与人有相同靶抗原的动物模型进行试验。无合适的动物模型或无携带相关抗原的动物,且与人组织交叉反应性试验呈明显阴性,可免报毒理研究资料,并需提供相关依据。

(3)免疫毒性研究应考察单克隆抗体与非靶组织结合的潜在毒性反应,如与人组织或者细胞的交叉反应性等。如有合适的模型,交叉反应试验除了体外试验,还应在动物体内进行。对具有溶细胞性的免疫结合物或者具有抗体依赖细胞介导的细胞毒性作用(ADCC)的抗体,还应考虑进行一种以上动物重复剂量的动物毒性试验,在毒性试验设计和结果评价中尤其应关注其与非靶组织结合的潜在毒性反应。

9. 注册分类3的制品(基因治疗制品)的药理毒理研究应关注以下内容:

(1)研究应采用相关动物进行。原则上,基因治疗制品的相关动物对基因表达产物的生物反应应与人体相关;如果制品采用病毒载体,动物还应对野生型病毒易感。

(2)常规的药代动力学研究方法并不适用于基因治疗制品。此类制品的药动学研究应重点考察导入基因的分布、消除、基因是否整合于宿主体细胞和生殖细胞基因组;基因表达产物的药代动力学行为;载体物质的分布和消除等。

(3)应根据导入基因和基因表达产物的分布和消除数据,同时结合临床用药人群和用药时间等因素评价制品产生遗传毒性、致癌性和生殖毒性的可能,必要时应提供相关研究资料。

10. 注册分类5中的人血液制品,如使用剂量不超过生理允许剂量范围,且未进行特殊工艺的处理,未使用特殊溶剂,在提出相关资料或证明后,可免报安全性研究资料(资料项目19~28)。

11. 对注册分类7、10和15的生物制品,应首先从比较研究角度分析评价其制备工艺、质量标准和生物学活性(必要时包括药代动力学特征)与已上市销售制品的一致性。在上述方面与已上市制品基本相同,且已上市制品具有确切的临床安全性和有效性的前提下,毒理方面一般仅需采用一种相关动物进行试验研究,长期毒性试验的期限可仅为一个月;主要药效学方面可仅提供1-2项主要动物药效学试验,也可结合质量标准中的活性检测来综合考虑。注册申请人若能充分确证其与已上市制品的一致性,也可提出理由申请减免相应的药理毒理研究。

12. 对于注册分类8的制品,应考虑进行对正常菌群影响的研究。

13. 对于注册分类13的制品,应当根据剂型改变的特点及可能涉及的有关药学和临床等方面的情况综合考虑,选择相应的试验项目。

(1) 对于不改变原剂型的临床使用方法和剂量的粉针剂、小水针剂之间的相互改变,一般仅需提供溶血性和局部刺激性试验;根据处方变化情况,必要时需提供其他相关毒性研究资料;

(2) 脂质体等可能改变原制品药代动力学行为的特殊制剂,应在新旧剂型动物药代动力学比较研究数据的基础上,结合制品的性质、安全范围、临床适应症和用药人群等因素设计药理毒理研究,并提交相关研究资料。

14. 对于注册分类14的制品,如果有充分的试验和/或文献依据证实其与改变给药途径前的生物制品在体内代谢特征和安全性方面相似,则可提出减免该类制品的某些研究项目。

(五) 其他

1. 体内诊断用生物制品按治疗用生物制品相应类别要求申报并提供相关技术资料。

2. 生物制品增加新适应症的,按照该药品相应的新药注册分类申报并提供相关资料。如药学方面无改变且临床用药剂量和周期未增加,可免报相应的药学、毒理和药代动力学研究资料。

五、关于临床试验的说明

1. 申请新药应当进行临床试验。

2. 临床试验的病例数应当符合统计学要求和最低病例数要求。

3. 临床试验的最低病例数(试验组)要求为:Ⅰ期:20例,Ⅱ期:100例,Ⅲ期:300例。

4. 注册分类1~12的制品应当按新药要求进行临床试验。

5. 注册分类13~15的制品一般仅需进行Ⅲ期临床试验。

6. 对创新的缓控释制剂,应进行人体药代动力学的对比研究和临床试验。

六、进口治疗用生物制品申报资料和要求

(一) 申报资料项目要求

申报资料按照《注册申报资料项目》要求报送。申请未在国内外上市销售的制品,按照注册分类1的规定报送资料;申请已在国外上市销售但尚未在中国上市销售的生物制品,按照注册分类7的规定报送资料;申请已在国内上市销售的生物制品,按照注册分类15的规定报送资料。

(二) 资料项目2证明性文件的要求和说明

1. 资料项目2证明性文件包括以下资料:

(1) 生产国家或者地区药品管理机构出具的允许制品上市销售及该药品生产企业符合药品生产质量管理规范的证明文件、公证文书及其中文译本。

申请未在国内外获准上市销售的制品,本证明文件可于完成在中国进行的临床试验后,与临床试验报告一并报送。

(2) 由境外制药厂商常驻中国代表机构办理注册事务的,应当提供《外国企业常驻中国代表机构登记证》复印件。

境外制药厂商委托中国代理机构代理申报的,应当提供委托文书、公证文书及其中文译本,以及中国代理机构的《营业执照》复印件。

(3) 申请的制品或者使用的处方、工艺等专利情况及其权属状态说明,以及对他人的专利不构成侵权的保证书。

2. 说明

(1) 生产国家或者地区药品管理机构出具的允许制品上市销售及该药品生产企业符合药品生产质量管理规范的证明文件,须经所在国公证机关公证及驻所在国中国使领馆认证;

(2) 在一地完成制剂生产由另一地完成包装的,应当提供制剂厂和包装厂所在国家或者地区药品管理机构出具的该药品生产企业符合药品生产质量管理规范的证明文件;

(3) 未在生产国家或者地区获准上市销售的制品,可以提供在其他国家或者地区上市销售的证明文件,并须经国家食品药品监督管理局认可。但该药品生产企业符合药品生产质量管理规范的证明文件须由生产国家或者地区药品主管机构出具。

(三) 其他资料项目的要求

1. 资料项目 29 应当报送该制品在生产国家或者地区为申请上市销售而进行的全部临床试验的资料。
2. 全部申报资料应当使用中文并附原文,且中文译文应当与原文内容一致。
3. 生物制品标准的中文本,必须符合中国国家药品标准的格式。

(四)在中国进行临床试验的要求

1. 申请未在国内外上市销售的生物制品,应当按照注册分类 1 的规定申请临床试验。
2. 申请已在国外上市销售但尚未在中国上市销售的生物制品,应当按照注册分类 7 的规定申请临床试验。
3. 申请已有国家药品标准的生物制品,应当按照注册分类 15 的规定申请临床试验。

第二部分　预防用生物制品

一、注册分类

1. 未在国内外上市销售的疫苗。
2. DNA 疫苗。
3. 已上市销售疫苗变更新的佐剂,偶合疫苗变更新的载体。
4. 由非纯化或全细胞(细菌、病毒等)疫苗改为纯化或者组份疫苗。
5. 采用未经国内批准的菌毒种生产的疫苗(流感疫苗、钩端螺旋体疫苗等除外)。
6. 已在国外上市销售但未在国内上市销售的疫苗。
7. 采用国内已上市销售的疫苗制备的结合疫苗或者联合疫苗。
8. 与已上市销售疫苗保护性抗原谱不同的重组疫苗。
9. 更换其他已批准表达体系或者已批准细胞基质生产的疫苗;采用新工艺制备并且实验室研究资料证明产品安全性和有效性明显提高的疫苗。
10. 改变灭活剂(方法)或者脱毒剂(方法)的疫苗。
11. 改变给药途径的疫苗。
12. 改变国内已上市销售疫苗的剂型,但不改变给药途径的疫苗。
13. 改变免疫剂量或者免疫程序的疫苗。
14. 扩大使用人群(增加年龄组)的疫苗。
15. 已有国家药品标准的疫苗。

二、申报资料项目

1. 综述资料:
(1)新制品名称;
(2)证明性文件;
(3)选题目的和依据;
(4)药品说明书样稿、起草说明及参考文献;
(5)包装、标签设计样稿。
2. 研究结果总结及评价资料。
3. 生产用菌(毒)种研究资料:
(1)菌(毒)种的来源、特性和鉴定资料;
(2)种子批的建立和检定资料;
(3)菌(毒)种传代稳定性研究资料;
(4)中国药品生物制品检定所对生产用工作种子批的检定报告。
4. 生产用细胞基质研究资料:
(1)细胞基质的来源、特性和鉴定资料;
(2)细胞库的建立和检定资料;
(3)细胞的传代稳定性研究资料;
(4)中国药品生物制品检定所对生产用细胞基质工作细胞库的检定报告;
(5)培养液及添加成份的来源、质量标准等。

5. 生产工艺研究资料:
(1)疫苗原液生产工艺的研究资料,确定的理论和实验依据及验证资料;
(2)制剂的处方和工艺及其确定依据,辅料的来源及质量标准。
6. 质量研究资料,临床前有效性及安全性研究资料:
(1)质量研究及注册标准研究资料;
(2)检定方法的研究以及验证资料;
(3)与同类制品比较研究资料;
(4)产品抗原性、免疫原性和动物试验保护性的分析资料;
(5)动物过敏试验研究资料;
(6)动物安全性评价资料。
7. 制造及检定规程草案,附起草说明和相关文献。
8. 临床试验申请用样品的制造检定记录。
9. 初步稳定性试验资料。
10. 生产、研究和检定用实验动物合格证明。
11. 临床试验计划、研究方案及知情同意书草案。
12. 临床前研究工作总结。
13. 国内外相关的临床试验综述资料。
14. 临床试验总结报告,包括临床试验方案、知情同意书样稿、伦理委员会批准件等。
15. 临床试验期间进行的有关改进工艺、完善质量标准等方面的工作总结及试验研究资料。
16. 确定疫苗保存条件和有效期的稳定性研究资料。
17. 对审定的制造和检定规程的修改内容及其修改依据,以及修改后的制造及检定规程。
18. 连续三批试产品的制造及检定记录。

三、申报资料项目表

资料项目	注册分类及资料项目要求														
	1	2	3	4	5	6	7	8	9	10	11	12	13	14	15
1	+	+	+	+	+	+	+	+	+	+	+	+	+	+	+
2	+	+	+	+	+	+	+	+	+	+	+	+	+	+	+
3	+	+	−	−	+	+	+	+	±	−	−	−	−	−	+
4	+	+	−	−	+	+	+	+	±	−	−	−	−	−	+
5(1)	+	+	+	+	+	+	+	+	+	+	+	+	+	+	+
5(2)	+	+	+	+	+	+	+	+	+	+	+	+	+	+	+
6	+	+	+	+	+	+	+	+	+	+	+	+	+	+	+
7	+	+	+	+	+	+	+	+	+	+	+	+	+	+	+
8	+	+	+	+	+	+	+	+	+	+	+	+	+	+	+
9	+	+	+	+	+	+	+	+	+	+	+	+	+	+	+
10	+	+	+	+	+	+	+	+	+	+	+	+	+	+	+
11	+	+	+	+	+	+	+	+	+	+	+	+	+	+	+
12	+	+	+	+	+	+	+	+	+	+	+	+	+	+	+
13	+	+	+	+	+	+	+	+	+	+	+	+	+	+	+

续表

资料项目	注册分类及资料项目要求														
	1	2	3	4	5	6	7	8	9	10	11	12	13	14	15
14	+	+	+	+	+	+	+	+	+	+	+	+	+	+	+
15	+	+	+	+	+	+	+	+	+	+	+	+	+	+	+
16	+	+	+	+	+	+	+	+	+	+	+	+	+	+	+
17	+	+	+	+	+	+	+	+	+	+	+	+	+	+	±
18	+	+	+	+	+	+	+	+	+	+	+	+	+	+	+

注:1."+"指必须报送的资料;

2."-"指毋须报送的资料;

3."±"指根据申报品种的具体情况要求或不要求。

四、申报资料的说明

1.申请临床试验报送资料项目 1~11;完成临床试验后报送资料项目 1、2 和 12~18。

2.资料项目 1:

(1)新制品名称:包括通用名、英文名、汉语拼音、命名依据等,新制定的名称,应说明依据。

(2)证明性文件包括:

①申请人机构合法登记证明文件(营业执照等)、《药品生产许可证》及变更记录页、《药品生产质量管理规范》认证证书复印件;

②申请的生物制品或者使用的处方、工艺等专利情况及其权属状态的说明,以及对他人的专利不构成侵权的声明;

③申请新生物制品生产时应当提供《药物临床研究批件》复印件及临床试验用药的质量标准;

④直接接触制品的包装材料和容器的《药品包装材料和容器注册证》或者《进口包装材料和容器注册证》复印件。

(3)立题目的与依据:包括国内外有关该制品研究、上市销售现状及相关文献资料或者生产、接种使用情况的综述;对该品种的创新性、可行性等的分析资料。

(4)药品说明书样稿、起草说明及参考文献,包括:按照有关规定起草的药品说明书样稿、说明书各项内容的起草说明,相关文献或者原发厂最新版的说明书原文及译文。

3.资料项目 3:

(1)菌(毒)种的来源、特性和鉴定资料包括:生产用菌(毒)种的来源、可用于生产的研究资料或者证明文件、历史(包括分离、鉴定和减毒等)、特性和型别、对细胞基质的适应性、感染性滴度、抗原性、免疫原性、毒力(或者毒性)及保护力试验等研究;

(2)种子批的建立和检定资料包括:生产用菌(毒)种原始种子批、主代种子批、工作种子批建库的有关资料,包括各种子批的代次、制备、保存,对种子库进行全面检定,检定项目包括外源因子检测、鉴别试验、特性和型别、感染性滴度、抗原性、免疫原性等;主代种子批菌毒种还须进行基因序列测定;

(3)菌(毒)种传代稳定性研究资料包括:确定限定代次的研究资料,检定项目参见种子批的检定项目。

4.资料项目 4:

(1)细胞基质的来源、特性和鉴定资料包括:生产用细胞基质的来源、可用于生产的研究资料或者证明文件、历史(包括建立细胞系、鉴定和传代等),生物学特性、核型分析、外源因子检查及致肿瘤试验等研究;对于更换细胞基质生产的疫苗,原则上所用细胞基质的安全性风险不可高于已上市疫苗;

(2)细胞库的建立和检定资料包括:生产用细胞基质原始细胞库、主代细胞库、工作细胞库建库的有关资料,包括各细胞库的代次、制备、保存,对细胞库进行全面检定,检定项目包括生物学特性、核型分析及外源因子检查等;

(3)细胞的传代稳定性研究资料包括:确定使用的限定代次,检定项目参照细胞库的检定项目,并增加致肿瘤试验;

(4)培养液及添加成份中涉及牛源性物质的,需按国家食品药品监督管理局的有关规定提供相应的资料;

(5)细菌疫苗一般可免报本项资料。

5. 资料项目5：

(1)疫苗原液生产工艺的研究资料包括：优化生产工艺的主要技术参数，细菌(或者病毒)的接种量、培养条件、发酵条件、灭活或者裂解工艺的条件、活性物质的提取和纯化、对人体有潜在毒性物质的去除及去除效果验证、偶合疫苗中抗原与载体的活化、偶合和纯化工艺、联合疫苗中各活性成份的配比和抗原相容性研究资料等，提供投料量、各中间体以及终产品的收获量与质量等相关的研究资料；检验分析和验证在该生产工艺条件下产品的质量情况；

(2)生产过程中加入对人有潜在毒性的物质，应提供生产工艺去除效果的验证资料，制定产品中的限量标准并提供依据。

6. 资料项目6(1)：

(1)对于纯化疫苗等，质量研究一般包括抗原组份、含量、分子量、纯度、特异性鉴别等的检测，同时应进行非有效成份含量(或者有害杂质残留量)分析并制定相应的限量标准；

(2)联合疫苗、偶合疫苗和多价疫苗中各单组份的质量研究和检定结果；

(3)生产工艺确定以后，应根据多批试制产品的检定结果，用统计学方法分析确定产品的注册标准；

(4)按注册分类15申报的疫苗，原则上其质量标准不得低于已上市同品种；

(5)采用DNA重组技术生产的疫苗，应参照治疗用生物制品要求提供相应资料。

7. 资料项目6(3)：

如已有同类疫苗上市，需与已上市疫苗进行比较研究；如在已上市疫苗的基础上进行相应变更，需与原疫苗进行质量比较研究；对于联合疫苗，需与各单独疫苗进行质量比较研究。

8. 资料项目6(6)：

(1)对类毒素疫苗或者类毒素作为载体的疫苗应提供毒性逆转试验研究资料；

(2)根据疫苗的使用人群、疫苗特点、免疫剂量、免疫程序等，提供有关的毒性试验研究资料。

9. 资料项目9和16：

疫苗的稳定性试验一般需将三批以上样品放置拟定贮存条件下，每隔一定时间检测效力/活性等指标，分析变化情况，在重要时间点需进行全面检测。此外，尚需进行加速稳定性研究。

10. 资料项目18：

申报生产时连续三批试产品的生产规模应与其设计生产能力相符，上市前后的生产规模应保持相对的一致性；如上市后的生产规模有较大幅度变化，则需按照补充申请重新申报。

五、关于临床试验的说明

1. 临床试验的受试者(病例)数应符合统计学要求和最低受试者(病例)数的要求。
2. 临床试验的最低受试者(病例)数(试验组)要求：Ⅰ期：20例，Ⅱ期：300例，Ⅲ期：500例。
3. 注册分类1~9和14的疫苗按新药要求进行临床试验。
4. 注册分类10的疫苗，提供证明其灭活或者脱毒后的安全性和有效性未发生变化的研究资料，可免做临床试验。
5. 注册分类11的疫苗，一般应按新药要求进行临床试验，但由注射途径给药改为非注射途径的疫苗可免做Ⅰ期临床试验。
6. 注册分类12和15的疫苗，一般仅需进行Ⅲ期临床试验。
7. 注册分类13中改变免疫程序的疫苗，可免做Ⅰ期临床试验。
8. 应用于婴幼儿的预防类制品，其Ⅰ期临床试验应当按照先成人、后儿童、最后婴幼儿的原则进行。
9. 每期的临床试验应当在设定的免疫程序完成后进行下一期的临床试验。
10. 对于首次申请在中国上市的疫苗，应进行流行病学的保护力试验。

六、进口预防用生物制品申报资料和要求

(一)申报资料项目要求

申报资料按照《注册申报资料项目》要求报送。申请未在国内外上市销售的疫苗，按照注册分类1的规定报送资料；申请已在国外上市销售但尚未在中国上市销售的疫苗，按照注册分类6规定报送资料；申请已在国内上市销售的疫苗，按照注册分类15的规定报送资料。

(二)资料项目1.(2)证明性文件的要求和说明

1. 资料项目1.(2)证明性文件包括以下资料：

(1)生产国家或者地区药品管理机构出具的允许疫苗上市销售及该药品生产企业符合药品生产质量管理规范的证明文件、公证文书及其中文译本。

申请未在国内外上市销售的疫苗,本证明文件可于完成在中国进行的临床试验后,与临床试验报告一并报送。

(2)由境外制药厂商常驻中国代表机构办理注册事务的,应当提供《外国企业常驻中国代表机构登记证》复印件。

境外制药厂商委托中国代理机构代理申报的,应当提供委托文书、公证文书及其中文译本,以及中国代理机构的《营业执照》复印件。

(3)申请的生物制品或者使用的处方、工艺等专利情况及其权属状态说明,以及对他人的专利不构成侵权的保证书。

2.说明

(1)生产国家或者地区药品管理机构出具的允许疫苗上市销售及该药品生产企业符合药品生产质量管理规范的证明文件,须经所在国公证机关公证及驻所在国中国使领馆认证;

(2)在一地完成制剂生产由另一地完成包装的,应当提供制剂厂和包装厂所在国家或者地区药品管理机构出具的该药品生产企业符合药品生产质量管理规范的证明文件;

(3)未在生产国家或者地区获准上市销售的,可以提供在其他国家或者地区上市销售的证明文件,并须经国家食品药品监督管理局认可。该药品生产企业符合药品生产质量管理规范的证明文件,须由生产国或者地区药品主管机构出具。

(三)其他资料项目的要求

1.资料项目13应当报送该制品在生产国家或者地区为申请上市销售而进行的全部临床试验的资料。

2.全部申报资料应当译成中文并附原文,其中文译文应当与原文内容一致。

3.疫苗标准的中文本,必须符合中国国家药品标准的格式。

(四)在中国进行临床试验的要求

1.申请未在国内外上市销售的疫苗,应当按照注册分类1的规定申请临床试验。

2.申请已在国外上市销售但尚未在中国上市销售的疫苗,应当按照注册分类6的规定申请临床试验。对于首次申请在中国上市的疫苗,应进行流行病学的保护力试验。

3.申请已有国家药品标准的疫苗,应当按照注册分类15的规定申请临床试验。

药品补充申请注册事项及申报资料要求

一、注册事项

(一)国家食品药品监督管理局审批的补充申请事项:

1.持有新药证书的药品生产企业申请该药品的批准文号。

2.使用药品商品名称。

3.增加中药的功能主治、天然药物适应症或者化学药品、生物制品国内已有批准的适应症。

4.变更用法用量或者变更适用人群范围但不改变给药途径。

5.变更药品规格。

6.变更药品处方中已有药用要求的辅料。

7.改变影响药品质量的生产工艺。

8.修改药品注册标准。

9.替代或减去国家药品标准处方中的毒性药材或处于濒危状态的药材。

10.进口药品、国内生产的注射剂、眼用制剂、气雾剂、粉雾剂、喷雾剂变更直接接触药品的包装材料或者容器;使用新型直接接触药品的包装材料或者容器。

11.申请药品组合包装。

12.新药的技术转让。

13.修订或增加中药、天然药物说明书中药理毒理、临床试验、药代动力学等项目。

14.改变进口药品注册证的登记项目,如药品名称、制药厂商名称、注册地址、药品有效期、包装规格等。

15.改变进口药品的产地。

16.改变进口药品的国外包装厂。

17.进口药品在中国国内分包装。

18. 其他。

(二)省级食品药品监督管理部门批准国家食品药品监督管理局备案或国家食品药品监督管理局直接备案的进口药品补充申请事项：

19. 改变国内药品生产企业名称。
20. 国内药品生产企业内部改变药品生产场地。
21. 变更直接接触药品的包装材料或者容器(除上述第10事项外)。
22. 改变国内生产药品的有效期。
23. 改变进口药品制剂所用原料药的产地。
24. 变更进口药品外观,但不改变药品标准的。
25. 根据国家药品标准或者国家食品药品监督管理局的要求修改进口药品说明书。
26. 补充完善进口药品说明书安全性内容。
27. 按规定变更进口药品包装标签。
28. 改变进口药品注册代理机构。
29. 其他。

(三)省级食品药品监督管理部门备案的补充申请事项：

30. 根据国家药品标准或者国家食品药品监督管理局的要求修改国内生产药品说明书。
31. 补充完善国内生产药品说明书安全性内容。
32. 按规定变更国内生产药品包装标签。
33. 变更国内生产药品的包装规格。
34. 改变国内生产药品制剂的原料药产地。
35. 变更国内生产药品外观,但不改变药品标准的。
36. 其他。

二、申报资料项目及其说明

1. 药品批准证明文件及其附件的复印件：

包括与申请事项有关的本品各种批准文件,如药品注册批件、补充申请批件、商品名批准文件、药品标准颁布件、药品标准修订批件和统一换发药品批准文号的文件、《新药证书》、《进口药品注册证》、《医药产品注册证》等。附件包括上述批件的附件,如药品标准、说明书、标签样稿及其他附件。

2. 证明性文件：

(1)申请人是药品生产企业的,应当提供《药品生产许可证》及其变更记录页、营业执照、《药品生产质量管理规范》认证证书复印件。申请人不是药品生产企业的,应当提供其机构合法登记证明文件的复印件。

由境外制药厂商常驻中国代表机构办理注册事务的,应当提供外国企业常驻中国代表机构登记证复印件。

境外制药厂商委托中国药品注册代理机构代理申报的,应当提供委托文书、公证文书及其中文译本,以及中国药品注册代理机构的营业执照复印件。

(2)对于不同申请事项,应当按照"申报资料项目表"要求分别提供有关证明文件。

(3)对于进口药品,应当提交其生产国家或者地区药品管理机构出具的允许药品变更的证明文件、公证文书及其中文译本。其格式应当符合中药、天然药物、化学药品、生物制品申报资料项目中对有关证明性文件的要求。

除变更药品规格、改变产地、改变制药厂商和注册地址名称外,生产国家或者地区药品管理机构不能出具有关证明文件的,可以依据当地法律法规的规定做出说明。

3. 修订的药品说明书样稿,并附详细修订说明。
4. 修订的药品标签样稿,并附详细修订说明。
5. 药学研究资料：

根据对注册事项的不同要求,分别提供部分或全部药学研究试验资料和必要的原注册申请相关资料,申报资料项目按照附件1~3中相应的申报资料项目提供。

6. 药理毒理研究资料：

根据对注册事项的不同要求,分别提供部分或全部药理毒理研究的试验资料和必要的国内外文献资料,申报资料项目按照附件 1~3 中相应的申报资料项目提供。

7. 临床试验资料：

要求进行临床试验的，应当按照附件 1~3 中相应的申报资料项目要求，在临床试验前后分别提交所需项目资料。不要求进行临床试验的，可提供有关的临床试验文献。

三、申报资料项目表

注 册 事 项	申报资料项目							
	1	2			3	4	5	6	7
		①	②	③					
持有新药证书的药品生产企业申请该药品的批准文号	+	+	−	−	−	+	*1	−	−
使用药品商品名称	+	+	*2	+	+	+	−	−	−
增加中药的功能主治或者化学药品、生物制品国内已有批准的适应症	+	+	−	+	+	+	−	#	#
变更用法用量或者变更适用人群范围但不改变给药途径	+	+	−	+	+	+	−	#	#
变更药品规格	+	+	−	+	+	+	+	−	*3
变更药品处方中已有药用要求的辅料	+	+	−	+	*4	*4	+	±	±
改变影响药品质量的生产工艺	+	+	−	+	*4	*4	+	#	#
修改药品注册标准	+	+	−	+	*4	*4	*5	−	−
替代或减去国家药品标准处方中的毒性药材或处于濒危状态的药材	+	+	*6	+	+	+	#	#	#
变更直接接触药品的包装材料或者容器	+	+	−	+	*4	*4	*7	−	−
申请药品组合包装	+	+	−	+	+	+	−	*8	*8
新药的技术转让	*9	+	*10	+	+	+	*1	−	*11
修订或增加中药、天然药物说明书中药理毒理、临床试验、药代动力学等项目	+	+	−	±	+	+	−	±	±
改变进口药品注册证的登记项目，如药品名称、制药厂商名称、注册地址、药品有效期、包装规格等	+	+	−	+	+	+	*4	−	−
改变进口药品的产地	+	+	−	+	+	+	+	−	−
改变进口药品的国外包装厂	+	+	*12	+	+	+	*13	−	−
进口药品在中国国内分包装	+	+	*14	−	+	+	*15	−	−
改变进口药品制剂所用原料药的产地	+	+	−	+	−	−	+	−	−
改变国内药品生产企业名称	+	+	*16	−	+	+	+	−	−
国内药品生产企业内部改变药品生产场地	+	+	*17	−	*4	*4	*1	−	−
根据国家药品标准或者国家食品药品监督管理局的要求修改药品说明书	+	+	*18	−	+	+	+	−	−
补充完善药品说明书的安全性内容	+	+	−	+	+	+	−	*19	*20

续　表

注 册 事 项	申报资料项目							
	1	2			3	4	5	6	7
		①	②	③					
按规定变更药品包装标签	+	+	*21	+	-	+	-	-
变更国内生产药品的包装规格	+	+	-	-	+	+	*4	-	*3
改变国内生产药品的有效期	+	+	-	+	+	+	*22	-
改变国内生产药品制剂的原料药产地	+	+	-	-	-	*4	*23	-
变更药品外观,但不改变药品标准的	+	+	-	+	-	*4	+	-
改变进口药品注册代理机构	+	+	*24					

注：*1. 仅提供连续 3 个批号的样品检验报告书。

　*2. 提供商标查询单。

　*3. 提供临床使用情况报告或文献。

　*4. 如有修改的应当提供。

　*5. 仅提供质量研究工作的试验资料及文献资料、药品标准草案及起草说明、连续 3 个批号的样品检验报告书。

　*6 有关毒性药材、处于濒危状态药材的证明文件，或者有关部门要求进行替代、减去的文件、证明。

　*7. 仅提供连续 3 个批号的样品检验报告书、药物稳定性研究的试验资料、直接接触药品的包装材料和容器的选择依据及质量标准。

　*8. 按照中药、天然药物、化学药品、生物制品注册分类中已在国外上市但尚未在国内上市销售的复方制剂的相应资料要求提供。其中药学研究部分仅提供药物稳定性研究的试验资料、直接接触药品的包装材料和容器的选择依据及质量标准、连续 3 个批号的样品检验报告书。

　*9. 同时提交新药证书原件。

　*10. 提供技术转让有关各方签订的转让合同，原生产企业放弃生产的应当提供相应文件原件。

　*11. 国家食品药品监督管理局根据评价需要另行提出要求。

　*12. 提供包装厂所在国家或地区药品管理机构出具的该药品包装企业符合药品生产质量管理规范的证明文件。

　*13. 仅提供分包装工艺、药物稳定性研究的试验资料、直接接触药品的包装材料和容器的选择依据及质量标准、连续 3 个批号的样品检验报告书。

　*14. 提供进口药品分包装合同(含使用进口药品商标的授权)。

　*15. 仅提供分包装工艺、直接接触药品的包装材料和容器的选择依据及质量标准。

　*16. 提供有关管理机构同意更名的文件复印件，更名前与更名后的营业执照、《药品生产许可证》、药品生产质量管理规范认证证书等的复印件。

　*17. 提供有关管理机构同意药品生产企业变更生产场地的证明文件。

　*18. 提供新的国家药品标准或者国家食品药品监督管理局要求修改药品说明书的文件。

　*19. 可提供毒理研究的试验资料或者文献资料。

　*20. 可提供文献资料。

　*21. 按规定变更药品包装标签者，应提供有关规定的文件内容。

　*22. 仅提供药品稳定性研究的试验资料和连续 3 个批号的样品检验报告书。

　*23. 仅提供原料药的批准证明文件及其合法来源证明、制剂 1 个批号的检验报告书。

　*24. 提供境外制药厂商委托新的中国药品注册代理机构代理申报的委托文书、公证文书及其中文译本，新的中国药品注册代理机构的营业执照复印件，境外制药厂商解除原委托代理注册关系的文书、公证文书及其中文译本。

"#"：见"四、注册事项说明及有关要求"。

四、注册事项说明及有关要求

1. 注册事项1,持有新药证书的药品生产企业申请该药品的批准文号,是指新药研制单位获得新药证书时不具备该新药生产条件,并且没有转让给其他药品生产企业的,在具备相应生产条件以后,申请生产该新药。

2. 注册事项3,增加中药的功能主治或者化学药品、生物制品已有国内同品种使用的适应症,其药理毒理研究和临床试验应当按照下列进行:

(1)增加中药新的功能主治,需延用药周期或者增加剂量者,应当提供药理毒理试验资料或者文献资料。经批准后应当进行临床试验,临床试验按中药新药要求;

(2)增加中药新的功能主治,用药周期和服用剂量均不变者,应当提供主要药效学试验资料及文献资料,并须进行至少100对临床试验;

(3)增加已有国内同品种使用的功能主治或者适应症者,须进行至少60对临床试验,或者进行以使用此适应症的同品种为对照的生物等效性试验。

3. 注册事项4,变更用法用量或者变更适用人群范围但不改变给药途径,应当提供支持该项改变的安全性研究资料或文献资料,必要时应当进行临床试验。中药、天然药物应当针对主要病证,进行至少100对临床试验。

4. 注册事项5,变更药品规格,应当符合以下要求:

(1)所申请的规格一般应当与同品种上市规格一致。如果不一致,应当符合科学、合理、必要的原则。

(2)所申请的规格应当根据药品用法用量合理确定,一般不得小于单次最小用量,或者大于单次最大用量。

(3)如果同时改变用法用量或者适用人群,应当同时按照注册事项4的要求提供相应资料,必要时进行临床试验。

5. 注册事项7,改变影响药品质量的生产工艺的,其生产工艺的改变不应导致药用物质基础的改变。中药如有改变药用物质基础的,应当提供药学、药理毒理等方面的对比试验研究资料,并应当根据药品的特点,进行不同目的的临床试验,病例数一般不少于100对。

6. 注册事项9,替代或减去国家药品标准处方中的毒性药材或处于濒危状态的药材,是指申请人自行要求进行替代或减去药材的申请,不包括国家规定进行统一替代或减去药材的情形。

(1)申请使用已获批准的中药材代用品替代中药成方制剂中相应药材。应当提供新的制备工艺、药品标准和稳定性等药学研究资料,可以减免药理、毒理和临床试验资料。

(2)申请使用已被法定标准收载的中药材进行替代,如果被替代的药材在处方中处于辅助地位的,应当提供新的制备工艺、药品标准和稳定性等药学研究资料,必要时提供药理、毒理和临床试验资料。其替代药材若为毒性药材,则还应当提供考察药品安全性的资料,包括毒理对比试验资料,必要时提供药效学试验资料,并进行临床试验。如果被替代的药材在处方中处于主要地位的,除提供上述药学研究资料外,还应当进行药效、毒理的对比试验及相关制剂的临床等效性研究。

(3)申请减去毒性药材的,应当提供新的制备工艺、药品标准和稳定性等药学研究资料、药理实验资料,并进行临床试验。

(4)药学、药理、毒理及临床试验的要求如下:

药学方面:①生产工艺:药材替代或减去后药品的生产工艺应当与原工艺保持一致。②药品标准:应当针对替代药材建立专属性鉴别和含量测定。不能建立专属性鉴别或含量测定的,应提供研究资料。③稳定性试验:替代药材可能影响药品的稳定性时,应进行稳定性试验。

药理、毒理学方面:药材替代后,应当与原药品针对主要病症进行主要药效学和急性毒性的比较研究。减去毒性药材后,应当与原药品针对主要病症进行主要药效学的比较研究。

临床试验方面:应当针对主要病证,进行100对随机对照试验,以评价二者的等效性。

7. 注册事项11,药品组合包装是指两种或者两种以上具有独立的适应症和用法用量的药品组成的包装。其不包括下列情形:

(1)已有相同活性成份组成的复方制剂上市的;

(2)缺乏国际公认的成熟的治疗方案作为依据的;

(3)给药途径不一致的药品;

(4)其他不符合有关规定的。

药品组合包装不单独发给药品批准文号,不设立监测期,不得使用商品名称。

申请药品组合包装还应当符合以下要求:

(1)申请生产企业应当取得《药品生产质量管理规范》认证证书,组合包装的各药品应是本生产企业生产,并已取得药品批准文号。

(2) 说明书、标签应当根据临床前研究和临床试验结果制定，而不是其中各药品说明书的简单叠加，并应当符合药品说明书和标签管理的有关规定。

(3) 直接接触药品的包装材料应当适用于其中各药品。

(4) 标注的有效期应当与其中药品的最短有效期一致。

(5) 贮藏条件应当适用于其中各药品。

(6) 名称为"X/Y/Z 组合包装"，X、Y、Z 分别代表其中各药品的通用名称。

8. 注册事项 13，指根据试验资料或文献资料修订或增加中药、天然药物说明书中药理毒理、临床试验、药代动力学项目，不包括对功能主治、用法用量等项目的增加或修订。

9. 注册事项 19，改变国内药品生产企业名称，是指国内药品生产企业经批准变更《药品生产许可证》企业名称以后，申请将其已注册药品的生产企业名称作相应变更。

10. 注册事项 20，国内药品生产企业内部改变药品产地，包括原址改建或异地新建。

11. 注册事项 25 和 30，是指根据国家药品标准的统一规定和国家食品药品监督管理局的专项要求，对药品说明书的某些项目进行修改，如不良反应、禁忌、注意事项等项目。除有专门规定或要求外，不包括修改适应症或功能主治、用法用量、规格等项目。

12. 注册事项 26 和 31，补充完善药品说明书的安全性内容，仅可增加不良反应、禁忌、注意事项的范围。不包括对适应症或功能主治、用法用量等项目增加使用范围。

13. 注册事项 27 和 32，按规定变更药品包装标签，是指按照药品管理的有关规定、国家药品标准或经过核准的药品说明书内容，对该药品的包装标签进行相应修改。

14. 注册事项 33，变更国内生产药品的包装规格应当符合以下要求：

(1) 药品包装规格应当经济、方便。有使用疗程的药品，其包装规格一般应当根据该药品使用疗程确定。

(2) 申请药品注射剂配一次性使用注射器或者输液器的包装、药品注射剂其专用溶媒的包装的，不得另行命名，所配注射器、输液器或者溶媒必须已获准注册，且注射器、输液器的灭菌有效期或者溶媒的有效期不得短于药品的有效期。

15. 注册事项 23 和 34，改变原料药产地，是指改换或增加生产药品制剂所用原料药的生产厂。国内生产药品制剂改变原料药产地的，该原料药必须具有药品批准文号或者进口药品注册证书，并提供获得该原料药的合法性资料。

16. 申报注册事项 1、5～10、12、15、20、21，应当对 3 个批号药品进行药品注册检验。申报注册事项 34，应当对 1 个批号药品进行药品注册检验。

药品再注册申报资料项目

一、境内生产药品

1. 证明性文件：

(1) 药品批准证明文件及药品监督管理部门批准变更的文件；

(2)《药品生产许可证》复印件；

(3) 营业执照复印件；

(4)《药品生产质量管理规范》认证证书复印件。

2. 五年内生产、销售、抽验情况总结，对产品不合格情况应当作出说明。

3. 五年内药品临床使用情况及不良反应情况总结。

4. 有下列情形之一的，应当提供相应资料或者说明：

(1) 药品批准证明文件或者再注册批准文件中要求继续完成工作的，应当提供工作完成后的总结报告，并附相应资料；

(2) 首次申请再注册药品需要进行 IV 期临床试验的，应当提供 IV 期临床试验总结报告；

(3) 首次申请再注册药品有新药监测期的，应当提供监测情况报告。

5. 提供药品处方、生产工艺、药品标准。凡药品处方、生产工艺、药品标准与上次注册内容有改变的，应当注明具体改变内容，并提供批准证明文件。

6. 生产药品制剂所用原料药的来源。改变原料药来源的,应当提供批准证明文件。

7. 药品最小销售单元的现行包装、标签和说明书实样。

二、进口药品

1. 证明性文件:

(1)《进口药品注册证》或者《医药产品注册证》复印件及国家食品药品监督管理局批准有关补充申请批件的复印件;

(2)药品生产国家或者地区药品管理机构出具的允许该药品上市销售及该药品生产企业符合药品生产质量管理规范的证明文件、公证文书及其中文译本;

(3)药品生产国家或者地区药品管理机构允许药品进行变更的证明文件、公证文书及其中文译本;

(4)由境外制药厂商常驻中国代表机构办理注册事务的,应当提供《外国企业常驻中国代表机构登记证》复印件;

(5)境外制药厂商委托中国代理机构代理申报的,应当提供委托文书、公证文书及其中文译本,以及中国代理机构的《营业执照》复印件。

2. 五年内在中国进口、销售情况的总结报告,对于不合格情况应当作出说明。

3. 药品进口销售五年来临床使用及不良反应情况的总结报告。

4. 首次申请再注册药品有下列情形之一的,应当提供相应资料或者说明:

(1)需要进行 IV 期临床试验的应当提供 IV 期临床试验总结报告;

(2)药品批准证明文件或者再注册批准文件中要求继续完成工作的,应当提供工作总结报告,并附相应资料。

5. 提供药品处方、生产工艺、药品标准和检验方法。凡药品处方、生产工艺、药品标准和检验方法与上次注册内容有改变的,应当指出具体改变内容,并提供批准证明文件。

6. 生产药品制剂所用原料药的来源。改变原料药来源的,应当提供批准证明文件。

7. 在中国市场销售药品最小销售单元的包装、标签和说明书实样。

8. 药品生产国家或者地区药品管理机构批准的现行原文说明书及其中文译本。

新药监测期　期限表

(说明:除以下情形的新药不设立监测期)

表1:以下情形的新药设立5年的监测期

中药、天然药物	化学药品	治疗性生物制品	预防用生物制品
1.未在国内上市销售的从植物、动物、矿物等物质中提取有效成份的制剂。	1.未在国内外上市销售的药品中: 1.1 通过合成或者半合成的方法制得原料药的制剂; 1.2 天然物质中提取或者通过发酵提取的新有效单体的制剂; 1.3 用拆分或者合成等方法制得的已知药物中光学异构体的制剂;	1.未在国内外上市销售的生物制品。	1.未在国内外上市销售的疫苗。

表2：以下情形的新药设立4年的监测期

中药、天然药物	化学药品	治疗性生物制品	预防用生物制品
2. 新发现药材的制剂。 4. 药材新药用部位的制剂。 5. 未在国内上市销售的从植物、动物、矿物等物质中提取有效部位的制剂。 6. 未在国内上市销售的中药、天然药物复方制剂中： 6.1 中药复方制剂； 6.2 天然药物复方制剂； 6.3 中药、天然药物和化学药品组成的复方制剂。	1. 未在国内外上市销售的药品中： 1.4 由已上市销售的多组份药物制备为较少组份的药物； 1.5 新的复方制剂； 2. 改变给药途径且尚未在国内外上市销售的制剂。 3. 已在国外上市销售但尚未在国内上市销售的药品中： 3.1 已在国外上市销售的制剂，和/或改变该制剂的剂型，但不改变给药途径的制剂；	2. 单克隆抗体。 3. 基因治疗、体细胞治疗及其制品。 4. 变态反应原制品。 5. 由人的、动物的组织或者体液提取的，或者通过发酵制备的具有生物活性的多组份制品。 6. 由已上市销售生物制品组成新的复方制品。 7. 已在国外上市销售但尚未在国内上市销售的生物制品。 8. 含未经批准菌种制备的微生态制品。 9. 与已上市销售制品结构不完全相同且国内外均未上市销售的制品（包括氨基酸位点突变、缺失，因表达系统不同而产生、消除或者改变翻译后修饰，对产物进行化学修饰等）。 10. 与已上市销售制品制备方法不同的制品（例如采用不同表达体系、宿主细胞等）。 11. 首次采用DNA重组技术制备的制品（例如以重组技术替代合成技术、生物组织提取或者发酵技术等）。 12. 国内外尚未上市销售的由非注射途径改为注射途径给药，或者由局部用药改为全身给药的制品。	1. DNA疫苗。 2. 已上市销售疫苗变更新的佐剂，偶合疫苗变更新的载体。 4. 由非纯化或全细胞（细菌、病毒等）疫苗改为纯化或者组份疫苗。 5. 采用未经国内批准的菌毒种生产的疫苗（流感疫苗、钩端螺旋体疫苗等除外）。 6. 已在国外上市销售但未在国内上市销售的疫苗。 7. 采用国内上市销售的疫苗制备的结合疫苗或者联合疫苗。 8. 与已上市销售疫苗保护性抗原谱不同的重组疫苗。

表3：以下情形的新药设立3年的监测期

中药、天然药物	化学药品	治疗性生物制品	预防用生物制品
7. 改变国内已上市销售中药、天然药物给药途径的制剂。 8. 改变国内已上市销售中药、天然药物剂型的制剂中采用特殊制剂技术者，如靶向制剂、缓释制剂、控释制剂。	3. 已在国外上市销售但尚未在国内上市销售的药品中： 3.2 已在国外上市销售的复方制剂，和/或改变该制剂的剂型，但不改变给药途径的制剂； 3.3 改变给药途径并已在国外上市销售的制剂。 4. 改变已上市销售盐类药物的酸根、碱基（或者金属元素），但不改变其药理作用的原料药的制剂。 5. 改变国内已上市销售药品的剂型，但不改变给药途径的制剂中采用特殊制剂技术者，如靶向制剂、缓释制剂、控释制剂。	14. 改变给药途径的生物制品（不包括12）。	9. 更换其他已批准表达体系或者已批准细胞基质生产的疫苗；采用新工艺制备并且实验室研究资料证明产品安全性和有效性明显提高的疫苗。 10. 改变灭活剂（方法）或者脱毒剂（方法）的疫苗。 11. 改变给药途径的疫苗。

文书来源

药品注册管理办法

(2007年7月10日国家食品药品监督管理局令第28号公布 自2007年10月1日起施行)

第一章 总 则

第一条 为保证药品的安全、有效和质量可控,规范药品注册行为,根据《中华人民共和国药品管理法》(以下简称《药品管理法》)、《中华人民共和国行政许可法》(以下简称《行政许可法》)、《中华人民共和国药品管理法实施条例》(以下简称《药品管理法实施条例》),制定本办法。

第二条 在中华人民共和国境内申请药物临床试验、药品生产和药品进口,以及进行药品审批、注册检验和监督管理,适用本办法。

第三条 药品注册,是指国家食品药品监督管理局根据药品注册申请人的申请,依照法定程序,对拟上市销售药品的安全性、有效性、质量可控性等进行审查,并决定是否同意其申请的审批过程。

第四条 国家鼓励研究创制新药,对创制的新药、治疗疑难危重疾病的新药实行特殊审批。

第五条 国家食品药品监督管理局主管全国药品注册工作,负责对药物临床试验、药品生产和进口进行审批。

第六条 药品注册工作应当遵循公开、公平、公正的原则。

国家食品药品监督管理局对药品注册实行主审集体负责制、相关人员公示制和回避制、责任追究制,受理、检验、审评、审批、送达等环节接受社会监督。

第七条 在药品注册过程中,药品监督管理部门认为涉及公共利益的重大许可事项,应当向社会公告,并举行听证。

行政许可直接涉及申请人与他人之间重大利益关系的,药品监督管理部门在作出行政许可决定前,应当告知申请人、利害关系人享有要求听证、陈述和申辩的权利。

第八条 药品监督管理部门应当向申请人提供可查询的药品注册受理、检查、检验、审评、审批的进度和结论等信息。

药品监督管理部门应当在行政机关网站或者注册申请受理场所公开下列信息:

(一)药品注册申请事项、程序、收费标准和依据、时限,需要提交的全部材料目录和申请书示范文本;

(二)药品注册受理、检查、检验、审评、审批各环节人员名单和相关信息;

(三)已批准的药品目录等综合信息。

第九条 药品监督管理部门、相关单位以及参与药品注册工作的人员,对申请人提交的技术秘密和实验数据负有保密的义务。

第二章 基本要求

第十条 药品注册申请人(以下简称申请人),是指提出药品注册申请并承担相应法律责任的机构。

境内申请人应当是在中国境内合法登记并能独立承担民事责任的机构,境外申请人应当是境外合法制药厂商。境外申请人办理进口药品注册,应当由其驻中国境内的办事机构或者由其委托的中国境内代理机构办理。

办理药品注册申请事务的人员应当具有相应的专业知识,熟悉药品注册的法律、法规及技术要求。

第十一条 药品注册申请包括新药申请、仿制药申请、进口药品申请及其补充申请和再注册申请。

境内申请人申请药品注册按照新药申请、仿制药申请的程序和要求办理,境外申请人申请进口药品注册按照进口药品申请的程序和要求办理。

第十二条 新药申请,是指未曾在中国境内上市销售的药品的注册申请。

对已上市药品改变剂型、改变给药途径、增加新适应症的药品注册按照新药申请的程序申报。

仿制药申请,是指生产国家食品药品监督管理局已批准上市的已有国家标准的药品的注册申请;但是生物制品按照新药申请的程序申报。

进口药品申请,是指境外生产的药品在中国境内上市销售的注册申请。

补充申请,是指新药申请、仿制药申请或者进口药品申请经批准后,改变、增加或者取消原批准事项或者内容的注册申请。

再注册申请,是指药品批准证明文件有效期满后申请人拟继续生产或者进口该药品的注册申请。

第十三条 申请人应当提供充分可靠的研究数据,证明药品的安全性、有效性和质量可控性,并对全部资料的真实性负责。

第十四条 药品注册所报送的资料引用文献应当注明著作名称、刊物名称及卷、期、页等;未公开发表的文献资料应当提供资料所有者许可使用的证明文件。外文资料应当按照要求提供中文译本。

第十五条 国家食品药品监督管理局应当执行国家制定的药品行业发展规划和产业政策,可以组织对药品的上市价值进行评估。

第十六条 药品注册过程中,药品监督管理部门应当对非临床研究、临床试验进行现场核查、有因核查,以及批准上市前的生产现场检查,以确认申报资料的真实性、准确性和完整性。

第十七条 两个以上单位共同作为申请人的,应当向其中药品生产企业所在地省、自治区、直辖市药品监督管理部门提出申请;申请人均为药品生产企业的,应当向申请生产制剂的药品生产企业所在地省、自治区、直辖市药品监督管理部门提出申请;申请人均不是药品生产企业的,应当向样品试制现场所在地省、自治区、直辖市药品监督管理部门提出申请。

第十八条 申请人应当对其申请注册的药物或者使用的处方、工艺、用途等,提供申请人或者他人在中国的专利及其权属状态的说明;他人在中国存在专利的,申请人应当提交对他人的专利不构成侵权的声明。对申请人提交的说明或者声明,药品监督管理部门应当在行政机关网站予以公示。

药品注册过程中发生专利权纠纷的,按照有关专利的法律法规解决。

第十九条 对他人已获得中国专利权的药品,申请人可以在该药品专利期届满前2年内提出注册申请。国家食品药品监督管理局按照本办法予以审查,符合规定的,在专利期满后核发药品批准文号、《进口药品注册证》或者《医药产品注册证》。

第二十条 按照《药品管理法实施条例》第三十五条的规定,对获得生产或者销售含有新型化学成份药品许可的生产者或者销售者提交的自行取得且未披露的试验数据和其他数据,国家食品药品监督管理局自批准该许可之日起6年内,对未经已获得许可的申请人同意,使用其未披露数据的申请不予批准;但是申请人提交自行取得数据的除外。

第二十一条 为申请药品注册而进行的药物临床前研究,包括药物的合成工艺、提取方法、理化性质及纯度、剂型选择、处方筛选、制备工艺、检验方法、质量指标、稳定性、药理、毒理、动物药代动力学研究等。中药制剂还包括原药材的来源、加工及炮制等的研究;生物制品还包括菌毒种、细胞株、生物组织等起始原材料的来源、质量标准、保存条件、生物学特征、遗传稳定性及免疫学的研究等。

第二十二条 药物临床前研究应当执行有关管理规定,其中安全性评价研究必须执行《药物非临床研究质量管理规范》。

第二十三条 药物研究机构应当具有与试验研究项目相适应的人员、场地、设备、仪器和管理制度,并保证所有试验数据和资料的真实性;所用实验动物、试剂和原材料应当符合国家有关规定和要求。

第二十四条 申请人委托其他机构进行药物研究或者进行单项试验、检测、样品的试制等的,应当与被委托方签订合同,并在申请注册时予以说明。申请人对申报资料中的药物研究数据的真实性负责。

第二十五条 单独申请注册药物制剂的,研究用原料药必须具有药品批准文号、《进口药品注册证》或者《医药产品注册证》,且必须通过合法的途径获得。研究用原料药不具有药品批准文号、《进口药品注册证》或者《医药产品注册证》的,必须经国家食品药品监督管理局批准。

第二十六条 药品注册申报资料中有境外药物研究机构提供的药物试验研究资料的,必须附有境外药物研究机构出具的其所提供资料的项目、页码的情况说明和证明该机构已在境外合法登记的经公证的证明文件。国家食品药品监督管理局根据审查需要组织进行现场核查。

第二十七条 药品监督管理部门可以要求申请人或者承担试验的药物研究机构按照其申报资料的项目、方法和数据进行重复试验,也可以委托药品检验所或者其他药物研究机构进行重复试验或方法学验证。

第二十八条 药物研究参照国家食品药品监督管理局发布的有关技术指导原则进行,申请人采用其他评价方法和技术的,应当提交证明其科学性的资料。

第二十九条 申请人获得药品批准文号后,应当按照国家食品药品监督管理局批准的生产工艺生产。

药品监督管理部门根据批准的生产工艺和质量标准对申请人的生产情况进行监督检查。

第三章 药物的临床试验

第三十条 药物的临床试验(包括生物等效性试验),必须经过国家食品药品监督管理局批准,且必须执行《药物临床试验质量管理规范》。

药品监督管理部门应当对批准的临床试验进行监督检查。

第三十一条 申请新药注册,应当进行临床试验。仿制药申请和补充申请,根据本办法附件规定进行临床试验。

临床试验分为Ⅰ、Ⅱ、Ⅲ、Ⅳ期。

Ⅰ期临床试验:初步的临床药理学及人体安全性评价试验。观察人体对于新药的耐受程度和药代动力学,为制定给药方案提供依据。

Ⅱ期临床试验:治疗作用初步评价阶段。其目的是初步评价药物对目标适应症患者的治疗作用和安全性,也包括为Ⅲ期临床试验研究设计和给药剂量方案的确定提供依据。此阶段的研究设计可以根据具体的研究目的,采用多种形式,包括随机盲法对照临床试验。

Ⅲ期临床试验:治疗作用确证阶段。其目的是进一步验证药物对目标适应症患者的治疗作用和安全性,评价利益与风险关系,最终为药物注册申请的审查提供充分的依据。试验一般应为具有足够样本量的随机盲法对照试验。

Ⅳ期临床试验:新药上市后应用研究阶段。其目的是考察在广泛使用条件下的药物的疗效和不良反应,评价在普通或者特殊人群中使用的利益与风险关系以及改进给药剂量等。

生物等效性试验,是指用生物利用度研究的方法,以药代动力学参数为指标,比较同一种药物的相同或者不同剂型的制剂,在相同的试验条件下,其活性成份吸收程度和速度有无统计学差异的人体试验。

第三十二条 药物临床试验的受试例数应当符合临床试验的目的和相关统计学的要求,并且不得少于本办法附件规定的最低临床试验病例数。罕见病、特殊病种等情况,要求减少临床试验病例数或者免做临床试验的,应当在申请临床试验时提出,并经国家食品药品监督管理局审查批准。

第三十三条 在菌毒种选种阶段制备的疫苗或者其他特殊药物,确无合适的动物模型且实验室无法评价其疗效的,在保证受试者安全的前提下,可以向国家食品药品监督管理局申请进行临床试验。

第三十四条 药物临床试验批准后,申请人应当从具有药物临床试验资格的机构中选择承担药物临床试验的机构。

第三十五条 临床试验用药物应当在符合《药品生产质量管理规范》的车间制备。制备过程应当严格执行《药品生产质量管理规范》的要求。

申请人对临床试验用药物的质量负责。

第三十六条 申请人可以按照其拟定的临床试验用样品标准自行检验临床试验用药物,也可以委托本办法确定的药品检验所进行检验;疫苗类制品、血液制品、国家食品药品监督管理局规定的其他生物制品,应当由国家食品药品监督管理局指定的药品检验所进行检验。

临床试验用药物检验合格后方可用于临床试验。

药品监督管理部门可以对临床试验用药物抽查检验。

第三十七条 申请人在药物临床试验实施前,应当将已确定的临床试验方案和临床试验负责单位的主要研究者姓名、参加研究单位及其研究者名单、伦理委员会审核同意书、知情同意书样本等报送国家食品药品监督管理局备案,并抄送临床试验单位所在地和受理该申请的省、自治区、直辖市药品监督管理部门。

第三十八条 申请人发现药物临床试验机构违反有关规定或者未按照临床试验方案执行的,应当督促其改正;情节严重的,可以要求暂停或者终止临床试验,并将情况报告国家食品药品监督管理局和有关省、自治区、直辖市药品监督管理部门。

第三十九条 申请人完成临床试验后,应当向国家食品药品监督管理局提交临床试验总结报告、统计分析报告以及数据库。

第四十条 药物临床试验应当在批准后3年内实施。逾期未实施的,原批准证明文件自行废止;仍需进行临床试验的,应当重新申请。

第四十一条 临床试验过程中发生严重不良事件的,研究者应当在24小时内报告有关省、自治区、直辖市药品监督管理部门和国家食品药品监督管理局,通知申请人,并及时向伦理委员会报告。

第四十二条 临床试验有下列情形之一的,国家食品药品监督管理局可以责令申请人修改试验方案、暂停或者终止临床试验:

(一)伦理委员会未履行职责的;

(二)不能有效保证受试者安全的;

(三)未按照规定时限报告严重不良事件的;

(四)有证据证明临床试验用药物无效的;

(五)临床试验用药物出现质量问题的;

(六)临床试验中弄虚作假的;

(七)其他违反《药物临床试验质量管理规范》的情形。

第四十三条 临床试验中出现大范围、非预期的不良反应或者严重不良事件,或者有证据证明临床试验用药物存在严重质量问题时,国家食品药品监督管理局或者省、自治区、直辖市药品监督管理部门可以采取紧急控制措施,责令暂停或者终止临床试验,申请人和临床试验单位必须立即停止临床试验。

第四十四条 境外申请人在中国进行国际多中心药物临床试验的,应当按照本办法向国家食品药品监督管理局提出申请,并按下列要求办理:

(一)临床试验用药物应当是已在境外注册的药品或者已进入Ⅱ期或者Ⅲ期临床试验的药物;国家食品药品监督管理局不受理境外申请人提出的尚未在境外注册的预防用疫苗类药物的国际多中心药物临床试验申请;

(二)国家食品药品监督管理局在批准进行国际多中心药物临床试验的同时,可以要求申请人在中国首先进行Ⅰ期临床试验;

(三)在中国进行国际多中心药物临床试验时,在任何国家发现与该药物有关的严重不良反应和非预期不良反应,申请人应当按照有关规定及时报告国家食品药品监督管理局;

(四)临床试验结束后,申请人应当将完整的临床试验报告报送国家食品药品监督管理局;

(五)国际多中心药物临床试验取得的数据用于在中国进行药品注册申请的,应当符合本办法有关临床试验的规定并提交国际多中心临床试验的全部研究资料。

第四章 新药申请的申报与审批

第四十五条 国家食品药品监督管理局对下列申请可以实行特殊审批:

(一)未在国内上市销售的从植物、动物、矿物等物质中提取的有效成份及其制剂,新发现的药材及其制剂;

(二)未在国内外获准上市的化学原料药及其制剂、生物制品;

(三)治疗艾滋病、恶性肿瘤、罕见病等疾病且具有明显临床治疗优势的新药;

（四）治疗尚无有效治疗手段的疾病的新药。

符合前款规定的药品，申请人在药品注册过程中可以提出特殊审批的申请，由国家食品药品监督管理局药品审评中心组织专家会议讨论确定是否实行特殊审批。

特殊审批的具体办法另行制定。

第四十六条 多个单位联合研制的新药，应当由其中的一个单位申请注册，其他单位不得重复申请；需要联合申请的，应当共同署名作为该新药的申请人。新药申请获得批准后每个品种，包括同一品种的不同规格，只能由一个单位生产。

第四十七条 对已上市药品改变剂型但不改变给药途径的注册申请，应当采用新技术以提高药品的质量和安全性，且与原剂型比较有明显的临床应用优势。

改变剂型但不改变给药途径，以及增加新适应症的注册申请，应当由具备生产条件的企业提出；靶向制剂、缓释、控释制剂等特殊剂型除外。

第四十八条 在新药审批期间，新药的注册分类和技术要求不因相同活性成份的制剂在国外获准上市而发生变化。

在新药审批期间，其注册分类和技术要求不因国内药品生产企业申报的相同活性成份的制剂在我国获准上市而发生变化。

第四十九条 药品注册申报资料应当一次性提交，药品注册申请受理后不得自行补充新的技术资料；进入特殊审批程序的注册申请或者涉及药品安全性的新发现，以及按要求补充资料的除外。申请人认为必须补充新的技术资料的，应当撤回其药品注册申请。申请人重新申报的，应当符合本办法有关规定且尚无同品种进入新药监测期。

第一节 新药临床试验

第五十条 申请人完成临床前研究后，应当填写《药品注册申请表》，向所在地省、自治区、直辖市药品监督管理部门如实报送有关资料。

第五十一条 省、自治区、直辖市药品监督管理部门应当对申报资料进行形式审查，符合要求的，出具药品注册申请受理通知书；不符合要求的，出具药品注册申请不予受理通知书，并说明理由。

第五十二条 省、自治区、直辖市药品监督管理部门应当自受理申请之日起5日内组织对药物研制情况及原始资料进行现场核查，对申报资料进行初步审查，提出审查意见。申请注册的药品属于生物制品的，还需抽取3个生产批号的检验用样品，并向药品检验所发出注册检验通知。

第五十三条 省、自治区、直辖市药品监督管理部门应当在规定的时限内将审查意见、核查报告以及申报资料送交国家食品药品监督管理局药品审评中心，并通知申请人。

第五十四条 接到注册检验通知的药品检验所应当按申请人申报的药品标准对样品进行检验，对申报的药品标准进行复核，并在规定的时间内将药品注册检验报告送交国家食品药品监督管理局药品审评中心，并抄送申请人。

第五十五条 国家食品药品监督管理局药品审评中心收到申报资料后，应在规定的时间内组织药学、医学及其他技术人员对申报资料进行技术审评，必要时可以要求申请人补充资料，并说明理由。完成技术审评后，提出技术审评意见，连同有关资料报送国家食品药品监督管理局。

国家食品药品监督管理局依据技术审评意见作出审批决定。符合规定的，发给《药物临床试验批件》；不符合规定的，发给《审批意见通知件》，并说明理由。

第二节 新药生产

第五十六条 申请人完成药物临床试验后，应当填写《药品注册申请表》，向所在地省、自治区、直辖市药品监督管理部门报送申请生产的申报资料，并同时向中国药品生物制品检定所报送制备标准品的原材料及有关标准物质的研究资料。

第五十七条 省、自治区、直辖市药品监督管理部门应当对申报资料进行形式审查，符合要求的，出具药品注册申请受理通知书；不符合要求的，出具药品注册申请不予受理通知书，并说明理由。

第五十八条 省、自治区、直辖市药品监督管理部门应当自受理申请之日起5日内组织对临床试验情况及有关原始资料进行现场核查，对申报资料进行初步审查，提出审查意见。除生物制品外的其他药品，还需抽取3批样品，向药品检验所发出标准复核的通知。

省、自治区、直辖市药品监督管理部门应当在规定的时限内将审查意见、核查报告及申报资料送交国家食品药品监督管理局药品审评中心，并通知申请人。

第五十九条 药品检验所应对申报的药品标准进行复核，并在规定的时间内将复核意见送交国家食品药品监督管理局药品审评中心，同时抄送通知其复核的省、自治区、直辖市药品监督管理部门和申请人。

第六十条 国家食品药品监督管理局药品审评中心收到申报资料后，应当在规定的时间内组织药学、医学及其他技术人员对申报资料进行审评，必要时可以要求申请人补充资料，并说明理由。

经审评符合规定的，国家食品药品监督管理局药品审评中心通知申请人申请生产现场检查，并告知国家食品药品监督管理局药品认证管理中心；经审评不符合规定的，国家食品药品监督管理局药品审评中心将审评意见和有关资料报送国家食品药品监督管理局，国家食品药品监督管理局依据技术审评意见，作出不予批准的决定，发给《审批意见通知件》，并说明理由。

第六十一条 申请人应当自收到生产现场检查通知之日

起6个月内向国家食品药品监督管理局药品认证管理中心提出现场检查的申请。

第六十二条　国家食品药品监督管理局药品认证管理中心在收到生产现场检查的申请后,应当在30日内组织对样品批量生产过程等进行现场检查,确认核定的生产工艺的可行性,同时抽取1批样品(生物制品抽取3批样品),送进行该药品标准复核的药品检验所检验,并在完成现场检查后10日内将生产现场检查报告送交国家食品药品监督管理局药品审评中心。

第六十三条　样品应当在取得《药品生产质量管理规范》认证证书的车间生产;新开办药品生产企业、药品生产企业新建药品生产车间或者新增生产剂型的,其样品生产过程应当符合《药品生产质量管理规范》的要求。

第六十四条　药品检验所应当依据核定的药品标准对抽取的样品进行检验,并在规定的时间内将药品注册检验报告送交国家食品药品监督管理局药品审评中心,同时抄送相关省、自治区、直辖市药品监督管理部门和申请人。

第六十五条　国家食品药品监督管理局药品审评中心依据技术审评意见、样品生产现场检查报告和样品检验结果,形成综合意见,连同有关资料报送国家食品药品监督管理局。国家食品药品监督管理局依据综合意见,作出审批决定。符合规定的,发给新药证书,申请人已持有《药品生产许可证》并具备生产条件的,同时发给药品批准文号;不符合规定的,发给《审批意见通知件》,并说明理由。

改变剂型但不改变给药途径,以及增加新适应症的注册申请获得批准后不发给新药证书;靶向制剂、缓释、控释制剂等特殊剂型除外。

第三节　新药监测期

第六十六条　国家食品药品监督管理局根据保护公众健康的要求,可以对批准生产的新药品种设立监测期。监测期自新药批准生产之日起计算,最长不得超过5年。

监测期内的新药,国家食品药品监督管理局不批准其他企业生产、改变剂型和进口。

第六十七条　药品生产企业应当考察处于监测期内的新药的生产工艺、质量、稳定性、疗效及不良反应等情况,并每年向所在地省、自治区、直辖市药品监督管理部门报告。药品生产企业未履行监测期责任的,省、自治区、直辖市药品监督管理部门应当责令其改正。

第六十八条　药品生产、经营、使用及检验、监督单位发现新药存在严重质量问题、严重或者非预期的不良反应时,应当及时向省、自治区、直辖市药品监督管理部门报告。省、自治区、直辖市药品监督管理部门收到报告后应当立即组织调查,并报告国家食品药品监督管理局。

第六十九条　药品生产企业对设立监测期的新药从获准生产之日起2年内未组织生产的,国家食品药品监督管理局可以批准其他药品生产企业提出的生产该新药的申请,并重新对该新药进行监测。

第七十条　新药进入监测期之日起,国家食品药品监督管理局已经批准其他申请人进行药物临床试验的,可以按照药品注册申报与审批程序继续办理该申请,符合规定的,国家食品药品监督管理局批准该新药的生产或者进口,并对境内药品生产企业生产的该新药一并进行监测。

第七十一条　新药进入监测期之日起,不再受理其他申请人的同品种注册申请。已经受理但尚未批准进行药物临床试验的其他申请人同品种申请予以退回;新药监测期满后,申请人可以提出仿制药申请或者进口药品申请。

第七十二条　进口药品注册申请首先获得批准后,已经批准境内申请人进行临床试验的,可以按照药品注册申报与审批程序继续办理其申请,符合规定的,国家食品药品监督管理局批准其进行生产;申请人也可以撤回该项申请,重新提出仿制药申请。对已经受理但尚未批准进行药物临床试验的其他同品种申请予以退回,申请人可以提出仿制药申请。

第五章　仿制药的申报与审批

第七十三条　仿制药申请人应当是药品生产企业,其申请的药品应当与《药品生产许可证》载明的生产范围一致。

第七十四条　仿制药应当与被仿制药具有同样的活性成份、给药途径、剂型、规格和相同的治疗作用。已有多家企业生产的品种,应当参照有关技术指导原则选择被仿制药进行对照研究。

第七十五条　申请仿制药注册,应当填写《药品注册申请表》,向所在地省、自治区、直辖市药品监督管理部门报送有关资料和生产现场检查申请。

第七十六条　省、自治区、直辖市药品监督管理部门对申报资料进行形式审查,符合要求的,出具药品注册申请受理通知书;不符合要求的,出具药品注册申请不予受理通知书,并说明理由。

已申请中药品种保护的,自中药品种保护申请受理之日起至作出行政决定期间,暂停受理同品种的仿制药申请。

第七十七条　省、自治区、直辖市药品监督管理部门应当自受理申请之日起5日内组织对研制情况和原始资料进行现场核查,并应当根据申请人提供的生产工艺和质量标准组织进行生产现场检查,现场抽取连续生产的3批样品,送药品检验所检验。

样品的生产应当符合本办法第六十三条的规定。

第七十八条　省、自治区、直辖市药品监督管理部门应当在规定的时限内对申报资料进行审查,提出审查意见。符合规定的,将审查意见、核查报告、生产现场检查报告及申报资料送交国家食品药品监督管理局药品审评中心,同时通知申请人;不符合规定的,发给《审批意见通知件》,并说明理由,同时通知药品检验所停止该药品的注册检验。

第七十九条 药品检验所应当对抽取的样品进行检验,并在规定的时间内将药品注册检验报告送交国家食品药品监督管理局药品审评中心,同时抄送通知其检验的省、自治区、直辖市药品监督管理部门和申请人。

第八十条 国家食品药品监督管理局药品审评中心应在规定的时间内组织药学、医学及其他技术人员对审查意见和申报资料进行审核,必要时可以要求申请人补充资料,并说明理由。

第八十一条 国家食品药品监督管理局药品审评中心依据技术审评意见、样品生产现场检查报告和样品检验结果,形成综合意见,连同相关资料报送国家食品药品监督管理局,国家食品药品监督管理局依据综合意见,做出审批决定。符合规定的,发给药品批准文号或者《药物临床试验批件》;不符合规定的,发给《审批意见通知件》,并说明理由。

第八十二条 申请人完成临床试验后,应当向国家食品药品监督管理局药品审评中心报送临床试验资料。国家食品药品监督管理局依据技术意见,发给药品批准文号或者《审批意见通知件》。

第八十三条 已确认存在安全性问题的上市药品,国家食品药品监督管理局可以决定暂停受理和审批其仿制药申请。

第六章 进口药品的申报与审批

第一节 进口药品的注册

第八十四条 申请进口的药品,应当获得境外制药厂商所在生产国家或者地区的上市许可;未在生产国家或者地区获得上市许可,但经国家食品药品监督管理局确认该药品安全、有效且临床需要的,可以批准进口。

申请进口的药品,其生产应当符合所在国家或者地区药品生产质量管理规范及中国《药品生产质量管理规范》的要求。

第八十五条 申请进口药品注册,应当填写《药品注册申请表》,报送有关资料和样品,提供相关证明文件,向国家食品药品监督管理局提出申请。

第八十六条 国家食品药品监督管理局对申报资料进行形式审查,符合要求的,出具药品注册申请受理通知书,并通知中国药品生物制品检定所组织对3个生产批号的样品进行注册检验;不符合要求的,出具药品注册申请不予受理通知书,并说明理由。

国家食品药品监督管理局可以组织对其研制和生产情况进行现场检查,并抽取样品。

第八十七条 中国药品生物制品检定所收到资料和样品后,应当在5日内组织进行注册检验。

第八十八条 承担进口药品注册检验的药品检验所在收到资料、样品和有关标准物质后,应当在60日内完成注册检验并将药品注册检验报告报送中国药品生物制品检定所。

特殊药品和疫苗类制品的样品检验和药品标准复核应当在90日内完成。

第八十九条 中国药品生物制品检定所接到药品注册检验报告和已经复核的进口药品标准后,应当在20日内组织专家进行技术审查,必要时可以根据审查意见进行再复核。

第九十条 中国药品生物制品检定所完成进口药品注册检验后,应当将复核的药品标准、药品注册检验报告和复核意见送交国家食品药品监督管理局药品审评中心,并抄送申请人。

第九十一条 国家食品药品监督管理局药品审评中心应当在规定的时间内组织药学、医学及其他技术人员对申报资料进行审评,必要时可以要求申请人补充资料,并说明理由。

第九十二条 国家食品药品监督管理局药品审评中心依据技术审评意见和样品检验结果等,形成综合意见,连同相关资料报送国家食品药品监督管理局,国家食品药品监督管理局依据综合意见,做出审批决定。符合规定的,发给《药物临床试验批件》;不符合规定的,发给《审批意见通知件》,并说明理由。

第九十三条 临床试验获得批准后,申请人应当按照本办法第三章及有关要求进行试验。

临床试验结束后,申请人应当填写《药品注册申请表》,按照规定报送临床试验资料及其他变更和补充的资料,并详细说明依据和理由,提供相关证明文件。

第九十四条 国家食品药品监督管理局药品审评中心应当在规定的时间内组织药学、医学及其他技术人员对报送的临床试验等资料进行全面审评,必要时可以要求申请人补充资料,并说明理由。

国家食品药品监督管理局依据综合意见,做出审批决定。符合规定的,发给《进口药品注册证》。中国香港、澳门和台湾地区的制药厂商申请注册的药品,参照进口药品注册申请的程序办理,符合要求的,发给《医药产品注册证》;不符合要求的,发给《审批意见通知件》,并说明理由。

第九十五条 申请进口药品制剂,必须提供直接接触药品的包装材料和容器合法来源的证明文件、用于生产该制剂的原料药和辅料合法来源的证明文件。原料药和辅料尚未取得国家食品药品监督管理局批准的,应当报送有关生产工艺、质量指标和检验方法等规范的研究资料。

第二节 进口药品分包装的注册

第九十六条 进口药品分包装,是指药品已在境外完成最终制剂生产过程,在境内由大包装规格改为小包装规格,或者对已完成内包装的药品进行外包装、放置说明书、粘贴标签等。

第九十七条 申请进口药品分包装，应当符合下列要求：

（一）该药品已经取得《进口药品注册证》或者《医药产品注册证》；

（二）该药品应当是中国境内尚未生产的品种，或者虽有生产但是不能满足临床需要的品种；

（三）同一制药厂商的同一品种应当由一个药品生产企业分包装，分包装的期限不得超过《进口药品注册证》或者《医药产品注册证》的有效期；

（四）除片剂、胶囊外，分包装的其他剂型应当已在境外完成内包装；

（五）接受分包装的药品生产企业，应当持有《药品生产许可证》。进口裸片、胶囊申请在国内分包装的，接受分包装的药品生产企业还应当持有与分包装的剂型相一致的《药品生产质量管理规范》认证证书；

（六）申请进口药品分包装，应当在该药品《进口药品注册证》或者《医药产品注册证》的有效期届满1年前提出。

第九十八条 境外制药厂商应当与境内药品生产企业签订进口药品分包装合同，并填写《药品补充申请表》。

第九十九条 申请进口药品分包装的，应当由接受分包装的药品生产企业向所在地省、自治区、直辖市药品监督管理部门提出申请，提交由委托方填写的《药品补充申请表》，报送有关资料和样品。省、自治区、直辖市药品监督管理部门对申报资料进行形式审查后，符合要求的，出具药品注册申请受理通知书；不符合要求的，出具药品注册申请不予受理通知书，并说明理由。

省、自治区、直辖市药品监督管理部门提出审核意见后，将申报资料和审核意见报送国家食品药品监督管理局审批，同时通知申请人。

第一百条 国家食品药品监督管理局对报送的资料进行审查，符合规定的，发给《药品补充申请批件》和药品批准文号；不符合规定的，发给《审批意见通知件》，并说明理由。

第一百零一条 进口分包装的药品应当执行进口药品注册标准。

第一百零二条 进口分包装药品的说明书和标签必须与进口药品的说明书和标签一致，并且应当标注分包装药品的批准文号和分包装药品生产企业的名称。

第一百零三条 境外大包装制剂的进口检验按照国家食品药品监督管理局的有关规定执行。包装后产品的检验与进口检验执行同一药品标准。

第一百零四条 提供药品的境外制药厂商应当对分包装后药品的质量负责。分包装后的药品出现质量问题的，国家食品药品监督管理局可以撤销分包装药品的批准文号，必要时可以依照《药品管理法》第四十二条的规定，撤销该药品的《进口药品注册证》或者《医药产品注册证》。

第七章 非处方药的申报

第一百零五条 申请仿制的药品属于按非处方药管理的，申请人应当在《药品注册申请表》的"附加申请事项"中标注非处方药项。

第一百零六条 申请仿制的药品属于同时按处方药和非处方药管理的，申请人可以选择按照处方药或者非处方药的要求提出申请。

第一百零七条 属于以下情况的，申请人可以在《药品注册申请表》的"附加申请事项"中标注非处方药项，符合非处方药有关规定的，按照非处方药审批和管理；不符合非处方药有关规定的，按照处方药审批和管理。

（一）经国家食品药品监督管理局确定的非处方药改变剂型，但不改变适应症或者功能主治、给药剂量以及给药途径的药品；

（二）使用国家食品药品监督管理局确定的非处方药活性成份组成的新的复方制剂。

第一百零八条 非处方药的注册申请，其药品说明书和包装标签应当符合非处方药的有关规定。

第一百零九条 进口的药品属于非处方药的，适用进口药品的申报和审批程序，其技术要求与境内生产的非处方药相同。

第八章 补充申请的申报与审批

第一百一十条 变更研制新药、生产药品和进口药品已获批准证明文件及其附件中载明事项的，应当提出补充申请。

申请人应当参照相关技术指导原则，评估其变更对药品安全性、有效性和质量可控性的影响，并进行相应的技术研究工作。

第一百一十一条 申请人应当填写《药品补充申请表》，向所在地省、自治区、直辖市药品监督管理部门报送有关资料和说明。省、自治区、直辖市药品监督管理部门对申报资料进行形式审查，符合要求的，出具药品注册申请受理通知书；不符合要求的，出具药品注册申请不予受理通知书，并说明理由。

第一百一十二条 进口药品的补充申请，申请人应当向国家食品药品监督管理局报送有关资料和说明，提交生产国家或者地区药品管理机构批准变更的文件。国家食品药品监督管理局对申报资料进行形式审查，符合要求的，出具药品注册申请受理通知书；不符合要求的，出具药品注册申请不予受理通知书，并说明理由。

第一百一十三条 修改药品注册标准、变更药品处方中已有药用要求的辅料、改变影响药品质量的生产工艺等的补充申请，由省、自治区、直辖市药品监督管理部门提出审核意见后，报送国家食品药品监督管理局审批，同时通知申请人。

修改药品注册标准的补充申请,必要时由药品检验所进行标准复核。

第一百一十四条 改变国内药品生产企业名称、改变国内生产药品的有效期、国内药品生产企业内部改变药品生产场地等的补充申请,由省、自治区、直辖市药品监督管理部门受理并审批,符合规定的,发给《药品补充申请批件》,并报送国家食品药品监督管理局备案;不符合规定的,发给《审批意见通知件》,并说明理由。

第一百一十五条 按规定变更药品包装标签、根据国家食品药品监督管理局的要求修改说明书等的补充申请,报省、自治区、直辖市药品监督管理部门备案。

第一百一十六条 进口药品的补充申请,由国家食品药品监督管理局审批。其中改变进口药品制剂所用原料药的产地、变更进口药品外观但不改变药品标准、根据国家药品标准或国家食品药品监督管理局的要求修改进口药说明书、补充完善进口药说明书的安全性内容、按规定变更进口药品包装标签、改变注册代理机构的补充申请,由国家食品药品监督管理局备案。

第一百一十七条 对药品生产技术转让、变更处方和生产工艺可能影响产品质量等的补充申请,省、自治区、直辖市药品监督管理部门应当根据其《药品注册批件》附件或者核定的生产工艺,组织进行生产现场检查,药品检验所应当对抽取的3批样品进行检验。

第一百一十八条 国家食品药品监督管理局对药品补充申请进行审查,必要时可以要求申请人补充资料,并说明理由。符合规定的,发给《药品补充申请批件》;不符合规定的,发给《审批意见通知件》,并说明理由。

第一百一十九条 补充申请获得批准后,换发药品批准证明文件的,原药品批准证明文件由国家食品药品监督管理局予以注销;增发药品批准证明文件的,原批准证明文件继续有效。

第九章 药品再注册

第一百二十条 国家食品药品监督管理局核发的药品批准文号、《进口药品注册证》或者《医药产品注册证》的有效期为5年。有效期届满,需要继续生产或者进口的,申请人应当在有效期届满前6个月申请再注册。

第一百二十一条 在药品批准文号、《进口药品注册证》或者《医药产品注册证》有效期内,申请人应当对药品的安全性、有效性和质量控制情况,如监测期内的相关研究结果、不良反应的监测、生产控制和产品质量的均一性等进行系统评价。

第一百二十二条 药品再注册申请由药品批准文号的持有者向省、自治区、直辖市药品监督管理部门提出,按照规定填写《药品再注册申请表》,并提供有关申报资料。

进口药品的再注册申请由申请人向国家食品药品监督管理局提出。

第一百二十三条 省、自治区、直辖市药品监督管理部门对申报资料进行审查,符合要求的,出具药品再注册申请受理通知书;不符合要求的,出具药品再注册申请不予受理通知书,并说明理由。

第一百二十四条 省、自治区、直辖市药品监督管理部门应当自受理申请之日起6个月内对药品再注册申请进行审查,符合规定的,予以再注册;不符合规定的,报国家食品药品监督管理局。

第一百二十五条 进口药品的再注册申请由国家食品药品监督管理局受理,并在6个月内完成审查,符合规定的,予以再注册;不符合规定的,发出不予再注册的通知,并说明理由。

第一百二十六条 有下列情形之一的药品不予再注册:

(一)有效期届满前未提出再注册申请的;

(二)未达到国家食品药品监督管理局批准上市时提出的有关要求的;

(三)未按照要求完成Ⅳ期临床试验的;

(四)未按照规定进行药品不良反应监测的;

(五)经国家食品药品监督管理局再评价属于疗效不确、不良反应大或者其他原因危害人体健康的;

(六)按照《药品管理法》的规定应当撤销药品批准证明文件的;

(七)不具备《药品管理法》规定的生产条件的;

(八)未按规定履行监测期责任的;

(九)其他不符合有关规定的情形。

第一百二十七条 国家食品药品监督管理局收到省、自治区、直辖市药品监督管理部门意见后,经审查不符合药品再注册规定的,发出不予再注册的通知,并说明理由。

对不予再注册的品种,除因法定事由被撤销药品批准证明文件的外,在有效期届满时,注销其药品批准文号、《进口药品注册证》或者《医药产品注册证》。

第十章 药品注册检验

第一百二十八条 药品注册检验,包括样品检验和药品标准复核。

样品检验,是指药品检验所按照申请人申报或者国家食品药品监督管理局核定的药品标准对样品进行的检验。

药品标准复核,是指药品检验所对申报的药品标准中检验方法的可行性、科学性、设定的项目和指标能否控制药品质量等进行的实验室检验和审核工作。

第一百二十九条 药品注册检验由中国药品生物制品检定所或者省、自治区、直辖市药品检验所承担。进口药品的注册检验由中国药品生物制品检定所组织实施。

第一百三十条 下列药品的注册检验由中国药品生物制品检定所或者国家食品药品监督管理局指定的药品检验所承担：

（一）本办法第四十五条（一）、（二）规定的药品；

（二）生物制品、放射性药品；

（三）国家食品药品监督管理局规定的其他药品。

第一百三十一条 获准进入特殊审批程序的药品，药品检验所应当优先安排样品检验和药品标准复核。

第一百三十二条 从事药品注册检验的药品检验所，应当按照药品检验所实验室质量管理规范和国家计量认证的要求，配备与药品注册检验任务相适应的人员和设备，符合药品注册检验的质量保证体系和技术要求。

第一百三十三条 申请人应当提供药品注册检验所需要的有关资料、报送样品或者配合抽取检验用样品、提供检验用标准物质。报送或者抽取的样品量应当为检验用量的3倍；生物制品的注册检验还应当提供相应批次的制造检定记录。

第一百三十四条 药品检验所进行新药标准复核时，除进行样品检验外，还应当根据药物的研究数据、国内外同类产品的药品标准和国家有关要求，对药物的药品标准、检验项目等提出复核意见。

第一百三十五条 要求申请人重新制订药品标准的，申请人不得委托提出原复核意见的药品检验所进行该项药品标准的研究工作；该药品检验所不得接受此项委托。

第十一章 药品注册标准和说明书

第一节 药品注册标准

第一百三十六条 国家药品标准，是指国家食品药品监督管理局颁布的《中华人民共和国药典》、药品注册标准和其他药品标准，其内容包括质量指标、检验方法以及生产工艺等技术要求。

药品注册标准，是指国家食品药品监督管理局批准给申请人特定药品的标准，生产该药品的药品生产企业必须执行该注册标准。

药品注册标准不得低于中国药典的规定。

第一百三十七条 药品注册标准的项目及其检验方法的设定，应当符合中国药典的基本要求、国家食品药品监督管理局发布的技术指导原则及国家药品标准编写原则。

第一百三十八条 申请人应当选取有代表性的样品进行标准的研究工作。

第二节 药品标准物质

第一百三十九条 药品标准物质，是指供药品标准中物理和化学测试及生物方法试验用，具有确定特性量值，用于校准设备、评价测量方法或者给供试药品赋值的物质，包括标准品、对照品、对照药材、参考品。

第一百四十条 中国药品生物制品检定所负责标定国家药品标准物质。

中国药品生物制品检定所可以组织有关的省、自治区、直辖市药品检验所、药品研究机构或者药品生产企业协作标定国家药品标准物质。

第一百四十一条 中国药品生物制品检定所负责对标定的标准物质从原材料选择、制备方法、标定方法、标定结果、定值准确性、量值溯源、稳定性及分装与包装条件等资料进行全面技术审核，并作出可否作为国家药品标准物质的结论。

第三节 药品名称、说明书和标签

第一百四十二条 申请注册药品的名称、说明书和标签应当符合国家食品药品监督管理局的规定。

第一百四十三条 药品说明书和标签由申请人提出，国家食品药品监督管理局药品审评中心根据申报资料对其中除企业信息外的内容进行审核，在批准药品生产时由国家食品药品监督管理局予以核准。

申请人应当对药品说明书和标签的科学性、规范性与准确性负责。

第一百四十四条 申请人应当跟踪药品上市后的安全性和有效性情况，及时提出修改药品说明书的补充申请。

第一百四十五条 申请人应当按照国家食品药品监督管理局规定的格式和要求、根据核准的内容印制说明书和标签。

第十二章 时 限

第一百四十六条 药品监督管理部门应当遵守《药品管理法》、《行政许可法》及《药品管理法实施条例》规定的药品注册时限要求。本办法所称药品注册时限，是药品注册的受理、审查、审批等工作的最长时间，根据法律法规的规定中止审批或者申请人补充资料等所用时间不计算在内。

药品注册检验、审评工作时间应当按照本办法的规定执行。有特殊原因需要延长时间的，应当说明理由，报国家食品药品监督管理局批准并告知申请人。

第一百四十七条 药品监督管理部门收到申请后进行形式审查，并根据下列情况分别作出处理：

（一）申请事项依法不需要取得行政许可的，应当即时告知申请人不予受理；

（二）申请事项依法不属于本部门职权范围的，应当即时作出不予受理的决定，并告知申请人向有关行政机关申请；

（三）申报资料存在可以当场更正的错误的，应当允许申请人当场更正；

（四）申报资料不齐全或者不符合法定形式的，应当当场

或者在5日内一次告知申请人需要补正的全部内容,逾期不告知的,自收到申请资料之日起即为受理;

(五)申请事项属于本部门职权范围,申报资料齐全、符合法定形式,或者申请人按照要求提交全部补正资料的,应当受理药品注册申请。

药品监督管理部门受理或者不予受理药品注册申请,应当出具加盖药品注册专用印章和注明日期的书面凭证。

第一百四十八条 省、自治区、直辖市药品监督管理部门应当在受理申请后30日内完成对研制情况及原始资料的核查、对申报资料的审查、抽取样品、通知药品检验所进行注册检验,将审查意见和核查报告连同申请人的申报资料一并报送国家食品药品监督管理局等工作,同时将审查意见通知申请人。

第一百四十九条 药品注册检验的时间按照以下规定执行:

(一)样品检验:30日;同时进行样品检验和标准复核:60日;

(二)特殊药品和疫苗类制品的样品检验:60日;同时进行样品检验和标准复核:90日。

按照本办法第三十六条的规定由药品检验所进行临床试验用样品检验的,应当按照前款样品检验的时间完成。

第一百五十条 技术审评工作时间按照下列规定执行:

(一)新药临床试验:90日;获准进入特殊审批程序的品种:80日;

(二)新药生产:150日;获准进入特殊审批程序的品种:120日;

(三)对已上市药品改变剂型和仿制药的申请:160日;

(四)需要进行技术审评的补充申请:40日。

进口药品注册申请的技术审评时间参照前款执行。

第一百五十一条 在技术审评过程中需要申请人补正资料的,应当一次性发出补充资料通知,申请人对补充资料通知内容提出异议的,可以当面听取申请人的陈述意见。申请人应当在4个月内按照通知要求一次性完成补充资料,进入特殊审批程序的,按照特殊审批程序的要求办理。

收到补充资料后,技术审评时间应当不超过原规定时间的1/3;进入特殊审批程序的,不得超过原规定时间的1/4。

药品注册过程中申请人自行提出撤回申请的,其审批程序自行终止。

第一百五十二条 国家食品药品监督管理局应当在20日内作出审批决定;20日内不能作出决定的,经主管局领导批准,可以延长10日,并应当将延长时限的理由告知申请人。

第一百五十三条 国家食品药品监督管理局应当自作出药品注册审批决定之日起10日内颁发、送达有关行政许可证件。

第十三章 复　　审

第一百五十四条 有下列情形之一的,国家食品药品监督管理局不予批准:

(一)不同申请人提交的研究资料、数据相同或者雷同,且无正当理由的;

(二)在注册过程中发现申报资料不真实,申请人不能证明其申报资料真实的;

(三)研究项目设计和实施不能支持对其申请药品的安全性、有效性、质量可控性进行评价的;

(四)申报资料显示其申请药品安全性、有效性、质量可控性等存在较大缺陷的;

(五)未能在规定的时限内补充资料的;

(六)原料药来源不符合规定的;

(七)生产现场检查或者样品检验结果不符合规定的;

(八)法律法规规定的不应当批准的其他情形。

第一百五十五条 药品监督管理部门依法作出不予受理或者不予批准的书面决定,应当说明理由,并告知申请人享有依法提请行政复议或者提起行政诉讼的权利。

第一百五十六条 申请人对国家食品药品监督管理局作出的不予批准决定有异议的,可以在收到不予批准的通知之日起60日内填写《药品注册复审申请表》,向国家食品药品监督管理局提出复审申请并说明复审理由。

复审的内容仅限于原申请事项及原申报资料。

第一百五十七条 国家食品药品监督管理局接到复审申请后,应当在50日内作出复审决定,并通知申请人。维持原决定的,国家食品药品监督管理局不再受理再次的复审申请。

第一百五十八条 复审需要进行技术审查的,国家食品药品监督管理局应当组织有关专业技术人员按照原申请时限进行。

第十四章 法 律 责 任

第一百五十九条 有《行政许可法》第六十九条规定情形的,国家食品药品监督管理局根据利害关系人的请求或者依据职权,可以撤销有关的药品批准证明文件。

第一百六十条 药品监督管理部门及其工作人员违反本法的规定,有下列情形之一的,由其上级行政机关或者监察机关责令改正;情节严重的,对直接负责的主管人员和其他直接责任人员依法给予行政处分:

(一)对符合法定条件的药品注册申请不予受理的;

(二)不在受理场所公示依法应当公示的材料的;

(三)在受理、审评、审批过程中,未向申请人、利害关系人履行法定告知义务的;

(四)申请人提交的申报资料不齐全、不符合法定形式,不一次告知申请人必须补正的全部内容的;

(五)未依法说明不受理或者不批准药品注册申请理由的;

(六)依法应当举行听证而不举行听证的;

第一百六十一条　药品监督管理部门及其工作人员在药品注册过程中索取或者收受他人财物或者谋取其他利益,构成犯罪的,依法追究刑事责任;尚不构成犯罪的,依法给予行政处分。

第一百六十二条　药品监督管理部门在药品注册过程中有下列情形之一的,由其上级行政机关或者监察机关责令改正,对直接负责的主管人员和其他直接责任人员依法给予行政处分;构成犯罪的,依法追究刑事责任:

(一)对不符合法定条件的申请作出准予注册决定或者超越法定职权作出准予注册决定的;

(二)对符合法定条件的申请作出不予注册决定或者不在法定期限内作出准予注册决定的;

(三)违反本办法第九条的规定未履行保密义务的。

第一百六十三条　药品检验所在承担药品审批所需要的检验工作时,出具虚假检验报告的,依照《药品管理法》第八十七条的规定处罚。

第一百六十四条　药品监督管理部门擅自收费或者不按照法定项目和标准收费的,由其上级行政机关或者监察机关责令退还非法收取的费用;对直接负责的主管人员和其他直接责任人员依法给予行政处分。

第一百六十五条　在药品注册中未按照规定实施《药物非临床研究质量管理规范》或者《药物临床试验质量管理规范》的,依照《药品管理法》第七十九条的规定处罚。

第一百六十六条　申请人在申报临床试验时,报送虚假药品注册申报资料和样品的,药品监督管理部门不予受理或者对该申报药品的临床试验不予批准,对申请人给予警告,1年内不受理该申请人提出的该药物临床试验申请;已批准进行临床试验的,撤销批准该药物临床试验的批件,并处1万元以上3万元以下罚款,3年内不受理该申请人提出的该药物临床试验申请。

药品监督管理部门对报送虚假资料和样品的申请人建立不良行为记录,并予以公布。

第一百六十七条　申请药品生产或者进口时,申请人报送虚假药品注册申报资料和样品的,国家食品药品监督管理局对该申请不予受理或者不予批准,对申请人给予警告,1年内不受理其申请;已批准生产或者进口的,撤销药品批准证明文件,5年内不受理其申请,并处1万元以上3万元以下罚款。

第一百六十八条　根据本办法第二十七条的规定,需要进行药物重复试验的,申请人拒绝的,国家食品药品监督管理局对其予以警告并责令改正,申请人拒不改正的,不予批准其申请。

第一百六十九条　具有下列情形之一的,由国家食品药品监督管理局注销药品批准文号,并予以公布:

(一)批准证明文件的有效期未满,申请人自行提出注销药品批准文号的;

(二)按照本办法第一百二十六条的规定不予再注册的;

(三)《药品生产许可证》被依法吊销或者缴销的;

(四)按照《药品管理法》第四十二条和《药品管理法实施条例》第四十一条的规定,对不良反应大或者其他原因危害人体健康的药品,撤销批准证明文件的;

(五)依法作出撤销药品批准证明文件的行政处罚决定的;

(六)其他依法应当撤销或者撤回药品批准证明文件的情形。

第十五章　附　　则

第一百七十条　中药和天然药物、化学药品、生物制品、补充申请、再注册的申报资料和要求分别见本办法附件1、附件2、附件3、附件4、附件5,监测期的规定见附件6。

第一百七十一条　药品批准文号的格式为:国药准字H(Z、S、J)+4位年号+4位顺序号,其中H代表化学药品,Z代表中药,S代表生物制品,J代表进口药品分包装。

《进口药品注册证》证号的格式为:H(Z、S)+4位年号+4位顺序号;《医药产品注册证》证号的格式为:H(Z、S)C+4位年号+4位顺序号,其中H代表化学药品,Z代表中药,S代表生物制品。对于境内分包装用大包装规格的注册证,其证号在原注册证号前加字母B。

新药证书号的格式为:国药证字H(Z、S)+4位年号+4位顺序号,其中H代表化学药品,Z代表中药,S代表生物制品。

第一百七十二条　本办法规定由省、自治区、直辖市药品监督管理部门承担的受理、补充申请的审批、再注册的审批,均属国家食品药品监督管理局委托事项。国家食品药品监督管理局还可以委托省、自治区、直辖市药品监督管理部门承担药品注册事项的其他技术审评或者审批工作。

第一百七十三条　国家食品药品监督管理局对批准上市的药品实行编码管理。药品编码管理的规定另行制定。

第一百七十四条　麻醉药品、精神药品、医疗用毒性药品、放射性药品的注册申请,除按照本办法的规定办理外,还应当符合国家的其他有关规定。

第一百七十五条　实施批准文号管理的中药材、中药饮片以及进口中药材的注册管理规定,由国家食品药品监督管理局另行制定。

第一百七十六条　药品技术转让和委托生产的办法另行制定。

第一百七十七条　本办法自2007年10月1日起施行。国家食品药品监督管理局于2005年2月28日公布的《药品注册管理办法》(国家食品药品监督管理局令第17号)同时废止。

2. 药品不良反应报告文书

药品不良反应/事件报告表

首次报告□　　跟踪报告□　　　　　　　　　编码：_____

报告类型：新的□　严重□　一般□

　　　　　　　　　　报告单位类别：医疗机构□　经营企业□　生产企业□　个人□　其他□_____

患者姓名：	性别：男□女□	出生日期：年 月 日 或年龄：	民族：	体重(kg)：	联系方式：

原患疾病：	医院名称： 病历号/门诊号：	既往药品不良反应/事件：有□_____ 无□ 不详□ 家族药品不良反应/事件：有□_____ 无□ 不详□

相关重要信息：吸烟史□　饮酒史□　妊娠期□　肝病史□　肾病史□　过敏史□_____　其他□_____

药品	批准文号	商品名称	通用名称 (含剂型)	生产厂家	生产批号	用法用量 (次剂量、途径、日次数)	用药起止时间	用药原因
怀疑药品								
并用药品								

不良反应/事件名称：_____　　不良反应/事件发生时间：　年　月　日

不良反应/事件过程描述(包括症状、体征、临床检验等)及处理情况(可附页)：

不良反应/事件的结果：痊愈□　好转□　未好转□　不详□　有后遗症□　表现：_____
　　　　　　　　　　死亡□　直接死因：_____　　　　死亡时间：　年　月　日

停药或减量后,反应/事件是否消失或减轻？　　　是□　否□　不明□　未停药或未减量□
再次使用可疑药品后是否再次出现同样反应/事件？是□　否□　不明□　未再使用□

对原患疾病的影响：不明显□　病程延长□　病情加重□　导致后遗症□　导致死亡□

关联性评价	报告人评价：　肯定□　很可能□　可能□　可能无关□　待评价□　无法评价□　签名： 报告单位评价：肯定□　很可能□　可能□　可能无关□　待评价□　无法评价□　签名：

续 表

报告人信息	联系电话：		职业:医生□ 药师□ 护士□ 其他□_____
	电子邮箱：		签名：
报告单位信息	单位名称：	联系人：	电话：	报告日期： 年 月 日
生产企业请填写信息来源	医疗机构□ 经营企业□ 个人□ 文献报道□ 上市后研究□ 其他□_____			
备 注				

严重药品不良反应,是指因使用药品引起以下损害情形之一的反应：
1）导致死亡；
2）危及生命；
3）致癌、致畸、致出生缺陷；
4）导致显著的或者永久的人体伤残或者器官功能的损伤；
5）导致住院或者住院时间延长；
6）导致其他重要医学事件,如不进行治疗可能出现上述所列情况的。

新的药品不良反应:是指药品说明书中未载明的不良反应。说明书中已有描述,但不良反应发生的性质、程度、后果或者频率与说明书描述不一致或者更严重的,按照新的药品不良反应处理。

报告时限
新的、严重的药品不良反应应于发现或者获知之日起15日内报告,其中死亡病例须立即报告,其他药品不良反应30日内报告。有随访信息的,应当及时报告。

其他说明
怀疑药品:是指患者使用的怀疑与不良反应发生有关的药品。
并用药品:指发生此药品不良反应时患者除怀疑药品外的其他用药情况,包括患者自行购买的药品或中草药等。
用法用量:包括每次用药剂量、给药途径、每日给药次数,例如,5mg,口服,每日2次。

报告的处理
所有的报告将会录入数据库,专业人员会分析药品和不良反应/事件之间的关系。根据药品风险的普遍性或者严重程度,决定是否需要采取相关措施,如在药品说明书中加入警示信息,更新药品如何安全使用的信息等。在极少数情况下,当认为药品的风险大于效益时,药品也会撤市。

药品群体不良事件基本信息表

发生地区:		使用单位:		用药人数:		
发生不良事件人数:		严重不良事件人数:		死亡人数:		
首例用药日期: 年 月 日			首例发生日期: 年 月 日			

怀疑药品	商品名	通用名	生产企业	药品规格	生产批号	批准文号

器械	产品名称	生产企业	生产批号	注册号
	本栏所指器械是与怀疑药品同时使用且可能与群体不良事件相关的注射器、输液器等医疗器械。			

不良事件表现:

群体不良事件过程描述及处理情况(可附页):

报告单位意见	

报告人信息	电话:	电子邮箱:	签名:

报告单位信息	报告单位:	联系人:	电话:

报告日期: 年 月 日

境外发生的药品不良反应/事件报告表

商品名:(中文:　　　　　英文:　　　　　) 通用名:(中文:　　　　　英文:　　　　　) 剂型:

编号	不良反应/事件名称	不良反应/事件发生时间	不良反应结果	用药开始时间	用药结束时间	用法用量	用药原因	性别	年龄	初始/跟踪报告	报告来源	来源国家	国内接收日期	备注

注:编号请填写本单位的编号;不良反应结果请填写:痊愈、好转、未好转、后遗症、死亡或不详;报告来源请填写:自发报告、研究、文献等。

报告单位:　　　　　联系人:　　　　　电话:　　　　　报告日期:

文书来源

药品不良反应报告和监测管理办法

(2011年5月4日卫生部令第81号公布　自2011年7月1日起施行)

第一章　总　则

第一条　为加强药品的上市后监管,规范药品不良反应报告和监测,及时、有效控制药品风险,保障公众用药安全,依据《中华人民共和国药品管理法》等有关法律法规,制定本办法。

第二条　在中华人民共和国境内开展药品不良反应报告、监测以及监督管理,适用本办法。

第三条　国家实行药品不良反应报告制度。药品生产企业(包括进口药品的境外制药厂商)、药品经营企业、医疗机构应当按照规定报告所发现的药品不良反应。

第四条　国家食品药品监督管理局主管全国药品不良反应报告和监测工作,地方各级药品监督管理部门主管本行政区域内的药品不良反应报告和监测工作。各级卫生行政部门负责本行政区域内医疗机构与实施药品不良反应报告制度有关的管理工作。

地方各级药品监督管理部门应当建立健全药品不良反应监测机构,负责本行政区域内药品不良反应报告和监测的技术工作。

第五条　国家鼓励公民、法人和其他组织报告药品不良反应。

第二章　职　责

第六条　国家食品药品监督管理局负责全国药品不良反应报告和监测的管理工作,并履行以下主要职责:

(一)与卫生部共同制定药品不良反应报告和监测的管理规定和政策,并监督实施;

(二)与卫生部联合组织开展全国范围内影响较大并造

成严重后果的药品群体不良事件的调查和处理,并发布相关信息;

(三)对已确认发生严重药品不良反应或者药品群体不良事件的药品依法采取紧急控制措施,作出行政处理决定,并向社会公布;

(四)通报全国药品不良反应报告和监测情况;

(五)组织检查药品生产、经营企业的药品不良反应报告和监测工作的开展情况,并与卫生部联合组织检查医疗机构的药品不良反应报告和监测工作的开展情况。

第七条 省、自治区、直辖市药品监督管理部门负责本行政区域内药品不良反应报告和监测的管理工作,并履行以下主要职责:

(一)根据本办法与同级卫生行政部门共同制定本行政区域内药品不良反应报告和监测的管理规定,并监督实施;

(二)与同级卫生行政部门联合组织开展本行政区域内发生的影响较大的药品群体不良事件的调查和处理,并发布相关信息;

(三)对已确认发生严重药品不良反应或者药品群体不良事件的药品依法采取紧急控制措施,作出行政处理决定,并向社会公布;

(四)通报本行政区域内药品不良反应报告和监测情况;

(五)组织检查本行政区域内药品生产、经营企业的药品不良反应报告和监测工作的开展情况,并与同级卫生行政部门联合组织检查本行政区域内医疗机构的药品不良反应报告和监测工作的开展情况;

(六)组织开展本行政区域内药品不良反应报告和监测的宣传、培训工作。

第八条 设区的市级、县级药品监督管理部门负责本行政区域内药品不良反应报告和监测的管理工作;与同级卫生行政部门联合组织开展本行政区域内发生的药品群体不良事件的调查,并采取必要控制措施;组织开展本行政区域内药品不良反应报告和监测的宣传、培训工作。

第九条 县级以上卫生行政部门应当加强对医疗机构临床用药的监督管理,在职责范围内依法对已确认的严重药品不良反应或者药品群体不良事件采取相关的紧急控制措施。

第十条 国家药品不良反应监测中心负责全国药品不良反应报告和监测的技术工作,并履行以下主要职责:

(一)承担国家药品不良反应报告和监测资料的收集、评价、反馈和上报,以及全国药品不良反应监测信息网络的建设和维护;

(二)制定药品不良反应报告和监测的技术标准和规范,对地方各级药品不良反应监测机构进行技术指导;

(三)组织开展严重药品不良反应的调查和评价,协助有关部门开展药品群体不良事件的调查;

(四)发布药品不良反应警示信息;

(五)承担药品不良反应报告和监测的宣传、培训、研究和国际交流工作。

第十一条 省级药品不良反应监测机构负责本行政区域内的药品不良反应报告和监测的技术工作,并履行以下主要职责:

(一)承担本行政区域内药品不良反应报告和监测资料的收集、评价、反馈和上报,以及药品不良反应监测信息网络的维护和管理;

(二)对设区的市级、县级药品不良反应监测机构进行技术指导;

(三)组织开展本行政区域内严重药品不良反应的调查和评价,协助有关部门开展药品群体不良事件的调查;

(四)组织开展本行政区域内药品不良反应报告和监测的宣传、培训工作。

第十二条 设区的市级、县级药品不良反应监测机构负责本行政区域内药品不良反应报告和监测资料的收集、核实、评价、反馈和上报;开展本行政区域内严重药品不良反应的调查和评价;协助有关部门开展药品群体不良事件的调查;承担药品不良反应报告和监测的宣传、培训等工作。

第十三条 药品生产、经营企业和医疗机构应当建立药品不良反应报告和监测管理制度。药品生产企业应当设立专门机构并配备专职人员,药品经营企业和医疗机构应当设立或者指定机构并配备专(兼)职人员,承担本单位的药品不良反应报告和监测工作。

第十四条 从事药品不良反应报告和监测的工作人员应当具有医学、药学、流行病学或者统计学等相关专业知识,具备科学分析评价药品不良反应的能力。

第三章 报告与处置

第一节 基本要求

第十五条 药品生产、经营企业和医疗机构获知或者发现可能与用药有关的不良反应,应当通过国家药品不良反应监测信息网络报告;不具备在线报告条件的,应当通过纸质报表报所在地药品不良反应监测机构,由所在地药品不良反应监测机构代为在线报告。

报告内容应当真实、完整、准确。

第十六条 各级药品不良反应监测机构应当对本行政区域内的药品不良反应报告和监测资料进行评价和管理。

第十七条 药品生产、经营企业和医疗机构应当配合药品监督管理部门、卫生行政部门和药品不良反应监测机构对药品不良反应或者群体不良事件的调查,并提供调查所需的资料。

第十八条 药品生产、经营企业和医疗机构应当建立并保存药品不良反应报告和监测档案。

第二节 个例药品不良反应

第十九条 药品生产、经营企业和医疗机构应当主动收集药品不良反应,获知或者发现药品不良反应后应当详细记录、分析和处理,填写《药品不良反应/事件报告表》(见附表1)并报告。

第二十条 新药监测期内的国产药品应当报告该药品的所有不良反应;其他国产药品,报告新的和严重的不良反应。

进口药品自首次获准进口之日起5年内,报告该进口药品的所有不良反应;满5年的,报告新的和严重的不良反应。

第二十一条 药品生产、经营企业和医疗机构发现或者获知新的、严重的药品不良反应应当在15日内报告,其中死亡病例须立即报告;其他药品不良反应应当在30日内报告。有随访信息的,应当及时报告。

第二十二条 药品生产企业应当对获知的死亡病例进行调查,详细了解死亡病例的基本信息、药品使用情况、不良反应发生及诊治情况等,并在15日内完成调查报告,报药品生产企业所在地的省级药品不良反应监测机构。

第二十三条 个人发现新的或者严重的药品不良反应,可以向经治医师报告,也可以向药品生产、经营企业或者当地的药品不良反应监测机构报告,必要时提供相关的病历资料。

第二十四条 设区的市级、县级药品不良反应监测机构应当对收到的药品不良反应报告的真实性、完整性和准确性进行审核。严重药品不良反应报告的审核和评价应当自收到报告之日起3个工作日内完成,其他报告的审核和评价应当在15个工作日内完成。

设区的市级、县级药品不良反应监测机构应当对死亡病例进行调查,详细了解死亡病例的基本信息、药品使用情况、不良反应发生及诊治情况等,自收到报告之日起15个工作日内完成调查报告,报同级药品监督管理部门和卫生行政部门,以及上一级药品不良反应监测机构。

第二十五条 省级药品不良反应监测机构应当在收到下一级药品不良反应监测机构提交的严重药品不良反应评价意见之日起7个工作日内完成评价工作。

对死亡病例,事件发生地和药品生产企业所在地的省级药品不良反应监测机构均应当及时根据调查报告进行分析、评价,必要时进行现场调查,并将评价结果报省级药品监督管理部门和卫生行政部门,以及国家药品不良反应监测中心。

第二十六条 国家药品不良反应监测中心应当及时对死亡病例进行分析、评价,并将评价结果报国家食品药品监督管理局和卫生部。

第三节 药品群体不良事件

第二十七条 药品生产、经营企业和医疗机构获知或者发现药品群体不良事件后,应当立即通过电话或者传真等方式报所在地的县级药品监督管理部门、卫生行政部门和药品不良反应监测机构,必要时可以越级报告;同时填写《药品群体不良事件基本信息表》(见附表2),对每一病例还应当及时填写《药品不良反应/事件报告表》,通过国家药品不良反应监测信息网络报告。

第二十八条 设区的市级、县级药品监督管理部门获知药品群体不良事件后,应当立即与同级卫生行政部门联合组织开展现场调查,并及时将调查结果逐级报至省级药品监督管理部门和卫生行政部门。

省级药品监督管理部门与同级卫生行政部门联合对设区的市级、县级的调查进行督促、指导,对药品群体不良事件进行分析、评价,对本行政区域内发生的影响较大的药品群体不良事件,还应当组织现场调查,评价和调查结果应当及时报国家食品药品监督管理局和卫生部。

对全国范围内影响较大并造成严重后果的药品群体不良事件,国家食品药品监督管理局应当与卫生部联合开展相关调查工作。

第二十九条 药品生产企业获知药品群体不良事件后应当立即开展调查,详细了解药品群体不良事件的发生、药品使用、患者诊治以及药品生产、储存、流通、既往类似不良事件等情况,在7日内完成调查报告,报所在地省级药品监督管理部门和药品不良反应监测机构;同时迅速开展自查,分析事件发生的原因,必要时应当暂停生产、销售、使用和召回相关药品,并报所在地省级药品监督管理部门。

第三十条 药品经营企业发现药品群体不良事件应当立即告知药品生产企业,同时迅速开展自查,必要时应当暂停药品的销售,并协助药品生产企业采取相关控制措施。

第三十一条 医疗机构发现药品群体不良事件后应当积极救治患者,迅速开展临床调查,分析事件发生的原因,必要时可采取暂停药品的使用等紧急措施。

第三十二条 药品监督管理部门可以采取暂停生产、销售、使用或者召回药品等控制措施。卫生行政部门应当采取措施积极组织救治患者。

第四节 境外发生的严重药品不良反应

第三十三条 进口药品和国产药品在境外发生的严重药品不良反应(包括自发报告系统收集的、上市后临床研究发现的、文献报道的),药品生产企业应当填写《境外发生的药品不良反应/事件报告表》(见附表3),自获知之日起30日内报送国家药品不良反应监测中心。国家药品不良反应监测中心要求提供原始报表及相关信息的,药品生产企业应当在5日内提交。

第三十四条 国家药品不良反应监测中心应当对收到的药品不良反应报告进行分析、评价,每半年向国家食品药品监督管理局和卫生部报告,发现提示药品可能存在安全隐患的信息应当及时报告。

第三十五条 进口药品和国产药品在境外因药品不良反应被暂停销售、使用或者撤市的，药品生产企业应当在获知后24小时内书面报国家食品药品监督管理局和国家药品不良反应监测中心。

第五节 定期安全性更新报告

第三十六条 药品生产企业应当对本企业生产药品的不良反应报告和监测资料进行定期汇总分析，汇总国内外安全性信息，进行风险和效益评估，撰写定期安全性更新报告。定期安全性更新报告的撰写规范由国家药品不良反应监测中心负责制定。

第三十七条 设立新药监测期的国产药品，应当自取得批准证明文件之日起每满1年提交一次定期安全性更新报告，直至首次再注册，之后每5年报告一次；其他国产药品，每5年报告一次。

首次进口的药品，自取得进口药品批准证明文件之日起每满一年提交一次定期安全性更新报告，直至首次再注册，之后每5年报告一次。

定期安全性更新报告的汇总时间以取得药品批准证明文件的日期为起点计，上报日期应当在汇总数据截止日期后60日内。

第三十八条 国产药品的定期安全性更新报告向药品生产企业所在地省级药品不良反应监测机构提交。进口药品（包括进口分包装药品）的定期安全性更新报告向国家药品不良反应监测中心提交。

第三十九条 省级药品不良反应监测机构应当对收到的定期安全性更新报告进行汇总、分析和评价，于每年4月1日前将上一年度定期安全性更新报告统计情况和分析评价结果报省级药品监督管理部门和国家药品不良反应监测中心。

第四十条 国家药品不良反应监测中心应当对收到的定期安全性更新报告进行汇总、分析和评价，于每年7月1日前将上一年度国产药品和进口药品的定期安全性更新报告统计情况和分析评价结果报国家食品药品监督管理局和卫生部。

第四章 药品重点监测

第四十一条 药品生产企业应当经常考察本企业生产药品的安全性，对新药监测期内的药品和首次进口5年内的药品，应当开展重点监测，并按要求对监测数据进行汇总、分析、评价和报告；对本企业生产的其他药品，应当根据安全性情况主动开展重点监测。

第四十二条 省级以上药品监督管理部门根据药品临床使用和不良反应监测情况，可以要求药品生产企业对特定药品进行重点监测；必要时，也可以直接组织药品不良反应监测机构、医疗机构和科研单位开展药品重点监测。

第四十三条 省级以上药品不良反应监测机构负责对药品生产企业开展的重点监测进行监督、检查，并对监测报告进行技术评价。

第四十四条 省级以上药品监督管理部门可以联合同级卫生行政部门指定医疗机构作为监测点，承担药品重点监测工作。

第五章 评价与控制

第四十五条 药品生产企业应当对收集到的药品不良反应报告和监测资料进行分析、评价，并主动开展药品安全性研究。

药品生产企业对已确认发生严重不良反应的药品，应当通过各种有效途径将药品不良反应、合理用药信息及时告知医务人员、患者和公众；采取修改标签和说明书，暂停生产、销售、使用和召回等措施，减少和防止药品不良反应的重复发生。对不良反应大的药品，应当主动申请注销其批准证明文件。

药品生产企业应当将药品安全性信息及采取的措施报所在地省级药品监督管理部门和国家食品药品监督管理局。

第四十六条 药品经营企业和医疗机构应当对收集到的药品不良反应报告和监测资料进行分析和评价，并采取有效措施减少和防止药品不良反应的重复发生。

第四十七条 省级药品不良反应监测机构应当每季度对收到的药品不良反应报告进行综合分析，提取需要关注的安全性信息，并进行评价，提出风险管理建议，及时报省级药品监督管理部门、卫生行政部门和国家药品不良反应监测中心。

省级药品监督管理部门根据分析评价结果，可以采取暂停生产、销售、使用和召回药品等措施，并监督检查，同时将采取的措施通报同级卫生行政部门。

第四十八条 国家药品不良反应监测中心应当每季度对收到的严重药品不良反应报告进行综合分析，提取需要关注的安全性信息，并进行评价，提出风险管理建议，及时报国家食品药品监督管理局和卫生部。

第四十九条 国家食品药品监督管理局根据药品分析评价结果，可以要求企业开展药品安全性、有效性相关研究。必要时，应当采取责令修改药品说明书，暂停生产、销售、使用和召回药品等措施，对不良反应大的药品，应当撤销药品批准证明文件，并将有关措施及时通报卫生部。

第五十条 省级以上药品不良反应监测机构根据分析评价工作需要，可以要求药品生产、经营企业和医疗机构提供相关资料，相关单位应当积极配合。

第六章 信息管理

第五十一条 各级药品不良反应监测机构应当对收到的药品不良反应报告和监测资料进行统计和分析，并以适当形式反馈。

第五十二条　国家药品不良反应监测中心应当根据对药品不良反应报告和监测资料的综合分析和评价结果,及时发布药品不良反应警示信息。

第五十三条　省级以上药品监督管理部门应当定期发布药品不良反应报告和监测情况。

第五十四条　下列信息由国家食品药品监督管理局和卫生部统一发布:

(一)影响较大并造成严重后果的药品群体不良事件;

(二)其他重要的药品不良反应信息和认为需要统一发布的信息。

前款规定统一发布的信息,国家食品药品监督管理局和卫生部也可以授权省级药品监督管理部门和卫生行政部门发布。

第五十五条　在药品不良反应报告和监测过程中获取的商业秘密、个人隐私、患者和报告者信息应当予以保密。

第五十六条　鼓励医疗机构、药品生产企业、药品经营企业之间共享药品不良反应信息。

第五十七条　药品不良反应报告的内容和统计资料是加强药品监督管理、指导合理用药的依据。

第七章　法律责任

第五十八条　药品生产企业有下列情形之一的,由所在地药品监督管理部门给予警告,责令限期改正,可以并处五千元以上三万元以下的罚款:

(一)未按照规定建立药品不良反应报告和监测管理制度,或者无专门机构、专职人员负责本单位药品不良反应报告和监测工作的;

(二)未建立和保存药品不良反应监测档案的;

(三)未按照要求开展药品不良反应或者群体不良事件报告、调查、评价和处理的;

(四)未按照要求提交定期安全性更新报告的;

(五)未按照要求开展重点监测的;

(六)不配合严重药品不良反应或者群体不良事件相关调查工作的;

(七)其他违反本办法规定的。

药品生产企业有前款规定第(四)项、第(五)项情形之一的,按照《药品注册管理办法》的规定对相应药品不予再注册。

第五十九条　药品经营企业有下列情形之一的,由所在地药品监督管理部门给予警告,责令限期改正;逾期不改的,处三万元以下的罚款:

(一)无专职或者兼职人员负责本单位药品不良反应监测工作的;

(二)未按照要求开展药品不良反应或者群体不良事件报告、调查、评价和处理的;

(三)不配合严重药品不良反应或者群体不良事件相关调查工作的。

第六十条　医疗机构有下列情形之一的,由所在地卫生行政部门给予警告,责令限期改正;逾期不改的,处三万元以下的罚款。情节严重并造成严重后果的,由所在地卫生行政部门对相关责任人给行政处分:

(一)无专职或者兼职人员负责本单位药品不良反应监测工作的;

(二)未按照要求开展药品不良反应或者群体不良事件报告、调查、评价和处理的;

(三)不配合严重药品不良反应和群体不良事件相关调查工作的。

药品监督管理部门发现医疗机构有前款规定行为之一的,应当移交同级卫生行政部门处理。

卫生行政部门对医疗机构作出行政处罚决定的,应当及时通报同级药品监督管理部门。

第六十一条　各级药品监督管理部门、卫生行政部门和药品不良反应监测机构及其有关工作人员在药品不良反应报告和监测管理工作中违反本办法,造成严重后果的,依照有关规定给予行政处分。

第六十二条　药品生产、经营企业和医疗机构违反相关规定,给药品使用者造成损害的,依法承担赔偿责任。

第八章　附　　则

第六十三条　本办法下列用语的含义:

(一)药品不良反应,是指合格药品在正常用法用量下出现的与用药目的无关的有害反应。

(二)药品不良反应报告和监测,是指药品不良反应的发现、报告、评价和控制的过程。

(三)严重药品不良反应,是指因使用药品引起以下损害情形之一的反应:

1. 导致死亡;

2. 危及生命;

3. 致癌、致畸、致出生缺陷;

4. 导致显著的或者永久的人体伤残或者器官功能的损伤;

5. 导致住院或者住院时间延长;

6. 导致其他重要医学事件,如不进行治疗可能出现上述所列情况的。

(四)新的药品不良反应,是指药品说明书中未载明的不良反应。说明书中已有描述,但不良反应发生的性质、程度、后果或者频率与说明书描述不一致或者更严重的,按照新的药品不良反应处理。

(五)药品群体不良事件,是指同一药品在使用过程中,在相对集中的时间、区域内,对一定数量人群的身体健康或者生命安全造成损害或者威胁,需要予以紧急处置的事件。

同一药品:指同一生产企业生产的同一药品名称、同一剂型、同一规格的药品。

（六）药品重点监测，是指为进一步了解药品的临床使用和不良反应发生情况，研究不良反应的发生特征、严重程度、发生率等，开展的药品安全性监测活动。

第六十四条 进口药品的境外制药厂商可以委托其驻中国境内的办事机构或者中国境内代理机构，按照本办法对药品生产企业的规定，履行药品不良反应报告和监测义务。

第六十五条 卫生部和国家食品药品监督管理局对疫苗不良反应报告和监测另有规定的，从其规定。

第六十六条 医疗机构制剂的不良反应报告和监测管理办法由各省、自治区、直辖市药品监督管理部门会同同级卫生行政部门制定。

第六十七条 本办法自 2011 年 7 月 1 日起施行。国家食品药品监督管理局和卫生部于 2004 年 3 月 4 日公布的《药品不良反应报告和监测管理办法》(国家食品药品监督管理局令第 7 号)同时废止。

3. 药品广告审查文书

药品广告审查表

药品名称：□
通用名称)□ ＿＿＿＿＿＿
(商品名称) ＿＿＿＿＿＿
广告类别：视□ 声□ 文□．
药品分类：处方药□ 非处方药□．

申 请 人＿＿＿＿＿＿＿＿＿＿＿＿＿＿＿
代 办 人(盖章)＿＿＿＿＿＿＿＿＿＿＿＿
审查机关＿＿＿＿＿＿＿＿＿＿＿＿＿＿＿

填表说明

1. 本表请通过电子版填写并打印。打印不清晰，填写项目不全的，不予受理；
2. "广告发布内容"一栏中，需在广告发布内容上加盖审查机关骑缝章方为有效。
3. 本表一式五份。存档一份，送同级工商行政管理部门一份。广告审查批准后，经审查机关同意可相应增加份数。

申请人		法 定 代表人	
地　　址			
邮政编码		电　话	
E－mail		传　真	
代办人		法 定 代表人	
地　　址			
邮政编码		电　话	
E－mail		传　真	
具体经办人		经办人 联系电话	
药品通用名称			
药品商品名称			
生产批准文号			
广告类别 （视、声、文）		广告时长 （视、声）	秒
计划发布媒体			

续 表

序号		证明文件目录(证明文件附后)
1	☐	申请人营业执照
2	☐	药品生产许可证
3	☐	药品经营许可证
4	☐	药品注册批件
5	☐	批准的药品说明书
6	☐	实际使用的药品说明书
7	☐	实际使用的药品标签
8	☐	药品生产企业委托书(药品经营企业作为申请人时)
9	☐	进口药品注册证
10	☐	医药产品注册证
11	☐	药品商品名称批准文件
12	☐	非处方药品审核登记证书
13	☐	商标注册证
14	☐	专利证明文件
15	☐	法律法规规定的其他确认药品广告内容真实性的证明文件
	(1)	
	(2)	
	(3)	
	(4)	
	(5)	
	(6)	

备注:
1. 请在提交的证明文件前的方框中打"√";
2. 在第15项中如提供了相关证明文件,请在其项下填写证明文件的名称;如所留项不够填写的,可以自行附页。

续 表

广告发布内容(样稿粘贴,样片、样带或者其他介质另附)				
审查意见: 审查机关签章: 日期:				
广告批准文号		药广审( )第　　　号		
有效期至		年　月　日		
异地广告审查机关备案意见 异地广告备案机关签章: 日期:　　年　月　日				
备案申请人情况	申请人				
^	地址 (含邮编)				
^	联系电话				
^	传真				
^	E-mail				
^	经办人		经办人 联系电话		

药品广告备案意见书

（　　）第　　号

_____食品药品监督管理局：

现发现，_____药广审（　　）第_____号备案的广告内容存在以下问题：

现转你局处理。

(此处加盖备案地审查机关专用章)

年　月　日

备注：本文书一式三份，一份存档备查，一份送审批地食品药品监督管理局，一份抄报国家食品药品监督管理局。

药品广告复审通知书

（　）第　号

广告申请人：_____
广告代办人：_____
药品名称：_____
药品广告批准文号：_____

（以下注明复审的理由）

　　　　　　　　　　　　　　　　　　　（此处加盖审查机关专用章）
　　　　　　　　　　　　　　　　　　　　　　年　月　日

备注：本文书一式二份，一份存档备查，一份交广告申请人或广告代办人。

违法药品广告移送通知书

（　）药广移字（　）号

_____工商行政管理局广告监督管理部门：
　　经查实，_____年____月____日在(填写媒介名称、时段、版面)_____发布的(填写药品生产企业名称)_____的(填写药品名称)_____广告，存在_____违法问题。请依法处理。
　　特此通知。

　　　　　　　　　　　　　　　　　　　XXXX食品药品监督管理局
　　　　　　　　　　　　　　　　　　　　　　（公章）
　　　　　　　　　　　　　　　　　　　　　　年 月 日

备注：本文书一式三份，一份存档备查，一份交同级工商行政管理部门，一份抄报上级食品药品监督管理部门。

文书来源

药品广告审查办法

(2007年3月13日国家食品药品监督管理局、国家工商行政管理总局令第27号公布　自2007年5月1日起施行)

第一条　为加强药品广告管理，保证药品广告的真实性和合法性，根据《中华人民共和国广告法》(以下简称《广告法》)、《中华人民共和国药品管理法》(以下简称《药品管理法》)和《中华人民共和国药品管理法实施条例》(以下简称《药品管理法实施条例》)及国家有关广告、药品监督管理的规定，制定本办法。

第二条　凡利用各种媒介或者形式发布的广告含有药品名称、药品适应症(功能主治)或者与药品有关的其他内容的，为药品广告，应当按照本办法进行审查。

非处方药仅宣传药品名称(含药品通用名称和药品商品名称)的，或者处方药在指定的医学药学专业刊物上仅宣传药品名称(含药品通用名称和药品商品名称)的，无需审查。

第三条　申请审查的药品广告，符合下列法律法规及有关规定的，方可予以通过审查：

（一）《广告法》；
（二）《药品管理法》；
（三）《药品管理法实施条例》；
（四）《药品广告审查发布标准》；
（五）国家有关广告管理的其他规定。

第四条　省、自治区、直辖市药品监督管理部门是药品广告审查机关，负责本行政区域内药品广告的审查工作。县级以上工商行政管理部门是药品广告的监督管理机关。

第五条　国家食品药品监督管理局对药品广告审查机关的药品广告审查工作进行指导和监督，对药品广告审查机关违反本办法的行为，依法予以处理。

第六条　药品广告批准文号的申请人必须是具有合法资格的药品生产企业或者药品经营企业。药品经营企业作为申请人的，必须征得药品生产企业的同意。

申请人可以委托代办人代办药品广告批准文号的申办事宜。

第七条　申请药品广告批准文号，应当向药品生产企业所在地的药品广告审查机关提出。

申请进口药品广告批准文号，应当向进口药品代理机构所在地的药品广告审查机关提出。

第八条　申请药品广告批准文号，应当提交《药品广告审查表》(附表1)，并附与发布内容相一致的样稿(样片、样带)和药品广告申请的电子文件，同时提交以下真实、合法、有效的证明文件：

（一）申请人的《营业执照》复印件；
（二）申请人的《药品生产许可证》或者《药品经营许可证》复印件；
（三）申请人是药品经营企业的，应当提交药品生产企业同意其作为申请人的证明文件原件；
（四）代办人代为申办药品广告批准文号的，应当提交申请人的委托书原件和代办人的营业执照复印件等主体资格证明文件；
（五）药品批准证明文件(含《进口药品注册证》、《医药产品注册证》)复印件、批准的说明书复印件和实际使用的标签及说明书；
（六）非处方药广告需提交非处方药审核登记证书复印件或相关证明文件的复印件；
（七）申请进口药品广告批准文号的，应当提供进口药品代理机构的相关资格证明文件的复印件；
（八）广告中涉及药品商品名称、注册商标、专利等内容的，应当提交相关有效证明文件的复印件以及其他确认广告内容真实性的证明文件。

提供本条规定的证明文件的复印件，需加盖证件持有单位的印章。

第九条　有下列情形之一的，药品广告审查机关不予受理该企业该品种药品广告的申请：

（一）属于本办法第二十条、第二十二条、第二十三条规定的不受理情形的；
（二）撤销药品广告批准文号行政程序正在执行中的。

第十条　药品广告审查机关收到药品广告批准文号申请后，对申请材料齐全并符合法定要求的，发给《药品广告受理通知书》；申请材料不齐全或者不符合法定要求的，应当当场或者在5个工作日内一次告知申请人需要补正的全部内容；逾期不告知的，自收到申请材料之日起即为受理。

第十一条　药品广告审查机关应当自受理之日起10个工作日内，对申请人提交的证明文件的真实性、合法性、有效性进行审查，并依法对广告内容进行审查。对审查合格的药品广告，发给药品广告批准文号；对审查不合格的药品广告，应当作出不予核发药品广告批准文号的决定，书面通知申请人并说明理由，同时告知申请人享有依法申请行政复议或者提起行政诉讼的权利。

对批准的药品广告，药品广告审查机关应当报国家食品药品监督管理局备案，并将批准的《药品广告审查表》送同级广告监督管理机关备案。国家食品药品监督管理局对备案中存在问题的药品广告，应当责成药品广告审查机关予以纠正。

对批准的药品广告，药品监督管理部门应当及时向社会予以公布。

第十二条　在药品生产企业所在地和进口药品代理机构

所在地以外的省、自治区、直辖市发布药品广告的（以下简称异地发布药品广告），在发布前应当到发布地药品广告审查机关办理备案。

第十三条 异地发布药品广告备案应当提交如下材料：

（一）《药品广告审查表》复印件；

（二）批准的药品说明书复印件；

（三）电视广告和广播广告需提交与通过审查的内容相一致的录音带、光盘或者其他介质媒体。

提供本条规定的材料的复印件，需加盖证件持有单位印章。

第十四条 对按照本办法第十二条、第十三条规定提出的异地发布药品广告备案申请，药品广告审查机关在受理备案申请后5个工作日内应当给予备案，在《药品广告审查表》上签注"已备案"，加盖药品广告审查专用章，并送同级广告监督管理机关备查。

备案地药品广告审查机关认为药品广告不符合有关规定的，应当填写《药品广告备案意见书》（附表2），交原审批的药品广告审查机关进行复核，并抄报国家食品药品监督管理局。

原审批的药品广告审查机关应当在收到《药品广告备案意见书》后的5个工作日内，将意见告知备案地药品广告审查机关。原审批的药品广告审查机关与备案地药品广告审查机关意见无法达成一致的，可提请国家食品药品监督管理局裁定。

第十五条 药品广告批准文号有效期为1年，到期作废。

第十六条 经批准的药品广告，在发布时不得更改广告内容。药品广告内容需要改动的，应当重新申请药品广告批准文号。

第十七条 广告申请人自行发布药品广告的，应当将《药品广告审查表》原件保存2年备查。

广告发布者、广告经营者受广告申请人委托代理、发布药品广告的，应当查验《药品广告审查表》原件，按照审查批准的内容发布，并将该《药品广告审查表》复印件保存2年备查。

第十八条 已经批准的药品广告有下列情形之一的，原审批的药品广告审查机关应当向申请人发出《药品广告复审通知书》（附表3），进行复审。复审期间，该药品广告可以继续发布。

（一）国家食品药品监督管理局认为药品广告审查机关批准的药品广告内容不符合规定的；

（二）省级以上广告监督管理机关提出复审建议的；

（三）药品广告审查机关认为应当复审的其他情形。

经复审，认为与法定条件不符的，收回《药品广告审查表》，原药品广告批准文号作废。

第十九条 有下列情形之一的，药品广告审查机关应当注销药品广告批准文号：

（一）《药品生产许可证》、《药品经营许可证》被吊销的；

（二）药品批准证明文件被撤销、注销的；

（三）国家食品药品监督管理局或者省、自治区、直辖市药品监督管理部门责令停止生产、销售和使用的药品。

第二十条 篡改经批准的药品广告内容进行虚假宣传的，由药品监督管理部门责令立即停止该药品广告的发布，撤销该品种药品广告批准文号，1年内不受理该品种的广告审批申请。

第二十一条 对任意扩大产品适应症（功能主治）范围、绝对化夸大药品疗效、严重欺骗和误导消费者的违法广告，省以上药品监督管理部门一经发现，应当采取行政强制措施，暂停该药品在辖区内的销售，同时责令违法发布药品广告的企业在当地相应的媒体发布更正启事。违法发布药品广告的企业按要求发布更正启事后，省以上药品监督管理部门应当在15个工作日内做出解除行政强制措施的决定；需要进行药品检验的，药品监督管理部门应当自检验报告书发出之日起15日内，做出是否解除行政强制措施的决定。

第二十二条 对提供虚假材料申请药品广告审批，被药品广告审查机关在受理审查中发现的，1年内不受理该企业该品种的广告审批申请。

第二十三条 对提供虚假材料申请药品广告审批，取得药品广告批准文号的，药品广告审查机关在发现后应当撤销该药品广告批准文号，并3年内不受理该企业该品种的广告审批申请。

第二十四条 按照本办法第十八条、第十九条、第二十条和第二十三条被收回、注销或者撤销药品广告批准文号的药品广告，必须立即停止发布；异地药品广告审查机关停止受理该企业该药品广告批准文号的广告备案。

药品广告审查机关按照本办法第十八条、第十九条、第二十条和第二十三条收回、注销或者撤销药品广告批准文号的，应当自做出行政处理决定之日起5个工作日内通知同级监督管理机关，由广告监督管理机关依法予以处理。

第二十五条 异地发布药品广告未向发布地药品广告审查机关备案的，发布地药品广告审查机关发现后，应当责令限期办理备案手续，逾期不改正的，停止该药品品种在发布地的广告发布活动。

第二十六条 县级以上药品监督管理部门应当对审查批准的药品广告发布情况进行监测检查。对违法发布的药品广告，各级药品监督管理部门应当填写《违法药品广告移送通知书》（附表4），连同违法药品广告样件等材料，移送同级监督管理机关查处；属于异地发布篡改经批准的药品广告内容的，发布地药品广告审查机关还应当向原审批的药品广告审查机关提出依照《药品管理法》第九十二条、本办法第二十条撤销药品广告批准文号的建议。

第二十七条 对发布违法药品广告，情节严重的，省、自治区、直辖市药品监督管理部门予以公告，并及时上报国家食品药品监督管理局,国家食品药品监督管理局定期汇总发布。

对发布虚假违法药品广告情节严重的,必要时,由国家工商行政管理总局会同国家食品药品监督管理局联合予以公告。

第二十八条 对未经审查批准发布的药品广告,或者发布的药品广告与审查批准的内容不一致的,广告监督管理机关应当依据《广告法》第四十三条规定予以处罚;构成虚假广告或者引人误解的虚假宣传,广告监督管理机关依据《广告法》第三十七条、《反不正当竞争法》第二十四条规定予以处罚。

广告监督管理机关在查处违法药品广告案件中,涉及到药品专业技术内容需要认定的,应当将需要认定的内容通知省级以上药品监督管理部门,省级以上药品监督管理部门应在收到通知书后的10个工作日内将认定结果反馈广告监督管理机关。

第二十九条 药品广告审查工作人员和药品广告监督工作人员应当接受《广告法》、《药品管理法》等有关法律法规的培训。药品广告审查机关和药品广告监督管理机关的工作人员玩忽职守、滥用职权、徇私舞弊的,给予行政处分。构成犯罪的,依法追究刑事责任。

第三十条 药品广告批准文号为"X药广审(视)第0000000000号"、"X药广审(声)第0000000000号"、"X药广审(文)第0000000000号"。其中"X"为各省、自治区、直辖市的简称。"0"为由10位数字组成,前6位代表审查年月,后4位代表广告批准序号。"视"、"声"、"文"代表用于广告媒介形式的分类代号。

第三十一条 本办法自2007年5月1日起实施。1995年3月22日国家工商行政管理局、卫生部发布的《药品广告审查办法》(国家工商行政管理局令第25号)同时废止。

4. 药品类易制毒化学品生产申请文书

药品类易制毒化学品品种目录

1. 麦角酸
2. 麦角胺
3. 麦角新碱
4. 麻黄素、伪麻黄素、消旋麻黄素、去甲麻黄素、甲基麻黄素、麻黄浸膏、麻黄浸膏粉等麻黄素类物质

说明:

一、所列物质包括可能存在的盐类。
二、药品类易制毒化学品包括原料药及其单方制剂。

药品类易制毒化学品生产申请表

申请企业名称			
注册地址		邮编	
生产地址		邮编	
企业法定代表人		电话	
联系人		电话	

续 表

药品生产许可证编号		GMP证书编号	
品　　名			
类　　别	原料药 □ 单方制剂 □ 小包装麻黄素 □ 其他 □	剂　型	

申请理由：

食品药品监督管理部门现场检查情况：

检查人签字：

年　月　日

审查意见：

省、自治区、直辖市食品药品监督管理部门盖章
年　月　日

药品类易制毒化学品生产许可批件

受理号：　　　　　　　　　　　　　　　　　　　　批件号：

品　名	
类　别	原料药　☐　　　单方制剂　☐　　剂型 小包装麻黄素　☐　　其他　☐
生产企业名称	
生产地址	
审批结论	
主送单位	
抄送单位	
说　明	

　　　　　　　　　　　　　　　　　　　　　国家食品药品监督管理局盖章
　　　　　　　　　　　　　　　　　　　　　　　　年　月　日

药品类易制毒化学品原料药经营申请表

申请企业名称			
注册地址		邮编	
仓库地址		邮编	
企业法定代表人		电话	
联系人		电话	
药品经营许可证编号		GSP证书编号	
品　　名			
申请理由：			

续 表

食品药品监督管理部门现场检查情况：
检查人签字：
年　月　日
审查意见：
省、自治区、直辖市食品药品监督管理部门盖章 年　月　日

药品类易制毒化学品购用证明

编　号：

购用单位名称	
供货单位名称	
购用品名	
类　　别	原料药□　　单方制剂□　　小包装麻黄素□　　其他□
规　　格	剂　型
用　　途	
购用数量	
有 效 期	自　　年　　月　　日至　　年　　月　　日

省、自治区、直辖市食品药品监督管理部门盖章
年　月　日

注：1. 由省、自治区、直辖市食品药品监督管理部门填写五份，存档一份，交供货单位所在地省、自治区、直辖市食品药品监督管理部门一份。购用单位交供货单位一份，交购用单位当地公安机关一份，留存一份。

　　2. 在填写购用品名时要注明盐类，数量一并用大小写注明。

　　3. 购用单位、供货单位留存购用证明3年备查。

购买药品类易制毒化学品申请表

申购单位名称			（盖章）
地　　址		邮编	
法定代表人		电话	
身份证号码			
经办人		电话	
身份证号码			
申购品名		规格	
类　　别	原料药 □　　　　单方制剂 □ 小包装麻黄素 □　　　其他 □	剂型	
申购数量			
拟定供货单位		电话	

续 表

用途及数量计算依据的详细说明：

受理申请的食品药品监督管理部门审查意见：
盖　章 　年　月　日

购买药品类易制毒化学品申报资料要求

申购单位类型 资料项目	药品生产企业	药品经营企业	教学科研单位	外贸出口企业
企业营业执照复印件	+	+	−	+
《药品生产许可证》复印件	+	−	−	−
《药品经营许可证》复印件	−	+	−	−
其它资质证明文件复印件	−	−	+	+
《药品生产质量管理规范》认证证书复印件	+	−	−	−
《药品经营质量管理规范》认证证书复印件	−	+	−	−
药品批准证明文件复印件	+1	−	−	−
国内购货合同复印件	+2	+	+	+
上次购买的增值税发票复印件（首次购买的除外）	+2	+	+	+
上次购买的使用、销售或出口情况（首次购买的除外）	+	+	+	+
用途证明材料	−	−	+	−
确保将药品类易制毒化学品用于合法用途的保证函	−	−	+	−
本单位安全保管制度及设施情况的说明材料	−	−	+	−
加强安全管理的承诺书	+	+	+	+
出口许可文件复印件	−	−	−	+
应当提供的其他材料*	−	−	+	−

注：1."+"指必须报送的资料；
2."−"指可以免报的资料；
3."+1"药品生产企业尚未取得药品批准文号，用于科研的可提交说明材料；
4."+2"药品类易制毒化学品生产企业自用用于药品生产的可不报送；
5."*"由省、自治区、直辖市食品药品监督管理部门规定并提前公布。

文书来源

药品类易制毒化学品管理办法

(2010年3月18日卫生部令第72号公布 自2010年5月1日起施行)

第一章 总 则

第一条 为加强药品类易制毒化学品管理,防止流入非法渠道,根据《易制毒化学品管理条例》(以下简称《条例》),制定本办法。

第二条 药品类易制毒化学品是指《条例》中所确定的麦角酸、麻黄素等物质,品种目录见本办法附件1。

国务院批准调整易制毒化学品分类和品种,涉及药品类易制毒化学品的,国家食品药品监督管理局应当及时调整并予公布。

第三条 药品类易制毒化学品的生产、经营、购买以及监督管理,适用本办法。

第四条 国家食品药品监督管理局主管全国药品类易制毒化学品生产、经营、购买等方面的监督管理工作。

县级以上地方食品药品监督管理部门负责本行政区域内的药品类易制毒化学品生产、经营、购买等方面的监督管理工作。

第二章 生产、经营许可

第五条 生产、经营药品类易制毒化学品,应当依照《条例》和本办法的规定取得药品类易制毒化学品生产、经营许可。

生产药品类易制毒化学品中属于药品的品种,还应当依照《药品管理法》和相关规定取得药品批准文号。

第六条 药品生产企业申请生产药品类易制毒化学品,应当符合《条例》第七条规定的条件,向所在地省、自治区、直辖市食品药品监督管理部门提出申请,报送以下资料:

(一)药品类易制毒化学品生产申请表(见附件2);

(二)《药品生产许可证》、《药品生产质量管理规范》认证证书和企业营业执照复印件;

(三)企业药品类易制毒化学品管理的组织机构图(注明各部门职责及相互关系、部门负责人);

(四)反映企业现有状况的周边环境图、总平面布置图、仓储平面布置图、质量检验场所平面布置图、药品类易制毒化学品生产场所平面布置图(注明药品类易制毒化学品相应安全管理设施);

(五)药品类易制毒化学品安全管理制度文件目录;

(六)重点区域设置电视监控设施的说明以及与公安机关联网报警的证明;

(七)企业法定代表人、企业负责人和技术、管理人员具有药品类易制毒化学品有关知识的说明材料;

(八)企业法定代表人及相关工作人员无毒品犯罪记录的证明;

(九)申请生产仅能作为药品中间体使用的药品类易制毒化学品的,还应当提供合用用途说明等其他相应资料。

第七条 省、自治区、直辖市食品药品监督管理部门应当在收到申请之日起5日内,对申报资料进行形式审查,决定是否受理。受理的,在30日内完成现场检查,将检查结果连同企业申报资料报送国家食品药品监督管理局。国家食品药品监督管理局应当在30日内完成实质性审查,对符合规定的,发给《药品类易制毒化学品生产许可批件》(以下简称《生产许可批件》,见附件3),注明许可生产的药品类易制毒化学品名称;不予许可的,应当书面说明理由。

第八条 药品生产企业收到《生产许可批件》后,应当向所在地省、自治区、直辖市食品药品监督管理部门提出变更《药品生产许可证》生产范围的申请。省、自治区、直辖市食品药品监督管理部门应当根据《生产许可批件》,在《药品生产许可证》正本的生产范围中标注"药品类易制毒化学品";在副本的生产范围中标注"药品类易制毒化学品"后,括弧内标注药品类易制毒化学品名称。

第九条 药品类易制毒化学品生产企业申请换发《药品生产许可证》的,省、自治区、直辖市食品药品监督管理部门除按照《药品生产监督管理办法》审查外,还应当对企业的药品类易制毒化学品生产条件和安全管理情况进行审查。对符合规定的,在换发的《药品生产许可证》中继续标注药品类易制毒化学品生产范围和品种名称;对不符合规定的,报国家食品药品监督管理局。

国家食品药品监督管理局收到省、自治区、直辖市食品药品监督管理部门报告后,对不符合规定的企业注销其《生产许可批件》,并通知企业所在地省、自治区、直辖市食品药品监督管理部门注销该企业《药品生产许可证》中的药品类易制毒化学品生产范围。

第十条 药品类易制毒化学品生产企业不再生产药品类易制毒化学品的,应当在停止生产经营后3个月内办理注销相关许可手续。

药品类易制毒化学品生产企业连续1年未生产的,应当书面报告所在地省、自治区、直辖市食品药品监督管理部门;需要恢复生产的,应当经所在地省、自治区、直辖市食品药品监督管理部门对企业的生产条件和安全管理情况进行现场检查。

第十一条 药品类易制毒化学品生产企业变更生产地址、品种范围的,应当重新申办《生产许可批件》。

药品类易制毒化学品生产企业变更企业名称、法定代表人的,由所在地省、自治区、直辖市食品药品监督管理部门办理《药品生产许可证》变更手续,报国家食品药品监督管理局备案。

第十二条 药品类易制毒化学品以及含有药品类易制毒化学品的制剂不得委托生产。

药品生产企业不得接受境外厂商委托加工药品类易制毒化学品以及含有药品类易制毒化学品的产品;特殊情况需要委托加工的,须经国家食品药品监督管理局批准。

第十三条 药品类易制毒化学品的经营许可,国家食品药品监督管理局委托省、自治区、直辖市食品药品监督管理部门办理。

药品类易制毒化学品单方制剂和小包装麻黄素,纳入麻醉药品销售渠道经营,仅能由麻醉药品全国性批发企业和区域性批发企业经销,不得零售。

未实行药品批准文号管理的品种,纳入药品类易制毒化学品原料药渠道经营。

第十四条 药品经营企业申请经营药品类易制毒化学品原料药,应当符合《条例》第九条规定的条件,向所在地省、自治区、直辖市食品药品监督管理部门提出申请,报送以下资料:

(一)药品类易制毒化学品原料药经营申请表(见附件4);

(二)具有麻醉药品和第一类精神药品定点经营资格或者第二类精神药品定点经营资格的《药品经营许可证》、《药品经营质量管理规范》认证证书和企业营业执照复印件;

(三)企业药品类易制毒化学品管理的组织机构图(注明各部门职责及相互关系、部门负责人);

(四)反映企业现有状况的周边环境图、总平面布置图、仓储平面布置图(注明药品类易制毒化学品相应安全管理设施);

(五)药品类易制毒化学品安全管理制度文件目录;

(六)重点区域设置电视监控设施的说明以及与公安机关联网报警的证明;

(七)企业法定代表人、企业负责人和销售、管理人员具有药品类易制毒化学品有关知识的说明材料;

(八)企业法定代表人及相关工作人员无毒品犯罪记录的证明。

第十五条 省、自治区、直辖市食品药品监督管理部门应当在收到申请之日起5日内,对申报资料进行形式审查,决定是否受理。受理的,在30日内完成现场检查和实质性审查,对符合规定的,在《药品经营许可证》经营范围中标注"药品类易制毒化学品",并报国家食品药品监督管理局备案;不予许可的,应当书面说明理由。

第三章 购买许可

第十六条 国家对药品类易制毒化学品实行购买许可制度。购买药品类易制毒化学品的,应当办理《药品类易制毒化学品购用证明》(以下简称《购用证明》),但本办法第二十一条规定的情形除外。

《购用证明》由国家食品药品监督管理局统一印制(样式见附件5),有效期为3个月。

第十七条 《购用证明》申请范围:

(一)经批准使用药品类易制毒化学品用于药品生产的药品生产企业;

(二)使用药品类易制毒化学品的教学、科研单位;

(三)具有药品类易制毒化学品经营资格的药品经营企业;

(四)取得药品类易制毒化学品出口许可的外贸出口企业;

(五)经农业部会同国家食品药品监督管理局下达兽用盐酸麻黄素注射液生产计划的兽药生产企业。

药品类易制毒化学品生产企业自用药品类易制毒化学品原料药用于药品生产的,也应当按照本办法规定办理《购用证明》。

第十八条 购买药品类易制毒化学品应当符合《条例》第十四条规定,向所在地省、自治区、直辖市食品药品监督管理部门或者省、自治区食品药品监督管理部门确定并公布的设区的市级食品药品监督管理部门提出申请,填报购买药品类易制毒化学品申请表(见附件6),提交相应资料(见附件7)。

第十九条 设区的市级食品药品监督管理部门应当在收到申请之日起5日内,对申报资料进行形式审查,决定是否受理。受理的,必要时组织现场检查,5日内将检查结果连同企业申报资料报送省、自治区食品药品监督管理部门。省、自治区食品药品监督管理部门应当在5日内完成审查,对符合规定的,发给《购用证明》;不予许可的,应当书面说明理由。

省、自治区、直辖市食品药品监督管理部门直接受理的,应当在收到申请之日起10日内完成审查和必要的现场检查,对符合规定的,发给《购用证明》;不予许可的,应当书面说明理由。

省、自治区、直辖市食品药品监督管理部门在批准发给《购用证明》之前,应当请公安机关协助核查相关内容;公安机关核查所用的时间不计算在上述期限之内。

第二十条 《购用证明》只能在有效期内一次使用。《购用证明》不得转借、转让。购买药品类易制毒化学品时必须使用《购用证明》原件,不得使用复印件、传真件。

第二十一条 符合以下情形之一的,豁免办理《购用证明》:

(一)医疗机构凭麻醉药品、第一类精神药品购用印鉴卡购买药品类易制毒化学品单方制剂和小包装麻黄素的;

(二)麻醉药品全国性批发企业、区域性批发企业持麻醉

药品调拨单购买小包装麻黄素以及单次购买麻黄素片剂 6 万片以下、注射剂 1.5 万支以下的;

(三)按规定购买药品类易制毒化学品标准品、对照品的;

(四)药品类易制毒化学品生产企业凭药品类易制毒化学品出口许可自营出口药品类易制毒化学品的。

第四章 购销管理

第二十二条 药品类易制毒化学品生产企业应当将药品类易制毒化学品原料药销售给取得《购用证明》的药品生产企业、药品经营企业和外贸出口企业。

第二十三条 药品类易制毒化学品经营企业应当将药品类易制毒化学品原料药销售给本省、自治区、直辖市行政区域内取得《购用证明》的单位。药品类易制毒化学品经营企业之间不得购销药品类易制毒化学品原料药。

第二十四条 教学科研单位只能凭《购用证明》从麻醉药品全国性批发企业、区域性批发企业和药品类易制毒化学品经营企业购买药品类易制毒化学品。

第二十五条 药品类易制毒化学品生产企业应当将药品类易制毒化学品单方制剂和小包装麻黄素销售给麻醉药品全国性批发企业。麻醉药品全国性批发企业、区域性批发企业应当按照《麻醉药品和精神药品管理条例》第三章规定的渠道销售药品类易制毒化学品单方制剂和小包装麻黄素。麻醉药品区域性批发企业之间不得购销药品类易制毒化学品单方制剂和小包装麻黄素。

麻醉药品区域性批发企业之间因医疗急需等特殊情况需要调剂药品类易制毒化学品单方制剂的,应当在调剂后 2 日内将调剂情况分别报所在地省、自治区、直辖市食品药品监督管理部门备案。

第二十六条 药品类易制毒化学品禁止使用现金或者实物进行交易。

第二十七条 药品类易制毒化学品生产企业、经营企业销售药品类易制毒化学品,应当逐一建立购买方档案。

购买方为非医疗机构的,档案内容至少包括:

(一)购买方《药品生产许可证》、《药品经营许可证》、企业营业执照等资质证明文件复印件;

(二)购买方企业法定代表人、主管药品类易制毒化学品负责人、采购人员姓名及其联系方式;

(三)法定代表人授权委托书原件及采购人员身份证明文件复印件;

(四)《购用证明》或者麻醉药品调拨单原件;

(五)销售记录及核查情况记录。

购买方为医疗机构的,档案应当包括医疗机构麻醉药品、第一类精神药品购用印鉴卡复印件和销售记录。

第二十八条 药品类易制毒化学品生产企业、经营企业销售药品类易制毒化学品时,应当核查采购人员身份证明和相关购买许可证明,无误后方可销售,并保存核查记录。

发货应当严格执行出库复核制度,认真核对实物与药品销售出库单是否相符,并确保将药品类易制毒化学品送达购买方《药品生产许可证》或者《药品经营许可证》所载明的地址,或者医疗机构的药库。

在核查、发货、送货过程中发现可疑情况的,应当立即停止销售,并向所在地食品药品监督管理部门和公安机关报告。

第二十九条 除药品类易制毒化学品经营企业外,购用单位应当按照《购用证明》载明的用途使用药品类易制毒化学品,不得转售;外贸出口企业购买的药品类易制毒化学品不得内销。

购用单位需要将药品类易制毒化学品退回原供货单位的,应当分别报其所在地和原供货单位所在地省、自治区、直辖市食品药品监督管理部门备案。原供货单位收到退货后,应当分别向其所在地和原购用单位所在地省、自治区、直辖市食品药品监督管理部门报告。

第五章 安全管理

第三十条 药品类易制毒化学品生产企业、经营企业、使用药品类易制毒化学品的药品生产企业和教学科研单位,应当配备保障药品类易制毒化学品安全管理的设施,建立层层落实责任制的药品类易制毒化学品管理制度。

第三十一条 药品类易制毒化学品生产企业、经营企业和使用药品类易制毒化学品的药品生产企业,应当设置专库或者在药品仓库中设立独立的专库(柜)储存药品类易制毒化学品。

麻醉药品全国性批发企业、区域性批发企业可在其麻醉药品和第一类精神药品专库中设专区存放药品类易制毒化学品。

教学科研单位应当设立专柜储存药品类易制毒化学品。

专库应当设有防盗设施,专柜应当使用保险柜;专库和专柜应当实行双人双锁管理。

药品类易制毒化学品生产企业、经营企业和使用药品类易制毒化学品的药品生产企业,其关键生产岗位、储存场所应当设置电视监控设施,安装报警装置并与公安机关联网。

第三十二条 药品类易制毒化学品生产企业、经营企业和使用药品类易制毒化学品的药品生产企业,应当建立药品类易制毒化学品专用账册。专用账册保存期限应当自药品类易制毒化学品有效期期满之日起不少于 2 年。

药品类易制毒化学品生产企业自营出口药品类易制毒化学品的,必须在专用账册中载明,并留存出口许可及相应证明材料备查。

药品类易制毒化学品入库应当双人验收,出库应当双人复核,做到账物相符。

第三十三条 发生药品类易制毒化学品被盗、被抢、丢失或者其他流入非法渠道情形的，案发单位应当立即报告当地公安机关和县级以上地方食品药品监督管理部门。接到报案的食品药品监督管理部门应当逐级上报，并配合公安机关查处。

第六章 监督管理

第三十四条 县级以上地方食品药品监督管理部门负责本行政区域内药品类易制毒化学品生产企业、经营企业、使用药品类易制毒化学品的药品生产企业和教学科研单位的监督检查。

第三十五条 食品药品监督管理部门应当建立对本行政区域内相关企业的监督检查制度和监督检查档案。监督检查至少应当包括药品类易制毒化学品的安全管理状况、销售流向、使用情况等内容；对企业的监督检查档案应当全面详实，应当有现场检查等情况的记录。每次检查后应当将检查结果以书面形式告知被检查单位；需要整改的应当提出整改内容及整改期限，并实施跟踪检查。

第三十六条 食品药品监督管理部门对药品类易制毒化学品的生产、经营、购买活动进行监督检查时，可以依法查看现场、查阅和复制有关资料、记录有关情况、扣押相关的证据材料和违法物品；必要时，可以临时查封有关场所。

被检查单位及其工作人员应当配合食品药品监督管理部门的监督检查，如实提供有关情况和材料、物品，不得拒绝或者隐匿。

第三十七条 食品药品监督管理部门应当将药品类易制毒化学品许可、依法吊销或者注销许可的情况及时通报有关公安机关和工商行政管理部门。

食品药品监督管理部门收到工商行政管理部门关于药品类易制毒化学品生产企业、经营企业吊销营业执照或者注销登记的情况通报后，应当及时注销相应的药品类易制毒化学品许可。

第三十八条 药品类易制毒化学品生产企业、经营企业应当于每月10日前，向所在地县级食品药品监督管理部门、公安机关及中国麻醉药品协会报送上月药品类易制毒化学品生产、经营和库存情况；每年3月31日前向所在地县级食品药品监督管理部门、公安机关及中国麻醉药品协会报送上年度药品类易制毒化学品生产、经营和库存情况。食品药品监督管理部门应当将汇总情况及时报告上一级食品药品监督管理部门。

药品类易制毒化学品生产企业、经营企业应当按照食品药品监督管理部门制定的药品电子监管实施要求，及时联入药品电子监管网，并通过网络报送药品类易制毒化学品生产、经营和库存情况。

第三十九条 药品类易制毒化学品生产企业、经营企业、使用药品类易制毒化学品的药品生产企业和教学科研单位，

对过期、损坏的药品类易制毒化学品应当登记造册，并向所在地县级以上地方食品药品监督管理部门申请销毁。食品药品监督管理部门应当自接到申请之日起5日内到现场监督销毁。

第四十条 有《行政许可法》第六十九条第一款、第二款所列情形的，省、自治区、直辖市食品药品监督管理部门或者国家食品药品监督管理局应当撤销根据本办法作出的有关许可。

第七章 法律责任

第四十一条 药品类易制毒化学品生产企业、经营企业、使用药品类易制毒化学品的药品生产企业、教学科研单位，未按规定执行安全管理制度的，由县级以上食品药品监督管理部门按照《条例》第四十条第一款第一项的规定给予处罚。

第四十二条 药品类易制毒化学品生产企业自营出口药品类易制毒化学品，未按规定在专用账册中载明或者未按规定留存出口许可、相应证明材料备查的，由县级以上食品药品监督管理部门按照《条例》第四十条第一款第四项的规定给予处罚。

第四十三条 有下列情形之一的，由县级以上食品药品监督管理部门给予警告，责令限期改正，可以并处1万元以上3万元以下的罚款：

（一）药品类易制毒化学品生产企业连续停产1年以上未按规定报告的，或者未经所在地省、自治区、直辖市食品药品监督管理部门现场检查即恢复生产的；

（二）药品类易制毒化学品生产企业、经营企业未按规定渠道购销药品类易制毒化学品的；

（三）麻醉药品区域性批发企业因特殊情况调剂药品类易制毒化学品后未按规定备案的；

（四）药品类易制毒化学品发生退货，购用单位、供货单位未按规定备案、报告的。

第四十四条 药品类易制毒化学品生产企业、经营企业、使用药品类易制毒化学品的药品生产企业和教学科研单位，拒不接受食品药品监督管理部门监督检查的，由县级以上食品药品监督管理部门按照《条例》第四十二条规定给予处罚。

第四十五条 对于由公安机关、工商行政管理部门按照《条例》第三十八条作出行政处罚决定的单位，食品药品监督管理部门自该行政处罚决定作出之日起3年内不予受理其药品类易制毒化学品生产、经营、购买许可的申请。

第四十六条 食品药品监督管理部门工作人员在药品类易制毒化学品管理工作中有应当许可而不许可、不应当许可而滥许可，以及其他滥用职权、玩忽职守、徇私舞弊行为的，依法给予行政处分；构成犯罪的，依法追究刑事责任。

第八章 附 则

第四十七条 申请单位按照本办法的规定申请行政许可

事项的,应当对提交资料的真实性负责,提供资料为复印件的,应当加盖申请单位的公章。

第四十八条 本办法所称小包装麻黄素是指国家食品药品监督管理局指定生产的供教学、科研和医疗机构配制制剂使用的特定包装的麻黄素原料药。

第四十九条 对兽药生产企业购用盐酸麻黄素原料药以及兽用盐酸麻黄素注射液生产、经营等监督管理,按照农业部和国家食品药品监督管理局的规定执行。

第五十条 本办法自 2010 年 5 月 1 日起施行。原国家药品监督管理局 1999 年 6 月 26 日发布的《麻黄素管理办法》(试行)同时废止。

(四)医疗器械

1. 医疗器械优先审批文书

医疗器械优先审批申请表

产品名称	
申请人	
受理号	(受理后由受理部门填写)
联系人	联系方式
优先审批理由	注:说明该项目优先审批的理由,相关依据可作为附件一并提交。
备注	
申请人签章	年　月　日 注:境内申请人由申请人签章,境外申请人由申请人或者其代理人签章。

医疗器械优先审批项目异议表

提出人	（可为单位或个人）
工作单位	
联系方式	
医疗器械优先审批异议相关信息	
产品名称	
申请人	
受理号	
优先审批异议的理由	注：说明优先审批异议的理由，相关依据可作为附件一并提交。
单位签章或个人签字	年　月　日 注：提出人为单位的，由单位签章；提出人为个人的，由个人签字。

文书来源

医疗器械优先审批程序

（2016年10月25日国家食品药品监督管理总局公告第168号公布　自2017年1月1日起施行）

第一条　为保障医疗器械临床使用需求，根据《医疗器械监督管理条例》（国务院令第650号）、《国务院关于改革药品医疗器械审评审批制度的意见》（国发〔2015〕44号）等有关规定，制定本程序。

第二条　国家食品药品监督管理总局对符合下列条件之一的境内第三类和进口第二类、第三类医疗器械注册申请实施优先审批：

（一）符合下列情形之一的医疗器械：

1. 诊断或者治疗罕见病，且具有明显临床优势；
2. 诊断或者治疗恶性肿瘤，且具有明显临床优势；
3. 诊断或者治疗老年人特有和多发疾病，且目前尚无有效诊断或者治疗手段；
4. 专用于儿童，且具有明显临床优势；
5. 临床急需，且在我国尚无同品种产品获准注册的医疗器械。

（二）列入国家科技重大专项或者国家重点研发计划的医疗器械。

（三）其他应当优先审批的医疗器械。

第三条　对于本程序第二条第（一）、（二）项情形，需要按照本程序优先审批的，申请人应当向国家食品药品监督管理总局提出优先审批申请。

对于本程序第二条第（三）项情形，由国家食品药品监督管理总局广泛听取意见，并组织专家论证后确定。

第四条　对于符合本程序第二条第（一）、（二）项情形的，申请人应当在提交医疗器械注册申请时一并提交医疗器械优先审批申请表（见附1）。

对于本程序第二条第（二）项情形的医疗器械优先审批申请，申请人还应当提交该产品列入国家科技重大专项或者国家重点研发计划的相关证明文件。

第五条 国家食品药品监督管理总局医疗器械注册申请受理部门对优先审批申请材料进行形式审查，对优先审批申请材料齐全且予以受理的注册申请项目，注明优先审批申请，转交国家食品药品监督管理总局医疗器械技术审评中心(以下简称器审中心)进行审核。

第六条 对于本程序第二条第(一)项情形的医疗器械优先审批申请以及其他应当优先审批的医疗器械，器审中心每月集中组织专家论证审核，出具审核意见。经专家论证需要优先审批的，拟定予以优先审批。

对于本程序第二条第(二)项情形的医疗器械优先审批申请，器审中心自收到申请之日起5个工作日内进行审核，符合优先审批情形的，拟定予以优先审批。

第七条 器审中心将拟定优先审批项目的申请人、产品名称、受理号在其网站上予以公示，公示时间应当不少于5个工作日。公示期内无异议的，即优先进入审评程序，并告知申请人。

第八条 对公示项目有异议的，应当在公示期内向器审中心提交书面意见并说明理由(异议表见附2)。器审中心应当在收到异议起10个工作日内，对相关意见进行研究，并将研究意见告知申请人和提出异议方。

第九条 器审中心经审核不予优先审批的，将不予优先审批的意见和原因告知申请人，并按常规审批程序办理。

第十条 器审中心对列入优先审批的医疗器械注册申请，按照接收时间单独排序，优先进行技术审评。

第十一条 对于优先审批的项目，省级食品药品监督管理部门优先安排医疗器械注册质量管理体系核查。

第十二条 对于优先审批的项目，器审中心在技术审评过程中，应当按照相关规定积极与申请人进行沟通交流，必要时，可以安排专项交流。

第十三条 对于申请优先审批的境内医疗器械注册申请项目，器审中心确认该产品属于第二类医疗器械的，受理部门及时将第二类医疗器械注册申报资料和分类意见转申请人所在地省级食品药品监督管理部门审评审批。

第十四条 对于优先审批的项目，器审中心在技术审评报告中注明为优先审批项目，国家食品药品监督管理总局优先进行行政审批。

第十五条 已经按照医疗器械应急审批程序、创新医疗器械特别审批程序进行审批的注册申请项目，不执行本程序。

第十六条 各省、自治区、直辖市食品药品监督管理部门可参照本程序开展行政区域内第二类医疗器械注册优先审批工作。

第十七条 本程序自2017年1月1日起施行。

2. 医疗器械分类文书

医疗器械分类判定表

		接触人体器械							
	使用状态	暂时使用			短期使用			长期使用		
使用形式		皮肤/腔道(口)	创伤组织	血液环/中枢	皮肤/腔道(口)	创伤组织	血液环/中枢	皮肤/腔道(口)	创伤组织	血液环/中枢
无源医疗器械	1 液体输送器械	Ⅱ	Ⅱ	Ⅲ	Ⅱ	Ⅱ	Ⅲ	Ⅱ	Ⅲ	Ⅲ
	2 改变血液体液器械	—	—	Ⅲ	—	—	Ⅲ	—	—	Ⅲ
	3 医用敷料	Ⅰ	Ⅱ	Ⅱ	Ⅰ	Ⅱ	Ⅱ	Ⅱ	Ⅲ	Ⅲ
	4 侵入器械	Ⅰ	Ⅱ	Ⅲ	Ⅱ	Ⅱ	Ⅲ	—	—	—
	5 重复使用手术器械	Ⅰ	Ⅰ	Ⅱ						
	6 植入器械							Ⅲ	Ⅲ	Ⅲ
	7 避孕和计划生育器械(不包括重复使用手术器械)	Ⅱ	Ⅱ	Ⅲ	Ⅱ	Ⅲ	Ⅲ	Ⅱ	Ⅲ	Ⅲ
	8 其他无源器械	Ⅰ	Ⅱ	Ⅲ	Ⅱ	Ⅱ	Ⅲ	Ⅱ	Ⅲ	Ⅲ

续表

接触人体器械

使用形式 \ 使用状态	轻微损伤	中度损伤	严重损伤
有源医疗器械 1 能量治疗器械	Ⅱ	Ⅱ	Ⅲ
2 诊断监护器械	Ⅱ	Ⅱ	Ⅲ
3 液体输送器械	Ⅱ	Ⅱ	Ⅲ
4 电离辐射器械	Ⅱ	Ⅱ	Ⅲ
5 植入器械	Ⅲ	Ⅲ	Ⅲ
6 其他有源器械	Ⅱ	Ⅱ	Ⅲ

非接触人体器械

使用形式 \ 使用状态	基本不影响	轻微影响	重要影响
无源医疗器械 1 护理器械	Ⅰ	Ⅱ	—
2 医疗器械清洗消毒器械	—	Ⅱ	Ⅲ
3 其他无源器械	Ⅰ	Ⅱ	Ⅱ
有源医疗器械 1 临床检验仪器设备	Ⅰ	Ⅱ	Ⅲ
2 独立软件	Ⅰ	Ⅱ	Ⅲ
3 医疗器械消毒灭菌设备	—	Ⅱ	Ⅲ
4 其他有源器械	Ⅰ	Ⅱ	Ⅲ

注：1. 本表中"Ⅰ"、"Ⅱ"、"Ⅲ"分别代表第一类、第二类、第三类医疗器械。
2. 本表中"—"代表不存在这种情形。

文书来源

医疗器械分类规则

（2015年7月14日国家食品药品监督管理总局令第15号公布　自2016年1月1日起施行）

第一条　为规范医疗器械分类，根据《医疗器械监督管理条例》，制定本规则。

第二条　本规则用于指导制定医疗器械分类目录和确定新的医疗器械的管理类别。

第三条　本规则有关用语的含义是：

（一）预期目的

指产品说明书、标签或者宣传资料载明的，使用医疗器械应当取得的作用。

（二）无源医疗器械

不依靠电能或者其他能源，但是可以通过由人体或者重力产生的能量，发挥其功能的医疗器械。

（三）有源医疗器械

任何依靠电能或者其他能源，而不是直接由人体或者重力产生的能量，发挥其功能的医疗器械。

（四）侵入器械

借助手术全部或者部分通过体表侵入人体，接触体内组织、血液循环系统、中枢神经系统等部位的医疗器械，包括介入手术中使用的器材、一次性使用无菌手术器械和暂时或短期留在人体内的器械等。本规则中的侵入器械不包括重复使用手术器械。

（五）重复使用手术器械

用于手术中进行切、割、钻、锯、抓、刮、钳、抽、夹等过程，不连接任何有源医疗器械，通过一定的处理可以重新使用的无源医疗器械。

（六）植入器械

借助手术全部或者部分进入人体内或腔道（口）中，或者用于替代人体上皮表面或眼表面,并且在手术过程结束后留在人体内30日(含)以上或者被人体吸收的医疗器械。

(七)接触人体器械

直接或间接接触患者或者能够进入患者体内的医疗器械。

(八)使用时限

1. 连续使用时间:医疗器械按预期目的、不间断的实际作用时间;

2. 暂时:医疗器械预期的连续使用时间在24小时以内;

3. 短期:医疗器械预期的连续使用时间在24小时(含)以上、30日以内;

4. 长期:医疗器械预期的连续使用时间在30日(含)以上。

(九)皮肤

未受损皮肤表面。

(十)腔道(口)

口腔、鼻腔、食道、外耳道、直肠、阴道、尿道等人体自然腔道和永久性人造开口。

(十一)创伤

各种致伤因素作用于人体所造成的组织结构完整性破坏或者功能障碍。

(十二)组织

人体体内组织,包括骨、牙髓或者牙本质,不包括血液循环系统和中枢神经系统。

(十三)血液循环系统

血管(毛细血管除外)和心脏。

(十四)中枢神经系统

脑和脊髓。

(十五)独立软件

具有一个或者多个医疗目的,无需医疗器械硬件即可完成自身预期目的,运行于通用计算平台的软件。

(十六)具有计量测试功能的医疗器械

用于测定生理、病理、解剖参数,或者定量测定进出人体的能量或物质的医疗器械,其测量结果需要精确定量,并且该结果的准确性会对患者的健康和安全产生明显影响。

(十七)慢性创面

各种原因形成的长期不愈合创面,如静脉性溃疡、动脉性溃疡、糖尿病性溃疡、创伤性溃疡、压力性溃疡等。

第四条 医疗器械按照风险程度由低到高,管理类别依次分为第一类、第二类和第三类。

医疗器械风险程度,应当根据医疗器械的预期目的,通过结构特征、使用形式、使用状态、是否接触人体等因素综合判定。

第五条 依据影响医疗器械风险程度的因素,医疗器械可以分为以下几种情形:

(一)根据结构特征的不同,分为无源医疗器械和有源医疗器械。

(二)根据是否接触人体,分为接触人体器械和非接触人体器械。

(三)根据不同的结构特征和是否接触人体,医疗器械的使用形式包括:

无源接触人体器械:液体输送器械、改变血液体液器械、医用敷料、侵入器械、重复使用手术器械、植入器械、避孕和计划生育器械、其他无源接触人体器械。

无源非接触人体器械:护理器械、医疗器械清洗消毒器械、其他无源非接触人体器械。

有源接触人体器械:能量治疗器械、诊断监护器械、液体输送器械、电离辐射器械、植入器械、其他有源接触人体器械。

有源非接触人体器械:临床检验仪器设备、独立软件、医疗器械消毒灭菌设备、其他有源非接触人体器械。

(四)根据不同的结构特征、是否接触人体以及使用形式,医疗器械的使用状态或者其产生的影响包括以下情形:

无源接触人体器械:根据使用时限分为暂时使用、短期使用、长期使用;接触人体的部位分为皮肤或腔道(口)、创伤或组织、血液循环系统或中枢神经系统。

无源非接触人体器械:根据对医疗效果的影响程度分为基本不影响、轻微影响、重要影响。

有源接触人体器械:根据失控后可能造成的损伤程度分为轻微损伤、中度损伤、严重损伤。

有源非接触人体器械:根据对医疗效果的影响程度分为基本不影响、轻微影响、重要影响。

第六条 医疗器械的分类应当根据医疗器械分类判定表(见附件)进行分类判定。有以下情形的,还应当结合下述原则进行分类:

(一)如果同一医疗器械适用两个或者两个以上的分类,应当采取其中风险程度最高的分类;由多个医疗器械组成的医疗器械包,其分类应当与包内风险程度最高的医疗器械一致。

(二)可作为附件的医疗器械,其分类应当综合考虑该附件对配套主体医疗器械安全性、有效性的影响;如果附件对配套主体医疗器械有重要影响,附件的分类应不低于配套主体医疗器械的分类。

(三)监控或者影响医疗器械主要功能的医疗器械,其分类应当与被监控、影响的医疗器械的分类一致。

(四)以医疗器械作用为主的药械组合产品,按照第三类医疗器械管理。

(五)可被人体吸收的医疗器械,按照第三类医疗器械管理。

(六)对医疗效果有重要影响的有源接触人体器械,按照第三类医疗器械管理。

（七）医用敷料如果有以下情形，按照第三类医疗器械管理，包括：预期具有防组织或器官粘连功能，作为人工皮肤，接触真皮深层或其以下组织受损的创面，用于慢性创面，或者可被人体全部或部分吸收的。

（八）以无菌形式提供的医疗器械，其分类应不低于第二类。

（九）通过牵拉、撑开、扭转、压握、弯曲等作用方式，主动施加持续作用力于人体、可动态调整肢体固定位置的矫形器械（不包括仅具有固定、支撑作用的医疗器械，也不包括配合外科手术中进行临时矫形的医疗器械或者外科手术后或其他治疗中进行四肢矫形的医疗器械），其分类应不低于第二类。

（十）具有计量测试功能的医疗器械，其分类应不低于第二类。

（十一）如果医疗器械的预期目的是明确用于某种疾病的治疗，其分类应不低于第二类。

（十二）用于在内窥镜下完成夹取、切割组织或者取石等手术操作的无源重复使用手术器械，按照第二类医疗器械管理。

第七条 体外诊断试剂按照有关规定进行分类。

第八条 国家食品药品监督管理总局根据医疗器械生产、经营、使用情况，及时对医疗器械的风险变化进行分析、评价，对医疗器械分类目录进行调整。

第九条 国家食品药品监督管理总局可以组织医疗器械分类专家委员会制定、调整医疗器械分类目录。

第十条 本规则自2016年1月1日起施行。2000年4月5日公布的《医疗器械分类规则》（原国家药品监督管理局令第15号）同时废止。

3. 医疗器械经营环节重点监管文书

医疗器械经营环节重点监管目录及现场检查重点内容

类别	品种（类）目录	经营环节风险点	现场检查重点内容
一、无菌类	1. 一次性使用无菌注射器（含自毁式、胰岛素注射、高压造影用） 2. 一次性使用无菌注射针（含牙科、注射笔用） 3. 一次性使用输液器（含精密、避光、压力输液等各型式） 4. 一次性使用静脉输液针 5. 一次性使用静脉留置针 6. 一次性使用真空采血器 7. 一次性使用输血器 8. 一次性使用塑料血袋 9. 一次性使用麻醉穿刺包 10. 人工心肺设备辅助装置（接触血液的管路、滤器等） 11. 血液净化用器具（接触血液的管路、过滤/透析/吸附器械） 12. 氧合器 13. 血管内造影导管 14. 球囊扩张导管 15. 中心静脉导管 16. 外周血管套管 17. 动静脉介入导丝、鞘管 18. 血管内封堵器械（含封堵器、栓塞栓子、微球） 19. 医用防护口罩、医用防护服	1. 合法资质 2. 仓储管理 3. 质量追溯	1. 检查合法资质： (1) 所经营产品是否取得医疗器械注册证、合格证明文件； (2) 医疗器械经营许可证或备案凭证、营业执照，经营范围是否覆盖所经营产品； (3) 供货者的医疗器械生产（经营）许可证或备案凭证、营业执照，经营范围是否覆盖所经营产品； (4) 销售人员的授权书是否符合要求。 2. 检查仓储管理： (1) 仓库设施设备及维护记录； (2) 温湿度日常监控记录； (3) 产品存储状态是否与说明书要求一致； (4) 产品包装有否开封或破损； (5) 效期预警记录。 3. 检查质量追溯： (1) 计算机信息管理系统能否保证经营的产品可追溯（第三类）； (2) 供货者随货同行单； (3) 进货验收记录； (4) 出库复核查验记录； (5) 销售记录（批发）； (6) 退货产品或不合格品的处置记录； (7) 说明书和标签的内容是否与经注册的相关内容一致，是否存在标签标示不全、储存要求标示不清，进口产品是否有中文说明书、中文标签。

续表

类别	品种(类)目录	经营环节风险点	现场检查重点内容
二、植入材料和人工器官类	1. 普通骨科植入物(含金属、无机、聚合物等材料的板、钉、针、棒、丝、填充、修复材料等) 2. 脊柱内固定器材 3. 人工关节 4. 人工晶体 5. 血管支架(含动静脉及颅内等中枢及外周血管用支架) 6. 心脏缺损修补/封堵器械 7. 人工心脏瓣膜 8. 血管吻合器械(含血管吻合器、动脉瘤夹) 9. 组织填充材料(含乳房、整形及眼科填充等) 10. 医用可吸收缝线 11. 同种异体医疗器械 12. 动物源医疗器械	1. 合法资质 2. 仓储管理 3. 质量追溯 4. 售后管理	1. 检查合法资质： (1)所经营产品是否取得医疗器械注册证、合格证明文件； (2)医疗器械经营许可证、营业执照，经营范围是否覆盖所经营产品； (3)供货者的医疗器械生产(经营)许可证、营业执照，经营范围是否覆盖所经营产品； (4)销售人员的授权书是否符合要求。 2. 检查仓储管理： (1)仓库设施设备及维护记录； (2)产品存储状态是否与说明书要求一致； (3)产品包装有否开封或破损； (4)效期预警记录。 3. 检查质量追溯： (1)计算机信息管理系统能否保证经营的产品可追溯； (2)供货者随货同行单； (3)进货验收记录； (4)出库复核查验记录； (5)销售记录； (6)退货产品或不合格品的处置记录； (7)对供临床选配而未使用的退回医疗器械产品管理,能否保证其质量和安全； (8)说明书和标签的内容是否与经注册的相关内容一致，是否存在标签标示不全、储存要求标示不清，进口产品是否有中文说明书、中文标签。 4. 检查售后管理： (1)是否配备医学相关专业大专以上学历，并经过生产企业或者供应商培训的人员； (2)购销协议是否明确质量责任和售后服务责任。
三、体外诊断试剂类	1. 人传染高致病性病原微生物(第三、四类危害)检测相关的试剂 2. 与血型、组织配型相关的试剂 3. 其他需要冷链储运的第三类体外诊断试剂	1. 合法资质 2. 仓储管理 3. 质量追溯 4. 冷链运输	1. 检查合法资质： (1)所经营产品是否取得医疗器械注册证或、合格证明文件； (2)医疗器械经营许可证、营业执照，经营范围是否覆盖所经营产品； (3)供货者的医疗器械生产(经营)许可证、营业执照，经营范围是否覆盖所经营产品； (4)销售人员的授权书是否符合要求。 2. 检查仓储管理： (1)仓库设施设备及维护记录； (2)温度日常监控记录； (3)产品存储状态是否与说明书要求一致； (4)产品包装有否开封或破损； (5)效期预警记录。 3. 检查质量追溯： (1)计算机信息管理系统能否保证经营的产品可追溯； (2)供货者随货同行单； (3)进货验收记录； (4)出库复核查验记录； (5)销售记录； (6)退货产品或不合格品的处置记录； (7)说明书和标签的内容是否与经注册的相关内容一致，是否存在标签标示不全、储存要求标示不清，进口产品是否有中文说明书、中文标签。 4. 检查冷链运输： (1)设施设备是否符合医疗器械储运过程中对温度控制的要求； (2)运输方式及运输过程的温度记录等是否完整并符合规定要求； (3)计量器具使用和检定记录。

续 表

类别	品种(类)目录	经营环节风险点	现场检查重点内容
四、角膜接触镜类	软性角膜接触镜	1. 合法资质 2. 仓储管理 3. 质量追溯 4. 验光专业要求	1. 检查合法资质： (1)所经营产品是否取得医疗器械注册证、合格证明文件； (2)医疗器械经营许可证、营业执照，经营范围是否覆盖所经营产品； (3)供货者的医疗器械生产(经营)许可证、营业执照，经营范围是否覆盖所经营产品； (4)销售人员的授权书是否符合要求。 2. 检查仓储管理： (1)仓库设施设备及维护记录； (2)产品存储状态是否与说明书要求一致； (3)产品包装有否开封或破损； (4)效期预警记录。 3. 检查质量追溯： (1)计算机信息管理系统能否保证经营的产品可追溯； (2)供货者随货同行单； (3)进货验收记录； (4)出库复核查验记录； (5)销售记录； (6)退货产品或不合格品的处置记录； (7)说明书和标签的内容是否与经注册的相关内容一致，是否存在标签标示不全、储存要求标示不清，进口产品是否有中文说明书、中文标签。 4. 检查验光专业要求： (1)是否配备验光专业或有职业资格的人员； (2)是否设有检查区(门店)； (3)是否配备电脑验光仪、裂隙灯显微镜等仪器设备，查看使用维护记录(门店)。
五、设备仪器类	1. 人工心肺设备 2. 血液净化用设备 3. 婴儿保育设备(含各类培养箱、抢救台) 4. 麻醉机/麻醉呼吸机 5. 生命支持用呼吸机 6. 除颤仪 7. 心脏起搏器 8. 一次性使用非电驱动式输注泵 9. 电驱动式输注泵 10. 高电位治疗设备	1. 合法资质 2. 仓储管理 3. 质量追溯 4. 售后管理	1. 检查合法资质： (1)所经营产品是否取得医疗器械注册证、合格证明文件； (2)医疗器械经营许可证、营业执照，经营范围是否覆盖所经营产品； (3)供货者的医疗器械生产(经营)许可证、营业执照，经营范围是否覆盖所经营产品； (4)销售人员的授权书是否符合要求。 2. 检查仓储管理： (1)仓库设施设备及维护记录； (2)温湿度日常监控记录； (3)产品存储状态是否与说明书要求一致。 3. 检查质量追溯： (1)计算机信息管理系统能否保证经营的产品可追溯； (2)供货者随货同行单； (3)进货验收记录； (4)出库复核查验记录； (5)销售记录； (6)退货产品或不合格品的处置记录； (7)说明书和标签的内容是否与经注册的相关内容一致，是否存在标签标示不全、储存要求标示不清，进口产品是否有中文说明书、中文标签。 4. 检查售后管理： (1)售后服务人员是否取得企业售后服务上岗证； (2)购销协议是否明确质量责任和售后服务责任(包括提供安装、维修、技术培训等)，并保存相关安装调试和验收记录。

续表

类别	品种(类)目录	经营环节风险点	现场检查重点内容
六 计划生育类	避孕套(含天然胶乳橡胶和人工合成材料)	1. 合法资质 2. 仓储管理 3. 质量追溯	批发企业： 1. 检查合法资质： (1)所经营产品是否取得医疗器械注册证、合格证明文件； (2)医疗器械经营许可证或备案凭证、营业执照，经营范围是否覆盖所经营产品； (3)供货者的医疗器械生产(经营)许可证或备案凭证、营业执照，经营范围是否覆盖所经营产品； (4)销售人员的授权书是否符合要求。 2. 检查仓储管理： (1)仓库设施设备及维护记录； (2)产品存储状态是否与说明书要求一致； (3)产品包装有否开封或破损； (4)效期预警记录。 3. 检查质量追溯： (1)供货者随货同行单； (2)进货验收记录； (3)出库复核查验记录； (4)销售记录； (5)退货产品或不合格品的处置记录； (6)说明书和标签的内容是否与经注册的相关内容一致，是否存在标签标示不全、储存要求标示不清，进口产品是否有中文说明书、中文标签。 零售企业： 1. 检查合法资质；2. 检查进货验收记录。

文书来源

国家食品药品监管总局关于印发《医疗器械经营环节重点监管目录及现场检查重点内容》的通知

(2015年8月17日 食药监械监〔2015〕159号)

各省、自治区、直辖市食品药品监督管理局：

为加强医疗器械经营监管，根据《医疗器械经营监督管理办法》(国家食品药品监督管理总局令第8号)和《医疗器械经营企业分类分级监督管理规定》(食药监械监〔2015〕158号)，总局组织制定了《医疗器械经营环节重点监管目录及现场检查重点内容》，现印发给你们，请按照《医疗器械经营企业分类分级监督管理规定》对《医疗器械经营环节重点监管目录及现场检查重点内容》中所列品种的经营实施重点监管。

(五) 化妆品

1. 化妆品生产许可文书

化妆品生产许可证(式样)

中华人民共和国
化妆品生产许可证

企 业 名 称：　　　　　　　　　编　　　号：
住　　　所：　　　　　　　　　生 产 地 址：
社会信用代码：　　　　　　　　许 可 项 目：
法定代表人：
企业负责人：
质量负责人：

有 效 期 至：　　　年　月　日　　发证机关：
日常监督管理机构：　　　　　　　签 发 人：
日常监督管理人员：
投诉举报电话：12331　　　　　　　　　　　　年　月　日

国家食品药品监督管理总局监制

化妆品分类

以生产工艺和成品状态为主要划分依据,划分为一般液态单元、膏霜乳液单元、粉单元、气雾剂及有机溶剂单元、蜡基单元、牙膏单元和其他单元。划分单元和类别如下:

单元	类别
一般液态单元	护发清洁类
	护肤水类
	染烫发类
	啫喱类
膏霜乳液单元	护肤清洁类
	护发类
	染烫发类
粉单元	散粉类
	块状粉类
	染发类
	浴盐类
气雾剂及有机溶剂单元	气雾剂类
	有机溶剂类
蜡基单元	蜡基类
牙膏单元	牙膏类
其他单元	

注:具有抗菌、抑菌功能的特种洗手液、特种沐浴剂,香皂和其他齿用产品不在发证范围。

化妆品生产许可申请表

企业名称：＿＿＿＿＿＿（企业公章）＿＿＿＿＿

联系电话：＿＿＿＿＿＿＿＿＿＿＿＿＿＿＿

联 系 人：＿＿＿＿＿＿＿＿＿＿＿＿＿＿＿

申请类别：　新办□　变更□　延续□　补办□　注销□

申请日期：＿＿＿＿＿　年　　　月　　　日

国家食品药品监督管理总局制

企业自我声明

一、本企业提供的申请材料内容真实。

二、本企业生产所使用的原料、包装材料及最终产品均符合国家有关规定的要求，保证质量安全。最终产品在正常以及合理的、可预见的使用条件下，不会对人体健康产生危害。

三、本企业所生产产品功效宣称真实、有科学依据。

四、本企业所生产产品的标签标注内容真实，符合相关法律法规的规定。

五、本企业对以上声明愿意承担相应的法律责任。

法定代表人签字(企业负责人)：

年　　月　　日(企业公章)

一、申请企业基本情况				
企业名称				
企业住所				
生产地址				
邮政编码		联系电话		
传　　真		电子邮箱		
工商登记机构		法定代表人		
社会信用代码		质量负责人		
企业负责人		联系电话		
其他需要说明的情况				

二、申报产品基本情况

项目总投资		年设计生产能力	
产品单元	产品类别	产品名称	产品执行标准

三、企业主要管理人员和技术人员情况

序号	姓名	身份证号	学历	职称	所学专业	工作年限	岗位/职务

四、主要生产设备、工艺装备明细

序号	产品单元	设备名称	规格型号	数量	完好状态	使用场所	生产厂及国别	生产日期	购置日期

五、主要检测仪器、设备明细

序号	产品单元	仪器名称	规格型号	精度等级	数量	完好状态	使用场所	生产厂及国别	生产日期	购置日期

化妆品生产许可检查要点

序号	项目	检查项目	评价方法
		机构与人员	
		第一节　原则	
1	*	企业应建立与生产规模和产品结构相适应的组织机构，规定各机构职责、权限。企业应保证组织架构及职责权限的良好运行。	检查组织架构图，职责权限描述是否建立。 检查整体组织架构，全面评价组织的各个岗位是否履行自己的职责，从而保证整个组织架构的良好运作。
2		企业法定代表人是企业化妆品质量的主要责任人。 企业应设置质量负责人，应设立独立的质量管理部门和专职的质量管理部门负责人。 企业质量负责人和生产负责人不得相互兼任。	检查过程中，通过观察、与员工交流，了解企业对于保证产品质量的资源投入。 检查后综合评价，企业是否提供了足够的资源保证要点的实施。 检查质量负责人授权书或其他证明文件。 检查组织架构图和实际运作，质量部门是否独立。 质量管理部门负责人是否专职。 质量负责人是否同时兼任生产负责人。
3		企业应建立人员档案。应配备满足生产要求的管理和操作人员。所有从事与本要点相关活动的人员应具备相应的知识和技能，能正确履行自己的职责。	综合评价，人员的数量是否满足企业的生产运营、品质管理等。 现场抽查人员档案建立情况。 抽查不同岗位的员工，观察操作或询问如何开展工作，核对相应的作业文件要求。
		第二节　人员职责与要求	
4	*	企业质量负责人应具有相关专业大专以上学历或相应技术职称，具有三年以上化妆品生产相关质量管理经验。主要职责： 4.1 本要点的组织实施； 4.2 质量管理制度体系的建立和运行； 4.3 产品质量问题的决策。 质量管理部门负责人应具有相关专业大专以上学历或相应技术职称，具有三年以上化妆品生产相关质量管理经验。主要职责： 4.4 负责内部检查及产品召回等质量管理活动； 4.5 确保质量标准、检验方法、验证和其他质量管理规程有效实施； 4.6 确保原料、包装材料、中间产品和成品符合质量标准； 4.7 评价物料供应商； 4.8 负责产品的放行； 4.9 负责不合格品的管理； 4.10 负责其他与产品质量有关的活动。	检查质量负责人的档案，是否具有相应的资历； 检查是否明确规定质量负责人的职责； 了解其某一职责是如何开展的。 了解其履职的能力是否胜任。 检查质量管理部门负责人学历证书或职称证书及档案，是否具有相应资质及经验。 了解其某一职责是如何开展的。 了解其履职的能力是否胜任。

续 表

5		企业生产负责人应具有相应的生产知识和经验。企业生产负责人主要职责： 5.1 确保产品按照批准的工艺规程生产、储存； 5.2 确保生产相关人员经过必要和持续的培训； 5.3 确保生产环境、设施设备满足生产质量需求。	检查生产负责人的档案，是否具有相应的资历； 检查是否明确规定生产负责人的职责。 了解其某一职责是如何开展的。 了解其履职的能力是否胜任。
6	*	检验人员应具备相应的资质或经相应的专业技术培训，考核合格后上岗。	检查检验人员档案，微生物检验人员的资格证或培训证明，其他检验人员的专业技术培训记录，检查是否经过考核，并通过观察访谈形式核对开展工作的能力。
		第三节　人员培训	
7		企业应建立培训制度。 企业应建立员工培训和考核档案，包括培训计划、培训记录、考核记录等。 培训的内容应确保人员能够具备与其职责和所从事活动相适应的知识和技能。培训效果应得到确认。 企业应对参与生产、质量有关活动的人员进行相应培训和考核。	检查是否建立培训制度。 按照培训制度规定，检查是否按照规定实施。 现场抽查3—5个人员，培训内容是否包含上述规定，保留相应的记录。 检查培训是否按计划进行，至少每年进行一次。 检查是否定期收集员工的培训需求，更新培训计划，是否按计划落实。 现场抽查3—5个与生产、质量相关人员，查是否有相应的培训和考核，保留相应的记录。
		第四节　人员卫生	
8		企业应制定人员健康卫生管理制度。 企业从业人员应保持良好个人卫生，直接从事产品生产的人员不得佩戴饰物、手表以及染指甲、留长指甲，不得化浓妆、喷洒香水，不得将个人生活用品、食物等带入生产车间，防止污染。	检查企业是否建立人员健康卫生管理制度； 检查企业是否建立人员健康档案，员工是否在入职前体检，是否在入职后每年进行一次健康检查；现场抽查3—5位直接接触生产的员工是否有有效的健康证明。
9	*	企业应建立人员健康档案，直接接触产品的人员上岗前应接受健康检查，以后每年进行一次健康检查。凡患有手癣、指甲癣、手部湿疹、发生于手部的银屑病或者鳞屑、渗出性皮肤病患者、手部外伤，不得直接从事化妆品生产活动。	检查是否建立人员健康档案； 现场抽查3—5位直接接触生产的员工。
10		进入生产区的所有人员必须按照规定程序更衣。 外来人员不得进入生产和仓储等区域，特殊情况确实需要进入，应事先对个人卫生、更衣等事项指导。	检查现场人员更衣情况是否符合要求； 工作服的选材、样式及穿戴是否与所在的生产环境要求相适应。 检查企业是否有外来人员进入车间的管理规定； 检查外来人员进入车间的记录，进出车间有无登记。

续 表

		质量管理	
11	*	第一节　原则 企业应建立与生产规模和产品结构相适应的质量管理体系,将化妆品生产和质量的要求贯彻到化妆品原料采购、生产、检验、储存和销售的全过程中,确保产品符合标准要求。	综合判断;检查完条款所有内容后判断是否建立了文件化体系,且按照文件化体系有效运行,不断检查、改进系统。
12		企业应制定质量方针,质量方针应包括对满足要求和持续改进质量管理体系有效性的承诺,且得到沟通。 企业应制定符合质量管理要求的质量目标,质量目标应是可测量的,并且与质量方针保持一致,且分解到各个部门。 企业应制定评审方针并定期检讨质量目标的完成情况,保证质量目标的实现。	检查企业是否制定质量方针,是否涵盖要求。 检查企业是否制定质量目标,是否涵盖要求。 抽查部分管理层,检查是否了解质量方针以及企业的目标。 查质量方针是否定期评审。 抽查1—2个目标,看是否定期检讨质量目标的完成情况。
13	*	第二节　质量管理制度 企业应制定完善的质量管理制度,质量管理制度应至少包括: 13.1 文件管理制度; 13.2 物料供应管理制度; 13.3 检验管理制度; 13.4 放行管理制度; 13.5 设施设备管理制度; 13.6 生产工艺管理制度; 13.7 卫生管理制度; 13.8 留样管理制度; 13.9 内部检查制度; 13.10 追溯管理制度; 13.11 不合格品管理制度; 13.12. 投诉与召回管理制度; 13.13. 不良反应监测报告制度。	检查企业是否建立相应的质量管理制度。 在后续章节中检查相应管理制度的执行情况。
14		第三节　文件管理 企业应建立必要的、系统的、有效的文件管理制度并确保执行。确保在使用处获得适用文件的有效版本,作废文件得到控制。 外来文件如化妆品法律法规应得到识别,并控制其分发。	检查是否有文件管理制度。现场检查,要求岗位提供作业文件。检查外来文件清单。检查作废的文件是否有清晰标识;工作现场是否有作废的文件;作废文件是否按要求管理。

续 表

15	*	企业与本要点有关的所有活动均应形成记录，包括但不限于：批生产记录、检验记录、不合格品处理记录、培训记录、检查记录、投诉记录、厂房设备设施使用维护保养记录等，并规定记录的保存期限。 每批产品均应有相应的批号和生产记录，并能反映整个生产过程，并保证样品的可追溯性。	检查有无批生产记录、检验记录、不合格品处理记录、培训记录、检查记录、投诉记录、厂房设备设施使用维护保养记录等。 抽查1—2批产品进行追溯。
		第四节　实验室管理	
16	*	企业应建立与生产规模和产品类型相适应的实验室，并具备相应的检验能力。实验室应具备相应的检验场地、仪器、设备、设施和人员。企业应建立实验室管理制度和检验管理制度。	现场检查是否有符合要求的微生物和理化检验室及相应的仪器设备； 检查检验记录及现场提问，以了解是否有能力检测产品企业标准中规定的出厂检验指标。 检查是否建立实验室管理制度和检验管理制度。
17		实验室应按检验需要建立相应的功能间，包括微生物检验室、理化检验室。微生物检验室的环境控制条件应能确保检测结果准确可靠。	检查实验室是否按检验需要设立相应的功能间；询问如何保证微生物实验室环境条件满足要求，进行评判。
18		企业应建立原料、包装材料、中间产品和成品检验标准，按照相应质量标准对原料、包装材料、中间产品和成品进行检验。	抽查3—5款原料、包装材料、中间产品和成品，检查是否建立标准； 检查检验报告及原始记录，检查是否按质量标准的规定进行相应指标的检验。
19		检验过程应有详细的记录，检验记录应至少包括以下信息： 19.1 可追溯的样品信息； 19.2 检验方法(可用文件编号表示)； 19.3 判定标准； 19.4 检验所用仪器设备。	抽查3—5款原料，检查检验报告及原始记录。
20		企业应按规定的方法取样。 样品应标识清晰，避免混淆，并按规定的条件储存，应标识名称、批号、取样日期、取样数量、取样人等。	检查企业是否有取样管理规定，是否对抽样方法、取样数量、样品处理、频率等作出明确规定； 现场检查作业人员取样是否按照规定进行。 检查样品标识是否清晰完整，样品储存是否满足要求。
21		企业应建立实验室仪器和设备的管理制度，包括校验、使用、清洁、保养等。校验后的仪器设备应有明显的标识。 检测仪器的使用环境应符合工作要求。	现场抽查3—5款仪器，检查是否有明显的标识； 检查核对是否有检验室仪器设备清单及周期检定计划；检查是否有校准/检定报告。 现场检查仪器的使用环境是否符合文件的要求。
22		企业应根据以下规定对试剂、试液、培养基进行管理： 22.1 应从合格供应商处采购，并按规定的条件储存。 22.2 已配制标准液和培养基应有明确的标识； 22.3 标准品、对照品应有适当的标识。	检查实验室的试剂、试液、培养基购买记录，看是否从合格供应商处进行采购； 检查试剂、试液、培养基的存储条件，看能否满足相关的要求； 检查标准液和培养基的配制记录，现场检查配制好的标准液和培养基的标识信息是否符合要求； 现场检查标准品、对照品的管理，其标识信息是否符合要求。

续　表

23		实验室应建立检验结果超标的管理制度,对超标结果进行分析、确认和处理,并有相应记录。	检查超标管理制度,询问检验员检验结果超标如何处理。
24		委托检验的项目,须委托具有资质的检验机构进行检验,并签定委托检验协议。委托外部实验室进行检验的项目,应在检验报告中予以说明。	检查委托检验机构的清单,看是否都具有资质;检查是否与委托检验的机构签订检验协议;检查近三个月的委托外部检验实验室的检验情况。
		第五节　物料和产品放行	
25	*	质量管理部门应独立行使物料、中间产品和成品的放行权。 企业应严格执行物料放行制度,确保只有经放行的物料才能用于生产。成品放行前应确保检查相关的生产和质量活动记录。	检查相关文件,看是否规定质量管理部门独立行使物料、中间产品和成品的放行权;抽查产品追溯,检查物料和产品的放行是否经过质量管理部门的批准。 检查是否建立物料及产品放行制度; 抽查产品追溯,检查是否按照物料及产品放行制度执行。
		第六节　不合格品管理	
26		企业应建立不合格品管理制度,规定不合格品的处理、返工、报废等操作。	检查企业的不合格品管理制度,是否明确规定不合格品的处理、返工、报废等; 现场检查是否有不合格品,询问不合格品应如何处理,反馈使用何种方式,是否有记录。
27	*	不合格的物料、中间产品和成品的处理应经质量管理部门负责人批准。企业应建立专门的不合格品处理记录,应对不合格品进行相应的原因分析,必要时采取纠正措施。	检查不合格品处理记录是否有质量部门负责人批准。 检查不合格品处理记录是否采取了原因分析、纠正及纠正措施。
28	*	不合格的物料、中间产品和成品应有清晰标识,并专区存放。对于不合格品应按照一定规则进行分类、统计,以便采取质量改进措施。	现场检查不合格的物料、中间产品和成品是否有清晰标识,是否有专区存放。 是否对不合格品进行分类统计。
29		工厂应保留返工产品记录且记录表明返工产品符合成品质量要求,得到质量管理部门的放行。	抽查3—5位员工,询问何时需要返工,有无返工的情况发生。 检查返工产品记录,放行前是否得到批准。
		第七节　追溯管理	
30	*	企业应建立从物料入库、验收、产品生产、销售等全过程的追溯管理制度,保证产品的可追溯性。	检查企业的追溯管理制度,看是否包括物料入库、验收、产品生产、销售等全过程。
		第八节　质量风险管理	
31	推荐	企业应实施质量风险管理,对物料、生产过程、储存等环节进行质量风险的评估。 企业应根据质量风险评估结果,制定相应的监控措施并保证实施。相应的风险评估记录应保留。 应定期确认并更新风险评估。	检查企业是否建立质量风险管理制度; 质量风险评估是否包括物料、生产过程、储存等环节; 检查企业是否根据质量风险评估结果制定监控措施,检查相关记录,看监控措施是否按照计划落实。 检查是否定期确认更新风险评估。

续 表

32		第九节　内部检查	
32		企业应制定内审制度,包括内审计划、内审检查表,规定内审的频率等。企业应定期对本要点的实施进行系统、全面的内部检查,确保本要点有效实施。	检查企业是否有文件规定定期开展内部审核。检查最近一次的内审实施情况,看是否按计划开展内部审核。
33		内审员不应检查自己部门,内审人员应获得相应资格或者通过培训以及其他方式证实能胜任,知悉如何开展内审。	检查内审员是否审核自己部门,询问内审人员如何开展审核,是否胜任。
34		检查完成后应形成检查报告,报告内容包括检查过程、检查情况、检查结论等。内审结果应反馈到上层管理层。对内审不符合项应采取必要的纠正和预防措施。	检查最近一次的内审报告,看不符合项是否都采取了必要的纠正和预防措施,纠正和预防措施是否有效,结果是否得到验证。审核的报告是否反馈到上层管理层。
		厂房与设施	
		第一节　原则	
35		厂房的选址、设计、建造和使用应最大限度保证对产品的保护,避免污染及混淆,便于清洁和维护。	检查厂区环境是否整洁,厂区地面、路面及运输等是否会对化妆品生产造成污染;检查生产、行政、生活和辅助区总体布局是否合理,是否相互妨碍;检查厂区周围是否有危及产品卫生的污染源,是否远离有害场所30米;厂房布局是否合理,各项生产操作是否相互妨碍。生产过程中可能产生有毒有害因素的生产车间,是否与居民区之间有不少于30米的卫生防护距离。
		第二节　生产车间要求	
36	*	厂房应有与生产规模相适应的面积和空间,并合理布局;应按生产工艺流程及环境控制要求设置功能间(包括制作间、灌装间、包装间等);应提供与生产工艺相适应的设施和场地。更衣室应配备衣柜、鞋柜等设施。生产车间应配备足够的非手接触式流动水洗手及消毒设施。	现场检查生产区是否有与生产规模相适应的空间和面积,每条生产车间作业线的制作、灌装、包装间总面积不得小于100平方米。现场检查各功能间是否按工艺流程进行设置,空间和面积与生产规模是否相适应。检查是否配备衣柜、鞋柜,私人物品与生产用品是否分开存放;检查是否设有与生产规模相适应的洗手、消毒设施,均为非手接触式;检查洗手、消毒设施是否正常使用。
37	*	应规定物料、产品和人员在厂房内和厂房之间的流向,避免交叉污染。厕所不得建在车间内部。	检查是否有合理的人流、物流走向。检查厕所是否建在车间内部。

续表

38		应规定清洁消毒的操作,制定相应的清洁消毒制度。	检查是否制定清洁消毒制度,检查现场的清洁效果; 检查清洁工具是否专用并无纤维物脱落; 检查消毒剂是否经卫生行政部门批准,并正确使用以保证灭菌效果; 检查消毒剂是否建立台账妥善管理。 空气和物表消毒应采取安全、有效的方法,如采用紫外线消毒的,使用中紫外线灯的辐照强度不小于70微瓦/平方厘米,并按照30瓦/10平方米设置。
39	*	生产车间应按产品工艺环境控制需求分为清洁区、准清洁区和一般区。制定车间环境监控计划,定期监控。	检查是否按产品工艺合理划分清洁区、准清洁区和一般区; 检查环境监控计划,是否按计划实施; 检查是否有有效的检测报告。
40		生产眼部用护肤类、婴儿和儿童用护肤类化妆品的灌装间、清洁容器存储应达到30万级洁净要求。 生产区之间应根据工艺质量保证要求保持相应的压差,清洁区与其他生产区保持一定的正压差。 生产车间温度、相对湿度控制应满足产品工艺要求。	查看生产车间空气检测报告,参考《GB 50457-2008 医药工业洁净厂房设计规范》30万级标准;检查生产区内是否设置指示压差的装置; 清洁区与其他生产区保持一定的正压差; 易产生粉尘的功能间与其他功能间保持一定的负压差。 检查温度和湿度的控制要求、监控制度; 检查监控制度的执行情况。
41		易燃、易爆、有腐蚀性、易产生粉尘、不易清洁等工序,应使用单独的生产车间和专用生产设备,具备相应的卫生、安全措施。 易产生粉尘的生产操作岗位(如筛选、粉碎、混合等)应配备有效的除尘和排风设施。	检查易燃、易爆、有腐蚀性的工序是否设有相应的防护装置; 检查易产生粉尘的工序是否设有独立的生产车间; 检查不易清洁的工序是否设置专用生产设备。 检查易产生粉尘的车间是否设有除尘装置,一般情况回风不利用,避免交叉污染,如循环使用,应检查是否采取有效措施避免污染和交叉污染。
42	*	生产过程产生的废水、废气、废弃物不得对产品造成污染。	检查废水、废气、废弃物的处理制度及处理情况,是否对产品、环境造成污染,是否符合国家有关规定;
43		地板、墙壁和房顶结构、管道工程、通风、给水、排水口和渠道系统应便于清洁和维护。 管道安装应确保水滴或冷凝水不污染原料、产品、容器、设备表面。	检查清洁区的墙壁与地板、天花的交界处是否成弧形或采取其他措施便于清洁; 现场检查管道是否通畅,易于清洁。 现场检查是否有产生水滴、冷凝水的情况,是否对产品产生污染。
44		应根据生产作业需求提供足够照明,安装符合各类操作的照明系统。照明设施应能防止破裂及其碎片造成污染,或者采取适当措施保护产品。	查看生产车间工作面混合照度检测报告:工作面混合照度不得小于220lx,检验场所工作面混合照度不得小于450lx。 检查生产区的照度与生产要求是否相适应,厂房是否设有应急照明设施;检查照度检测记录。 检查照明设施破裂是否会造成产品污染,或者采取加装灯罩等措施保证产品防护。

续表

45		企业应建立成文的有效的虫害控制程序和控制计划。建立虫鼠害设施分布图。生产车间应配备有效防止鼠虫害的进入、聚集和滋生的设施并及时监控。现场布置合理，工作状态良好，定期检查和清洁，并保留相应的记录。	检查是否有鼠虫害控制的管理制度，是否建立虫鼠害设施分布图。 检查是否有鼠虫害防治设施，是否及时监控； 检查是否有鼠虫害控制的记录。
46	*	生产车间应不存在任何虫害、虫害设施或杀虫剂污染产品的实例，未有鼠、蚊、蝇等的孳生地。应保留杀虫剂使用清单并归档相关资料。	检查是否有鼠、蚊蝇等的滋生地； 检查是否在车间内部喷洒杀虫剂或者使用鼠药。 检查杀虫剂是否满足要求。
		第三节　仓储区要求	
47		仓储区应有与生产规模相适应的面积和空间，应设置原料、包装材料、成品仓库（或区）； 应设置合适的照明和通风、防鼠、防虫、防尘、防潮等设施。 合格品与不合格品分区存放。	检查仓储区的面积和空间是否与生产规模相适应，并分区存放。 仓储区内部摆放是否过于密集，是否有物料摆放在仓储区外面，库存的货物码放是否离地、离墙10厘米以上，离顶50厘米以上，避开采暖设备并留出通道。 检查仓储区的照度是否满足实际操作需要，是否有应急照明设施。 检查是否有防鼠、防虫、防尘、防潮等设施，并保存检查记录； 检查不合格或过期原料是否加注标志，避免误用，并及早处理； 检查是否有不合格品或过期原料的处理记录。
48		对易燃、易爆、有毒、有腐蚀性等危险品应设置专门区域或设施储存。	检查易燃、易爆等危险品管理规定，是否对验收、储存及领用的规定，是否建立入库领用台账； 检查危险品是否专区存放，并专人上锁管理； 检查有毒有害物品清单，抽查其中3种或以上有毒有害物质是否有安全数据，是否有使用记录，其储存是否定点、加锁、专人管理并做好标识。
		设　备	
		第一节　原则	
49	*	企业应具备符合生产要求的生产设备和分析检测仪器或设备。 应建立并保存设备采购、安装、确认的文件和记录。	检查设备设计、选型等是否与工艺规程要求一致； 抽查3—5款设备查相应的记录。
		第二节　设备设计及选型	
50		生产设备的设计及选型必须满足产品特性要求，不得对产品质量产生影响。设备的设计与安装应易于操作，方便清洁消毒。	检查设计、生产等相关部门是否参与设备选型过程； 检查设备的选型是否有评估报告。

续表

51	所有与原料、产品直接接触的设备、工器具、管道等的材质应得到确认,确保不带入化学污染、物理污染和微生物污染。 与产品直接接触的生产设备(包括生产所需的辅助设备)表面应平整、光洁、无死角、易清洗、易消毒、耐腐蚀, 所选用的润滑剂、清洁剂、消毒剂不得对产品或容器造成污染。	检查设备的材质是否具有易清洗、易消毒、耐腐蚀等特性; 检查设备表面是否平整光洁,无死角。 检查所使用的润滑剂、清洁剂、消毒剂是否有污染的可能。
	第三节 设备安装及使用	
52	应根据化妆品生产工艺需求及车间布局要求,合理布置生产设备,设备摆放应避免物料和设备移动、人员走动对质量造成影响。	检查设备布局是否交叉,以减少操作人员活动的范围。
53	生产设备都应有明确的操作规程。应按操作规程要求进行操作和记录。	检查3—5款生产设备是否有明确的操作规程,是否按操作规程要求进行操作和记录。
	第四节 设备清洁及消毒	
54	应制定生产设备的清洁、消毒操作规程,规定清洁方法、清洁用具、清洁剂的名称与配制方法、已清洁(消毒)设备的有效期等. 设备的清洁消毒应保留记录。 在生产操作之前,需对设备进行必要的检查,并保存检查记录。 连续生产时,应在适当的时间间隔内对设备进行清洁消毒。 应能随时识别设备状态,如正在生产的产品及批次、已清洁、未清洁等。	检查是否制定清洁消毒制度,并规定了相应的要求; 检查投料前生产场所及设备设施是否按工艺规程要求进行清场或清洁消毒; 连续生产时,是否在适当的时间间隔内对设备进行清洁消毒。 检查有无设备状态标识。
55	已清洁(消毒)的生产设备,应按规定条件存放。	现场检测卫生状况,必要时作抽检;已清洁(消毒)的生产设备存放是否避免被污染。
	第五节 设备校验及维护	
56	*	企业应根据国家相关计量管理要求、生产工艺要求对仪器仪表等制定合理的校验计划并执行。 当发现校验结果不符合要求时,应调查是否对产品质量造成影响,并根据调查结果采取适当措施。	检查是否有计量器具清单、周期检定计划及检定记录; 检查重要的计量器具是否有唯一的编号,是否定期校验; 现场随机记下3—5个计量器具编号,检查是否有相应的检定报告;其编号与周期检定计划或计量器具清单中是否一致。 当发现校验结果不符合要求时,是否调查对产品质量会否造成影响,并根据调查结果采取适当措施。
57	企业应制定生产设备维修保养制度;生产、检验设备均应有使用、保养、维修等记录。 维修保养不得影响产品质量。	检查是否有生产设备维修保养制度; 现场抽查3—5个设备,检查生产设备维修保养记录。 现场检查设备是否出现生锈等保养不当的情况。

续 表

58		水处理设备及输送系统的设计、安装、运行、维护应确保工艺用水达到质量标准要求。不同用途的生产用水的管道应有恰当的标识(包括热、冷、原水、浓水、纯水、清洁的水、冷却水、蒸汽或者其他)应标识水系统的取样点。	综合判断。 现场观察。 检查是否制定水处理装置的维护、保养制度和计划; 检查是否制定水处理系统的清洁消毒规定,并按要求执行。
59	*	水处理系统应定期清洗、消毒,并保留相应的记录。 企业应确定所需要的工艺用水标准,制定工艺用水管理文件,规定取样点及取样的频率,取样点选择应合理。对水质定期监测,确保工艺用水符合生产质量要求。	生产用水的水质和水量应当满足生产要求,水质至少达到生活饮用水卫生标准的要求(pH 值除外)。 检查水处理生产记录,水处理系统图及运行情况。 检查是否有工艺用水标准,并形成文件; 检查近 3 个月的水质内部检验记录,核对标准; 检查检验报告,核对标准。
		物料与产品	
		第一节 原则	
60	*	物料和产品应符合相关强制性标准或其他有关法规。企业不得使用禁用物料及超标使用限用物料,并满足国家化妆品法规的其他要求。	检查是否定期进行合规性评价,及时进行分析、应对及跟进检讨,检查相关 记录; 检查物料清单。
		第二节 物料采购	
61		应建立供应商筛选、评估、检查和管理制度以及物料采购制度,确保从符合要求的供应商处采购物料。供应商的确定及变更应按照供应商的管理制度执行,并保存所有记录。	检查是否有供应商管理制度;检查制度是否明确供应商的准入程序及管理的方式。是否有变更物料、变更供应商的管理规定及相关评估记录(当物料或供应商发生变更时应对新的供应商进行质量评估;改变主要物料供应商的,还需要对产品进行相关的评估)。
62		供应商的选择:包括收集供应商相关资料;确认供应商的资料符合要求;验证供应商提供的样品符合产品要求;必要时企业需对供应商进行实地评估。 供应商的管理:建立供应商档案,建立合格供应商清单,定期对供应商进行评估和检查。	检查是否识别哪些供应商需要开展现场审核,是否对重点原辅料供应商开展现场审核,并有评估记录。检查供应商是否建立合格供应商清单并及时更新。 现场抽查 3—5 家物料显示的供货商,核对是否在合格供应商清单中,是否建立了供应商的档案资料; 是否定期对供应商档案信息进行更新,确保供应商档案处于最新状态。 检查是否有相关供应商评估规定;检查是否有供应商评估记录。
63		建立索证索票制度,认证查验供应商及相关质量安全的有效证明文件,留存相关票证文件或复印件备查,加强台账管理,如实记录购销信息。 对进口原料应有索证索票要求。 企业应制定采购计划、采购清单、采购协议、采购合同等采购文件,并按采购文件进行采购。	采购原料必须按有关规定索取有效检验报告单; 采购原料应保留法定票据(或复印件)并存档,如采购发票等。对存在质量安全风险原料,应定期索取供应商第三方检测报告或鉴定书。 记录台账中产品名称、批号、数据应与法定票据和检验报告一致。 检查是否制定相应的采购计划等文件,是否按采购文件进行采购。

续　表

	第三节　物料验收	
64	应按照物料验收制度验收货物,确保到货物料符合质量要求: 64.1 来料时应核对物料品种、数量是否与采购订单一致,并查验和保存当批物料的出厂检验报告; 64.2 应检查物料包装密封性及运输工具的卫生情况,核查标签标识是否符合要求; 64.3 按抽样制度进行抽样,并按验收标准检验,保存相关检验记录。	检查是否有物料验收管理,对来货物料供应商名称、产品名称、数量、批号、生产日期与实物、订单的符合性进行检查。 检查是否有对物料出厂检验报告进行收集、核对、存档。 检查是否有对来货包装完整性进行检查的记录,发现有破损情况是否有特殊处理并形成记录。 检查是否有对物料运输的防护措施。 检查是否有对采购物料标签进行核查,核查标签标识产品名称、数量、批号、生产日期是否与检测报告、实物、订单一致。
	第四节　物料和产品储存	
65	应建立物料和产品储存制度,如物料应离墙离地摆放,应确保存货周转,定期盘点,任何重大的不符应被调查并采取纠正行动。	检查是否建立物料和产品储存制度。
66	原辅材料、成品(半成品)及包装材料按批存放,定位定点摆放,并标示如下信息: 供应商/代号 物料名称(INCI)/代号 批号 来料日期/生产日期 有效期(必要时)	现场检查,是否标识相应的内容。
67	对于人工管理的原料和包装材料应分区储存,确保物料之间无交叉污染,原料库内不得存放非化妆品原料。物料和产品应标识检验状态,将物料和产品按待检、合格、不合格三种状态区分。易燃、易爆等危险化学品应按国家有关规定验收、储存和领用。	现场检查,是否分区。 现场检查。
68	应明确物料和产品的储存条件,对温度、相对湿度或其他有特殊储存要求的物料和产品应按规定条件储存、监测并记录。	检查是否书面识别所有物料的储存要求; 现场检查是否储存在适宜条件下;是否监测并记录。
69	企业应制定产品保质期和物料的使用期限的制度,并建立重新评估的机制,保证合理性。	检查是否规定物料、中间产品使用期限;检查期限的规定是否准确。 核对标识,检查中间品暂存容器及贮存期限是否超出规定。
	第五节　物料发放与使用	
70	物料应按先进先出的原则和生产指令,根据领料单据发放,并保存相关记录。领料人应检查所领用的物料包装完整性、标签等,核对领料单据和发放物料是否一致。	检查是否具有生产指令及相应记录; 检查物料发放是否按"先进先出"的原则操作; 检查物料领用记录是否能够利于追溯; 检查领料人是否核对领物料名称、批号、数量、包装完整性、标签等与领料单和实物的一致性; 检查领料人是否核查所领物料是否有发霉、变质、生虫、变色等异常情况,并签名确认。

续 表

71		生产结存物料退仓时,若确认可以退回仓库,应重新包装,包装应密封并做好标识,标识包括名称、批号、数量、日期等。质量存疑物料退仓时,应由质量管理人员确认,并按规定处置。仓库管理人员核对退料单据与退仓物料的名称、批号、数量是否一致。	检查存疑物料退仓记录是否有质量人员确认质量状态; 检查生产结存物料退仓后是否密封包装,是否有明确标识。 检查退仓物料清单是否有仓管人员核对名称、数量、批号、质量状态、退仓日期等信息,是否与单据一致。
		第六节　产品	
72		产品的标签、说明书内容应符合相关法规要求。	抽查产品标签,是否符合相关法规要求。
73		每批产品均应按规定留样;留样保存时间应至少超过产品保质期后 6 个月,按产品储存条件进行留样管理。留样数量应至少满足产品质量检验需求的两倍。	检查是否有留样规定并落实执行;留样保存条件是否符合产品保存要求条件; 检查各产品保质期前后及近期生产的产品批号,到留样室现场抽查 3—10 批,看是否都留样;抽查产品的留样跟踪检验记录,看保质期内是否合格,如有不合格是否立即采取了有效的纠正措施; 现场观察是否有专设的留样室,留样是否按品种、批号分类存放,标识明确。
74		应明确产品运输管理要求;应确保储存和运输过程中的可追溯性。应清晰地记录发货,以表明货物在转交过程中已进行完全检查。同时对运输的车辆进行卫生检查,并保留记录。	检查是否有产品运输管理要求; 检查是否有出货记录; 检查是否有卫生检查记录。
75		出厂后返回的产品应专区存放,经检验和评估,合格后方可放行;不合格的按规定处理并记录。	若有返厂的产品,核查是否对返厂产品进行检验,对检验不合格的是否按不合格品处理并记录。
		生产管理	
		第一节　原则	
76	*	企业应建立与生产相适应的生产管理制度。 生产条件(人员、环境、设备、物料等)应满足化妆品的生产质量要求。 企业应建立并严格执行生产工艺规程。	检查是否有生产管理制度并切实可行。 综合判断,是否满足要求。 检查工艺规程文件是否齐全;工艺规程是否包括配方、称量、配制、灌装、包装过程等生产工艺操作要求及关键控制点。
		第二节　生产准备	
77	*	应建立产品批的定义,生产批次划分应确保同一批次产品质量和特征的均一性,并确保不同批次的产品能够得到有效识别。	检查生产现场是否有批生产指令。
78		应建立生产区域清洁程序及清洁计划,生产区域应定期清洁、消毒。企业应根据生产计划制定生产指令。生产操作人员应根据生产指令进行检查。	现场检查生产区域的清洁是否按要求计划; 现场检查记录是否有对生产区域清洁消毒操作。 现场抽查询问生产操作人员是否进行了生产指令内容检查确认。

续 表

79		物料应经过物料通道进入车间。进入清洁区和准清洁区的物料应除去外包装或进行有效的清洁消毒。	检查车间人流物流通道是否有效分开； 物料进入车间是否按要求经过物流通道。 现场检查和抽查记录是在规定区域除去外包装或进行有效的清洁消毒。
80		使用的内包装材料应经过清洁必要时经过消毒，应建立文件化的包材消毒方法，消毒的方法需经过验证并保留记录，如未对包材进行清洁消毒，需提供证据证实产品的符合性。	检查包材是否经过消毒。
		第三节 生产过程	
81		生产使用的所有物料、中间产品应标识清晰。	现场检查是否符合要求。
82		配料、称量、打印批号等工序应经过复核无误后方可进行生产，操作人和复核人应签名。	现场检查操作人员投料前是否复核了物料品名，批号，数量等。 检查配料、称量、投料记录是否完整并复核签名确认。
83		生产过程应严格按生产工艺规程和岗位操作规程实施和控制，及时填写生产记录。产品应建立批记录，记录应完整。中间产品应规定储存条件和期限，并在规定的期限内使用。	现场检查生产记录是否及时填写。 批号打印记录是否与生产指令相符合； 现场检查员工的生产操作与生产工艺的符合性； 检查中间产品是否规定了储存条件和期限。
84		以下情况应特别注意防止混淆、差错、污染和交叉污染： 84.1 产生气体、蒸汽、喷雾物的产品或物料； 84.2 生产过程使用敞口容器、设备、润滑油； 84.3 流转过程中的物料、中间产品等； 84.4 重复使用的设备和容器； 84.5 生产中产生的废弃物等。	现场检查产气、蒸汽、喷雾的物料或产品是否有良好防护措施，以防止污染和交叉污染。 现场检查储物区物料、中间产品、待检品的存放是否有能够防止差错和交叉污染的措施； 敞口容器、设备、润滑油应有效措施，防止交叉污染； 现场检查生产废弃物的收集和排放是否有效防止产品被污染和交叉污染。
85		灌装作业前调机确认后，方可以进行正式生产。按照文件化的检查要求，进行首件检查，并保留检查记录。	现场检查。
86		企业在生产过程中应按规定开展过程检验，应根据工艺规程的有关参数要求，对过程产品进行检验。作好检验记录，并对检验状态进行标识。（过程检验包括首件检验、巡回检验和完工检验）	现场检查，是否建立过程检验的制度，询问员工开展哪些检验活动，如何操作，核对与文件制度的一致性，检查相应的记录。
		第四节 生产后	
87		每一生产阶段完成后应按规定进行清场，并填写清场记录。	检查清场记录。
88	推荐	每批产品应进行物料平衡计算，确保物料平衡符合要求，若出现偏差，须查明原因，确认无质量风险后方可进入下道工序。	抽查批记录是否有进行物料平衡计算； 物料平衡计算是否符合要求。如有不符，则进一步检查是否进行了原因分析和质量风险确认措施。

续 表

89	推荐	物料退仓前应重新包装、标识,标识包括名称、批号、数量、日期等。	仓库检查退仓物料标识。
		验证	
		第一节　原则	
90	推荐	企业应建立验证管理组织,制定验证管理制度和验证计划,根据验证对象制定验证方案,并经批准。	检查是否有设定验证管理小组,各成员是否有工作职责,分工明确; 检查是否有验证管理制度,对各项验证工作有明确规定; 检查是否有制定验证计划,对各个具体验证对象制定可行的验证方案,并经审批。
		第二节　验证	
91	推荐	验证应按照批准的方案实施,并形成验证报告,经检查后存档。	检查验证报告。
92	推荐	应对空气净化系统、工艺用水系统、与产品直接接触的气体、关键生产设备及检验设备、生产工艺、清洁方法、检验方法及其他影响产品质量的操作等进行验证。	检查验证计划是否包括公用设施系统(空气净化系统、工艺用水,直接接触产品的气体)、关键设备、关键工艺、清洁方法、检验方法等所有影响产品质量的环节。 检查相关验证报告,是否与计划一致,是否按审批验证方案执行,验证结果是否符合预期要求,当超出预期时是否有调整措施。 检查验证报告是否经负责人审批,并存档保存。
		第三节　持续验证	
93	推荐	应根据产品质量回顾分析进行再验证,关键的生产工艺、设备应定期进行再验证。	检查是否有针对质量回顾分析进行再验证计划和方案,如有,则检查验证报告;是否与质量回顾分析结论一致;如有不同,是否有分析原因及调整措施。 检查是否有针对关键生产工艺、设备的再验证计划及方案,检查相关验证报告。
		第四节　变更验证	
94	推荐	当影响产品质量的主要因素,如生产工艺、主要物料、关键生产设备、清洁方法、质量控制方法等发生改变时,应进行验证。	检查是否有关于质量影响因素变更的验证管理规定; 检查相关验证报告,验证结论是否符合要求。当验证结论不符合时是否有采取措施进行调整,并重新进行验证。
		产品销售、投诉、不良反应与召回	
95		第一节　产品销售	
96	*	产品销售应有记录,记录应包括产品名称、规格、批号、数量、发货日期、收货单位和地址。产品销售记录应保存至产品保质期后一年。	检查相关文件及记录,检查记录是否包括所规定的内容; 抽查2—3个产品一年内的销售记录,检查是否按规定的期限进行保存。
97		企业应建立产品销售退货制度。	检查公司是否建立相关的退换货制度,并检查这些制度的执行情况(有无实际操作和演练)。

续 表

		第二节 投诉	
98		企业应建立产品质量投诉管理制度,应指定人员负责处理产品质量投诉并记录。 质量管理部门应根据产品质量投诉内容,分析投诉产品质量情况,采取相应措施改进。	检查是否有有关客户投诉的管理制度,看是否有记录和调查处理的规定; 抽查产品质量投诉处理的相关资料,检查是否有指定的人员负责处理,是否落实执行,是否有记录。 抽查近6个月的产品质量投诉内容,检查是否有相应的分析报告,是否有采取具体措施进行改进。
		第三节 不良反应	
99	*	企业应建立化妆品不良反应监测报告制度,指定部门和人员负责。重大群体性化妆品不良反应及时报告,并采取有效措施,防止化妆品不良反应的重复发生。	检查是否有程序和调查处理的规定。
100		不良反应案例的记录内容包括投诉人或引起不良反应者的姓名、化妆品名称、化妆品批号、接触史和皮肤病医生的诊断意见。	检查近期的产品不良反应案例,检查是否按规定进行处理,处理措施是否落实有效,记录是否完整。
		第四节 召回	
101	*	企业应制定产品召回制度。	检查是否有召回的相关制度。
102		应建立召回紧急联系人名录,规定召回时的职责权限。	检查是否建立了紧急联系人名录,规定职责权限。
103		当产品出现严重安全隐患或重大质量问题需要召回时,应按规定报告,并调查处理。	检查是否有产品出现严重安全隐患或重大质量问题需要召回的情况,是否按规定报告,并调查处理。
104		召回的实施过程应有记录,记录的内容应包括产品名称、批号、发货数量、已召回数量等。	检查召回/模拟召回报告。
105		已召回的产品应标注清晰,隔离存放;应对召回的产品进行检验和评估,根据评估结果,确定产品的处理,并形成报告。	如没有实际召回,检查文件的规定及模拟召回报告的描述。

注:
1. 本《化妆品生产许可检查要点》共105项检查项目,其中关键项目26项、一般项目71项、推荐项目8项;其中标注"*"的项为关键项,标注"推荐"的项为推荐项,其他为一般项,推荐项的内容不作为现场检查的硬性要求。
2. 检查中发现不符合要求的项目统称为"缺陷项目",缺陷项目分为"严重缺陷"和"一般缺陷"。其中关键项目不符合要求者称为"严重缺陷",
一般项目不符合要求者称为"一般缺陷"。
3. 结果评定:
(1)如果拒绝检查或者拒绝提供检查所需要的资料,隐匿、销毁或提供虚假资料的(包括计算机系统资料),直接判定不通过。
(2)严重缺陷项目达到5项以上(含5项),判定不通过。
(3)所有缺陷项目之和达到20项以上(含20项),判定不通过。
(4)对于申请换发生产许可证的企业,检查中发现的缺陷项能够立即改正的,应立即改正;不能立即改正的,必须提供整改计划。企业在提交整改报告和整改计划并经省级食品药品监督管理部门再次审核达到要求的,方可获得通过。

文书来源

国家食品药品监督管理总局关于化妆品生产许可有关事项的公告

(2015年12月15日国家食品药品监督管理总局公告第265号公布)

为进一步加强化妆品生产监管,保障化妆品质量安全,按照《国务院办公厅关于印发国家食品药品监督管理总局主要职责内设机构和人员编制规定的通知》(国办发〔2013〕24号)和国家食品药品监督管理总局《关于公布实行生产许可制度管理的食品化妆品目录的公告》(2014年第14号)相关要求,依据化妆品监督管理有关法规,现就化妆品生产许可有关事项公告如下:

一、对化妆品生产企业实行生产许可制度。从事化妆品生产应当取得食品药品监管部门核发的《化妆品生产许可证》。《化妆品生产许可证》有效期为5年,其式样由国家食品药品监督管理总局统一制定。

二、已获得国家质量监督检验检疫总局发放的《全国工业产品生产许可证》和省级食品药品监督管理部门发放的《化妆品生产企业卫生许可证》的化妆品生产企业,其许可证有效期自动顺延,截止日期为2016年12月31日。

三、自2016年1月1日起,凡新开办化妆品生产企业,可向所在地省级食品药品监督管理部门提出申请。省级食品药品监督管理部门按照《化妆品生产许可工作规范》的要求,组织对企业进行审核,达到要求的核发《化妆品生产许可证》。

四、自2016年1月1日起,凡持有《全国工业产品生产许可证》或者《化妆品生产企业卫生许可证》的化妆品生产企业,可向所在地省级食品药品监管部门提出换证申请。省级食品药品监管部门按照《化妆品生产许可工作规范》的要求,组织对企业进行审核,达到要求的换发《化妆品生产许可证》。

五、为便于统一管理,对2016年底《化妆品生产企业卫生许可证》或《全国工业产品生产许可证》尚未到期的化妆品生产企业,由省级食品药品监督管理部门组织对企业进行审核,达到要求的换发新的《化妆品生产许可证》。

六、牙膏类产品的生产许可工作按本公告执行。

七、化妆品生产企业现有包装标识可以使用到2017年6月30日,自2017年7月1日起生产的化妆品必须使用标注了《化妆品生产许可证》信息的新的包装标识。

特此公告。

附件:

化妆品生产许可工作规范

第一章 申请与受理

第一条 从事化妆品生产,应当具备以下条件:

(一)有与生产的化妆品品种相适应的生产场地、环境条件、生产设施设备;

(二)有与化妆品生产相适应的技术人员;

(三)有对生产的化妆品进行质量检验的检验人员和检验设备;

(四)有保证化妆品质量安全的管理制度;

(五)符合国家产业政策的相关规定。

第二条 化妆品生产许可类别以生产工艺和成品状态为主要划分依据,划分为:一般液态单元、膏霜乳液单元、粉单元、气雾剂及有机溶剂单元、蜡基单元、牙膏单元和其他单元,每个单元分若干类别(见附1)。

第三条 申请领取《化妆品生产许可证》,应当向生产企业所在地的省、自治区、直辖市食品药品监督管理部门提出,并提交下列材料:

(一)化妆品生产许可证申请表(附2)。

(二)厂区总平面图(包括厂区周围30米范围内环境卫生情况)及生产车间(含各功能车间布局)、检验部门、仓库的建筑平面图。

(三)生产设备配置图。

(四)工商营业执照复印件。

(五)生产场所合法使用的证明材料(如土地所有权证书、房产证书或租赁协议等)。

(六)法定代表人身份证明复印件。

(七)委托代理人办理的,须递交申请企业法定代表人、委托代理人身份证明复印件和签订的委托书。

(八)企业质量管理相关文件,至少应包括:质量安全责任人、人员管理、供应商遴选、物料管理(含进货查验记录、产品销售记录制度等)、设施设备管理、生产过程及质量控制(含不良反应监测报告制度、产品召回制度等)、产品检验及留样制度、质量安全事故处置等。

(九)工艺流程简述及简图(不同类别的产品需分别列出);有工艺相同但类别不同的产品共线生产行为的,需提供确保产品安全的管理制度和风险分析报告。

(十)施工装修说明(包括装修材料、通风、消毒等设施)。

(十一)证明生产环境条件符合需求的检测报告,至少应包括:

(1)生产用水卫生质量检测报告(检测指标及标准详见附3);

(2)车间空气细菌总数检测报告(检测指标及标准详见附3);

(3)生产车间和检验场所工作面混合照度的检测报告(检测指标及标准详见附3)。

(4)生产眼部用护肤类、婴儿和儿童用护肤类化妆品的,其生产车间的灌装间、清洗容器储存间空气洁净度应达到30万级要求,并提供空气净化系统竣工验收文件。

检测报告应当是由经过国家相关部门认可的检验机构出具的1年内的报告。

(十二)企业按照《化妆品生产许可检查要点》开展自查并撰写的自查报告。

(十三)省级食品药品监督管理部门要求提供的其他材料。

第四条 许可机关收到申请后,应当进行审查,并依据《中华人民共和国行政许可法》分别作出以下处理:

(一)申请事项依法不属于本部门职权范围的,应当即时作出不予受理决定,并告知申请人向有关行政机关申请。

(二)申请材料存在可以当场更正的错误的,应当允许申请人当场更正,由申请人在更正处签名或者盖章,注明更正日期。

(三)申请材料不齐备或者不符合形式审查要求的,应当当场或者在5个工作日内发给申请人《补正材料通知书》,一次性告知申请人需要补正的全部内容。当场告知的,应当将申请材料退回申请人;5个工作日内告知的,应当收取申请材料并出具收到申请材料的凭据,逾期不告知的,自收到申请材料之日起即为受理。

(四)申请材料齐全、符合形式审查要求的,或者申请人按照要求提交了全部补正申请材料的,应予以受理。

第五条 许可机关对申请人提出的申请决定予以受理的,应当出具受理通知书;决定不予受理的,应当出具不予受理通知书,说明不予受理的理由,并告知申请人享有依法申请行政复议或者提起行政诉讼的权利。

第二章 审查与决定

第六条 许可机关受理申请人提交的申请材料后,应当审核申请人按照本规范第三条规定提交的相关资料,并及时指派2名以上工作人员按照《化妆品生产许可检查要点》对企业进行现场核查,申请企业必须予以配合。

省级食品药品监督管理部门受理的化妆品生产许可申请,可以委托直属机构或下级食品药品监督管理部门进行现场核查。

第七条 许可机关应当自受理申请之日起60个工作日内作出行政许可决定。

企业补正材料、限期整改时间不计入许可时限。

第八条 许可机关应当根据申请材料和现场核查的情况,对符合要求的,作出准予行政许可的决定;对不符合规定条件的,出具限期整改通知书,整改后仍不符合要求的,作出不予行政许可的决定并书面说明理由,同时告知申请人享有依法申请行政复议或者提起行政诉讼的权利。许可机关作出准予行政许可决定的,应当自作出决定之日起10个工作日内向申请人颁发《化妆品生产许可证》,并以适当的方式公开,供公众查阅。

第九条 申请人在行政许可决定作出之前书面提出撤回申请的,许可机关应当根据其申请终止审查,退回申请材料,但申请人提交虚假材料的除外。

第十条 化妆品生产许可申请直接涉及申请人与他人之间重大利益关系的,许可机关应当告知申请人、利害关系人依照法律、法规以及国家食品药品监督管理总局的有关规定享有申请听证的权利;在对化妆品生产许可进行审查时,许可机关认为涉及公共利益的重大许可事项,应当向社会公告,依法举行听证。

第三章 许可证管理

第十一条 《化妆品生产许可证》分为正本和副本,正本、副本具有同等法律效力,有效期为5年。

《化妆品生产许可证》式样由国家食品药品监督管理总局统一制定。

第十二条 《化妆品生产许可证》应当载明许可证编号、企业名称、住所、生产地址、社会信用代码、法定代表人、企业负责人、质量负责人、许可项目、有效期、日常监督管理机构、日常监督管理责任人、发证机关、签发人、发证日期和投诉举报电话等内容。

(一)《化妆品生产许可证》编号格式为:省、自治区、直辖市简称+妆+年份(4位阿拉伯数字)+流水号(4位阿拉伯数字);

(二)企业名称、法定代表人、住所、社会信用代码等应当与工商行政管理部门核发的营业执照中载明的相关内容一致;

(三)生产地址为化妆品实际生产场所;

(四)化妆品许可项目标注具体许可单元及类别;

(五)发证机关为省级食品药品监督管理部门;

(六)签发人为生产许可的核准人;

(七)日常监管责任人为负责日常监管的人员,当日常监管责任人由于工作调整等原因发生变化时,可通过签章变更的方式直接在许可证副本上更换日常监管责任人。

第十三条 同一化妆品生产场所,只允许申办一个《化妆品生产许可证》,不得重复申办。

同一个企业在不同场所申办分厂,按照新申办化妆品生产企业许可证程序办理,在原证上增加新厂区地址;如分厂为独立法人,应单独申请生产许可证。

第十四条 化妆品生产企业应当按照《化妆品生产许可证》载明的许可项目组织生产,超出已核准的许可项目生产的,视为无证生产。

第十五条 任何单位或者个人不得伪造、变造、买卖、出租、出借或者以其他形式非法转让《化妆品生产许可证》。

生产企业应当在办公场所显著位置摆放《化妆品生产许可证》正本。

第十六条 委托生产化妆品的，委托方应当为非特殊用途化妆品的备案人或者特殊用途化妆品注册证书的持有人。

受托方必须具备受托生产产品的相应生产许可项目；委托方与受托方必须签订委托生产合同，明确双方权利、义务和责任。

第十七条 特殊用途化妆品须取得注册后方可生产（仅用于注册用除外），非特殊用途化妆品生产须按有关规定进行产品备案。

第四章　变更、延续、补办及注销

第十八条 企业变更许可事项内容应向原许可机关申请变更化妆品生产许可。许可机关应对申请变更内容进行相应核查。符合要求的，换发《化妆品生产许可证》，原编号、有效期不变。

申请变更生产场所时，如新的生产场所不属于原省级食品药品监督管理部门管辖范围的，申请人应当在原许可机关注销原许可证后，凭注销证明向新许可机关重新申请化妆品生产许可。

第十九条 在《化妆品生产许可证》有效期内，企业名称、法定代表人、生产地址文字性变化（地理位置等不变）或企业住所等登记事项发生变化，而企业生产条件、检验能力、生产技术和工艺等未发生变化的，应当在工商行政管理部门变更后30个工作日内，向许可机关提出变更申请。许可机关应对申请企业提交资料进行审核，符合要求的，换发《化妆品生产许可证》，原编号、有效期不变。

第二十条 申请人向许可机关申请变更化妆品生产许可的，应当提交下列材料：

（一）化妆品生产许可证申请表（附2）；

（二）《化妆品生产许可证》正、副本；

（三）与变更生产许可事项相关的材料；

（四）省级食品药品监督管理部门要求提供的其他材料。

第二十一条 化妆品生产许可证有效期届满，企业继续生产的，应当在生产许可证有效期届满3个月前向原许可机关提出延续申请。许可机关应对申请企业核查。符合要求的，颁发新的《化妆品生产许可证》，许可证编号不变。

逾期提出延续申请或申请不予批准的，《化妆品生产许可证》自有效期届满之日起失效。

第二十二条 申请人向许可机关申请延续化妆品生产许可的，应当提交下列材料：

（一）化妆品生产许可证申请表（附2）；

（二）《化妆品生产许可证》正、副本及营业执照复印件；

（三）原许可事项内容是否有变化的说明材料；

（四）省级食品药品监督管理部门要求提供的其他材料。

第二十三条 在《化妆品生产许可证》有效期内，企业化妆品生产许可证遗失、毁损、无法辨认的，应当向原许可机关作出书面说明，并在媒体或许可机构官网声明作废满15日后，向原许可机关提出补发申请。许可机关应对申请企业提交资料进行审核，符合要求的，予以补发。

第二十四条 申请人向许可机关申请补发化妆品生产许可证的，应当提交下列材料：

（一）化妆品生产许可证申请表（附2）；

（二）许可证遗失的，提交企业在媒体或许可机构官网上刊登的遗失并声明作废的相关证明材料；许可证污损的，提交污损的《化妆品生产许可证》正、副本；

（三）省级食品药品监督管理部门要求提供的其他材料。

第二十五条 有下列情形之一的，许可机关应依法注销《化妆品生产许可证》：

（一）有效期届满未延续的，或者延续申请未被批准的；

（二）化妆品生产企业依法终止的；

（三）《化妆品生产许可证》依法被撤销、撤回，或被吊销的；

（四）因不可抗力导致许可事项无法实施的；

（五）化妆品生产企业主动申请注销的；

（六）法律、法规规定的应当注销行政许可的其他情形。

第二十六条 因分立、合并或业务重组而存续的化妆品生产企业，如生产场所的生产条件、检验能力、生产技术和工艺等未发生变化的，可直接申请变更；因企业分立、合并或业务重组而解散或无生产能力的化妆品生产企业，应当申请注销《化妆品生产许可证》。

第二十七条 申请人向许可机关申请注销化妆品生产许可的，应当提交下列材料：

（一）化妆品生产许可证申请表（附2）；

（二）《化妆品生产许可证》正、副本；

（三）省级食品药品监督管理部门要求提供的其他材料。

第二十八条 企业申请变更、延续、补发、注销所需提交的材料和许可相关程序，参照申请新办化妆品生产许可材料要求和程序，由各省级食品药品监督管理部门制定。

第五章　监督检查

第二十九条 食品药品监督管理部门及其工作人员履行化妆品生产许可监管职责，应当自觉接受社会的监督。

第三十条 有下列情形之一的，许可机关或者其上级食品药品监督管理部门根据利害关系人的请求或者依据职权，可以撤销化妆品生产许可：

（一）食品药品监督管理部门工作人员滥用职权、玩忽职守，给不符合条件的申请人发放《化妆品生产许可证》的；

（二）食品药品监督管理部门工作人员超越法定职权发放《化妆品生产许可证》的；

（三）食品药品监督管理部门工作人员违反法定程序发放《化妆品生产许可证》的；

（四）依法可以撤销发放《化妆品生产许可证》决定的其他情形。

企业以欺骗、贿赂等不正当手段和隐瞒真实情况或者提交虚假材料取得化妆品生产许可的，应当依法予以撤销。

第三十一条 市、县级人民政府食品药品监督管理部门应当依法对化妆品生产企业实施监督检查；发现不符合法定要求的，应当责令限期改正，并依法予以处理。

第三十二条 食品药品监督管理部门进行监督检查时，依据相关法律法规有权采取下列措施：

（一）进入生产及相关场所实施现场检查；

（二）对所生产的化妆品及相关产品进行抽样检验；

（三）依法查阅、复制有关合同、票据、账簿以及其他相关资料，依法进行录音、拍照和摄像；

（四）查封、扣押可能危害人体健康或者违法使用的化妆品原料、包装材料、化妆品和其他相关物品，以及用于违法生产经营的工具、设备；

（五）查封违法从事化妆品生产活动的场所。

第三十三条 食品药品监督管理部门进行监督检查时，应当出示执法证件，保守被检查企业的商业秘密。

被检查企业应当配合食品药品监督管理部门的监督检查，不得隐瞒相关情况。

食品药品监督管理部门应当对监督检查情况和结果予以记录，由监督检查人员和被检查企业相关负责人签字后归档；被检查企业相关负责人拒绝签字的，应当予以注明。

第三十四条 市、县级人民政府食品药品监督管理部门应当依法建立化妆品生产企业档案，记录许可核发、变更、延续、补办及注销等事项和日常监督检查、违法行为查处等情况。

第三十五条 市、县级人民政府食品药品监督管理部门对化妆品生产企业进行监督检查的主要内容包括：

（一）生产企业是否具有合法的《化妆品生产许可证》并按许可事项进行生产；

（二）生产企业的生产条件是否持续符合许可事项的要求；

（三）生产企业是否存在质量安全风险；

（四）其他化妆品相关法律、法规的要求。

第三十六条 隐瞒真实情况或者提供虚假材料申请化妆品生产许可的，许可机关应当不予受理或者不予许可，并给予警告，在一年内不得再次申请化妆品生产许可。

2. 化妆品产品技术要求文书

国家食品药品监督管理局
化妆品产品技术要求（文本格式）

（产品技术要求编号）

中文名称

汉语拼音名

【配方成分】
【生产工艺】
【感官指标】
【卫生化学指标】
【微生物指标】
【检验方法】
【使用方法】
【贮存条件】
【保质期】

化妆品产品技术要求编制指南

一、主要内容

化妆品产品技术要求应当能够准确反映和控制产品的卫生质量安全。化妆品产品技术要求的每项内容应符合以下要求,并按照化妆品产品申报资料的具体要求进行编制。

(一)产品名称

包括中文名称和汉语拼音名。产品名称应当准确、清晰,能表明产品的真实属性,符合《化妆品命名规定》。

(二)配方成分

配方成分应包括生产该产品所使用的全部原料。所有原料应按含量递减顺序排列,并注明其使用目的。化妆品使用的原料应符合《化妆品卫生规范》的相关要求。

配方成分中所用原料的中文名称应使用《国际化妆品原料标准中文名称目录》标准中文名称。原料无国际化妆品原料名称(INCI名称)或未列入《国际化妆品原料标准中文名称目录》的,应使用《中国药典》中的名称或化学名称或植物拉丁学名。

(三)生产工艺

应用文字简要描述完整的生产工艺。

(四)感官指标

分别对产品内容物应有的颜色、性状、气味等感官指标依次进行描述,并用分号分开。

(五)卫生化学指标

(六)微生物指标

感官指标、卫生化学指标、微生物指标等相关内容应阐述根据《化妆品行政许可检验管理办法》等有关要求确定的检测项目、指标。如果用表提供信息有利于检测项目的理解,则宜使用列表。

(七)检验方法

应将卫生化学指标、微生物指标的检验方法依次列出。

(八)使用方法

应阐述化妆品的使用方法及其注意事项。

(九)贮存条件

应根据产品包装及产品自身稳定性等特点阐述产品贮存条件,如温度、避光保存等。

(十)保质期

应根据相关实验结果确定产品保质期,保质期的格式应标注为:生产日期和保质期或生产批号和限用使用日期。

二、基本要求

(一)编制工作应符合国家法律、行政法规、部门规章、技术标准和规范性文件的相关规定。

(二)产品技术要求的设计、内容和数据应符合公认的科学原理,准确可靠。

(三)产品技术要求的文字、数字、公式、单位、符号、图表等应符合标准化要求,引用的标准准确、有效。术语的定义应符合国家有关规定。

1. 应使用规范汉字。使用的标点符号应符合 GB/T15834 的规定。
2. 应使用 GB3101、GB3102 规定的法定计量单位。表示量值时,应写出其单位。
3. 应准确列出引用标准或文件的目录。
4. 引用的标准或文件应包括出版本号或年号以及完整的标准(文件)名称。
5. 如果引用的标准(文件)可以互联网在线获得,应提供详细的获取和访问路径。应给出被引用标准(文件)的完整的网址。为了保证溯源性,应提供源网址。

(四)产品技术要求中所建立的检测方法准确、精密,并经过方法学验证。

(五)产品技术要求中有限量要求的,须使用明确的数值表示。不应仅使用定性的表述,如"适量"或"合适的温度"等。

(六)产品技术要求研究的实验记录书写应真实、完整、清晰,保持原始性并具有可追溯性。其研究方法和过程要如实记录,并在申报资料中予以充分体现。

（七）产品技术要求中使用的表均应在条文中明确提及。

1. 不准许表中有表，也不准许将表再分为次级表。

2. 每个表均应有编号。表的编号由"表"和从1开始的阿拉伯数字组成，例如"表1"、"表2"等。只有一个表时，仍应给出编号"表1"。

3. 每个表应有表题。

4. 每个表应有表头。表栏中使用的单位一般应置于相应栏的表头中量的名称之下，表头中不准许使用斜线。

5. 如果某个表需要转页接排，则随后接排该表的各页上应重复表的编号、表题和"（续）"。续表均应重复表头和关于单位的陈述。

（八）产品技术要求可能涉及知识产权的，国家食品药品监督管理部门不承担识别该知识产权的责任。

（九）应使用国家法定部门认可的标准物质（包括标准品和对照品）。若使用的对照物质是自行研制的，应按相关的要求提交相应的鉴定研究资料和对照物质。供研究用样品应是配方确定、生产工艺稳定、具有代表性的多批产品。

（十）开展产品技术要求的研究，应在能满足该产品技术要求研究条件的实验室进行，并由相应技术人员承担。

文书来源

国家食品药品监督管理局关于印发《化妆品产品技术要求规范》的通知

（2010年11月26日　国食药监许〔2010〕454号）

各省、自治区、直辖市食品药品监督管理局（药品监督管理局）：

为进一步规范化妆品行政许可工作，提高化妆品卫生质量安全控制水平，加强化妆品生产经营卫生监督，指导化妆品产品技术要求编制工作，国家食品药品监督管理局组织制定了《化妆品产品技术要求规范》，现予印发，请遵照执行。

附件：

化妆品产品技术要求规范

一、根据《化妆品卫生监督条例》，为进一步规范化妆品行政许可工作，提高化妆品卫生质量安全控制水平，加强化妆品生产经营卫生监督，保障消费者使用安全，制定本规范。

二、国家食品药品监督管理局负责批准化妆品产品技术要求，并监督其执行。

三、化妆品产品技术要求应当符合国家有关法律法规、标准规范。

四、化妆品产品技术要求应符合其文本格式的规定。文本格式应当包括产品名称、配方成分、生产工艺、感官指标、卫生化学指标、微生物指标、检验方法、使用说明、贮存条件、保质期等序列（见附件1），并按照《化妆品产品技术要求编制指南》（见附件2）编制。

五、化妆品产品技术要求是产品卫生质量安全的技术保障。生产企业应当按照化妆品产品技术要求组织生产经营，食品药品监督管理部门应当将化妆品产品技术要求作为开展卫生监督执法的重要依据。

六、化妆品产品技术要求适用于化妆品新产品的许可和产品延续。

七、化妆品产品技术要求编号。国产特殊用途化妆品按照HZ+GT+年份+0000编制；进口特殊用途化妆品按照HZ+JT+年份+0000编制；进口非特殊用途化妆品按照HZ+JF+年份+0000编制。"HZ"表示"化妆品"，"GT"表示"国产特殊用途"，"JT"表示"进口特殊用途"，"JF"表示"进口非特殊用途"，"年份+0000"为化妆品批准文号（或备案号）的年份和顺序号。

八、本规范自2011年4月1日起施行。

质量监督检验检疫篇

一、质量技术监督行政处罚文书

1. 行政处罚案件卷宗

全宗名称	×××质量技术监督局				
档案类别	行政处罚案件卷宗				
案件名称					
处理结果					
办案日期	立案日期　　年　月　日 结案日期　　年　月　日			保管期限	
	本卷共　　件　　页			归档号	
立卷人					

全宗号	目录号	案卷号

2. 卷内文件目录

卷内文件目录

顺序号	文　号	文 件 名 称	日期	页　号	备注

案件调查取证阶段

3. 案件受理记录

<table>
<tr><td colspan="2" align="center">质量技术监督
案件受理记录</td></tr>
<tr><td colspan="2" align="right">受理号：</td></tr>
<tr><td>案件来源</td><td></td></tr>
<tr><td>当事人</td><td></td></tr>
<tr><td>受理时间</td><td>　年　月　日　时　分</td></tr>
<tr><td>案情摘要</td><td></td></tr>
<tr><td>拟办意见</td><td>经办人：　　　　　　　　　　　　　　年　月　日</td></tr>
<tr><td>承办机构意见</td><td>审批人：　　　　　　　　　　　　　　年　月　日</td></tr>
</table>

4. 立案审批表

质量技术监督 立案审批表 （　）质监立字〔　〕　号		
案由		
案情摘要		
承办人意见	承办人：	年　月　日
承办机构意见	负责人：	年　月　日
审批意见	审批人：	年　月　日

5. 现场检查笔录

质量技术监督

现场检查笔录

共　　页　第　　页

被检查单位(人)：_____
营业执照或其他资质证明：_____ 编号：_____
组织机构代码(身份证)号：_____
地址：_____ 电话：_____
法定代表人(负责人)：_____ 性别：_____ 职务：_____
检查时间：_____年___月___日___时___分至___时___分
检查场所：_____
检查情况：_____
_____
_____
_____
_____
_____
_____
_____
_____
_____
_____
_____

被检查单位(人)签署意见并签字：

执法检查人员(签字)：

记录人员(签字)：　　　　　有关见证人员(签字)：

6. 调查笔录

质量技术监督

调查笔录

共　页　第　页

时间：_____年___月___日___时___分至___时___分
地点：_____
调查人员：_____　记录人员：_____
被调查人：_____　性别：_____　年龄：_____　职务：_____
证件名称：_____　编号：_____　电话：_____
地址（住址）：_____
工作单位：_____
调查记录：_____
_____
_____
_____
_____
_____
_____

被调查人签署意见并签字：

调查人员（签字）：　　　　　　　记录人员（签字）：

7. 笔录页

质量技术监督

笔　录　页

共　页　第　页

_____
_____
_____
_____
_____
_____
_____

签字：

8. 通知书

质量技术监督 通 知 书	
被通知单位(人)	
通知事由	
应到时间	年　月　日　时　分
应到处所	
联系电话	联系人
应提供的材料	
	（印章） 年　月　日

本文书一式两份。一份送达当事人，一份行政部门存档。

9. 授权委托书

授权委托书

委托单位(人)：_____
地址(住所)：_____
法定代表人(负责人)：_____　职务：_____　联系电话：_____
受委托人姓名：_____　　　　　　　　　　身份证号码：_____
工作单位(住址)：_____　职务：_____　联系电话：_____
现委托上列受委托人在我单位因_____一案中，作为我方代理人。
委托权限：_____
委托期限：_____

委托人(签字)：

(单位印章)
年　月　日

注：委托权限一般为：接受调查、提供证据材料、代为签收法律文书及材料、申请回避权、陈述权、申辩权、申请听证权、以及可以代理的其他事项(由授权人自定)。

10. 取证单

质量技术监督
取　证　单

证据名称			
取证时间		提供证据单位意见：	
取证地点			
取证人		提供人签字：	
提供人			(单位印章)

(证据粘贴处)　　　　　　　　　　　　　　　　加盖骑缝章

告知：1. 如果属于当事人或者知情人(组织)提供的，提供人签字后表示已经确认本证据单上的证据材料是其提供的，保证所提供的证据材料以及所证明的事实是真实的，并承担相应的法律责任。
　　　2. 本件非原件的，本件上应由原件持有人签字(盖章)确认与原件无误。

11. 监督检查抽样单

质量技术监督
监督检查抽样单

NO.

<table>
<tr><td rowspan="3">被检查单位</td><td>单位名称</td><td colspan="3"></td></tr>
<tr><td>地　址</td><td colspan="2"></td><td>邮　编</td><td></td></tr>
<tr><td>负责人</td><td></td><td>职　务</td><td>电　话</td><td></td></tr>
<tr><td rowspan="7">被抽样产品情况</td><td>产品名称</td><td colspan="2"></td><td>型号规格</td><td></td></tr>
<tr><td>生产企业</td><td colspan="4"></td></tr>
<tr><td>生产日期
或出厂批号</td><td colspan="2"></td><td>产品执行
标准编号</td><td></td></tr>
<tr><td>产品等级</td><td colspan="2"></td><td>包装方式</td><td></td></tr>
<tr><td colspan="2">产品生产许可证编号：</td><td colspan="3">产品质量认证编号：</td></tr>
<tr><td colspan="2">是否为合格待销产品：</td><td colspan="3">□是　　　□否</td></tr>
<tr><td colspan="5"></td></tr>
<tr><td rowspan="5">抽样及样品情况</td><td>抽样方法</td><td colspan="4">□按标准规定抽样（抽样依据的标准编号）：
□按双方约定以随机的方式抽样（注明约定的抽样方法，可使用附页）：</td></tr>
<tr><td rowspan="2">样本量</td><td colspan="2"></td><td>检验样本数量</td><td></td></tr>
<tr><td colspan="2"></td><td>备用样本数量</td><td></td></tr>
<tr><td>抽样基数</td><td colspan="2"></td><td>样本等级</td><td></td></tr>
<tr><td>抽样地点</td><td colspan="4"></td></tr>
<tr><td rowspan="5">封样情况</td><td colspan="2">抽样样品是否要求返还</td><td colspan="3">□是　　　□否</td></tr>
<tr><td>包装方式</td><td colspan="2"></td><td>封条数量</td><td></td></tr>
<tr><td>备用样本
封存地点</td><td colspan="2"></td><td>封条部位</td><td></td></tr>
<tr><td>抽样人：</td><td colspan="2"></td><td colspan="2">对抽样过程和上述内容有无异议？
供样人：</td></tr>
<tr><td colspan="2">（印章）
　　年　月　日</td><td colspan="3">（印章）
　　年　月　日</td></tr>
<tr><td>备注</td><td colspan="5"></td></tr>
</table>

本文书一式三份。一份送达当事人，一份随检验委托书交检验机构，一份行政部门存档。

12. 检验(检定)(鉴定)委托书

质量技术监督
检验(检定)(鉴定)委托书
(　　)质监检(鉴)委字〔　　〕　号

委托人：_____

受委托人：_____

委托事项：_____

委托人委托受委托人对下列产品进行检验(检定)(鉴定)：

样品名称	规格型号	等级	适用标准或规程	样品数量	检验项目	备注

1. 委托人应当提供检验(检定)(鉴定)所需样品；

2. 委托人应当按时收取检验(检定)(鉴定)报告，并按双方约定交纳费用；

3. 受委托人应当按委托人的要求进行检验(检定)(鉴定)，并于_____年___月___日前提交检验(检定)(鉴定)报告一式_____份；

4. 受委托人不能按时完成委托的检验(检定)(鉴定)工作，或者提供不真实的检验(检定)(鉴定)报告，给委托人造成损失的或因此引发行政赔偿责任的，应当依法承担赔偿责任。

委托人印章　　　　　　　　　　　　　　　　受委托人印章
年　月　日　　　　　　　　　　　　　　　　年　月　日

本文书一式两份。一份交受委托人，一份行政部门存档。

13. 检验(检定)(鉴定)结果告知书

质量技术监督

检验(检定)(鉴定)结果告知书

(　　)质监检(鉴)告字〔　　〕　号

_____：

　　你(单位)_____

经_____检验(检定)(鉴定),被判定为_____产品。

　　你(单位)如对该检验(检定)(鉴定)结果有异议,请在接到本告知书之日起_____内,依法向我局或者_____提出书面复检申请。逾期即视为放弃该权利。

　　特此告知

附:检验(检定)(鉴定)报告
　　报告编号:

(印章)

年　　月　　日

本文书一式两份。一份送达当事人,一份行政部门存档。

14. 采取(解除)行政措施审批表

质量技术监督

采取(解除)行政措施审批表

案　由	
涉案物品	
拟采取的行政措施	□登记保存　　□查封　　□扣押　　□封存 □解除登记保存　□解除查封　□解除扣押　□解除封存 □延长行政强制措施期限
理由和法律依据	 案件承办人：　　　　　　　　　　　　　年　月　日
承办机构意见	 负责人：　　　　　　　　　　　　　　　年　月　日
审批意见	 审批人：　　　　　　　　　　　　　　　年　月　日

15. 先行登记保存证据通知书

质量技术监督
先行登记保存证据通知书

（　　）质监登字〔　　〕　　号

_____：
　　你(单位)_____
涉嫌(存在)_____问题。
　　根据《中华人民共和国行政处罚法》第三十七条第二款的规定，现决定对你(单位)的有关物品予以登记保存(物品名称、数量详见物品清单)。
　　在登记保存期间，任何人不得动用、调换、转移、损毁被登记保存物品。擅自动用、调换、转移、损毁被登记保存物品的，将依法追究有关责任人员的法律责任。
　　1. 登记保存地点：_____
_____
　　2. 登记保存期限：七日
　　3. 本通知书附《涉案物品清单》文号：_____

(印章)
年　月　日

本文书一式两份。一份送达当事人，一份行政部门存档。

16. 查封(扣押)(封存)决定书

质量技术监督

查封(扣押)(封存)决定书

(　　)质监查(扣)(封)字〔　　〕　　号

_____：

　　你(单位) _____
　　涉嫌(存在) _____ 问题。
　　根据《_____》第_____条第_____款_____项的规定,现决定对你(单位)的有关物品予以查封(扣押)(封存)。(物品名称、数量详见物品清单)

　　1.查封(扣押)(封存)地点：_____

　　2.查封(扣押)(封存)期限：_____

　　3.本决定书附《涉案物品清单》文号：_____
　　在查封(扣押)(封存)期间,任何人不得隐匿、转移、变卖、损毁本决定所列物品,否则将依法追究有关责任人员的法律责任。
　　如对本决定不服,可以于收到本决定书之日起六十日内依法向_____质量技术监督局或者_____人民政府申请行政复议,也可以于3个月内依法向_____人民法院提起行政诉讼。

(印章)

年　　月　　日

　　本文书一式两份。一份送达当事人,一份行政部门存档。

17. 涉案物品清单

质量技术监督
涉案物品清单

（　　）质监物字〔　　〕　　号

序号	名称	规格型号	单位	数量	物品状态	备注

（印章）

年　月　日

本文书一式两份。一份送达当事人，一份行政部门存档。

18. 封条

封　条

×××质量技术监督局　封

（印章）

年　月　日

注：大封条长38厘米，宽11厘米，采取行政措施时作为加封标记使用；小封条根据实际需要缩放，抽样检验时作为样品加封标记使用。

19. 行政强制措施有关期限告知书

质量技术监督
行政强制措施有关期限告知书

（　　）质监期告字〔　　〕　　号

_____：

  本机关于_____年____月____日以_____质监_____字〔____〕____号《查封决定书》（《扣押决定书》），对你（单位）_____实施了查封（扣押）行政强制措施。

  因_____，根据《中华人民共和国行政强制法》第二十五条第一款规定，本机关决定延长查封（扣押）期限_____日，该期限自_____年____月____日开始计算。

  因查封（扣押）物品需要进行检测（检验）（技术鉴定），根据《中华人民共和国行政强制法》第二十五条第三款规定，特告知检测（检验）（技术鉴定）的期限为____日（自_____年____月____日至_____年____月____日）。查封（扣押）的期间不包括检测（检验）（技术鉴定）的期间。

（印章）
年　　月　　日

本文书一式两份，一份送达当事人，一份行政部门存档。

20. 解除登记保存通知书

质量技术监督
解除登记保存通知书

（　　）质监解登字〔　　〕　　号

_____：

  我局于_____年____月____日对你（单位）_____，以（　　）质监登字〔　　〕　　号《先行登记保存证据通知书》进行登记保存，《涉案物品清单》文号：_____。

  因_____，现决定对登记保存的全部（或部分）物品解除登记保存。

  解除登记保存物品作如下处理：_____。

  部分解除登记保存的，后附《涉案物品清单》文号：_____。

（印章）
年　　月　　日

本文书一式两份，一份送达当事人，一份行政部门存档。

21. 解除查封(扣押)(封存)决定书

质量技术监督
解除查封(扣押)(封存)决定书

(　　)质监解查(扣)(封)字〔　　〕　　号

_____:

　　我局于_____年___月___日对你(单位)_____,以(　　)质监查(扣)(封)字〔　　〕　　号《查封(扣押)(封存)决定书》进行查封(扣押)(封存),《涉案物品清单》文号:_____。

　　因_____,现决定对查封(扣押)(封存)的全部(或部分)物品解除查封(扣押)(封存)。

　　解除查封(扣押)(封存)物品作如下处理:_____

_____
_____
_____
_____
_____
_____
_____
_____
_____
_____
_____
_____
_____
_____
_____
_____
_____。

　　部分解除查封(扣押)(封存),后附《涉案物品清单》文号:_____。

(印章)
年　月　日

　　本文书一式两份。一份送达当事人,一份行政部门存档。

22. 责令改正通知书

质量技术监督
责令改正通知书

( )质监责改字〔 〕 号

当事人：_____

营业执照或其他资质证明：_____ 编号：_____

组织机构代码(身份证)号：_____

法定代表人(负责人)：_____ 性别：_____ 职务：_____

地址(住址)：_____ 邮编：_____ 电话：_____

你(单位)_____

_____

的行为，已违反了《_____》第____条第____款第____项的规定。

根据《_____》第____条第____款第____项的规定，责令你(单位)于_____年___月___日前改正上述违法行为。

(印章)

年 月 日

本文书一式两份。一份送达当事人，一份行政部门存档。

23. 案件调查终结报告

质量技术监督
案件调查终结报告

共　　页　第　　页

案由：_____
当事人基本情况：_____
_____
_____
_____

案情及违法事实：_____
_____
_____
_____

证明对象及证据材料：_____
_____
_____
_____

定性及处罚依据：_____
_____
_____

拟处理意见（含自由裁量理由）：_____
_____
_____
_____
_____

案件承办人(签字)：
承办部门负责人(签字)：
　　　　年　　月　　日

案件审理及告知阶段

24. 案件初审意见表

质量技术监督

案件初审意见表

案由					
立案时间		调查终结时间		交审时间	
初审内容		初审意见		具体建议	
所办案件是否具有管辖权		是/否			
违法主体认定是否正确		是/否			
办案程序是否符合法定要求		是/否			
案件事实是否清楚,证据是否确凿、充分,执法文书是否规范		是/否			
适用法律依据是否准确		是/否			
行政处理建议是否合法、适当		是/否			
处罚裁量是否合理、公正		是/否			
是否涉嫌犯罪需要移送司法机关		是/否			
总体意见和建议: 案审办负责人: 年 月 日					
案件承办机构意见: 负责人签字: 年 月 日					

25. 案件审理记录

质量技术监督

案件审理记录

共　　页　第　　页

案由：_____

审理时间：_____年___月___日___时___分至___时___分

审理地点：_____

主 持 人：_____职务：_____记录人：_____

审理人员姓名及职务：_____
_____
_____

列席人员姓名及职务：_____
_____

审理记录：_____
_____
_____
_____
_____
_____

审理人员(签字)：_____

26. 行政处罚告知书

质量技术监督
行政处罚告知书

（　　）质监罚告字〔　　〕　　号

_____：

　　经我局调查、审理确认，你(单位)_____
_____。
　　上述行为已违反了《_____》第_____条第_____款第_____项的规定，根据《_____》
第_____条第_____款第_____项的规定，拟给予以下行政处罚：_____
_____
_____
_____
_____
_____

　　根据《中华人民共和国行政处罚法》第三十二条的规定，对上述处罚事项，你(单位)享有陈述和申辩的权利。
　　根据《中华人民共和国行政处罚法》第四十二条第一款的规定，对符合听证条件的，你(单位)享有要求举行听证的权利。如要求听证，应于收到本告知书之日起三日内向本局提出，逾期未提出的，视为放弃上述权利。(注：听证，仅适用于责令停产停业、吊销许可证、给予 万元以上罚款的行政处罚)

（印章）
年　月　日

本文书一式两份。一份送达当事人，一份行政部门存档。

27. 行政处罚案件听证通知书

质量技术监督
行政处罚案件听证通知书

（　　）质监听字〔　　〕　　号

_____：

　　你(单位)于_____年___月___日向本局提出听证申请，根据《中华人民共和国行政处罚法》第四十二条规定，本局决定于_____年___月___日___时公开(不公开)举行听证会。请你(单位)凭本通知准时参加，若无正当理由不出席听证的，视为撤回听证申请。

　　听证会地点：_____

　　经本机关负责人指定，本次听证会由_____担任听证主持人。如申请听证主持人回避，请于听证会开始前提出回避申请。

　　你(单位)法定代表人(负责人)参加听证会的，需提交法定代表人(负责人)证明以及身份证复印件；委托代理人参加听证会的，需提交授权委托书以及委托代理人身份证复印件。

（印章）

年　　月　　日

本文书一式两份，一份送达当事人，一份行政部门存档。

28. 行政处罚案件听证笔录

质量技术监督
行政处罚案件听证笔录

共　　页　　第　　页

案由：_____

时间：_____年____月____日____时____分至____时____分

地点：_____

主持人：_____ 职务：_____ 记录人：_____

当事人：_____ 法定代表人（负责人）：_____

委托代理人：_____ 工作单位：_____

委托代理人：_____ 工作单位：_____

案件承办人员：_____

记录如下：_____

_____

_____

_____

_____

_____

_____

_____

当事人及委托代理人对以上记录的意见并鉴字：_____

_____

_____

当事人及委托代理人（签字）：

案件承办人员（签字）：

其他听证参加人员（签字）：

处罚决定及执行阶段

29. 行政处理决定审批表

<table>
<tr><td colspan="2" align="center">质量技术监督
行政处理决定审批表</td></tr>
<tr><td>案　由</td><td></td></tr>
<tr><td>作出处理
决定类别</td><td>□依法给予行政处罚　　　　□不予行政处罚
□案件移送　　　　　　　　□提出行政建议</td></tr>
<tr><td>行政处罚是否
经过重新审理</td><td>□当事人未提出陈述、申辩或者听证申请
□案件经复核（听证）并重新审理</td></tr>
<tr><td>当事人主要
违法事实及
案审委处理
意见和理由</td><td>

案件承办部门负责人：　　　　　　　　　　　年　　月　　日</td></tr>
<tr><td>案审办
意见</td><td>

案审办负责人：　　　　　　　　　　　　　　年　　月　　日</td></tr>
<tr><td>案审委
意见</td><td>

案审委主任委员：　　　　　　　　　　　　　年　　月　　日</td></tr>
<tr><td>行政机关
主要负责人
意见</td><td>

审批人：　　　　　　　　　　　　　　　　　年　　月　　日</td></tr>
</table>

30. 行政处罚决定书

质量技术监督
行政处罚决定书

（　　）质监罚字〔　　　〕　　号

当事人：_____
营业执照或其他资质证明：_____ 编号：_____
组织机构代码（身份证）号：_____
法定代表人（负责人）：_____ 性别：_____ 职务：_____
地址（住址）：_____ 邮编：_____ 电话：_____
违法事实：_____
_____

主要证据：_____
_____

你（单位）上述行为已违反了《_____》第____条第____款第____项的规定：_____。
依据《_____》第____条第____款第____项的规定：_____。
本局决定对你（单位）给予以下行政处罚：_____

请于收到本决定书之日起十五日内将罚没款缴到_____银行，地址：_____帐号：_____。逾期不缴纳罚款的，根据《中华人民共和国行政处罚法》第五十一条第（一）项的规定，每日按罚款数额的百分之三加处罚款，并将依法申请人民法院强制执行。
如对本行政处罚决定不服，可于收到本决定书之日起六十日内向_____质量技术监督局或者_____人民政府申请复议，也可以于_____内依法向_____人民法院提起行政诉讼。

（印章）
年　月　日

本文书一式两份。一份送达当事人，一份行政部门存档。

31. 当场处罚决定书

质量技术监督
当场处罚决定书

( )质监当罚字〔 〕 号

当事人：_____
营业执照或其他资质证明：_____ 编号：_____ 组织机构代码(身份证)号：_____
法定代表人(负责人)：_____ 性别：_____ 职务：_____
地址(住址)：_____ 邮编：_____ 电话：_____
你(单位)_____
违反了《_____》第_____条第_____款_____项的规定，依据《_____》第_____条第_____款第_____项的规定，决定给予下列行政处罚：

1.
2.

罚款按下列第_____项方式缴纳：

1. 当场缴纳。
2. 自即日起十五日内将罚款交到_____，地址：_____
帐号：_____。逾期不缴纳罚款的，根据《中华人民共和国行政处罚法》第五十一条第(一)项的规定，每日按罚款数额的百分之三加处罚款，并依法申请人民法院强制执行。

如对本决定不服，可以于接到本决定书之日起六十日内，向_____质量技术监督局或者_____人民政府申请行政复议，也可以于_____内依法向_____人民法院提起行政诉讼。

处罚地点：
当事人(签字)：
执法人员(签字)：

(印章)
年 月 日

本文书一式两份。一份送达当事人，一份行政部门存档。

32. 不予行政处罚决定书

质量技术监督

不予行政处罚决定书

( )质监不罚字〔 〕 号

当事人：_____

营业执照或其他资质证明：_____ 编号：_____

组织机构代码(身份证)号：_____

法定代表人(负责人)：_____ 性别：_____ 职务：_____

地址(住址)：_____ 邮编：_____ 电话：_____

违法事实及证据：_____

_____

_____

_____

违反的法律法规规章：_____

_____

_____

_____

不予行政处罚的理由：_____

_____

_____

不予行政处罚的依据和决定：_____

_____

_____

_____

对本决定不服的，可以在接到本决定书之日起六十日内，向_____质量技术监督局或者_____人民政府申请行政复议；也可以在三个月之内向_____人民法院提起行政诉讼。

(印章)

年 月 日

本文书一式两份。一份送达当事人，一份行政部门存档。

33. 行政执法建议书

质量技术监督
行政执法建议书
（　　）质监建字〔　　〕　号

_____：

　　我局在_____
_____
_____。
　　根据_____
规定，特建议_____
_____
_____。

　　此致

　　附：相关材料_____份_____页

（印章）
年　月　日

本文书一式两份。一份送达被建议部门，一份建议部门存档。

34. 案件移送书

质量技术监督

案件移送书

（　　）质监案移字〔　　〕　　号

_____：

我局在查处_____案件中,发现_____。

根据《_____》第_____条_____款规定,现将该案移请贵院(委、局)调查处理。

此致

附:相关材料_____份_____页

(印章)

年　月　日

本文书一式两份。一份送达受移送部门,一份移送部门存档。

35. 行政处罚有关事项审批表

<table>
<tr><td colspan="2" align="center">质量技术监督
行政处罚有关事项审批表</td></tr>
<tr><td>案由</td><td></td></tr>
<tr><td>报批事项</td><td>□办案回避　　　　　　□案件终止调查
□案件办理延期　　　　□没收(涉案)物品处置
□延期(分期)缴纳罚款　□申请强制执行
□案件中止执行　　　　□案件终止执行</td></tr>
<tr><td>报批理由、依据及拟处理意见</td><td>

案件承办人：　　　　　　　　　　　　年　月　日</td></tr>
<tr><td>报批部门意见</td><td>

部门负责人：　　　　　　　　　　　　年　月　日</td></tr>
<tr><td>行政机关主要负责人意见</td><td>

审批人：　　　　　　　　　　　　　　年　月　日</td></tr>
</table>

36. 涉案物品处理记录

质量技术监督

涉案物品处理记录

共　页　第　页

处理时间：_____年___月___日___时___分至___月___日___时___分
处理地点：_____
处理物品：_____
物品来源：_____
物品原所有人：_____
处理物品依据：_____
处理方式：_____
批准人：_____　职务：_____
处理情况记录：
_____
_____
_____

承办人(签字)：　　　　　　物品接收人(签字)：
记录人(签字)：　　　　　　其他人员(签字)：

37. 催告执行通知书

质量技术监督

催告执行通知书

(　　)质监催执字〔　　〕　　号

_____：
　　你(单位)于_____年___月___日收到我局(　　)质监罚字〔　　〕　　号行政处罚决定书后，在法定期限内未履行如下行政处罚决定：_____。
　　根据《中华人民共和国行政强制法》第五十四条规定，请你(单位)于接到本通知后十日内依法履行上述行政处罚决定。逾期不履行，我局将依法申请_____人民法院强制执行。
　　特此通知

(印章)
年　月　日

本文书一式两份。一份送达当事人，一份行政部门存档。

38. 强制执行申请书

质量技术监督

强制执行申请书

（　　）质监执申字〔　　　〕　号

申请人：_____

法定代表人：_____　职务：_____

委托代理人：_____　职务：_____

被申请人：_____

法定代表人（负责人）：_____　职务：_____　联系电话：_____

　　申请人于_____年___月___日对被申请人做出_____行政处罚决定，并已于_____年___月___日依法送达被申请人。

　　被申请人在法定期限内未履行该决定。申请人依据《中华人民共和国行政强制法》规定，于_____年___月___日催告当事人履行行政处罚决定，被申请人逾期仍未履行。

　　根据《_____》第_____条第_____款第_____项的规定，特申请贵院对下列行政处罚决定予以强制执行：

1. _____
2. _____

　　　此致

_____人民法院

附：_____

法定代表人（签名）：×××

（印章）

年　月　日

本文书一式两份。一份送达人民法院，一份行政部门存档。

39. 延期(分期)缴纳罚款决定书

质量技术监督

延期(分期)缴纳罚款决定书

(　　)质监延(分)缴字〔　　〕　　号

_____：

　　本局于_____年___月___日,对你(单位)作出(　　)质监罚字〔　　　〕号行政处罚决定,对你(单位)处罚款_____元。行政处罚决定书于_____年___月___日依法送达。

　　你(单位)于_____年___月___日向本局提出延期(分期)缴纳罚款的申请。经研究,依据《中华人民共和国行政处罚法》第五十二条和《质量技术监督行政处罚程序规定》第四十九条的规定,本局决定:_____
_____
_____
_____
_____
_____

　　到期不缴纳罚款的,依据《中华人民共和国行政处罚法》第五十一条第(一)项的规定,本局每日按你(单位)应缴纳罚款数额的3%加处罚款,并依法申请人民法院强制执行。

(印章)
年　　月　　日

本文书一式两份。一份送达当事人,一份行政部门存档。

40. 送达回证

质量技术监督
送达回证

案　　由	
受送达人	
送达地点	

送达文书名称、文号	送达方式	收件人签字	送达人
		年　月　日	
		年　月　日	
		年　月　日	
		年　月　日	
		年　月　日	
		年　月　日	
		年　月　日	

备注	1. 代收人签收的应在此栏注明理由。 2. 非直接送达的需在此栏注明情况。

41. 结案审查表

<table>
<tr><td colspan="4" align="center">质量技术监督
结案审查表</td></tr>
<tr><td>案由</td><td colspan="3"></td></tr>
<tr><td>立案日期</td><td></td><td>处罚决定日期</td><td></td></tr>
<tr><td>处罚决定文号</td><td></td><td>案件承办人员</td><td></td></tr>
<tr><td>行政处罚内容</td><td colspan="3"></td></tr>
<tr><td rowspan="2">处罚执行方式结果</td><td colspan="3"></td></tr>
<tr><td colspan="2">承办机构负责人：</td><td>年　月　日</td></tr>
<tr><td rowspan="2">审批意见</td><td colspan="3"></td></tr>
<tr><td colspan="2">审批人：</td><td>年　月　日</td></tr>
<tr><td>备注</td><td colspan="3"></td></tr>
</table>

42. 备考表

备考表

卷内材料情况说明：
1. 缺损、修改、补充、移出、部分灭失等情况；
2. 行政复议情况；
3. 行政诉讼情况。

整理人：

检查人：

归档日期：

行政处罚案件其他适用文书

43. 行政处罚案件报批书

质量技术监督

行政处罚案件报批书

（　）质监报批字〔　　〕　号

报批事项	
申报部门 意见及理由	 （印章） 　　　　　　　　　年　月　日
审批部门 案审办意见	 负责人： 　　　　　　　　　年　月　日
审批意见	 案审委主任委员： （印章） 　　　　　　　　　年　月　日
备注	

本文书一式两份。一份审批部门存档，一份申报部门存档。

44. 指定管辖决定书

质量技术监督

指定管辖决定书

(　　)质监指辖字〔　　〕　　号

_____：

根据《中华人民共和国行政处罚法》第二十一条和《质量技术监督行政处罚程序规定》第八条的规定,特指定你局办理下列案件:_____

指定管辖案件办理要求:
1. 于接到本决定书后_____日内与_____办理案件相关材料交接手续;
2. 依法、及时办理此案,并于结案后十五日内向我局报告、备案。

(印章)

年　月　日

本文书一式三份。一份送达被指定的行政部门,一份送达提交案件材料的行政部门,一份由作出决定的行政部门存档。

45. 案件协查函

质量技术监督

案件协查函

(　　)质监案协字〔　　〕　　号

_____：

我局在查处_____一案中,发现_____。

根据《质量技术监督行政处罚程序规定》第四条第二款的规定,特请你局协助调查以下事项:_____

请将调查结果及相关证据材料及时回复我局。

联系人:_____　　联系电话:_____

此致

(印章)

年　月　日

本文书一式两份。一份送交协查部门,一份由提出协查请求的部门存档。

46. 案件通报书

质量技术监督

案件通报书

(　　)质监案通字〔　　〕　　号

_____：

　　我局在查处_____
一案中,发现_____。
根据《质量技术监督行政处罚程序的规定》第四条第二款的规定,现将案件有关情况通报你局依法处理。

案情摘要:_____
_____
_____

处理情况:_____
_____
_____

(印章)

年　　月　　日

本文书一式两份。一份送达接收通报部门,一份由通报部门存档。

47. 重大案件督办通知书

质量技术监督

重大案件督办通知书

(　　)质监案督字〔　　〕　　号

_____：

　　你局查办的_____
_____一案,经研究,
决定将此案列入督办案件。现责成你局于_____年___月___日之前将案件办理情况及结果依照法定程序上报我局。
你局在此案办理过程中,对于疑难、复杂问题可以及时与我局进行联系。

(印章)

年　　月　　日

本文书一式两份。一份送达被督办的部门,一份由督办部门存档。

48. 回避决定书

质量技术监督

回避决定书

(　　)质监避字〔　　〕　号

申请人：_____

法定代表人(负责人)：_____ 联系电话：_____

被申请人：_____

工作单位及职务：_____

　　申请人于_____年___月___日以_____为由，申请办理_____一案的被申请人进行回避。

　　经审查，申请人的回避申请(不)符合《_____》第____条____款____项规定的情形，本局依法予以(驳回)核准。

(印章)

年　月　日

本文书一式两份。一份送达当事人，一份行政部门存档。

49. 行政执法委托书

质量技术监督

行政执法委托书

(　　)质监委执字〔　　〕　号

委托人：_____

受委托人：_____

委托人根据《中华人民共和国行政处罚法》第十八条、第十九条的规定，决定将下列行政执法权限委托给受委托人代为行使。

委托行政执法权限：_____

委托行政执法期限：_____

委托期间，委托人和受委托均应做到以下要求：

1. 委托人应当监督、指导受委托人依法行使委托的行政执法权限；
2. 委托人应当对受委托人在委托的范围内实施的行政行为承担法律责任；
3. 受委托人应当在委托权限范围内，以委托人的名义依法实施行政执法权，并接受委托人的监督指导；
4. 受委托人不得越权行政。超越委托权限范围的行为，受委托人自行承担相应的法律责任；
5. 受委托人违法、违纪行使委托权的，将依照《质量监督检验检疫行政执法监督与行政执法过错责任追究办法》的规定，追究相关责任人的法律责任。

　　　　委托人印章　　　　　　　　　　　受委托人印章
　　　　　年　月　日　　　　　　　　　　　年　月　日

本文书一式两份。一份受委托人存档，一份委托人存档。

50. 变更(暂停)委托决定书

质量技术监督

变更(暂停)委托决定书

(　　)质监变(停)委字〔　　〕　　号

委 托 人：_____

受委托人：_____

　　变更(暂停)事项：_____

_____

_____

_____

　　由于_____

　　现决定_____

_____

_____

_____

_____

_____。

本变更(暂停)决定自_____年___月___日起执行，原行政执法委托书____(文号)____即行废止。

　　　　委托人印章　　　　　　　　　　　　　受委托人印章
　　　　年　月　日　　　　　　　　　　　　　年　月　日

本文书一式两份。一份受委托人存档，一份委托人存档。

文书来源

国家质量监督检验检疫总局关于印发《质量技术监督行政处罚文书格式文本》的通知

(2011年8月19日 国质检法〔2011〕448号)

各省、自治区、直辖市质量技术监督局：

为进一步贯彻实施《中华人民共和国行政处罚法》、《质量技术监督行政处罚程序规定》、《质量技术监督行政处罚案件审理规定》，规范质量技术监督行政处罚程序，保障质量技术监督行政处罚工作合法、及时、有效地开展，提高质量技术监督行政处罚文书的规范化水平，总局结合质量技术监督行政处罚工作实践，在充分征求地方质量技术监督局意见的基础上，组织制定了《质量技术监督行政处罚文书格式文本》（以下简称《格式文本》）。现将《格式文本》印发给你们，供各级质量技术监督部门在开展行政处罚工作中参照使用。《格式文本》的制作说明以及各种处罚文书范本，总局将统一编辑成册，随后印发。

如文书使用过程中发现问题，请及时与总局法规司联系。

附件：

质量技术监督行政处罚文书排版有关问题的说明

一、排版依据
1.《国家行政机关公文格式》（GB/T 9704－1999）。
2. 有关法律法规规定。

二、技术规范
1. 文书尺寸。除有个别要求的文书外，统一使用A4幅面纸张（210mm×297mm）印制。
2. 字体字号。行政执法机关名称使用3号黑体（小标宋体字）；文书名称使用2号宋体；文书文号和正文使用3号仿宋；表格内文字使用5号仿宋。表格尽量一页排完。
3. 年份、序号用阿拉伯数码标识。年份应标全称，用六角括号"〔〕"括入；序号不编虚位（即1不编为001），不加"第"字。
4. 文书字号（无字号在文书标题）之下4mm处印一条与版心等宽的黑色反线。
5. 文书制作时间用汉字将年、月、日标全；"零"写为"〇"。
6. 文书一般每页22行，每行28个字。当文书排版后所剩空白处不能容下印章位置时，应采取调整行距、字距的措施加以解决，务使印章与正文同处一面，避免采取标识"此页无正文"的方法解决。
7. 文书页数在2页或者2页以上的，需在页码处标注"共×页第×页"。数字用4号半角白体阿拉伯数码标识。单面书写的文书页码位于文书眉首黑色反线右上方，双面书写的位于左上方。
8. 文书页边与版心尺寸。文书用纸天头（上白边）为：37mm±1mm；文书用纸订口（左白边）为：28mm±1mm；版心尺寸为：156mm×225mm。

关联规定

质量技术监督行政处罚程序规定

(2011年3月2日国家质量监督检验检疫总局令第137号公布 自2011年7月1日起施行)

第一章 总 则

第一条 为了规范质量技术监督行政处罚程序，保障质量技术监督部门有效实施行政管理，保护公民、法人和其他组织的合法权益，根据《中华人民共和国行政处罚法》等法律法规的规定，制定本规定。

第二条 各级质量技术监督部门办理行政处罚案件，适用本规定。法律、法规另有规定的，依照其规定。

第三条 办理行政处罚案件，应当做到事实清楚，证据确凿，程序合法，法律、法规、规章适用准确，处罚合理、公正，执法文书使用正确、规范。

第四条 质量技术监督部门应当加强系统内部门之间办案协作。

办理行政处罚案件时，需要其他部门协助的，可以提出协查请求；接到协查请求的，应当予以协助和配合。发现违法行为需要由其他部门进一步处理的，应当及时通报。

第五条 质量技术监督部门应当加强对本级案件承办机构和下级质量技术监督部门办理行政处罚案件的监督检查。

上级质量技术监督部门对下级质量技术监督部门办理的重大行政处罚案件，可以进行督办。

第六条 质量技术监督部门办理行政处罚案件实行回避制度。案件承办人员、审理人员和听证人员与案件有直接利害关系的，应当回避。

当事人或者前款规定人员本人申请回避，应当在行政处罚决定作出之前提出，由质量技术监督部门主要负责人作出是否回避的决定。质量技术监督部门主要负责人是否回避由上一级质量技术监督部门决定。

第二章 管 辖

第七条 行政处罚案件由违法行为发生地的县级以上质量技术监督部门管辖。

有管辖权的质量技术监督部门在本行政区域之外开展调查取证等活动的，应当通报相关质量技术监督部门。必要时逐级报请共同的上一级质量技术监督部门做好协调工作。相关质量技术监督部门应当予以协助和配合。

第八条 质量技术监督部门之间对管辖权发生争议的，报请共同的上一级质量技术监督部门指定管辖。

有管辖权的质量技术监督部门由于特殊原因不能行使管辖权或者上级质量技术监督部门认为需要指定管辖的，可以指定管辖。

第九条 上级质量技术监督部门在必要时，可以直接办理下级质量技术监督部门管辖的行政处罚案件。

对重大、复杂的行政处罚案件，下级质量技术监督部门可以报请上级质量技术监督部门办理。

第十条 质量技术监督部门发现办理的案件不属于本机关管辖的，应当将案件移送有管辖权的质量技术监督部门。

受移送的质量技术监督部门对管辖权有异议的，应当报请共同的上一级质量技术监督部门指定管辖，不得再自行移送。

第十一条 质量技术监督部门发现办理的案件属于其他行政管理部门管辖的，应当依法移送其他有关部门。

质量技术监督部门发现违法行为涉嫌犯罪的，应当依照有关规定将案件移送司法机关。

第三章 行政处罚的一般程序

第十二条 质量技术监督部门对依据监督检查职权或者通过举报、投诉、其他部门移送、上级部门交办等途径发现的违法行为线索，应当自发现之日起15日内组织核查，并决定是否立案。

检验、检测、检定、鉴定等所需时间，不计入前款规定期限。

立案件应当报请质量技术监督部门负责人批准，并按照本规定程序办理，直至结案。

第十三条 质量技术监督部门在调查取证时，案件承办人员不得少于两人，应当向当事人或者有关人员出示行政执法证件，并记录在案。

第十四条 案件承办人员应当对案件进行全面调查，收集认定案件事实的证据。

书证、物证、视听资料、证人证言、当事人陈述、现场笔录以及检验、检测、检定或者鉴定结果等，经查证属实后作为认定案件事实的证据。

第十五条 现场检查由案件承办人员进行，可以邀请法定检验、检测、检定、鉴定机构的人员或者有关技术人员参加。现场检查应当通知当事人到场。当事人拒不到场的，不影响检查的进行，承办人员应当在笔录中载明情况。

现场检查情况应当如实记入现场检查笔录，由当事人签署意见，并签名或者盖章。必要时，可以采取拍照、录像等方式记录现场情况。

第十六条 案件承办人员对当事人或者有关证明人的询问调查应当个别进行。询问前应当收集、核对被询问人的身份证明，并告知其权利和义务。

询问调查应当制作笔录，经被询问人确认无误后在笔录上逐页签名或者盖章。笔录如有差错、遗漏，应当允许其更正或者补充，更正或者补充部分应当由被询问人以签名、盖章或者押印等方式确认。

第十七条 案件承办人员应当收集与案件有关的原始证明材料作为证据。收集原始证明材料有困难的，可以提取复制件、影印件或者抄录本等，并由证据提供人标明"经核对与原件无误"。

收集、提取的证据应当注明出证日期、证据出处，并由案件承办人员、证据提供人签名或者盖章。

第十八条 案件承办人员在调查取证过程中，可以要求当事人或者有关证明人提供与案件有关的证明材料。根据需要可以采取录音、录像和拍照等方式收集证据。

第十九条 案件调查中发现的涉嫌假冒产品，可以交由被假冒的企业进行鉴别。经质量技术监督部门查证后，可以将企业出具的鉴别证明材料作为认定案件事实的证据。

出具证明材料的企业对其证明内容负责，并依法承担相应的法律责任。

第二十条 质量技术监督部门收集证据时，可以采取抽样取证的方法。

所抽样品需要检验、检测、检定或者鉴定的，应当委托具有法定资质的机构进行。检验、检测、检定或者鉴定结果应当告知当事人。法律、法规、规章对复检有规定的，应当同时告知当事人复检权利。

第二十一条 在证据可能灭失或者以后难以取得的情况下，质量技术监督部门可以对与涉嫌违法行为有关的证据采取先行登记保存措施。

采取或者解除先行登记保存措施，应当经质量技术监督部门负责人批准。

第二十二条 对于先行登记保存的证据，应当在7日内作出以下处理决定。逾期未作出处理决定的，先行登记保存措施自动解除。

（一）根据情况及时采取记录、复制、拍照、录像等证据保全措施；

（二）根据有关法律、法规规定采取查封、扣押、封存等行政强制措施；

（三）违法事实不成立，或者违法事实成立但依法不应当予以查封、扣押、封存的，解除先行登记保存措施。

第二十三条　质量技术监督部门在办理行政处罚案件中，可以依据法律、法规、规章的规定采取查封、扣押、封存等行政强制措施。

经调查，不需要继续采取行政强制措施的，应当及时解除行政强制措施。

采取或者解除行政强制措施，应当经质量技术监督部门负责人批准。

第二十四条　调查取证过程中，出现当事人拒绝接受调查、当事人或者有关人员拒绝在相应执法文书上签名或者盖章等情况的，案件承办人员应当在执法文书或者其他有关材料上载明情况，并以录音、录像等视听资料加以证明。

必要时，案件承办人员可以邀请第三方作为见证人。

第二十五条　因涉嫌违法的自然人死亡或者法人、其他组织终止，并且无权利义务承受人等原因，致使调查无法继续进行的，案件承办机构可以报请质量技术监督部门主要负责人批准后，决定终止调查并结案。

第二十六条　各级质量技术监督部门应当设立行政处罚案件审理委员会，实行案件集体审理制度。

行政处罚案件的审理，按照《质量技术监督行政处罚案件审理规定》的有关规定执行。

第二十七条　对当事人拟作出行政处罚的，应当告知当事人违法事实、处罚依据及理由、处罚种类及幅度，并告知当事人依法享有的陈述、申辩、听证等权利。

质量技术监督部门应当充分听取当事人的陈述和申辩，不得因当事人申辩而加重处罚。

第二十八条　质量技术监督部门对当事人提出的事实、理由和证据，应当进行复核。案件复核按照《质量技术监督行政处罚案件审理规定》的有关规定执行。

第二十九条　质量技术监督部门对当事人依法给予行政处罚的，应当制作行政处罚决定书，载明当事人姓名或者名称及地址、违法事实及证据、处罚依据及理由、处罚种类及幅度、处罚履行方式及期限、救济途径及期限、作出处罚决定的行政机关名称及日期等内容，并加盖作出行政处罚决定的行政机关的印章。

行政处罚决定书应当自作出之日起7日内按照本规定第七章的有关规定送达当事人。

第三十条　质量技术监督部门实施行政处罚，依法责令当事人改正或者限期改正违法行为。

责令限期改正的期限按照法律、法规、规章或者技术规范的规定执行。法律、法规、规章或者技术规范没有规定的，改正期限一般不超过30日；确有必要超过30日的，应当根据案件实际情况确定，并报请质量技术监督部门负责人批准。

第三十一条　因案件管辖或者其他依法需要报请上级质量技术监督部门决定的案件，下级质量技术监督部门应当及时上报。上级质量技术监督部门应当自接到上报材料之日起15日内作出决定。

第三十二条　质量技术监督部门办理行政处罚案件，应当自立案之日起3个月内作出处理决定。因案情复杂不能按期作出处理决定的，经质量技术监督部门主要负责人批准，可以延长30日。案情特别复杂，经延期仍不能作出处理决定的，应当报请上一级质量技术监督部门批准，适当延长办案期限。

案件办理过程中听证、公告、检验、检测、检定或者鉴定以及发生行政复议或者行政诉讼的，所需时间不计入前款规定期限。

第四章　行政处罚的听证程序

第三十三条　质量技术监督部门拟作出以下行政处罚决定之一的，应当告知当事人有要求举行听证的权利。自告知次日起算，当事人享有在3日内提出听证申请的权利：

（一）责令停产停业的；

（二）吊销质量技术监督部门核发的许可证的；

（三）处以较大数额罚款的。

前款（三）项规定的较大数额罚款的标准，按照地方性法规、地方政府规章等有关规范性文件的规定执行。地方性法规、地方政府规章等有关规范性文件未做规定的，较大数额罚款的标准为3万元以上（含3万元）。

第三十四条　质量技术监督部门设立的行政处罚案件审理委员会下设办公室（以下简称案审办），负责听证的具体组织工作。

第三十五条　当事人要求听证的，应当以书面形式提出听证申请；当事人口头提出申请的，案审办应当将当事人基本情况、听证请求事项以及事实和理由记录在案，并由当事人签名或者签章。

当事人逾期未提出听证申请的，视为放弃听证的权利。

第三十六条　质量技术监督部门应当自接到当事人听证申请之日起15日内，按照以下要求组织听证：

（一）确定听证主持人和记录员。听证主持人由质量技术监督部门主要负责人指定非本案承办人员担任，听证记录员由案审办有关人员担任。

（二）确定听证参加人。听证参加人包括案件承办人员以及当事人。当事人可以委托1至2名代理人参加听证，委托代理人参加听证的，应当提交书面委托书。

（三）确定听证主要内容。案审办向听证主持人提交当事人基本情况、违法事实、证据、拟处罚意见以及听证申请等有关材料。

（四）确定听证时间和地点。案审办应当在举行听证的7日前，将听证的时间、地点通知当事人。

第三十七条　当事人在举行听证之前，提出撤回听证申请的，应当准许，并记录在案。

当事人无正当理由不出席听证的，视为撤回听证申请。

第三十八条 除涉及国家秘密、商业秘密或者个人隐私的案件，听证会应当公开举行。听证会按照以下程序进行：

（一）主持人宣布听证会纪律；

（二）核对听证参加人姓名、年龄、身份，告知听证参加人权利、义务；

（三）案件承办人员提出当事人违法事实、证据以及处罚意见；

（四）当事人进行申辩和质证；

（五）主持人宣布听证会结束。

第三十九条 听证主持人负责维持听证会秩序，保障听证参加人依法行使陈述、申辩的权利；同时享有询问听证参加人的权利。

当事人或者其委托代理人无正当理由放弃申辩和质证权利退出听证会的，主持人可以宣布听证终止。

第四十条 听证会结束后，听证笔录应当场交听证主持人以及听证参加人审核无误后签名或者盖章。

案审办应当将听证笔录和案件有关材料一并提交行政处罚案件审理委员会进行重新审理。

第四十一条 质量技术监督部门对未依法告知当事人听证权利或者未依法组织听证的，其作出的行政处罚决定无效。

第五章 行政处罚的简易程序

第四十二条 对于违法事实清楚、证据确凿，依法应当对公民处以五十元以下、对法人或者其他组织处以一千元以下罚款或者警告的行政处罚的，可以当场作出行政处罚决定。

第四十三条 案件承办人员在实施当场处罚时，应当收集必要的物证、书证、当事人陈述、现场笔录等证据，并使用统一的当场处罚决定书。

前款规定的当场处罚决定书应当载明当事人的违法事实、行政处罚依据、罚款数额、时间、地点以及行政机关的名称，并由案件承办人员及当事人签名或者盖章后，当场交付当事人。当事人拒绝签名或者盖章的，案件承办人员应当注明情况。

第四十四条 案件承办人员实施当场处罚，当场收缴罚款的，应当依照《中华人民共和国行政处罚法》的有关规定执行。

第四十五条 案件承办人员适用简易程序实施当场处罚的，应当符合本规定第十三条、第二十七条、第五十六条的规定。

第六章 行政处罚的执行和结案

第四十六条 行政处罚决定书一经送达，即发生法律效力。行政复议或者行政诉讼期间，行政处罚决定不停止执行，法律另有规定的除外。

第四十七条 当事人未按行政处罚决定规定的期限缴纳罚款的，质量技术监督部门可以每日按罚款数额的百分之三加处罚款。

第四十八条 当事人不履行行政处罚决定的，质量技术监督部门可以依法申请人民法院强制执行。

申请人民法院强制执行的期限为当事人的法定起诉期限届满之日起180日内。

第四十九条 当事人确有经济困难，需要延期或者分期缴纳罚款的，应当提出书面申请。经质量技术监督部门主要负责人批准，可以延期或者分期缴纳。

第五十条 对罚没物品的处置，按照《质量技术监督罚没物品管理和处置办法》的有关规定执行。

第五十一条 对依法解除登记保存或者行政强制措施，需要返还涉案物品的，应当及时予以返还。

当事人下落不明或者无法确定涉案物品所有人的，应当采取公告方式告知领取。公告期满仍无人领取的，经质量技术监督部门主要负责人批准，将涉案物品上缴或者依法拍卖后将所得款项上缴国库。

第五十二条 有以下情形之一的，经质量技术监督部门主要负责人批准，可以中止行政处罚决定的执行：

（一）行政复议或者行政诉讼期间，依法需要中止执行的；

（二）申请人民法院强制执行，人民法院裁定中止执行的；

（三）其他需要中止执行的。

第五十三条 因自然人死亡或者法人、其他组织终止，并且无权利义务承受人等原因，致使行政处罚决定无法继续执行的，经质量技术监督部门主要负责人批准，可以终止行政处罚决定的执行。

第五十四条 有以下情形之一的，经质量技术监督部门负责人批准后，予以结案：

（一）行政处罚决定执行完毕的；

（二）经人民法院判决或者裁定后，执行完毕的；

（三）不予行政处罚的；

（四）案件移送有管辖权部门或者司法机关的；

（五）决定终止调查的；

（六）决定终止行政处罚决定执行的。

第五十五条 质量技术监督部门对以下案件，应当在结案后15日内向上一级质量技术监督部门报告、备案：

（一）上级质量技术监督部门督办的案件；

（二）指定管辖的案件；

（三）在本行政区域内有重大影响的案件；

（四）向司法机关移送的案件；

（五）经人民政府行政复议或者行政诉讼结案的案件。

质量技术监督部门对于本级人民政府交办的案件或者在本行政区域内有重大影响的案件，应当及时向本级人民政府报告。

第五十六条 案件办理过程中形成的材料,应当按照档案管理的有关规定立卷存档。

第七章 期间与送达

第五十七条 期间包括法定期间和质量技术监督部门指定的期间。

期间以时、日、月、年计算,期间开始的时和日不计算在内。

期间届满的最后一日是节假日的,以节假日后的第一日为期间届满的日期。

期间不包括在途的时间,执法文书在期满前交邮的,不算过期。

第五十八条 送达执法文书应当使用送达回证,由受送达人在送达回证上载明收到日期,签名或者盖章。

受送达人在送达回证上的签收日期为送达日期。

第五十九条 送达执法文书,应当直接送交受送达人。受送达人是公民的,本人不在时交与其同住的成年家属签收;受送达人是法人或者其他组织的,应当由法人的法定代表人、其他组织的主要负责人或者该法人、组织的委托代理人、负责收件的人签收。签收日期为送达日期。

第六十条 受送达人拒绝接收执法文书的,送达人可以邀请有关基层组织等第三方的见证人员到场,说明情况,在送达回证上载明拒收事由和日期,由送达人、见证人签名或者盖章,把执法文书留在受送达人的住所,即视为送达。

留置送达应当采用录音、录像等方式记录送达情况。

第六十一条 直接送达执法文书有困难的,可以委托基层质量技术监督部门或者有关基层组织代为送达,也可以邮寄送达。

邮寄送达的,以邮寄回执上载明的收件日期为送达日期。

第六十二条 采取本规定第五十九条、第六十条、第六十一条规定的方式无法送达的,可以公告送达。公告送达可以在受送达人原住所地张贴公告,也可以根据实际情况,通过报纸、电视或者互联网等新闻媒体发布公告。自发出公告之日起,经过60日,即视为送达。

公告送达,应当在案卷中载明公告送达的原因和经过。

第八章 附 则

第六十三条 法律、法规授权的质量技术监督执法机构办理行政处罚案件,依照本规定执行。

第六十四条 本规定由国家质量监督检验检疫总局负责解释。

第六十五条 本规定自2011年7月1日起施行。原国家技术监督局1990年7月16日公布的《技术监督行政案件办理程序的规定》、1995年12月8日公布的《技术监督行政案件现场处罚规定》、1996年9月18日公布的《技术监督行政案件听证工作规则》同时废止。

质量技术监督行政处罚案件审理规定

(2011年3月2日国家质量监督检验检疫总局令第138号公布 自2011年7月1日起施行)

第一条 为了规范质量技术监督行政处罚案件审理工作,根据《中华人民共和国行政处罚法》等法律法规的规定,制定本规定。

第二条 各级质量技术监督部门审理、复核行政处罚案件,适用本规定。

第三条 各级质量技术监督部门应当设立行政处罚案件审理委员会(以下称案审委),负责对立案查处的行政处罚案件进行集体审理。

第四条 案审委应当由五名以上的单数委员组成,其中主任委员、副主任委员各一名。主任委员由质量技术监督部门主要负责人或者其委托的负责人担任,副主任委员由质量技术监督部门有关负责人担任。

县(区)级质量技术监督部门可以根据人员编制等实际情况设置案审委委员。

案审委委员应当由取得行政执法证件的人员担任。

第五条 案审委审理案件实行会议制度。案审会议由主任委员或者其委托的副主任委员主持。

第六条 对拟作出责令停产停业、吊销许可证、较大数额罚款决定的,或者情节复杂、影响重大的行政处罚案件,应当由三分之二以上委员进行集体审理。对其他行政处罚案件,可以由三名以上委员进行集体审理。

较大数额罚款的标准,由省级质量技术监督部门结合本地实际确定。

第七条 案审委应当下设办公室(或者专职工作人员,下同)。案审委办公室(以下简称案审办)应当按照查审分离的原则设置。

案审办的主要工作职责包括:

(一)对行政处罚案件进行初审;

(二)召集案审会议,组织整理审理记录;

(三)按照案审委提出的处理意见,组织案件承办机构制作相应的执法文书,并履行相关的报批手续;

(四)组织行政处罚案件复核及听证工作;

(五)组织对下级质量技术监督部门报批案件的审查;

(六)承担案审委的其他日常工作。

第八条 案件承办机构应当在案件调查终结后,将案件调查终结报告以及案件的全部材料提交案审办进行初审。

案件调查终结报告应当载明以下事项:

(一)案由及当事人的基本情况;

(二)调查经过及采取强制措施的情况;

（三）调查认定的违法事实及主要证据；

（四）当事人在调查过程中提出的申辩事实及理由；

（五）违法行为性质及定性依据；

（六）拟处理意见及其依据；

（七）从轻、减轻或者从重处罚等其他需要说明的事项。

第九条　案审办应当自接到案件材料后五个工作日内，完成对案件的初审工作。初审内容主要包括：

（一）对案件是否具有管辖权；

（二）违法主体认定是否准确；

（三）办案程序是否符合法定要求；

（四）案件事实是否清楚，证据是否确凿充分，执法文书是否规范；

（五）适用法律依据是否准确；

（六）处理建议是否合法、适当；

（七）处罚裁量是否合理、公正；

（八）违法行为是否涉嫌犯罪，并需要移送司法机关。

第十条　案审办对案件进行初审后，应当提出初审意见，按照本规定第六条的规定报请案审委集体审理。

案审办初审时发现案件需要进行补充调查或者案件材料需要补正的，应当向案件承办机构提出补充调查或者补正的建议。

第十一条　案审会议按照以下程序进行：

（一）会议主持人宣布本次会议参加人员是否符合规定，说明本次会议审理案件的数量及审理程序等；

（二）案件承办人员介绍案情及拟处理意见；

（三）案审办介绍案件的初审意见；

（四）参加会议委员对案件的管辖权、违法事实、证据、办案程序、法律依据、当事人申辩事实及理由等内容进行审议，并发表意见；

（五）参加会议委员对拟处理意见的合法性及合理性进行审议，并形成结论性的处理意见；

（六）会议主持人宣布案审会议结束。

案件承办人员可以列席案审会议。

第十二条　案审委应当对案件进行全面审理，并提出以下处理意见：

（一）对违法事实清楚、证据确凿的，依法给予行政处罚；

（二）对违法事实不能成立、违法行为已过追诉时效或者违法主体依法不予行政处罚的，不予行政处罚；

（三）对违法行为轻微并及时纠正，没有造成危害后果的，不予行政处罚；

（四）对违法行为需要由其他部门进一步处理的，向有关部门提出行政建议；

（五）对违法行为依法不属于本部门管辖或者依法需要追究刑事责任的，移送有管辖权的部门或者司法机关；

（六）对违法行为需要补充调查或者案件材料需要补正的，提出补充调查或者补正等处理意见。

案件审理可以根据需要，征求有关部门的专家意见。专家意见应当记录在案。

第十三条　案审会议应当形成审理记录，经参加会议的案审委委员确认签字，存入行政处罚案卷。具备条件的可以同时采集录像、录音等视听资料，作为文字记录的辅助材料存入案卷。

第十四条　质量技术监督部门应当在案审会议结束后，根据案审委提出的处理意见制作并送达行政处罚告知、不予行政处罚、行政建议、案件移送等相应的执法文书。

作出不予行政处罚、行政建议、案件移送等决定的，应当报请质量技术监督部门主要负责人批准。

第十五条　当事人对行政处罚告知内容未提出陈述、申辩或者在法定期限内未要求听证的，质量技术监督部门应当及时制作行政处罚决定书，报请案审委主任委员批准后送达并执行。

第十六条　当事人提出新的申辩事实及理由的，案审办应当组织进行复核，并报请案审委重新审理。

经过听证的案件，案审办应当报请案审委重新审理。

第十七条　案审委对本规定第十六条规定的案件重新审理后，维持原处理意见的，质量技术监督部门应当及时制作行政处罚决定书，依法送达并执行。

案审委改变原认定的违法事实、证据、处罚依据或者处罚种类及幅度的，应当重新履行行政处罚告知程序。

经复核重审作出的行政处罚决定，应当报请质量技术监督部门主要负责人批准。

第十八条　行政处罚决定一经作出，不得擅自改变。确有法定事由需要改变行政处罚决定的，应当经案审委重新审理决定，并报请质量技术监督部门主要负责人批准。

第十九条　案审办负责督促案件承办机构及时对案件进行立卷存档以及对《质量技术监督行政处罚程序规定》第五十五条规定的案件报告、备案。

第二十条　上级质量技术监督部门对下级质量技术监督部门因案件管辖、延期或者其他依法需要报请决定的案件，应当由案审办组织进行审查，并报请案审委主任委员批准决定。

第二十一条　本规定由国家质量监督检验检疫总局负责解释。

第二十二条　本规定自2011年7月1日起施行。原国家技术监督局1996年9月18日公布的《技术监督行政案件审理工作规则》同时废止。

出入境检验检疫行政处罚程序规定

(2006年1月28日国家质量监督检验检疫总局令第85号公布 自2006年4月1日起施行)

第一章 总 则

第一条 为规范出入境检验检疫行政处罚行为,根据《中华人民共和国行政处罚法》及有关出入境检验检疫法律、行政法规,制定本规定。

第二条 公民、法人或者其他组织违反有关出入境检验检疫法律、行政法规或者规章的规定,应当给予行政处罚的,依照本程序规定给予行政处罚。

第三条 出入境检验检疫行政处罚工作,应当遵循以下基本原则:
(一)以事实为依据,以法律为准绳;
(二)公正、公开;
(三)处罚与教育相结合;
(四)保护公民、法人及其他组织合法权益。

第四条 国家质量监督检验检疫总局负责全国出入境检验检疫行政处罚管理和监督检查工作。

各直属出入境检验检疫局依据职责,负责本机构的行政处罚工作,并对所属分支机构行政处罚工作实施监督检查。

各出入境检验检疫分支局负责本机构的行政处罚工作。

第五条 各出入境检验检疫局(以下称出入境检验检疫机构)对于违反出入境检验检疫法律、行政法规,依照刑法规定涉嫌构成犯罪的,应当按照《行政执法机关移送涉嫌犯罪案件的规定》的规定及时移送司法机关追究刑事责任,不得以行政处罚代替刑事处罚。出入境检验检疫机构,不得以追缴检验检疫费等措施代替行政处罚。

第六条 出入境检验检疫机构对当事人的同一违法行为,不得给予两次以上罚款的行政处罚。

第七条 出入境检验检疫机构应当完善行政处罚监督制度,依法确定执法主体资格,明确执法职责,规范执法行为,追究违法执法责任,严格实行行政执法责任制。

第二章 管 辖

第八条 出入境检验检疫行政处罚案件,由违法行为发生地的出入境检验检疫机构管辖。

重大案件由违法行为发生地的直属出入境检验检疫局管辖;在全国有重大影响的案件由国家质量监督检验检疫总局管辖。

第九条 出入境检验检疫机构发现案件不属于自己管辖的,应当及时移送有管辖权的出入境检验检疫机构。

受移送的出入境检验检疫机构不得再自行移送;认为移送不当的,应当报共同的上级机构指定管辖。

第十条 两个以上出入境检验检疫机构都有管辖权的行政处罚案件,由最先立案的出入境检验检疫机构管辖,与案件有关的出入境检验检疫机构应当配合案件的查处工作。

两个以上出入境检验检疫机构发生管辖争议的,报请共同的上级机构指定管辖。

涉及两个以上直属出入境检验检疫局的行政处罚案件、案情重大复杂的行政处罚案件,由国家质量监督检验检疫总局指定管辖。

第十一条 上级出入境检验检疫机构认为必要时可以管辖下级出入境检验检疫机构管辖的行政处罚案件;下级出入境检验检疫机构认为案情重大、复杂的行政处罚案件,需要由上级出入境检验检疫机构管辖的,可以报请上级出入境检验检疫机构管辖;上级出入境检验检疫机构认为必要时也可以把自己管辖的案件交由下级出入境检验检疫机构管辖。

第十二条 案件不属于出入境检验检疫机构管辖的,应当及时移送有关部门处理。

第三章 立案与调查

第十三条 出入境检验检疫机构发现公民、法人或者其他组织涉嫌违反出入境检验检疫法律、行政法规或者规章的行为,认为需要给予行政处罚的,应当在发现之日起10日内立案。

第十四条 发现涉嫌违法行为的部门申请立案时应当填写《行政处罚案件立案审批表》,经法制工作部门审核,报机构负责人决定是否立案。

第十五条 对决定立案查处的案件,出入境检验检疫机构应当在决定立案之日起3日内指定案件调查人员。

调查人员与当事人有直接利害关系的,应当回避。

第十六条 调查人员应当对案件事实进行全面、客观、公正的调查,并依法收集证据。

调查取证时,调查人员不得少于两人,并应当向当事人或者有关人员出示执法证件。

调查人员认为必要时,可以向当事人或者有关人员发出《调查通知书》。

当事人或者有关人员应当如实回答询问并协助配合调查、检查或者现场勘验,不得阻挠。

第十七条 向当事人或者有关人员调查询问时,应当制作《调查笔录》,《调查笔录》需经调查人员、当事人或者有关人员签名或者盖章。

第十八条 现场勘验的,应当制作《现场勘验笔录》,《现场勘验笔录》需经调查人员、当事人或者有关人员签名或者盖章。有见证人在场的,可以请在场见证人签名或者盖章。

第十九条 调查人员可以查阅、记录或者复制与案件有关的合同、单证、发票、账簿、文件及其他资料或者以抽样、录音、照相、摄像等方法收集证据。

在证据可能灭失或者以后难以取得的情况下,经出入境检验检疫机构负责人批准,可先行登记保存。收集的证据材料应当是原件、原物。调取原件、原物确有困难的,可由提交证据的单位或者个人在复制品、复印件、照片上签名或者加盖公章,并注明"与原件(物)相同"字样或者文字说明。

具备下列条件之一的电子邮件、电子数据交换等电子证据的输出件,视同具有原件的效力:

(一)具有法定的电子认证手段,能确保其真实性的;

(二)经过公证机关公证的;

(三)当事人及利害关系人承认其客观真实,并经依法认定为有效证据的。

第二十条 采取登记保存、查封、扣押、封存等措施的,应当出具《登记保存(查封)(扣押)(封存)物品决定书》,并填写《登记保存(查封)(扣押)(封存)物品清单》,由调查人员、当事人、物品保管人签名或者盖章确认,并加贴封条或者加施封识。有见证人在场的,可以请见证人签名或者盖章。

登记保存、查封、扣押、封存时,当事人不在场的,应当邀请见证人到场,说明情况,由见证人在《登记保存(查封)(扣押)(封存)物品决定书》所附的《登记保存(查封)(扣押)(封存)物品清单》上签名或者盖章,并应当在有关物品的原址附近张贴公告。

对登记保存的物品,应当在 7 日内作出处理决定。

需要解除登记保存、查封、扣押、封存等措施的,应当向当事人出具《解除登记保存(查封)(扣押)(封存)物品决定书》,并填写《解除登记保存(查封)(扣押)(封存)物品清单》,由调查人员、当事人、物品保管人签名或者盖章确认,解除登记保存、查封、扣押、封存等措施。有见证人在场的,可以请见证人签名或者盖章。

采取上述措施应当经出入境检验检疫机构主管领导批准,但是在紧急情况下,可先行采取有关措施,事后补办审批手续。

第二十一条 当事人接受调查时拒绝在有关材料上签名或者盖章的,由调查人员注明情况。有见证人在场的,可以请在场见证人签名或者盖章。

第二十二条 案件调查应当在立案之日起 60 日内终结。

需要检验、检疫和鉴定的,所需时间不计算在前款规定的期限内。

重大疑难案件经法制工作部门负责人批准可以适当延长调查时限,但延长时限不超过 30 日。在延长时限内仍不能完成案件调查的,报出入境检验检疫机构负责人决定是否继续调查。

第二十三条 案件调查终结,调查人员提交《行政处罚案件调查报告》,对违法行为提出处理意见,送法制工作部门审查。

第四章 处罚决定

第二十四条 法制工作部门应当对《行政处罚案件调查报告》等案件材料进行全面审查,根据不同情况,提出审查意见:

(一)事实清楚,证据确凿,适用法律、行政法规或者规章正确,程序合法的,提出处罚意见;

(二)适用法律、行政法规或者规章错误的,予以纠正;

(三)事实不清,证据不足或者程序不合法的,重新调查;

(四)违法事实不能成立或者已超过追诉期限的,撤销案件;

(五)违法行为轻微并及时纠正,没有造成危害后果的,不予行政处罚;

(六)违法行为涉嫌犯罪的,移送司法机关。

第二十五条 作出行政处罚决定之前,法制工作部门应当制作《行政处罚告知书》送达当事人,告知当事人拟作出行政处罚决定的事实、理由和依据以及处罚决定内容,并告知当事人在收到《行政处罚告知书》之日起 3 日内有权陈述和申辩,符合听证条件的有权要求听证。

第二十六条 出入境检验检疫机构作出行政处罚决定之前,必须充分听取当事人的意见,对当事人提出的事实、理由和证据应当进行复核。当事人提出的事实、理由和证据成立的,应当采纳。

出入境检验检疫机构不得因当事人陈述和申辩或者申请听证而加重处罚。

经复核,拟作出与原告知当事人不同的处罚决定的,应当重新发出《行政处罚告知书》。

第二十七条 当事人有下列情形之一的,应当从轻处罚:

(一)主动消除或者减轻违法行为危害后果的;

(二)配合查处违法行为有立功表现的;

(三)受他人胁迫实施违法行为的;

(四)其他应当从轻处罚的。

第二十八条 当事人有下列情形之一的,应当从重处罚:

(一)多次实施违法行为的;

(二)违法行为造成严重后果的;

(三)阻碍案件调查,故意转移、隐匿、销毁证据或者提供伪证,掩盖违法事实的。

第二十九条 当事人的违法行为同时违反两个以上检验检疫法律、行政法规或者规章,该两个以上检验检疫法律、行政法规或者规章的法律责任有重合规定的,应合并处罚种类追究当事人法律责任。

第三十条 合并处罚种类追究法律责任的,对于违法行为严重的,合并全部处罚种类;对于违法行为轻微的,选择部分或较轻的处罚种类。

合并处罚种类,两个以上检验检疫法律、行政法规或者规章都有罚款规定的,不累加罚款数额,应当选择使用罚款数额较大的条款。

合并处罚时，如果涉及的出入境检验检疫法律、行政法规对当事人提起复议和诉讼的期限规定不同的，应当选择较长的期限。

第三十一条　案件需作出行政处罚决定的，由法制工作部门填写《行政处罚案件办理审批表》，报出入境检验检疫机构负责人审查批准。

不予处罚、案件复杂或者给予较重行政处罚的，由集体讨论决定。

第三十二条　作出行政处罚决定，应当制作《行政处罚决定书》。

《行政处罚决定书》应当载明下列内容：

（一）当事人的姓名或者单位名称、地址；

（二）违法事实和证据；

（三）行政处罚的依据；

（四）行政处罚的种类；

（五）行政处罚的履行方式和期限；

（六）不服行政处罚决定时申请复议或者提起行政诉讼的途径和期限；

（七）作出行政处罚决定的出入境检验检疫机构的名称；

（八）作出行政处罚决定的日期。

《行政处罚决定书》应当加盖作出行政处罚决定的出入境检验检疫机构的印章。

第三十三条　行政处罚决定应当自案件调查终结之日起30日以内作出。需要听证的，应当自听证结束之日起30日以内作出。

第五章　简易程序

第三十四条　对于违法事实清楚、证据确凿，依法应当作出下列行政处罚的，出入境检验检疫机构可以适用简易程序，当场作出行政处罚决定：

（一）警告；

（二）对公民处以50元以下罚款；

（三）对法人或者其他组织处以1000元以下罚款。

第三十五条　执法人员当场作出行政处罚决定的，应当向当事人或者其现场代表出示执法证件，签发《当场行政处罚决定书》。

《当场行政处罚决定书》应当载明当事人或者其现场代表的违法行为、违法行为发生时间、违法行为发生地点、行政处罚依据、处罚种类、处罚决定的时间、处罚的履行方式和期限、不服行政处罚决定申请行政复议或者提起行政诉讼的途径和期限、出入境检验检疫机构名称，并加盖机构印章。当事人或者其现场代表应当在《当场行政处罚决定书》上签名、盖章或者按手印，并由执法人员签名后当场交付当事人或者其现场代表。

当事人或者其现场代表拒绝签名、盖章或者按手印的，执法人员应当在《当场行政处罚决定书》上注明情况。有见证人在场的，可以请在场见证人签名、盖章或者按手印。

实施当场处罚，执法人员不得少于两人。

当事人或者其现场代表对违法事实认定有异议，且当场无法查实的，不适用简易程序。

第三十六条　执法人员作出当场处罚决定之日起5日内，应当将《当场行政处罚决定书》交所属出入境检验检疫机构法制工作部门备案。

第六章　听　　证

第三十七条　出入境检验检疫机构在作出下列处罚决定前，应当告知当事人享有要求听证的权利：

（一）对公民处以10000元以上罚款的；

（二）对法人或者其他组织处以100000元以上罚款的；

（三）撤销行政许可、吊销行政许可证件的；

（四）吊销已取得的检疫证单的；

（五）责令停产、停业的；

（六）其他符合法律、行政法规规定的听证条件的。

第三十八条　当事人要求听证的，应当在出入境检验检疫机构告知后3日内提出。

第三十九条　出入境检验检疫机构应当在举行听证的7日前将《行政处罚听证通知书》送达当事人。

《行政处罚听证通知书》应当载明下列事项：

（一）当事人的姓名或者单位名称；

（二）举行听证的时间、地点和方式；

（三）听证主持人和书记员的姓名、职务；

（四）告知当事人申请回避的权利；

（五）告知当事人准备证据、通知证人等事项。

《行政处罚听证通知书》应当加盖出入境检验检疫机构的印章。

第四十条　听证应当公开举行，但涉及国家秘密、商业秘密或者个人隐私的除外。

第四十一条　听证由出入境检验检疫机构指定的非本案调查人员主持。案件调查人、当事人、证人、书记员参加。

听证主持人履行下列职责：

（一）决定举行听证的时间、地点并通知听证参加人；

（二）审查听证参加人的资格；

（三）主持听证，并就案件的事实、证据或者与之相关的法律进行询问，要求听证参加人提供或者补充证据；

（四）维护听证的秩序，对违反听证纪律的行为进行警告或者采取必要的措施予以制止；

（五）对听证笔录进行审阅，并提出审核意见；

（六）决定延期、终止听证，宣布结束听证；

（七）法律、行政法规、规章规定的其他职责。

当事人认为听证主持人或者书记员与本案有利害关系

的,有权申请回避。

听证主持人的回避由出入境检验检疫机构负责人决定。书记员的回避,由听证主持人决定。

第四十二条 当事人可以亲自参加听证,也可以委托1至2名代理人参加听证。

委托代理人参加听证的,应当提交授权委托书。

因故不能如期参加听证的,应当事先告知举行听证的出入境检验检疫机构。

第四十三条 听证按以下程序进行:

(一)听证主持人核对当事人、代理人身份,宣布听证纪律;

(二)听证主持人宣布听证开始,告知当事人的权利义务,询问当事人是否申请回避;

(三)案件调查人说明当事人违法的事实、证据、拟作出行政处罚决定的依据和内容;

(四)当事人对案件事实、证据、拟作出行政处罚决定的依据和内容进行质证和申辩;

(五)听证主持人就案件的有关问题向当事人、案件调查人、证人询问;

(六)当事人作最后陈述。

听证结束后,应当将《行政处罚听证会笔录》当场交当事人、证人和案件调查人审核无误后签名或者盖章。当事人拒绝签名或者盖章的,由听证主持人在《行政处罚听证会笔录》上注明。

第四十四条 《行政处罚听证会笔录》应当载明下列事项:

(一)案由;

(二)听证参加人姓名或者单位名称、地址;

(三)听证主持人、书记员姓名、职务;

(四)举行听证的时间和地点;

(五)案件调查人说明的违法事实、证据和拟作出行政处罚决定的法律依据和内容;

(六)当事人陈述、质证和申辩的内容。

第四十五条 有下列情形之一的,听证主持人可以决定延期举行听证:

(一)当事人有正当理由未到场的;

(二)当事人提出回避申请理由成立,需要重新确定听证主持人的;

(三)有新的事实需要调查核实的;

(四)当事人为丧失行为能力的自然人,需要等待法定代理人的;

(五)当事人为法人及其他组织,发生合并、分立等主体变更事宜,需要等待权利义务继承人的;

(六)其他需要延期的情形。

第四十六条 有下列情形之一的,听证程序终止:

(一)当事人无正当理由不按时出席听证或者中途擅自退出听证的;

(二)违反听证纪律,不听听证主持人制止,情节严重的;

(三)当事人死亡或者终止的;

(四)当事人明确表示放弃听证的;

(五)当事人发生主体变更事宜,权利义务继承人明确表示放弃听证的;

(六)当事人丧失行为能力,其法定代理人明确表示放弃听证的。

第四十七条 听证结束后,由听证主持人提出书面意见,听证机构负责人根据听证主持人的意见、听证会笔录以及案件全部材料依法做出处理决定或者提交集体讨论决定。

第四十八条 除延期听证外,听证应当在当事人提出听证之日起30日内结束。

听证的费用由举行听证的出入境检验检疫机构承担。

第七章 送 达

第四十九条 《行政处罚告知书》、《行政处罚决定书》应当在宣告后当场交付当事人,当事人应当在《行政处罚文书送达回证》上签名、盖章或者按手印。

第五十条 受送达人拒绝接收的,送达人应当邀请见证人到场,说明情况,在《行政处罚文书送达回证》上写明拒绝接收事由和日期,由送达人、见证人签名或者盖章,将《行政处罚告知书》、《行政处罚决定书》留在受送达人的住所或者场所,即视为送达。

第五十一条 《行政处罚告知书》、《行政处罚决定书》不能当场宣告交付当事人的,出入境检验检疫机构应当在作出决定之日起7日内送达当事人。

第五十二条 《行政处罚告知书》、《行政处罚决定书》无法直接送达的,可以邮寄送达或者委托其他出入境检验检疫机构送达。无法邮寄送达和委托送达的,公告送达。

第五十三条 直接送达和委托送达,受送达人在《行政处罚文书送达回证》上的签收日期为送达日期。邮寄送达,回执注明的收件日期为送达日期。公告送达,自发出公告之日起60日后,即视为送达。

第八章 执 行

第五十四条 当事人对行政处罚决定不服,申请行政复议或者提起行政诉讼的,除法律另有规定外,行政处罚不停止执行。

出入境检验检疫机构实施行政处罚时,应当责令当事人改正或者限期改正违法行为。必要时发出《责令改正通知书》。

第五十五条 受到罚款处罚的当事人应当自收到出入境检验检疫机构的《行政处罚决定书》之日起15日以内到指定的银行缴纳罚款。罚款全部上缴国库。

第五十六条　依照本规定第三十四条的规定当场作出行政处罚决定,有下列情形之一的,执法人员可以当场收缴罚款:
(一)给予20元以下罚款的;
(二)不当场收缴事后难以执行的。
根据简易程序或者一般程序所作出的行政处罚决定,在边远、水上、交通不便地区,当事人向指定的银行缴纳罚款确有困难,经当事人提出的,出入境检验检疫机构和执法人员可以当场收缴罚款。

第五十七条　出入境检验检疫机构及其执法人员当场收缴罚款的,必须向当事人出具省级财政部门统一制发的罚款收据。

第五十八条　当事人逾期不履行行政处罚决定的,作出行政处罚决定的出入境检验检疫机构可以采取下列措施:
(一)到期不缴纳罚款的,每日按罚款数额的百分之三加处罚款;
(二)根据法律规定,将查封、扣押的财物拍卖抵缴罚款;
(三)申请人民法院强制执行。

第五十九条　当事人确有经济困难,需要延期或者分期缴纳罚款的,应当书面申请,经作出行政处罚决定的出入境检验检疫机构批准,可以延期或者分期缴纳。
批准当事人延期或分期缴纳罚款的,出入境检验检疫机构应当制作《延期(分期)缴纳罚款决定书》,并送达当事人。

第六十条　行政处罚案件终结后,法制工作部门应填写《行政处罚结案报告》,并将案件的全部材料立卷归档。行政处罚案卷档案应长期保存。

第六十一条　对涉及国家秘密、商业秘密和个人隐私的,出入境检验检疫机构应当保守秘密。
案件结案前,所有与案件有关的证据材料、会议记录、调查过程等,列入保密范围,未经法制工作部门负责人批准,不得泄露。

第九章　附　则

第六十二条　国家质量监督检验检疫总局、国家认证认可监督管理委员会实施涉及出入境检验检疫行政处罚,参照本规定办理。
违反出入境检验检疫法律、行政法规或者规章的行为在2年内未被发现的,不再给予行政处罚。法律另有规定的除外。
前款规定的期限,从违法行为发生之日起计算;违法行为有连续或者继续状态的,从行为终了之日起计算。

第六十三条　出入境检验检疫机构及其工作人员违反本规定的,按照《中华人民共和国行政处罚法》及有关法律、法规或者规章的规定追究法律责任。

第六十四条　出入境检验检疫行政处罚文书格式规范文本由国家质量监督检验检疫总局统一制定。

第六十五条　本规定中"以上"、"以下"和"以内"均包括本数。本规定中的"日",除第二十二条、三十三条和五十三条中为自然日外,其余皆为工作日。

第六十六条　本规定由国家质量监督检验检疫总局负责解释。

第六十七条　本规定自2006年4月1日起施行。原国家出入境检验检疫局1999年11月23日发布的《出入境检验检疫行政处罚办法》同时废止。

计量违法行为处罚细则

(1990年8月25日国家技术监督局令第14号发布　根据2015年8月25日《国家质量监督检验检疫总局关于修改部分规章的决定》修订)

第一章　总　则

第一条　根据《中华人民共和国计量法》、《中华人民共和国计量法实施细则》及有关法律、法规的规定,制定本细则。

第二条　在中华人民共和国境内,对违反计量法律、法规行为的处罚,适用本细则。

第三条　县级以上地方人民政府计量行政部门负责对违反计量法律、法规的行为执行行政处罚。
法律、法规另有规定的,按法律、法规规定的执行。

第四条　处理违反计量法律、法规的行为,必须坚持以事实为依据,以法律为准绳,做到事实清楚,证据确凿,适用法律、法规正确,符合规定程序。

第二章　违反计量法律、法规的行为及处理

第五条　对违反计量法律、法规行为的行政处罚包括:
(一)责令改正;
(二)责令停止生产、营业、制造、出厂、修理、销售、使用、检定、测试、检验、进口;
(三)责令赔偿损失;
(四)吊销证书;
(五)没收违法所得、计量器具、残次计量器具零配件及非法检定印、证;
(六)罚款。

第六条　违反计量法律、法规使用非法计量单位的,按以下规定处罚:
(一)非出版物使用非法定计量单位的,责令其改正。
(二)出版物使用非法定计量单位的,责令其停止销售,可并处1000元以下罚款。

第七条　损坏计量基准,或未经国务院计量行政部门批准,随意拆卸、改装计量基准,或自行中断、擅自终止检定工作的,对直接责任人员进行批评教育,给予行政处分;构成犯罪的,依法追究刑事责任。

第八条　社会公用计量标准,经检查达不到原考核条件的,责令其停止使用,限期整改;经整改仍达不到原考核条件的,由原发证机关吊销其证书。

第九条　部门和企业、事业单位使用的各项最高计量标准,违反计量法律、法规的,按以下规定处罚:

(一)未取得有关人民政府计量行政部门颁发的计量标准考核证书而开展检定的,责令其停止使用,可并处1000元以下罚款。

(二)计量标准考核证书有效期满,未经原发证机关复查合格而继续开展检定的,责令其停止使用,限期申请复查;逾期不申请复查的,由原发证机关吊销其证书。

(三)考核合格投入使用的计量标准,经检查达不到原考核条件的,责令其停止使用,限期整改;经整改仍达不到原考核条件的,由原发证机关吊销其证书。

第十条　被授权单位违反计量法律、法规的,按以下规定处罚:

(一)被授权项目经检查达不到原考核条件的,责令其停止检定、测试,限期整改;经整改仍达不到原考核条件的,由授权机关撤销其计量授权。

(二)超出授权项目擅自对外进行检定、测试的,责令其改正,没收全部违法所得,情节严重的,吊销计量授权证书。

(三)未经授权机关批准,擅自终止所承担的授权工作,给有关单位造成损失的,责令其赔偿损失。

第十一条　未经有关人民政府计量行政部门授权,擅自对外进行检定、测试的,没收全部违法所得。给有关单位造成损失的,责令其赔偿损失。

第十二条　使用计量器具违反计量法律、法规的,按以下规定处罚:

(一)社会公用计量标准和部门、企业、事业单位各项最高计量标准,未按照规定申请检定的或超过检定周期而继续使用的,责令其停止使用,可并处500元以下罚款;经检定不合格而继续使用的,责令其停止使用,可并处1000元以下罚款。

(二)属于强制检定的工作计量器具,未按照规定申请检定或超过检定周期而继续使用的,责令其停止使用,可并处500元以下罚款;经检定不合格而继续使用的,责令其停止使用,可并处1000元以下罚款。

(三)属于非强制检定的计量器具,未按照规定自行定期检定或者送其他有权对社会开展检定工作的计量检定机构定期检定的,责令其停止使用,可并处200元以下罚款;经检定不合格而继续使用的,责令其停止使用,可并处500元以下罚款。

(四)在经销活动中,使用非法定计量单位计量器具的,没收该计量器具。

(五)使用不合格的计量器具给国家或消费者造成损失的,责令赔偿损失,没收计量器具和全部违法所得,可并处2000元以下罚款。

(六)使用以欺骗消费者为目的的计量器具或者破坏计量器具准确度、伪造数据,给国家或消费者造成损失的,责令赔偿损失,没收计量器具和全部违法所得,可并处2000元以下罚款;构成犯罪的,依法追究刑事责任。

第十三条　进口计量器具,以及外商(含外国制造商、经销商)或其代理人在中国销售计量器具,违反计量法律、法规的,按以下规定处罚:

(一)未经省、自治区、直辖市人民政府计量行政部门批准,进口、销售国务院规定废除的非法定计量单位的计量器具或国务院禁止使用的其他计量器具的,责令其停止进口、销售,没收计量器具和全部违法所得,可并处相当其违法所得10%至50%的罚款。

(二)进口、销售列入《中华人民共和国进口计量器具型式审查目录》内的计量器具,未经国务院计量行政部门型式批准的,封存计量器具,责令其补办型式批准手续,没收全部违法所得,可并处相当其进口额或销售额30%以下的罚款。

第十四条　制造、修理计量器具,违反计量法律、法规的,按以下规定处罚:

(一)未经批准制造国务院规定废除的非法定计量单位的计量器具和国务院禁止使用的其他计量器具的,责令其停止制造、销售,没收计量器具和全部违法所得,可并处相当其违法所得10%至50%的罚款。

(二)未取得制造、修理计量器具许可证,制造、修理计量器具的,责令其停止生产、停止营业,封存制造、修理的计量器具,没收全部违法所得,可并处相当其违法所得10%至50%的罚款。

(三)未取得制造计量器具许可证而擅自使用许可证标志和编号制造、销售计量器具的,责令其停止制造、销售,没收计量器具和全部违法所得,可并处相当其违法所得20%至50%的罚款。

(四)取得制造、修理计量器具许可证后,其制造、修理条件已达不到原考核条件的,限期整改;经整改仍达不到原考核要求的,由原发证机关吊销其制造、修理计量器具许可证。

(五)制造、销售未经型式批准或样机试验合格的计量器具新产品的,责令其停止制造、销售,封存该种新产品,没收全部违法所得,可并处3000元以下罚款。

(六)企业、事业单位制造、修理的计量器具未经出厂检定或经检定不合格而出厂的,责令其停止出厂,没收全部违法所得;情节严重的可并处3000元以下罚款。

个体工商户制造、修理计量器具未经检定或经检定不合格而销售或交付用户使用的,责令其停止制造、修理或者重修、重检,没收全部违法所得;情节严重的,可并处500元以下的罚款。

(七)个体工商户制造、修理,国家规定范围以外的计量器具或者不按规定场所从事经营活动的,责令其停止制造、修理,没收全部违法所得,可并处500元以下的罚款。

第十五条 制造、修理、销售以欺骗消费者为目的的计量器具的,没收计量器具和全部违法所得,或并处2000元以下罚款;构成犯罪的,对个人或单位直接责任人员,依法追究刑事责任。

第十六条 已取得制造许可证的计量器具,在销售时,没有产品合格印、证或没有使用制造许可证标志的,责令其停止销售;销售超过有效期的标准物质的,没收该种标准物质和全部违法所得。

第十七条 经营销售残次计量器具零配件的、使用残次计量器具零配件组装、修理计量器具,责令其停止经营销售,没收残次计量器具零配件及组装的计量器具和全部违法所得,可并处2000元以下的罚款;情节严重的,由工商行政管理部门吊销其营业执照。

第十八条 为社会提供公证数据的产品质量检验机构,违反计量法律、法规的,按以下规定处罚:

(一)未取得计量认证合格证书或已经取得计量认证合格证书,新增检验项目,未申请单项计量认证,为社会提供公证数据的,责令其停止检验,没收全部违法所得,可并处1000元以下罚款。

(二)已取得计量认证合格证书,经检查不符合原考核条件的,限期整改,经整改仍达不到原考核条件的,由原发证机关吊销其计量认证合格证书,停止其使用计量认证标志。

(三)经计量认证合格的产品质量检验机构,失去公正地位的,由原发证机关,吊销其计量认证合格证书,停止其使用计量认证标志。

第十九条 伪造、盗用、倒卖检定印、证的,没收其非法检定印、证和全部违法所得,可并处2000元以下罚款;构成犯罪的,依法追究刑事责任。

第二十条 计量监督管理人员违法失职,情节轻微的,给予行政处分,或由有关人民政府计量行政部门撤销其计量监督员职务;利用职权收受贿赂、徇私舞弊,构成犯罪的,依法追究刑事责任。

第二十一条 负责计量器具新产品定型鉴定、样机试验的单位,泄漏申请单位提供的样机和技术文件、资料秘密的,按国家有关规定,赔偿申请单位的损失,并给予直接责任人员行政处分;构成犯罪的,依法追究刑事责任。

第二十二条 计量检定人员有下列行为之一的,给予行政处分;构成犯罪的,依法追究刑事责任;

(一)违反检定规程进行计量检定的;

(二)使用未经考核合格的计量标准开展检定的;

(三)未取得计量检定证件进行计量检定的;

(四)伪造检定数据的。

第二十三条 计量检定人员出具错误数据,给送检一方造成损失的,由其所在的技术机构赔偿损失;情节轻微的,给予计量检定人员行政处分;构成犯罪的,依法追究其刑事责任。

第二十四条 执行强制检定的工作计量器具任务的机构无故拖延检定期限的,送检单位可免交检定费;给送检单位造成损失的,应赔偿损失;情节严重的,给予直接责任人员行政处分。

第二十五条 同一单位或个人,有两种以上违法行为的,分别处罚,合并执行。

同一案件涉及两个以上单位或个人的,根据情节轻重,分别处罚。

第二十六条 有下列情况之一的,可以从轻或免予处罚:

(一)情节特别轻微的;

(二)初次违法,情节较轻的;

(三)认错态度好,能积极有效地配合查处工作的;

(四)主动改正的。

第二十七条 有下列情况之一的,按规定处罚幅度的上限从重处罚:

(一)屡教不改的;

(二)明知故犯的;

(三)借故刁难监督检查或检定的;

(四)后果严重、危害性大的;

(五)转移、毁灭证据或擅自改变与案件有关的计量器具原始技术状态的;

(六)作假证、伪证或威胁利诱他人作假证、伪证的。

第二十八条 围攻、报复计量执法人员、检定人员,或以暴力威胁手段阻碍计量执法人员、检定人员执行公务的,提请公安机关或司法部门追究法律责任。

第二十九条 当事人对行政处罚决定不服的,可在接到处罚通知之日起十五日内向作出处罚决定机关的上一级机关申请复议;对复议结果不服的,可向人民法院起诉。

对处罚决定逾期不申请复议或不起诉,又不履行的,由作出处罚决定的机关申请人民法院强制执行。

第三章 附 则

第三十条 本细则下列用语的含义是:

(一)伪造数据是指单位或个人使用合格的计量器具,进行不诚实的测量,出具虚假数据或者定量包装商品实际量与标注量不符的违法行为。

(二)出版物是指公开或内部发行的,除古籍和文学书籍以外的图书、报纸、期刊,以及除文艺作品外的音像制品。

(三)非出版物是指公文、统计报表、商品包装物、产品铭牌、说明书、标签标价、票据收据等。

第三十一条 本细则由国家技术监督局负责解释。

第三十二条 本细则自发布之日起施行。

二、质量监督检验检疫日常监管文书

（一）行政执法

1. 行政执法证

行政执法证式样

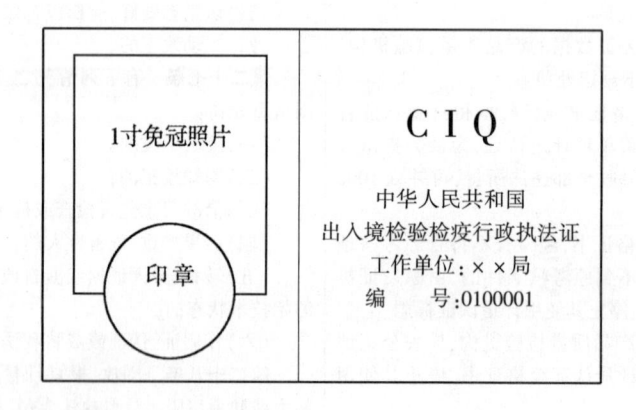

```
┌─────────────────┬─────────────────┐
│                 │                 │
│   1寸免冠照片    │      C I Q      │
│                 │                 │
│                 │   中华人民共和国  │
│                 │ 出入境检验检疫行政执法证 │
│      印章        │   工作单位：××局 │
│                 │   编  号：0100001│
└─────────────────┴─────────────────┘
```

背面：

```
┌───────────────────────────┐
│         （国 徽）           │
│                           │
│   姓   名：                │
│   发证日期：××年×月×日     │
│   有效日期：10 年          │
│                           │
│     ××出入境检验检疫局制    │
└───────────────────────────┘
```

注：证件为单面卡式，规格为 85.6mm×54.0mm，正面背景颜色为白色，字体为小四号楷体，加贴1寸正面免冠彩色照片，在照片下方加盖"××出入境检验检疫局证件章"。背面背景颜色为浅蓝色，正中设置国徽，字体为小四号楷体。照片及其他所有内容均为直接印制在载体上。另制作单侧开口透明塑料外套，此外套可悬挂在持证者脖子上或者卡在外衣左上口袋上。

××出入境检验检疫局
行政执法证申请表

姓名		性别		出生年月		照片
所在单位或者部门						
专业及学历						
近两年内年终工作考核是否均为称职以上评定			近两年是否受到过党纪、政纪处分			
参加执法培训情况						

分支局意见：	法制部门意见：
年　月　日	年　月　日

直属出入境检验检疫局审批意见：
年　月　日

××局
行政执法证申领表

申请单位:(盖章)　　　　　　　　　　　　　　　　　　　　　　　　　　　　日期:

序号	姓名	性别	出生年月	学历	执法证号	序号	姓名	性别	出生年月	学历	执法证号

局领导:(签名)　　　　　　人事部门:(审核盖章)　　　　　　法制工作部门:(审核盖章)

××出入境检验检疫局
暂扣行政执法证审批表

被暂扣证人姓名		性别		出生年月	
所在单位或者部门					
被暂扣证原因				被暂扣证编号	
处理依据					
分支局意见 年 月 日			法制部门意见 年 月 日		
直属出入境检验检疫局审批意见 年 月 日					

××出入境检验检疫局
吊销行政执法证审批表

被吊销证人姓名		性别		出生年月	
所在单位或者部门					
被吊销证原因				被吊销证编号	
处理依据					
分支局意见	年 月 日		法制部门意见		年 月 日
直属出入境检验检疫局审批意见					年 月 日

××局
暂扣行政执法证决定书

（　）暂扣〔20　〕　号

_____：

  经我局调查，_____

你的行为已违反了《质量监督检验检疫行政执法证件管理办法》的有关规定。现决定对你处以暂扣行政执法证30天的处理。如不服本决定，你可以在收到本决定书之日起10个工作日内向我局提出申诉。

（印　章）

年　月　日

注：本决定书一式二份，一份交当事人，一份存档。

××局
吊销行政执法证决定书

（　）吊销〔20　〕　号

_____：

  经我局调查，_____

你的行为已违反了《质量监督检验检疫行政执法证件管理办法》的有关规定。现决定对你处以吊销行政执法证的处理。如不服本决定，你可以在收到本决定书之日起10个工作日内向我局提出申诉。

（印　章）

年　月　日

注：本决定书一式二份，一份交当事人，一份存档。

文书来源

质量监督检验检疫行政执法证件管理办法

（2002年11月6日国家质量监督检验检疫总局令第30号公布 根据2008年4月29日国家质量监督检验检疫总局令《关于修改〈质量监督检验检疫行政执法证件管理办法〉的决定》第一次修订 根据2016年12月6日国家质量监督检验检疫总局《关于修改〈质量监督检验检疫行政执法证件管理办法〉的决定》第二次修订）

第一章 总 则

第一条 为加强质量监督检验检疫行政执法证件监督管理，规范行政执法行为，促进行政执法队伍建设，根据《中华人民共和国行政处罚法》及质量监督检验检疫有关法律法规的规定，制定本办法。

第二条 质量监督检验检疫行政执法人员应当取得行政执法证件。行政执法证件是行政执法人员从事行政执法工作的身份证明。

出入境检验检疫机构行政执法人员依据本办法申领行政执法证件。证件名称为《中华人民共和国出入境检验检疫行政执法证》（以下简称《行政执法证》）。

各级质量技术监督部门行政执法人员根据有关法律法规或者地方人民政府的规定，申领行政执法证件。

第三条 本办法适用于行政执法人员的资格考核和《行政执法证》的管理工作。

第四条 《行政执法证》实行分级管理制度。

国家质量监督检验检疫总局（以下简称国家质检总局）负责《行政执法证》的制式设计。

各直属出入境检验检疫局负责业务辖区内《行政执法证》的审核、批准、制作、发放和监督管理工作。

第五条 《行政执法证》应当载明持证人的姓名、工作单位、发证日期、有效期限、证件编号，并附有持证人的一寸免冠彩色照片，照片上加盖"××出入境检验检疫局证件章"（见附件1）。

第二章 资格考核与申领

第六条 出入境检验检疫行政执法机关的正式在编人员，经培训合格后均可以按照要求报名参加行政执法资格考试。考核合格的，确认其行政执法资格。

取得行政执法资格的人员每年应参加不低于40小时的行政执法业务培训和统一测试。

行政执法资格培训和考核，按各直属出入境检验检疫局制定的规定进行。

第七条 申领《行政执法证》的人员必须同时具备以下基本条件：

（一）经出入境检验检疫行政执法岗位培训、考核，获得行政执法资格；

（二）具备大专以上文化程度，或者从事检验检疫工作3年以上；

（三）在行政执法岗位工作；

（四）近两年无违法违纪行为记录。

第八条 《行政执法证》的申办工作按下列程序进行：

（一）申请：

申请人填写《××局行政执法证申请表》（以下简称《申请表》，见附件2），向所在单位提出领证申请。

申请人提交《申请表》时，应同时附上着春秋季制式服装、免冠、正面、1寸彩色近照2张（其中1张贴在《申请表》上）。

（二）初审：

申请人所在部门或者单位对申请人提交的《申请表》进行初审，并填写《××局行政执法证申领表》（以下简称《申领表》）（见附件3），将《申领表》以及申请人的《申请表》、照片送交直属出入境检验检疫局法制工作部门。

（三）审批：

直属出入境检验检疫局法制工作部门对申请人提交的《申请表》及有关申请材料进行审核，并将统一汇总的《申领表》报直属出入境检验检疫局负责人批准。

（四）制作、发放：

直属出入境检验检疫局法制工作部门根据批准的发证人员范围制作证件，并向申请人发放《行政执法证》。

第九条 各直属出入境检验检疫局对发放《行政执法证》的人员进行登记备案，建立行政执法人员名录库。

根据行政执法工作需要，各级出入境检验检疫机构可以从执法人员名录库中随机抽取行政执法人员从事执法活动，但应当确保被抽取人员的执法资格满足从事执法活动的权限要求。

第三章 证件使用

第十条 出入境检验检疫机构行政执法人员实施行政执法行为时，应当出示《行政执法证》。

第十一条 持证人应当妥善保管《行政执法证》，不得损毁、涂改或者转借他人。

第十二条 《行政执法证》遗失损毁的，持证人应当及时报告其所在单位法制工作部门，经在当地媒体进行公告遗失后，由所在单位法制工作部门逐级报直属出入境检验检疫局予以补办。

《行政执法证》出现破损或所载信息需要变更的，持证人应当将证件交回所在单位法制工作部门，并按照本办法第八条规定的程序申请换领。

第十三条 《行政执法证》自发放之日起,10 年内有效。有效期满的,依据本办法重新申请《行政执法证》。

第四章 监督管理

第十四条 有下列情形之一的,持证人所在单位法制工作部门应收回其《行政执法证》,并逐级报直属出入境检验检疫局予以注销:

(一)持证人因调动、辞退、辞职、退休或者岗位调整等原因不再从事行政执法工作的;

(二)《行政执法证》出现破损或所载信息需要变更,持证人依据本办法申请换领的;

(三)对不符合本办法规定条件的人员发放《行政执法证》的;

(四)需要收回、注销的其他情形。

第十五条 持证人有下列情形之一的,由其所在单位报请直属出入境检验检疫局暂扣其《行政执法证》:

(一)超越法定权限或者违反执法程序,尚未造成不良后果的;

(二)应当出示而不出示《行政执法证》,被投诉并经查实 3 次以上的;

(三)故意损毁、涂改《行政执法证》或者将其转借他人使用,尚未造成不良后果的;

(四)参加行政执法业务培训考核不合格的。

第十六条 暂扣《行政执法证》期限为 30 天。被暂扣《行政执法证》的行政执法人员必须向所在单位做出书面检查,扣证期间不得从事行政执法工作。暂扣《行政执法证》的期满后,由其所在单位视本人检查纠正情形报请直属出入境检验检疫局决定是否发还《行政执法证》。

第十七条 持证人有下列情形之一的,由直属出入境检验检疫局取消其行政执法资格,并吊销其《行政执法证》:

(一)《行政执法证》被暂扣累计 2 次的;

(二)超越法定权限或者违反执法程序,造成不良后果的;

(三)将《行政执法证》转借他人进行违法违纪活动的;

(四)有徇私舞弊、玩忽职守等渎职行为的;

(五)受到辞退或者开除公职行政处分的。

第十八条 《行政执法证》被吊销后 2 年之内不得重新申领。

第十九条 暂扣、吊销《行政执法证》时,应当分别填写《××局暂扣行政执法证审批表》(见附件 4)、《××局吊销行政执法证审批表》(见附件 5),并分别对当事人发出《××局暂扣行政执法证决定书》(见附件 6)、《××局吊销行政执法证决定书》(见附件 7)。

第二十条 行政执法人员对暂扣、吊销《行政执法证》决定不服的,可以自收到《暂扣行政执法证决定书》或者《吊销行政执法证决定书》之日起 10 个工作日内向做出暂扣或者吊销决定的单位提出申诉;受理申诉的单位应自接到申诉之日起 10 个工作日内做出答复。

第二十一条 直属出入境检验检疫局应当做好《行政执法证》的使用、暂扣、吊销以及持证人奖惩等情况登记备案工作。

第五章 附 则

第二十二条 本办法由国家质检总局负责解释。

第二十三条 本办法所称行政执法机关,是指行使行政执法权的行政机关,以及依法授予行政执法权或受行政机关委托行使行政执法权的其他组织。

本办法所称行政执法人员,是指前款所指的行政执法机关中具有行政执法资格,并在行政执法岗位履行行政执法职责的工作人员。

第二十四条 本办法自 2003 年 1 月 1 日起施行。原国家出入境检验检疫局 2000 年 7 月 3 日公布的《出入境检验检疫行政执法证管理办法》废止,原国家技术监督局 1991 年 5 月 11 日公布的《技术监督行政执法证件和徽章管理办法》中有关执法证件的管理以本办法的规定为准。

2. 行政执法监督

××局

行政执法监督通知(决定)书

×法监字〔200×〕×号

××局：

经我局检查,(以下为经查证属实的基本情况)

　　　　　　　　　　　　　　　　　　　　　　　　　　　　　　　　　你局的××决定(行为)违反了××规定,根据《质量监督检验检疫行政执法监督与行政执法过错责任追究办法》有关规定,责令你局于×月×日之前改正(依据××规定,撤销你局××决定),请将改正情况书面报送我局。

　　如对本通知不服,可在收到本通知书之日起10日内向我局申请复查。

××局

年　月　日

文书来源

质量监督检验检疫行政执法监督与行政执法过错责任追究办法

（2003年12月31日国家质量监督检验检疫总局局务会议审议通过　2004年1月18日国家质量监督检验检疫总局令第59号公布　自2004年3月10日起施行）

第一章　总　则

第一条　为加强质量监督检验检疫行政执法监督、行政执法过错责任追究工作,规范行政执法行为,促进依法行政,结合工作实际,制定本办法。

第二条　本办法所称行政执法监督,是指国家质量监督检验检疫总局(以下简称国家质检总局)、各级出入境检验检疫局、质量技术监督局实施的对所属部门及下级机构行政执法活动的监督。

第三条　本办法所称行政执法过错责任,是指国家质检总局、各级出入境检验检疫局、质量技术监督局的工作人员在行政执法过程中,因故意或者重大过失,违法执法、不当执法或者不履行法定职责,给国家或者行政相对人的利益造成损害的行为应承担的责任。

第四条　国家质检总局法制工作部门负责管理、指导和协调全国出入境检验检疫和质量技术监督行政执法监督、行政执法过错责任追究工作。

各级出入境检验检疫局、质量技术监督局法制工作机构负责组织实施所辖区域相关业务的行政执法监督、行政执法过错责任追究工作。

第五条　行政执法监督工作遵循以事实为依据,以法律为准绳的原则,做到有法可依、有法必依、执法必严、违法必究。

第六条　行政执法过错责任的追究工作应当坚持实事求是、有错必纠、惩戒与教育相结合、处分与责任相适应的原则。

第二章　行政执法监督内容与方式

第七条　行政执法监督的内容包括：

（一）行政执法主体的合法性；

（二）具体行政行为的合法性和适当性；

（三）规范性文件的合法性；

（四）行政执法监督制度建立健全情况；

（五）法律、法规、规章的施行情况；

（六）涉及行政复议、行政诉讼、行政赔偿、向司法机关移送案件等有关情况；

（七）其他需要监督检查的事项。

第八条　各级出入境检验检疫局、质量技术监督局应每年对本单位法律、法规、规章的施行情况进行一次全面检查和总结。

第九条　各级出入境检验检疫局、质量技术监督局制定的行政执法规范性文件，应当于发布之日起一个月内报上一级机关备案。

第十条　各直属出入境检验检疫局、各省（自治区、直辖市）质量技术监督局办理的需要进行听证的行政处罚案件，应于结案后15日内报国家质检总局备案。

各直属出入境检验检疫局所属局、各省（自治区、直辖市）以下质量技术监督局办理的需要进行听证的行政处罚案件，应于结案后1个月内报上一级直属出入境检验检疫局、质量技术监督局备案。

向司法机关移送的和经人民法院审理判决的案件，相关直属出入境检验检疫局、省（自治区、直辖市）质量技术监督局应于移送、结案后一个月报总局备案。

依照其他规定需要上报或者通报的其他事项，也应当在规定的时间内上报或者通报。

第十一条　行政执法监督可以采取自查、互查、抽查的方式进行，或者以上几种方式结合进行。

第十二条　国家质检总局根据需要组织开展执法检查工作或者专项执法检查工作。

各级出入境检验检疫局、质量技术监督局根据上级机关部署或者根据需要，组织开展所辖区域执法检查工作。

第十三条　国家质检总局、各级出入境检验检疫局、质量技术监督局进行行政执法检查时，有权调阅有关行政执法案卷和文件材料，实施现场检查。受查单位及其有关人员应当予以协助和配合，如实反映情况，提供有关资料，不得隐瞒、阻挠或者拒绝行政执法检查。

第十四条　行政执法检查工作结束后，执行检查的机构应对行政执法检查情况进行总结，对存在的普遍性、倾向性问题提出整改意见，通报所属机构检查纠正，所属机构应当向上级报告检查纠正情况。

第十五条　国家质检总局、各级出入境检验检疫局、质量技术监督局可以根据反映以及公民、法人或者其他组织的申诉、检举、控告或者根据人大、政协、司法机关等部门的建议，对有关行政执法行为组织调查。

行政执法行为的调查结果应及时反馈有关申诉、检举、控告、建议单位或者个人。

第三章　行政执法监督措施

第十六条　各直属出入境检验检疫局有下列情形之一的，国家质检总局可以责令纠正或者撤销；其他各地出入境检验检疫局有下列情形之一的，上一级出入境检验检疫局可以责令纠正或者撤销；省（自治区、直辖市）质量技术监督局有下列情形之一的，国家质检总局可以建议当地质量技术监督局纠正，也可以建议当地人民政府责令纠正或者撤销；其他各地质量技术监督局有下列情形之一的，上一级质量技术监督局可以责令纠正或者撤销。

（一）行政执法主体不合法的；
（二）行政执法程序违法或者不当的；
（三）具体行政行为违法或者不当的；
（四）规范性文件不合法的；
（五）各级出入境检验检疫局、质量技术监督局工作人员不履行法定职责的；
（六）其他应当纠正的违法行为。

第十七条　建议纠正或者撤销第十六条所列情形，应当制作《执法监督通知（决定）书》（见附件），《执法监督通知（决定）书》应当载明以下内容：

（一）被检查的出入境检验检疫局、质量技术监督局的名称；
（二）认定的事实和理由；
（三）处理的决定和依据；
（四）执行处理决定的方式和期限；
（五）执行检查的机构名称和做出《执法监督通知（决定）书》的日期，并加盖印章。

第十八条　接到《执法监督通知（决定）书》的单位，应在限定期限内按要求做出纠正，并书面向发出《执法监督通知（决定）书》的机构报告执行结果。

被检查的出入境检验检疫局、质量技术监督局对《执法监督通知（决定）书》决定不服的，可以在收到《执法监督通知（决定）书》之日起10日内向发出《执法监督通知（决定）书》的机构申请复查。发出《执法监督通知（决定）书》的机构应当自接到复查申请之日起15日内做出复查决定。对复查后做出的决定，被检查的出入境检验检疫局、质量技术监督局应当执行。

第十九条　有下列情形之一的，国家质检总局、出入境检验检疫局、质量技术监督局，可根据情节轻重对被监督的各级出入境检验检疫局、质量技术监督局给予通报批评，按照规定对有关责任人员予以行政处分：

（一）拒不执行国家质检总局、各级出入境检验检疫局、质量技术监督局行政执法监督工作规定的；
（二）对《执法监督通知（决定）书》指出的纠正事项，无正当理由拒不纠正的；
（三）不如实提供资料、谎报执法情况，干扰或者拒绝执法监督的；
（四）无正当理由拒不查办上级交办的案件或者公民、法人、其他组织申诉、控告、检举的案件的；
（五）对申诉人、控告人、检举人或者执法监督人员打击报复的。

第四章　行政执法过错行为及责任人确定

第二十条　行政执法过错行为是指质量监督检验检疫工

作人员应当承担行政执法过错责任的行为。包括：

（一）违反法律、法规、规章规定实施行政检查的；

（二）超过法定权限或者委托权限实施行政行为的；

（三）违反规定跨辖区实施行政执法行为的；

（四）违反规定抽取、保管或者处理样品造成不良后果的；

（五）在办案过程中，为违法嫌疑人通风报信、泄露案情，致使违法行为未受处理或者给办案造成困难的；

（六）违反规定采取登记保存、封存、查封、扣押、隔离、留验、销毁、监督销毁、卫生除害处理、退回等行政强制措施的；

（七）擅自解除被依法登记保存、封存、查封、扣押、隔离、留验等行政强制措施，造成不良后果的；

（八）隐匿、私分、变卖、调换、损坏登记保存、封存、查封、扣押的财物，给当事人造成损失的；

（九）无法定依据、违反法定程序或者超过法定种类、幅度实施行政处罚的；

（十）拒绝或者拖延履行法定职责，无故刁难行政相对人，造成不良影响的；

（十一）未按罚缴分离的原则或者行政处罚决定规定的数额收缴罚款的，对罚没款、罚没物品违法予以处理的，违反国家有关规定征收财物、收取费用的；

（十二）以收取检验费等方式代替行政处罚的；

（十三）依法应当移交司法机关追究刑事责任，不予移交或者以行政处罚代替的；

（十四）泄露行政相对人的商业秘密给行政相对人造成损失的；

（十五）阻碍行政相对人行使申诉、听证、复议、诉讼和其他合法权利，情节恶劣，造成严重后果的；

（十六）因办案人员的主观过错导致案件主要违法事实认定错误，被人民法院、复议机关撤销或者部分撤销具体行政行为的；

（十七）无正当理由拒不执行或者错误执行发生法律效力的行政判决、裁定、复议决定和其他纠正违法行为的决定、命令的；

（十八）违反法律、法规规定向社会推荐生产者的产品或者以监制、监销等方式参与产品生产经营活动的；

（十九）滥用职权，阻挠、干预查处或者包庇、放纵生产、销售假冒伪劣商品行为，造成严重后果的；

（二十）未经检验检疫，出具检验检疫单证或者伪造检验检疫结果、原始记录、考核记录造成严重后果的；

（二十一）出卖或者变相出卖检验检疫单证、封识、标志的，违反单证、印章管理规定，导致单证、印章流失或者被盗用的，未按规定范围和要求加施、监督检验检疫封识、标志的；

（二十二）违反法律法规规定，实施行政许可的；

（二十三）对于需要按照规定上报或者通报的事项，没有及时上报或者通报的；

（二十四）依照法律、法规和规章规定应承担行政执法过错责任的其他行为。

第二十一条　直接做出过错行为的工作人员是行政执法过错责任人。

行政执法过错行为经审核、批准做出的，具体工作人员、审核人、批准人均为过错责任人，分别承担相应的责任。

第二十二条　因具体工作人员隐瞒事实、隐匿证据或者提供虚假情况等行为造成审核人、批准人的审核、批准失误或者不当的，具体工作人员是行政执法过错责任人。

第二十三条　因审核人的故意行为造成批准人失误或者不当的，审核人是行政执法过错责任人。

第二十四条　审核人变更具体工作人员的正确意见，批准人批准该审核意见，出现行政执法过错的，审核人、批准人是行政执法过错责任人。

第二十五条　批准人变更具体工作人员和审核人的正确意见，出现行政执法过错的，批准人是行政执法过错责任人。

第二十六条　集体讨论决定而导致的行政执法过错，决策人为行政执法过错主要责任人，参加讨论的其他人员为次要责任人，提出并坚持正确意见的人员不承担责任。

第二十七条　因不作为发生行政执法过错的，根据岗位责任确定行政执法过错责任人。

第二十八条　因发生行政执法过错未被及时发现，造成不良后果的，其上一级主管领导应承担失察责任。

第二十九条　对行政执法过错行为不及时报告、虚报、瞒报甚至包庇、纵容的，单位主要领导人应承担责任。

第三十条　因行政复议机关的有关人员过错造成行政复议案件认定事实错误、适用法律不当的，行政复议机关的有关人员承担行政执法过错责任。

第五章　行政执法过错责任追究方式

第三十一条　追究行政执法过错责任，主要采取以下方式：

（一）责令书面检查；

（二）通报批评；

（三）暂扣或者吊销行政执法证件或者调离行政执法工作岗位；

（四）警告、记过、记大过、降级、撤职、开除等行政处分；

（五）因故意或者重大过失的行政执法过错引起行政赔偿的，承担全部或者部分赔偿责任；

（六）涉嫌犯罪的，移送司法机关处理。

以上所列行政执法过错责任追究方式，可视情节单独或者合并使用。

第三十二条　有下列情形之一的，可以从轻、减轻或者免除过错行为人的行政执法过错责任：

（一）行政执法过错行为情节轻微，未造成不良影响的；

（二）因无法预见的客观因素导致过错行为人的行政执法过错的；

（三）过错行为人在其过错行为被监督检查发现前主动承认错误，或者在过错行为发生后能主动纠正进行补救的。

第三十三条 有下列情形之一的，应当从重处理：

（一）不配合有关部门调查，或者阻挠行政执法过错责任追究的；

（二）对举报、控告、申诉或者案件调查人员进行打击报复的；

（三）1年内发生2次行政执法过错的；

（四）执法过程中有索贿受贿、敲诈勒索、徇私舞弊等行为的；

（五）因行政执法过错给他人造成严重损害，或者造成严重不良影响的。

第六章 行政执法过错责任追究程序

第三十四条 国家质检总局、各级出入境检验检疫局、质量技术监督局通过公民、法人或者其他组织检举、投诉、申诉或者执法检查、司法、行政监督及其他途径发现行政执法过错行为的，应在5日内予以立案。

第三十五条 国家质检总局、各级出入境检验检疫局、质量技术监督局应组成调查小组进行调查。调查处理工作应在立案之日起3个月内完成，情节复杂或者有其他特殊原因的，经批准可以适当延长时间，但最长不得超过半年。

第三十六条 调查人员在调查过程中应听取涉嫌过错责任人的陈述和申辩。

第三十七条 行政执法过错责任追究处理决定应在5日内报上一级机关备案。

追究行政执法过错责任应按照干部管理权限实施。

第三十八条 各级出入境检验检疫局、质量技术监督局对过错责任人不按规定期限处理或者处理不当的，其上一级机关可以责令限期处理或者改正。

第三十九条 行政执法过错责任人对处理决定不服的，可在接到处理决定之日起30日内向做出处理决定的机关申请复核或者向其上一级机构提出申诉。

复核决定应在30日内做出，复核期间处理决定不停止执行。

第七章 附 则

第四十条 依据国家行政法规授权从事纤维质量监督行政执法工作人员和受行政机关委托从事行政执法工作的事业单位工作人员违反本办法规定，需要追究其行政执法过错责任的，参照本办法执行。

国家认证认可监督管理委员会、国家标准化管理委员会行政执法监督与行政执法过错责任追究工作参照本办法执行。

第四十一条 行政监察、审计等专门机关对行政执法的监督，依照有关法律、法规的规定进行。

第四十二条 对在实施行政执法监督检查、行政执法过错责任追究工作中成绩突出的先进集体和个人应当予以表彰。

第四十三条 本办法由国家质检总局负责解释。

第四十四条 本办法自2004年3月12日起施行。原国家出入境检验检疫局2000年12月12日发布的《出入境检验检疫行政执法过错责任追究办法》和原国家技术监督局1997年9月3日发布的《技术监督行政执法监督实施办法》、原国家质量技术监督局2000年6月8日发布的《质量技术监督行政执法过错责任追究规定》同时废止。

(二)工业产品

1. 工业产品生产许可证

行政许可申请受理决定书

(　)受字〔　〕第　号

_____：

你(单位)提出_____的申请和所提供(出示)的材料,符合该项目申请条件。根据《行政许可法》第三十二条第一款第五项规定,决定予以受理。

附:《申报材料登记表》

许可专用章
年　月　日

经办人:　　　　　　　联系电话:

说明:申请人5日内未获其他文书,即应理解申请被受理。本决定书一式两份;一份送申请人,一份存档。(正式使用说明不显示)

行政许可申请材料补正告知书

（　　）　补告字〔　　〕第　　号

_____：
　　你(单位)申请的_____
_____，所提供(出示)的材料不齐全(不符合法定形式)，根据《行政许可法》第三十二条第三、四项规定，请作如下补正：
_____
_____。
　　如需咨询，请与_____联系，电话_____

许可专用印章
年　月　日

说明：本告知书收到申请5日内使用。一式两份，一份送申请人，一份存档。（正式使用文书时不显示说明）

行政许可申请不予受理决定书

（　　）　未受字〔　　〕第　　号

_____：
　　你(单位)申请的_____
_____，经审查，不需要取得行政许可(或者不属于本机关职权范围、企业被吊销生产许可证不满三年)，应当向_____提出申请。根据《行政许可法》第三十二条第一款第____项(或者《中华人民共和国工业产品生产许可证管理条例》第五十五条)规定，决定不予以受理。

许可专用章
年　月　日

说明：本决定书即时或者5日内作出。一式两份；一份送达申请人，一份存档。（正式使用说明不显示）

不予行政许可决定书

( ) 未许字〔 〕第 号

_____：

企(事)业代码(身份证)号_____

地址_____邮编_____电话_____

法定代表人_____职务_____电话_____

你(单位)申请_____,经审查,不符合该许可项目规定要求,决定_____

_____。

理由_____

_____

_____

_____

_____。

如不服本决定,可在收到本决定书之日起60日内,依法向_____或者_____申请行政复议或者3个月内(法律、法规另有规定的按照规定)向人民法院提起行政诉讼。

单位印章
年 月 日

说明:本决定书为复议、诉讼的依据,应慎重填写。一式两份;一份送达申请人,一份存档。(正式使用说明不显示)

生产许可证式样

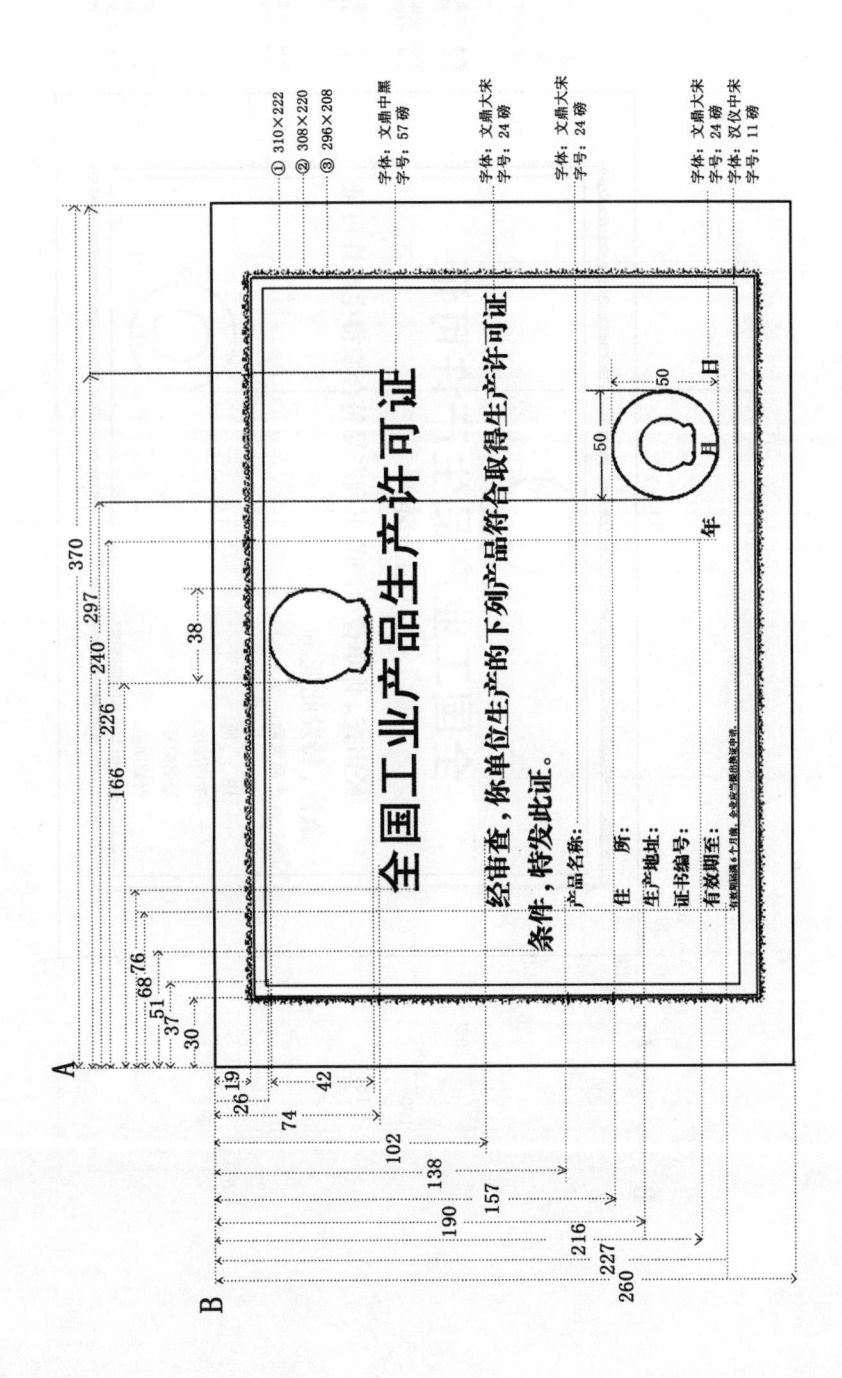

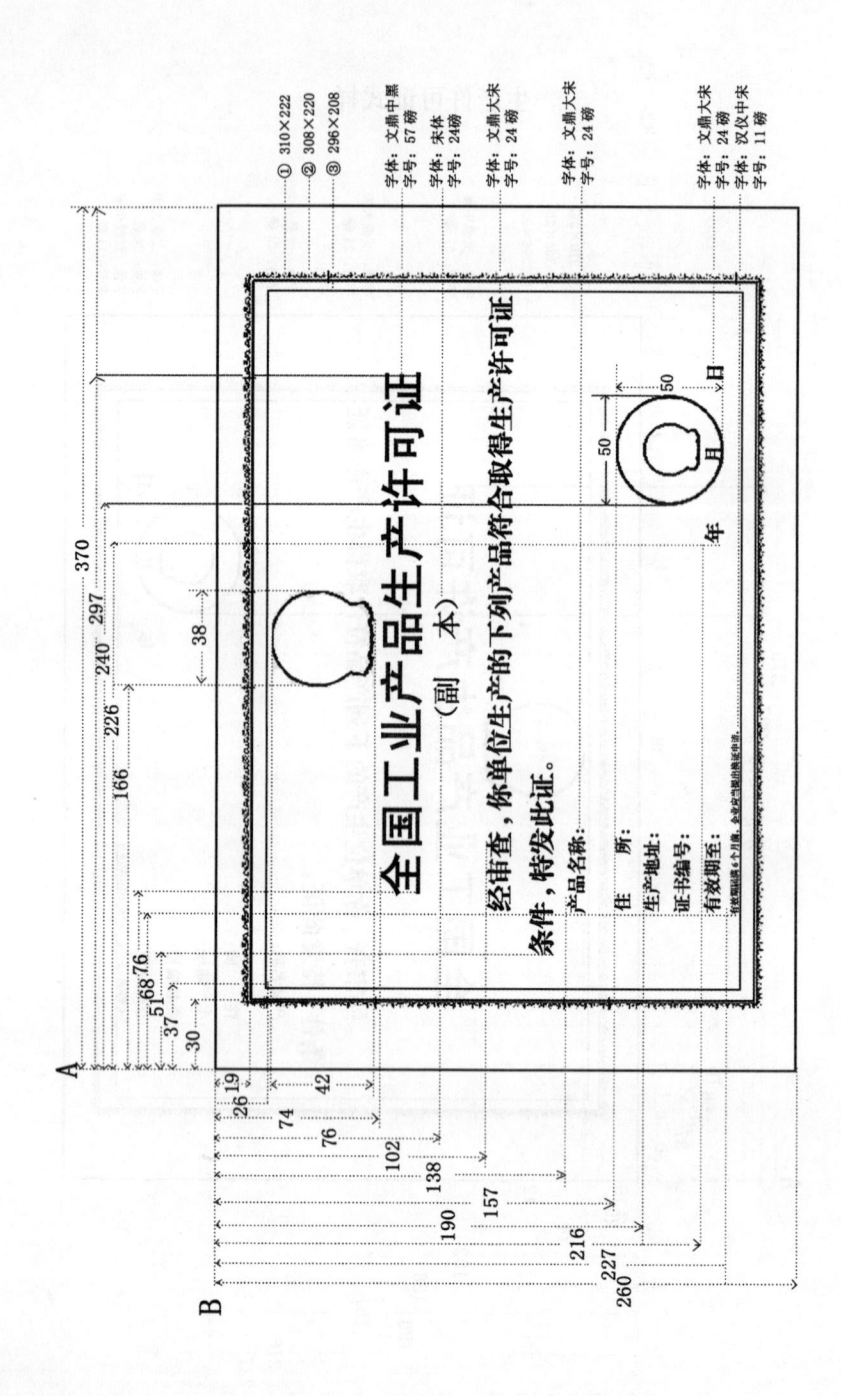

全国工业产品生产许可证（副本）

经审查，你单位生产的下列产品符合取得生产许可证条件，特发此证。

产品名称：
住　　所：
生产地址：
证书编号：
有效期至：

　　　　　　　　　　　　　　年　月　日

① 310×222　字体：文鼎中黑　字号：57磅
② 308×220　字体：宋体　字号：24磅
③ 296×208　字体：文鼎大宋　字号：24磅

字体：文鼎大宋　字号：24磅

字体：文鼎大宋　字号：24磅
字体：汉仪中宋　字号：11磅

标 志 式 样

标志图形

标志专用色（彩）图

标志绘制数据图

标志图落格

标志图形文字组合构成

质量安全标志绘制说明

1. 以网格为绘制基础，建立网格横向 20 格，纵向 30 格（见绘制图）。
2. 以横竖 10 的交点为圆心，半径为 10 做第一个圆(半径 = R = 10)，然后仍以此点为圆心, 0.8R 为半径做第二个圆。
3. 分别以纵坐标 10 与横坐标 8 的交点为圆心，以纵坐标 10 与横坐标 12 的交点为圆心, 0.5R 为半径做第三个圆和第四个圆，再分别以纵坐标 10 与横坐标 5 的交点为圆心，以纵坐标 10 与横坐标 15 的交点为圆心, 0.2R 为半径做第五个和第六个圆。
4. 从纵坐标 10 与横坐标 3 的交点向第三个圆和第四个圆左侧的交叉点作直线，在直线上第三个圆和第四个圆左侧的交叉点作起点,测量出 0.4R 的距离为圆心,以 0.4R 为半径做第七个圆;然后从纵坐标 10 与横坐标 17 的交点向第三个圆和第四个圆右侧的交叉点作直线,在直线上第三个圆和第四个圆右侧的交叉点作起点,测量出 0.4R 的距离为圆心,以 0.4R 为半径做第八个圆。

5. 分别以纵坐标 13 与横坐标 13 的交点为圆心,以纵坐标 8 与横坐标 29 的交点为圆心,以 R 为半径画圆弧;分别以纵坐标 16.5 与横坐标 16.5 的交点为圆心,以纵坐标 4.5 与横坐标 25.5 的交点为圆心,以 0.5R 为半径画圆弧。

6. 根据上述所作的圆形和弧形进行直线和弧线联结,绘制出 QS 标志图形。

文书来源

中华人民共和国工业产品生产许可证管理条例实施办法

(2005 年 9 月 15 日国家质量监督检验检疫总局令第 80 号公布 自 2005 年 11 月 1 日起施行)

第一章 总 则

第一条 根据《中华人民共和国工业产品生产许可证管理条例》(以下简称《管理条例》),制定本办法。

第二条 国家对重要工业产品实行生产许可证制度管理。

第三条 在中华人民共和国境内从事生产、销售或者在经营活动中使用实行生产许可证制度管理的产品的,应当遵守本办法。

任何企业未取得生产许可证不得生产实行生产许可证制度管理的产品。任何单位和个人不得销售或者在经营活动中使用未取得生产许可证的产品。

第四条 工业产品生产许可证管理,应当遵循科学公正、公开透明、程序合法、便民高效的原则。

第五条 国家质量监督检验检疫总局(以下简称国家质检总局)负责全国工业产品生产许可证统一管理工作,对实行生产许可证制度管理的产品,统一产品目录,统一审查要求,统一证书标志,统一监督管理。

国家质检总局内设全国工业产品生产许可证办公室(以下简称全国许可证办公室),负责全国工业产品生产许可证管理的日常工作,制定产品发证实施细则,审核工业产品生产许可证产品审查机构(以下简称审查机构),指定承担发证检验任务的产品检验机构,统一管理核查人员资质以及审批发证等工作。

第六条 根据需要,省、自治区、直辖市质量技术监督局(以下简称省级质量技术监督局)可以负责部分产品的生产许可证审查发证工作,具体产品目录由国家质检总局确定并公布。

第七条 省级质量技术监督局负责本行政区域内的工业产品生产许可证监督和管理工作,根据《管理条例》和国家质检总局规定,承担部分产品的生产许可证审查发证工作。

省级质量技术监督局内设工业产品生产许可证办公室(以下简称省级许可证办公室),负责本行政区域内的工业产品生产许可证管理的日常工作。

县级以上地方质量技术监督局负责本行政区域内生产许可证的监督检查工作。

第八条 审查机构受国家质检总局的委托,承担起草相关产品发证实施细则、组织实地核查以及核查人员技术培训等工作。

第九条 从事生产许可证工作的机构和人员应当依法行政、恪尽职守、热情服务、严格把关。

第十条 国家质检总局和省级质量技术监督局统一规划生产许可证工作的信息化建设,公布生产许可事项,方便公众查阅和企业申请办证,逐步实现网上审批。

第二章 生产许可程序

第一节 申请和受理

第十一条 企业取得生产许可证,应当符合下列条件:
(一)有营业执照;
(二)有与所生产产品相适应的专业技术人员;
(三)有与所生产产品相适应的生产条件和检验检疫手段;
(四)有与所生产产品相适应的技术文件和工艺文件;
(五)有健全有效的质量管理制度和责任制度;
(六)产品符合有关国家标准、行业标准以及保障人体健康和人身、财产安全的要求;
(七)符合国家产业政策的规定,不存在国家明令淘汰和禁止投资建设的落后工艺、高耗能、污染环境、浪费资源的情况。

法律、行政法规有其他规定的,还应当符合其规定。

第十二条 审查机构受国家质检总局的委托,根据相关产品的特点,行业发展状况和国家有关政策,组织起草产品实施细则。

国家质检总局根据《管理条例》的相关规定,批准发布产品实施细则。对产品实施细则作特殊规定的,国家质检总局会同国务院有关部门制定并发布。

省级许可证办公室和审查机构根据产品实施细则的规定,负责组织或者配合组织产品实施细则的宣贯工作。

第十三条 省级质量技术监督局应当按照生产许可证发证工作的进度安排,以登报、上网等方式告知本行政区域内的生产企业,并负责组织企业的申报工作。审查机构应当积极配合做好相关工作。

第十四条 企业生产列入目录的产品,应当向其所在地的省级质量技术监督局提出申请。

企业正在生产的产品被列入目录的,企业应当在国家质检总局规定的时间内申请取得生产许可证。

第十五条 省级质量技术监督局收到企业提出的申请后,对申请材料符合实施细则要求的,准予受理,并自收到企业申请之日起5日内向企业发送《行政许可申请受理决定书》(见附件1)。

第十六条 省级质量技术监督局收到企业提出的申请后,对申请材料不符合实施细则要求且可以通过补正达到要求的,应当当场或者在5日内向企业发送《行政许可申请材料补正告知书》(见附件2)一次性告知。逾期不告知的,自收到申请材料之日即为受理。

省级质量技术监督局收到企业提出的申请后,对申请材料不符合《行政许可法》和《管理条例》要求的,应当作出不予受理的决定,并发出《行政许可申请不予受理决定书》(见附件3)。

第十七条 省级质量技术监督局以及其他任何部门不得另行附加任何条件,限制企业申请取得生产许可证。

第二节 审查与决定

第十八条 省级质量技术监督局受理企业申请后,省级许可证办公室或者审查机构应当组织对企业进行审查。企业审查包括对企业的实地核查和对产品的检验,其中一项不合格即判为企业审查不合格。

第十九条 实施细则规定由省级质量技术监督局负责组织审查的,省级许可证办公室应当自受理企业申请之日起30日内,完成对企业实地核查和抽封样品,并将实地核查结论以书面形式告知被核查企业。

实施细则规定由审查机构组织审查的,省级许可证办公室应当自受理企业申请之日起5日内将全部申请材料报送审查机构。审查机构应当自受理企业申请之日起30日内,完成对企业实地核查和抽封样品,并将实地核查结论以书面形式告知被核查企业,同时告知省级许可证办公室。

第二十条 企业实地核查不合格的,不再进行产品抽样检验,企业审查工作终止。

第二十一条 审查机构或者省级许可证办公室应当制定企业实地核查计划,并提前5日通知企业。

实施细则规定由审查机构组织审查的,企业实地核查计划应当同时抄送企业所在地省级许可证办公室。

第二十二条 审查机构或者省级许可证办公室应当指派2至4名审查员组成审查组,对企业进行实地核查,企业应当予以配合。

第二十三条 审查组应当按照实施细则的要求,对企业进行实地核查,核查时间一般为1－3天。审查组对企业实地核查结果负责,并实行组长负责制。

第二十四条 企业实地核查合格的,审查组按照实施细则的要求封存样品,并告知企业所有承担该产品生产许可证检验任务的检验机构名单及联系方式,由企业自主选择。

经核查合格,需要送样检验的,应当告知企业在封存样品之日起7日内将该样品送达检验机构。需要现场检验的,由核查人员通知企业自主选择的检验机构进行现场检验。

第二十五条 检验机构应当在实施细则规定的时间内完成检验工作,并出具检验报告。

第二十六条 由省级许可证办公室负责组织审查的,省级许可证办公室应当自受理企业申请之日起30日内将申报材料报送审查机构,审查机构应当自受理企业申请之日起40日内将申报材料汇总,并报送全国许可证办公室。

由审查机构负责组织审查的,审查机构应当自受理企业申请之日起40日内将申报材料汇总,并报送全国许可证办公室。

第二十七条 国家质检总局自受理企业申请之日起60日内作出是否准予许可的决定。符合发证条件的,国家质检总局应当在作出许可决定之日起10日内颁发生产许可证证书;不符合发证条件的,应当自作出决定之日起10日内向企业发出《不予行政许可决定书》(见附件4)。

第二十八条 根据本办法第十八条规定,省级许可证办公室或者审查机构判定企业审查不合格时,应当及时书面上报国家质检总局,并由国家质检总局向企业发出《不予行政许可决定书》。

第二十九条 国家质检总局将获证企业名单以网络、报刊等方式向社会公布。同时,相关产品的发证情况还要及时通报国家发展改革部门、卫生主管部门和工商行政管理部门等。

第三十条 生产许可证有效期为5年。有效期届满,企业继续生产的,应当在生产许可证期满6个月前向所在地省级质量技术监督局提出换证申请。

第三十一条 企业获得生产许可证后需要增加项目的,应当按照实施细则规定的程序申请办理增项手续。符合条件的,换发生产许可证证书,但有效期不变。

第三十二条 在生产许可证有效期内,因国家有关法律法规、产品标准及技术要求发生较大改变而修订实施细则时,全国许可证办公室将根据需要组织必要的实地核查和产品检验。

第三十三条 在生产许可证有效期内，企业生产条件、检验手段、生产技术或者工艺发生较大变化的（包括生产地址变更、生产线重大技术改造等），企业应当及时向其所在地省级质量技术监督局提出申请，审查机构或者省级许可证办公室应当按照实施细则的规定重新组织实地核查和产品检验。

第三十四条 省级许可证办公室、审查机构和全国许可证办公室应当将企业办理生产许可证的有关资料及时归档，公众有权查阅。企业档案材料的保存时限为5年。

第三节 对审查工作的监督检查

第三十五条 全国许可证办公室组织对企业核查工作质量进行监督检查。

省级许可证办公室组织对企业实地核查的，由全国许可证办公室组织审查机构实施抽查；审查机构组织对企业实地核查的，由全国许可证办公室组织省级许可证办公室实施抽查。

第三十六条 实施监督检查，应当制订监督检查计划，包括检查组组成、具体检查时间以及被检查企业等内容。

第三十七条 检查计划应当提前通知企业所在地省质量技术监督局，省级质量技术监督局应当对检查工作予以配合。

第三十八条 监督检查工作完成后，由检查组写出书面报告及处理建议，上报全国许可证办公室。

第三十九条 全国许可证办公室将通过查阅检验报告、检验结论对比等方式对检验机构的检验过程和检验报告是否客观、公正、及时进行监督检查。

第四节 集团公司的生产许可

第四十条 集团公司及其所属子公司、分公司或者生产基地（以下统称所属单位）具有法人资格的，可以单独申请办理生产许可证；不具有法人资格的，不能以所属单位名义单独申请办理生产许可证。

各所属单位无论是否具有法人资格，均可以与集团公司一起提出办理生产许可证申请。

第四十一条 所属单位与集团公司一起申请办理生产许可证时，应当向集团公司所在地省级质量技术监督局提出申请。凡按规定由省级许可证办公室组织企业实地核查的，集团公司所在地省级许可证办公室可以直接派出审查组，也可以书面形式委托所属单位所在地省级许可证办公室组织核查。集团公司所在地省级许可证办公室负责按规定程序汇总上报有关材料。

第四十二条 集团公司取得生产许可证后，新增加的所属单位需要与集团公司一起办理生产许可证的，新增所属单位审查合格后，换发生产许可证证书，但有效期不变。

第四十三条 所属单位与集团公司一起申请办理生产许可证的，经审查的所属单位以及集团公司应当分别缴纳审查费和产品检验费，公告费按证书数量收取。

第四十四条 其他经济联合体及所属单位申请办理生产许可证的，参照集团公司办证程序执行。

第五节 委托加工备案

第四十五条 从事委托加工实行生产许可证制度管理的产品的委托企业和被委托企业，必须分别到所在地省级许可证办公室申请备案。

第四十六条 委托企业必须是合法经营的企业，被委托企业必须持有合法有效的生产许可证。

第四十七条 委托企业和被委托企业向所在地省级许可证办公室申请备案时，应当提供如下材料：

（一）委托企业和被委托企业营业执照复印件；

（二）被委托企业的生产许可证复印件；

（三）公证的委托加工合同复印件；

（四）委托加工合同必须明确委托企业负责全部产品销售；

（五）委托加工产品标注式样。

第四十八条 省级许可证办公室应当自收到委托加工备案申请之日起5日内，进行必要的核实，并对符合条件的企业予以备案。对不符合条件的，不予备案并说明理由。

第四十九条 委托加工企业必须履行备案承诺，不得随意改变委托合同和产品标注方式。

第五十条 委托加工备案不得向企业收费。

第三章 核查人员的管理

第五十一条 核查人员需取得相应资质，方可从事企业实地核查工作。

第五十二条 核查人员包括工业产品生产许可证注册审查员（以下简称审查员）、高级审查员和技术专家。

第五十三条 审查员应当具备下列条件：

（一）年龄在65周岁（含65周岁）以下；

（二）大专（含大专）以上学历或者中级（含中级）以上技术职称；

（三）熟悉相关产品生产工艺、产品质量标准和质量管理体系；

（四）从事质量工作满5年。

第五十四条 全国许可证办公室对省级许可证办公室或者审查机构培训的人员进行考核注册，并批准后颁发审查员注册证书，证书有效期为3年。

第五十五条 审查员注册证书期满前3个月内应当按规定申请换证，并符合以下条件：

（一）年龄在65周岁（含65周岁）以下；

（二）在证书有效期内至少完成6次工业产品生产许可证

企业实地核查；

（三）每年至少参加15小时工业产品生产许可证相关工作培训；

（四）遵守审查员行为规范，无违法违规行为。

高级审查员在证书有效期内，满足前款规定的条件，并每年至少担任审查组长3次的，方可按规定换发高级审查员注册证书；仅满足前款规定条件的，可换发审查员证书。

第五十六条 省级许可证办公室或者审查机构负责组织审查员期满换证申报工作，全国许可证办公室负责为符合换证条件的人员换发证书。

第五十七条 审查员申请晋升高级审查员，应当符合以下条件：

（一）在注册证书有效期内，至少完成10次生产许可证企业实地核查，并担任6次以上审查组长；

（二）每年参加20小时以上生产许可证相关工作培训；

（三）遵守审查员行为规范，无违法违规行为。

第五十八条 申请晋级人员向省级许可证办公室或者审查机构提出晋级申请，全国许可证办公室对省级许可证办公室或者审查机构上报的申请晋级人员进行考核，符合晋级要求的，经全国许可证办公室批准后，颁发高级审查员注册证书，证书有效期3年。

第五十九条 技术专家是指未取得审查员注册证书，但根据工作需要可以为生产许可证企业实地核查提供技术咨询的有关人员。

第六十条 申请技术专家资格的人员应当具备以下条件：

（一）大学本科（含大学本科）以上学历或者高级技术职称；

（二）从事相关专业工作满10年；

（三）精通相关产品专业知识并属于相关领域的技术权威。

第六十一条 省级许可证办公室或者审查机构可以根据需要，向全国许可证办公室提出技术专家备案申请，经全国许可证办公室批准后，可参加企业的实地核查工作。

第六十二条 技术专家参加企业实地核查工作时，不作为审查组成员，不参与做出审查结论。

第六十三条 注册证书持有者应当妥善保管证书，证书遗失或者损毁，应当及时申请补领。

第六十四条 核查人员应当按照产品实施细则的规定开展企业实地核查。进行核查时，需向被核查企业出示相关证件。

第六十五条 核查人员对企业进行实地核查，不得刁难企业，不得索取、收受企业的财物，不得谋取其他不当利益。

第四章 审查机构的管理

第六十六条 审查机构必须具备以下基本条件：

（一）有健全的管理制度和有效的运行机制；

（二）有与开展相关产品审查工作相适应的工作人员；

（三）有适宜的办公场所和办公设施；

（四）掌握生产许可证工作的有关法律法规和规定，了解生产许可证的工作机制和程序；

（五）了解相关产品的行业状况和国家产业政策；

（六）没有从事相关产品生产、销售、监制、监销的行为。

第六十七条 符合第六十六条规定条件的单位可以向全国许可证办公室申请承担相关产品的审查机构工作，并提交以下材料：

（一）承担相关产品审查机构的书面申请；

（二）申请机构的组织机构代码证书、法人营业执照或者社会团体法人登记证书；

（三）申请单位的基本情况；

（四）相关产品的行业发展水平、企业分布和产品检验机构的基本情况；

（五）从事产品质量监督和生产许可证工作的经历。

第六十八条 全国许可证办公室对申请单位的资格进行审查，必要时派员实地考查核实，并上报国家质检总局择优批准符合资质要求的单位承担审查机构工作。

第六十九条 审查机构应当自批准之日起15日内向全国许可证办公室提交审查机构负责人名单及岗位设置等基本情况。审查机构负责人发生变化时，应当及时将变化情况报全国许可证办公室备案。

第七十条 审查机构开展企业实地核查时，不得妨碍企业的正常生产经营活动，不得索取或者收受企业的财物。

第七十一条 审查机构在从事生产许可证工作时，不得有下列行为：

（一）未按规定期限完成审查工作；

（二）出具虚假审查结论；

（三）擅自增加实施细则以外的其他条件；

（四）未向企业说明企业有权选择有资质的检验机构送样检验；

（五）从事或者介绍企业进行生产许可有偿咨询；

（六）向企业推销生产设备、检验设备或者技术资料；

（七）聘用未取得相应资质的人员从事企业实地核查工作；

（八）违反法律法规和规章的其他行为。

第五章 检验机构的管理

第七十二条 申请承担生产许可证检验任务的检验机构必须按照国家法律、行政法规的规定通过计量认证、审查认可或者实验室认可，并经全国许可证办公室指定后，方可承担相关产品的生产许可证检验任务。

第七十三条 检验机构应当向省级许可证办公室或者审

查机构提出承担相关产品生产许可证检验任务的书面申请。

第七十四条 省级许可证办公室或者审查机构对提出申请的检验机构以适当的方式进行审查并提出推荐意见。全国许可证办公室应当根据需要组织专家对检验机构的申请进行必要的核实。

第七十五条 全国许可证办公室按照保证工作质量和进度、方便企业送检、适度竞争的原则，对符合条件的检验机构进行指定，并公布其承担相关产品生产许可证检验任务的范围。

第七十六条 被指定的检验机构依据产品实施细则的要求，开展生产许可证产品检验工作，并出具检验报告。

检验报告需有检验人员、复核人员、检验机构负责人或者其授权人员签字。检验机构及其工作人员对检验报告负责。

第七十七条 检验机构应当按照国家规定的产品检验收费标准向企业收取检验费用。

第七十八条 检验机构应当建立生产许可证产品检验技术档案，并确保档案完整、真实、有效。

第七十九条 检验机构在从事生产许可证产品检验工作时，不得有下列行为：

（一）未按实施细则规定的标准、要求和方法开展检验工作；

（二）伪造检验结论或者出具虚假检验报告；

（三）从事与其指定检验任务相关的产品的生产、销售活动，或者以其名义推荐或者监制、监销上述产品；

（四）从事或者介绍企业进行生产许可的有偿咨询；

（五）超标准收取检验费用；

（六）违反规定强行要求企业送样检验；

（七）违反法律法规和规章的其他行为。

第六章　证书和标志

第八十条 全国工业产品生产许可证证书（以下简称生产许可证证书）分为正本和副本（证书式样见附件5-1、2），具有同等法律效力。生产许可证证书由国家质检总局统一印制。

第八十一条 生产许可证证书应当载明企业名称、住所、生产地址、产品名称、证书编号、发证日期、有效期。

集团公司的生产许可证证书还应当载明与其一起申请办理的所属单位的名称、生产地址和产品名称。

第八十二条 企业名称、住所、生产地址发生变化而企业生产条件、检验手段、生产技术或者工艺未发生变化的，企业应当在变更名称后1个月内向企业所在地的省级质量技术监督局提出生产许可证名称变更申请。

第八十三条 省级质量技术监督局自受理企业名称变更材料之日起5日内，将上述材料上报全国许可证办公室。

全国许可证办公室自收到上报的企业名称变更材料之日起25日内完成申报材料的书面审核，并由国家质检总局做出是否准予变更的决定。对于符合变更条件的，颁发新证书，但有效期不变。不符合条件的，书面告知企业，并说明理由。

第八十四条 企业应当妥善保管生产许可证证书。生产许可证证书遗失或者毁损，应当向企业所在地的省级质量技术监督局提出补领生产许可证申请。

第八十五条 省级质量技术监督局自受理企业补领生产许可证材料之日起5日内，将上述材料上报全国许可证办公室。

全国许可证办公室自收到各省级许可证办公室上报的企业补领生产许可证材料之日起25日内，完成申报材料的书面审核，并由国家质检总局做出是否准予补领的决定。对于符合条件的，颁发新证书，但有效期不变；不符合条件的，书面告知企业，并说明理由。

第八十六条 工业产品生产许可证标志由"质量安全"英文（Quality Safety）字头（QS）和"质量安全"中文字样组成。标志主色调为蓝色，字母"Q"与"质量安全"四个中文字样为蓝色，字母"S"为白色。标志的式样、尺寸和颜色要求见附件6。

QS标志由企业自行印（贴）。可以按照规定放大或者缩小。

第八十七条 工业产品生产许可证编号采用大写汉语拼音XK加十位阿拉伯数字编码组成：XK××-×××-×××××。

其中，XK代表许可，前两位（××）代表行业编号，中间三位（×××）代表产品编号，后五位（×××××）代表企业生产许可证编号。

第八十八条 企业必须在其产品或者包装、说明书上注明生产许可证标志和编号。

根据产品特点难以标注的裸装产品，可以不标注生产许可证标志和编号。

第八十九条 所属单位具有法人资格的，在单独办理生产许可证时，其产品或者包装、说明书上应当标注所属单位的名称、住所、生产许可证标志和编号。

所属单位和集团公司一起办理生产许可证的，应当在其产品或者包装、说明书上分别标注集团公司和所属单位的名称、住所，以及集团公司的生产许可证标志和编号，或者仅标注集团公司的名称、住所和生产许可证标志和编号。

第九十条 委托加工企业必须按照备案的标注内容，在其产品或者包装、说明书上进行标注。

委托企业具有其委托加工的产品生产许可证的，应当标注委托企业的名称、住所和被委托企业的名称、生产许可证标志和编号；或者标注委托企业的名称、住所、生产许可证标志和编号。

委托企业不具有其委托加工的产品生产许可证的，应当标注委托企业的名称、住所,以及被委托企业的名称、生产许可证标志和编号。

第九十一条 取得生产许可证的企业,应当自准予许可之日起6个月内,完成在其产品或者包装、说明书上标注生产许可证标志和编号。

第九十二条 任何单位和个人不得伪造、变造生产许可证证书、标志和编号。取得生产许可证的企业不得出租、出借或者以其他形式转让生产许可证证书、标志和编号。

第七章　省级质量技术监督局发证的管理

第九十三条 国家质检总局统一发布省级质量技术监督局发证的产品目录并适时进行调整,统一制定并公布产品实施细则,统一规定证书式样。

第九十四条 省级质量技术监督局在本行政区域内负责第九十三条规定的发证产品的受理、审查、批准、发证工作。

第九十五条 省级质量技术监督局应当参照国家质检总局的办证程序,结合实际情况,制定企业申请办证程序并向社会公布。

第九十六条 省级质量技术监督局应当自受理企业申请之日起60日内,完成审查发证工作。产品检验时间以实施细则规定为准,不计入上述规定时限。

第九十七条 省级质量技术监督局应当公布获证企业名录,并报全国许可证办公室。省级质量技术监督局颁发的生产许可证全国有效。

第九十八条 国家质检总局采取不定期检查的方式,对省级质量技术监督局的发证工作质量进行监督检查,对于工作质量出现严重问题的,追究有关人员责任。

第九十九条 本办法对省级质量技术监督局审查发证未作出具体规定的,按照国家质检总局审查发证的有关规定执行。

第八章　监督检查

第一百条 国家质检总局和县级以上地方质量技术监督局依照本办法对生产许可证制度的实施情况进行监督检查,对违反本办法的违法行为实施行政处罚。

第一百零一条 根据举报或者已经取得的涉嫌违法证据,县级以上地方质量技术监督局对涉嫌违法行为进行查处时,可以行使下列职权:

(一)向有关生产、销售、经营活动中使用单位和检验机构的法定代表人、主要负责人和其他有关人员调查、了解与涉嫌从事违法活动的有关情况;

(二)查阅、复制有关生产、销售、经营活动中使用单位和检验机构的有关合同、发票、账簿以及其他有关资料;

(三)对有证据表明属于违反《管理条例》和本办法生产、销售、经营活动中使用的产品予以查封或者扣押。

第一百零二条 自省级质量技术监督局作出生产许可受理决定之日起,企业可以试生产申请取证产品。

第一百零三条 企业试生产的产品,必须经承担生产许可证产品检验任务的检验机构,依据产品实施细则规定批批检验合格,并在产品或者包装、说明书标明"试制品"后,方可销售。对国家质检总局作出不予许可决定的,企业从即日起不得继续试生产该产品。

第一百零四条 取得生产许可证的企业应当保证产品质量稳定合格,不得降低取得生产许可证的条件。

第一百零五条 获证企业自取得生产许可证之日起,每年度应当向省级许可证办公室提交自查报告。获证未满一年的企业,可以下一年度提交自查报告。企业自查报告应当包括以下内容:

(一)申请取证条件的保持情况;

(二)企业名称、住所、生产地址等变化情况;

(三)企业生产状况及产品变化情况;

(四)生产许可证证书、标志和编号使用情况;

(五)行政机关对产品质量监督检查的情况;

(六)省级许可证办公室要求企业应当说明的其他相关情况。

第一百零六条 省级许可证办公室对企业的自查报告进行实地抽查时,被抽查的企业数量应当控制在获证企业总数的10%以内。

第九章　罚　则

第一百零七条 生产许可证管理部门及工作人员、检验机构及检验人员以及企业,违反《管理条例》有关规定的,应当依照《管理条例》第六章的规定承担相应的法律责任。

第一百零八条 生产许可证审查员有下列行为之一的,由全国许可证办公室注销其审查员资格;情节严重的,建议其行政主管单位给予行政处分;构成犯罪的,依法追究刑事责任:

(一)违反本办法第六十四条和第六十五条规定的;

(二)以虚假材料等不正当手段骗取资格证书的;

(三)从事生产许可有偿咨询的;

(四)违反国家法律法规的其他行为。

被注销审查员资格的人员不得再申请注册生产许可证审查员。

第一百零九条 审查机构违反本办法第七十条和第七十一条规定开展生产许可证审查工作的,由全国许可证办公室责令限期改正,逾期仍不改正的,撤销其生产许可证审查机构资格;构成犯罪的,依法追究审查机构负责人的刑事责任。

第一百一十条 检验机构违反本办法第七十九条规定的,由全国许可证办公室责令改正,逾期仍不改正的,撤销其从事生产许可证检验工作的资格；违反国家有关法律法规规定的，依法予以处理。

第一百一十一条 企业在试生产期间，违反本办法第一百零三条规定的，由县级以上地方质量技术监督局责令改正，并处 3 万元以下罚款；仍不改正的，按照《管理条例》第四十八条规定处罚。

第一百一十二条 有下列情形之一的，许可审批机关应当撤销生产许可，但是撤销生产许可可能对公共利益造成重大损害的除外：

（一）行政机关工作人员滥用职权、玩忽职守作出准予生产许可决定的；

（二）超越法定职权作出准予生产许可决定的；

（三）违反法定程序作出准予生产许可决定的；

（四）对不具备申请资格或者不符合法定条件的申请人准予生产许可的；

（五）被许可人以欺骗、贿赂等不正当手段取得生产许可的；

（六）依法可以撤销生产许可的其他情形。

第一百一十三条 有下列情形之一的，许可审批机关应当撤回生产许可：

（一）被许可生产的产品列入国家决定淘汰或者禁止生产的产品目录的；

（二）被许可人不再生产被许可的产品的；

（三）生产许可依据的法律、法规、规章修改或者废止导致生产许可项目依法被终止的；

（四）依法应当撤回生产许可的其他情形。

第一百一十四条 取得生产许可证的企业有下列情形之一的，许可审批机关应当吊销生产许可：

（一）未依照规定在产品或者包装、说明书上标注生产许可证标志和编号，情节严重的；

（二）出租、出借或者转让许可证证书、生产许可证标志和编号，情节严重的；

（三）产品经国家监督抽查或者省级监督抽查不合格，经整改复查仍不合格的；

（四）依法应当吊销生产许可证的其他情形。

第一百一十五条 有下列情形之一的，许可审批机关应当注销生产许可，并办理有关手续：

（一）生产许可有效期满未按规定重新申请取证的；

（二）法人或者其他组织依法终止的；

（三）生产许可依法被撤销、撤回，或者生产许可证依法被吊销的；

（四）因不可抗力导致行政许可事项无法实施的；

（五）法律、法规规定的应当注销生产许可的其他情形。

第一百一十六条 对违法企业实施吊销或者撤销生产许可证前，县级以上地方质量技术监督局，可以暂扣生产许可证。

暂扣生产许可证期限为 7 日（产品检验机构检测时间除外）。违法行为属实，依法应当吊销或者撤销许可的，许可审批机关对暂扣的证书予以收回；经调查取证决定不予吊销或者撤销许可的，对暂扣的证书应当及时退还企业。

第一百一十七条 委托企业未按本办法规定备案或者擅自改变备案标注方式的，被委托企业未按本办法规定备案的，由县级以上地方质量技术监督局责令限期改正，并处 3 万元以下罚款，逾期仍未改正的，吊销其生产许可证。

第一百一十八条 省级质量技术监督局组织开展部分产品审查发证工作时，发现的相关违法行为，由县级以上地方质量技术监督局依照《管理条例》和本办法的有关规定执行处罚。

第一百一十九条 企业对行政许可和行政处罚决定有异议的，可依法申请行政复议或者提起行政诉讼。

第十章 附 则

第一百二十条 企业办理工业产品生产许可证应当缴纳相关费用，收费项目和收费标准应当按照国务院财政、价格主管部门的有关规定执行。

省级质量技术监督局负责审批发证的收费，还应当按照省级财政、价格主管部门的有关规定执行。

第一百二十一条 食品生产许可的管理另行规定。

第一百二十二条 本办法由国家质检总局负责解释。

第一百二十三条 本办法自 2005 年 11 月 1 日起施行。国家质检总局 2002 年 3 月 27 日颁布的《工业产品生产许可证管理办法》同时废止。

2. 食品生产许可证

食品生产许可证证书式样

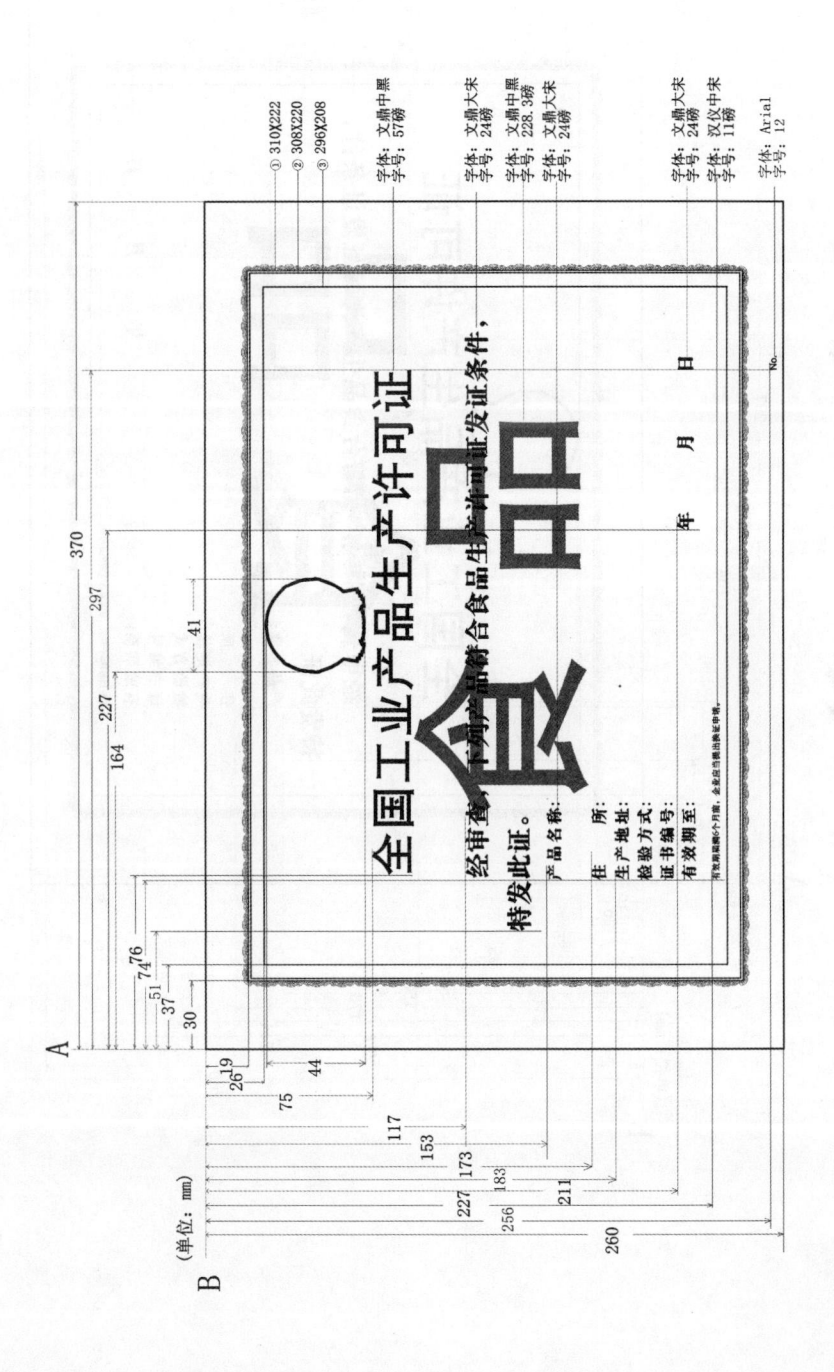

542　市场监管法律文书全指引

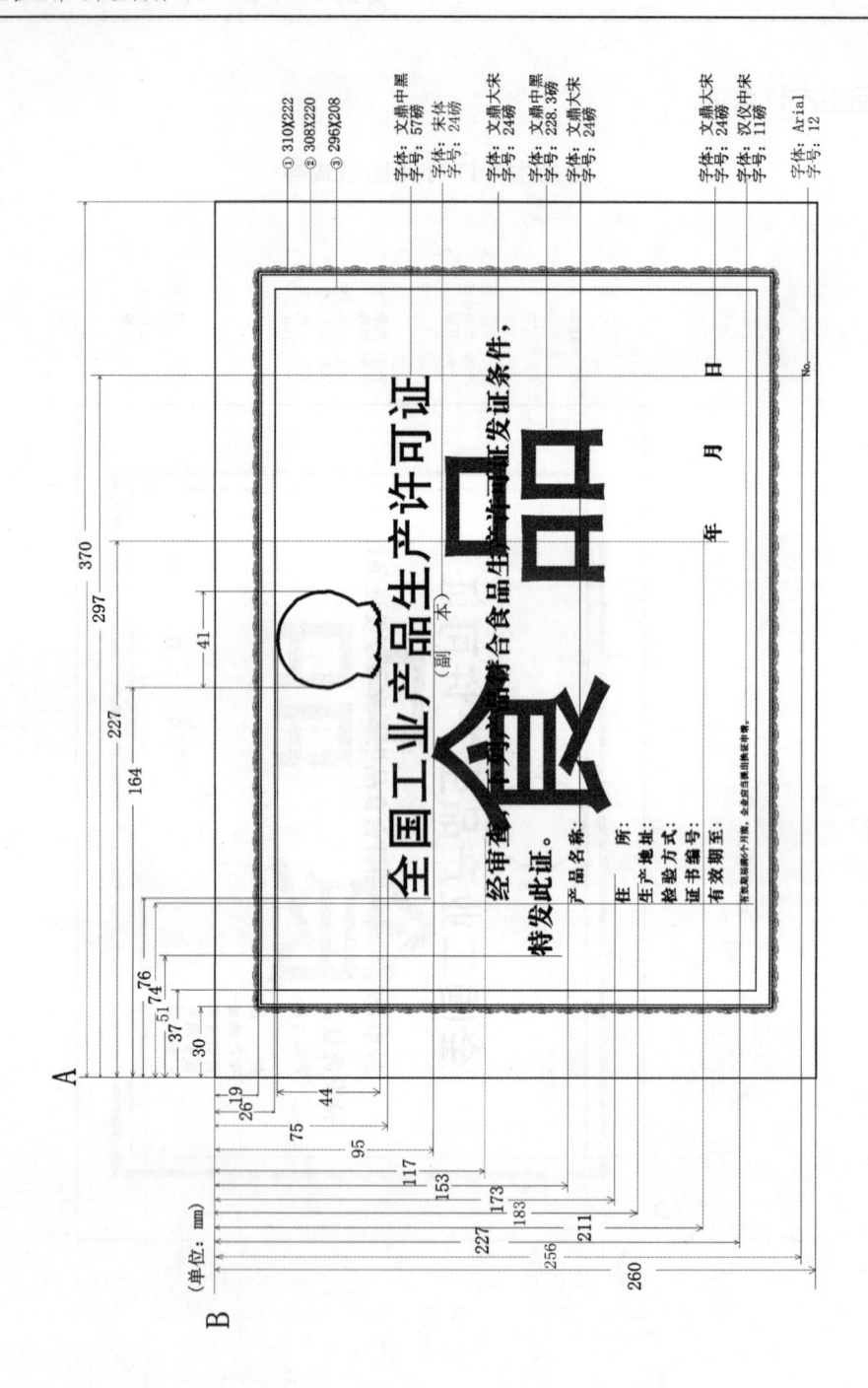

QS 标志式样

食品市场准入标志式样、尺寸及颜色要求

标志图形

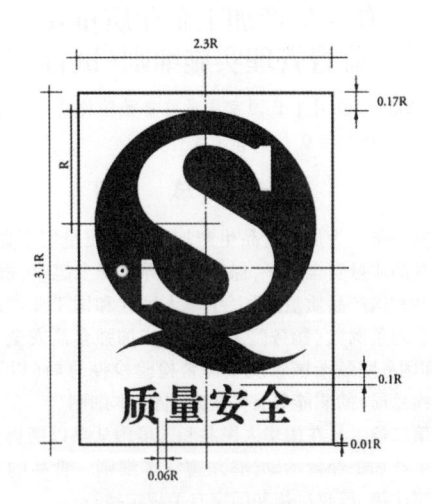

标志图形文字组合构成

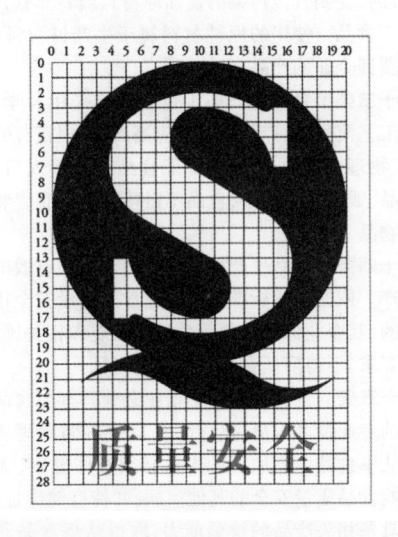

标志图落格

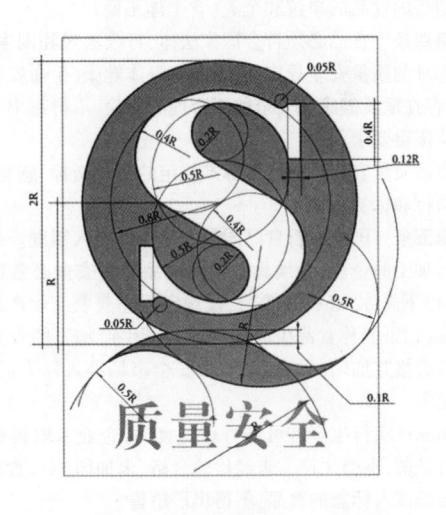

标志绘制数据图

文书来源

食品生产加工企业质量安全监督管理实施细则(试行)

(2005年9月1日国家质量监督检验检疫总局令第79号公布 自2005年9月1日起施行)

第一章 总　则

第一条 为加强食品生产加工企业质量安全监督管理,提高食品质量安全水平,保障人民群众安全健康,根据《中华人民共和国产品质量法》《中华人民共和国工业产品生产许可证管理条例》《国务院关于进一步加强食品安全工作的决定》和国务院赋予国家质量监督检验检疫总局(以下简称国家质检总局)的职能等有关规定,制定本细则。

第二条 凡在中华人民共和国境内从事以销售为目的的食品生产加工经营活动,必须遵守本细则。食品的进出口管理依照法律、行政法规和国家有关规定执行。

第三条 本细则所称食品是指经过加工、制作并用于销售的供人们食用或者饮用的制品。

本细则所称食品生产加工企业,是指有固定的厂房(场所)、加工设备和设施,按照一定的工艺流程,加工、制作、分装用于销售的食品的单位和个人(含个体工商户)。

第四条 食品必须符合国家法律、行政法规和国家标准、行业标准的质量安全规定,满足保障身体健康、生命安全的要求,不存在危及健康和安全的不合理的危险,不得超出有毒有害物质限量要求。

食品质量安全指标包括标准规定的理化指标、感官指标、卫生指标和标签标识。

第五条 国家实行食品质量安全市场准入制度。从事食品生产加工的企业,必须具备保证食品质量安全必备的生产条件(以下简称"必备条件"),按规定程序获取工业产品生产许可证(以下简称食品生产许可证),所生产加工的食品必须经检验合格并加印(贴)食品质量安全市场准入标志后,方可出厂销售。

国家已实行生产许可证管理的食品,企业未取得食品生产许可证的,不得生产。未经检验合格、未加印(贴)食品质量安全市场准入标志的食品,不得出厂销售。

第六条 国家质检总局负责统一组织食品生产加工企业质量安全监督管理工作。地方质量技术监督部门按照国家质检总局的统一部署和要求,在各自职责范围内负责组织实施食品生产加工企业质量安全监督管理工作。

第七条 食品生产加工企业质量安全监督管理,应当遵循科学公正、公开透明、程序合法、便民高效的原则。

从事食品生产加工企业质量安全监督管理工作的机构和人员应当依法行政、严格把关、热情服务、廉洁自律。

县级以上质量技术监督部门及其从事食品生产加工企业质量安全监督管理的人员、检验机构和检验人员,对所知悉的国家秘密和商业秘密负有保密义务。

第八条 任何单位和个人有权对违反本细则规定的行为,向各级质量技术监督部门举报。受理举报的部门应当及时调查处理并为举报人保密,对举报有功人员按照有关规定给予奖励。

第二章 食品生产加工企业必备条件

第九条 食品生产加工企业应当符合法律法规和国家产业政策规定的企业设立条件。

第十条 食品生产加工企业必须具备和持续满足保证产品质量安全的环境条件和相应的卫生要求。

第十一条 食品生产加工企业必须具备保证产品质量安全的生产设备、工艺装备和相关辅助设备,具有与产品质量安全相适应的原料处理、加工、包装、贮存和检验等厂房或者场所。生产加工食品需要特殊设备和场所的,应当符合有关法律法规和技术规范规定的条件。

第十二条 食品生产加工企业生产加工食品所用的原材料、食品添加剂(含食品加工助剂,下同)等应当符合国家有关规定。不得违反规定使用过期的、失效的、变质的、污秽不洁的、回收的、受其他污染的食品原材料或者非食用的原辅料生产加工食品。使用的原辅材料属于生产许可证管理的,必须选购获证企业的产品。

第十三条 食品生产加工企业必须采用科学、合理的食品加工工艺流程,生产加工过程应当严格、规范,防止生物性、化学性、物理性污染,防止待加工食品与直接入口食品、原料与半成品、成品交叉污染,食品不得接触有毒有害物品或者其他不洁物品。

第十四条 食品生产加工企业必须按照有效的产品标准组织生产。依据企业标准生产实施食品质量安全市场准入管理食品的,其企业标准必须符合法律法规和相关国家标准、行业标准要求,不得降低食品质量安全指标。

第十五条 食品生产加工企业必须具有与食品生产加工相适应的专业技术人员、熟练技术工人、质量管理人员和检验人员。从事食品生产加工的人员必须身体健康、无传染性疾病和影响食品质量安全的其他疾病,并持有健康证明;检验人员必须具备相关产品的检验能力,取得从事食品质量检验的资质。食品生产加工企业人员应当具有相应的食品质量安全知识,负责人和主要管理人员还应当了解与食品质量安全相关的法律法规知识。

第十六条 食品生产加工企业应当具有与所生产产品相适应的质量安全检验和计量检测手段,检验、检测仪器必须经计量检定合格或者经校准满足使用要求并在有效期限内方可使用。企业应当具备产品出厂检验能力，并按规定实施出厂检验。

第十七条　食品生产加工企业应当建立健全企业质量管理体系，在生产的全过程实行标准化管理，实施从原材料采购、生产过程控制与检验、产品出厂检验到售后服务全过程的质量管理。

国家鼓励食品生产加工企业根据国际通行的质量管理标准和技术规范获取质量体系认证或者危害分析与关键控制点管理体系认证(以下简称HACCP认证)，提高企业质量管理水平。

第十八条　出厂销售的食品应当进行预包装或者使用其他形式的包装。用于包装的材料必须清洁、安全，必须符合国家相关法律法规和标准的要求。

出厂销售的食品应当具有标签标识。食品标签标识应当符合国家相关法律法规和标准的要求。

第十九条　贮存、运输和装卸食品的容器、包装、工具、设备、洗涤剂、消毒剂必须安全，保持清洁，对食品无污染，能满足保证食品质量安全的需要。

第二十条　食品生产加工企业在生产加工过程中严禁下列行为：

(一)违反国家标准规定使用或者滥用食品添加剂；

(二)使用非食用的原料生产食品；加入非食品用化学物质或者将非食品当作食品；

(三)以未经检验检疫或者检验检疫不合格的肉类生产食品；以病死、毒死或者死因不明的禽、畜、兽、水产动物等生产食品；生产含有致病性寄生虫、微生物，或者微生物毒素含量超过国家限定标准的食品；

(四)在食品中掺杂、掺假，以假充真，以次充好，以不合格食品冒充合格食品；

(五)伪造食品的产地，伪造或者冒用他人厂名、厂址，伪造或者冒用质量标志；

(六)生产和使用国家明令淘汰的食品及相关产品。

第三章　食品生产许可

第二十一条　国家质检总局负责全国食品生产许可证的统一管理；负责高风险食品的生产许可；确定由省、自治区、直辖市(以下简称省级)质量技术监督部门负责审查发证的产品及具体办法，并对省级食品生产许可工作进行监督和指导。

省级质量技术监督部门按照国家质检总局统一部署，依法组织本辖区部分食品生产许可，并对审查发证工作负责。

市(地)级质量技术监督部门受国家质检总局或者省级质量技术监督部门委托负责组织开展本辖区食品生产许可证的受理、企业必备条件核查、产品质量检验和食品生产许可证书送达工作。

各级质量技术监督部门按照权责一致、层级负责的原则，分别承担食品生产许可工作责任。

第二十二条　国家质检总局依据本细则第二章规定的条件，根据各类食品的不同特性和相关标准，制定并发布食品生产许可证审查通则和各类食品生产许可证审查细则，对食品生产许可证的具体要求做出规定。各类食品生产许可证审查细则按照规定程序分批发布并实施。

第二十三条　食品生产加工企业按照地域管辖原则，在规定的时间内向所在地的省级或者市(地)级质量技术监督部门提出办理食品生产许可证的申请。

食品生产加工企业获得营业执照后，应当单独申请食品生产许可证，其经营范围应当覆盖申请取证产品。

第二十四条　食品生产加工企业申领食品生产许可证，应当按规定提供相应的材料。除法律、行政法规规定的限制条件外，任何单位不得另行附加条件，限制企业申请食品生产许可证，不得要求申请人提交与其申请无关的技术资料和其他材料。

第二十五条　省级、市(地)级质量技术监督部门在接到企业申请后，应当在5日内完成对申请材料的审查。企业的申请材料符合要求的，发给行政许可申请受理决定书。企业的申请材料不符合要求的，受理部门应当发给行政许可申请材料补正告知书，一次性告知申请人需要补正的全部内容，通知企业在20日内补正；逾期未补正的，视为撤回申请。

如申请事项依法不需要取得食品生产许可的，或者不属于本部门受理的，应当即时告知申请人不受理，发给行政许可不予受理决定书，或者告知申请人向有关行政机关申请。

第二十六条　自受理企业食品生产许可证申请之日起，国家质检总局或者省级质量技术监督部门应当在60日内做出准予许可或者不予许可决定。

产品检验所需时间(包括样品送达、检验机构检验、异议处理的时间)不计入前款规定的期限内。

第二十七条　行政许可申请受理决定书发出后，省级或者市(地)级质量技术监督部门应当组成核查组，依照食品生产许可证审查通则和审查细则，在20日内完成企业必备条件和出厂检验能力现场核查。现场核查时间一般不应当超过2日。企业所在地质量技术监督部门应当派观察员监督核查工作质量。核查组实行组长负责制。

对现场核查合格的企业，由核查组按照食品生产许可证审查通则和审查细则的要求在现场抽取和封存样品，并告知企业有资格承担该产品发证检验任务的检验机构名单和联系方式，由企业自主选择。

核查人员对企业进行实地核查，不得刁难企业，不得索取、收受企业的财物，不得谋取其他不当利益。

第二十八条　企业应当在封样后7日内将样品送达检验机构。检验机构收到样品后，应当按照规定的标准和要求进行检验,在15日内完成检验工作(检验项目有特殊要求的除外)。

第二十九条 企业对检验的结果有异议的,可以自接到检验结果之日起15日内,向组织检验的质量技术监督部门或者其上一级质量技术监督部门提出复检申请。受理申请的质量技术监督部门应当在5日内做出是否受理复检的书面答复。除国家标准规定不允许复检等客观情况外,对符合复检条件的,应当及时组织复检。

复检应当采用核查组封存的样品,按照原检验方案进行检验、判定。承担复检的检验机构由受理复检申请的质量技术监督部门在有资质的检验机构中确定。

第三十条 由市(地)级质量技术监督部门受理审查的,应当自受理之日起30日内,将企业申请材料、现场核查和产品检验材料报省级质量技术监督部门。

由省级质量技术监督部门负责审批的,省级质量技术监督部门统一汇总审核企业材料,按有关规定做出是否准予许可的决定。

由国家质检总局负责审批的,省级质量技术监督部门应当自受理企业申请之日起40日内将企业申请材料、现场核查和产品检验材料报国家质检总局。国家质检总局按有关规定做出是否准予许可的决定。

国家质检总局、省级质量技术监督部门在做出许可决定前,或者省级质量技术监督部门上报企业材料前,应当在本细则第二十六条规定的时限内组织许可前抽查。

第三十一条 对现场核查和产品检验合格的企业,国家质检总局或者省级质量技术监督部门应当做出准予生产许可的决定,并自决定之日起10日内,向企业发放食品生产许可证及副本。

对现场核查或者产品检验不合格的企业,国家质检总局或者省级质量技术监督部门应当做出不予生产许可的决定,并自做出决定之日起10日内,向企业发出不予行政许可决定书。

第三十二条 国家质检总局或者省级质量技术监督部门在职责范围内对取得食品生产许可证的企业进行公告,并将食品生产许可证的发证情况及时通报卫生、工商等有关部门。

第三十三条 出口食品生产加工企业生产加工的食品在中华人民共和国境内销售的,应当按照本细则的规定,申请办理食品生产许可证。已获得国家认监委和出入境检验检疫机构颁发的出口食品卫生注册证、登记证的企业,在申请食品生产许可证时,可免于企业必备条件现场核查。

已通过HACCP认证等国家推行的食品认证的企业,在申请食品生产许可证时,按照不重复的原则,可免于或者简化企业必备条件现场核查。

第三十四条 食品生产许可证的有效期3年。有效期届满,企业继续生产的,应当在食品生产许可证有效期满6个月前,向原受理食品生产许可证申请的质量技术监督部门提出换证申请。质量技术监督部门应当按规定的程序对企业进行审查并换发证书。

第三十五条 在食品生产许可证有效期内,产品的有关标准、要求发生改变的,省级或者市(地)级质量技术监督部门应当按国家质检总局的统一要求组织必要的现场核查和产品检验。

企业的生产条件、检验手段、技术或者工艺发生变化的,企业应当在变化后20日内提出申请。省级或者市(地)级质量技术监督部门应当按照食品生产许可证审查通则和审查细则的规定重新组织现场核查和产品检验。

第三十六条 国家质检总局、省级和市(地)级质量技术监督部门建立食品生产许可证档案管理制度,将办理食品生产许可证的有关材料、发证情况及时归档。档案材料的保存时限为4年。

第四章 食品质量安全检验

第三十七条 食品生产加工企业对用于生产加工食品的原材料、食品添加剂、包装材料和容器等必须实施进货验收制度,不符合质量安全要求的,不得用于食品生产加工。

第三十八条 食品出厂必须经过检验,未经检验或者检验不合格的,不得出厂销售。

具备出厂检验能力的企业,可以按要求自行进行出厂检验。不具备产品出厂检验能力的企业,必须委托有资质的检验机构进行出厂检验。实施食品质量安全市场准入制度管理的食品,按审查细则的规定执行。

实施自行检验的企业,应当每年将样品送到质量技术监督部门指定的检验机构进行一次比对检验。

第三十九条 对食品生产加工企业的产品实施强制检验制度。质量技术监督部门负责确定强制检验的频次,并组织实施。

已通过HACCP认证等质量稳定的大型企业、国家和省级监督抽查连续合格的企业,应当减少强制检验的频次。

对尚未列入食品生产许可证管理且在生产过程中没有控制要求和手段、不具备标准要求的出厂检验能力的企业,应当加大强制检验频次。

第四十条 承担本细则规定的食品质量安全检验工作的检验机构,必须是依法设置或者依法授权的法定检验机构,按照国家规定经过计量认证、审查认可或者通过实验室认可,并经省级以上质量技术监督部门指定。

各级质量技术监督部门应当按照《中华人民共和国工业产品生产许可证管理条例实施办法》等有关规定,对承担本细则规定的食品检验工作的检验机构进行管理。

第四十一条 承担食品检验工作的检验机构,应当按照国家有关的标准和技术法规等要求实施产品检验。检验机构应当客观、公正、及时地出具检验报告，并对检验报告负责。

第四十二条 检验机构和检验人员进行产品检验，应当遵循诚信原则和方便企业的原则，为企业提供可靠、便捷的检验服务，不得拖延，不得刁难企业。

检验机构和检验人员不得从事与其检验的列入目录产品相关的生产、销售活动，不得以其名义推荐或者监制、监销其检验的列入目录产品。

第五章 食品质量安全市场准入标志与食品生产许可证证书

第四十三条 食品生产许可证证书分为正本和副本。证书应当载明企业名称和住所、生产地址、产品名称、证书编号、发证日期、有效期等相关内容。食品生产许可证副本用于质量技术监督部门记载接受监督检查的基本情况。

食品生产许可证证书式样（见附件1）由国家质检总局统一规定。食品生产许可证证书由国家质检总局统一印制，并加印食品生产许可证审批部门印章。

第四十四条 企业名称发生变化时，应当在名称变更后20日内向原受理食品生产许可证申请的质量技术监督部门提出食品生产许可证更名申请。受理的质量技术监督部门应当自受理之日起10日内完成变更审查和材料上报，由原发证部门在10日内核批。

第四十五条 企业应当妥善保管食品生产许可证书，因毁坏或者不可抗力等原因造成生产许可证证书遗失或者无法辨认的，应当及时在省级以上报纸上刊登声明，同时报省级质量技术监督部门。企业提出补证申请的，质量技术监督部门应当及时受理，由省级质量技术监督部门按规定办理补领证书手续。

第四十六条 食品质量安全市场准入标志即食品生产许可证标志，属于质量标志，以"质量安全"的英文 Quality Safety 缩写"QS"表示，其式样由国家质检总局统一制定（见附件2，以下简称 QS 标志）。

第四十七条 实施食品质量安全市场准入制度的食品，出厂前必须在其包装或者标识上加印（贴）QS 标志。没有 QS 标志的，不得出厂销售。

第四十八条 企业使用 QS 标志，表明企业承诺其产品经检验合格，符合食品质量安全的基本要求。

加印（贴）QS 标志的食品，在质量保证期内，非消费者使用或者保管不当而出现质量安全问题，由生产者、销售者根据各自的义务，依法承担法律责任。

第四十九条 企业使用 QS 标志时，可根据需要按式样比例放大或者缩小，但不得变形、变色。QS 标志由食品生产加工企业自行加印（贴）。

第五十条 食品生产许可证编号由英文字母 QS 和12位阿拉伯数字组成。

第五十一条 取得食品生产许可证的企业应当在其产品包装或者标识上加印（贴）食品生产许可证编号。

第五十二条 任何单位和个人不得伪造、变造、冒用食品生产许可证证书、QS 标志和食品生产许可证编号。取得食品生产许可证的企业不得出租、出借或者以其他形式转让食品生产许可证证书、QS 标志和食品生产许可证编号。

第五十三条 国家质检总局和省级质量技术监督部门应当根据取得食品生产许可证企业的情况，及时依法作出撤销、撤回和注销食品生产许可的决定，并将注销食品生产许可证的情况向社会公告。

第六章 食品质量安全监督

第五十四条 食品生产加工企业应当持续地具备保证食品质量安全的必备条件，保证持续稳定地生产合格的食品。

食品生产加工企业应当对其所生产加工食品的质量安全负责，并应当明确承诺不滥用食品添加剂、不使用非食品原料生产加工食品、不用有毒有害物质生产加工食品、不生产假冒伪劣食品。

第五十五条 企业采购食品原材料、食品添加剂时，应当验明标识，向供货单位索取合格证明，或者自行检验、委托检验合格，并建立进货台账。食品生产加工企业要将使用的食品添加剂情况和国家要求备案的其他事项报所在地县级质量技术监督部门备案。

食品生产加工企业使用新品种的食品添加剂、新的原材料生产的食品容器、包装材料和食品用工具、设备的新品种，应当在使用前索取省级以上安全评价机构出具的安全评价报告，并留存备查。

食品生产加工企业应当建立生产记录和销售记录。销售记录应当注明食品的名称、规格、批号、购货单位名称、销货数量、销货日期等内容。

企业应当建立食品质量安全档案，保存企业购销记录、生产记录和检验记录等与食品质量安全有关的资料。企业食品质量安全档案应当保存3年。

第五十六条 取得食品生产许可证的企业连续停止生产加工获证产品1年以上的，重新生产加工时，应当向原受理食品生产许可证申请的质量技术监督部门提出重新现场核查的申请。

第五十七条 食品生产加工企业利用新资源生产食品，必须按有关规定在投产前由省级以上安全评价机构进行安全评价，并将评价结果向所在地县级质量技术监督部门报告。企业对报告的真实性负责。

第五十八条 取得食品生产许可证的企业应当在证书有效期内，每满1年前的1个月内向所在地县级质量技术监督部门提交持续保证食品质量安全必备条件情况的年度报告。

第五十九条 采用委托加工方式生产加工食品的，委托双方必须分别到所在地市(地)级质量技术监督部门备案,提交双方营业执照和委托加工合同复印件。

委托加工已纳入食品质量安全市场准入管理食品的,除符合前款要求外,被委托方必须是已取得有效的食品生产许可证的企业,其生产加工的食品应当全部交由委托方进行销售,备案时还应当提交被委托方的生产许可证复印件。委托加工食品的包装或者标识上还应当按照产品标识标注的规定,标注食品生产许可证编号和生产者的名称和地址。

第六十条 各级质量技术监督部门定期或者不定期地对食品质量安全和卫生状况、对食品生产加工企业持续保证食品质量安全必备条件的情况进行监督检查。通过巡查、加严检验、回访、强制检验、监督抽查、年度报告审查和执法检查等方式,加强监督检查,督促企业规范生产经营活动。

各级质量技术监督部门对企业实施监督检查,不得妨碍企业的正常生产经营活动,不得索取或者收受企业的财物或者谋取其他利益。

第六十一条 各级质量技术监督部门应当建立食品生产加工企业质量安全管理档案,详细记录企业基本情况、产品质量安全状况及企业监管情况,实行动态管理。

第六十二条 各级质量技术监督部门对食品生产企业实行分类监管制度。根据本辖区食品生产加工企业的生产条件、管理水平和产品质量状况等因素确定企业质量安全等级,实施分类管理。

第六十三条 对食品生产企业及其生产活动实行巡查。巡查时,应当如实记录企业执行本细则的情况。巡查中发现企业存在问题的,按照相关规定予以处理。

第六十四条 国家质检总局和各级质量技术监督部门应当根据不同类型食品的特点及产品质量状况,组织实施食品质量安全监督抽查。监督抽查应当按照有关规定执行。

监督抽查应当重点抽查存在倾向性质量问题的区域、质量不稳定的企业以及微生物、重金属、添加剂、有毒有害物质等重点指标。

第六十五条 各级质量技术监督部门对出现质量安全问题的食品,进行加严检验。

第六十六条 各级质量技术监督部门应当对取得食品生产许可证的企业提交的年度报告进行审查。必要时,对企业进行现场核查和产品检验。

第六十七条 各级质量技术监督部门对取得食品生产许可证的企业存在的不符合必备条件的问题改进情况实施回访。回访的情况应当记录存档。

第六十八条 各级质量技术监督部门在监督管理中,发现不属于本辖区管辖的质量安全问题,应当及时通报有管辖权的质量技术监督部门。

发现重大食品质量安全事件的,应当立即报送上级质量技术监督部门,也可以直接报告国家质检总局。

第六十九条 国家质检总局和省级质量技术监督部门应当建立由信息收集、风险评估和风险预警发布等构成的食品质量安全风险预警机制。

第七十条 各级质量技术监督部门应当建立食品质量安全事件快速反应机制。针对突然发生的重大食品质量安全事件,应当立即组织情况调查和产品分析,采取措施控制危害扩大,并有针对性地实施监管。

第七十一条 对不安全食品实行召回制度。食品生产加工企业发现其产品存在严重质量安全问题的,应当主动召回已出厂销售的有问题食品;企业不召回的,由企业所在地质量技术监督部门责令召回;企业拒不执行的,由省级以上质量技术监督部门公告召回。具体办法另行规定。

第七十二条 国家质检总局和省级质量技术监督部门应当建立严重违法行为企业公布制度,定期公布生产假冒伪劣食品的企业名单。

第七十三条 国家质检总局和省级质量技术监督部门应当通过查阅检验报告、检验结论对比等方式,对检验机构的检验过程和检验报告是否客观、公正、及时进行监督检查。

核查人员、检验机构及其检验人员刁难企业的,企业有权向国家质检总局和县级以上质量技术监督部门投诉。国家质检总局和县级以上质量技术监督部门接到投诉,应当及时进行调查处理。

第七章 核查人员和检验人员

第七十四条 国家对从事企业必备条件的核查人员实行资格管理制度,对食品检验人员实行职(执)业资格管理制度。

核查人员包括食品生产许可证注册审查员、高级审查员和技术专家。

第七十五条 国家质检总局负责统一制定核查人员和检验人员的考核标准,统一培训核查人员和检验人员的师资,统一组织注册审查员和高级审查员的考核注册。省级质量技术监督部门负责组织本辖区核查人员和检验人员的培训工作,负责检验人员考核发证。

第七十六条 国家质检总局统一规定检验人员的资格注册管理办法,省级质量技术监督部门具体负责检验人员的注册管理。

第七十七条 省级质量技术监督部门根据需要,可确定技术专家参加现场核查工作。

技术专家是指未取得审查员注册证书,但可以为企业必备条件现场核查提供技术咨询的专业技术人员。技术专家参加现场核查工作时,不作为核查组成员,不参与核查结论的决策。

技术专家应当具备一定的条件,并经省级质量技术监督部门批准、国家质检总局备案。未经批准、备案的人员不得作为技术专家参加核查工作。

第七十八条　核查人员、检验人员经注册或者批准备案后，方可持证上岗。未经考核合格取得相应的资格证书的人员，不得从事核查或者检验工作。

担任核查组组长的审查员必须经省级质量技术监督部门批准并报国家质检总局备案。

第八章　法律责任

第七十九条　食品生产加工企业有下列情况之一的，责令其停止生产销售，没收违法生产销售的产品，并处违法生产销售产品（包括已售出和未售出的产品，下同）货值金额等值以上3倍以下的罚款；有违法所得的，没收违法所得；构成犯罪的，依法追究刑事责任。

（一）未取得食品生产许可证而擅自生产加工已实行生产许可证管理的食品的；

（二）已经被注销食品生产许可证或者食品生产许可证超过有效期仍继续生产加工已实行生产许可证管理的食品的；

（三）超出许可范围擅自生产加工已实行生产许可证管理的食品的。

第八十条　取得食品生产许可证的企业生产条件、检验手段、生产技术或者工艺发生变化的，未按照本细则规定办理重新申请审查手续的，责令停止生产销售，没收违法生产销售的产品，并限期办理相关手续；逾期仍未办理的，处违法生产销售产品货值金额3倍以下罚款；有违法所得的，没收违法所得；构成犯罪的，依法追究刑事责任。

取得食品生产许可证的企业名称发生变化，未按照本细则规定办理变更手续的，责令限期办理相关手续；逾期仍未办理的，责令停止生产销售，没收违法生产销售的产品，并处违法生产销售产品货值金额等值以下的罚款；有违法所得的，没收违法所得。

第八十一条　取得食品生产许可证的企业未按本细则规定提交年度报告的，责令限期改正；逾期未改正的，处以5千元以下的罚款。

第八十二条　取得食品生产许可证的企业未按本细则规定标注QS标志和食品生产许可证编号的，责令限期改正；逾期未改正的，处违法生产销售产品货值金额30%以下的罚款；有违法所得的，没收违法所得；情节严重的，吊销食品生产许可证。

第八十三条　取得食品生产许可证的企业出租、出借或者转让食品生产许可证证书、QS标志和食品生产许可证编号的，责令限期改正，处20万元以下罚款；情节严重的，吊销食品生产许可证。

违法接受并使用他人提供的食品生产许可证证书、QS标志和食品生产许可证编号的，责令停止生产销售，没收违法生产销售的产品，处违法生产销售产品货值金额等值以上3倍以下的罚款；有违法所得的，没收违法所得；构成犯罪的，依法追究刑事责任。

第八十四条　取得食品生产许可证的产品经国家监督抽查或者省级监督抽查不合格的，责令限期整改；整改到期经复查仍不合格的，吊销食品生产许可证。

取得食品生产许可证的产品经国家监督抽查或者省级监督抽查，涉及安全卫生等强制性标准规定的项目或者反映产品特征性能的项目连续2次不合格的，吊销食品生产许可证。

第八十五条　取得食品生产许可证的企业由于食品质量安全指标不合格等原因发生事故造成严重后果的，吊销食品生产许可证，并按照有关法律法规给予处理。

第八十六条　伪造、变造、冒用食品生产许可证证书、QS标志或者食品生产许可证编号的，责令改正，没收违法生产销售的产品，并处违法生产销售产品货值金额等值以上3倍以下的罚款；有违法所得的，没收违法所得；构成犯罪的，依法追究刑事责任。

第八十七条　食品生产加工企业用欺骗、贿赂等不正当手段取得食品生产许可证的，撤销生产许可，并处20万元以下罚款；企业在3年内不得再次申请食品生产许可；构成犯罪的，依法追究刑事责任。

食品生产加工企业隐瞒有关情况或者提供虚假材料申请食品生产许可的，不予受理或者不予许可，给予警告。该食品生产加工企业1年内不得再次申请食品生产许可。

第八十八条　取得食品生产许可证的企业向负责监督检查的质量技术监督部门隐瞒有关情况、提供虚假材料或者拒绝提供反映其活动情况的真实材料的，责令改正，处3万元以下罚款。

第八十九条　食品生产加工企业不能持续保持应当具备的环境条件、卫生要求、厂房场所、设备设施或者检验条件，责令限期改正，处5千元以下的罚款；逾期不改正的，建议有关部门撤销相关行政许可，取得食品生产许可证的企业撤销食品生产许可。

第九十条　食品生产加工企业在生产加工活动中使用未取得生产许可证的实施生产许可证管理产品的，责令改正，处5万元以上20万元以下的罚款；有违法所得的，没收违法所得。取得食品生产许可证的企业有此行为且情节严重的，吊销食品生产许可证。

当事人有充分证据证明其不知道该产品为未取得生产许可证的实施生产许可证管理的产品并能如实说明进货来源的，可以从轻或者减轻处罚。

第九十一条　在食品生产中掺杂、掺假，以假充真，以次充好，或者以不合格产品冒充合格产品的，按照《中华人民共和国产品质量法》第五十条的规定处罚。取得食品生产许可证的企业有此行为的，吊销食品生产许可证。

第九十二条　生产和在生产中使用国家明令淘汰的食品

及相关产品,按照《中华人民共和国产品质量法》第五十一条的规定处罚。取得食品生产许可证的企业有此行为且情节严重的,吊销食品生产许可证。

第九十三条 伪造产品产地的,伪造或者冒用他人厂名、厂址的,伪造或者冒用认证标志等质量标志的,按照《中华人民共和国产品质量法》第五十三条的规定处罚。取得食品生产许可证的企业有此行为且情节严重的,吊销食品生产许可证。

第九十四条 食品生产加工企业存在下列行为之一的,责令限期改正;逾期不改正的或者情节严重的,责令停止生产销售,处3万元以下罚款。取得食品生产许可证的企业有此行为且情节严重的,吊销食品生产许可证。

(一)委托未取得食品生产许可证的企业生产加工已实行生产许可证管理的食品的;

(二)未按本细则规定实施出厂检验的;

(三)违反规定使用过期的、失效的、变质的、污秽不洁的、回收的、受其他污染的食品或者非食用的原料生产加工食品的;

(四)利用新资源生产食品、使用食品添加剂新品种、新的原材料生产的食品容器、包装材料和食品用工具、设备的新品种不能提供安全评价报告的;

(五)未按本细则规定进行委托加工食品备案或者未按规定在委托加工生产的食品包装上标注的。

第九十五条 食品生产加工企业存在下列行为之一的,责令限期改正;逾期不改正的或者情节严重的,处5千元以下罚款。

(一)未按本细则规定进行强制检验、比对检验或者加严检验的;

(二)无标或者不按标准组织生产的;

(三)未按本细则规定实施进货验收制度并建立进货台账的;

(四)未将使用食品添加剂情况备案或者未按国家规定进行其他备案的;

(五)无生产记录或者销售记录的。

第九十六条 食品生产加工企业存在本细则第二十条(二)、(三)、(四)、(五)、(六)行为的,按照《中华人民共和国食品卫生法》第四十二条的规定处理。

第九十七条 食品生产加工企业违反规定使用食品添加剂、食品容器、包装材料和食品用工具、设备以及洗涤剂、消毒剂的,按照《中华人民共和国食品卫生法》第四十四条的规定处理。

第九十八条 被吊销食品生产许可证的企业,3年内不得再次申请食品生产许可证。

第九十九条 县级以上质量技术监督部门根据已经取得的违法嫌疑证据或者举报,认为取得食品生产许可证的企业存在应当依法吊销食品生产许可证行为的,要立即暂扣其生产许可证。

暂扣许可证期限为7日(产品检验时间除外)。对经依法调查决定不吊销的,暂扣的证书应当及时发还企业。

第一百条 企业或者检验机构的检验、检测仪器属于强制检定范围的计量器具,未按照规定申请检定或者属于非强制检定范围的计量器具未自行定期检定或者送其他计量检定机构定期检定的,以及经检定不合格继续使用的,按照《中华人民共和国计量法实施细则》第四十六条的规定处罚。

第一百零一条 承担产品发证检验任务的检验机构伪造检验结论或者出具虚假证明的,责令改正,对单位处5万元以上10万元以下的罚款,对直接负责的主管人员和其他直接责任人员处1万元以上5万元以下的罚款;有违法所得的,并处没收违法所得;情节严重的,撤销其检验资格;构成犯罪的,依法追究刑事责任。

检验机构及其检验人员从事与其检验的实施食品质量安全市场准入管理食品相关的生产销售活动,或者以其名义推荐或者监制、监销其检验的列入生产许可证管理食品的,处2万元以上10万元以下罚款;有违法所得的,没收违法所得;情节严重的,撤销其检验资格。

第一百零二条 核查人员、检验人员在工作中不科学、不公正地履行职责的,视情节轻重给予批评、警告或者调离岗位及其他必要的行政处分;情节严重的,取消资格;构成犯罪的,依法追究刑事责任。

第一百零三条 从事食品质量安全监督管理工作的机构和工作人员有违法违规行为的,按照《中华人民共和国工业产品生产许可证管理条例》第六十条、第六十一条、第六十二条、第六十三条、第六十四条处理。

第一百零四条 本细则规定的吊销食品生产许可证的行政处罚由省级或者市(地)级质量技术监督部门决定。在决定吊销国家质检总局核发的食品生产许可证前,由省级质量技术监督部门统一按规定程序报总局核准。决定吊销由省级质量技术监督部门核发的食品生产许可证前,市(地)级质量技术监督部门应当按程序报省级质量技术监督部门核准。

吊销食品生产许可证的行政处罚决定应当及时通报同级卫生主管部门、工商行政管理部门等有关部门。

本细则规定的其他行政处罚由县级以上质量技术监督部门根据职权范围决定。

第一百零五条 食品生产加工企业对行政机关依据本细则所给予的行政处罚不服的,可以依法提出行政复议或者行政诉讼。

第九章 附 则

第一百零六条 食品生产加工企业申请领取食品生产许可证和进行相关的产品质量检验,应当按照国家有关规定交纳费用。收费标准按照国家和省级物价(价格)部门批准的文件执行。

第一百零七条 本细则规定的期限以工作日计算，不含法定节假日。

第一百零八条 本细则由国家质检总局负责解释。本细则自2005年9月1日起施行。国家质检总局2003年7月18日发布的《食品生产加工企业质量安全监督管理办法》同时废止。

3. 三包文书

实施三包的移动电话机商品目录

	名 称	三包有效期(年)	折旧率(日)	备 注
主机	手持移动电话机	1	0.5%	
	车载移动电话机	1	0.5%	
	固定台站电话机	1	0.5%	
附件	电池	6个月		
	充电器(充电座)	1		
	外接有线耳机	3个月		
	移动终端卡	1		
	数据接口卡	1		

移动电话机商品三包凭证

三包凭证是移动电话机商品出现质量问题时，消费者享受三包权利的凭证。

三包凭证应当包括下列内容：

(1)移动电话机主机及附件型号；

(2)移动电话机主机机身号(IMEI串号)、附件出厂序号或批号、进网标志扰码号；

(3)商品产地；

(4)销售者名称、地址、邮政编码、联系电话；

(5)销售者印章；

(6)发货票号码；

(7)销售日期；

(8)消费者姓名、地址、邮政编码、联系电话；

(9)修理者名称、地址、邮政编码、联系电话；

(10)维修记录。

维修记录项目：送修日期、送修故障情况、故障原因、故障处理情况及退、换货证明、交验日期、维修人员签字。

移动电话机商品性能故障表

名　称	性能故障
主　机	说明书所列功能失效
	屏幕无显示/错字/漏划
	无法开机、不能正常登录或通信
	无振铃
	拨号错误
	非正常关机
	SIM卡接触不良
	按键控制失效
	无声响、单向无声或音量不正常
	因结构或材料因素造成的外壳裂损
充电器	不工作或工作不正常、使用指定充电器无法正常充电
电池	充电后手机仍不能正常工作。判断依据为电池容量不小于80%
移动终端卡	不能正常工作
外接有线耳机	不能正常送受话
数据接口卡	不能正常工作

注：网络因素造成的故障除外

文书来源

移动电话机商品修理更换退货责任规定

（2001年9月17日国家质量监督检验检疫总局、国家工商行政管理总局、信息产业部令第4号公布　自2001年11月15日起施行）

第一条　为了切实保护消费者的合法权益，明确移动电话机商品销售者、修理者和生产者的修理、更换、退货（以下称"三包"）责任和义务，根据《中华人民共和国产品质量法》、《中华人民共和国消费者权益保护法》、《中华人民共和国电信条例》制定本规定。

第二条　本规定适用于在中华人民共和国境内销售的由无线接入的移动电话机商品（包括手持式移动电话机、车载移动电话机、固定台站电话机及其附件，见本规定附录1《实施三包的移动电话机商品目录》）

第三条　移动电话机商品实行谁销售谁负责三包的原则。销售者与生产者或供货者、销售者与修理者、生产者或供货者与修理者之间订立的合同，不得免除本规定的三包责任和义务。

第四条　本规定是实行移动电话机商品三包的最基本要求。国家鼓励销售者、生产者作出更有利于维护消费者合法权益的、严于本规定的三包承诺。承诺作为明示担保，应当依法履行，否则应当依法承担责任。

第五条　销售者应当承担以下责任和义务：

（一）销售移动电话机商品，应当严格执行本规定；

（二）应当执行进货检查验收制度；

（三）应当采取措施，保持销售的移动电话机商品的质量；

（四）销售时，应当符合以下要求：

1. 开箱检验，正确调试，当面向消费者交验移动电话机商品；

2. 核对移动电话机主机机身号（IMEI串号）和进网标志、

附件的出厂序号(批号)、产品商标和型号;

3. 介绍产品的基本性能、使用、维护和保养方法,以及三包方式和修理者;

4. 提供三包凭证、有效发货票,三包凭证应当准确完整地填写(见附录2《移动电话机商品三包凭证》)并加盖销售者印章,有效发货票应当注明主机机身号(IMEI串号)、附件的出厂序号(批号)、产品商标及型号、销售日期、销售者印章、金额等内容;

(五)不得销售不符合法定标识要求、不符合说明书等明示的性能及功能,或者产品质量不合格的移动电话机商品;不得销售未标注生产日期的电池;

(六)在三包有效期内,移动电话机商品出现故障,销售者应当根据本规定承担三包责任,不得故意拖延或无理拒绝;

(七)妥善处理消费者的查询、投诉,并提供服务。

第六条 修理者应当承担以下责任和义务:

(一)修理者应当具有行业主管部门委托的维修资质审批机构颁发的证书,维修人员应当经培训考核,持证上岗;

(二)承担三包有效期内的免费修理业务和三包有效期外的收费修理业务;

(三)维护销售者、生产者的信誉,应使用与产品技术要求和质量标准要求相符的新的零配件,认真记录修理前故障情况、故障处理情况和修理后的质量状况;

(四)按有关修理代理合同或者协议的约定,保证修理费用和修理配件全部用于修理;接受销售者或者生产者的监督和检查;

(五)保持常用维修配件的储备量,确保维修工作正常进行,避免因零配件缺少而延误维修时间;

(六)向消费者当面交验修理好的移动电话机商品并如实完整地在三包凭证上填写修理者名称、地址、邮政编码、电话及维修记录;

(七)承担因自身修理过错造成的责任和损失;

(八)妥善处理消费者投诉,接受消费者有关商品修理质量的查询。

第七条 生产者(进口者视同生产者)应当承担以下责任和义务:

(一)具有信息产业部颁发的电信设备进网许可证书;移动电话机主机机身贴有进网许可标志,并随机携带该机型的产品使用说明书、合格证和三包凭证;产品说明书应当按国家标准GB5296.1《消费品使用说明总则》规定要求编写,应当明确产品的功能特点、适用范围、使用、维护与保养方法、注意与警示事项、常规故障判断等;三包凭证应当符合本规定附录2《移动电话机商品三包凭证》的要求;

(二)保证移动电话机商品符合法定标识要求、符合产品说明书等明示的性能及功能,保证产品质量合格;应明示待机时间,在电池显著位置清晰地标注生产日期;

(三)应当自行设置或者指定与销售规模相适应的具有维修资质证书的修理者负责三包有效期内的修理,并提供修理者的名称、地址、邮政编码、联系电话等;修理者名称和地址撤销或者变更的,应当及时公告;

(四)按照有关修理代理合同或者协议的约定,提供三包有效期内发生的维修费用;维修费用在产品流通的各个环节不得截留,应当最终全部支付给修理者;

(五)按照有关修理代理合同或者协议的约定,提供足够的合格零配件,保证能够在产品停产后2年内,继续提供符合技术要求的零配件;

(六)按照有关修理代理合同或者协议的约定,提供必需的维修技术软件、技术资料、技术培训等技术支持;

(七)妥善处理消费者的投诉、查询,并提供咨询服务。

第八条 移动电话机主机三包有效期为1年,附件的三包有效期见附录1《实施三包的移动电话机商品目录》。三包有效期自开具发货票之日起计算,扣除因修理占用、无零配件待修延误的时间。三包有效期的最后一天为法定休假日的,以休假日的次日为三包有效期的最后一天。

第九条 在三包有效期内,消费者依照本规定享受修理、更换、退货的权利,修理、换货、退货应当凭发货票和三包凭证办理。

消费者丢失发货票和三包凭证,但能够提供发货票底联或者发货票(底联)复印件等有效证据,证明该移动电话机商品在三包有效期内的,销售者、修理者、生产者应当依照本规定承担免费修理、更换责任。

消费者丢失发货票和三包凭证,且不能提供发货票底联或者发货票(底联)复印件等有效证据,但依照主机机身号(IMEI串号)显示的出厂日期推算仍在三包有效期内的,应当以出厂日期后的第90日为三包有效期的起始日期,销售者、修理者、生产者应当按照本规定负责免费修理。

第十条 在三包有效期内,移动电话机主机出现质量问题的,由修理者免费修理。修理者应当保证修理后的移动电话机商品能够正常使用30日以上。

第十一条 自售出之日起7日内,移动电话机主机出现附录3《移动电话机商品性能故障表》所列性能故障的,消费者可以选择退货、换货或者修理。消费者要求换货时,销售者应当免费为消费者更换同型号同规格的移动电话机。消费者要求退货时,销售者应当负责免费为消费者退货,并按发货票价格一次退清货款。

第十二条 自售出之日起第8日至第15日内,移动电话机主机出现附录3《移动电话机商品性能故障表》所列性能故障的,消费者可以选择换货或者修理。消费者要求换货时,销售者应当免费为消费者更换同型号同规格的移动电话机主机。

第十三条 在三包有效期内,移动电话机主机出现附录

3《移动电话机商品性能故障表》所列性能故障，经两次修理，仍不能正常使用的，凭三包凭证中修理者提供的修理记录，由销售者负责为消费者免费更换同型号同规格的移动电话机主机。

第十四条　在三包有效期内，电池、充电器、移动终端卡、外接有线耳机、数据接口卡等移动电话机附件出现本规定附录3《移动电话机商品性能故障表》所列性能故障的，销售者应当为消费者免费更换同品牌同型号同规格的附件。更换两次仍不能正常使用的，销售者应当负责免费为消费者退货，单独销售的，按发货票价格一次退还货款；与主机一起销售的，按退货当时单独销售的价格一次退还货款。

第十五条　送修的移动电话机主机在7日内不能修好的，修理者应当免费给消费者提供备用机，待原机修好后收回备用机。

第十六条　因生产者未按合同或者协议提供零配件，使维修者延误了维修时间，并自送修之日起超过60日未修好的，凭发货票和三包凭证中修理者提供的修理记录，由销售者负责免费为消费者更换同型号同规格的移动电话机主机。

第十七条　因修理者自身原因，使修理时间超过30日未修好的，凭发货票和三包凭证中修理者提供的修理记录由销售者负责免费为消费者更换同型号同规格的移动电话机主机。

第十八条　符合换货条件，但销售者无同型号同规格商品，消费者不愿意调换其他型号规格的商品而要求退货的，销售者应当负责免费为消费者退货，并按发货票的价格一次退清货款。

第十九条　符合换货条件，并且销售者有同型号同规格移动电话机商品，消费者不愿意调换而要求退货的，销售者应当予以退货，但对于使用过的商品应当按本规定附录1《实施三包的移动电话机商品目录》规定的折旧率收取折旧费。折旧费的计算日期自开具发货票之日起至退货之日止，其中应当扣除修理占用和待修时间。

第二十条　换货时，应当提供新的商品。

第二十一条　换货后，商品三包有效期自换货之日起重新计算。由销售者在发货票背面加盖印章，注明更换日期，并提供新的三包凭证。

第二十二条　销售者按本规定为消费者退货、换货后，属于生产者、供货者责任的，依法向负有责任的生产者、供货者追偿，或者按购销合同办理；属于修理者责任的，依法向修理者追偿，或者按代理修理合同或者协议办理。生产者、供货者按照上述规定赔偿后，属于修理者责任的，依法向修理者追偿，或者按代理修理合同或者协议办理。

第二十三条　对于在经营活动中赠送的移动电话机商品，应当按照本规定承担三包责任。

第二十四条　属下列情况之一的移动电话机商品，不实行三包，但可以实行合理的收费修理：

（一）超过三包有效期的；

（二）无三包凭证及有效发货票的，但能够证明该移动电话机商品在三包有效期内的除外；

（三）三包凭证上的内容与商品实物标识不符或者涂改的；

（四）未按产品使用说明书要求使用、维护、保养而造成损坏的；

（五）非承担三包的修理者拆动造成损坏的；

（六）因不可抗力造成损坏的。

第二十五条　生产者、销售者、修理者破产、倒闭、兼并、分立的，其三包责任按国家有关法律法规执行。

第二十六条　消费者因商品三包问题与销售者、修理者、生产者发生纠纷时，可以向消费者协会、信息产业部门移动电话机（电话机）产品质量投诉中心、质量管理协会用户委员会和其他有关组织申请调解，有关组织应当积极受理。

第二十七条　销售者、修理者、生产者未按本规定承担三包责任的，消费者可以向产品质量监督部门申诉机构或者工商行政管理部门消费者申诉举报中心申诉，由产品质量监督部门或者工商行政管理部门责令其改正。

销售者、修理者、生产者对消费者提出的修理、更换、退货的要求故意拖延或者无理拒绝的，由工商行政管理部门、产品质量监督部门、信息产业部门依据有关法律法规的规定予以处罚，并向社会公布。

第二十八条　销售者、修理者、生产者未按本规定承担三包责任的，消费者也可以依照《仲裁法》的规定与销售者、修理者或生产者达成仲裁协议，向国家设立的仲裁机构申请裁决；还可以直接向人民法院起诉。

第二十九条　需要进行商品质量检验或者鉴定的，可以委托依法考核合格和授权的产品质量检验机构或者省级以上产品质量监督部门进行产品质量检验或者鉴定。

第三十条　本规定由国家质量监督检验检疫总局、国家工商行政管理总局和信息产业部按职责分工负责解释。

第三十一条　本规定从2001年11月15日起实行。

实施三包的固定电话机商品目录

类型	名称	三包有效期(年)	折旧率(日)
整机	普通电话	1	0.3%
	无绳电话机	1	0.3%
	数字电话机	1	0.3%
功能装置	来电显示器	1	0.3%
	无绳电话子机	1	0.3%
	电源变压器	1	无
	充电座	1	无
	充电电池	0.5	无
	音频拨号遥控器	1	0.3%

固定电话机三包凭证

三包凭证是固定电话机消费者在产品出现质量问题时，享受三包权利的凭证。三包凭证应当包括下列内容：
(1)固定电话机型号；
(2)固定电话机进网标志扰码号；
(3)产品产地；
(4)出厂日期；
(5)生产者名称；
(6)销售者名称(盖章)；
(7)销售日期；
(8)发货票号码；
(9)消费者姓名、通讯地址、联系电话；
(10)修理单位名称、地址、电话、邮政编码；
(11)维修记录项目：送修日期、送修次数、送修故障情况、故障原因、故障处理情况及退、换货证明、交验日期、维修人员签字。

固定电话机性能故障表

名　　称	故障情况
整机	
	说明书明示的功能缺项、不正常或功能键失效
	无拨号或错号
	无振铃
	手柄无送话或受话
	免提无送话或受话
	杂音大无法通话(有线电话)
	死机无法恢复或经常性死机
	使用指示灯不亮
	送受话器松动或脱落
	手柄绳接触不良或容易脱机
	拨号盘明显卡键
	叉簧开关失效或不灵活
	LCD 显示器不显示、显示错误、显示字缺划
	长途锁锁不住明示的长途号码,锁定后不能拨紧急号码
	录音应答装置不能留言、不能自动应答、录音听不清、遥控失灵
	防盗器防并机盗话失效、偷话告警失灵、对线路产生干扰危害
	自动拨号失灵
功能装置	
来电显示器	不能显示来电电话号码　显示信息错误
音频拨号遥控器	遥控拨号失灵
无绳电话子机	不能实现与座机或者外线通话　说明书明示功能失效
电源变压器	不能正常工作
充电座	无法正常工作
充电电池	不能正常工作

文书来源

固定电话机商品修理更换退货责任规定

(2001年9月17日国家质量监督检验检疫总局、国家工商行政管理总局、信息产业部令第4号公布 自2001年11月15日起施行)

第一条 为了切实保护消费者的合法权益,明确固定电话机商品销售者、修理者和生产者的修理、更换、退货(以下简称"三包")责任和义务,根据《中华人民共和国产品质量法》、《中华人民共和国消费者权益保护法》、《中华人民共和国电信条例》制定本规定。

第二条 本规定适用于在中华人民共和国境内销售的、由有线用户线接入的按键电话机、无绳电话机、ISDN数字电话机及各种功能装置(以下简称固定电话机商品),见本规定附录1《实施三包的固定电话机商品目录》。

第三条 固定电话机商品实行谁销售谁负责三包的原则。销售者与生产者、销售者与供货者、销售者与修理者之间订立的合同,不得免除本规定的三包责任和义务。

第四条 本规定是固定电话机商品实行三包规定的最基本要求。国家鼓励销售者、生产者制定更有利于维护消费者合法权益的,严于本规定要求的三包承诺。承诺作为明示担保,应当依法履行,否则应当依法承担责任。

第五条 销售者应当承担以下责任和义务:

(一)销售固定电话机商品,应当严格执行本规定;

(二)执行进货检查验收制度,不得销售不符合法定标识要求和不合格的固定电话机;

(三)销售时,向消费者当面交验产品使用说明书明示的全部主附件并试机;提供有效发货票、产品合格证、三包凭证和产品使用说明书;介绍商品性能、使用方法、维护保养事项、三包方式和修理单位,正确填写三包凭证;

(四)对于符合本规定退货或者换货条件的固定电话机商品,应当按照本规定为消费者办理退货或者换货,不得故意拖延推诿,无理拒绝;

(五)对于消费者提出的质量问题负责与生产者或者修理者联系,不得无理拒绝;

(六)妥善处理消费者的查询、投诉,并提供服务。

第六条 修理者应当承担以下责任和义务:

(一)承担三包有效期内的免费修理业务和超出三包有效期的收费修理业务;

(二)修理者应当具有行业主管部门委托的维修资质审核机构颁发的证书,维修人员应当经培训考核,持证上岗;

(三)维护销售者、生产者的信誉,应使用与产品技术要求和质量标准要求相符的新的零配件;认真记录修理前故障情况、故障处理情况和修理后的质量状况;

(四)向消费者当面交验修理好的固定电话机商品和维修记录;

(五)承担因自身修理过错造成的责任和损失;

(六)按有关修理代理合同或协议的约定,保证修理费用和修理配件用于修理,接受销售者、生产者的监督和检查;

(七)保持维修配件的储备量,确保维修工作正常进行,避免因零配件缺少而延误维修时间;

(八)妥善处理消费者的投诉,接受消费者有关商品修理质量的查询。

第七条 生产者(固定电话机进口者视同生产者)应当承担以下责任和义务:

(一)具有信息产业主管部门颁发的电信设备进网许可证书;机身贴有进网许可标志,并随机携带该产品使用说明书、产品合格证和三包凭证;

(二)产品使用说明书应按国家标准 GB5296·1《消费品使用说明总则》的规定编写;

(三)三包凭证应当符合本规定附录2《固定电话机三包凭证》的要求;

(四)生产者应当自行设置或者指定具有资质证书的修理者负责三包有效期内的修理;固定电话机携带的三包凭证或者资料上应注明修理者名称、地址、联系电话等;

(五)按有关修理代理合同或协议的约定,提供三包有效期内发生的修理费用;该费用在产品流通的各个环节不得截留,最终应当全部支付给修理者;

(六)向承担三包的修理者提供合格的、足够的维修配件,满足维修需求,并保证产品停产后2年内继续提供符合技术要求的零配件;

(七)向承担三包的修理者提供技术资料,负责技术培训,检查修理业务,给予技术上的指导;

(八)妥善处理消费者的投诉、查询,并提供咨询服务。

第八条 固定电话机商品的三包有效期见本规定附录1《实施三包的固定电话机商品目录》。三包有效期自开具发货票之日起计算,扣除因修理占用、无零配件待修延误的时间。三包有效期的最后一天为法定休假日的,以休假日的次日为三包有效期的最后一天。

第九条 在三包有效期内,消费者依照本规定享受修理、更换、退货权利,凭发货票和三包凭证办理修理、换货、退货。

如果消费者丢失发货票和三包凭证,但能够提供证据证明该固定电话机商品在三包有效期内,销售者、修理者、生产者应当依照本规定承担修理、更换、退货责任。

第十条 在三包期内,固定电话机商品出现质量问题的,由修理者免费修理。修理者应当保证修理后的固定电话机商品能够正常使用30日以上。

第十一条 自售出之日起7日内,固定电话机商品出现附录3《固定电话机性能故障表》所列性能故障时,消费者可以选择退货、换货或修理。消费者要求退货的,销售者应当免费为消费者退货,并按发货票价格一次退清货款。

第十二条 售出后第8日至15日内,固定电话机商品出现附录3《固定电话机性能故障表》所列性能故障时,由消费者选择换货或者修理。消费者要求换货时,销售者应当免费为消费者调换同型号固定电话机商品。

第十三条 在三包有效期内,固定电话机商品出现本规定附录3《固定电话机性能故障表》所列性能故障,经两次修理,仍不能正常使用的,凭修理者提供的修理记录,由销售者负责为消费者免费调换同型号固定电话机商品。

第十四条 单独销售的电池、电源变压器,在三包有效期内,出现本规定附录3《固定电话机性能故障表》所列性能故障,销售者应当为消费者免费调换同品牌同型号电池、电源变压器;调换后的三包有效期重新计算。调换两次仍不能正常使用的,销售者应当免费为消费者退货,并按发货票价格一次退清货款。

第十五条 在三包有效期内,符合换货条件的,销售者无同型号固定电话机商品,消费者不愿意调换其他型号的固定电话机商品而要求退货的,销售者应当负责为消费者免费退货,并按发货票价格一次退清货款。

第十六条 在三包有效期内,符合换货条件的,销售者有同型号固定电话机商品,消费者不愿调换而要求退货的,销售者应当予以退货,但应当按本规定附录1《实施三包的固定电话机商品目录》规定的折旧率收取折旧费。

折旧费的计算日期自开具发货票之日起至退货之日止,其中应当扣除修理占用和待修时间。

第十七条 换货时,应当提供新机,凡不合格产品均不得提供给消费者。

第十八条 换货后的三包有效期自换货之日起重新计算。由销售者在发货票背面加盖印章,注明更换日期,并提供新的三包凭证。

第十九条 在三包有效期内固定电话机商品出现故障,由修理者免费(包括材料费和工时费)修理。

第二十条 在三包有效期内,送修的固定电话机商品,在3日内不能修好的,修理者应当免费为消费者提供备用机,待原机修好后收回备用机。

第二十一条 在三包有效期内,送修的固定电话机商品因生产者未按代理修理合同或者协议提供零配件,自送修之日起超过60日未修好的,凭发货票和修理者提供的修理记录,由销售者负责免费为消费者调换同型号固定电话机商品。

第二十二条 因修理者自身原因使修理期超过30日的,消费者凭发货票和修理者提供的修理记录,由销售者负责免费为消费者调换同型号固定电话机商品。

第二十三条 销售者按本规定为消费者退货、换货后,属于生产者、供货者责任的,依法向负有责任的生产者或者供货者追偿,或者按购销合同办理;属于修理者责任的,依法向负有责任的修理者追偿,或者按代理修理合同或者协议办理。

生产者、供货者赔偿后,属于修理者责任的,依法向修理者追偿,或者按代理修理合同或者协议办理。

第二十四条 属下列情况之一的固定电话机,不实行三包,但可以实行合理的收费修理:

(一)超过三包有效期的;

(二)无三包凭证及有效发货票的,但能够证明该固定电话机商品在三包有效期内的除外;

(三)三包凭证上的内容与商品实物标识不符或者涂改的;

(四)未按产品使用说明书的要求使用、维护、保管而造成损坏的;

(五)非承担三包的修理者拆动造成损坏的;

(六)因不可抗力造成损坏的。

第二十五条 生产者、销售者、修理者破产、倒闭、兼并、分立的,其三包责任按国家有关法律法规执行。

第二十六条 消费者因三包问题与销售者、修理者、生产者发生纠纷时,可以向消费者协会、信息产业部移动电话机(固定电话机)产品质量投诉中心、质量管理协会用户委员会和其他有关组织申请调解,有关组织应当积极受理。

第二十七条 销售者、修理者、生产者未按本规定执行三包的,消费者可以向产品质量监督部门质量申诉机构或者工商行政管理部门消费者申诉举报中心申诉,由产品质量监督部门或者工商行政管理部门责令其改正。

销售者、修理者、生产者对消费者提出的修理、更换、退货要求故意拖延或者无理拒绝的,由工商行政管理部门、产品质量监督部门、信息产业部依据有关法律法规的规定予以处罚,并向社会公布。

第二十八条 销售者、修理者、生产者未按本规定承担三包责任的,消费者也可以依照《仲裁法》的规定,与销售者、修理者或生产者达成仲裁协议,向国家设立的仲裁机构申请裁决,还可以直接向人民法院起诉。

第二十九条 需要进行产品质量检验或者鉴定的,可以委托依法考核合格和授权的产品质量检验机构或者省级以上产品质量监督部门进行产品质量检验或者鉴定。

第三十条 本规定由国家质量监督检验检疫总局、国家工商行政管理总局和信息产业部按职责分工负责解释。

第三十一条 本规定从2001年11月15日起实行。

（三）卫生检疫

1. 出入境检验检疫封识文书

各直属检验检疫局简称

局　名	简称	局　名	简称
北京出入境检验检疫局	CIQ 京	湖北出入境检验检疫局	CIQ 鄂
天津出入境检验检疫局	CIQ 津	湖南出入境检验检疫局	CIQ 湘
河北出入境检验检疫局	CIQ 冀	广东出入境检验检疫局	CIQ 粤
山西出入境检验检疫局	CIQ 晋	深圳出入境检验检疫局	CIQ 深
内蒙古出入境检验检疫局	CIQ 蒙	珠海出入境检验检疫局	CIQ 珠
辽宁出入境检验检疫局	CIQ 辽	海南出入境检验检疫局	CIQ 琼
吉林出入境检验检疫局	CIQ 吉	广西出入境检验检疫局	CIQ 桂
黑龙江出入境检验检疫局	CIQ 黑	重庆出入境检验检疫局	CIQ 渝
上海出入境检验检疫局	CIQ 沪	四川出入境检验检疫局	CIQ 川
江苏出入境检验检疫局	CIQ 苏	贵州出入境检验检疫局	CIQ 黔
浙江出入境检验检疫局	CIQ 浙	云南出入境检验检疫局	CIQ 滇
宁波出入境检验检疫局	CIQ 甬	西藏出入境检验检疫局	CIQ 藏
安徽出入境检验检疫局	CIQ 皖	陕西出入境检验检疫局	CIQ 陕
福建出入境检验检疫局	CIQ 闽	甘肃出入境检验检疫局	CIQ 甘
厦门出入境检验检疫局	CIQ 厦	青海出入境检验检疫局	CIQ 青
江西出入境检验检疫局	CIQ 赣	宁夏出入境检验检疫局	CIQ 宁
山东出入境检验检疫局	CIQ 鲁	新疆出入境检验检疫局	CIQ 新
河南出入境检验检疫局	CIQ 豫		

中华人民共和国出入境检验检疫
施封通知书

××检封字(2000)第000000号

货主或代理人			
品名		包装种类	
数/重量		唛码标记	
运输工具		集装箱号	
封识种类		封识号	
施封地点			

施封原因：

施封机构(盖章)

　　　　　　　　　　　　　　执法人员(签名)：

　　　　　　　　　　　　　　货主或代理单位签收人(签名)：

　　　　　　　　　　　　　　施封时间：　　年　　月　　日

备注：

注：擅自开拆或者损毁上述检验检疫封识的，将由检验检疫机构依法予以行政处罚；如发现封识破损的，应及时报告施封检验检疫机构。

中华人民共和国出入境检验检疫
启封通知书

××检封字(2000)第000000号

货主或代理人			
品名		包装种类	
数/重量		唛码标记	
运输工具		集装箱号	
施封通知书编号		施封检验检疫机构	
施封人员		施封地点	

启封原因：

启封机构(盖章)

           执法人员(签名)：

           货主或代理单位签收人(签名)：

           施封时间：　　年　　月　　日

备注：

文书来源

出入境检验检疫封识管理办法

(2000年4月3日国家出入境检验检疫局令第22号公布 自2000年5月1日起施行)

第一章 总 则

第一条 为加强出入境检验检疫封识管理，做好出入境检验检疫监督管理工作，根据《中华人民共和国进出口商品检验法》、《中华人民共和国进出境动植物检疫法》、《中华人民共和国国境卫生检疫法》和《中华人民共和国食品卫生法》的有关规定，制定本办法。

第二条 本办法适用于出入境检验检疫封识(以下简称封识)的制定、使用和管理。

第三条 本办法所称封识系指出入境检验检疫机构在出入境检验检疫工作中实施具有强制性和约束力的封存和控制措施而使用的专用标识。

第四条 国家出入境检验检疫局(以下简称国家检验检疫局)统一管理封识的制定、修订、发布、印制、发放和监督工作。

国家检验检疫局设在各地的出入境检验检疫机构(以下简称检验检疫机构)负责辖区内封识的使用和监督管理工作，并对封识的使用情况进行登记备案。

第二章 封识的制定

第五条 封识的种类、式样、规格由国家检验检疫局统一规定。封识的种类包括：封条封识、卡扣封识、印章封识三种。

各地检验检疫机构如需使用其他封识，必须报经国家检验检疫局批准。

第六条 封识应当标有"中国检验检疫"、"CIQ"和各直属检验检疫机构的简称字样(见附件1)。

第三章 封识的使用和管理

第七条 封识应加在需要施封的检验检疫物及其运载工具、集装箱、装载容器和包装物上，或存放检验检疫物的场所。

第八条 有下列情况之一的，根据检验检疫工作需要可以加施封识：

(一)因口岸条件限制等原因，由检验检疫机构决定运往指定地点检验检疫的；

(二)进境货物在口岸已作外包装检验检疫，需运往指定地点生产、加工、存放，并由到达地检验检疫机构检验检疫和监管的；

(三)根据出入境检验检疫法律法规规定，对禁止进境物作退回、销毁处理的；

(四)经检验检疫不合格，作退回、销毁、除害等处理的；

(五)经检验检疫合格，避免掺假作伪或发生批次混乱的；

(六)经检验检疫发现进境的船舶、飞机、车辆等运载工具和集装箱装有禁止进境或应当在中国境内控制使用的自用物品的，或者在上述运载工具上发现有传染病媒介(鼠、病媒昆虫)和危险性病虫害须密封控制、防止扩散的；

(七)对已造成食物中毒事故或有证据证明可能导致食物中毒事故的食品及生产、经营场所，需要进一步实施口岸卫生监督和调查处理的；

(八)正在进行密闭熏蒸除害处理的；

(九)装载过检验检疫物的运载工具、集装箱、装载容器、包装物等；

(十)凭样成交的样品及进口索赔需要签封的样品；

(十一)外贸合同约定或政府协议规定需要加施封识的；

(十二)其他因检验检疫需要施封的。

第九条 检验检疫机构根据检验检疫物的包装材料的性质和储运条件，确定应采用的封识材料和封识方法。选用的封识应醒目、牢固，不易自然损坏。

第十条 封识由检验检疫机构加施，有关单位和人员应当给予协助和配合。

第十一条 检验检疫机构加施封识时，应向货主或其代理人出具《中华人民共和国出入境检验检疫施封通知书》(附件2)。

第十二条 未经检验检疫机构许可，任何单位或个人不得开拆或者损毁检验检疫封识。

货主、代理人或承运人发现检验检疫封识破损的，应及时报告检验检疫机构。检验检疫机构应及时处理，必要时重新加施封识。

第十三条 检验检疫封识的启封，由检验检疫机构执行，或由检验检疫机构委托的有关单位或人员执行，并根据需要，由检验检疫机构出具《中华人民共和国出入境检验检疫启封通知书》(附件3)。

施封检验检疫机构与启封检验检疫机构不一致时，应及时互通情况。

第十四条 在特殊情况下，如需提前启封，有关单位应办理申请启封手续。

第四章 附 则

第十五条 违反本办法规定，依照有关法律法规予以处罚。

第十六条 本办法由国家检验检疫局负责解释。

第十七条 本办法自2000年5月1日起施行。原国家商检局1987年8月22日发布的《进出口商品封识管理办法》同时废止。过去发布的有关进出境动植物检疫、卫生检疫和食品卫生检验的封识管理办法与本办法相抵触的，以本办法为准。

2. 进出口商品复验文书

<h2 style="text-align:center">复验申请表(格式)</h2>

申请人(盖章)　　　　　　　　　　　　　　　　　　　　　　年　月　日
(地址、电话、邮政编码、联系人)

发货人		商品名称	
收货人		规格/牌号	
生产企业		数(重)量	
贸易国家/地区		存放地点	
原检验机构		标记及唛头:	
原检验时间、地点			
原检验证书号			
原出证日期			
合同/信用证号			
申请复验项目:			
申请理由:			
随附单证:	1. 原检验证书	2. 合同	3. 信用证
	4. 发票	5. 运单	6. 装箱单
	7. 其他		
备注:			

文书来源

进出口商品复验办法

(2005年6月1日国家质量监督检验检疫总局令第77号公布 自2005年10月1日起施行)

第一章 总 则

第一条 为了加强进出口商品检验工作,规范进出口商品复验行为,维护对外贸易有关各方的合法权益,根据《中华人民共和国进出口商品检验法》及其实施条例的规定,制定本办法。

第二条 进出口商品的报检人(以下简称报检人)对出入境检验检疫机构(以下简称检验检疫机构)作出的检验结果有异议的,应当按照法律法规的规定申请复验。

第三条 国家质量监督检验检疫总局(以下简称国家质检总局)统一管理全国的进出口商品的复验工作,国家质检总局及其设在各地的检验检疫机构负责组织实施所受理的进出口商品复验工作。

第四条 复验工作应当遵循公正、公开、公平的原则。

第二章 申请与受理

第五条 报检人对检验检疫机构作出的检验结果有异议的,可以向作出检验结果的检验检疫机构或其上级检验检疫机构申请复验,也可以向国家质检总局申请复验。受理复验的检验检疫机构或国家质检总局负责组织实施复验。

检验检疫机构或者国家质检总局对同一检验结果只进行一次复验。

第六条 报检人申请复验,应当自收到检验检疫机构的检验结果之日起15日内提出。

因不可抗力或者其他正当理由不能申请复验的,申请期限中止。从中止的原因消除之日起,申请期限继续计算。

第七条 报检人申请复验,应当保证(持)原报检商品的质量、重量、数量符合原检验时的状态,并保留其包装、封识、标志。

第八条 报检人申请复验,应当按照规定如实填写复验申请表(见附件),并提供原报检所提供的证单、资料及原检验检疫机构出具的检验证书。

报检人应当对所提供的证单及资料的真实性和有效性负责。

第九条 检验检疫机构或者国家质检总局自收到复验申请之日起15日内,对复验申请进行审查并作出如下处理:

(一)复验申请符合本办法规定的,予以受理,并向申请人出具《复验申请受理通知书》;

(二)复验申请内容不全或者随附证单资料不全的,向申请人出具《复验申请材料补正告知书》,限期补正。逾期不补正的,视为撤销申请;

(三)复验申请不符合本办法规定的,不予受理,并出具《复验申请不予受理通知书》,书面通知申请人并告之理由。

第十条 复验申请人应当按照规定交纳复验费用。

受理复验的检验检疫机构或者国家质检总局的复验结论认定属原检验的检验检疫机构责任的,复验费用由原检验检疫机构负担。

第三章 组织实施

第十一条 检验检疫机构或者国家质检总局受理复验后,应当在5日内组成复验工作组,并将工作组名单告知申请人。

复验工作组人数应当为3人或者5人。

第十二条 复验申请人认为复验工作组成员与复验工作有利害关系或者有其他因素可能影响复验公正性的,应当在收到复验工作组成员名单之日起3日内,向受理复验的检验检疫机构或者国家质检总局申请该成员回避并提供相应证据材料。

受理复验的检验检疫机构或者国家质检总局应当在收到回避申请之日起3日内作出回避或者不予回避的决定。

第十三条 作出原检验结果的检验检疫机构应当向复验工作组提供原检验记录和其他有关资料。

复验申请人有义务配合复验工作组的复验工作。

第十四条 复验工作组应当制定复验方案并组织实施:

(一)审查复验申请人的复验申请表、有关证单及资料。经审查,若不具备复验实施条件的,可书面通知申请人暂时中止复验并说明理由。经申请人完善重新具备复验实施条件后,应当从具备条件之日起继续复验工作;

(二)审查原检验依据的标准、方法等是否正确,并应当符合相关规定;

(三)核对商品的批次、标记、编号、质量、重量、数量、包装、外观状况,按照复验方案规定取制样品;

(四)按照操作规程进行检验;

(五)审核、提出复验结果,并对原检验结果作出评定。

第十五条 受理复验的检验检疫机构或者国家质检总局应当自受理复验申请之日起60日内作出复验结论。技术复杂,不能在规定期限内作出复验结论的,经本机构负责人批准,可以适当延长,但是延长期限最多不超过30日。

第十六条 复验申请人对复验结论不服的,可以依法申请行政复议或者依法提起行政诉讼。

第十七条 在复验过程中抽取的样品,应当按照国家质检总局关于检验样品的有关规定妥善处理。

第十八条 国家质检总局和检验检疫机构工作人员应当

严格遵守国家法律法规的规定,并按照本办法规定作好复验工作。

第四章 附　则

第十九条 进口商品的发货人或者出口商品的收货人对检验检疫机构作出的检验结果有异议的,可以参照本办法的有关规定办理。

第二十条 本办法由国家质检总局负责解释。

第二十一条 本办法自2005年10月1日起施行,原国家进出口商品检验局1993年6月1日发布的《进出口商品复验办法》同时废止。

3. 进出口商品免验文书

进出口商品免验审查条件

一、审查的依据:《进出口商品免验办法》第五条及有关规定。

二、现场审查原则和方法:《进出口商品免验审查表》(以下简称《审查表》)参照了ISO/DIS9000:2000标准,主要适用于进出口商品免验的生产企业质量管理体系的现场审查。

《审查表》中的审查意见分为:符合、待观察、不符合、不适用。

符合:符合该条款审查内容和审查要点的要求;

待观察:已发现问题,但尚未构成不符合或证据不足需提醒的事项;

不符合:不符合该条款审查内容和审查要点的要求;

不适用:该条款不适用企业的实际情况。

三、质量管理体系审查结果的判定:

1. 全部符合《审查表》规定要求的为合格;

2. 发现不符合项时,应对不符合项汇总分析,如不符合项的总数、不符合项的严重程度及对产品质量和质量管理体系影响的程度等。经审查组研究,对该企业质量管理体系提出总体评价,得出"合格需纠正"和"不合格"的审查结果;

3. 产品检验是现场审查的必要条件,该企业产品质量必须符合产品检验的各项要求。

进出口商品免验审查表

审查内容	序号	审查要点	审查意见				备注
			符合	不符合	待观察	不适用	
一．质量管理体系 1. 企业应建立并实施、保持和持续地改进文件化质量管理体系。	1	是否建立文件化的质量管理体系,包括符合标准要求的质量手册、程序文件、质量记录等。					
	2	程序文件是否具有可操作性、可检查性。					
	3	工作人员对现场工作使用的作业指导书和相关记录表格的使用要求是否掌握					
二．管理职责 1. 最高管理者应建立质量方针和质量目标,并在各级人员中贯彻执行。	4	是否建立并发布由最高管理者批准的质量方针、质量目标。					
	5	质量目标是否与质量方针的总体要求相一致。					
	6	质量方针、质量目标是否结合企业实际,易于理解,各级人员是否掌握并贯彻执行。					

续 表

审查内容	序号	审查要点	符合	不符合	待观察	不适用	备注
2. 企业应设立相应的组织机构，明确规定其职责、权限和相互关系。	7	是否设立相应的组织机构，对其组织机构及影响质量管理、执行和检验人员是否都规定了职责、权限和相互关系。					
3. 最高管理者应指定管理者代表，并规定其职责和权限。	8	最高管理者是否指定管理者代表，并明确规定其职责和权限。					
	9	管理者代表是否有足够经验、能力和授权来履行其职权。					
4. 企业建立形成文件的程序，对文件的批准、发布、发放、修改、回收、归档等作出明确规定。	10	是否建立了形成文件的程序，对所有要求控制的文件是否进行了控制。					
	11	文件发布前是否经授权人批准，是否规定了文件的发放范围，并有发放记录。					
	12	是否能够保证所有发放场所使用的文件都是有效版本。					
	13	修改文件是否经规定的部门审批。					
5. 企业应对质量记录的控制作出明确的规定。	14	是否对质量记录的标识、收集、编目、借阅、归档、贮存、检索、保管和处理作出规定并切实执行。					
6. 质量记录应填写清晰、规范完整、妥善保管。	15	质量记录是否填写清晰、规范完整、易存易取、妥善保管。					
	16	是否规定质量记录的保存期限。					
7. 企业应建立管理评审程序。	17	是否建立管理评审程序。					
8. 最高管理者应按计划进行管理评审。	18	最高管理者是否按计划进行管理评审。					
	19	管理评审后是否写出评审报告，并采取有效措施进行改进。					
三．资源管理 1. 企业应配备满足生产及质量管理体系需要的人员。	20	是否有充分的满足有关人员培训及资格要求的人力配备。					
2. 企业应建立培训程序，以规定培训的需求、计划、考核、确认及记录等。	21	是否建立了培训程序。					
	22	是否根据培训的需求，制订培训计划，并按计划进行培训。					
	23	是否妥善保存培训、考核和资格等记录，并能提供查阅。					
3. 企业应具备生产合格产品所需要的设施和环境。	24	是否有生产合格产品的工作场所和设施。					
	25	厂区、生产车间等工作环境是否严格管理。					

续 表

审查内容	序号	审查要点	审查意见 符合	审查意见 不符合	审查意见 待观察	审查意见 不适用	备注
四．产品实现 1. 企业应对影响产品生产过程建立程序。	26	是否建立产品生产过程控制程序。					
	27	是否制订了生产过程中各工序的工艺要求或作业指导书。					
	28	操作人员是否掌握工艺要求或作业指导书,并按其要求进行操作。					
	29	是否选用合适生产设备、制订了生产设备维修、保养制度,并切实执行。					
2. 企业应确定与服务有关的部门,并规定其职责。	30	是否确定与服务有关的部门,规定其职责,并明确该部门负责向顾客提供必要的信息,了解顾客要求。					
3. 企业应建立产品要求的评审程序。	31	是否建立产品要求的评审程序,并规定其职责。					
4. 企业应对合同和订单评审作出规定。	32	合同或订单是否进行评审,并有完整的记录。					
	33	是否有口头方式接受订货,有无记录和确认。					
5. 企业的产品要求改变时,应及时更改相关文件,并组织实施。	34	产品要求改变时,是否按规定更改相关文件,并及时传递有关部门。					
	35	产品要求的有关评审记录是否妥善保管。					
6. 企业应建立产品设计和开发程序,并对产品设计和开发、评审、验证、更改等作出明确规定。	36	是否建立产品设计和开发程序。					
	37	是否规定了参与设计和开发活动的有关部门及有资格的人员的职责和权限。					
	38	是否按计划及设计和开发的要求进行设计和开发工作。					
7. 设计和开发应进行系统的评审和实施验证。	39	设计和开发是否进行了评审和验证,并有相应的记录。					
	40	设计和开发更改前是否经授权人批准,更改后是否有记录,并形成受控文件。					
8. 企业应建立控制采购质量的程序。	41	是否建立控制采购质量的程序。					
9. 采购文件应明确采购的要求,并经授权人批准。	42	采购文件是否明确采购的要求,并按规定进行了审批。					
10. 企业应规定选择采购分供方的评定方法。	43	是否规定了选择采购分供方的评定方法,并建立分供方的记录。					
11. 企业应对采购产品的验证和放行作出规定。	44	是否规定采购验证和放行的方法,并切实执行。					

续　表

审查内容	序号	审查要点	审查意见 符合	不符合	待观察	不适用	备注
12. 企业应对产品生产、安装、服务过程的标识作出明确规定。	45	是否对产品生产、安装、服务过程的标识作出明确规定。					
	46	产品生产过程中是否有检验状态标识。					
	47	在产品生产过程中和交付、安装等所有阶段是否严格执行产品标识的规定,并有可追溯性。					
13. 企业应对内部加工和最终交付的产品的搬运、包装、贮存和防护作出明确规定。	48	是否对产品的搬运、包装、贮存和防护作出明确规定,包装应满足出入境检验检疫有关要求。					
	49	搬运方法是否符合规定,能否防止损坏。					
14. 企业对产品贮存的场所、库房及贮存管理应作出明确规定,以防止贮存的产品损坏或变质。	50	产品贮存的场所、仓库及管理是否明确规定。					
	51	是否建立了产品出入库的规定,并切实执行。					
	52	包装和所用材料是否适合保护产品的质量。					
15. 企业应采取措施,保证交付的产品质量完好。	53	最终检验直至交付是否都能保证产品质量完好。					
16. 企业应对产品检验作出规定,并组织实施。	54	是否对产品检验作出规定,以验证过程间及最终产品是否符合要求。					
17. 进货必须经检验合格方可投入生产使用。	55	进货检验是否按规定进行并作好记录。					
18. 企业应规定过程间检验,检验完成前不得放行。	56	过程间检验是否按规定进行并记录检验结果,是否在检验合格后才放行。					
19. 企业应对产品最终检验作出规定。	57	最终检验是否有明确规定,是否按规定进行最终检验并作好记录。					
	58	交付的产品是否有证据表明其产品符合规定要求,并有可追溯性。					
20. 企业应对检验、测量和设备的管理作出规定。	59	是否对检验、测量和设备的管理作出规定,并切实执行。					
21. 企业应对设备制订校准、周期检定计划,保证设备须经校准、检定合格方可使用。	60	是否制订了设备校准、周期检定计划,并切实执行。					
	61	是否建立了设备档案,设备档案是否能表明测量不确定度、校准、维修、维护等内容。					
	62	是否对现有检测设备标明使用状态。					
22. 检测设备应放置在规定的环境条件下。	63	检测设备所处环境条件是否符合规定要求。					
23. 检测设备维修保养后,使用前应进行校验或检定。	64	检测设备维修保养后,是否进行了校验或检定。					

续 表

审查内容	序号	审查要点	审查意见 符合	审查意见 不符合	审查意见 待观察	审查意见 不适用	备注
五．测量、分析和改进 1. 企业应建立内部审核程序。	65	是否建立了内部审核程序。					
	66	是否规定了内部审核的频次，是否按计划要求进行内部审核。					
2. 从事内部审核人员应经过培训。	67	内部审核人员是否经过培训，并经资格认可，审核人员是否与审核活动无直接责任关系。					
3. 内部审核后应形成审核报告，对质量管理体系有效实施作出评价。	68	内部审核结束后是否形成审核报告，对质量管理体系有效实施作出评价并报告管理者。					
4. 对审核中发现的问题应及时采取纠正措施，并有效跟踪。	69	对审核中发现的问题是否及时采取纠正措施，并跟踪监督纠正。					
5. 交付产品的验证应建立程序，交付产品的放行应经授权人批准。	70	是否建立交付产品的验证程序，交付产品的放行是否有记录，并有授权人签字。					
6. 企业应建立控制不合格产品的程序。	71	是否建立控制不合格产品的程序。					
	72	是否对不合格产品的标识、记录、评价、隔离和处理等作出规定。					
	73	不合格产品的标识、存放、记录及处理等是否符合规定要求。					
7. 可进行纠正的不合格产品，经纠正后应重新验证。	74	不合格品是否有返工、返修记录，返工、返修后是否再次进行检验。					
8. 企业应建立纠正措施程序。	75	是否建立纠正措施程序。					
9. 企业应对不合格原因进行分析，采取切实有效的纠正措施。	76	是否经对不合格原因进行分析后，采取纠正措施并有效实施。					
10. 企业应建立预防措施程序。	77	是否建立预防措施程序。					
11. 企业应识别、分析潜在的不合格原因，采取切实有效的预防措施。	78	是否对潜在的不合格原因进行分析后，采取预防措施并有效实施。					
六．产品检验 1. 企业生产的产品须经检验合格。		产品检验可分为： 1. 现场评审前，评审组成员按有关标准抽取产品样品到指定实验室进行全项目检验； 2. 在现场评审期间，按有关标准抽取产品样品现场检验或到指定实验室进行检验。	1. 产品检验必须合格。				
2. 企业的实验室检测结果应准确无误。		1. 企业实验室对评审组提供的盲样或标准样进行测试； 2. 企业实验室出示与指定实验室进行比对试验的证明材料； 3. 必要时，对产品检验留样进行重复试验。	2. 企业实验室检测结果必须准确无误。				

进出口商品免验申请表

申请日期

申请人 （企业法人代表）			
地　　址		电　话	
生产厂名			
地　　址		电　话	
联系人姓名		联系人电话传真	
申请免验商品范围			
随 附 单 证	1. 质量评审证明　　份 2. 质量标准　　份 3. 出入境检验检疫合格率证明　　份 4. 有关客户意见　　份 5. 其他材料　　份		
申 请 理 由			
生产厂概况			
商品进出口情况			
备申请单位盖章注			
备　　注			

进出口商品免验审查报告

企业名称：_____
地　　址：_____
免验产品：_____
审查日期：_____
审查组组长：_____

申请人			
地　　址		电　话	
生产厂名			
地　　址		电　话	
联系人姓名		联系人电话传真	
申请免验商品范　围			
随附单证	1. 质量评审证明　　份 2. 质量标准　　份 3. 出入境检验检疫合格率证明　　份 4. 有关客户意见　　份 5. 其他材料　　份		
申请理由			
审查依据	国家质检总局第23号令《进出口商品免验办法》		
审查范围			

续　表

审查过程主要参加人员					
审查专家组			企　　业		
单位	姓名	职务/职称	部门	姓名	职务/职称

见面会记录

企业名称		会面地点	
记录人		记录时间	

总结会记录

企业名称		会面地点	
记录人		记录时间	

核 查 记 录

企业名称			
记录人		记录时间	

审查意见
审查组长签字：　　　　　　　　　　　　　　　　　　　　时间：

企业意见
企业负责人签字：　　　　　　　　　　　　　　　　　　　时间：

备注：

文书来源

进出口商品免验办法

(2002年7月24日国家质量监督检验检疫总局令第23号公布 自2002年10月1日起施行)

第一章 总 则

第一条 为保证进出口商品质量,鼓励优质商品进出口,促进对外经济贸易的发展,根据《中华人民共和国进出口商品检验法》及其实施条例的有关规定,制定本办法。

第二条 列入必须实施检验的进出口商品目录的进出口商品(本办法第六条规定的商品除外),由收货人、发货人或者其生产企业(以下简称申请人)提出申请,经国家质量监督检验检疫总局(以下简称国家质检总局)审核批准,可以免予检验(以下简称免验)。

第三条 国家质检总局统一管理全国进出口商品免验工作,负责对申请免验生产企业的考核、审查批准和监督管理。

国家质检总局设在各地的出入境检验检疫机构(以下简称检验检疫机构)负责所辖地区内申请免验生产企业的初审和监督管理。

第四条 进出口商品免验的申请、审查、批准以及监督管理应当按照本办法规定执行。

第二章 免验申请

第五条 申请进出口商品免验应当符合以下条件:

(一)申请免验的进出口商品质量应当长期稳定,在国际市场上有良好的质量信誉,无属于生产企业责任而引起的质量异议、索赔和退货,检验检疫机构检验合格率连续3年达到百分之百;

(二)申请人申请免验的商品应当有自己的品牌,在相关国家或者地区同行业中,产品档次、产品质量处于领先地位;

(三)申请免验的进出口商品,其生产企业的质量管理体系应当符合ISO9000质量管理体系标准或者与申请免验商品特点相应的管理体系标准要求,并获得权威认证机构认证;

(四)为满足工作需要和保证产品质量,申请免验的进出口商品的生产企业应当具有一定的检测能力;

(五)申请免验的进出口商品的生产企业应当符合《进出口商品免验审查条件》的要求(见附件1)。

第六条 对下列进出口商品不予受理免验申请:

(一)食品、动植物及其产品;

(二)危险品及危险品包装;

(三)品质波动大或者散装运输的商品;

(四)需出具检验检疫证书或者依据检验检疫证书所列重量、数量、品质等计价结汇的商品。

第七条 申请人应当按照以下规定提出免验申请:

(一)申请进口商品免验的,申请人应当向国家质检总局提出。申请出口商品免验的,申请人应当先向所在地直属检验检疫局提出,经所在地直属检验检疫局依照本办法相关规定初审合格后,方可向国家质检总局提出正式申请。

(二)申请人应当填写并向国家质检总局提交进出口商品免验申请书一式三份(见附件2),同时提交申请免验进出口商品生产企业的ISO9000质量管理体系或者与申请免验商品特点相应的管理体系认证证书、质量管理体系文件、质量标准、检验检疫机构出具的合格率证明和初审报告、用户意见等文件。

第八条 国家质检总局对申请人提交的文件进行审核,并于1个月内做出以下书面答复意见:

(一)申请人提交的文件符合本办法规定的,予以受理;不符合本办法规定的,不予受理,并书面通知申请人。

(二)提交的文件不齐全的,通知申请人限期补齐,过期不补的或者补交不齐的,视为撤销申请。

第三章 免验审查

第九条 国家质检总局受理申请后,应当组成免验专家审查组(以下简称审查组),在3个月内完成考核、审查。

审查组应当由非申请人所在地检验检疫机构人员组成,组长负责组织审查工作。审查人员应当熟悉申请免验商品的检验技术和管理工作。

第十条 申请人认为审查组成员与所承担的免验审查工作有利害关系,可能影响公正评审的,可以申请该成员回避。审查组成员是否回避,由国家质检总局决定。

第十一条 审查组按照以下程序进行工作:

(一)审核申请人提交的免验申请表及有关材料;

(二)审核检验检疫机构初审表及审查报告;

(三)研究制定具体免验审查方案并向申请人宣布审查方案;

(四)对申请免验的商品进行检验和测试,并提出检测报告;

(五)按照免验审查方案和《进出口商品免验审查条件》对生产企业进行考核;

(六)根据现场考核情况,向国家质检总局提交免验审查情况的报告,并明确是否免验的意见,同时填写《进出口商品免验审查报告》表(见附件3)。

第十二条 国家质检总局根据审查组提交的审查报告,对申请人提出的免验申请进行如下处理:

符合本办法规定的,国家质检总局批准其商品免验,并向免验申请人颁发《进出口商品免验证书》(以下简称免验证书);

对不符合本办法规定的,国家质检总局不予批准其商品免验,并书面通知申请人。

第十三条 未获准进出口商品免验的申请人,自接到书面通知之日起1年后,方可再次向检验检疫机构提出免验申请。

第十四条 审查组应当对申请人的生产技术、生产工艺、检测结果、审查结果保密。

第十五条 对已获免验的进出口商品,需要出具检验检疫证书的,检验检疫机构应当对该批进出口商品实施检验检疫。

第四章 监督管理

第十六条 免验证书有效期为3年。期满要求续延的,免验企业应当在有效期满3个月前,向国家质检总局提出免验续延申请,经国家质检总局组织复核合格后,重新颁发免验证书。

复核程序依照本办法第三章规定办理。

第十七条 免验企业不得改变免验商品范围,如有改变,应当重新办理免验申请手续。

第十八条 免验商品进出口时,免验企业可凭有效的免验证书、外贸合同、信用证、该商品的品质证明和包装合格单等文件到检验检疫机构办理放行手续。

第十九条 免验企业应当在每年1月底前,向检验检疫机构提交上年度免验商品进出口情况报告,其内容包括上年度进出口情况、质量情况、质量管理情况等。

第二十条 检验检疫机构负责对所辖地区进出口免验商品的日常监督管理工作。

第二十一条 检验检疫机构在监督管理工作中,发现免验企业的质量管理工作或者产品质量不符合免验要求的,责令该免验企业限期整改,整改期限为3至6个月。

免验企业在整改期间,其进出口商品暂停免验。

第二十二条 免验企业在整改限期内完成整改后,应当向直属检验检疫局提交整改报告,经国家质检总局审核合格后方可恢复免验。

第二十三条 直属检验检疫局在监督管理工作中,发现免验企业有下列情况之一的,经国家质检总局批准,可对该免验企业作出注销免验的决定:

(一)不符合本办法第五条规定的;
(二)经限期整改后仍不符合要求的;
(三)弄虚作假,假冒免验商品进出口的;
(四)其他违反检验检疫法律法规的。

第二十四条 被注销免验的企业,自收到注销免验决定通知之日起,不再享受进出口商品免验,3年后方可重新申请免验。

第五章 附 则

第二十五条 检验检疫机构对进出口免验商品在免验期限内不得收取检验费。

对获准免验的进出口商品需出具检验检疫证书、签证和监督抽查的,由检验检疫机构实施并按照规定收取费用。

第二十六条 申请人及免验企业违反本办法,有弄虚作假、隐瞒欺骗行为的,按照有关法律法规的规定予以处罚。

第二十七条 检验检疫工作人员在考核、审查、批准或者日常工作过程中违反本办法规定,滥用职权、玩忽职守、徇私舞弊的,根据情节轻重,按照有关法律法规的规定予以处理。

第二十八条 本办法由国家质检总局负责解释。

第二十九条 本办法自2002年10月1日起施行。原国家商检局1991年9月6日公布的《免验商品生产企业考核条件(试行)》和1994年8月1日公布的《进出口商品免验办法》同时废止。

4. 进出口商品检验鉴定文书

设立进出口商品检验鉴定机构申请表

申请人 或代理人					
机构名称	（中文）				
	（英文）				
法人代表	中文名			英文名	
机构性质					
投资方	名称（中英文）		注册地		出资额
投资总额			注册资本		
机构地址					
联系人			电话		
机构人数			获证人数		
申请 业务范围					

随附材料：
☐办公地点、检验场所使用权证明材料
☐检测条件及技术能力材料
☐质量管理体系认可文件
☐从事检验鉴定经历证明及材料
☐投资方资信证明、法人代表证明（复印件）
☐验资报告
检验鉴定人员资格证书复印件

申请人声明：
　　申请人对申请表及其所附材料的真实性负法律责任。

　　申请单位法人代表（签名）　　　　　　　　　　申请单位（盖章）
　　　　　　　　　　　　　　　　　　　　　　　　　年　月　日

进出口商品检验鉴定机构许可变更申请表

原证书许可号：

项目		变更前	变更后
机构名称	中文		
	英文		
机构地址			
法人代表			
机构性质			
投资者名称			
注册资本			
业务许可范围			
其他事项			

备注
　　联系人：_____ 联系电话：_____

所需提供材料：
□变更理由陈述；
□工商部门名称核准证明或证明性文件（限变更单位名称）；
□新地址使用权证明材料（限变更地址）；
□法定代表人身份证明（限变更法人）；
□验资报告（限变更注册资本）；
□检测条件及技术能力材料（限变更经营范围）；
□进出口商品检验鉴定机构资格证书正、副本原件；
□其它相关文件（如董事会或上级部门的决议、决定，修改后的公司章程等）。

申请人声明：
　　申请人对申请表及其所附材料的真实性负法律责任。

　　法人代表/负责人或委托人（签名）　　　　　　　　　申请单位（盖章）
　　　　　　　　　　　　　　　　　　　　　　　　　　　　年　月　日

国家质检总局意见：

注：1. 所提供材料（除资格证书正、副本外）用A4纸打印或复印（各一份）。2. 应用蓝/黑色钢笔、毛笔或签字笔填写表格，字迹清楚。3. 变更前信息须全部填写，"变更后"栏目只填写有变更的事项。4. 邮寄地址：北京市海淀区马甸东路9号A1004房间，邮编：100088，在信封右上角注明"变更申请"字样。

进出口商品检验鉴定机构资格证书有效期满换证申请表

原许可号：

机构名称	（中文）			
	（英文）			
地　　址				
法人代表				
联 系 人		联系电话		
注册资本		机构性质		
投 资 方	投资者名称(中英文)	注册地		出资额
许可业务范围				
机构人数		获证人数		
分支机构数量及地点,名称				
近3年机构是否受到CIQ行政处罚或行政处分	□是　（请附页详细说明） □否	检验人员有无不良记录情况	□有　（请附页详细说明） □无	
每年年审是否存在不合格或材料不齐全情况	□是　（请附页详细说明） □否			
其他需要说明的事项				
涉及原资格证书项目变更的情况				

申请人声明：
　　申请人对申请表及其所附材料的真实性负法律责任。

　　法人代表/负责人或委托人（签名）　　　　　　　　　　　申请单位（盖章）
　　　　　　　　　　　　　　　　　　　　　　　　　　　　　　年　月　日

国家质检总局意见：

续表

随附材料清单：
□换证申请书，内容至少包括机构基本概况、分支机构情况、人员情况、经营业务情况(包括业务范围、业务量、业务收入等)、检测条件和技术能力情况、年审/监督检查发现问题整改情况等 □办公地点、检验场所使用权证明材料(适用办公地点、检验场所有变更) □检测条件及技术能力材料(适用经营范围有新增) □质量管理体系认可文件 □《进出口商品检验鉴定机构资格证书》正、副本原件 □《企业法人营业执照》复印件 □《外商投资企业批准证书》复印件 □分支机构的《营业执照》、《备案证》等   其他有关材料

注：1. 所提供材料(除资格证书正、副本外)用 A4 纸打印或复印。2. 应用蓝/黑色钢笔、毛笔或签字笔填写表格，字迹清楚。3. 邮寄地址：北京市海淀区马甸东路 9 号 A1004 房间，邮编：100088，在信封右上角注明"换证申请"字样。

5. 口岸卫生许可证

申请口岸卫生许可应提交的材料清单

一、申请口岸食品生产、食品流通、餐饮服务的口岸卫生许可时需提供以下材料：
(一)卫生许可证申请书；
(二)营业执照复印件；
(三)法定代表人(负责人或经营者)资格及身份证明(委托他人代为办理的，应当同时提交委托书及受委托人身份证明)；
(四)经营场所合法使用证明(产权证明或租赁合同)；
(五)保证卫生安全的规章制度；
(六)食品生产、食品经营(含交通工具食品供应)、餐饮服务还应分别提供以下材料：
食品生产需提交场所及其周围环境平面图、生产加工各功能区间布局平面图、生产工艺流程图、设备布局图；食品生产设备设施清单；食品生产的执行标准；生产用水卫生检验报告；食品安全控制措施等。
食品流通需提交与食品经营相适应的经营设施空间布局平面图、经营设施设备清单、交通工具食品供应单位还应有专用的食品运输车辆、冷冻冷藏设施的证明等。
餐饮服务需提交经营场所和设备布局、加工流程、卫生设施等示意图。
二、申请饮用水供应口岸卫生许可，需提供以下材料：
(一)卫生许可证申请书；
(二)营业执照复印件；
(三)法定代表人(负责人或经营者)资格及身份证明(委托他人代为办理的，应当同时提交委托书及受委托人身份证明)；
(四)经营场所合法使用证明(产权证明或租赁合同)；
(五)卫生管理制度；
(六)设计图纸及相关文字说明，如平面布局图、设备布局图、管网平面布局图、管网系统图等；
(七)具备资质的检测机构出具的一年内水质检测合格报告；

(八)所有涉及饮用水卫生安全产品的卫生许可批文；
(九)自备水源的还应提供制水工艺流程文件。
三、**申请公共场所口岸卫生许可**，需提供以下材料：
(一)卫生许可证申请书；
(二)营业执照复印件；
(三)法定代表人(负责人或经营者)资格及身份证明(委托他人代为办理的,应当同时提交委托书及受委托人身份证明)；
(四)经营场所合法使用证明(产权证明或租赁合同)；
(五)卫生管理制度；
(六)营业场所平面图和卫生设施平面布局图；
(七)公共场所卫生检测或者评价报告；
(八)使用集中空调通风系统的,还应当提供集中空调通风系统卫生检测或者评价报告。

国境口岸卫生许可证申请书

☐ 初次

☐ 变更

☐ 延续

☐ 临时经营

原卫生许可证号：

申请单位：_____

经营地址：_____

申请日期：_____

国家质量监督检验检疫总局监制

基本情况	单位名称				
	单位地址				
	经营地址				
	经营面积				
	法定代表人 （负责人或经营者）				
	联系人		联系电话		
			电子邮箱		
			传　真		
	从业人员人数：				
	是否通过体系认证、验证 （证书号）				
	经营类别：□食品生产　　□食品流通　　□餐饮服务 　　　　　□饮用水供应　□公共场所				
	申请经营范围：				

申请人承诺：
　　本申请书及其所附资料中的有关内容均真实、合法，复印件与原件一致。如有不实之处，或违反相关法律规定的要求，本申请人愿负相应法律责任，并承担由此造成的一切后果。

　　　　　　　　　　　　　　　　　签字(法定代表人/负责人或经营者)：
　　　　　　　　　　　　　　　　　　　　日期：　　年　　月　　日
　　　　　　　　　　　　　　　　　　　　（公章）

以下各栏由检验检疫机构填写

受理	签名：	日期：
审批项目：		
初审	材料审查　　签名：　　　　日期： 现场审核　　签名：　　　　日期： 结论：	
复审	签名：	日期：

续 表

决定	签名： （盖章）	日期：

制证日期：	年　月　日	制证人：	
有效期限：	年　月　日至	年　月　日	
发证日期：	年　月　日	证书编号：	

备注：	

填写说明：

1. 填写时要用签字笔或钢笔，文字要求简练、清楚，不得有涂改现象，空格处以"无"字填写。填写如纸张不够，可自行附页。

2. 申请材料中的外文需翻译成中文；所有申请材料均需加盖申请单位公章；

3. 经营类别请在合适的"□"中划"√"。（可多选）

4. "从业人员人数"指从事食品生产经营活动、饮用水供应、公共场所服务的人员数量，初次申请和临时经营可不填写此项。

5. "申请人承诺"栏中，申请人属法人的，由法定代表人签名；属个体经营户的，由经营者签名；属法人分支机构或者其他组织的，由负责人签名。

6. 申请材料均为2份，受理机构和决定机构各持1份（如受理和决定为同一机构，申请材料只需提供一份）；申请材料的文字、图像、符号应该清晰；除设计图纸外，其他提交的申请材料大小均为A4纸。

6. 出入境特殊物品卫生检疫审批文书

CIQ 标志	中华人民共和国出入境检验检疫 ENTRY – EXIT INSPECTION ANG QUARANTINE OF THE PEOPLE'S REPUBLIC OF CHINA 出入境特殊物品卫生检疫审批申请表 APPLICATION OF IMPORT / EXPORT SPECIAL ARTICLES FOR VERIFICATION OF HEALTH AND QUARANTINE

申请流水号 No:_____

单位名称(盖章)　　　　　　　　　　　　　　　　组织机构代码
Applicant (Stamp) _____ Code of Representative _____
单位地址　　　　　　　　　　　　　　　　　　　　邮政编码
Address _____ Postal Code _____
联系人　　　　　　　　联系电话　　　　　　　　　　传真
Linkman _____ Tel. _____ Fax _____
发货人
Consigner _____
收货人　　　　　　　　　　　　　　　　　　　　　合同号
Consignee _____ Compact No. _____
特殊物品种类　　　　　　　　　　　　　　　　　　特殊物品类别
Class of special articles _____ Sort of special articles _____
总数　　　　　　　　　　重量　　　　　　　　　　总货值
Quantity _____ Weight _____ Total Amount (USD) _____
生产厂家　　　　　　　　　　　　　　　　　　　　生产批号
Manufacturer _____ Produce mark _____
输出/输入国家和地区　　　　　　启运地　　　　　　　目的地
Country & region from or to _____ Port of loading _____ Port of destination _____
批准部委　　　　　　　　　　　　　　　　　　　　许可证(批文)编号
Authorized ministries and commissions _____ Licence No. _____
入境/出境口岸　　　　　　　　　　　　　　　　　　入境/出境日期
Port of entry / departure _____ Date of arrival / departure _____
入境后的生产、加工、使用、存放地址
The place of manufacture, machining, use or hold after entry _____
用途说明
Purpose describe _____
储存条件：　□常温　　　　□冷藏　　　　□冷冻　　　　□其它
Deposited condition: □ Normal temperature □ Refrigeration □ Freeze □ Others
含有或可能含有的微生物　　　　　　　　　　　　微生物危险性等级
Microbe which contain or likely contain _____ Risk lever _____
使用单位实验室：　　　　　　　　　　　　　　　　是否 P3 实验室：□是　□否
The lab of using unit _____ Is it a P3 lab: □ Yes □ No
随附文件 Attachment：
□1. 准出入证明(原件、复印件); Licence (original and copy)
□2. 特殊物品描述性文件(中英文对照); Descriptive Document (Chinese – English)
□3. 检验报告; Test Report
□4. 国内使用单位实验室生物安全等级证明(原件、复印件); Licence for BSL of the lab (original and copy)
□5. 其他 Others：

续 表

本表所填内容真实，保证严格遵守出入境特殊物品卫生检疫的有关规定，特此声明。
I declare that all above is true, and I will scrupulously abide by all the rules of the import / export special articles of health and quarantine.

签名/盖章 Signature/official stamp：　　　　　　　　　　　　　　日期 Date：

A 0000000　　　中华人民共和国质量监督检验检疫总局印制

中华人民共和国出入境检验检疫
ENTRY – EXIT INSPECTION ANG QUARANTINE OF THE PEOPLES REPUBLIC OF CHINA

出入境特殊物品卫生检疫审批申请表（附表）
APPLICATION OF IMPORT / EXPORT SPECIAL ARTICLES FOR VERIFICATION OF HEALTH AND QUARANTINE (ATTACHMENT)

申请流水号 No：_____

中文名称 Chinese name	英文名称 English name	数量 $A.1.1.1.1.1$ Quantity	重量 $A.1.1.1.1.2$ Weight	主要成份列项 List of component	用途 Purpose

填写单位（盖章）　　　　　　　　　　　　　　　　　　日期　　年　月　日
Applying unit（Stamp）　　　　　　　　　　　　　　　Date

入出境特殊物品卫生检疫审批工作基本要求

1　基本要求
1.1　建立数据库
以"入出境特殊物品卫生检疫行政审批"为内容建立出入境特殊物品入境、出境基本数据库（以下简称"特殊物品数据库"），在受理、审批过程中同时如实录入数据库中有关行政许可数据。
1.2　建立咨询网站
以"入出境特殊物品卫生检疫行政审批"为内容建立咨询网站，供申请人填写、下载《入出境特殊物品卫生检疫审批单》，查询受理进度、结果及查询特殊物品有关规章制度、许可程序等内容。
2　申请
在网上进行填报，并且达到以下要求：
（1）登记注册后（建立申请人的密码）可以调用所申请事项的基本数据，在线填报《入出境特殊物品卫生检疫审批单》，同时录入数据库；
（2）下载填报后的卫生检疫申报单，履行盖章签字手续。

3 受理

3.1 建立申请档案

受理机构接受《出入境特殊物品卫生检疫审批申请表》的文本,同时利用数据库获得《入出境特殊物品卫生检疫审批单》、不予受理决定书、不予许可决定书、材料补正告知书等审批决定的文本,建立申请档案。

3.2 履行受理手续

受理许可证办理人员在网上履行受理手续。

3.3 生成流程卡

受理许可证办理人员利用数据库,生成相应的口岸卫生检疫行政许可工作"流程卡"。

4 许可发证

4.1 履行许可手续

受理许可证办理人员在网上履行许可手续。

4.2 发证

许可机关利用数据库,打印《入出境特殊物品卫生检疫审批单》或不予许可决定书。

5 网上查询和申诉

可以随时查询《入出境特殊物品卫生检疫审批单》的处理状态,查看各种许可结果及各种许可决定(不予受理、材料补正、受理和实地检查、复审、上报的期限告知、不予许可、许可证签发等)。对从不予受理和不予许可决定不服的,可以通过网上进行申诉。

(一)总体流程图

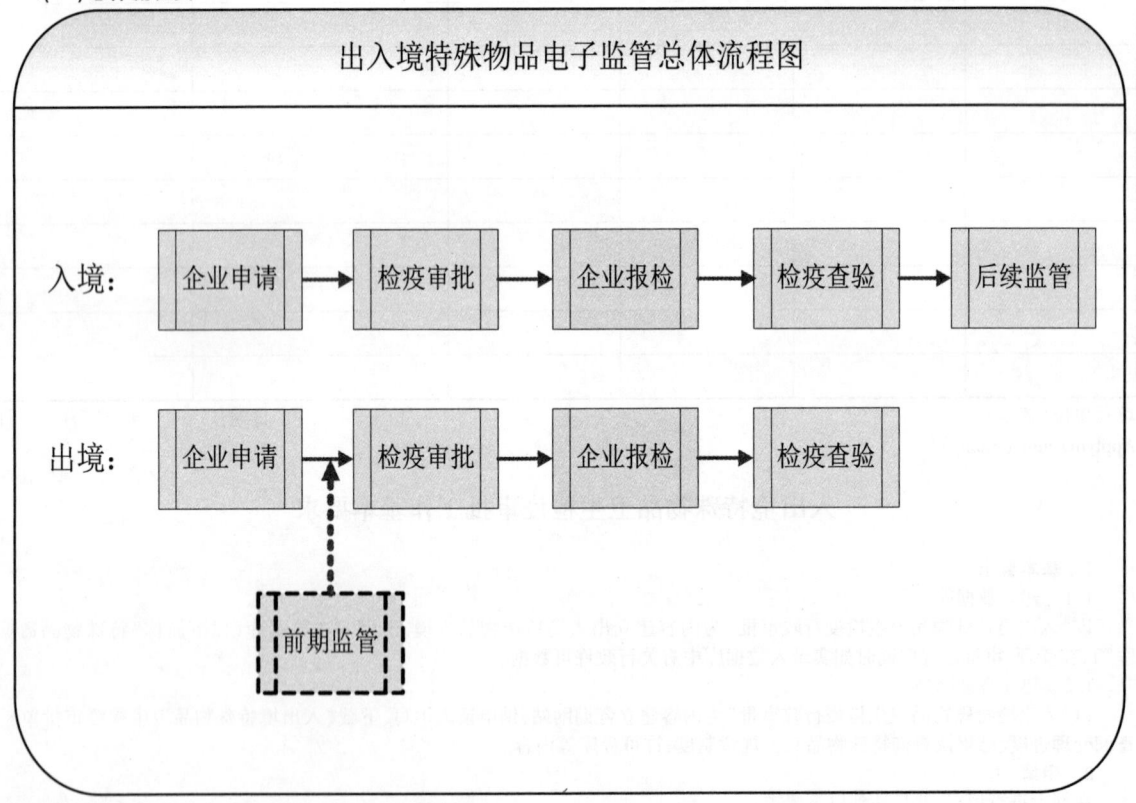

出入境特殊物品电子监管总体流程图

入境：企业申请 → 检疫审批 → 企业报检 → 检疫查验 → 后续监管

出境：企业申请 → 检疫审批 → 企业报检 → 检疫查验

↑ 前期监管

说明：企业报检 在CIQ2000系统中完成

(二)子流程图及简介

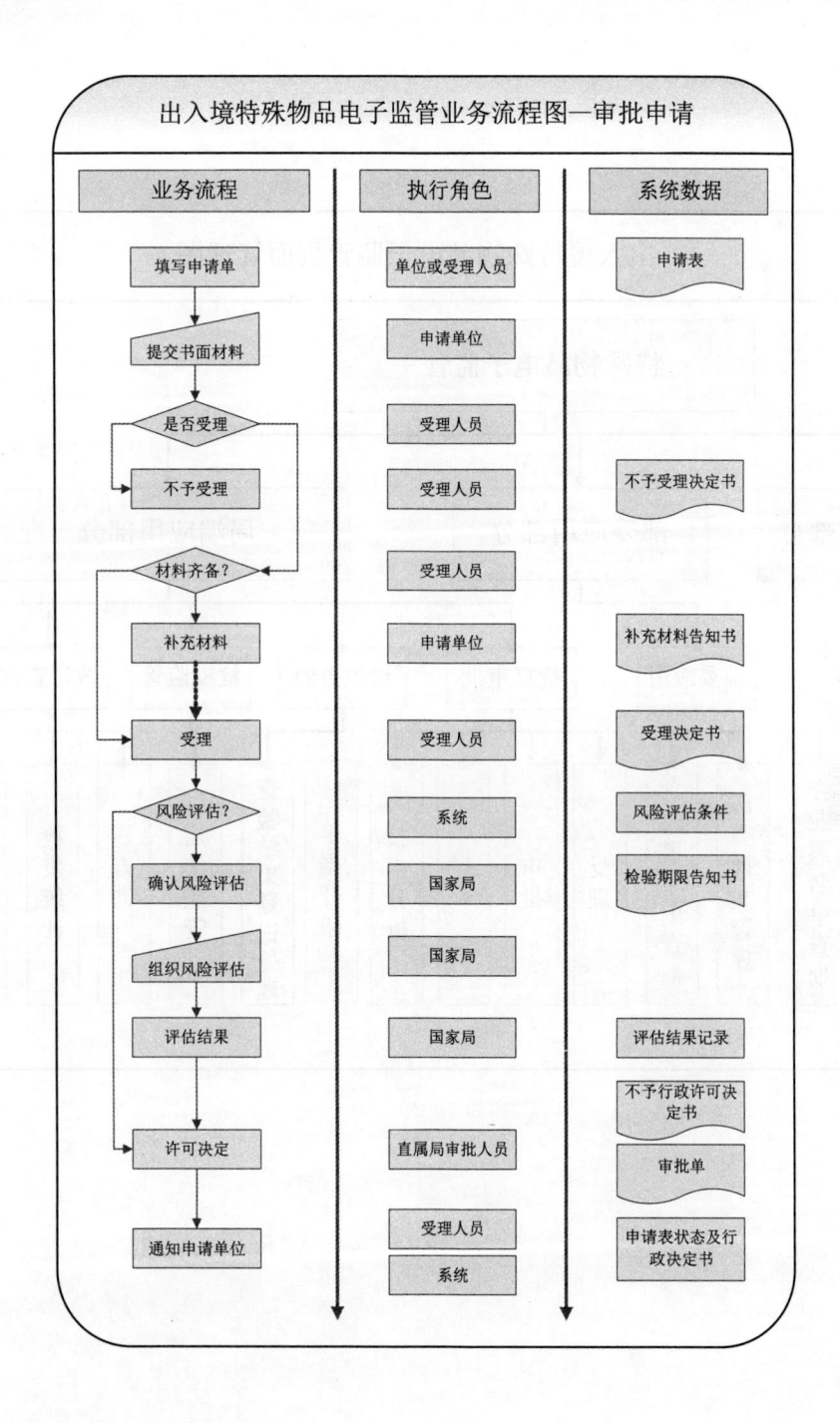

出入境特殊物品电子监管业务流程图—审批申请

业务流程	执行角色	系统数据
填写申请单	单位或受理人员	申请表
提交书面材料	申请单位	
是否受理	受理人员	
不予受理	受理人员	不予受理决定书
材料齐备？	受理人员	
补充材料	申请单位	补充材料告知书
受理	受理人员	受理决定书
风险评估？	系统	风险评估条件
确认风险评估	国家局	检验期限告知书
组织风险评估	国家局	
评估结果	国家局	评估结果记录
许可决定	直属局审批人员	不予行政许可决定书 / 审批单
通知申请单位	受理人员 / 系统	申请表状态及行政决定书

(三)包含的模块,模块的功能及关系

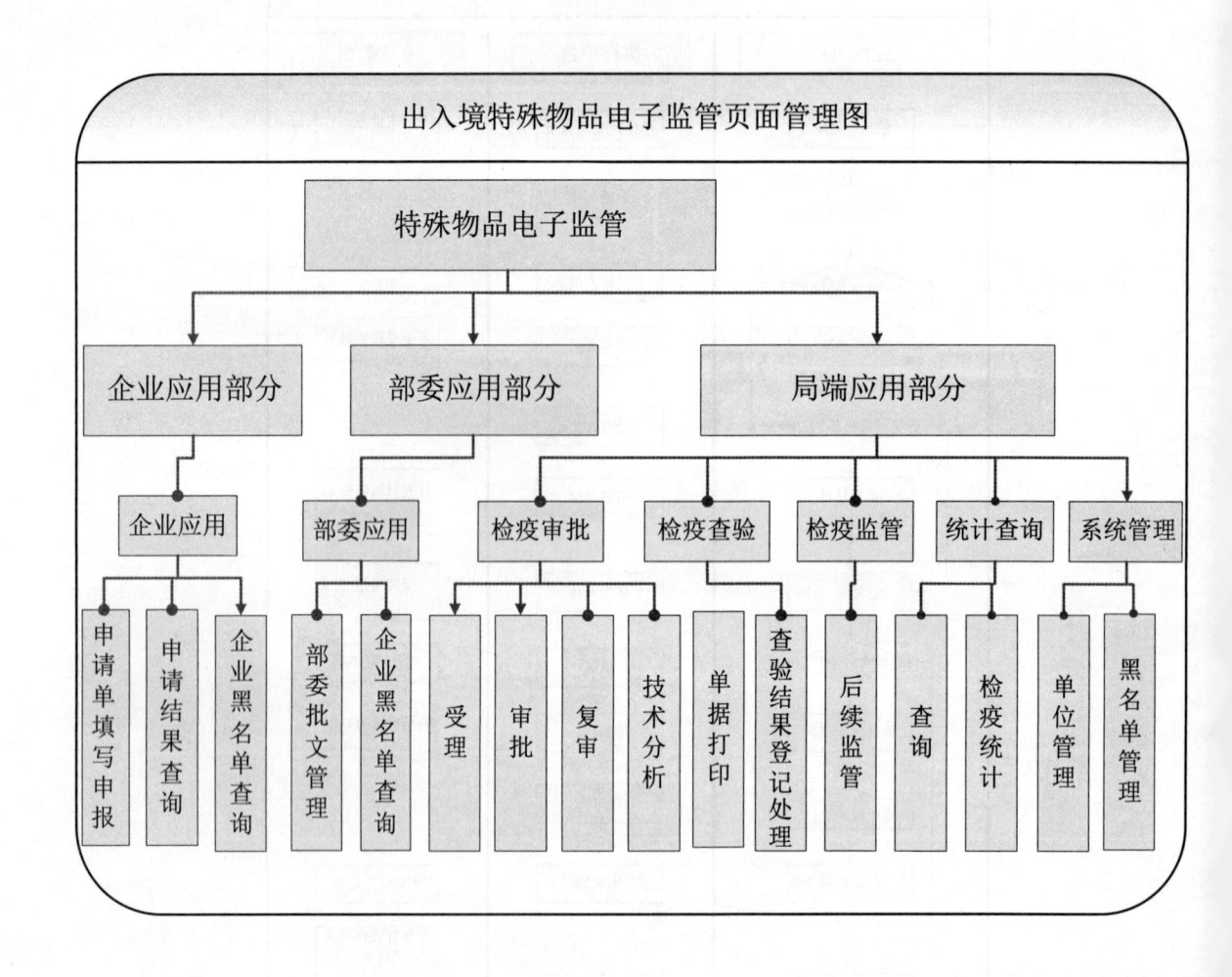

出入境特殊物品电子监管页面管理图

```
特殊物品电子监管
├── 企业应用部分
│   └── 企业应用
│       ├── 申请单填写申报
│       ├── 申请结果查询
│       └── 企业黑名单查询
├── 部委应用部分
│   └── 部委应用
│       ├── 部委批文管理
│       └── 企业黑名单查询
└── 局端应用部分
    ├── 检疫审批
    │   ├── 受理
    │   ├── 审批
    │   ├── 复审
    │   └── 技术分析
    ├── 检疫查验
    │   ├── 单据打印
    │   └── 查验结果登记处理
    ├── 检疫监管
    │   └── 后续监管
    ├── 统计查询
    │   ├── 查询
    │   └── 检疫统计
    └── 系统管理
        ├── 单位管理
        └── 黑名单管理
```

7. 从事出入境检疫处理业务的单位及人员认定文书

受理编号：

出入境检疫处理单位核准
申 请 表

申请单位(盖章)：
填表日期：
受理机构：
受理日期：

申请单位基本情况			
申请单位名称	中文		
^	英文		
单位地址邮编	注册地址、邮编		
^	经营地址、邮编		
法定代表人及其电话			
联系人、电话、传真			
组织机构代码			
申请检疫处理类别	□A 类，熏蒸(出入境船舶熏蒸、疫麦及其他大宗货物熏蒸)； □B 类，熏蒸(A 类熏蒸除外)； □C 类，消毒处理(熏蒸方式除外)； □D 类，药物及器械除虫灭鼠(熏蒸方式除外)； □E 类，热处理； □F 类，辐照处理； □G 类，除上述类别外，采用冷处理、微波处理、除污处理等方式实施的出入境检疫处理。		
需要提交的文件资料	□工商营业执照复印件 □职业卫生安全许可证复印件 □单位章程 □质量管理体系文件 □安全保障体系文件 □突发事件应急管理预案 □检疫处理操作规范文件(内容包括操作规范，药品、器械仓库平面图，熏蒸库房、辐照作业库房、热处理库房平面图，检疫处理专用场地平面图，检疫处理设施、药品和器材清单) □从业人员名单(含姓名、性别、年龄、从业类别、《从业证》编号等)以及《从业证》复印件		

续表

申请单位申明
_____出入境检验检疫局： 　　根据《出入境检疫处理单位和人员管理办法》，我单位现申请办理《出入境检疫处理单位核准证书》。 　　我单位保证严格遵守《中华人民共和国进出境动植物检疫法》及其实施条例、《中华人民共和国国境卫生检疫法》及其实施细则、《出入境检疫处理单位和人员管理办法》等有关法律法规规章的规定，自觉接受和配合出入境检验检疫机构的监督管理和指导；保证严格按照出入境检疫处理操作规程和技术要求，使用符合规定的出入境检疫处理药品、仪器、设备和材料，实施安全、有效的出入境检疫处理，并承担相应的法律和经济责任。 　　我单位承诺申请材料真实有效。 　　　　　　　　　　　　　　　　　　　　　　　　　　法定代表人(签名)： 　　　　　　　　　　　　　　　　　　　　　　　　　　申请单位(公章)： 　　　　　　　　　　　　　　　　　　　　　　　　　　　　　　年　　月　　日

评审意见	评审组长：　　　　　　　　　　　　　　　　　评审组成员： 　　　　　　　　　　　　　　　　　　　　　　　　年　　月　　日
主管部门审批意见	负责人：(签名) 　　　　　　　　　　　　　　　　　　　　　　　　年　　月　　日
直属局审批意见	负责人：(签名) 　　　　　　　　　　　　　　　　　　　　　　　　年　　月　　日

受理编号：

出入境检疫处理单位
变 更 申 请 表

申请单位(盖章)：

填表日期：

受理机构：

受理日期：

申请单位基本情况			
申请单位名称	中文		
^	英文		
单位地址邮编	注册地址、邮编		
^	经营地址、邮编		
法定代表人及其电话			
联系人、电话、传真			
组织机构代码			
原检疫处理单位核准证书编号			
原检疫处理业务类别	□A 类,熏蒸(出入境船舶熏蒸、疫麦及其他大宗货物熏蒸)； □B 类,熏蒸(A 类熏蒸除外)； □C 类,消毒处理(熏蒸方式除外)； □D 类,药物及器械除虫灭鼠(熏蒸方式除外)； □E 类,热处理； □F 类,辐照处理； □G 类,除上述类别外,采用冷处理、微波处理、除污处理等方式实施的出入境检疫处理。		

续　表

变更事项	证明材料
申请单位申明	

　　_____出入境检验检疫局：

　　根据《出入境检疫处理单位和人员管理办法》，我单位现申请办理变更手续。

　　我单位保证严格遵守《中华人民共和国进出境动植物检疫法》及其实施条例、《中华人民共和国国境卫生检疫法》及其实施细则、《出入境检疫处理单位和人员管理办法》等有关法律法规规章的规定，自觉接受和配合出入境检验检疫机构的监督管理和指导；保证严格按照出入境检疫处理操作规程和技术要求，使用符合规定的出入境检疫处理药品、仪器、设备和材料，实施安全、有效的出入境检疫处理，并承担相应的法律和经济责任。

　　我单位承诺申请材料真实有效。

法定代表人(签名)：

申请单位(公章)：

年　　月　　日

评审意见	评审组长：	(如果需要) 评审组成员： 年　　月　　日
主管部门审批意见		负责人：(签名) 年　　月　　日
直属局审批意见		负责人：(签名) 年　　月　　日

出入境检疫处理人员考试报名表

档案号：　　　　　　　　　　　　　　　　　　　　　　　报名时间：

<table>
<tr><td rowspan="8">基本信息</td><td>姓　　名</td><td></td><td>性　　别</td><td></td><td rowspan="4">照片</td></tr>
<tr><td>出生日期</td><td></td><td>专业职称</td><td></td></tr>
<tr><td>证件类型</td><td></td><td>证件号码</td><td></td></tr>
<tr><td>毕业学校</td><td></td><td>所学专业</td><td></td></tr>
<tr><td>学　　历</td><td></td><td>毕业日期</td><td></td><td></td></tr>
<tr><td>通讯地址</td><td></td><td>邮政编码</td><td></td><td></td></tr>
<tr><td>联系电话</td><td></td><td>E-mail</td><td></td><td></td></tr>
<tr><td>报考类别</td><td></td><td>报考地点</td><td></td><td></td></tr>
<tr><td>报考人承诺</td><td colspan="5">1. 本人承诺所提供的个人信息及有关资料、证件是真实、准确、完整的，如个人信息虚假、错误愿承担一切后果。
2. 本人承诺自觉遵守考试纪律和考场规则，不违规、不作弊。如有违反，愿接受处理。
3. 本人对以上个人基本信息均已核对并确认无误。

　　　　　　　　　　　　　　　　　　　　　　　　　承诺人签名：
　　　　　　　　　　　　　　　　　　　　　　　　　_____年___月___日</td></tr>
<tr><td>受理意见</td><td colspan="5">

　　　　　　　　　　　　　　　　　　　　　　　　　_____年___月___日</td></tr>
<tr><td rowspan="2">考核信息</td><td colspan="2">准考证编号</td><td>考试成绩</td><td colspan="2">从业资格证编号</td></tr>
<tr><td colspan="2"></td><td></td><td colspan="2"></td></tr>
<tr><td>办理结论</td><td colspan="5">

　　　　　　　　　　　　　　　　　　　　　　　　　_____年___月___日</td></tr>
</table>

注：1. 报名表"报名时间"、"基本信息"部分由报考人员本人填写，并在"报考人承诺"处签字核实确认；其它有关项目均由检验检疫部门工作人员填写；

　　2. 报考类别选择熏蒸处理类（A类、B类）和其他类（C类、D类、E类、F类、G类）两类。

(四)认证认可

1. 从事强制性认证以及相关活动的认证机构、检查机构及实验室指定文书

机构人员一览表

序号	姓名	性别	年龄	文化程度	职务/职称	所学专业	毕业时间	现在部门岗位	从事本岗位年限	相关资格（检查员/审核员）	备注

强制性产品认证指定机构审批表

机构名称	
机构性质	国有　　集体　　股份合作　　私营　　港澳台投资　　外商投资
法人性质	独立法人　　独立法人的内设机构
申请类别	指定认证机构　　指定检查机构　　指定实验室
申请性质	新申请　　扩项
申请业务范围（含对应标准）	
业务部审查结论（含专家委员会意见）	经办人：　　　年　月　日 部门领导：　　　年　月　日
国务院有关部门意见	
委领导审批意见	委领导：　　　年　月　日

申请强制性产品认证指定机构受理表

机构名称	
机构性质	国有　　集体　　股份合作　　私营　　港澳台投资　　外商投资
法人性质	独立法人　　独立法人的内设机构
申请类别	指定认证机构　　指定检查机构　　指定实验室
申请性质	新申请　　扩项
申请业务范围 （含对应标准）	
业务部 受理结论	经审查符合《管理办法》的基本条件要求，同意受理。 经审查不符合《管理办法》的基本条件要求，不予以受理 经办人：　　　　　　　　　　　　　年　　月　　日 部门领导：　　　　　　　　　　　　年　　月　　日

申请指定的信息调查表

1. 机构联络信息
   1.1　机构名称：
   1.2　联系人姓名及职务：
   1.3　地址/邮编：
   1.4　电话/传真：
   1.5　E–mail：
2. 法定代表人姓名及职务：
   机构负责人姓名及职务
3. 组织机构：
   3.1　机构的上一级组织/出资方名称：
   3.2　法律地位
      3.2.1　本机构是
      □事业法人□社团法人□国家独资的企业法人□其他。
         请提交相关文件#＿＿＿＿＿＿（如批准、注册文件，持股结构资料等）；
      其它类型的机构：＿＿＿＿＿＿＿＿＿＿＿＿＿＿＿＿＿＿＿＿＿＿＿＿＿
         请提交相关文件#＿＿＿＿＿＿（如说明，批准、注册文件，持股结构资料等）；

3.2.2 机构是否具备独立的法人地位？
□是，请提交法律地位的证明文件#＿＿＿＿＿＿；
作为独立的法律实体，是否是某一较大机构/组织的一部分或隶属于某一较大机构/组织？ □是 □否
如填是，请提交明确与该较大机构/组织其它部分关系，并证明与其没有任何利益冲突的文件#（参见《相关机构信息调查表》（附件1-2-1））；
□否，隶属于某一法人单位。是否有独立的建制，其机构组成是否有主管部门（独立法人单位）的批准文件，机构负责人是否得到主管部门的正式书面任命，并授权本机构独立进行规定范围的工作？□是 □否
如填是，请提交相关证明文件#＿＿＿＿＿＿；
3.2.3 是否有董事会/管理委员会/咨询委员会/专门委员会？ □是 □否
如填是，请提交董事会/管理委员会/咨询委员会/专门委员会委员的名单#＿＿＿＿＿，包括姓名、所在单位，对于管理委员会/咨询委员会委员，应明确委员所代表的方面（如政府、供方、需方）；
4. 财务
4.1 注册资金＿＿＿＿＿元，注册号：＿＿＿＿＿＿
4.2 获得财务支持的方式： □国家拨款 □社团 □企业 □其它
5. 公开文件
请提交一份公开文件的清单，并提交一套清单中所列的公开文件#＿＿＿＿＿；
6. 资源
6.1 办公面积＿＿＿＿＿平方米
6.2 计算机＿＿＿＿＿台、复印机＿＿＿＿＿台、传真机＿＿＿＿＿台、＿＿＿＿＿线电话
6.3 人员
请按《机构人员一览表》（附件1-2-2）的要求提交一份本机构所有将来将从事中国强制性产品认证工作的有关人员（管理人员、工作人员、检测/检查人员、技术专家等）的名单；
6.4 检测能力（此项对认证/检查机构不适用）
请按《检测机构仪器设备配置表》（附件1-2-3）的要求提交一份本机构将来将用于中国强制性产品认证检测工作的仪器设备。
7. 机构运作信息
7.1 本机构开展认证/检测/检查依据的准则是：
□ISO/IEC 指南65 □ISO/IEC 17025
□ISO/IEC 17020 □其它（请详细说明）
7.2 本机构获得的国家认监委授权的认可机构的认可或具备同等效力的有关情况：

7.3 本机构参加国际组织或国际认证、检测/检查机构的情况：

7.4 本机构的建立时间： 年 月 日
7.5 本机构按现行质量体系运行的起始时间：
年 月 日
7.6 本机构已颁发相关产品的认证证书/检测报告/检查报告情况：

产品范围	对应标准	认证证书(份)	检测报告(份)	检查报告(份)

7.7 目前所开展的其他业务活动：

8. 其它说明：

声明：我谨代表本机构郑重声明，本机构已按本表所列内容对本机构的有关情况进行了认真的检查，保证本表及其附件所提供的信息准确、属实，若所报信息不实或有意隐瞒，本机构愿意接受国家认证认可监督管理委员会的处理。

              填表人(签名)：_____
              填表日期：_____
              机构盖章

注：如果表中所述情况发生重大变化(包括指定以后)，请上报国家认证认可监督管理委员会

申请成为强制性产品指定认证机构、检查机构与实验室的申请书

申 请 书

    申请机构：_____
    申请日期：_____

中华人民共和国国家认证认可监督管理委员会

说 明

1. 本申请书适用于认证/检测/检查机构申请承担中国强制性产品认证工作的指定。
2. 本申请书中带有□的条款为可选项，请在适用的□中打√。
3. 本申请书所有填报项目(含表格)页面不足时，可另附页。
4. 本申请书用电脑打印，清晰、准确。
5. 本表填好后，将软硬拷贝件按以下地址寄出：
地址：北京海淀区马甸东路9号
   国家认证认可监督管理委员会认证监管部
邮编：100088

1. 申请机构
法定注册名称：_____
其他名称：1 _____
         2 _____
         3 _____
         4 _____
地址：_____
法定代表人：_____
联系人：_____ 职务：_____ 电话：_____
传真：_____ E – mail：_____

2. 申请类别：
□认证机构指定   □检测机构指定   □检查机构指定
□初次指定   □再次指定   □扩大指定范围

3. 提供的资料
   3.1 本机构简介
   3.2 本机构章程
   3.3 本机构法律地位证明文件
   3.4 本机构获得国家认监委授权的认可机构的认可证书及认可范围(具体到项目)
   3.5 本机构受控质量手册(含组织机构图)及程序文件目录
   3.6 《申请指定的业务范围》(附件1-1)
   3.7 《申请指定信息调查表》(附件1-2)

4. 声明
我代表本机构郑重声明：
(1)本机构自愿申请成为国家认证认可监督管理委员会指定的从事中国强制性产品认证工作的机构。
(2)本机构愿意遵守国家认证认可监督管理委员会关于中国强制性产品认证的各项规定；
(3)本机构同意按指定要求提供所需文件和资料，所提供的信息均正确属实；

法定代表人(签名)：   申请机构(盖章)
日期：

附件1-1：

申请指定的业务范围

第　　页,共　　页

序号	产品名称	依据的标准/认证规则号、名称	测试项目 (仅供检测机构填)	限制范围或说明

续 表

1. 填写在本表格中的申请范围均应获得国家认监委指定的认可机构的认可,没有得到认可的请予以说明;
2. "依据的标准/认证规则号、名称"对检测机构应填写国家认监委发布的《实施强制性产品认证的产品目录》中规定的标准号/名称、以及对应的认证规则号;对认证机构填写认证规则号/名称;对检查机构填写认证规则号/名称
3. "限制范围"可填写"能或不能"的检测项目,可依据哪种表述更为简洁来填写;"说明"项需对申请的检测项目(含借用仪器设备或分包)予以说明。

相关机构信息调查表

在填制本表之前,请认真阅读填表说明

1. 相关机构的信息
    名称:_____
    地址:_____
    法定代表人/负责人:_____ 电话/传真:_____
2. 与本机构的关系:
    2.1 本机构的母机构
     ● 本机构的出资方 □
     ● 向本机构提供过资金、办公场所、办公设施、人员支持,包括借用支持的机构; □
     ● 本机构需要上交利润和管理费的机构 □
     ● 本机构的行政主管,对本机构的高层管理人员的任命有影响的机构 □
     ● 本机构的法律母体 □
    2.2 本机构的姐妹机构
     ● 与本机构的母机构存在类似于 2.1 中所述关系的其它机构; □
     ● 由本机构的母机构派人担任管理层职务的机构; □
     ● 由本机构的管理层人员兼任管理职务的机构。 □
    2.3 其它
     ● 使用与本机构名称不同的牌子,实质上为一套人马的机构及以其名义设立的子机构,包括联络站、办事处和与其它有合同关系/合作协议的机构等; □
     ● 与本机构存在合作协议/合同关系的机构; □
     ● 与本机构或其母机构有明显的财务联系(如财务统一管理等)的机构; □
     ● 与本机构或其母机构的名称部分或完全相同的机构。 □
    2.4 其它关系(请详细说明)_____
3. 该相关机构的业务活动/工作职能及所包括的具体项目;
   证明材料见附件#_____
4. 请提供表示你机构与该相关机构组织关系的组织机构图;
   证明材料见附件#_____
5. 请就相关机构的业务活动/工作职能,在以下方面逐一分析其对你机构构成利益冲突的可能性,并明确如果不加以适当控制,可能会影响你机构活动的可信性、客观性或公正性那些相关机构的活动:
    5.1 是否向本机构认证/检测/检查对象提供服务; □是 □否
    5.2 提供为获得或保持认证/检测/检查的咨询服务; □是 □否
    5.3 是否提供为获得或保持认证/检测/检查的代理服务; □是 □否
    5.4 是否提供产品设计的服务; □是 □否

5.5 是否提供设计、实施或保持质量体系的服务。　　　　　　□是　□否
证明材料见附件#_____
6. 对已经或可能构成利益冲突的相关的机构,你机构采取的控制措施,请逐一说明。
证明材料见附件#_____

　　　　本机构郑重声明,本机构已按本表所列内容对本机构的有关情况进行了认真的检查,保证本表及其附件所提供的信息准确、属实,若所报信息不实或有意隐瞒,本机构愿意接受国家认证认可监督管理委员会的处理。

　　　　　　　　　　　　　　　　　　　　　　机构名称:_____
　　　　　　　　　　　　　　　　　　　　　　填表日期:_____
　　　　　　　　　　　　　　　　　　　　　　机构盖章

2. 产品质量检验机构资格认定文书

计量认证/审查认可(验收)

申　请　书

IMA/A

机 构 名 称:　　　　　　　　(盖章)

主管部门名称:　　　　　　　　(盖章)

申 请 日 期:200　年　月　日

国家认证认可监督管理委员会编制

填 表 须 知

1. 用墨笔填写或计算机打印,字迹要清楚。
2. 填写页数不够时可用 A4 纸附页,但须连同正页编号　　页,共　　页。
3. "主管部门"指机构的行业行政主管部门(若无行业行政主管部门的此项不填)。
4. 本《申请书》所选"□"内打"√"。
5. 本《申请书》中"CNACL"是"中国实验室国家认可委员会"的英文缩写。
6. 本《申请书》须经机构法定代表人或授权人签名有效。
7. 本《申请书》亦适用扩项和复评审的申请。
8. 本《申请书》所附附件:
附件1:申请计量认证/审查认可(验收)项目表
附件2:组织机构框图
附件3:检测人员一览表
附件4:检测能力分析及分包情况一览表
附件5:仪器设备(标准物质)及其检定/校准一览表

1. 概况
   1.1 机构名称：_____
       地址：_____
       邮编：_____ 传真：_____ E－mail：_____
       负责人：_____ 职务：_____ 电话：_____
       联系人：_____ 职务：_____ 电话：_____
   1.2 所属法人单位名称(若机构是法人单位的此项不填)：
       _____
       地址：_____
       邮编：_____ 传真：_____ E－mail：_____
       负责人：_____ 职务：_____ 电话：_____
   1.3 主管部门名称(若无主管部门的此项不填)：
       _____
       地址：_____
       邮编：_____ 传真：_____ E－mail：_____
       负责人：_____ 职务：_____ 电话：_____
   1.4 机构设施特点
       固定□   临时□   可移动□   其他□
   1.5 法人类别
     1.5.1 独立法人机构
          社团法人□   事业法人□   企业法人□   其他□
     1.5.2 机构所属法人(非独立法人机构填此项)
          社团法人□   事业法人□   企业法人□   其他□
   1.6 评审类型
     1.6.1 计量认证
          首次□   扩项□   复评审□   其他□
     1.6.2 计量认证＋审查认可
          首次□   扩项□   复评审□   其他□
     1.6.3 计量认证＋审查认可(验收)
          首次□   扩项□   复评审□   其他□
   1.7 获取证书情况
       计量认证证书编号：_____ 证书有效截止日：_____
       授权证书编号：_____ 证书有效截止日：_____
       验收证书编号：_____ 证书有效截止日：_____
       CNACL 认可证书编号：_____ 证书有效截止日：_____
   1.8 申请计量认证/审查认可(验收)的专业类别

   1.9 机构总人数：_____ 名
       高工 ____ 名,占 ____ %;工程师 ____ 名,占 ____ %;
       助工 ____ 名,占 ____ %;技术员 ____ 名,占 ____ %;
   1.10 机构检测报告授权签字人数：_____ 名
       姓 名   职 务   签字领域

1.11 机构资产情况
    固定资产原值：　　　　　　万元
    仪器设备总数：　　　　　　台(套)
1.12 机构房屋面积(m²)
    实验室面积：　　　　　　恒温面积：
2. 提供资料状况
  2.1 申请计量认证/审查认可(验收)项目表(见附件1)
  2.2 组织结构框图(见附件2)
  2.3 检测人员一览表(见附件3)
  2.4 检测能力分析及分包情况一览表(见附件4)
  2.5 仪器设备(标准物质)及其检定/校准一览表(见附件5)
  2.6 典型检测报告(1份)　　　　　　　　　□
  2.7 质量手册(1份)　　　　　　　　　　　□
  2.8 程序文件目录　　　　　　　　　　　　□
  2.9 其它证明资料：
    法人证明复印件　　　　　　　　　　　□
    法定代表人授权批文　　　　　　　　　□
    机构设置的批文复印件　　　　　　　　□
    近二年已参加能力验证情况： 有□(若有请另附页说明) 无□
(注：申请"三合一"、"二合一"评审的机构，不需要提供2.4～2.8所列资料)
3. 希望评审时间

4. 声明：
  4.1 本机构遵守中华人民共和国有关计量认证/审查认可(验收)的法律、法规及国家认证认可监督管理委员会发布的有关规定。
  4.2 经对照《计量认证/审查认可(验收)评审准则》及相关规定，认为本机构的质量体系基本满足要求。
  4.3 保证所提交的申请内容均为真实信息。
  4.4 按规定交纳计量认证/审查认可(验收)所需费用。

机构法定代表人签字：　　　　　　　　　　　　　　　日期：

机构被授权人签名：　　　　　　　　　　　　　　　　日期：
(非法人单位填此项)

检测能力分析及分包情况一览表

第　页　共　页

序号	被检产品/参数名称	标准/规范代号	总项数①	能检项数	占%	不能检测的参数名称	接受分包②单位及认证/认可证书号	分包期限及合同号	备注

注：①"总项数"指标准中规定应检测的总项目数；②接受分包单位必须为经计量认证或CNACL认可的机构（实验室），并以合同形式确定。

申请计量认证/审查认可(验收)项目表

第　页　共　页

序　号	项目名称	依据的标准名称、代号(含年号)	限制范围或说明

注：①将申请认证/认可(验收)的项目按产品或参数排序，如申请项目既有产品又有参数须分别填表；
②具备检测产品全部参数能力的(含分包)，按产品名称填写；只具备检测产品部分参数能力的，按能检测的参数名称填写；
③申请认证/认可(验收)的项目，一般为国家、行业、地方标准，其他标准或方法应注明发布国家或单位名称；
④"限制范围"指能或不能检测的项目，选用最为简洁的方式填写；"说明"是对申请检测项目(含借用仪器设备或分包)的解释。

仪器设备(标准物质)及其检定/校准一览表

第　页　共　页

检测项目参数名称	标准条款/检测细则编号	仪器设备名称、型号/规格	测量范围	准确度等级/不确定度	制造单位	检定/校准机构	有效日期	自检/校项目	自检/校规范名称及编号	备注（比对情况）

注：①在检测项目较多时，可选择其中1个/多个典型项目，分别按参数列出相关仪器设备，与标准/典型项目相同者不再重复填写；

②非法定计量检定机构检定/校准的仪器设备，须在备注栏内注明授权检定的计量行政部门；

③自检/校仪器设备须自编规范、备案编号，并经相关技术部门审核后填入栏内；

④无法溯源的仪器设备所进行的自行比对或参加国际、国内能力验证的结果填写在备注（比对情况）栏内；

⑤此表须现场评审组签字。

评审组长：　　　　　评审员/技术专家：　　　　　日期：

质检机构人员一览表

第　页　共　页

序号	姓名	性别	年龄	文化程度	职称	所学专业	从事本技术领域年限	现在部门岗位	本岗位年限	备注

组织结构框图

注：①独立法人的画出本机构内、外（行政或业务指导）部关系；
②非独立法人的画出本机构的在母体法人中所处位置，表明所有二级机构及内、外部关系；
③直接（属行政）关系用实线连接，间接（属业务指导）关系用虚线连接；
④有独立账号的，请在此页的空白处加盖有本机构名称和开户银行账号的印章。

3. 设立认证机构审批文书

设立认证机构材料要求

2016年2月18日

一、基础材料（独立成册。可以与三、注册资本的相关材料合并成册）
1.1 设立认证机构申请书（见附件1）
1.2 场所和设施相关材料
1.2.1 办公场所使用证明（自有房产证明或租赁证明，租赁期限大于一年）
1.2.2 必备办公设施清单
二、管理制度相关材料（独立成册）
2.1 公司章程（与工商登记部门留存件一致）
2.2 申请者的管理制度文件电子版（应符合GB/T27021《合格评定 管理体系审核认证机构的要求》或GB/T27065《合格评定 产品、过程和服务认证机构要求》的相关要求）
2.3 高级管理人员相关材料
2.3.1 申请者对具备履职能力的高级管理人员的选择、聘用、考核的管理要求
2.3.2 申请者对高级管理人员评价的结果证实性资料（至少应包含评价过程），以及高级管理人员名单及身份证复印件（见附件2）
2.4 拟开展认证项目的认证规则的备案承诺书（见附件3）
2.5 拟签发认证证书的样本（符合国家质检总局2004年第63号令《认证证书和认证标志管理办法》的规定要求）
三、注册资本的相关材料（独立成册。可以与一、基础材料合并成册）
3.1 申请者的主体资格证明（《企业法人营业执照》/《事业单位法人证书》/《社团法人证书》）（其中境外股东要提供所在国家或者地区政府颁发的商业登记证、税务登记证等合法登记证明，经所在国家或地区的公证机构公证，并取得中国相关使领馆的领事认证。非中文的材料，须提供中文翻译件，并附上申请人对翻译内容负法律责任的声明。公证和领事认证文件应为一年内签发。）
3.2 出资人的证明
3.2.1 法人出资人

3.2.1.1 法人出资人的主体资格证明(《企业法人营业执照》/《事业单位法人证书》/《社团法人证书》)(其中境外股东要提供所在国家或者地区政府颁发的商业登记证、税务登记证等合法登记证明,经所在国家或地区的公证机构公证,并取得中国相关使领馆的领事认证。非中文的材料,须提供中文翻译件,并附上申请人对翻译内容负法律责任的声明。公证和领事认证文件应为一年内签发。)

3.2.1.2 法人出资者基本情况和经营范围介绍

3.2.2 自然人出资者

3.2.2.1 自然人出资者身份证复印件

3.2.2.2 自然人出资者简历

3.3 申请外商投资认证机构还需提交:(其中境外股东要提供所在国家或者地区政府颁发的商业登记证、税务登记证等合法登记证明,经所在国家或地区的公正机构公证,并取得中国相关使领馆的领事认证。非中文的材料,须提供中文翻译件,并附上申请人对翻译内容负法律责任的声明。公证和领事认证文件应为一年内签发。)

3.3.1 外方投资者获得所在国家或地区的认可机构颁发的认可证书(在中国(上海)自由贸易试验区设立外商投资认证机构不适用此款)

3.3.2 外方投资者从事相应领域认证业务三年以上的证明(在中国(上海)自由贸易试验区设立外商投资认证机构不适用此款)

3.3.3 中方投资者的资质证明(《企业法人营业执照》/《事业单位法人证书》/《社团法人证书》/身份证明)

3.3.4 外方投资者在中华人民共和国境内设立唯一认证机构,颁发其认证证书的承诺

3.3.5 一份外方投资者真实签发的认证证书彩色影印件样本

四、专职认证人员证明材料(独立成册)

4.1 专职认证人员名单(见附件4)及证明材料(符合(国认可〔2014〕49号)《关于调整认证机构审批事项的通知》规定要求)

(以下资料以每位专职认证人员为单位(如:张三的4.1.1~4.1.5)进行资料排序)

4.1.1 身份证复印件(非中国内地居民为就业证)

4.1.2 专职认证人员签名的专职声明原件(见附件5)

4.1.3 申请者与专职认证人员签订的劳动合同(合同应采用当地劳动和社会保障局确定的样本)/劳务合同(适用退休或提前退休的专职认证人员),签订的合同应在12个月以上

4.1.4 专职认证人员已与原工作单位解除劳动关系的证明(原工作单位指认证人员来申请者之前的社会保险关系所在单位。解除劳动关系证明是《社会保险法》第五十条规定的证明或其他能说明专职认证人员已不在原单位工作的证明)(下列情况可不提供解除证明:提交申请前与申请者有2年以上的社会保险关系证明)

4.1.5 社会保险证明或退休证明或内退人员退休前所在单位或人事部门确认的证明(退休人员需提交CCAA注册证明)

五、申请一般工业产品认证业务领域的还需提交以下材料之一(独立成册):

5.1 申请者的认证人员资料(此项为必要项):

5.1.1 申请者对认证人员的培训、选择、聘用、考核的管理制度;

5.1.2 申请者对所申请认证领域的认证人员评价的结果证实性资料(至少应包含评价过程);

5.2 对所申请的产品认证主营业务领域具备相应的自有检测资源和能力;

5.3 具有所申请产品认证领域的行业背景或科研技术开发能力;

5.4 拟开展的产品认证结果有明确或潜在的广泛采信需求。

六、申请农食产品认证业务领域的还需提交以下材料之一(独立成册):

6.1 申请者的认证人员资料(此项为必要项):

6.1.1 申请者对认证人员的培训、选择、聘用、考核的管理制度;

6.1.2 申请者对所申请认证领域认证人员评价的结果证实性资料(至少应包含评价过程);

6.2 对所申请的产品认证主营业务领域具备相应的自有检测资源和能力;

6.3 具有所申请产品认证领域的行业背景或科研技术开发能力;

6.4 拟开展的产品认证结果有明确或潜在的广泛采信需求。

6.5 申请从事"对产品生产加工过程或者产品某一特性[如有机、良好农业规范等]合格评定"认证模式的食品农产品认证机构,应具备所申请食品农产品领域科研、检测、推广或行业管理背景(此项为必要项)。

七、申请服务认证业务领域的还需提交以下材料(独立成册):

7.1 申请者对认证人员的培训、选择、聘用、考核的管理制度;

7.2 申请者对所申请认证领域认证人员评价的结果证实性资料(至少应包含评价过程);

八、申请管理体系认证业务领域的还需提交以下材料(独立成册):

8.1 申请者对认证人员的培训、选择、聘用、考核的管理制度;

8.2 申请者对所申请认证领域认证人员评价的结果证实性资料(至少应包含评价过程);

8.3 申请设立从事食品农产品管理体系认证领域的机构,应具备所申请食品、农产品领域科研、检测、推广或行业管理背景。

九、设立认证机构公示材料要求(以光盘形式提供,形成一个 PDF 文件)

9.1 设立认证机构申请书(去掉法人签字和日期)

9.2 公司章程

9.3 拟签发认证证书的样本

9.4 不少于 10 名的专职认证人员名单(身份证号后八位以"＊"符号代替)

9.5 专职认证人员签名的专职声明原件(身份证号后八位以"＊"符号代替)

十、独立成册要求

10.1 申请材料应按照一至八的编号建立材料目录

10.2 按材料目录顺序将材料装订成册

(以册内资料不易散落、遗失、替换为宜)

附件 1

认证机构申请书

申请事项：□设立认证机构
　　　　　□认证机构扩大认证业务范围
　　　　　□认证机构设立子公司
　　　　　□认证机构子公司扩大认证业务范围
　　　　　□延续认证机构批准
　　　　　□认证机构变更事项

认证领域（依据〔2014〕38 号公告填列）：_____

_____

认证机构名称：
认证机构批准号：
联系人：　　　　　　　　电话：　　　　　　　　E-mail：

声　明

1. 我们明白此套书面申请材料是用于申请《认证认可行政审批》的正式申请材料。
2. 提交的资料均准确真实。
3. 我们已经知道，若本申请书的资料有任何虚假，将接受《行政许可法》第六十九条第二款和第七十八条及《认证机构管理办法》第四十四条相关规定的处罚。
4. 我们将严格遵守《中华人民共和国认证认可条例》和《认证机构管理办法》的规定。

认证机构名称：　　　　　　　（盖章）

法定代表人：　　　　　　　　（签名）
填写日期：　　　　　年　　月　　日

（本申请书双面打印，不接受单面双页）

附件 2

高级管理人员信息表

序号	姓名	(拟任)职务	分管(拟分管)部门或事务	学历/所学专业	相关工作经历

附件 3

拟开展认证项目的认证规则的
备案承诺书

我们承诺在取得《认证机构批准书》后,在获得批准的认证领域内开展自行制定或实施的认证规则时,依照《国家认监委关于认证规则备案的公告》(2015 年第 18 号公告)的规定,向国家认监委备案认证规则并自行向社会公布,接受监督。

认证机构盖章:

法定代表人签字:　　　　年　　月　　日

附件 4

专职认证人员名单

序号	姓名	身份证号	学历/所学专业	申请者评价的专业/领域	备注
1					
2					
3					
4					
5					
6					
7					
8					
9					

附件 5

专职认证人员声明

一、声明人基本信息：
姓名：　　　性别：　　　出生年月：　　　户口所在省市：　　　现居住地：
身份证号(非中国内地居民填就业证/就业许可证号)：
专职从业的认证机构名称：
国家注册认证审核员/检查员证书号(非必填项)：
声明人通信地址(含邮编)：
办公电话号码：　　　　　　手机号码：

二、声明人的简历：(从上大学开始至此声明时，时间段具有连续性)

起 止 年 月	工 作 单 位	技术职称	保管人事档案的单位	缴纳社会保险费的单位
年 月至 年 月	(院校)　　　系			

(本声明应双面打印，单面双页无效)

三、声明人从事认证、认证培训或认证咨询工作的经历(非必填项)：

起 止 年 月	从业所在的机构	具有相关注册证书的号码
年 月至 年 月		

四、认证机构的专职认证人员应符合下列专职要求：
1. 应与其工作所在的认证机构签订符合《劳动合同法》规定的劳动合同，是该机构的正式职工，其社会保险事项由该机构按照《社会保险法》的规定办理。

2. 除由工作所在认证机构以其社会保险登记证登记和缴纳社会保险费外,专职认证人员不得同时以其他方式登记有另一份社会保险。

3. 若不是中国内地居民,应具有《台港澳人员就业证》或者《外国人就业证》。

五、声明:(将适用的条款□描■)

1. 本人已经明白专职认证人员应符合的专职要求。

2. 本人愿意成为_____的专职认证人员。

□本人已与该单位签订劳动合同,社会保险已登记在该单位名下。本人别无另外的社保登记。

□本人是该单位的出资方派驻人员,社保手续由出资方办理(相关证明缴纳社保费的凭证见附件)。

□本人所在认证机构是国家事业单位,本人是事业单位在编人员(相关证明见附件)。

3. 本人愿意成为正在申请设立认证机构的_____的专职认证人员。本人已和原为本人缴纳社保费的工作单位解除劳动关系(相关证明和停止缴纳社保费的凭证见附件)(下列情况可不提供解除证明:提交申请前与申请者有2年以上的社会保险关系证明)。本人明白断档的社保将由该公司补交,若申请人未能获得批准,本人承担相关的风险。

4. 本人保证此书面声明所列的基本信息、简历和从事认证、认证培训或认证咨询工作的经历是由本人填写,内容准确、真实、完整。本人明白公正和诚信是认证人员从业的基本要求,并且知道审批机关会对本声明的内容进行核查,若有任何虚假,可能面临严肃的行政处罚和(或)从业资格处置。

声明人签字: 年 月 日

4. 认证机构确定文书

认可机构申请书

(申请设立)机构名称:_____

申请日期:____年___月___日

注1:本表用钢笔或打字机以中文正楷填写。
注2:本表请用A4纸填写,提交书面和电子版各一份。

---

1. 概况
1.1 申请者代表_____
1.2 (申请设立)机构名称_____
1.3 法定代表人_____
1.4 负责人姓名及职务_____
1.5 联系人姓名及职务_____
1.6 办公地址_____
1.7 邮政编码_____
1.8 电 话(区号)_____传 真_____

2. 注册资金_____万元(要求填写全部投资者,可另附页)
    投资者名称   出资额

_____ _____

_____ _____

_____ _____

3. 办公面积共_____平方米;

其中:机构自有面积_____平方米;租、借的面积_____平方米。

4. 申请的机构拟开展的认可业务活动范围

_____

_____

5. 申请的机构性质:

□ 事业 □ 社团 □ 其他(   )

6. 申请的机构(已聘/拟聘)认可评审人员清单和专业领域证明文件:

7. 其他说明(如有需要说明的请填写)

_____

_____

_____

8. 附件(请随本申请书提供以下文件复印件)

8.1 机构拟/已任法定代表人身份证明及简历;8.2 注册资金证明;

8.3 投资方从事的业务与认可活动是否存在利益关系的说明;

8.4 组织章程;

8.5 经营场所使用证明;

8.6 机构已/拟聘用的主要负责人名单及其身份证明、聘用合同及简历;

8.7 机构已/拟聘用的认可评审人员清单及其身份证明、注册资格证书、学历证书、职称证书、聘用合同、个人简历;

8.8 认可评审人员三年内在其他组织从业情况的说明;

8.9 拟执行的收费标准及收费用途的说明;

8.10 认可制度可行性报告;

8.11 机构质量管理体系文件(书面和电子版);

8.12 对机构获得批准后从事认可活动承担风险及民事责任的承诺;

8.13 对机构获得批准后从业遵守国家法律、法规、规章的承诺;

8.14 对所提供信息、材料的真实性、完整性和准确性的承诺;

                申请者代表:_____(签名/盖章)

                日 期: 年 月 日

（五）计 量

1. 计量监督管理文书

法定计量单位的选择

	标注净含量(Q_n)的量限	计量单位
质量	$Q_n < 1000$ 克	g（克）
	$Q_n \geq 1000$ 克	kg（千克）
体积	$Q_n < 1000$ 毫升	mL(ml)（毫升）
	$Q_n \geq 1000$ 毫升	L(l)（升）
长度	$Q_n < 100$ 厘米	mm（毫米）或者 cm（厘米）
	$Q_n \geq 100$ 厘米	m（米）
面积	$Q_n < 100$ 平方厘米	mm^2（平方毫米）或者 cm^2（平方厘米）
	1 平方厘米 $\leq Q_n < 100$ 平方分米	dm^2（平方分米）
	$Q_n \geq 1$ 平方米	m^2（平方米）

标注字符高度

标注净含量(Q_n)	字符的最小高度(mm)
$Q_n \leq 50g$ $Q_n \leq 50mL$	2
$50g < Q_n \leq 200g$ $50mL < Q_n \leq 200mL$	3
$200g < Q_n \leq 1000g$ $200mL < Q_n \leq 1000mL$	4
$Q_n > 1kg$ $Q_n > 1L$	6
以长度、面积、计数单位标注	2

允 许 短 缺 量

质量或体积定量包装商品的标注净含量(Q_n)　g 或 ml	允许短缺量(T)* 　g 或 ml	
	Q_n 的百分比	g 或 ml
0～50	9	——
50～100	——	4.5
100～200	4.5	——
200～300	——	9
300～500	3	——
500～1000	——	15
1000～10000	1.5	——
10000～15000	——	150
15000～50000	1	——

长度定量包装商品的标注净含量(Q_n)	允许短缺量(T)　m
$Q_n \leq 5m$	不允许出现短缺量
$Q_n > 5m$	$Q_n \times 2\%$

面积定量包装商品的标注净含量(Q_n)	允许短缺量(T)
全部 Q_n	$Q_n \times 3\%$

计数定量包装商品的标注净含量(Q_n)	允许短缺量(T)
$Q_n \leq 50$	不允许出现短缺量
$Q_n > 50$	$Q_n \times 1\%$**

注：* 对于允许短缺量(T)，当 $Q_n \leq 1kg(L)$ 时，T 值的 0.01g(ml)位修约至 0.1g(ml)；当 $Q_n > 1kg(L)$ 时，T 值的 0.1g(ml)位修约至 g(ml)；

** 以标注净含量乘以1%，如果出现小数，就把该数进位到下一个紧邻的整数。这个值可能大于1%，但这是可以接受的，因为商品的个数为整数，不能带有小数。

计量检验抽样方案

第一栏	第二栏	第三栏		第四栏	
检验批量 N	抽取样本量 n	样本平均实际含量修正值($\lambda \cdot s$)		允许大于1倍，小于或者等于2倍允许短缺量的件数	允许大于2倍允许短缺量的件数
		修正因子 $\lambda = t_{0.995} \times \dfrac{1}{\sqrt{n}}$	样本实际含量标准偏差 S		
1~10	N	\	\	0	0
11~50	10	1.028	S	0	0
51~99	13	0.848	S	1	0
100~500	50	0.379	S	3	0
501~3200	80	0.295	S	5	0
大于3200	125	0.234	S	7	0

样本平均实际含量应当大于或者等于标注净含量减去样本平均实际含量修正值($\lambda \cdot S$)即 $\bar{q} \geq (Q_n - \lambda \cdot S)$

式中：$\bar{q}$—样本平均实际含量　　$\bar{q} = \dfrac{1}{n}\sum\limits_{i=1}^{n} q_i$

Q_n—标注净含量

λ—修正因子

S—样本实际含量标准偏差　　$S = \sqrt{\dfrac{1}{n-1}\sum\limits_{i=1}^{n}(q_i - \bar{q})^2}$

注：1. 本抽样方案的置信度为99.5%；
　　2. 本抽样方案对于批量为1~10件的定量包装商品，只对单件定量包装商品的实际含量进行检验，不作平均实际含量的计算。

文书来源

定量包装商品计量监督管理办法

(2005年5月30日国家质量监督检验检疫总局令第75号公布 自2006年1月1日起施行)

第一条 为了保护消费者和生产者、销售者的合法权益,规范定量包装商品的计量监督管理,根据《中华人民共和国计量法》并参照国际通行规则,制定本办法。

第二条 在中华人民共和国境内,生产、销售定量包装商品,以及对定量包装商品实施计量监督管理,应当遵守本办法。

本办法所称定量包装商品是指以销售为目的,在一定量限范围内具有统一的质量、体积、长度、面积、计数标注等标识内容的预包装商品。

第三条 国家质量监督检验检疫总局对全国定量包装商品的计量工作实施统一监督管理。

县级以上地方质量技术监督部门对本行政区域内定量包装商品的计量工作实施监督管理。

第四条 定量包装商品的生产者、销售者应当加强计量管理,配备与其生产定量包装商品相适应的计量检测设备,保证生产、销售的定量包装商品符合本办法的规定。

第五条 定量包装商品的生产者、销售者应当在其商品包装的显著位置正确、清晰地标注定量包装商品的净含量。

净含量的标注由"净含量"(中文)、数字和法定计量单位(或者用中文表示的计数单位)三个部分组成。法定计量单位的选择应当符合本办法附表1的规定。

以长度、面积、计数单位标注净含量的定量包装商品,可以免于标注"净含量"三个中文字,只标注数字和法定计量单位(或者用中文表示的计数单位)。

第六条 定量包装商品净含量标注字符的最小高度应当符合本办法附表2的规定。

第七条 同一包装内含有多件同种定量包装商品的,应当标注单件定量包装商品的净含量和总件数,或者标注总含量。

同一包装内含有多件不同种定量包装商品的,应当标注各种不同种定量包装商品的单件净含量和各种不同种定量包装商品的件数,或者分别标注各种不同种定量包装商品的总净含量。

第八条 单件定量包装商品的实际含量应当准确反映其标注净含量,标注净含量与实际含量之差不得大于本办法附表3规定的允许短缺量。

第九条 批量定量包装商品的平均实际含量应当大于或者等于其标注净含量。

用抽样的方法评定一个检验批的定量包装商品,应当按照本办法附表4中的规定进行抽样检验和计算。样本中单件定量包装商品的标注净含量与其实际含量之差大于允许短缺量的件数以及样本的平均实际含量应当符合本办法附表4的规定。

第十条 强制性国家标准、强制性行业标准对定量包装商品的允许短缺量以及法定计量单位的选择已有规定的,从其规定;没有规定的按照本办法执行。

第十一条 对因水份变化等因素引起净含量变化较大的定量包装商品,生产者应当采取措施保证在规定条件下商品净含量的准确。

第十二条 县级以上质量技术监督部门应当对生产、销售的定量包装商品进行计量监督检查。

质量技术监督部门进行计量监督检查时,应当充分考虑环境及水份变化等因素对定量包装商品净含量产生的影响。

第十三条 对定量包装商品实施计量监督检查进行的检验,应当由被授权的计量检定机构按照《定量包装商品净含量计量检验规则》进行。

检验定量包装商品,应当考虑储存和运输等环境条件可能引起的商品净含量的合理变化。

第十四条 定量包装商品的生产者、销售者在使用商品的包装时,应当节约资源、减少污染、正确引导消费,商品包装尺寸应当与商品净含量的体积比例相当。不得采用虚假包装或者故意夸大定量包装商品的包装尺寸,使消费者对包装内的商品量产生误解。

第十五条 国家鼓励定量包装商品生产者自愿参加计量保证能力评价工作,保证计量诚信。

省级质量技术监督部门按照《定量包装商品生产企业计量保证能力评价规范》的要求,对生产者进行核查,对符合要求的予以备案,并颁发全国统一的《定量包装商品生产企业计量保证能力证书》,允许在其生产的定量包装商品上使用全国统一的计量保证能力合格标志。

第十六条 获得《定量包装商品生产企业计量保证能力证书》的生产者,违反《定量包装商品生产企业计量保证能力评价规范》要求的,责令其整改,停止使用计量保证能力合格标志,可处5000元以下的罚款;整改后仍不符合要求的或者拒绝整改的,由发证机关吊销其《定量包装商品生产企业计量保证能力证书》。

定量包装商品生产者未经备案,擅自使用计量保证能力合格标志的,责令其停止使用,可处30000元以下罚款。

第十七条 生产、销售定量包装商品违反本办法第五条、第六条、第七条规定,未正确、清晰地标注净含量的,责令改正;未标注净含量的,限期改正,逾期不改的,可处1000元以下罚款。

第十八条 生产、销售的定量包装商品,经检验违反本办法第九条规定的,责令改正,可处检验批货值金额3倍以下,最高不超过30000元的罚款。

第十九条 本办法规定的行政处罚,由县级以上地方质量技术监督部门决定。

县级以上地方质量技术监督部门按照本办法实施行政处罚,必须遵守国家法律、法规和国家质量监督检验检疫总局关于行政案件办理程序的有关规定。

第二十条 行政相对人对行政处罚决定不服的,可以依法申请行政复议或者提起行政诉讼。

第二十一条 从事定量包装商品计量监督管理的国家工作人员滥用职权、玩忽职守、徇私舞弊,情节轻微的,给予行政处分;构成犯罪的,依法追究刑事责任。

从事定量包装商品计量检验的机构和人员有下列行为之一的,由省级以上质量技术监督部门责令限期整改;情节严重的,应当取消其从事定量包装商品计量检验工作的资格,对有关责任人员依法给予行政处分;构成犯罪的,依法追究刑事责任:

(一)伪造检验数据的。

(二)违反《定量包装商品净含量计量检验规则》进行计量检验的。

(三)使用未经检定、检定不合格或者超过检定周期的计量器具开展计量检验的。

(四)擅自将检验结果及有关材料对外泄露的。

(五)利用检验结果参与有偿活动的。

第二十二条 本办法下列用语的含义是:

(一)预包装商品是指销售前预先用包装材料或者包装容器将商品包装好,并有预先确定的量值(或者数量)的商品。

(二)净含量是指除去包装容器和其他包装材料后内装商品的量。

(三)实际含量是指由质量技术监督部门授权的计量检定机构按照《定量包装商品净含量计量检验规则》通过计量检验确定的定量包装商品实际所包含的量。

(四)标注净含量是指由生产者或者销售者在定量包装商品的包装上明示的商品的净含量。

(五)允许短缺量是指单件定量包装商品的标注净含量与其实际含量之差的最大允许量值(或者数量)。

(六)检验批是指接受计量检验的,由同一生产者在相同生产条件下生产的一定数量的同种定量包装商品或者在销售者抽样地点现场存在的同种定量包装商品。

(七)同种定量包装商品是指由同一生产者生产,品种、标注净含量、包装规格及包装材料均相同的定量包装商品。

(八)计量保证能力合格标志(也称C标志,C为英文"中国"的头一个字母)是指由国家质检总局统一规定式样,证明定量包装商品生产者的计量保证能力达到规定要求的标志。

第二十三条 本办法由国家质量监督检验检疫总局负责解释。

第二十四条 本办法自2006年1月1日起施行。原国家技术监督局发布的《定量包装商品计量监督规定》(国家技术监督局令第43号)同时废止。

2. 计量检定规程管理文书

编　号

国家计量技术法规项目计划任务书

项　目　名　称

制　定　或　修　订

归　口　单　位

主要起草单位

起　止　年　限

年　月　日

说　明

法规项目计划任务书是制定、修订国家计量技术法规的重要依据。为了统一格式和便于归档,请项目主要起草单位按计划任务书格式和内容要求填写。

内容＼单位	单位全称以及详细通讯地址	邮编	负责人	职务或职称	电话
归口单位					
起草单位					
参　加起草单位					

制定或修订的目的、意义，国内外法规水平现状和发展趋向：

法规的主要内容：

法规的技术关键和可行性分析：

被检计量器具国内外生产、使用的情况（重点说明国内）：

国内开展检定的基础设备和技术条件
（包括技术力量、人员水平、标准器现状）：

续 表

法规项目完成后所产生的社会效益和经济效益的预测分析：

法规项目计划进度安排和经费概算：

起草单位	主要起草人姓名	职称	性别	年龄	从事专业	电话
参加起草单位	参加起草人姓名	职称	性别	年龄	从事专业	电话

主要起草单位审查意见：

单位公章

领导签字： 年 月 日

归口单位(技术委员会)审查意见

单位公章

领导签字： 年 月 日

国家计量检定规程计划项目调整申请表

规程名称			计划项目编号	
调整内容				
理由和依据				

起草单位名称
　单位技术负责人审查意见：

（签名　盖公章）　　年　月　日

技术委员会名称
　主任委员审查意见：

（签名　盖公章）　　年　月　日

国务院计量行政主管部门审批意见	量值传递处审查意见	经办人(签字)　　　年　月　日
		负责人(签字)　　　年　月　日
	计量司审批意见	负责人(签字)　　　年　月　日

承办人：　　　　　电话：

征求意见汇总表

国家计量检定规程名称：
负责起草单位：

序号	国家计量检定规程章条编号	意见内容	提出单位	处理意见	备 注

承办人：
电话：
说明：①发送"征求意见稿"的单位数：　　　个
　　　②收到"征求意见稿"后回函的单位数：　　　个
　　　③收到"征求意见稿"后回函并有建议或意见的单位数：　　　个
　　　④没有回函的单位数：　　　个

国家计量技术法规审定意见书

法规名称：
归口单位：
起草单位：
参加单位：
法规制定或修订：
组织审定单位：
审定会日期：
审定会地址：

法规技术审定内容为：主要参加单位、代表总数；技术资料的完整性；采用国际建议及有关国际技术标准的程度；主要讨论和修改的意见；对本规范的评价；存在的问题；审定的结论等。

审 定 委 会 委 员 签 字			
审委会职务	姓　名	单　位	职务或职称
主任委员			
副主任委员			
委员			

国家计量检定规程报审稿函审单

国家计量检定规程名称：

负责起草单位：

函审单总数：　　　　本单编号：

发出日期：　　　年　　月　　日

投票截止日期：　　　年　　月　　日

表决态度：
 赞成　　　　　　　　　　　　　　□
 赞成,有建议或意见　　　　　　　□
 不赞成,如采纳意见或建议改为赞成　□
 弃权　　　　　　　　　　　　　　□
 不赞成　　　　　　　　　　　　　□

建议或意见和理由如下：

　　　　　　审查人员(签字)　　　　　　　　　　　　　　电话：
　　　　　　　　　　　　　　　　　　　　　　　　　　　　年　月　日

填写说明：

①表决方式是在选定的框内划"√"的符号,只可划一次,选划两个框以上者按废票处理(废票不计数)。
②回函说明提不出意见的单位按赞成票计;没有回函说明理由的,按弃权票计。
③回函日期以邮戳为准。
④建议或意见和理由一栏,幅面不够可另附页。

国家计量检定规程报审稿函审结论表

国家计量检定规程名称：

负责起草单位：

回函情况：

函审单总数：

赞成:共　　　个单位

赞成,有意见或建议:共　　　个单位

不赞成,如采纳建议或意见改为赞成:共　　　个单位

弃权:共　　　个单位

不赞成,共　　　个单位

未复函:共　　　个单位

函审结论：

负责起草单位：　　　　　　　　　　　　技术委员会：

技术负责人:(签名、盖公章)　　　　　　主任委员:(签名、盖公章)

　　年　月　日　　　　　　　　　　　　　年　月　日

　　　　　　　　　　　　　　　　　　　承办人：

　　　　　　　　　　　　　　　　　　　电　话：

报批国家计量检定规程的公文格式

发 文 机 关
发 文 编 号
关于报批《(规程名称)》等××项国家计量检定规程的函

国家质量监督检验检疫总局：

　　根据你局××××年制定、修订国家计量技术法规项目计划，全国××专业计量技术委员会完成了下列国家计量检定规程制定(修订)工作，现报上，请审批、编号、发布。

　　建议以上国家计量检定规程于　　年　月　日起实施。

(盖　章)
年　月　日

国家计量技术法规报批表

国家质量监督检验检疫总局

计量技术法规名称及编号 （附英文译名）		被代替计量技术 法规名称及编号		
主要起草人 姓　名	工作单位及联系 电　话	文化程度	技术职称	职　务
起草参加人 姓　名	工作单位	文化程度	技术职称	职　务

续 表

起草单位报审意见		负责人(签字) （公章）
审定意见摘要		审定会议技术组组长或函审主审人(签字) （公章）
归口单位报批意见		负责人(签字) （公章）
国家计量技术法规审查部审查意见		经办人(签字)
国家质量监督检验检疫总局	量值传递处审查意见	经办人(签字)
		负责人(签字)
	计量司审批意见	负责人(签字)
实施日期	自　　年　　月　　日起施行	
备注		

修改国家计量技术法规申报表

名称：
编号：
原起草单位：
归口单位：　　　　　（或技术委员会）
　　　　　　　　国家质量监督检验检疫总局

修 改 内 容
主要修改人(签字)

填表须知：1. 在所属修改种类的数字上打"O"表示其修改种类；
2. 主要修改人原则上应为该法规或规范的主要起草人；
3. 凡在重大技术条款修改时应填写审定意见这一栏；
4. 将需修改、补充、删除的条款以及修改后的条款用文字(或图表)在"修改内容"一栏中按次序表达清楚。

计量技术法规编号及名称
修改种类：1. 编辑性修改 2. 一般性技术条款修改 3. 重大技术条款修改

主要修改人姓名	工 作 单 位	文化程度	技术职称

审定意见：

　　　　　　　　　　　　　　　审定会议技术组长或函审主审人(签字)

归口单位(或技术委员会)报批意见：

　　　　　　　　　　　　　　　　　　　　　负责人(签字)
　　　　　　　　　　　　　　　　　　　　　　　(公章)

续 表

国家质量技术监督检验检疫总局审批意见	量值传递处审查意见	经办人（签字） 负责人（签字）
	计量司审批意见	 司领导（签字）
实施日期		自200 年 月 日起施行
备注		

报送国家计量检定规程修改单的公文格式

```
                        发 文 单 位
                        发 文 编 号


            关于报送JJG××××—×××× ××××××修改单的函
```

国家质量监督检验检疫总局：
　　JJG××××—×××× ××××××修改单经全国××××专业计量技术委员会审查，现报上，请审批。建议该修改单于×××年××月××日起实施。
　　修改单见附件。

　　　　　　　　　　　　　　　　　　　　　　　　　　　　（盖章）
　　　　　　　　　　　　　　　　　　　　　　　　　　　　年　月　日

文书来源

国家计量检定规程管理办法

(2002年12月31日国家质量监督检验检疫总局令第36号公布 自2003年2月1日起施行)

第一章 总 则

第一条 为了加强对国家计量检定规程的管理，保证计量单位的统一和计量器具量值的准确，根据《中华人民共和国计量法》和《中华人民共和国计量法实施细则》的有关规定，制定本办法。

第二条 国家计量检定规程是指由国家质量监督检验检疫总局（以下简称国家质检总局）组织制定并批准发布、在全国范围内施行，作为计量器具特性评定和法制管理的计量技术法规。

第三条 凡制定、修订、审批和发布、复审国家计量检定规程，必须遵守本办法。

第四条 制定国家计量检定规程应当符合国家有关法律和法规的规定；适用范围必须明确，在其界定的范围内力求完整；各项要求科学合理，并考虑操作的可行性及实施的经济性。

第五条 积极采用国际法制计量组织发布的国际建议、国际文件及有关国际组织发布的国际标准；在采用中应符合国家有关法规和政策，坚持积极采用、注重实效的方针。

第六条 国家计量检定规程由国家质检总局编制计划、协调分工、组织制定（含修订，下同）、审批、编号、发布。

第二章 国家计量检定规程的计划

第七条 编制国家计量检定规程的项目应当以国民经济和科学技术发展及计量法制监督管理的需要作为依据。

第八条 国家质检总局在每年4月份提出编制下一年度国家计量检定规程计划项目的原则要求，下达给全国各专业计量技术委员会（以下简称"技术委员会"）。

第九条 各技术委员会根据编制国家计量检定规程的原则要求，于当年8月底将计划项目草案和计划任务书（格式见附件1）报国家质检总局。

第十条 国家质检总局对上报的国家计量检定规程计划项目草案统一汇总、审查、协调，于当年12月前将批准后的下一年度国家计量检定规程计划项目下达。

第十一条 各技术委员会在执行国家计量检定规程计划过程中，有下列情况时可以对计划项目进行调整：

（一）确属急需制定国家计量检定规程的项目，可以增补；

（二）确属不宜制定国家计量检定规程的项目，应予撤销；

（三）确属特殊情况，可以对计划项目内容进行调整。

第十二条 调整国家计量检定规程计划项目应当由负责起草单位填写"国家计量检定规程计划项目调整项目申请表"（见附件2），经归口技术委员会审查同意后，报国家质检总局审批。国家质检总局批准调整的，应当通知有关技术委员会实施调整。调整国家计量检定规程计划项目的申请未获批准，有关技术委员会必须按照原计划进行工作。

第三章 国家计量检定规程的制定

第十三条 各技术委员会根据国家质检总局批准下达的国家计量检定规程计划项目组织和指导起草工作，督促工作进展，检查完成任务的情况。

第十四条 起草单位应当按照《国家计量检定规程编写导则》有效版本的要求，在调查研究、试验验证的基础上，提出国家计量检定规程征求意见稿，以及"编写说明"等有关附件，分送本技术委员会各委员、通讯单位成员、有关制造企业、省级计量行政管理部门、计量检定机构、使用单位、相关标准的起草单位或个人广泛征求意见。

第十五条 附件应当包括以下材料：

（一）编写说明。阐明任务来源、编写依据、与"国际建议"、"国际文件"、"国际标准"、国内标准等技术文件的兼容情况，对所规定的某些技术条款、检定条件、检定方法的有关说明，对重大分歧意见的处理结果和依据等；在修订时，应当对新、旧国家计量检定规程的修改内容予以说明等；

（二）试验报告。对国家计量检定规程中所规定的计量性能、技术条件，应当用规定的检定条件、检定方法对其适用范围的对象进行检测，用试验数据证明其是否可行；

（三）误差分析。应用误差理论和不确定度评估方法分析所规定的计量性能要求、技术条件、检定条件（所使用的标准器及有关设备仪器，环境条件等）、检定方法是否科学合理。同时应当列出误差源、误差的类别、合成的方法及置信概率等；

（四）采用国际建议、国际文件或国际标准的原文及中文译本。

第十六条 国家计量检定规程征求意见稿的期限为2个月。

被征求意见的单位或个人应当在规定期限内回复意见；如没有意见也应当复函说明；逾期不复函者，按无异议处理。若有比较重大的意见，应当说明理由并提出试验数据。

第十七条 起草人或者起草单位收到意见后进行综合分析，列出意见内容和处置结果，形成"征求意见汇总表"（格式见附件3）。

第十八条 起草单位根据征求意见汇总表，对征求意见稿进行修改后，提出国家计量检定规程报审稿及编写说明、试验报告、误差分析、征求意见汇总表、国际建议、国际文件或国际标准的原文和中文译本等有关附件，送技术委员会秘书处审阅。

第十九条 技术委员会秘书处按照《全国专业计量技术委员会章程》规定的工作程序，组织报审稿的审查工作。

对于技术含量高、涉及面广、分歧意见较多的国家计量检定规程，为保证其编写质量，以会议审定为主；内容较单一、分歧较少的可进行函审。具体审定形式由技术委员会决定。

技术委员会秘书处应在会审或函审前1个月，将国家计量检定规程报审稿及有关附件提交审定者。

第二十条 会议审查原则上应取得一致同意。如需投票（赞成、反对、弃权）表决，至少应获得到会委员人数四分之三以上赞成方为通过，并以书面材料记录在案；起草人不能参加表决。

若有通讯单位成员、特邀代表参加会议，应将其意见记录在案。

函审时必须有四分之三回函赞成方为通过。

会议审查必须有"审定意见书"（格式见附件4），审定意见需经与会代表通过；函审必须附每位函审人员的函审意见（格式见附件5）及主审人汇总的审定意见，其内容包括对规程的评价及主要修改意见（格式见附件6）。

第二十一条 审定通过的国家计量检定规程，由起草单位根据审定意见整理后，形成报批稿。报批稿和规定的有关上报材料报技术委员会秘书处审核。国家计量检定规程报批稿的内容应与审查时审定的内容相一致。如对技术内容有改动，应当在"编写说明"中说明。报送文件包括：

（一）报批国家计量检定规程的公文1份（格式见附件7）；

（二）国家计量检定规程报批稿2份，软盘1份；

（三）国家计量检定规程报批表（格式见附件8）、编写说明、试验报告、误差分析、征求意见汇总表、审定意见书、国际建议、国际文件或国际标准的原文和中文译本及其他有关材料各1份。

技术委员会秘书处对上报材料进行审核并在"报批表"中签署意见后，将全部材料报国家计量检定规程审查部进行审核。

第四章 国家计量检定规程的审批、发布

第二十二条 国家计量检定规程由国家质检总局统一审批（审批格式见附件8）、编号，以公告形式发布。

第二十三条 国家计量检定规程的编号由其代号、顺序号和发布年号组成。

国家计量检定规程的代号为"JJG"。

第二十四条 制定国家计量检定规程过程中形成的有关资料应当进行归档。

第二十五条 国家计量检定规程发布后，由国家质检总局送出版社出版。在出版过程中，发现有疑点和错误时，出版单位应当及时与有关技术委员会联系；如技术内容需要更改时，应当经国家质检总局批准；起草人不得自行更改国家计量检定规程的内容。

需要翻译成外文的国家计量检定规程，其译文由负责制定的技术委员会组织翻译和审定，并由国家计量检定规程的出版单位出版。

第二十六条 国家计量检定规程出版后，发现个别技术内容有问题，必须做少量修改或补充时，由起草人填写"修改国家计量检定规程申报表"（格式见附件9），经相关的技术委员会审核同意，以文件形式（格式见附件10）并附"修改国家计量检定规程申报表"2份，报规程审批单位批准，并以公告形式发布。

第五章 国家计量检定规程的复审

第二十七条 国家计量检定规程发布实施后，应当根据科学技术的发展和经济建设及法制计量监督管理的需要，由相关的技术委员会适时提出复审计划，复审周期一般不超过5年。

国家计量检定规程的复审可采用会议审查或函审，一般应有原起草人参加。

第二十八条 国家计量检定规程经复审按下列情况分别处理：

（一）对不需要修改的国家计量检定规程，确认继续有效。确认继续有效的国家计量检定规程不改顺序号和年号。当重版时，在其封面上，国家计量检定规程编号下写"×××年确认有效"字样；

（二）对需修改的国家计量检定规程，作为修订项目列入计划。修订的国家计量检定规程顺序号不变，将年号改为修订的年号；

（三）对已不须进行检定的计量器具的国家计量检定规程，予以废止。

第二十九条 负责国家计量检定规程复审的技术委员会在复审结束后应当写出复审报告，内容包括：复审简况、处理意见、复审结论，报国家质检总局批准，并以公告形式发布。

第三十条 国家计量检定规程属于科技成果，应当纳入国家或部门科技进步奖范围，予以奖励。

第六章 附　　则

第三十一条 任何单位和个人，未经国家质检总局批准，不得随意改动国家计量检定规程。违反本办法规定的，应当对直接责任人进行批评、教育，给予行政处分，直至依法追究刑事责任。

第三十二条 本办法由国家质检总局负责解释。
第三十三条 本办法自 2003 年 2 月 1 日起实施。原国家技术监督局 1991 年 8 月 5 日发布的《关于〈修改国家计量检定规程〉的暂行规定》即行作废。

3. 计量器具型式标准物质定级鉴定文书

标 准 物 质
制造计量器具许可证
复制批申请书

标准物质复制等级＿＿＿＿＿＿＿＿＿＿＿＿＿＿＿
复 制 批 单 位＿＿＿＿＿＿＿＿＿＿（盖章）
复制批单位负责人＿＿＿＿＿＿＿＿＿＿（盖章）
复 制 批 日 期＿＿＿＿＿＿＿＿＿＿＿＿＿＿＿
生 产 许 可 证 编 号＿＿＿＿＿＿＿＿＿＿＿＿＿＿＿

全国标准物质管理委员会

标准物质编号及名称	（汇总内容）		
标准物质有效期		定级证书号	
		计量器具许可证号	
研制单位名称			
通讯地址邮政编码			
研制单位负责人		联系电话	
复制情况主要技术指标	（可添加附件）		

续 表

包 装	规 格		复制量	
价 格	国内(元)		国外($)	
标准物质使用情况存在问题及建议				
标准物质跟踪联系人		姓 名	科 室	电话、传真	邮 箱
	技 术				
	业 务				
单位网址				
备 注	复制批申报内容 1. 标准物质制造计量器具许可证复制批申请书； 2. 研制报告。			合订本 五套

标 准 物 质
制造计量器具许可证
申 请 书

标准物质申报等级＿＿＿＿＿＿＿＿＿＿＿＿

申 报 单 位＿＿＿＿＿＿＿＿＿＿＿＿（盖章）

申报单位负责人＿＿＿＿＿＿＿＿＿＿＿＿（盖章）

申 报 日 期＿＿＿＿＿＿＿＿＿＿＿＿

申 请 书 编 号＿＿＿＿＿＿＿＿＿＿＿＿

全国标准物质管理委员会

标准物质名称	(注:同系列标准物质可以登记在一张表内)		
制备单位名称			
任 务 来 源		起止时间	
主要研制人员		联系人 手机、电话	
单位地址 邮政编码			
主要协作单位、 主要人员及协作内容			
主要技术指标 (被鉴定的量值及其 不确定度、均匀性、 稳定性及有效期限等)			
包装形式		参考价格	

续表

定值方法	
意义及用途	
国内外同类标准物质水平的比较（主要技术特性、定值方法、定值不确定度、稳定性等）	
何时曾通过何种形式的鉴定及鉴定结论	
试用情况	
生产能力与供应措施	
主管部门意见	（签章） 年　月　日
附件目录	

4. 进口计量器具型式批准文书

中华人民共和国国家质量监督检验检疫总局
GENERAL ADMINISTRATION OF QUALITY SUPERVISION,　　编号：
INSPECTION AND QUARANTINE OF THE PEOPLE'S REPUBLIC OF CHINA　　No.
（AQSIQ）

计量器具型式批准申请书
THE APPLICATION FORM FOR THE PATTERN APPROVAL OF MEASURING INSTRUMENT

计量器具制造厂的名称和地址
Name and address of the manufactory of the measuring instrument
_____
_____

申请单位的名称和地址
Name and address of the applicant _____
_____

联系人姓名
Signature of liaison person _____
电　话(Tel)_____ 传　真(Fax)_____ E－mail：_____
申请日期
Date of application _____

申请型式批准的计量器具名称、类别、型号、测量范围和准确度
Name, type, model, measuring range and accuracy of the measuring instrument applying for pattern approval.

序号 No.	名　称 Name	类　别 Type	型　号 Model	测量范围 Measuring Range	准　确　度 Accuracy

申请型式批准的计量器具的情况说明
Description of the measuring instrument applying for pattern approval:

计 量 特 征
Metrological characteristics

用 途
Intended use

适 用 场 合
Commercial designation, where applicable

有关申请的其他要求:
Impprtant: Other requirements to applicants:

1. 必须提交以下文件
the following documents must be submitted
(1)计量器具照片
Photograph of the measuring instrument
(2)计量器具总装图、电路图和主要结构图
General assembly drawings, the circuit diagram and where necessary, drawings of important constructional details
(3)产品标准和检验方法
Documentary technical standard and examination method
(4)申请单位对样机所做的测试报告
Test report for the saples of measuring instrument taken by the applying organization
(5)使用说明书
Operation manual

注:申请书和文件资料一式三份。
Note: The application forms and documents should be in three copies.

2. 需要进行定型鉴定的,申请人必须向国家质量监督检验检疫总局委托的定型鉴定单位提供一台以上的样机。定型鉴定后,全部样机由定型鉴定单位退还申请人。
If a pattern evaluation is reguired, the applicant is required to supply one or possibly more speci – mens of measuring instrument to the pattern evaluation organization consigned by AQSIQ. All specimens will be returned by the pattern evaluation organization to applicant after the pattern evalua tion.

3. 申请人必须缴纳手续费和试验费
Applicants must pay the service charge and test fee.

注意事项

1. 申请书中"计量器具制造厂的名称和地址"一栏请先用中文注明制造厂商的国别或地区名,然后再写制造厂的名称和地址。

如:英国 ABB Instrumentation Ltd.

2. 申请书中"申请型式批准的计量器具名称、类别、型号、测量范围和准确度"一栏的"计量器具名称、型号、测量范围和准确度"不可省略。计量器具名称应有中文译名;

3. 申请书中涉及计量单位的,必须填写法定计量单位;

4. 申请书中的"联系人"和"电话"应填写申请单位的联系人和办公电话;

5. 若申办系列产品,申请书中"型号"一栏中除应填写系列名称外,必须填写具体型号;

6. 请保持申请书的原有格式;将申请书和文件资料一式三份提交至国家质检总局计量司工业计量处。

7. 自正式受理之日起,三个月内须向国家质检总局指定的技术机构提供试用样机,因特殊原因不能在规定时间内提供样机的,须向试验机构提出延期申请并报国家局备案,延长期不得超过三个月,逾期按自动放弃处理。

8. 在试验过程中,因申请方方面的原因不能满足试验要求的,试验机构将通知申请方,自通知下达之日起的六个月内,仍因申请方方面的原因不能完成试验的,本次申请将自动终止

计量器具临时型式批准申请表
APPLICATION FOR PATTERN APPROVAL OF MEASURING INSTRUMENTS

制造商的名称 _____ 国别(地区)
Name of the manufactory _____ Country(Region) _____

申请单位的名称和地址
Name and address of the applicant _____

联系人签名 _____ 电话 _____ 传真
Signature of liaison person _____ Tel. _____ Fax _____

序号 No.	计量器具名称、型号 Name、type and model of measuring instrument	测量范围 Measuring Range	数量(台/件) QUANTITY(SET)
备 注 Remarks		申请日期: Date of Application	

5. 计量标准器具核准文书

计量标准考核(复查)申请书

〔   〕量标   证字第   号

计量标准名称_____

计量标准代码_____

申请考核单位_____

组织机构代码_____

单 位 地 址_____

邮 政 编 码_____

联   系   人_____

联 系 电 话_____

年   月   日

计量标准名称			计量标准考核证书号		
存放地点			计量标准总价值(万元)		
计量标准类别	□ 社会公用 □ 计量授权		□ 部门最高 □ 计量授权		□ 企事业最高 □ 计量授权
前两次复查时间和方式	年 月 日		□ 书面审查 □ 现场考评	年 月 日	□ 书面审查 □ 现场考评
测量范围					
不确定度或准确度等级或最大允许误差					

计量标准器	名称	型号	测量范围	不确定度或准确度等级或最大允许误差	制造厂及出厂编号	检定周期或复校间隔	末次检定或校准日期	检定或校准机构及证书号

续　表

主要配套设备						

	序　号	项　目	要　求	实际情况	结　论
环境条件及设施	1	温　度			
	2	湿　度			
	3				
	4				
	5				
	6				
	7				
	8				

	姓　名	性别	年龄	从事本项目年限	文化程度	核准的检定或校准项目	资格证书名称及注册编号	发证机关
检定或校准人员								

续 表

文件集登记	1	计量标准考核证书(如果适用)		
	2	社会公用计量标准证书(如果适用)		
	3	计量标准考核(复查)申请书		
	4	计量标准技术报告		
	5	计量标准的重复性试验记录		
	6	计量标准的稳定性考核记录		
	7	计量标准更换申报表(如果适用)		
	8	计量标准封存(或撤销)申报表(如果适用)		
	9	计量标准履历书		
	10	国家计量检定系统表(如果适用)		
	11	计量检定规程或技术规范		
	12	计量标准操作程序		
	13	计量标准器及主要配套设备使用说明书(如果适用)		
	14	计量标准器及主要配套设备的检定证书或校准证书		
	15	检定或校准人员的资格证明		
	16	实验室的相关管理制度		
	16.1	实验室岗位管理制度		
	16.2	计量标准使用维护管理制度		
	16.3	量值溯源管理制度		
	16.4	环境条件及设施管理制度		
	16.5	计量检定规程或技术规范管理制度		
	16.6	原始记录及证书管理制度		
	16.7	事故报告管理制度		
	16.8	计量标准文件集管理制度		
	17	开展检定或校准工作的原始记录及相应的检定或校准证书副本		
	18	可以证明计量标准具有相应测量能力的其他技术资料		
拟开展的检定或校准项目	名　称	测量范围	不确定度或准确度等级或最大允许误差	所依据的计量检定规程或技术规范的代号及名称

续 表

申请考核单位意见	负责人签字：　　　　　　（公章） 　　　　　　　　　　　　年　月　日
申请考核单位主管部门意见	（公章） 年　月　日
主持考核（复查）质量技术监督部门意见	（公章） 年　月　日
组织考核（复查）质量技术监督部门意见	（公章） 年　月　日

计量标准技术报告

计 量 标 准 名 称＿＿＿＿＿＿＿＿

计 量 标 准 负 责 人＿＿＿＿＿＿＿＿

建标单位名称(公章)＿＿＿＿＿＿＿＿

填 写 日 期＿＿＿＿＿＿＿＿

目　录

一、建立计量标准的目的

二、计量标准的工作原理及其组成

三、计量标准器及主要配套设备

四、计量标准的主要技术指标

五、环境条件

六、计量标准的量值溯源和传递框图

七、计量标准的重复性试验

八、计量标准的稳定性考核

九、检定或校准结果的测量不确定度评定

十、检定或校准结果的验证

十一、结论

十二、附加说明

一、建立计量标准的目的

二、计量标准的工作原理及其组成

三、计量标准器及主要配套设备

	名　称	型　号	测量范围	不确定度或准确度等级或最大允许误差	制造厂及出厂编号	检定或校准机构	检定周期或复校间隔
计量标准器							
主要配套设备							

四、计量标准的主要技术指标

五、环境条件

序　号	项　目	要　求	实际情况	结　论
1	温　度			
2	湿　度			

续　表

3			
4			
5			
6			

六、计量标准的量值溯源和传递框图

七、计量标准的重复性试验

八、计量标准的稳定性考核

九、检定或校准结果的测量不确定度评定

十、检定或校准结果的验证

十一、结论

十二、附加说明

计量标准更换申报表

计量标准名称		代码	
测量范围			
不确定度或准确度等级或最大允许误差			
计量标准考核证书号		计量标准考核证书有效期	

计量标准器及主要配套设备更换登记

	名　称	型　号	测量范围	不确定度或准确度等级或最大允许误差	制造厂及出厂编号	检定或校准机构及证书号
更换前						
更换后						

更换后测量范围,不确定度或准确度等级或最大允许误差,以及开展检定或校准项目的变化情况:
□不确定度或准确度等级或最大允许误差提高　□测量范围扩大　□开展检定或校准项目增加

更换原因:
　　□更换计量标准器　　　　　　　　□更换主要配套计量设备
　　□计量检定规程或校准规范变更　　□设备更新

申请考核单位意见:

　　　　负责人签字:

　　　　　　　　　　　　　　　　　　　　　　　　　　　　　　(公章)
　　　　　　　　　　　　　　　　　　　　　　　　　　　　　年　月　日

主持考核的质量技术监督部门意见:

　　　　　　　　　　　　　　　　　　　　　　　　　　　　　　(公章)
　　　　　　　　　　　　　　　　　　　　　　　　　　　　　年　月　日

注:1. 计量标准发生变更时,申请考核单位应当填写《计量标准更换申报表》一式两份,向主持考核的质量技术监督部门申请办理变更手续。

　　2.《计量标准更换申报表》应当采用计算机打印。

　　3. 申报时应附上更换后计量标准器及主要配套设备有效的检定或校准证书复印件一份,以及《计量标准考核证书》复印件一份。必要时,还应当提供计量标准重复性试验和稳定性考核记录复印件一份。

计量标准封存(或撤销)申报表

计量标准名称		代码	
测量范围			
不确定度或准确度等级或最大允许误差			
计量标准考核证书号		计量标准考核证书有效期	
申请类型	□ 封存		□ 撤销
封存或撤销原因	□ 计量标准器或主要配套设备出现问题　　□ 搬迁 □ 技术改造　　□ 无量传工作　　□ 其他 情况说明：		
申请停用时间	年　月　日 —— 年　月　日		
申请考核单位意见	负责人签字：　　　　　　　　　（公章） 年　月　日		
申请考核单位主管部门意见	（公章） 年　月　日		
主持考核的质量技术监督部门意见	（公章） 年　月　日		

注：1. 计量标准需要封存或撤销时，申请考核单位应当填写《计量标准封存(或撤销)申报表》一式两份报主持考核的质量技术监督部门办理手续。

2. 填写《计量标准封存(或撤销)申报表》，应当采用计算机打印。

6. 制造计量器具许可证核发(标准物质)文书

制造(修理)计量器具
许可证申请书

申请单位：_____（盖章）

申请日期：_____年___月___日

一、基本情况

申请单位名称		单位性质	
单位地址		邮政编码	
负责人姓名		主管单位	
联系人姓名		联系电话	
传真		电子信箱	

生产管理情况			
年产量		年产值	
全员劳动生产率		年利税	
职工人数		计量人员数	
固定资产		计量测试设备固定资产	

注：生产管理情况填写有关生产计量器具的部分，不包括其他非计量器具的情况。

二、申报项目

序号	计量器具名称	型号、规格、准确度	备注

三、申报产品管理情况

产品关键生产设备			
序号	设备名称	型号	规格

计量标准和产品关键检测设备				
序号	计量标准和检测设备名称	型号	规格	准确度

四、有关证明文件
1. 计量器具型式批准证书(样机试验合格证书)。
2. 工商行政管理部门颁发的营业执照。
3. 申请时提交申请书一式三份(可复印)。

7. 承担国家法定计量检定机构任务授权文书

编号：

承担国家法定计量检定机构任务授权申请书

申请机构：（盖章）

主管部门：（盖章）

申请日期：

申请类别：

申请机构基本情况			
机构名称			
机构地址			
邮政编码		法定代表人	
电话		电子邮箱	
传真		互联网网址	
经济类型		所属行业	
单位性质		批准成立机关	
营业执照登记机关		统一社会信用代码	
事业单位法人登记管理机关		事业单位法人证书编号	
成立日期		开始工作日期	
固定资产(万元)		设备总台套数	
职工总人数		技术人员总数	
高级职称人数		中级职称人数	
实验办公用房面积		恒温实验室面积	
已取得相关授权批准	批准项目	批准机构	批准日期	有效期

共 页 第 页

续　表

申请授权项目			
序号	计量授权类型	检定/校准/测试项目	原有授权	新申请授权
1				
2				
3				
4				
5				
6				
7				
8				
9				
10				
11				
12				
13				
14				
15				
16				
17				
18				
…				
申请人声明与签署			

　　在此，我声明本单位的成立符合中华人民共和国的有关规定，当前没有对办理计量授权具有影响的法律诉讼等司法纠纷或正在接受有关司法限制与处罚。现按照规定申请相关项目的计量授权，所填写的内容真实，并接受审查。在取得授权后，严格执行有关规定，保证工作质量，接受监督检查。

　　申请机构法定代表人：　　　　　职务：　　　　　日期：

备注：申请计量授权类别是指授权建立法定计量检定机构、国家专业计量站、专项授权、国家计量器具型式评价实验室、或者承担能效标识计量检测任务。

共　　页　第　　页

续表

申请机构主管部门意见		
主管部门负责人(签字)： 单位(公章) 日期：		
提交的文件资料情况		
序号	文件资料名称	页 数
备 注		

共 页 第 页

图书在版编目（CIP）数据

市场监管法律文书全指引：含工商管理、食药监管、质量监督/法律文书应用研究中心编.—北京：中国法制出版社，2017.5
ISBN 978-7-5093-8573-9

Ⅰ.①市… Ⅱ.①法… Ⅲ.①市场监管-法律文书-汇编-中国 Ⅳ.①D926.13

中国版本图书馆 CIP 数据核字（2017）第 103654 号

策划编辑：刘晓霞　　　责任编辑：刘晓霞　　　封面设计：杨鑫宇

市场监管法律文书全指引：含工商管理、食药监管、质量监督
SHICHANG JIANGUAN FALÜ WENSHU QUANZHIYIN：HAN GONGSHANG GUANLI、SHIYAO JIANGUAN、ZHILIANG JIANDU

经销/新华书店
印刷/三河市紫恒印装有限公司
开本/787 毫米×960 毫米　16 开　　　　　　印张/ 41.5　字数/ 640 千
版次/2017 年 6 月第 1 版　　　　　　　　　　2017 年 6 月第 1 次印刷

中国法制出版社出版
书号 ISBN 978-7-5093-8573-9　　　　　　　　　　定价：128.00 元

北京西单横二条 2 号　　　　　　　　　　　　　值班电话：66026508
邮政编码 100031　　　　　　　　　　　　　　　传真：66031119
网址：http：//www.zgfzs.com　　　　　　　　　编辑部电话：66075800
市场营销部电话：66033393　　　　　　　　　　邮购部电话：66033288

（如有印装质量问题，请与本社编务印务管理部联系调换。电话：010-66032926）